Schule und Gesellschaft

Band 63

Reihe herausgegeben von
Barbara Asbrand, Frankfurt am Main, Deutschland
Merle Hummrich, Frankfurt am Main, Deutschland
Till-Sebastian Idel, Bremen, Deutschland
Anna Moldenhauer, Berlin, Deutschland

Weitere Bände in der Reihe http://www.springer.com/series/12586

Melanie Schmidt

Wirksame Unbestimmtheit, unbestimmte Wirksamkeit

Eine diskursanalytische Untersuchung zur Schulinspektion

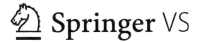

Melanie Schmidt
Leipzig, Deutschland

D30

Dissertation an der Goethe-Universität Frankfurt am Main / verteidigt am 12.06. 2018

Name des Erstgutachters und Note: Prof. Dr. Christiane Thompson
Name des Zweitgutachters und Note: Prof. Dr. Kerstin Jergus
Name des Drittgutachters und Note: Prof. Dr. Till-Sebastian Idel
Name des Viertgutachters und Note: Prof. Dr. Fabian Dietrich
Die Dissertation wurde unter dem Titel „Wirksame Unbestimmtheit, unbestimmte Wirksamkeit von Schulinspektionen. Eine Diskursanalyse der Praktiken des Sprechens über Schulinspektion" eingereicht.

Schule und Gesellschaft
ISBN 978-3-658-28080-2   ISBN 978-3-658-28081-9   (eBook)
https://doi.org/10.1007/978-3-658-28081-9

Die Deutsche Nationalbibliothek verzeichnet diese Publikation in der Deutschen National-bibliografie; detaillierte bibliografische Daten sind im Internet über http://dnb.d-nb.de abrufbar.

Springer VS
© Springer Fachmedien Wiesbaden GmbH, ein Teil von Springer Nature 2020
Das Werk einschließlich aller seiner Teile ist urheberrechtlich geschützt. Jede Verwertung, die nicht ausdrücklich vom Urheberrechtsgesetz zugelassen ist, bedarf der vorherigen Zustimmung des Verlags. Das gilt insbesondere für Vervielfältigungen, Bearbeitungen, Übersetzungen, Mikroverfilmungen und die Einspeicherung und Verarbeitung in elektronischen Systemen.
Die Wiedergabe von allgemein beschreibenden Bezeichnungen, Marken, Unternehmensnamen etc. in diesem Werk bedeutet nicht, dass diese frei durch jedermann benutzt werden dürfen. Die Berechtigung zur Benutzung unterliegt, auch ohne gesonderten Hinweis hierzu, den Regeln des Markenrechts. Die Rechte des jeweiligen Zeicheninhabers sind zu beachten.
Der Verlag, die Autoren und die Herausgeber gehen davon aus, dass die Angaben und Informa-tionen in diesem Werk zum Zeitpunkt der Veröffentlichung vollständig und korrekt sind. Weder der Verlag, noch die Autoren oder die Herausgeber übernehmen, ausdrücklich oder implizit, Gewähr für den Inhalt des Werkes, etwaige Fehler oder Äußerungen. Der Verlag bleibt im Hinblick auf geografische Zuordnungen und Gebietsbezeichnungen in veröffentlichten Karten und Institutionsadressen neutral.

Springer VS ist ein Imprint der eingetragenen Gesellschaft Springer Fachmedien Wiesbaden GmbH und ist ein Teil von Springer Nature.
Die Anschrift der Gesellschaft ist: Abraham-Lincoln-Str. 46, 65189 Wiesbaden, Germany

Danksagung

Diese Arbeit wäre nicht bzw. nicht auf diese Weise zustande kommen ohne die vielzähligen Personen, deren Gedanken, Überlegungen, Hinweise und aufmunternden Worte auf verschiedentliche, unbestimmte Weisen Wirkungen zeitigen – und die sich an dieser Stelle nicht alle aufreihen lassen. Bei ihnen möchte ich mich für die Unterstützung in der Erstellung meiner Dissertationsschrift bedanken.

Ein herzliches Dankeschön möchte ich insbesondere meinen Gutachterinnen, Frau Professorin Christiane Thompson und Frau Professorin Kerstin Jergus, aussprechen, die mich mit vielen aufmerksamen und produktiven Rückmeldungen zum Weiterdenken und Weiterschreiben anregten und mir stets den Eindruck vermittelten, auf dem „richtigen Weg" zu sein. Darüber hinaus stellen ihre Texte eine große Inspirationsquelle für mein Arbeiten dar. Auch den Professoren Till-Sebastian Idel und Fabian Dietrich möchte ich für die bereitwillige Übernahme weiterer Begutachtungen und die damit verbundene schulpädagogische Expertise, die meiner Dissertation auf diese Weise zugute kommt, vielmals danken.

Die Kolleginnen und Kollegen des Arbeitsbereichs „Schulpädagogik unter besonderer Berücksichtigung von Schulentwicklungsforschung" um Frau Professorin Barbara Drinck an der Universität Leipzig stellten eine mehrjährigen Konstante bezüglich anregenden fachlichen (und mehr noch: überfachlichen) Austauschs dar. Insbesondere seien an dieser Stelle Juliane Keitel und Daniel Diegmann erwähnt, mit denen ich im „RUN"-Forschungsprojekt sehr eng zusammenarbeiten durfte und mit denen selbst lange (Büro-)Abende sich kurzweilig ausgingen.

Den Mitgliedern der Forschungswerkstatt der Erziehungswissenschaftlichen Fakultät in Leipzig bin ich für deren Unterstützung beim Hadern mit dem empirischen Datenmaterial, insbesondere in der Auswertung der Forschungsinterviews und in den anfänglichen Justierungen des Vorgehens in der Untersuchung, sehr verbunden. Weiterhin sei auch den Interviewpartnerinnen und -partnern sei für ihre Bereitschaft, das Gespräch mit mir zu führen, herzlich gedankt. Verbunden bin ich ebenfalls Frau Dr. Dorit Stenke sowie ihren Kolleginnen und Kollegen des (ehemaligen) Sächsischen Bildungsinstituts, die die RuN-Studie beauftragt und stets in sehr wertschätzender Weise begleitet haben.

Für die aufmunternden Worte und das Mitfiebern auf den „letzten Metern" der Erstellung der Dissertationsschrift gebührt auch den Kolleginnen und Kollegen des Arbeitsbereichs Grundschuldidaktik Deutsch an der Erziehungswissenschaftlichen Fakultät der Universität Leipzig, ein Dank. Insbesondere die Mitarbeitenden der Studienkoordination in den Grundschuldidaktiken der Uni Leipzig, Barbara Geist und Georg Biegholdt, haben mir darüber hinausgehend während der zeitintensiven Semesterkoordinationstätigkeiten immer wieder Freiräume für das Schreiben verschafft.

Meine Freundin Franziska Weck und meine Mutter Steffi Schmidt waren eine große Unterstützung in der Erstellung der umfänglichen Interviewtranskriptionen. Franziska Weck war zudem, zusammen mit meiner Freundin Stefanie Mäser, an der orthographisch-grammatikalischen Korrektur der einzelnen Kapitel der Dissertation beteiligt: So manchen zusätzlichen Kommafehler würde die Arbeit ohne deren Engagement noch enthalten.

Nicht genug danken kann ich meinem Freund (und Kollegen) Christian Herfter, der die unzähligen Friktionen zwischen Beruf und Familienleben bewältigt hat, die sich insbesondere in den letzten Monaten des Arbeitens an der Dissertation ergeben haben: Danke für deine unermüdliche Unterstützung in der liebevollen (und manches Mal herausfordernden) Betreuung unserer Tochter Vika, für dein ausgeprägtes fachliches Interesse an meiner Arbeit, für die (auch) kritischen Anmerkungen zu den jeweiligen Kapiteln, für das permanente Ringen um Begrifflichkeiten und Argumentationen, für hilfreiche Tipps jedweder „inhaltsüberwindenden" Art, für deine Ausdauer in der Vermittlung zwischen mir und LaTeX, Citavi und Co., für die ästhetische Optimierung meines Dissertationsmanuskripts, ...

Inhaltsverzeichnis

1 Einleitung — 1
  1.1 Schulinspektionen und ihr Versprechen auf wirksames Wissen — 2
  1.2 „Wissen, was wirkt"? — 6
  1.3 Sprechen, was wirkt — 11
  1.4 Zum Aufbau der Arbeit — 17

2 Zum Verhältnis von Wirksamkeit und Pädagogik: Rahmung des Untersuchungsgegenandes — 19
  2.1 Wirksamkeit als Knotenpunkt — 24
  2.2 Wirksamkeit und Schulinspektionen — 27

3 Schulinspektion als Gegenstand von Erkenntnisproduktion — 29
  3.1 Die Qualität von Schulqualität — 32
  3.2 Steuerung von Schule qua Schulinspektion — 35
    3.2.1 Wirksame Steuerung: (De-)Inszenierungen — 38
    3.2.2 Wirksame Steuerung: Kritik an Schulinspektion aus gouvernementaler Perspektive — 45
  3.3 Evidenzbasierte Steuerung: Wissen und Politik, Wissen als Politik — 48
    3.3.1 Autorisierungen: Schulentwicklung durch Einsicht und die „bessere", weil empirische Evidenz — 53
    3.3.2 Autorisierungen: Bessere Entscheidungen — 65
  3.4 Effekte messen, Effekte haben: Studien zur Schulinspektion — 68
    3.4.1 (Un)bestimmte Wirksamkeit — 73
    3.4.2 Wirksame Verwendungen? — 77
    3.4.3 Educational Governance und Schulinspektion: Die „bessere" Perspektive? — 82
    3.4.4 Zweifelndes Sprechen — 88
  3.5 Verwenderinnen-Adressen — 91
    3.5.1 En detail: Adressierungen und die Leistung der Schulinspektion — 96
    3.5.2 Adresse: Die autonome Einzelschule — 110
    3.5.3 Kollektive und Individuen, Kollektive als Individuen — 114

	3.5.4	Adresse: Schulleitung	116
	3.5.5	(Nicht-)Adressen: Eltern und Schülerinnen	121
	3.5.6	Adressen: Schulinspektion, Schulinspektorinnen	123
3.6		Zwischenfazit: Unbestimmte Wirksamkeit, wirksame Unbestimmtheit	126
3.7		Anschlüsse für das weitere Vorgehen	131

4 Subjektivierung, Macht und die Politizität des Sozialen und die Politizität des Sozialen — **135**

4.1		Zeichen und Strukturen	136
4.2		Performative Sprechakte	137
4.3		Zitierende Zeichen ohne Ursprung	139
4.4		Performativität als Konstitutionslogik des Sozialen und des Subjekts	144
	4.4.1	Subjektivierung	147
	4.4.2	Resignifikationen als politisches (Ver-)Sprechen	152
4.5		Diskurs- als Hegemonietheorie	155
	4.5.1	Differenz und Äquivalenz: Unentscheidbarkeiten	160
	4.5.2	Unmögliche Bezeichnungen	162
	4.5.3	Die Rhetorizität der Hegemonie	165
4.6		Foucaults Machtanalytik	170
	4.6.1	Let's talk about sex: Produktive Macht	172
	4.6.2	Relationen: Macht als „Führung der Führungen"	176
4.7		Schlussfolgerungen für eine empirische Analyse	178

5 Analytisches Vorgehen — **181**

5.1	Diskursanalyse: Ab- und Eingrenzungen	183
5.2	Kontingente Praktiken als Forschungsgegenstand	188
5.3	Qualitative Forschungsinterviews als Materialien	192
5.4	Untersuchungseinheiten	196
5.5	Analyseergebnisse: Im „dekonstruktivistischen Strudel"	198
5.6	Figurierungen, Figurationen	200
5.7	Korpusauswahl	202
5.8	Die Vorgehensweise in der Analyse	204

6 Analyseeinsätze: Rahmungen. Interviews mit Schulleitungen — **207**

6.1	Sprechende Autoritäten	209
6.2	Verbindliche Verwendungen	211

Inhaltsverzeichnis IX

6.3 (De-)Inszenierungen von Bildungspolitik 215
6.4 Interviewsituationen: Changierende Arrangements 218
6.5 Die Aufführung von Schulinspektion 222

7 Interview-Anfänge: Zwischen Evaluieren und Evaluiert-werden **229**
7.1 Zur Frage des Einstiegs 230
7.2 Einen Anfang machen 231
    7.2.1 Anfang 1: Geglückte Erzählungen über die bewältige Schulinspektion 233
    7.2.2 Anfang 2: Evaluationen der Evaluation 243
    7.2.3 Anfang 3: Supplementäre Benennungen 249
    7.2.4 Anfang 4: Spontane Produktionen und das Verschwinden der Inspektionserfahrung 254
7.3 Zwischenfazit 256

8 Rezeptionen im Diskurs **259**
8.1 Inspektionsberichte: Das „Material" der Rezeption 261
8.2 Farben der Schulinspektion: Übersetzungen und Bindungen . 264
    8.2.1 Übersetzung in Schulleistungen 267
    8.2.2 Unendliche Farben 270
    8.2.3 Mobilisierungen 272
    8.2.4 Ergänzende Rezeptionen 273
    8.2.5 Ästhetik des Evaluativen 279
    8.2.6 Zwischenresümee: Farben der Schulinspektion 283
8.3 Das Versprechen in den Interviews 284
    8.3.1 Leere Versprechen 285
    8.3.2 Versprechen zwischen Be- und Entgrenzung 289
    8.3.3 Stellvertretungen des Versprechens 291
    8.3.4 Versprechensgemeinschaft 293
    8.3.5 Zwischenresümee: Versprechen 296
8.4 Bedingungen, Bedingtheiten von Rezeptionen 297
    8.4.1 Rezeptionen als Anlass, Forderungen zu stellen 297
    8.4.2 Rezeptionen zwischen Praxis und Bildungspolitik . . . 304
8.5 Zwischenfazit 307

9 Etablierung von Schulleitung und schulischer Ordnung schulischer Ordnungen 311

9.1 Ordnungen des Schulischen I: Rezeptionsdifferenzen 313
    9.1.1 Dignität des Lesens 318
    9.1.2 Schulleitung als Medium von Rezeptionen 321
    9.1.3 Unsichtbare Schulleitung 327
    9.1.4 Heterogenitäten / Homogenitäten 329
9.2 Ordnungen des Schulischen II: Verteilungsdifferenzen 332
    9.2.1 Prestige des Gedruckten 333
    9.2.2 Ein- und Ausschlüsse von Rezeptionsakteuren 335
    9.2.3 Parzellierung des schulischen Raumes 338
    9.2.4 An-Eignungen von Inspektionsberichten 340
    9.2.5 Ver- und Enthüllungspolitiken: Im Sichtfeld Anderer . 341
    9.2.6 Qualifizierungen als Rezeptionsakteure 344
9.3 Zwischenfazit 346

10 Perspektivendifferenz: Wahrheitsprüfungen 349

10.1 Notwendigkeit und Unmöglichkeit von Perspektivendifferenz . 351
10.2 Bearbeitung von Perspektivendifferenz: Nachforschungen . . . 354
10.3 Kongruente Perspektiven: Entproblematisierungen 358
10.4 Schärfung der Perspektivendifferenz: Beweisführungen 360
    10.4.1 Die Stimme der Wissenschaft 361
    10.4.2 Evidenz des Augenscheins 366
    10.4.3 Pädagogische Autorisierungen 370
10.5 Relativierung der Perspektivendifferenz 374
10.6 Zwischenfazit 375

11 Zusammenfassende Betrachtung der Interviewfiguren 377

12 Fazit: Unbestimmte Wirksamkeit, wirksame Unbestimmtheit 381

12.1 Unbestimmte, mögliche Wirksamkeit 383
12.2 Subjektiv(ierend)es Sprechen 384
12.3 Gleichzeitigkeit von Distanzierung und Anerkennung 386
12.4 Ausblick und Reflexion der Studie 388

Literatur 393

Abbildungsverzeichnis

3.1 Rahmenmodell zur Wirkung von Schulinspektionen nach Ehren und Visscher (2006), dargestellt in der Übersetzung von Böhm-Kasper, Selders, und Lambrecht (2016, S. 23). 72

6.1 Briefkopf des Anschreibens zur Mitwirkung der Schulen / schulischen Akteure an der RUN-Studie. 213

6.2 Faxvorlage im Anhang des Anschreibens zur Mitwirkung der Schulen / schulischen Akteure an der RUN-Studie. 214

8.1 Beispielhafte Ansicht der (farblich markierten) Inspektionsbefunde im Schulinspektionsbericht. 264

8.2 Titelblatt eines Inspektionsberichts des sächsischen Inspektionsverfahrens (Sächsisches Bildungsinstitut, 2009) 265

1 Einleitung

> Kunden- und Teilnehmerbefragungen sind nur das augenfälligste Symptom jener Epidemie, der böse Zungen den Namen Evaluationitis gegeben haben. Erfasst hat sie die bundesdeutsche Gesellschaft nach längerer Inkubationszeit irgendwann in den 1990er Jahren, ihr endgültiger Durchbruch fiel zusammen mit dem ,PISA-Schock'. Inzwischen sehen manche Beobachter erste Immunisierungstendenzen. Dass das Zauberwort Evaluation etwas von seiner Strahlkraft eingebüßt hat und der Spott über die Auswertungsmanie wächst, besagt jedoch keineswegs, dass auch die tatsächliche Ausbreitung von Evaluationsverfahren zurückginge. Im Gegenteil: Vieles deutet darauf hin, dass die Praktiken der Aus- und Bewertung sich veralltäglicht und Evaluierer wie Evaluierte gelernt haben, das Evaluationsspiel zu spielen, ohne sich davon im gewohnten Gang der Geschäfte sonderlich aufhalten zu lassen (Bröckling, 2004, S. 76).

Dieses Zitat ist dem Eintrag für „Evaluation" des *Glossars der Gegenwart* (Bröckling, Krasmann, & Lemke, 2004b) entnommen. Eingang in dieses Glossar finden Begriffe von zentraler „Schlüsselstellung" für politische und kulturelle Debatten (Bröckling et al., 2004b, S. 10). Den Autorinnen zufolge üben jene Begriffe – in Anlehnung an Michel Foucaults Machtanalytik – eine strategische Funktion aus, indem sie an zeitgenössische Regierungskünste gekoppelt sind, entlang derer die Gegenwart ihre Konturen erhält (Bröckling et al., 2004b, S. 10).

Evaluation steht folglich im engen Zusammenhang zur Problematik eines gestaltenden Eingreifens in gesellschaftliche Bereiche. Zum einen prägt sie – als Schlüsselbegriff – die Gestalt der Gegenwart und stellt eine von deren zentralen Koordinaten dar. Zum anderen verspricht Evaluation offenkundig, zentrale gesellschaftliche Herausforderungen erfolgreich bearbeiten zu können.

Mit Verweis auf die Rezeptionen der Ergebnisse internationaler Schulleistungsvergleichsstudien, die im Zitat als „PISA-Schock" deklariert wurden, erscheint eine solche Herausforderung augenfällig: Die PISA-Studien, die mittels empirisch-quantifizierender Vorgehensweisen vor allem die Leistungen

---

© Springer Fachmedien Wiesbaden GmbH, ein Teil von Springer Nature 2020
M. Schmidt, *Wirksame Unbestimmtheit, unbestimmte Wirksamkeit*, Schule und Gesellschaft 63, https://doi.org/10.1007/978-3-658-28081-9_1

ausgewählter Schülerinnen (in Form von Kompetenzen) vermessen sollten, wurden als Nachweis für ein systemisches Defizit in der bundesdeutschen Steuerung von Schulen diskutiert. Es stellte sich seitdem verstärkt die Frage, inwiefern eine „Neue Steuerung" (vgl. z. B. Altrichter, 2010a) von Schulen ausgestaltet und lanciert werden kann, die die bis dato vorherrschende, bürokratisch organisierte schulische Steuerung ablöst und diesen Defiziten wirksam begegnet.

Als ein bundesstaatliches Instrument dieser Neuen Steuerung fungieren *Schulinspektionen*, die als Verfahren der empirischen Überprüfung von Schulqualität auf der Ebene der Einzelschulen seit einigen Jahren im deutschen Schulsystem etabliert sind und die den Gegenstand der vorliegenden Untersuchung bilden sollen. Vergleichbar zu dem, wie es für Evaluation im Zitat Bröcklings beschrieben ist, fällt auch ihr „Durchbruch" mit dem „PISA-Schock" und der Ausbreitung von Logiken empirischen Erkenntnisgewinns zusammen. Schulinspektionen weisen von ihrem Grundanliegen und Vorgehen her Ähnlichkeiten zu Evaluationen auf – sensu der Definition der *Deutschen Gesellschaft für Evaluation*. „Evaluation" bezeichnet dort die

> systematische Untersuchung von Nutzen und / oder Güte eines Gegenstandes auf Basis von empirisch gewonnenen Daten. Impliziert eine Bewertung anhand offengelegter Kriterien für einen bestimmten Zweck (Deutsche Gesellschaft für Evaluation, 2019).

Schulinspektionen sind jedoch weit mehr als „Kunden- und Teilnehmerbefragungen" (s. o.), auch wenn letztere – als Einschätzungen von Schulqualität aus Sicht von Lehrerinnen, Schülerinnen und Eltern – üblicherweise einen Bestandteil von Schulinspektionen ausmachen. Sie ergänzen die Unterrichtsbeobachtungen, welche durch (den Einzelschulen gegenüber) externe Schulinspektorinnen vorgenommenen werden und zumeist den Kern der Inspektionsverfahren darstellen. Schulinspektionen situieren sich demnach gewissermaßen an der Schnittstelle von schulischer Selbst- und Fremdeinschätzung. Dies korrespondiert mit der (noch zu explizierenden) Programmatik einer ‚Neuen Steuerung'.

1.1 Schulinspektionen und ihr Versprechen auf wirksames Wissen: Zum Forschungsgegenstand

Als *Steuerungsinstrumente* sollen Schulinspektionen, mit Fokus auf Schulqualität, Verbesserungen von Schulen ermöglichen und damit Steuerungsdefizite im Schulsystem bearbeiten. Sie versprechen demnach eine *wirksame Einflussnahme* auf die Gestaltung schulischer und pädagogischer Prozesse. Wie gestaltet sich diese wirksame Einflussnahme qua Schulinspektion im Detail? Inwiefern sollen Schulinspektionen wirksamer steuern als die inputkontrollierten Vorgaben (Lehrpläne, Erlässe etc.) eines ‚alten' Steuerungsmodells?

Eine wichtigen Stellenwert im Gefüge der „wirksamen" Steuerung qua Schulinspektionen nimmt *Wissen* ein, mit welchem sich Bewertungen von schulischer Güte vornehmen lassen. Dieses Wissen hat eine spezifische Qualität, wie bereits in Bezug auf Evaluation eingangs anklang: Es erscheint im Format plausibler und wissenschaftlich erhärteter Erkenntnisse über die schulische Wirklichkeit. Die Schulforschenden van Ackeren, Heinrich, und Thiel (2013) sprechen von „empirischen Evidenzen", mittels welchen sich Auskünfte über die ‚tatsächlich wahrnehmbare' Qualität einzelner Schulen gewinnen lassen.

Die *Legitimierung* von Inspektionsbefunden als „Evidenzen" erfolgt dabei zum einen über deren systematische Gewinnung unter Einsatz von Vorgehensweisen der empirisch-quantifzierenden Sozialforschung. Exemplarisch hierfür heißt es etwa im Inspektionsbericht des sächsischen Schulinspektionsverfahrens, der den Schulen nach erfolgter Inspektion überreicht wird:

> Der Blick von außen erfolgt durch ein Schulbesuchsverfahren, welches sich an sozialwissenschaftlichen Erkenntnissen orientiert. Anhand systematisch ausgewählter Kriterien und Indikatoren werden Daten zur Bewertung schulischer Qualität gesammelt und zusammengefasst. Ziel ist es, auf möglichst objektive, d. h. einheitliche Art und Weise verlässliche Informationen über die Ergebnisse und Prozesse schulischer Arbeit zu liefern, um so Stärken und Schwächen und möglichen Handlungsbedarf der Schule aufzuzeigen (Sächsisches Bildungsinstitut, 2009, S. 3).

Zum anderen wird die Erhebung von Inspektionsbefunden, welche im Rahmen von Schulinspektionen in Qualitätsbewertungen überführt werden, in Erkenntnissen der Schuleffektivitätsforschung bezüglich kausaler Ursache-Wirkungs-Zusammenhänge fundiert. In der Selbstbeschreibung des sächsischen Schulinspektionsverfahrens, der „externen Evaluation" von Schulen, wird dieser Bezug explizit angespielt:[1]

---

[1] Das Beispiel Sachsens wurde gewählt, da die Erhebung des empirischen Datenmaterials, das innerhalb dieser Studie analysiert wird, an sächsischen Schulen stattfand und

Die Beschreibung der Kriterien orientiert sich am Stand der einschlägigen Forschung zu Erfolgsfaktoren schulischen Wirkens. Die ausgewählten Kriterien sind erziehungs- und lerntheoretisch fundiert und ihre Relevanz hat sich in praxisbezogenen wissenschaftlichen Studien gezeigt (Sächsisches Bildungsinstitut, 2010, S. 3).

Es geht demnach um die Inszenierung und Produktion eines *„Wissen[s], was wirkt"* (Bellmann & Müller, 2011b), d. h. eines Wissens, welches über pädagogische Ursache-Wirkungszusammenhänge informiert ist und damit zugleich seinerseits den Anspruch stellt, als steuerungsrelevantes Wissen wirksam sein zu können. Mit der Qualität des Wissens als empirischer Evidenz hängt demnach ein weiterer Aspekt zusammen, der Schulinspektionen als ein Instrument wirksamer Einflussnahme auf Schulen qualifizieren soll: Das Schulinspektionswissen ist auf seine zweckmäßige Verwendung hin ausgelegt und damit gewissermaßen immer schon *praktisches Wissen* (vgl. für Evaluation allgemein: Kromrey, 2001).

Die annoncierten Verwenderinnen sind im Falle von Schulinspektionen jedoch weniger die ‚klassischen' Steuerungsinstanzen der Bildungspolitik und -administration, sondern vornehmlich jene einzelschulischen Akteure, die zuvor die Schulinspektion durchlaufen haben. Sie erhalten qua Schulinspektion ein für sie aufbereitetes „Datenfeedback" (Altrichter, 2010b, S. 219) über ihre schulischen Prozesse und Ergebnisse. Sie sollen daran anschließend die Verbesserung der Qualität ‚ihrer' Schule eigenverantwortlich vornehmen, indem sie die Inspektionsdaten als für sie gültig anerkennen und für Schul- und Unterrichtsentwicklung nutzen.

Die Normativität des Inspektionswissens – als einem praktischen Wissen – wird explizit betont, beispielsweise wenn sich im Inspektionsbericht der sächsischen Schulinspektion formuliert findet:

---

sich auf das sächsische Inspektionsverfahren bezog. In Sachsen wurde die Bezeichnung „externe Evaluation" gewählt. Dies mag darin begründet liegen, dass mit „Schulinspektionen" in der ehemaligen DDR Kontroll- und Aufsichtsverfahren an den Schulen bezeichnet wurden, die häufig mit negativen Konsequenzen seitens der inspizierten Schulen verbunden waren. Die Wahl der Begrifflichkeit „externe Evaluation" stellt einen Einsatz dar, diese historischen Verbindungslinien zu kappen und einen indirekten Weg der schulischen Steuerung einzuschlagen. Dies zeigt die politische Bedeutsamkeit und wirklichkeitskonstitutive Kraft von Namensgebungen, wie sie auch Gegenstand der vorliegenden Untersuchung sein soll (vgl. hierfür etwa die Ausführungen unter 4 auf Seite 135).

> Indem neben den Stärken der Schule Handlungsfelder angezeigt werden, die es noch weiter zu verbessern gilt, bildet der Bericht den Ausgangspunkt für die schulische Maßnahmenplanung und die interne Evaluation (Sächsisches Bildungsinstitut, 2009, S. 3).

Zugleich wird Normativität aber auch verschleiert, indem unter Berufung auf wissenschaftliches Vokabular eine objektive, interessenunabhängige Deskription des Beobachteten inszeniert wird. Eine solche, auf Generieren und Rückmelden von Evidenzen an schulische Akteure fokussierte Steuerung ließe sich als Strategie des „zwanglosen Zwangs" bezeichnen, wie die Schulinspektionsforschenden Dietrich und Lambrecht (2012) dies formulieren. Im „zwanglosen Zwang" wird eine gerichtete Steuerbarkeit der Schulen bzw. schulischen Akteure auf *indirektem Wege* versprochen – ohne dass die Schulinspektion dabei selbst als Steuerungsinstanz sichtbar werden muss. Schulinspektion zeigt lediglich Möglichkeiten auf, die der anerkennenden „Einsicht" (vgl. Böttger-Beer & Koch, 2008) in diese seitens der schulischen Akteure erst noch bedürfen. Über das Gewähren und Vornehmen von Einsicht werden die schulischen Akteure an der schulischen Steuerung qua Wissen beteiligt, insofern sie über den Status und Wert von Wissen – als Evidenz – entscheiden:

> Weil die evidenzbasierte Steuerung Einsicht voraussetzt, verlagert sich die Deutungsmacht darüber, welches Wissen als Evidenzen anerkannt wird, in Richtung der schulischen Akteure (Dietrich & Lambrecht, 2012, S. 68).

Entlang von *Einsicht*, d. h. der eigentätig-anerkennenden Mitwirkung der Inspizierten am Erkenntnisprocedere, sollen die Selbststeuerungspotentiale der Inspizierten und von Schulinspektion Adressierten angeregt werden, so dass sich auch systematische Problemlagen der individuellen schulischen Akteurin oder der einzelne Schule zurechnen lassen. Diese Mélange aus Selbst- und Fremdsteuerung im Zusammenspiel mit Evidenz- bzw. Datenbasierung lässt sich in einen weiteren Kontext einordnen und der Steuerungsprogrammatik des *New Public Management* zuordnen, die auch in vielen anderen Bereichen öffentlicher Arbeit und Verwaltung Eingang fand.

1.2 „Wissen, was wirkt"? Zur Problematisierung des Wirksamkeitsversprechens

Diesen Wirksamkeitsannahmen im Gegenstandsbereich der schulischen Steuerung gegenüber ließe sich rückfragen, ob Schulinspektionen tatsächlich zu verbesserter Schulqualität führten oder führen werden. Kann das Wissen der Schulinspektion die Rationalisierung und Effektivierung schulischer Praxis bedingen? Ist es ein „Wissen, was wirkt" (Bellmann & Müller, 2011b)? Im eingangs zitierten Glossarbeitrag zu „Evaluation" wurde erwähnt, dass sich mittlerweile Immunisierungstendenzen abzeichneten und man gelernt hätte, das „Evaluationsspiel zu spielen", während im „gewohnten Gang der Geschäfte" hierdurch kaum Irritationen entstünden (Bröckling, 2004, S. 76). Lassen sich auch hier Parallelen zu Schulinspektionen ziehen?

Ein systematisch orientierter, exemplarischer Einblick in die wissenschaftliche Diskussion um Schulinspektionen macht deutlich, dass diese eng an die Frage ihre Wirksamkeit gebunden bleiben. Bereits die Titel diverser Publikationen wie „Fluch und Segen von externer Evaluation" (Saldern, 2011), „Forschung über Evaluation. Bedingungen, Prozesse und Wirkungen" (Hense, Rädiker, Böttcher, & Widmer, 2013), „Damit Unterricht gelingt. Von der Qualitätsanalyse zur Qualitätsentwicklung" (Fischer, 2014), um nur einige zu nennen, verweisen darauf. In einem vergleichsweise frühen synoptischen Überblick zur Schulinspektionsforschung aus dem Jahr 2008 – einem Zeitraum, in dem Schulinspektionen zunehmend in den Fokus wissenschaftlicher Untersuchungen geraten – wird der Frage der Wirksamkeit ein besonderer Stellenwert eingeräumt: Die Publikation von Dedering und Müller (2008) befragt Schulinspektion als *Auslöser[in] von Wirkungen* und betont den Stellenwert dieser Forschungslinie. Seither hat die Frage nach der Wirksamkeit von Schulinspektion eine ‚Karriere' im Feld der Schulentwicklungsforschung zu verzeichnen.

Empirische Studien zu Schulinspektionen gehen die Frage der Wirksamkeit über verschiedene Zugänge an: Das Finden von Gelingensbedingungen, die Messungen der Akzeptanz von Schulinspektion aus Sicht der Inspizierten, das Nachvollziehen je individueller Rezeptions- und Verwendungsweisen von Schulinspektionsbefunden durch schulische Akteure oder die Messung des Einflusses auf Schülerinnenleistungen lassen sich als ausgewählte Erkenntnisziele nennen (vgl. für einen Überblick z. B. Lambrecht & Rürup, 2012).

„Wirksamkeit" wird dabei in den Forschungen häufig mit der Entwicklung von Schulqualität in eins gesetzt (vgl. Landwehr, 2011). Was als Wirksamkeit von Schulinspektion gilt, wo deren Grenzen liegen, erscheint aber durchaus strittig, wie etwa die gängige Unterscheidung von Wirksamkeit und (Neben-) Wirkungen nahelegt (z. B. Quesel, Husfeldt, Landwehr, & Steiner, 2011; Wolf & Janssens, 2007). Zudem ist fraglich, wie Wirksamkeit empirisch nachgewiesen werden kann: Wann und wie zeigt sich eine Verbesserung als solche und lässt sich zweifelsfrei auf die Schulinspektion zurückführen?

Festzuhalten bleibt, dass sich das Vorhandensein einer Wirksamkeit von Schulinspektionen bislang *nicht eindeutig nachweisen* lässt. Noch derzeit gilt, was Vera Husfeld aus ihrem Forschungsüberblick zu Schulinspektionen aus dem Jahr 2011 folgerte: „[Es] bleibt trotz einer Vielzahl von Studien in diesem Bereich die Frage nach der Wirksamkeit externer Schulevaluation weitgehend unbeantwortet" (Husfeldt, 2011, S. 13; vgl. ähnlich Altrichter & Kemethofer, 2016).

Bezugnehmend auf den Diskussionsstand zu Schulinspektion und den Forschungsdesiderata lässt sich weiterhin rückfragen, ob sich die Frage nach der wirksamen Beeinflussung von Schulen bzw. nach der Wirksamkeit von Schulinspektionen überhaupt hinreichend (positiv) beantworten lässt – oder ob es sich bei Wirksamkeit nicht um eine Problematik handelt, die nicht abschließend auflösbar ist, der sich aber auch nicht entziehen kann, wer über die Steuerung von Schulen nachdenkt. Ein solcherart *konstitutives* Problem bedingt, dass die Wirksamkeitsfrage immer wieder aufs Neue gestellt und einer stets nur vorübergehenden Antwort zugeführt werden muss, aus der heraus sich neue Fragen ergeben.

In der Pädagogik und Erziehungswissenschaft gibt es eine lange Tradition des Nachdenkens über Wirksamkeit, die sich zwar vornehmlich auf die Wirksamkeit pädagogischen Handelns, d. h. die Beeinflussung anderer Menschen durch pädagogische Absichten, richtet – aber darin doch auf ähnliche Problemlagen stößt wie die Überlegungen zur Steuerung von Schulen. In einem die erziehungswissenschaftliche Auseinandersetzung um Wirksamkeit (bis in die heutigen Debatten hinein) stark prägenden Text zum „Technologiedefizit der Erziehung" lässt sich dieses Nachdenken exemplarisch erschließen (Luhmann & Schorr, 1982).

Die Autoren des Textes, der Systemtheoretiker Niklas Luhmann und der Erziehungswissenschaftler Karl Eberhard Schorr, argumentieren, dass pädagogisches Handeln nicht auf einen kausalen Ursachen-Wirkungszusammenhang reduziert werden könne. Dies ließe sich u. a. auf die unhintergehbare Selbstreferentialität der am pädagogischen Geschehen beteiligten „psychischen Systeme", z. B. der Lehrerinnen und Schülerinnen, und deren jeweilig verfolgten Kausalpläne zurückführen. Mithin sei Pädagogik nicht als Technik zu verstehen, bei der sich die gewünschten Effekte in vorherseh- und planbarer Weise herstellen lassen. Dieses „Technologiedefizit" führe dazu, dass mit pädagogischem Handeln systematisch ein gewisses Maß an Ungewissheit und Scheiternswahrscheinlichkeit einhergehe.

Der Vorwurf, den die Autoren aus der Perspektive ihrer Bezugswissenschaft, der Soziologie, heraus gegenüber der Pädagogik erheben, ist, dass letztere nicht ausreichend auf ihr Technologiedefizit reflektiert hätte. Im historisierenden Durchgang durch ausgewählte pädagogische Texte arbeiten Luhmann und Schorr u. a. zwei einander konträre Umgangsweisen heraus, mit denen die Pädagogik eine Reflexion auf ihr Technologiedefizit umgangen hätte: 1.) eine Abkehr vom Wirksamkeitsgedanken insofern, dass das Streben nach wirksamer Beeinflussung von pädagogischen Adressatinnen weder erstrebenswert noch moralisch gerechtfertigt erscheint; 2.) die kontingenzvergessene Negierung des Defizits, die eine Forderung nach pädagogischer Technisierung nach sich ziehe.

Markant erscheint am Text von Luhmann und Schorr weiterhin dessen eigener Ansatz einer die Kontingenz pädagogischen Handelns reflektieren Forschung: Ohne von der Möglichkeit einer Technisierung abzusehen, geht es darum, das pädagogische Geschehen als einen (lediglich) *komplexen* Kausalzusammenhang zu platzieren, der sich über „Technologieersatztechnologien" (Luhmann & Schorr, 1982, S. 21) strukturieren zu lassen vermag. Damit wird jedoch neuerlich ein *Versprechen auf pädagogische Wirksamkeit* artikuliert.[2]

An diesen knappen Ausführungen zum Technologiedefizit lässt sich eine Einsicht pointieren, die in ähnlicher Weise auch in anderen erziehungswissenschaftlichen Diskussionsfeldern gewonnen werden kann (vgl. hierfür das nächste Kapitel dieser Arbeit): Wirksamkeit lässt sich als *zentrales pädagogisches Problem* markieren, von deren Vorhandensein oder Erreichbarkeit nicht in einem einfachen Sinne auszugehen ist; zugleich wird aber an der *Möglichkeit* ihrer Erreichbarkeit festgehalten und es werden – der Problematik scheinbar zum Trotze – Wirksamkeitsversprechen formuliert (vgl. hierzu

---

[2] Eine solche „Technologieersatztechnologie" bezieht sich beispielsweise auf die Beeinflussung nicht des pädagogischen Handelns, sondern der subjektiven „Kausalpläne" der Pädagoginnen, d. h. auf deren Intentionen und Deutungsweisen bezüglich ihrer Wirksamkeit im pädagogischen Geschehen (vgl. Luhmann & Schorr, 1982, 21ff.).

etwa die Ausführungen zu Pädagogik als einer Wissenschaft des Umögli- chen bei Wimmer, 2006b). Die Bildungsphilosophin Christiane Thompson (2017b) argumentiert dahingehend, dass „Wirksamkeit" für pädagogische Diskussionen als eine Art „gordischer Knoten" fungiert.

Überträgt man die Überlegungen zur *Kontingenz pädagogischen Handeln* auf die Belange der schulischen Steuerung, so erscheinen die Praktiken des Steuerns und Gesteuertwerdens ebenfalls als nicht eindeutig-linear aufeinan- der Bezug nehmend gedacht werden zu können. Eine Reihe von Forschungen in der Schulinspektions- und Schulentwicklungsforschung beruft sich auf diese Kontingenz des Steuerns, häufig in Rekurs auf die Forschungsperspektive der *Educational Governance*, anhand derer sich die Regierungsanstrengungen und -brüchigkeiten am Steuerungsinstrument der Schulinspektion unter- suchen lassen, die die beteiligten Akteure des Schulsystems – staatliche und nichtstaatliche – vor die Herausforderung der (Neu)Koordination ihrer Handlungsinteressen und -umsetzungen stellt. Die Losung „Governance statt Steuerung", mit der Fabian Dietrich (2014a, S. 210) die Stoßrichtung dieser Forschungsperspektive benennt, verweist auf die beschriebene Problematik von Wirksamkeit, in deren Konsequenz das Scheitern intentionaler Steuerung den Normalfall darzustellen scheint (vgl. auch Altrichter & Heinrich, 2007). Von dieser Annahme ausgehend eruieren *Educational-Governance*-Studien u. a. die Eigensinnigkeiten und Widerständigkeiten in den Verwendungen von Schulinspektionsbefunden durch die schulischen Akteure. Zugleich er- scheint vielen dieser Studien die Frage nach der Möglichkeit einer „dichten" Handlungskoordination, die dem unwahrscheinlichen Ereignis gelingender Steuerung nahekommt, relevant (z. B. Preuß, Brüsemeister, & Wissinger, 2012).

Es stellt demnach ein naheliegendes Anliegen dar, den *„gordischen Knoten" der Wirksamkeit* (Thompson) im Themenfeld der schulischen Steuerung bzw. Schulinspektion(sforschung) genauer in den Blick zu nehmen. In den weiteren Kapiteln dieser Studie soll es mir darum gehen nachzuverfolgen, auf welche Weise die Wirksamkeit von Schulinspektionen problematisiert wird: Wie wird sie aufgerufen, benannt und bestimmt? In welchen Hinsichten erscheint eine wirksame Schulinspektion als nötig und möglich? Was (und wer) wird mit ihr in Verbindung gebracht? Was wird mit ihr (nicht) beobachtbar?

Zudem ließe sich fragen, wie die *Problematik* der Wirksamkeit bearbeitet wird: Welche verschiedenen Strategien der Problembearbeitung sowie welche Verhältnisnahmen zum Wirksamkeitsversprechen der Schulinspektion lassen sich (in Forschung und Schulpraxis) finden? Mit welchen Effekten geht dies einher? Inwiefern wirken Schulinspektionen gerade auch gegen oder abseits ihres intendieren Wirksamkeitszusammenhangs? Welche Rolle spielt dabei die (Nicht-)Einlösung des Versprechens auf Wirksamkeit?

Es ist demnach weniger das Ziel zu verfolgen, ob und wie genau Schulinspektionen zu einer wirksamen Steuerung von Schulen beitragen können. Der Wechsel auf die Betrachtungsebene von Problematisierungen impliziert Skepsis gegenüber einer solchen Fragestellung, insofern diese bereits von einem notwendigen Verhältnis aus Wirkungsannahmen und deren Effekten ausgeht (vgl. hierzu ähnlich: Lambrecht & Rürup, 2012).

Mit der Einnahme einer problematisierenden Perspektive auf Wirksamkeit möchte ich an die Forschungsperspektive einer kulturwissenschaftlicher Bildungsforschung anschließen (vgl. z. B. Thompson, Jergus, & Breidenstein, 2014), die in ihrer Grundannahme von der Kontingenz sozialer, d. h. auch pädagogischer und schulischer, Formationen ausgeht. Diese Grundannahme ist informiert durch die poststrukturalistischen Theoretisierungen von Michel Foucault, Ernesto Laclau und Chantal Mouffe, Judith Butler etc. (im Überlick z. B. bei Moebius und Reckwitz, 2008b). Aus dieser Perspektive lässt sich in den Blick bringen, wie sich Formations- bzw. Ordnungsbildungen – als praktisch vorzunehmende Bearbeitungen und Einschränkungen von Kontingenz – vollziehen (können). Der Status von Problemen, die als kaum dauerhaft auflösbar gelten, ist dabei einer, der Ordnungsbildungen permanent anreizt und forciert, dabei aber zugleich diese Ordnungsbildungen systematisch auch durchkreuzt und unterminiert.[3]

Die Wirksamkeit von Schulinspektionen solcherart als ein Ordnungsproblem zu untersuchen, ist in gewisser Hinsicht anschlußfähig an das eingangs zitierte Glossarlemma zu „Evaluation". Mit diesem ließe sich die Gegenwart auf spezifische Weise erschließen und kritisieren, so die Argumentation der Autorinnen des Glossarbandes (vgl. Bröckling, Krasmann, & Lemke, 2004a, S. 11). Die als Lemma aufgenommenen Begriffe des Glossars fungieren dabei allesamt als

> Programme des Regierens, die Probleme definieren, sie in einer bestimmten Weise rahmen und Wege zu ihrer Lösung vorschlagen. Programme formen die Realität, indem sie Diagnosen stellen und The-

---

[3] Ähnlich weist etwa Ulrich Bröckling (2007, S. 21) darauf hin, dass paradoxale Konstellationen, zu denen sich Wirksamkeit rechnen lässt, als Probleme *prozessieren*: „Was sich als logische Unmöglichkeit darstellt, bleibt eine praktische Aufgabe".

rapien empfehlen. [...] Sie rufen Menschen an, sich als Subjekte zu begreifen und sich in spezifischer Weise [...] zu verhalten, und fördern so bestimmte Selbstbilder und Modi der ‚inneren Führung'.(Bröckling et al., 2004a, S. 11).

Versteht man Schulinspektionen und deren Wirksamkeit als solcherart problemorientierte Programme, so ist folglich auch nach deren *Effekten* zu fragen – etwa nach den Selbstführungsmodi und Selbstbildern von durch Schulinspektionen angerufenen Subjekten. Diese Effekte decken sich nicht zwangsläufig mit den versprochenen Wirkungen der Schulinspektion. Sie können ambivalent sein und insgesamt eine kritisch-reflexive Inblicknahme gegenwärtiger ‚Neuer Steuerung' von Schulen angebracht erscheinen lassen.[4]

Gegenüber der Perspektive des *Glossars der Gegenwart* nimmt meine Studie jedoch auch einen etwas anders gelagerten Blickwinkel ein. Während erste sich in ihrer Analytik auf die Ebene der Programmatik von Evaluationen beschränkt und postuliert, dass diese eine für Evaluationssubjekte folgenreiche Wirklichkeit produziere, untersuchen die hier vorliegenden Analysen, wie diese Konstitutionen von Wirklichkeit und Subjektivität sich *in actu* konkret vollziehen.[5] Dies soll im folgenden Abschnitt ausführlicher erläutert werden.

1.3 Sprechen, was wirkt: Vorgehensweise und grundlegende Annahmen der Studie

Die beabsichtige Analyse der Vollzüge der Wirklichkeitskonstitution wird in meiner Studie an zweierlei Sorten von empirischen Forschungsmaterialien vorgenommen. Zum einen habe ich *Forschungsinterviews mit Schulleitungen* zu deren jeweiligen Verwendungen von Schulinspektionsbefunden geführt; zum anderen handhabe ich *wissenschaftliche Texte* – empirische Studien, konzeptionelle oder theoretisierende Beiträge zur Schulinspektionsforschung – als empirisches Datenmaterial.

Die *Forschungsinterviews* sollten Aufschluss über die Verwendungen des Inspektionswissens in der schulischen Praxis sowie die damit verbundenen Effekte geben. Sie schienen insofern einen geeigneten und naheliegenden Zugang zur Wirksamkeitsfrage von Schulinspektionen darzustellen, als dass

---

[4] Zu einer kritischen Beforschung von Schulinspektionen als Instrumenten einer neuen schulischen Steuerung siehe u. a. auch Bellmann, Duzevic, Schweizer, und Thiel (2016), Dietrich und Lambrecht (2012).

[5] Zur Differenzierung von Programmatik und Vollzug vergleiche Ott und Wrana (2010).

– in Rekurs auf die oben angerissenen Überlegungen zur „Einsicht" der schulischen Akteure in das Schulinspektionswissen – die schulischen Akteure, insbesondere die Schulleitungen der inspizierten Einzelschulen, den zentralen Ankerpunkt der Wirksamkeitsproblematik von Schulinspektionen darstellen.

Für die Analysen der Interviews galt es zu berücksichtigen, dass im Termius der „Einsicht" selbst bereits ein Selbst-und-Fremdsteuerungsgefüge impliziert ist: Einsicht muss sowohl genommen, als auch gewährt werden. Sie oszilliert damit zwischen aktiven und passiven Komponenten. Demnach stellt das Sprechen der Inspizierten in den Interviews gerade keinen ‚wahren' und exklusiven Zugang zur Wirksamkeit von Schulinspektionen dar. In die Analyse wurden folglich alle Interviewäußerungen einbezogen, auch jene der Interviewerin.

Eine analytische Herausforderung dieser Empirie lag darin, die Interviewäußerungen nicht mit der Wirksamkeitsfrage ‚kurzzuschließen' und sie beispielsweise als (nicht-)intendierte Formen der Verwendung von Inspektionswissen für Schulentwicklungsaktivitäten zu identifizieren. Unter der Perspektive von kulturwissenschaftlicher Bildungsforschung sollten die kontingenten Praktiken der Wirklichkeitskonstitution in den Fokus rücken, so dass das Sprechen als Verwendungspraxis erschlossen wurde.[6]

Ähnlich sollte es sich mit den *wissenschaftlichen Texten* um Schulinspektionen verhalten. Wissenschaftliches Sprechen ließe sich zunächst generell als eines charakterisieren, das Anspruch auf die Darstellung von Wahrheit erhebt.[7] Die oben angerissenen Ausführungen zum Forschungsstand legten jedoch bereits nahe, dass es ‚die' Wahrheit der Wirksamkeit von Schulinspektionen nicht gibt. Das wissenschaftliche Sprechen zu Schulinspektionen als Datenmaterial zu befragen, liegt jedoch nicht allein aus diesem Grund nahe, sondern beispielsweise auch bezüglich der Ergebnisse der Wissensverwendungsforschung der 1990er Jahre (vgl. z. B. Dewe & Radtke, 1993; Beck

---

[6] Dieses Vorgehen weist Nähen zu den Studien um schulische Lernkulturen auf, die auf die Hervorbringung pädagogischer Ordnungen fokussieren, sich dabei jedoch zumeist auf das unterrichtliche Geschehen beschränken (vgl. z. B. Reh, Rabenstein, & Idel, 2011; Kolbe, Reh, Fritzsche, Idel, & Rabenstein, 2008).

[7] Vergleiche etwa die Ausführungen Luhmanns zur „Wahrheit" als Medium des Systems Wissenschaft (Luhmann, 1990). Dass es sich dabei nicht um ‚die eine' Wahrheit handeln kann, derer sich wissenschaftlich angenähert wird, zeigt beispielsweise die Arbeit von Thomas Kuhn (1976). Kuhn spricht von Paradigmen, die im Sinne von kulturell geprägten Vorannahmen jeweils bedingen, was als ein Forschungsgegenstand erscheint und wie sich dieser erforschen lässt. Jede „Wahrheit" hat damit eine historisch-situative Dimension und Perspektivität.

& Bonß, 1989). Diese verwiesen darauf, dass wissenschaftliches Wissen nicht über die Auseinandersetzungen in der gesellschaftlichen Praxis erhaben ist und diese durch ,wahre' Erkenntnisse ,verwissenschaftlichen' kann. Zwischen dem Wissen und seiner Verwendung verläuft ein Rationalitätsbruch.

Dies ließe sich wiederum auch an den von mir geführten Forschungsinterviews zu Schulinspektionen plausibilisieren: In diesen wurde nicht allein das Thema der Verwendung von Wissen bearbeitet, sondern die Interviews stellten weiterhin auch ein Arrangement dar, in welchem wissenschaftliche Forschung (vertreten durch mich als Forschende) und Schulpraxis (vertreten durch die interviewten Schulleitungen) innerhalb einer sozialen Praxis einander begegnen und über das Schulinspektionswissen ins Gespräch kommen, dabei Ansprüche und Positionierungen zum Wissen vornehmen. Bereits der qua Interviews prozessierte Gesprächsbedarf hinsichtlich der Frage, wie mit den Schulinspektionen umzugehen ist, macht ersichtlich, dass das Schulinspektionswissen auf diese keine abschließenden Antworten anbietet.

Bezugnehmend auf die Erträge der Wissensverwendungsforschung schlußfolgert beispielsweise Christiane Thompson (2017a), dass die Praxis der wissenschaftliche Erkenntnisgenerierung und -vermittlung selbst als eine soziale Praxis zu verstehen ist, die in die Problematik der Kontingenz und Ordnungsbildung verstrickt ist (vgl. auch Schäfer & Thompson, 2011a). Insofern ließen sich nunmehr beide Materialsorten, die Interviews und die wissenschaftlichen Texte, hinsichtlich dieser Gemeinsamkeit untersuchen: als soziale Praxen, die um die Verwendung des Schulinspektionswissens kreisen und dieses in in die Rationalität ihrer jeweiligen Referenzkontexte übersetzen.[8]

Analog zu den Forschungsinterviews ließe sich auch für die wissenschaftlichen Texte reklamieren, dass sie die Verwendungen des Schulinspektionswissens und deren Zusammenspiel mit der Wirksamkeit von Schulinspektionen nicht allein thematisch in den Blick nehmen. Sie sind vielmehr selbst als *Sprechpraktiken der Verwendung* aufzufassen, die mit dem Problem der Wirksamkeit von Schulinspektionen einen Umgang finden und das Inspektionswissen in einen wissenschaftlichen Diskussionsraum übersetzend verwenden müssen (vgl. hierzu Abschnitt 3 auf Seite 29 dieser Arbeit).[9]

---

[8] Zu Übersetzungsverhältnissen von Wissen siehe Thompson (2017a), die dies an einer Analyse von frühpädagogischen Fortbildungsgesprächen plausibilisiert.

[9] Die Untersuchung von Praktiken der Verwendung von Schulinspektionen wird innerhalb der empirischen Forschung zu Schulinspektionen zunehmend eingefordert (vgl. Altrichter & Kemethofer, 2016).

Um diese Sprechpraktiken innerhalb beider Materialsorten als Untersuchungseinheiten zu verfolgen, wurde für die vorliegende Studie ein *diskursanalytisches Vorgehen* gewählt. Da die Bezeichnung „Diskursanalyse" für sehr vielfältige Vorgehensweisen im Erschließen empirischen Datenmaterials steht (vgl. Angermüller et al., 2014), ist zu spezifizieren, dass sich in der vorliegenden Studie an den Vorschlag zu einer kulturwissenschaftlich informierten *Figurationsanalyse* (z. B. Jergus, 2014a, 2015) angelehnt wird. Dieses analytische Vorgehen basiert auf den nachfolgend genannten drei folgenreichen, auf poststrukturalistische Theorieperspektiven bezogenen Justierungen, die den Status des Sprechens betreffen – insofern dieses als ‚praktisches' gelten soll.

Eine *erste* Justierung betrifft das Verhältnis von Sprechen und Wirklichkeit. Anschließend an die sprachphilosophischen Überlegungen von u. a. John L. Austin und Judith Butler wird Sprechen als performatives Tun aufgefasst, das jenes, was es benennt auch konstituiert. Gegenüber einem Verständnis, das Sprechen als akzidentell zu einer ihm vorliegenden schulischen Realität fasst, wird aus dem Blickwinkel der Performativität Sprache als Ort der Hervorbringung von Wirklichkeit erkenntlich.

Damit verbunden ist *zweitens*, dass weder die sozialen Ordnungen, noch das sich zu diesen verhaltende Subjekt als fester Grund des Sprechens veranschlagt werden. Sprachliche Konzepte und Begrifflichkeiten, so die Prämisse, sind subjektiven Konzepten und Vorstellungen nicht äußerlich, sie formieren vielmehr „Denkge- und verbote" (Jergus, Schumann, & Thompson, 2012, S. 207), noch bevor diese eigens reflexiv gewendet und infrage gestellt werden können (vgl. Butler, 2006). Ein für diese Untersuchung zentraler Gedanke, der sich auf *Subjektivierung*, d. h. den performativen Vorgang der Subjektwerdung bezieht, pointiert, wie sich zum einen die Formierung von Subjekten in steter *Relation* zu Sozialität vollzieht, so dass neben der Konstitution des Subjekts immer auch die soziale Ordnung im Subjektivierungsgeschehen (re-)etabliert wird.

Zum anderen wird mit Verweis auf Subjektivierung deutlich, inwiefern diese Werdungsprozesse sprachlich strukturiert sind (vgl. auch Ricken, Casale, & Thompson, 2019). Sie lassen sich als Anrufungs- und Umwendungsszenarien fassen, in denen Akteure dazu gebracht werden und sich selbst dazu bringen, auf bestimmte Weisen in die Wirksamkeit von Schulinspektionen zu intervenieren — und so überhaupt erst zu Akteuren im „Evaluationsspiel" (Bröckling; s. o.) zu werden. Die vorliegende Studie verortet sich damit innerhalb eines Diskussionszusammenhangs um Subjektivierung, der in den

Erziehungswissenschaften derzeit breite und dezidierte Auseinandersetzung erfährt.[10]

Nicht zuletzt ist *drittens* mit den bereits benannten Aspekten der Performativität und Subjektivierung auch die Annahme einer „Unabgeschlossenheit, Umkämpftheit und Machtverwobenheit" (Jergus, 2011, S. 12) wirklichkeitskonstitutiven Sprechens verbunden. Was als subjektive oder soziale Formation jeweils erscheint, ist kontingent, d. h. es könnte zwar immer auch anders sein, ist aber zugleich nicht beliebig. Insbesondere die Machtförmigkeit des Sprechens wurde bereits in den Ausführungen zu Subjektivierung impliziert, in denen die Bedingungen der Formierung von Subjekten benannt wurden: Mir ihr verbinden sich etwa „Denkge- und verbote"; sie wirkt auch auf die Wahrscheinlichkeit des Auftretens bestimmter Formationen ein, was mit einem Ausschluss anderer möglicher Formationen einhergeht.

Machtverwobenheit und Unabgeschlossenheit spielen im Sprechen insofern zusammen, als dass Macht – in Anlehnung an die Ausführungen Foucaults (z. B. Foucault, 1994a) – auf Ausübung angewiesen ist. Sie existiert demnach nicht unabhängig vom Sprechen und nicht nur als dessen regulierende Begrenzung, sondern im und durch das Sprechen, welches sie wieder aufruft. Indem Macht auf ihr stetes Wiederaufgerufenwerden angewiesen ist, erhält sie ein instabiles Moment, so dass potentiell auch immer die Möglichkeit besteht, sich zu versprechen, anders zu sprechen bzw. auf Weisen zu sprechen, die im machtvollen Gestus als unwahrscheinliche ausgeschlossen sind.

Hieraus ergibt sich ein Zusammenhang von Macht und Umkämpftheit bzw. Politizität, insofern die verschiedenen Möglichkeiten, in denen jemand über einen bestimmten Gegenstand oder Sachverhalt auf eine bestimmte Weise zu jemanden spricht, miteinander in Wettstreit stehen und – aufgrund der Kontingenzannahme – gleichermaßen realisiert werden könnten. Welche der Möglichkeiten tatsächlich realisiert wird, ist Er-

---

[10] Bezugnahmen auf Subjektivierung finden sich u. a. in systematischen Auseinandersetzungen mit dem Subjektverständnis in der Pädagogik (z. B. Ricken, 1999) oder in der Diskussion pädagogisch relevanter Gegenstände wie Anerkennung (Balzer, 2014) und Autorität (Schäfer & Thompson, 2009a). Subjektivierung stellt demnach einen relevanten Topos bildungs- und erziehungstheoretischer Betrachtungen dar. Weiterhin gewinnt Subjektivierung als analytisch-heuristisches Konzept für empirisches Forschen zunehmend an Relevanz und wird in unterschiedlichen Forschungskontexten eingesetzt, beispielsweise in praxeologischen Studien zur Adressierung von Schülerinnen (z. B. Idel & Rabenstein, 2013) oder zur Professionalisierung von angehenden Lehrkräften (Wrana & Maier Reinhard, 2012). Die zitierten Themen und Texte stellen eine exemplarische Auswahl instruktiver Überlegungen zu Subjektivierung dar, die sich erweitern lässt.

gebnis von Kämpfen und Aushandlungen um hegemoniale Durchsetzung, die sich als politische kennzeichnen ließen.[11] In poststrukturalistischen Theorien wird häufig davon ausgegangen, dass den als selbstverständlich erscheinenden Ordnungen (von Sprechweisen, Bedeutungen, Wissen etc.) politische Aushandlungen um die Formation dieser Ordnungen vorausgingen (z. B. Laclau & Mouffe, 1991). In Anlehnung an die genannte Instabilität von Macht sind diese Ordnungen jederzeit praktisch repolitisierbar und es wird dauerhaft um die Stabilisierung einer Ordnung gerungen.

Für eine Untersuchung im Gegenstandsbereich der Schulinspektionsforschung ist dieses Konzept von Macht weiterführend. Ähnlich interessieren sich auch die bereits genannten *Education-Governance*-Studien für die politischen Ordnungsdimensionen des Steuerungsinstruments Schulinspektion. Gegenüber dem Vokabular der *Educational-Governance*-Perspektive, für das Macht durchaus auch ein Thema ist (z. B. in Form der Thematisierung der Ungleichheit von beteiligten Akteuren innerhalb einer Akteurskonstellation), wird jedoch in poststrukturalistischen Theorien stärker noch die Vielgestaltigkeit und -gerichtetheit von Machtausübungen und Machtverhältnissen sowie deren Zusammenhang mit Wahrheit bzw. Wissen in den Blick des Beobachtbaren genommen.[12]

Aus den genannten Justierungen lässt sich nun eine Spezifizierung der „Verwendungen" deduzieren, die als Untersuchungseinheiten im Fokus meiner Studie stehen: Verwendungen von Schulinspektionen lassen sich als sprachlich strukturierte und machtvoll-subjektivierende Vollzüge fassen, in denen Macht zugleich auch ver-wendet, d. h. auf Weisen praktiziert werden kann, die nicht von der Steuerungsprogrammatik der Schulinspektion vorgesehen sind. Die Formulierung der „Ver-Wendung" spielt auf das Subjektivierungskonzept und dessen Aspekt der Umwendung an, in welchem Machtverhältnisse eine (mehr oder weniger stark gegen ihren ‚Ursprung' gerichtete) Wendung erfahren.

---

[11] Zum Begriff des Politischen siehe z. B. Feustel und Bröckling, 2010.

[12] *Educational Governance*-Studien beobachten die Ordnungsleistungen auf Ebene der Handlungskoordinationen von Akteuren, womit eine Dimension der *performativen* Stiftung von (Un-)Ordnung, die mit der Frage der Wirksamkeit selbst zusammenhängt, kaum berücksichtigt wird. Wenngleich die *Educational-Governance*-Perspektive sich von der Dichotomie und Gegenüberstellung aus Akteurin einerseits und gesellschaftlicher Struktur andererseits absetzt, bleibt sie letztlich – in ihren Grundannahmen Rational Choice-Theorien folgend – einem zweckrationalen Verständnis von sozialem Handeln verbunden, auch wenn strukturale Relationierungen zwischen Akteuren / Akteursgruppen berücksichtigt werden (vgl. Mayntz, 2009).

1.4 Zum Aufbau der Arbeit

Die Analyse der Verwendungen soll Aufschluss über das Wirksamkeitsproblem von Schulinspektionen – als Problem instabiler Ordnungsbildungen – geben.

1.4 Zum Aufbau der Arbeit

Die bis zu diesem Punkt skizzierten Aspekte sollen in den nächsten Kapiteln dieser Arbeit ausführlich dargestellt werden. Ausgehend von der Zentralität der Wirksamkeitsproblematik für pädagogisches Nachdenken, möchte ich dabei im nächsten, dem *zweiten Kapitel* die Argumentationslinie um Wirksamkeit als einem „gordischen Knoten" (Thompson) aufnehmen und an ausgewählten Teilfeldern der erziehungswissenschaftlichen Diskussion explizieren.

An diese Darlegungen schließen im *dritten Kapitel* die Untersuchungen zum wissenschaftlichen Sprechen über Schulinspektionen und deren Wirksamkeit an. Es wird herausgearbeitet, wie in den ausgewählten wissenschaftlichen Texten zu Schulinspektionen die Unbestimmtheit von Wirksamkeit als ein konstitutiver Referenzpunkt etabliert wird und welche erkenntnispolitischen Konstellationen sich daraus ergeben.

Anschließend sollen die Analysen der Interviews in das Zentrum der Betrachtungen rücken. Hierfür werden in *Kapitel vier* zunächst theoretische Fundierungen der Untersuchungseinheiten, der Verwendungspraktiken, vorgenommen. Im Durchgang durch poststrukturalistische Theorieperspektiven der Arbeiten Jacques Derridas, Judith Butlers, Ernesto Laclaus und Chantal Mouffes sowie Michel Foucaults sollen die Aspekte wirklichkeitskonstitutiven Sprechens verfolgt werden, die sich mit den Stichworten Performativität, Subjektivierung, Politizität und Macht verbinden.

Im darauffolgenden *Kapitel fünf* wird eine ‚Operationalisierung' und Diskussion diskursanalytischer Vorgehensweisen in der Untersuchung von Praktiken des Sprechens über Schulinspektionen in den Forschungsinterviews vorgenommen. Dabei wird auf die Herausforderungen des diskursanalytischen Arbeitens mit der Textsorte des Interviews eingegangen und gefragt, wie es möglich ist, die Verwendung von Inspektionsbefunden nicht als ein (schul-)individuelles Problem zu reifizieren – und stattdessen auf die Machtverhältnisse des Interviewsprechens zu reflektieren.

In den sich daran anschließenden Kapiteln der Studie werden die Ergebnisse der Interviewanalysen vorgestellt. Da diese das „Herzstück" der vorliegenden Studie bilden, widmen sich mehrere Kapitel den Interviewdiskursen um Schulinspektionen. Im ersten Analysekapitel, dem *Kapitel sechs* dieser Arbeit, werden zunächst die Zugänge zum und Rahmungen des Interviewsprechens analysiert. Wie die Interviews zustande kamen, an welchen Orten sich getroffen wurde, wie die Gesprächseröffnungen gestaltet waren: An diesen Entscheidungen lassen sich, neben dem ‚eigentlichen' Interviewsprechen, ebenfalls Verwendungen von Schulinspektionen erschließen. Wie die Interviews eröffnet werden, welche Themensetzungen und Positionierungen in den Interviewanfängen vorgenommen werden, ist Gegenstand des *siebten Kapitel.* Anschließend werden im *achten Kapitel* die Thematisierungen von Rezeptionen des Schulinspektionswissens auf ihr Zusammenspiel hinsichtlich Verwendungen und Ver-Wendungen, d. h. Aneignungen und Verschiebungen, hin befragt.

Gegenstand des *neunten Kapitels* sind die schulischen Ordnungsbildungen als An-Ordnungen von schulischen Akteuren innerhalb des schulischen Raums, die sich entlang der berichteten Rezeptions- und Verteilungsweisen von Schulinspektionsbefunden und Schulinspektionsberichten im Sprechen konstituieren. Dabei werden die verschiedenen Thematisierungsweisen herausgearbeitet, in denen der Position der Schulleitung ein besonderer Stellenwert als ‚erster Adresse' des Verwendungsprocederes zugeschrieben wird – beispielsweise, indem Schulleitung als schulische Akteursposition benannnt wird, die für sich ein besonders intensives Rezipieren der Inspektionsbefunde beansprucht.

Das *zehnte Kapitel* beschäftigt sich mit den Akten der (De-)Autorisierung von Schulinspektionsbefunden in den Interviews, in denen im Format von „Wahrheitsprüfungen" u. a. darum gerungen wird, was als (folgenreiche) Wahrheit der inspizierten Schule gelten kann und wer wie über diese befindet.

An die Darstellung der Interviewanalysen schließt eine zusammenfassende Betrachtung dieser in *Kapitel elf* an, in der die verschiedenen Referenzen auf eine (unbestimmte) Wirksamkeit von Schulinspektionen verdichtend diskutiert werden. Zudem soll der Erkenntnisgewinn der Studie reflektiert werden.

2 Zum Verhältnis von Wirksamkeit und Pädagogik: Rahmung des Untersuchungsgegenstandes

Schulinspektionen fungieren, wie eingangs zu dieser Arbeit erwähnt, als Instrumente innerhalb einer Programmatik der „Neuen Steuerung" von Schulen bzw. des Schulsystems. Über die Erhebung und Bereitstellung von *Wissen* bezüglich einzelner Schulen beanspruchen Schulinspektionen, sowohl Schulen als auch Schulsystem intentional beeinflussen und gestalten zu können: Ein Steuerungserfolg, der sich offenbar bis dato nicht einstellte.

Als grundgelegter Steuerungsmechanismus von Schulinspektionen gilt, dass über das Generieren und zur Verfügung Stellen von Wissen die inspizierten Schulen zu Verbesserungen angeregt werden können, so dass diese Verbesserung auch eigenständig und selbstgewollt vorgenommen werden. Das Steuerungsversprechen der Schulinspektion soll demnach auf indirektem Wege Wirkungen zeitigen, indem die Selbstreflexionspotentiale der schulischen Praxis unterstellt und abgeschöpft werden.

Es handelt sich bei diesem Wissen der Schulinspektion um ein spezielles: Es fußt auf kausallogischen Annahmen zu pädagogischer Wirksamkeit, das empirischen Befunden aus der Schuleffektivitätsforschung entnommen ist und kann demnach beanspruchen, pädagogische Wirksamkeit zu objektivieren und zugänglich zu machen. Ein solches „Wissen, was wirkt" (Bellmann & Müller, 2011b), scheint sich zunächst nicht mit dem Problem seiner Geltung abmühen zu müssen, da es sich als gesichert gibt und damit einen Anspruch auf Generalisierbarkeit erhebt. Über seine Formulierung eines Ursache-Wirkungszusammenhangs behauptet ein solches Wissen auch seine praktische Geltung: Es folgt der Annahme, dass es zur bewussten Herbeiführung gewünschter Wirkungen in der sozialen Welt genutzt werden kann, es ist zugleich „Wirkungswissen und Bewirkungswissen" (Bellmann & Müller, 2011a, S. 15).

Das *Versprechen einer Wirksamkeit* schulischer Steuerung durch Schulinspektionen steht dabei sowohl in einem mittelbaren wie auch unmittelbaren Zusammenhang mit jenem Versprechen auf pädagogische Wirksamkeit, in der

---

© Springer Fachmedien Wiesbaden GmbH, ein Teil von Springer Nature 2020
M. Schmidt, *Wirksame Unbestimmtheit, unbestimmte Wirksamkeit*, Schule und Gesellschaft 63, https://doi.org/10.1007/978-3-658-28081-9_2

pädagogische Absichten und deren Effekte als kongruent gelten. Schulinspektionen soll zum einen die Kontexte organisieren, mit denen das Eintreffen pädagogischer Wirksamkeit wahrscheinlich(er) werden soll und setzt gegenüber einer Fokussierung auf den Unterricht – als schulpädagogischem Kerngeschäft – an der *Einzelschule* als Steuerungseinheit an. Zum anderen bieten Schulinspektionen in der Bereitstellung empirisch gesicherten Wissens eine spezifische Fassung von *pädagogischer Wirklichkeit* an, die mit einer als intentional gedachten Wirksamkeit korrespondiert. Die pädagogische Wirklichkeit wird als eindeutig vorliegende verstanden, die sich mittels Indikatoren empirisch umfassend beschreiben lässt, wobei die Indikatoren selbst wiederum Bestimmungseffekte dahingehend entfalten, was (gute) Schule ist.

Das Spannungsfeld, auf das sich die o. g. Formulierung der indirekten, wissensvermittelten Steuerung durch Schulinspektionen bezieht, besteht darin, dass zum einen über gelingende Wirksamkeit von Schulinspektion (und damit: schulischer Steuerung) nicht verfügt werden kann, andererseits diese Wirksamkeit aber auch nicht unmöglich erscheint. Eine solche Problematik der (Un-)Möglichkeit von Wirksamkeit ist indes kein Spezifikum von Schulinspektionen und ,Neuer Steuerung' und es sind nicht allein Schulinspektionen, die sich am Problem gelingender pädagogischer Wirksamkeit ,abarbeiten'.

Vielmehr, so die These, die hier zunächst formuliert und anschließend verfolgt werden soll, stellt *Wirksamkeit* „eine Art Knotenpunkt der modernen Pädagogik" (Thompson, 2017b, S. 52) dar – wobei der Verweis auf die „moderne" Pädagogik jenen bis heute andauernden Zeitraum taxiert, der mit dem rousseauschen Topos der Entdeckung der kindlichen Eigenheit seinen Anfang nahm und durch Rousseau eine „nachhaltig wirksame Form" (Liesner & Wimmer, 2003, S. 26) erhalten hat.[1] Die Charakteristik moderner Pädagogik bezieht sich auf das Moment der *Unbestimmtheit* von Wirksamkeit als einem zentralen Verständigungspunkt von Pädagogik – was auch die Diskussion und Forschung um die Wirksamkeit von Schulinspektion nicht unberührt lässt. Mit der Unbestimmtheit von Wirksamkeit ist die Problematik angesprochen, dass pädagogische Absichten und deren Effekte

---

[1] Mit der Begrifflichkeit des „Knotenpunktes", die sich beispielsweise in den politiktheoretischen Arbeiten Ernesto Laclaus und Chantal Mouffes zur Hegemonietheorie findet (z. B. Laclau & Mouffe, 1991), ist eine Verdichtung bezeichnet, auf die sich verschiedentlich gelagerte Forderungen, Interessen, Erwartungen, Erklärungen etc. hin ausrichten. Der Knotenpunkt übernimmt eine ordnungsbildende Funktion im jeweiligen Diskurs (vgl. auch insbesondere die Ausführungen zum „leeren Signifikanten" bei Laclau / Mouffe unter dem Abschnitt zur Hegemonietheorie 4.5.2 auf Seite 162 dieser Arbeit).

in kontingentem Zusammenhang stehen, sich demnach über die Wirkungen der pädagogischen Anstrengungen nicht verfügen lässt.

Eine prominente Fassung dieser Unbestimmtheit findet sich im von Luhmann und Schorr (1982) formulierten Diktum des „Technologiedefizits" der Erziehung. Die mit dem Technologiedefizit benannte Unmöglichkeit unidirektionaler pädagogischer Wirksamkeit ruft den Gedanken von pädagogischem Handeln als technisierbar dabei sowohl auf, als sie ihn auch problematisiert. Auf diesen Gedanken wurde und wird sich häufig bezogen. Im Anschluss an die Überlegungen Luhmanns und Schorrs findet sich etwa bei Kade (1997) die Unterscheidung von Vermittlung und Aneignung, die die Nichtidentität beider aufeinander bezogener Prozesse betont.

Als Begründung der Unmöglichkeit – und als Verbindung unterschiedlicher Themen mit „Wirksamkeit" im Sinne eines Knotenpunktes – wird etwa auf die Unzugänglichkeit der pädagogischen Adressatin und deren *Alterität* verwiesen, der sich nicht nahekommen lässt, insofern sich Wahrnehmen, Erkennen und Bestimmen der Andersheit der Anderen stets nur aus Perspektive des Eigenen vornehmen lassen (vgl. Wimmer, 2007; Jergus, 2017). Das Spannungsfeld zwischen Aufrechterhaltung der Differenz zur Anderen und sowie deren Tilgung im Zuge ihres Zugänglichmachens markiert eine pädagogische Paradoxie und wirft die Frage nach dem Zusammenhang von Wirksamkeit und *pädagogischer Gerechtigkeit* auf.

Daneben werden auch die *Grenzen des Wissens bzw. des Wissbaren* thematisiert und in den Zusammenhang einer Ungewissheit als Konstitutivum und Bedrohung des Pädagogischen gestellt (vgl. Liesner & Wimmer, 2003). Die Ungewissheitsproblematik bezieht sich auf eine Vorstellung wissenschaftlich gewonnenen Wissens, das Gewissheiten im Sinne einer Handlungs- und Orientierungssicherheit verspricht. Dieses wissenschaftliche Wissen verlor jedoch neuzeitlich zunehmend seinen Autoritätscharakter, „indem das Prinzip methodischer Skepsis auch auf die eigenen Grundlagen angewendet wurde" (Liesner & Wimmer, 2003, S. 33) und indem es sich pluralisierte, d. h. nicht mehr unter einem einheitlichen Horizont des Wissens zusammengeführt werden konnte. Darüber hinaus erscheint es auch als unmöglich, sich (wissenschaftlich fundierte) Gewissheit bezüglich Ungewissheit zu verschaffen, so dass jeder Bestimmungsversuch von Ungewissheit selbst bereits einen *Umgang* mit Ungewissheit darstellt.

Auch vonseiten der Forschung um *pädagogische Professionalisierung* wird – insbesondere innerhalb eines strukturtheoretischen Zugangs (vgl. etwa

Helsper, 2004) – ein „beachtliches Maß an Unsteuerbarkeit, Undurchschaubarkeit und Ungewissheit des beruflichen Handelns" (Combe & Kolbe, 2008, S. 857) in Rechnung gestellt, das die Nichtstandardisierbarkeit des Lehrerinnenhandels betont. Darauf bezogen wird eine Verschiebung des innerhalb der Professionsforschung verwendeten Handlungsbegriffs reklamiert, welcher nicht von der pädagogischen Intention als „Basiseinheit" (Combe & Kolbe, 2008, S. 857) ausgeht. Stattdessen wird die originäre Krisenhaftigkeit der Handlungspraxis bezüglich Lern- und Entwicklungsprozessen betont, die der Bearbeitung bedarf – und in der aus einer Reihe von Handlungsoptionen selektiert werden muss.

In Verbindung mit Fragen der pädagogischen Professionalität stehen auch die Auseinandersetzungen um das *Theorie-Praxis-Verhältnis*, welches sich idealiter als Verzahnung gestalten soll. Der Zusammenhang von Theorie(wissen) und Praxis(wissen) der Pädagogik ist nicht nur für die Professionalitätsforschung ein bedeutsamer Topos, sondern für die Erziehungswissenschaften im Generellen, insofern sich diese als Beforschung pädagogischer Praxis mit dem Anspruch der Aufklärung und Verbesserung dieser Praxis versteht. Eine solche Auffassung, dass Pädagogik eine Wissenschaft von der Praxis für die Praxis sei, wurde insbesondere in der Geisteswissenschaftlichen Pädagogik in der ersten Hälfte des 20. Jahrhunderts vertreten (vgl. Flitner, 1957). Während die Geisteswissenschaftliche Pädagogik in der zeitgenössischen wissenschaftlichen Diskussion an Bedeutsamkeit verlor, ist deren Annahme, dass sich „Theorie" und „Praxis" auf *eine*, d. h. die gleiche, pädagogische Wirklichkeit beziehen, noch immer präsent. Innerhalb des Feldes der empirischen Bildungsforschung (vgl. Reinders, Ditton, Gräsel, & Gniewosz, 2015) wird derzeit beispielsweise von einem derartig „unmittelbare[n] Wahrheitsverhältnis" (Thompson, 2017a, S. 232) von Theorie-Praxis ausgegangen – inklusive den implizierten Potentialen der Praxisverbesserung durch empirisches Wissen.

Bereits seit längerer Zeit wird vonseiten der Wissensverwendungsforschung (z. B. Dewe & Radtke, 1993) Skepsis an einem solchen Verständnis bezüglich der Theorie-Praxis-Verzahnung artikuliert: Demgegenüber sei vielmehr von einem Spannungsverhältnis und je unterschiedlichen Aufgabenbereichen von Theorie- und Praxiswissen auszugehen, so dass beide einander inkommensurabel bleiben. Eine „Punkt-für-Punkt-Übertragung" (Combe & Kolbe, 2008, S. 861) stellt dann offenkundig eine unangemessene Betrachtungsweise der Wirksamkeit von Theorie für Praxis dar. Auch dies verweist darauf, dass sich pädagogische Wirksamkeit nicht technologisch und zielgerichtet herstellen lässt – und dass Unterschiedliches im Zusammenhang mit (einer Problematisierung von) Wirksamkeit diskutiert werden kann.

Bezüglich der Professionalität von Lehrerinnen stellt sich das Verhältnis von Theorie-Praxis so dar, dass nicht quasi-technisches Regelwissen durch die Professionelle zur Anwendung gebracht wird, sondern im professionellen Agieren auf ein erfahrungsgestütztes praktisches Expertinnenwissen zurückgegriffen wird, das das situative Reagieren unter Zeit- und Handlungsdruck ermöglicht (vgl. Bromme, 1997). In der Reflexivität auf das Erfahrungswissen liegt dann auch der Schlüssel zum *Umgang mit Unsicherheit*:

> Nur die Reflexivität des Erfahrungswissens kann Professionalität hervorbringen, die eben durch das Wissen darüber, was man tut bzw. getan hat, von der Alltagspraxis zu unterscheiden ist (Combe & Kolbe, 2008, S. 865).[2]

An diesen knappen Ausführungen zu Professionalität und Wissen wird deutlich, inwiefern die Unbestimmtheit der pädagogischen Wirksamkeit bedeutsam für Pädagogik ist. Zum einen stellt sich Reflexivität, die das Spezifikum professionellen Handelns in Abgrenzung zu anderen Formen beruflichen Handelns bildet, als eine Umgangsweise mit dem Problem der Unbestimmtheit dar. Zum anderen scheint pädagogische Professionalität sich erst über diese Unbestimmtheit und den Umgang mit ihr zu konstituieren, da andernfalls, im technologischen Anwenden pädagogischer Regeln, Professionalität nicht (in dieser Form) vonnöten wäre.

Die Verweise auf Reflexivität und Erfahrungswissen der professionell agierenden Pädagogin verdeutlichen demnach, dass und inwiefern sich pädagogische Auseinandersetzungen nicht mit dem bloßen Konstatieren eines Technologiedefizits, und der Einsicht in die Kontingenz von Wirksamkeit begnügen (können). Vielmehr scheinen, wie eben argumentiert, sowohl die Kontingenz von Wirksamkeit als auch der Umgang mit dieser eine Konstitutionsbedingung von Pädagogik zu sein: die pädagogische Hervorbringung von Wirksamkeit erscheint insofern als unmöglich und notwendig gleichermaßen (vgl. Wimmer, 2006a). Die Auseinandersetzung mit der Unbestimmtheit von

---

[2] Indem im Rahmen der „Neuen Steuerung" von Schulen qua Schulinspektion die Selbststeuerungspotentiale der schulischen Akteure adressiert werden, lassen sich Verbindungen zwischen den Forderungen bezüglich pädagogischer Professionalität und zur Schulentwicklung durch Schulinspektion herstellen. Das Wissen der Schulinspektion kann / soll in dieser Hinsicht als Alternative zum Erfahrungswissen fungieren.

Wirksamkeit kann die Pädagogik demnach nicht unberührt lassen, so dass sie „an die Anforderung gebunden [bleibt], eine Wirklichkeit als pädagogische zu entwerfen und damit zu bestimmen, wie sich Folgen eines pädagogischen Einsatzes qualifizieren und quantifizieren ließen" (Thompson, 2017b, S. 52).

2.1 Wirksamkeit als Knotenpunkt: Am Beispiel der empirischen Unterrichtsforschung

Die Weisen des Umgangs mit der Wirksamkeitsproblematik können je nach Forschungsperspektive verschieden sein, über Ignoranz bis hin zur Berücksichtigung von Unbestimmtheit reichen. Dies soll nachfolgend anhand zweier unterschiedlich gelagerter Linien innerhalb der empirischen Unterrichtsforschung exemplarisch aufgezeigt werden.

Die empirische Unterrichtsforschung wird gewissermaßen als „Erbin" bzw. Weiterführung der allgemeindidaktikschen Diskussion gefasst (vgl. Rothland, 2013). Letztere, d. h. die Allgemeine Didaktik, kennzeichnet sich durch ihren Anspruch einer besonderen Praxisrelevanz als „überaus praktische Wissenschaft" (Heursen 2005; zitiert nach Rothland, 2013, S. 631) und fokussiert vornehmlich auf Aspekte der Unterrichtsplanung und -gestaltung (vgl. bei Baumgart, Lange, & Wigger, 2005; Kiper & Mischke, 2006). Dass ein Aufstieg der empirischen Unterrichtsforschung auf Kosten Allgemeiner Didaktik wahrgenommen wird, mag sich demnach möglicherweise über das Wirksamkeitsverständnis der Allgemeinen Didaktik erklären, dass – wie die Fokussierung auf Planung und Gestaltung von Unterricht nahelegt – eng an pädagogische Intentionen gebunden ist. Das für die Allgemeine Didaktik konstatierte „Empiriedefizit" (z. B. Rothland, 2013, S. 632) dürfte ebenfalls eine Rolle spielen. Zwischem dem ‚Aufstieg' empirischer Unterrichtsforschung und dem Einsatz von Schulinspektionen tun sich demnach offenbar Parallelen auf, weshalb der Seitenblick auf den Umgang mit der Wirksamkeitsproblematik innerhalb der Unterrichtsforschung lohnt.

Zwei derzeit vielbeachtete Modelle der empirischen Unterrichtsforschung, das *Angebots-Nutzungs-Modell der Wirkungsweise des Unterrichts* (z. B. Helmke, 2012) und die *kommunikationstheoretische Modellierung von Unterricht* (z. B. Meseth, 2011) – als Vertreterin einer rekonstruktiv-praxistheoretischen Unterrichtsforschung –, betonen die Relevanz des real vorfindlichen und beobachtbaren Unterrichts für unterrichtstheoretische Überlegungen.[3] Sie fokussieren dabei auf die *Form des Unterrichts* und blenden Fragen nach dem, was gelehrt und vermittelt werden soll, ab. Signifikant hinsichtlich der Problematik einer pädagogischen Wirksamkeit erscheint, dass beide Modelle, trotz ihrer unterschiedlichen Situierungen, explizit von der Unbestimmtheit pädagogischer Wirksamkeit ausgehen. Im Angebots-Nutzung-Modell findet diese sich in Form der Differenz aus Angebot, dem Unterricht und dessen Gestalt(ung), sowie Nutzung, den pädagogisch unverfügbaren Lernerinnenaktivitäten; in der kommunikationstheoretischen Modellierung wird auf die Differenz aus Vermittlung und Aneignung, Lehren und Lernen verwiesen, wie sie sich bereits bei Kade (1997) formuliert findet. Für beide Modellierungen stellt sich zudem die Frage, wie (gelingender) Unterricht trotz der Kontingenz von Wirksamkeit möglich ist bzw. was hinsichtlich dieser Kontingenz als Unterricht gelten kann. Zu unterscheiden sind beide Modellierungen hinsichtlich ihres Umgangs mit der explizierten Ungewissheit.

Das *Angebots-Nutzungs-Modell* (1) versteht „Wirksamkeit" als normativen Leitbegriff, was bereits in der vollständigen Bezeichnung des Modells (als „Angebots-Nutzungs-Modell der Wirkungsweise des Unterrichts"; vgl. Helmke, 2012) augenfällig wird. Im Modell wird über die Beschreibung und Erklärung von Merkmalen des unterrichtlichen Prozesses dessen erfolgreiche Gestaltbarkeit sowohl problematisiert als auch als machbar in Aussicht gestellt. Als das „derzeit prominenteste Wirkmodell innerhalb der Schul- und Unterrichtsforschung" (Kohler & Wacker, 2013, S. 241) scheint das Angebots-Nutzungs-Modell ein Desiderat innerhalb der Schulpädagogik bzw. Unterrichtstheorie zu besetzen, welches mit der Unbestimmtheit von pädagogischer Wirksamkeit verbunden ist. Die ‚Karriere' dieses Modells lässt sich auf mehrere Aspekte zurückführen: Zum einen zeichnet es sich darin aus, dass es beansprucht, die komplexe schulpädagogische Realität in adäquater Weise abzubilden und demnach – über die Vielgestaltigkeit von Faktoren, die in Verbindung zum Unterricht stehen – selbst ein komplexes Modell zu sein. Es verbildlicht auf diese Weise, dass Unterricht ein Zusammenspiel verschiedener Faktoren ist, deren separate und isolierte Betrachtung wenig aussichtsreich erscheint. Ebenso wird von einem ko-produktiven Zusam-

---

[3] Die Forderung auf den Nachvollzug real stattfindenden Unterrichts spielt mit der verstärkten Sichtbarkeit pädagogischer Wirksamkeit und pädagogischer Vollzüge zusammen, die sich durch die ‚empirische Wende' in der Unterrichtsforschung ergibt. Beobachtungs- und Videoanalysen von unterrichtlichen Prozessen stellen einen Gutteil der Erhebungsdesigns dieser Untersuchungen dar.

menspiel von Lehrperson und Schülerinnen im Unterricht ausgegangen, das lineare Zurechnungen auf eine pädagogische Wirksamkeit unterläuft.

Zum anderen stellt das Modell in gleichem Umfang, wie es Komplexität beansprucht, diese Komplexität aber auch (als) übersichtlich(e) dar. Dies liegt einerseits an der Endlichkeit von – eindeutig bestimmten – Faktoren, die in einen Wirkzusammenhang mit Unterricht gebracht werden. Andererseits erscheint die modellierte Wirkungsweise des Unterrichtszusammenhangs selbst als übersichtlich, insofern von einem unidirektionalen Zusammenhang ausgegangen wird, der sich (im Modell entlang von Pfeildarstellungen) vom ‚Startpunkt' der Lehrperson über den Unterricht hin zu den Lernaktivitäten und letztlich zu den Wirkungen des Unterrichts, namentlich: fachliche und fachübergreifende Kompetenzen – als einem empirischen Korrelat von Wirksamkeit – und (nicht näher bestimmte) erzieherische Wirkungen der Schule, bewegt (vgl. Helmke, 2012).

Die Überwindung der Unbestimmtheit pädagogischer Wirksamkeit wird auch durch die „Zehn Kriterien guten Unterrichts" in Aussicht gestellt, die an das Angebots-Nutzungs-Modell gekoppelt sind (z. B. Helmke & Schrader, 2009; Helmke, 2012). Sie lassen sich auf der „Angebots"- Seite des Modells verorten. Analog dem Modell beziehen sich die Zehn Kriterien guten Unterrichts auf empirische Befunde lehr-lern-psychologischer Forschung zur Wirksamkeit von Unterricht: Effiziente Klassenführung und Zeitnutzung, lernförderliches Unterrichtsklima, Motivierung, Strukturierung und Klarheit, Aktivierung, Variation von Aufgaben, Methoden, Sozialformen, Umgang mit Heterogenität, Kompetenzorientierung sind Beispiele für solche ‚Gelingensbedingungen' (vgl. Helmke, 2012). Die „Zehn Kriterien" versprechen den Erfolg pädagogischen Handelns im Unterricht, sofern die in ihnen formulierten Prinzipien und Regeln in der Unterrichtsgestaltung berücksichtigt werden. Sie geben demnach Zielbestimmungen für das Lehrerinnenhandeln an und stehen in der Tradition didaktischer Modellierung gelingenden Unterrichts. „Wirksamkeit" wird dabei probabilistisch verstanden: Sie stellt sich zwar nicht garantiert ein, aber die Wahrscheinlichkeit ihres Eintreffens erhöht sich, wenn etwa einzelne Merkmale kombiniert in der Unterrichtsgestaltung berücksichtigt werden.

In der *kommunikationstheoretischen Modellierung von Unterricht* (2) lässt sich ein anderer Umgang mit der Unbestimmtheit von Wirksamkeit nachverfolgen. Zwar werden ebenfalls Bestimmungen dessen, was als Unterricht oder als pädagogische Praxis gilt, im Zusammenhang mit der Wirksamkeitsfrage diskutiert, „Wirksamkeit" wird in dieser Forschungslinie aber eher im Sinne einer Beobachtungskategorie gehandhabt. Der kommunikationstheoretischen Modellierung geht es um die Untersuchung von Ordnungsmustern des Unterrichts, „die Rückschlüsse auf die Konstitutionsbedingungen der immer gefährdeten Synchronisierung von Lehren und Lernen erlauben" (Proske, 2011, S. 16). Unterricht vollzieht sich demnach entlang der Unmöglichkeit und Notwendigkeit von Wirksamkeit als Bearbeitung der Differenz von Vermittlung und Aneignung im Modus der *Synchronisierung*.

Die Klassifizierung von Unterricht als einem spezifischen, von anderen abgrenzbaren „Systemtyp" (vgl. Hollstein, Meseth, & Proske, 2016) erfolgt über das zentrale Konzept der „Pädagogizität", die eine Erwartung darstellt, auf die hin praktische Vollzüge operieren. Pädagogizität bezieht sich auf solche – systemtheoretisch als soziale Prozesse justierten – Kommunikationen, die „auf Ermöglichung und Bestimmung von Lernen eingerichtet" (Meseth, 2011, S. 224) sind, d. h. die Lernen und Bildung wahrscheinlich machen sollen. Mit Pädagogizität ist demnach eine „besondere, normativ aufgeladene Form der Sozialität" (Proske, 2011, S. 14) benannt.

Als zentrale Untersuchungseinheiten gelten unterrichtliche Interaktionen, die als ko-konstruktives Zusammenspiel von Lehrperson und Schülerinnen gefasst werden und einer empirischen Beobachtung zugänglich sind, die „gewissermaßen von außen" (Breidenstein, 2010, S. 869) an den Unterricht herantritt und diesen nicht auf normative Sinngehalte hin abklopft. Die wissenschaftliche Beobachtung mischt sich demnach (so der Anspruch) nicht in die Umgangsweisen mit der Differenz ein, sondern überlässt dies den schulpraktischen Akteurinnen. Die auf diese Weise gewonnenen wissenschaftlichen Erkenntnisse sollen den Ausgangspunkt für Überlegungen zu einer empirisch fundierten Theorie des Unterrichts darstellen.

2.2 Wirksamkeit und Schulinspektionen

Die aufgerufenen Forschungs- und Theoriebezüge verweisen auf eine systematische Verstrickung pädagogischer Überlegungen in Fragen der Wirksamkeit. Insbesondere die letztgenannten Ausführungen bezüglich empirischer Unterrichtsforschung weisen darauf hin, dass derzeit Verhältnisnahmen zu (unbestimmter) Wirksamkeit wahrnehmbar sind, die im Kontext einer Umwälzung von Wissensordnungen bezügliches des Einflusses „evidenten", empirisch gesicherten Wissens stehen. Schulinspektionen sind folglich als ein Exempel zu verstehen, an dem sich Transformationen des schulischen Feldes qua „Evidenz" untersuchen lassen, die auch an anderen Orten stattzufinden scheinen.

Schulinspektionen versprechen, dass es möglich sein kann, wirksam gestaltend auf Schule und (schul-)pädagogische Praktiken Einfluss zu nehmen, indem sie den ‚Umweg' über die Generierung und Bereitstellung von Wissen über die inspizierte Schule nehmen. Sie rufen dabei einerseits die Unmöglichkeit kausaler Wirksamkeit auf, wie sie diese zu überwinden suchen. Dabei wird der Begriff der Wirksamkeit hier mit Fragen effektiver und evidenzbasierter Steuerung von Schulen verbunden. Inwiefern sich das Wirkungswissen der Schulinspektion auch als Bewirkungswissen zeigt und wie mit dem Versprechen der Schulinspektion auf wirksame Steuerung umzugehen ist, wird innerhalb der Schulinspektionsforschung diskutiert. Diese Diskussionen sollen im Fokus des nächsten Kapitels stehen und untersucht werden.

Entlang einer Analyse *wissenschaftlicher Literaturen* zu Schulinspektion soll dabei auf heterogene Fassungen von und Positionsnahmen zu (Wirksamkeit von) Schulinspektion eingegangen werden. Zudem wird verfolgt, wie der *Knotenpunkt Wirksamkeit* ein Zusammenspiel aus Bildungspolitik und Bildungsforschung arrangiert, so dass Politik und Wissenschaft in spezifischen Weisen aufeinander treffen und „erkenntnispolitisch" bedeutsam werden. Zudem stellt sich die Frage, wie Wirksamkeit gefasst wird, wie sie sich fest-stellen lässt und wie sie sich solcher Fest-Stellungen entzieht. Auch die Produktivität wissenschaftlichen Sprechens um Schulinspektion, im Sinne der Hervorbringung spezifischer schulischer Subjekt„adressen", soll eruiert werden.

3 Schulinspektion als Gegenstand von Erkenntnisproduktion

Der eben aufgerufene Gedanke der „Erkenntnispolitik" (vgl. Reichenbach, Ricken, & Koller, 2011) inspiriert das folgend genannte Vorgehen zur Analyse wissenschaftlicher Texte, die Schulinspektion zum Gegenstand ihrer Betrachtung nehmen. Mit dem Kennzeichen „wissenschaftlich" ist hier vor allem die Bezeichnung eines Sprechformats bzw. Textgenres gemeint und weniger eine Qualifikation der Texte als einem „wahren" Zugang zu sozialer bzw. pädagogischer Wirklichkeit (vgl. Jergus, 2014b): Die wissenschaftlichen Texte werden nicht im Sinne eines Forschungs- oder Diskussionsstandes zu Schulinspektion diskutiert, welcher eine vereinheitlichende Betrachtung des Forschungsfeldes impliziert. Vielmehr soll die Frage danach, wie in den Texten Schulinspektion und deren Wirksamkeit zum Gegenstand der Erkenntnisbildung gemacht werden, welches Wissen über Schulinspektion und deren Wirksamkeit produziert wird und welche Konturen dabei der Begriff von Wirksamkeit erfährt, eine Orientierung und Heuristik bieten. Es geht dem folgenden Kapitel, anders gesagt, um die *Analyse der praktischen Umgangsweisen mit Schulinspektion bzw. Schulinspektionswissen*. Dabei soll auch in den Blick genommen werden, wie wissenschaftliche Texte sich im Feld von Schulinspektion(sforschung) positionieren, wie sie zu einem Teil des Geschehens um „Neue Steuerung" von Schulen werden.

Wissenschaftliche Erkenntnisproduktion ist dieser Perspektive folgend als *soziale Praxis* gefasst, die nicht quer zu anderen Bereichen von Sozialität liegt, sondern mit diesen in interdependenten Relationen steht. In dieser Praxis bzw. in diesen Praktiken wird das, was als „wahr" gilt, handelnd hervorgebracht und politisch bedeutsam. Die Formulierung der „Erkenntnispolitik" versteht Wissenschaft als ein „politisch ebenso relevantes wie ausdrücklich justiertes Handeln und Wahrreden" (Ricken, 2011, S. 12, in Anlehnung an Wolfgang Seitter). Wissen ist demnach nicht nur (als neutral verstandenes) Mittel zum Zwecke schulischer Steuerung, sondern nimmt selbst bereits steuernden Einfluss darauf, wie die pädagogische Wirklichkeit sich gestaltet. Demnach sind Wissenschaft und Gesellschaft, Wahrheit und Macht, keine getrennten

---

© Springer Fachmedien Wiesbaden GmbH, ein Teil von Springer Nature 2020
M. Schmidt, *Wirksame Unbestimmtheit, unbestimmte Wirksamkeit*, Schule und Gesellschaft 63, https://doi.org/10.1007/978-3-658-28081-9_3

Sphären (vgl. für eine ausführlichere Darstellung die anschließenden Kapitel zur Performativität des Sprechens unter 4 auf Seite 135 und zur Analyse von Sprechpraktiken mittels eines diskursanalytischen Vorgehens unter 5 auf Seite 181).

Ich folge mit diesem Vorgehen, wissenschaftliches Sprechen als wahrheits- bzw. wirklichkeitskonstitutive Praxis zu betrachten, einem Vorschlag von Reiner Keller (2004, S. 82), der sich darauf bezieht, die in wissenschaftlicher Literatur (und anderen ‚Feldbegegnungen') vorfindbaren Deutungen des Untersuchungsgegenstandes nicht als unreflektierte Vorgabe für das eigene weitere Vorgehen zu übernehmen.

Der Durchgang durch wissenschaftliche Texte und Forschungsbeiträge zur Schulinspektion erfolgt weitgehend exemplarisch, da sich eine steigende Anzahl an Publikationen verzeichnen lässt, die sich – bereits aus forschungs- praktischen Gründen – nicht vollumfänglich abbilden lässt. Es soll mit dieser Arbeit nicht der Anspruch erhoben werden, „den" Diskurs um Schulinspekti- on darzustellen. Zum einen liegt der Fokus meiner Betrachtungen vornehm- lich auf der Frage, wie wissenschaftliche Texte zum Teil des schulischen Steuerungsgeschehens werden, d. h. wie sie sich hinsichtlich Schulinspektion ‚engagieren' – demnach geht es mir nicht um die Rekonstruktion von diskur- siven Wissensordnungen. Zum anderen wird nicht davon ausgegangen, dass der Diskurs scharfe Ränder aufweist und sich mittels empirischer Analyse erschöpfend untersuchen ließe (vgl. z. B. Jergus, 2014b).

Die Auswahl der Texte erfolgte größtenteils dahingehend, ob im Titel des jeweiligen Textes „Schulinspektion" oder „(Schul)Evaluation" als Worte auftauchen oder ob der gewählte Text im Rahmen eines Betrachtungs- zusammenhangs zu Schulinspektion, z. B. in Form eines Sammelbandes, Themenheftes etc., publiziert wurde. Als Orientierung diente der Publika- tionszeitraum von 2010 bis 2016. Die Analyse dieser ausgewählten Texte wurde durch weitere Texte ergänzt und kommentiert, die nicht systematisch gewählt wurden, sondern deren Auswahl sich im Laufe der Arbeit an den zuvor betrachteten Texten zu Schulinspektion (z. B. durch die in den Texten vorgenommenen Zitationen) ergab. Als weitere Quellen wurden solche Texte herangezogen, die dem Nachvollzug meiner analytischen Perspektive auf das wissenschaftliche Sprechen zu Schulinspektionen dienen.[1]

---

[1] Das Vorgehen in der Analyse der wissenschaftlichen Texte bzw. Sprechweisen zu Schulin- spektion und deren Wirksamkeit war zunächst weniger systematisch, als dies in der hier vorgenommenen nachträglichen Darstellung den Anschein haben mag. Ich habe mich

Die gesteigerte Aufmerksamkeit, die Schulinspektion als einem Gegenstand wissenschaftlicher Betrachtungen zukommt – und die sich in der wachsenden Anzahl an Publikationen zeigt –, lässt sich einerseits darauf zurückführen, dass innerhalb der letzten Dekade in allen Bundesländern Deutschlands Schulinspektionen an staatlichen Schulen verpflichtend ein- und durchgeführt wurden und sich eine bildungspolitisch in Auftrag gegebene wissenschaftlichen Begleitforschung zu Schulinspektion etablierte, wenngleich sich beides mittlerweile wieder im Rückgang befindet. Aber auch der Gegenstand der Evaluation im Allgemeinen erscheint „en vogue" (Brüsemeister & Eubel, 2008), so dass von einem „Trend zur Evaluation" (Kotthoff & Böttcher, 2010) oder einem „grassierenden Evalutionsboom" (Wehling, 2008) gesprochen werden kann – dies mag darin begründet sein, dass Praktiken des Evaluierens in viele gesellschaftliche Teilbereiche wie Krankenpflege, Ausbildungsinstitutionen, Arbeitslosenbetreuung etc. Eingang fanden und dort im Rahmen finanzieller Umstrukturierungen öffentlicher Institution im Sinne des *New Public Management* Effizienz- und Effektivitätsgewinne versprechen (vgl. nochmals Bröckling, 2004). Zum anderen stellt die Beschäftigung mit Schulinspektion Anlässe bereit, schulische Steuerung zu theoretisieren und bildungspolitische Steuerungskonzepte durch wissenschaftliche Theoriebildung zu erweitern. Es lässt sich eine zunehmende ‚Verwissenschaftlichung' bzw. eine Vereinheitlichung wissenschaftlicher Akteure in der Untersuchung von Schulinspektion wahrnehmen (vgl. Lambrecht & Rürup, 2012).

Nachdem die Auseinandersetzungen um Schulinspektion in den wissenschaftlichen Texten nachfolgend zunächst vor allem innerhalb theoretisch-konzeptioneller Zugänge betrachtet werden (Abschnitte 3.1 auf der nächsten Seite bis 3.3 auf Seite 48), soll anschließend auf die empirische Forschung im Feld der Schulinspektion und deren Forschungslogiken geblickt werden (Abschnitte 3.4 auf Seite 68 und 3.5 auf Seite 91).

---

dafür entschieden, dieses Analysekapitel den theoretischen und forschungsmethodischen Ausführungen voranzustellen, wenngleich die Untersuchung des wissenschaftlichen Sprechens als angelehnt an die nachfolgenden methodisch-methodologischen Ausführungen zu verstehen ist. Die Entscheidung, die Arbeit in der vorliegenden Form aufzubauen, folgte der Chronologie, mit der die Kapitel von mir erstellt wurden. Zudem schließt dieser Aufbau an die Konvention in der Darstellung empirischer Untersuchungen an.

3.1 Die Qualität von Schulqualität

Wissenschaftliches Sprechen über Schulinspektion und deren Wirksamkeit ist zumeist eingebettet in die Diskussion um Schulreform und Schulentwicklung, die sich seit ca. 20 Jahren innerhalb der Erziehungswissenschaften in verstärktem Maße nachverfolgen lässt. Schulinspektionen gewinnen vornehmlich im Nachgang des (oft so genannten) *PISA-Schocks* des Jahres 2001 an Bedeutung und stellen ein Reform„instrument" bzw. Teil eines „Reformorchesters" (Schönig, 2007, S. 11) im Schulsystem dar, das sich vornehmlich auf bzw. an die Schulen richtet. Die PISA-Studien, in denen Bildungssysteme im internationalen Maßstab auf ihre Leistungsfähigkeit hin verglichen wurden, konnten öffentlichkeitswirksam Defizite in Schülerinnenleistungen aufzeigen, die systematisch als Qualitätsdefizite schulischer Bildung in Deutschland gedeutet wurden.

PISA wurde dabei zum zentralen Referenzpunkt verschiedentlicher Problemlagen des deutschen Bildungswesens, die in einen Zusammenhang mit gesamtgesellschaftlichen Problemlagen gebracht wurden. Viele wissenschaftliche Texte, die zur Schulinspektion publiziert wurden, stellen solche expliziten Anbindungen von Schulinspektion an PISA her (z. B. Preuß et al., 2012; Dedering, 2012; Wurster & Gärtner, 2013; Keune, 2014), so dass mit PISA ein Ereignis benannt ist, das auch die wissenschaftliche Beobachtung von Schulinspektion legitimieren kann. Denn der Verweis auf PISA erlaubt nicht nur, „von der Überzeugungskraft einer wissenschaftlich hervorgebrachten Erkenntnis" zu zehren, „sondern auch von der ‚Fähigkeit' eines Wissens, in vielen gesellschaftlichen Teilbereichen bedeutsam werden zu können" (Thompson, 2013, S. 236).

Die qua PISA vollzogene Umwertung von Schülerinnenleistungen auf Schul-Leistungen führt dergestalt zum Reformdruck, dass die Optimierung von Schulen ins Zentrum von Bildungspolitik rückt. In diesem Zusammenhang tritt Schulinspektion als Versprechen auf, die Problematizität des Schulischen zu bearbeiten: „Die Einführung der Schulinspektion [. . .] wird von der Hoffnung flankiert, durch Qualitätssteigerungen eine bessere Schule zu befördern" (Dedering, 2012, S. 69) und die nach PISA verloren geglaubte Anschlussfähigkeit an internationale Schulleistungen wieder herzustellen.

Qualitätssteigerungen und die „bessere Schule" fallen, folgt man dem Zitat von Kathrin Dedering, nicht notwendig ineinander, stehen aber in engem Zusammenhang. Was beide Konzepte ausmacht, wird allerdings nicht näher

Die Qualität von Schulqualität

benannt. Gerade die Un(ter)bestimmtheit von ‚Qualität' erscheint aber in zweierlei Hinsichten relevant: (1) Schulinspektion profitiert von der assertorischen Note und weiten Verbreitung des Qualitäts- oder Optimierungsbegriffs, mit dem sie in unmittelbarer Verbindung steht, denn „Qualität" ist hochgradig normativ besetzt und dabei so bedeutungsentleert (vgl. Heid, 2009), dass es gegen den Wert von Qualität keine kritischen Worte ins Feld zu führen gäbe: Wer könnte sich dem Wunsch nach höherer Qualität entziehen (vgl. auch M. Schmidt, 2016)? Qualität formiert dergestalt auch als ein Schlüsselbegriff der schulpädagogischen Diskussion ebenso wie als gesellschaftliche Teilbereiche überschreitendes „Leitmotiv" von Politik (Höhne, 2011b, S. 139).

Die Verbindung von Schulinspektion und Qualität lädt Schulinspektion dabei selbst mit positiven Konnotativen auf (vgl. Höhne, 2006). Schulinspektion, die sich als technologisch-induzierte „Maßnahme" der Qualitätsbestimmung und -sicherung gleichermaßen fassen lässt (Dedering & Müller, 2008, S. 242), ist dann mit Attraktivität und Relevanz versehen und lässt sich demgemäß als erfolgversprechende Reformstrategie legitimieren und platzieren – neben weiteren ‚neuen' Steuerungsformaten, zu denen beispielsweise Bildungsstandards, Lernstandserhebungen, schulinterne Evaluationen zählen und die gemeinsam ein „System schulischer Qualitätssicherung" (Böhm-Kasper, Selders, & Lambrecht, 2016, S. 4) unterhalten.

Die Forderung auf eine *bessere* Schule erzeugt zudem (2) einen fortlaufenden Bedarf nach Qualitätssteigerung. Die stete „Wendung zum Besseren (wenn schon das Gute selbst nicht mehr gilt)" (Ricken, 2013, S. 240) impliziert, dass wiederholt schulischer Optimierungsbedarf unterstellt, schulisches Wirken als defizitär markiert werden muss. Mit Schulinspektion kann eine solche *Problemanzeige* schulischer Qualität praktikabel operieren, da sie sowohl Problemanzeige als auch -lösung in einem Paket bietet. Mit jeder evaluativen Beschreibung des Ist-Zustandes einer Schule, der in den Inspektionsbefunden Form annimmt, wird auch das Ungenügen oder die Fragilität dieses Zustandes formuliert, so dass Schulinspektion einen demaskierenden Zug gewinnt: Denn teilweise sind die Probleme „versteckt" und müssen erst deutlich als Probleme herausgestellt werden, damit „kreative Lösungen" (Quesel et al., 2011, S. 8) gefunden werden können. Schulinspektion zehrt also davon, dass schulisches Handeln – gerade auch vor dem Hintergrund der Ergebnisse internationaler Leistungsvergleichsstudien – problematisiert wird und auch grundlegend als problematisierbar gilt, insofern Anspruch und Wirklichkeit pädagogischer Tätigkeiten strukturell auseinander fallen (vgl. z. B. Terhart, 2013). Dass schulisches Handeln optimierungsbedürftig ist, erscheint, anders ausgedrückt, evident und selbstredend im Hinblick auf die normative Last pädagogischer Ansprüche. Schulinspektion, so ließe sich pointieren, flicht sich ein in Praktiken der „Verachtung der Pädagogik" (Ricken, 2007).[2]

Damit kommt neben der Dramatisierung vorhandener Probleme auch die generative Schaffung von Problemen in den Blick, die als *Legitimationsstrategie* des Reforminstruments Schulinspektion gesehen werden kann. Denn auf dem Wege der Problematisierung von Schulqualität bringt Evaluation bzw. Schulinspektion ihre eigene Notwendigkeit *performativ* hervor: Indem die Inspektionsergebnisse schulisches Handeln in disjunkt voneinander differenzierbare „Qualitätsbereiche" (Sächsisches Bildungsinstitut, 2009) überführen, parzellieren und anschließend einzelne Glieder als problematisch identifizieren, legen sie auch nahe, dass diese (und genau diese) optimierbar sind und künftig von guter Qualität sein könnten, was sich wiederum auf die Gesamtqualität auswirkt. Das Verhältnis aus überschaubaren Parzellen und der Gesamtqualität von Schul-Leistungen suggeriert dabei Praktikabilität hinsichtlich der vorzunehmenden Optimierungsarbeit.

Das Versprechen auf eine bessere Zukunft, in der gegenwärtige Probleme bereits gelöst wurden, ist der positive Horizont, auf den Schulinspektion sich bezieht und von dem her sie eine mobilisierende Kraft gewinnt: In der Zukunft sind Möglichkeit und Wirklichkeit immer bereits zur Deckung gebracht, kann die Differenz von Schein und Sein getilgt sein. Wer sich an den Inspektionsbefunden ausrichtet, für den ist eine solche Zukunft dann auch machbar.

Um erkennen zu können, ob das Versprechen erfüllt wurde, bedarf es allerdings wiederum Schulinspektion, da diese schulische Qualität qua Beobachtung und Rückmeldung erst sichtbar macht. Dabei werden zugleich neue Problembereiche identifiziert. Schulinspektion folgt hier einer Programmatik der zyklischen Qualitätsoptimierung, in der auf vorliegende Inspektionsbe-

---

[2] Eine solche Verachtung der Pädagogik erscheint auch als historisch gewachsenes Motiv. So hat etwa der Aufklärungspädagoge Christian Gotthilf Salzmann in seinem Ameisenbüchlein von 1806 ein „Symbolum" des Erzieherinnenberufs formuliert, das die pädagogische Selbstkritik und Selbsterkenntnis ins Zentrum der Betrachtungen nimmt: „Von allen Fehlern und Untugenden seiner Zöglinge muss der Erzieher den Grund in sich selbst suchen" (Salzmann, 1964, S. 13).

funde ein – von den inspizierten Schulen zu leistendes – Überführen der Inspektionsbefunde in einzelschulische Entwicklungsziele, das Formulieren und Durchführen von damit kongruenten Maßnahmen und die nächste Schulinspektion folgt, so dass der Qualitätskreislauf erneut beginnen kann (vgl. zur zyklischen Logik von Schulinspektion Dietrich, 2012). Der Gedanke eines Kreislaufs permanenter Qualitätsbeobachtung und -verbesserung folgt kybernetischen Annahmen über die Funktionsweise von Systemen und Subjekten (vgl. Höhne, 2006). Die Zukunft wird im Lichte des Qualitätszyklus' zur Referentin eines unmöglichen Möglichkeitsraums, weil sie nie eintreffen, sondern mit jeder Maßnahmenplanung, mit jeder Evaluationsbefund wiederholt als zu Erreichendes gesetzt wird.

In diesen ersten, knappen Ausführungen zur Verbindung von Schulinspektion und Qualität, wie sie sich in wissenschaftlichen Texten findet, lassen sich einige thematische Motive herausarbeiten, die sich in variabler Form auch in anderen Argumentationen wiederkehrend zeigen. Dies wären (1) der Versprechenscharakter von Schulinspektion, Steuerung ermöglichen zu können, indem sowohl ein Bruch zwischen Steuerungsintention als auch -wirkungen eröffnet wird, wie dieser auch gleichzeitig qua Schulinspektion wieder überwunden wird. (2) Qua Schulinspektion wird eine mögliche Zukunft umrissen, deren Auftreten unter bestimmten Bedingungen als wahrscheinlich erscheint, doch insofern Wahrscheinlichkeit nicht Gewissheit ist, haftet dem Versprechen der Schulinspektion die Last des Nachweises seiner Einlösbarkeit an. Die Rede über Schulinspektion geht deshalb mit einer Unbestimmtheit einher, die dazu anreizt, sich dieser (auf empirischem Wege) zu vergewissern. (3) Indem Schulinspektion auf die Selbststeuerungspotentiale der inspizierten Schulen setzt, vollzieht sich eine Hinwendung zu den rezipierenden und nutzenden Verwenderinnen von Inspektionsbefunden, den schulischen Akteuren, die die Lücke zwischen Inspektion und deren Wirksamkeit besetzen. Schulinspektion ist demnach in besonderer Weise mit der Produktion von Subjektivität verbunden. Die angeführten Motive sollen nachfolgend näher betrachtet werden.

3.2 Steuerung von Schule qua Schulinspektion

Der affirmativen Aufladung von „Qualität" gegenüber erscheint die permanente und rational vorzunehmende Qualitätsoptimierung bzw. Verbesserung von Schul-Leistungen als eine herausfordernde *Aufgabe*, die sich nicht aus der Sache selbst heraus initiiert, sondern des geschickt lancierten „Steuerungsimpulses" (Arbeitsgruppe Schulinspektion, 2016) bedarf, bei dem weder zu viel noch zu wenig reguliert wird. An diese (Heraus-)Forderung schließt ein Diskursstrang an, der sich um die Frage der Steuerung von Schulen herum konzentriert und in dem das Negativitätsproblem bearbeitet wird, dass „Menschen und soziale Systeme [...] nur begrenzt rational, begrenzt vorhersehbar und begrenzt steuerbar" (Rürup, 2013, S. 6) sind. Der Begriff der Steuerung bezieht sich dabei auf eine „pointierte Form intentionalen Handelns" (Dietrich, 2014a, S. 212), die linear und unidirektional auf die Gestaltung und Gestaltbarkeit von Schule zielt und Steuerungssubjekt (Staat, Bildungspolitik etc.) sowie Steuerungsobjekt (Schule, einzelne schulische Akteure bzw. Gruppen) als differente Gegenüber profiliert.

Die Problematik von Steuerung lässt sich auf die Differenz einer „Gestaltungsnotwendigkeit und -freiheit" (Gruschka, 2010) von Schule hin näher bestimmen: Als öffentliche Institution ist Schule immer schon gesellschaftlichen Ansprüchen auf Selbst-Reproduktion verpflichtet, wobei sie stets dem Vorwurf ausgesetzt ist, diesen Ansprüchen nicht gerecht zu werden. Steuerung ist mit Blick auf die hohe gesellschaftliche Relevanz, die dem schulischen Wirken zukommt (vgl. Fend, 2008b), nicht allein für Schulen selbst notwendig, sondern auch für die Steuerungsinstanzen, von denen sie ausgehen soll. Selbst wenn also Steuerung eine „Fiktion" ist, dann eine „notwendige" (Dietrich, 2014a, der hier einen Gedanken von Czada und Schimank, 2000, zitiert): Bildungspolitik und -administration sind darauf angewiesen, ihre Steuerungsbemühungen im öffentlichen Raum erkennbar darzustellen, um sich als politische Institutionen zu legitimieren.

Andererseits findet schulische Steuerung spätestens auf der Ebene pädagogischen Handelns und pädagogischer Erwägungen seine Grenzen (siehe unter 2 auf Seite 19), so dass Steuerungsnotwendigkeit und -unmöglichkeit auch in dieser Hinsicht aufeinander verweisende Referenzpunkte bilden. Steuerungsthematisierungen setzen aber in der Regel nicht an diesem Paradox der pädagogischen Wirksamkeit an, obwohl strukturell Ähnlichkeiten in den Thematisierungen der Kontingenz pädagogischer Wirksamkeit und der Wirksamkeit von Schulsteuerung bestehen.[3] Fragen von schulischer Steuerung zielen vornehmlich auf die Schule als *Institution* oder *Organisation*,

---

[3] In den Diskussionen um Neue Steuerung von Schulen lassen sich hinsichtlich des strukturellen Zusammenhangs von Fragen der Steuerung und pädagogischer Wirksamkeit viele pädagogische Rhetoriken und Figuren finden, etwa in der Rede über die autonome Schule (vgl. hierzu auch Abschnitt 3.5.2 auf Seite 110).

etwa wenn von Schule als einer „Handlungseinheit" (Fend, 1986) – meist im organisationssoziologischen oder betriebswirtschaftlichen Vokabular (z. B. Böttcher, 2002) – gesprochen wird.[4]

Damit sind Steuerungsfragen von vornherein von der Thematisierung einer Un-Möglichkeit pädagogischer Wirksamkeit entlastet: Bezüge zu pädagogischem Handeln sind in der Fokussierung auf die Einzelschule (als kleinster steuerungsrelevanter organisationaler Handlungseinheit) aufgeschoben bzw. aufgehoben. Dies mag die Attraktivität neuer Steuerungslogiken, die auf schulische Selbststeuerung durch Selbstreflexion setzen, erklärlich machen. Zugleich wird aber ein Verschwinden des Pädagogischen beklagt, wenn beispielsweise in den Qualitätsindikatoren der Schulinspektion keine pädagogischen Erwägungen Eingang finden (vgl. hierzu auch Abschnitt 3.3.1 auf Seite 53).

In wissenschaftlichen Texten, die sich mit Schulinspektion befassen, wird oft auf Verschiebungen der schulischen Steuerungsarchitektur hingewiesen, für die Schulinspektion einen zentralen Topos bildet. Das Credo dieser Verschiebungen lässt sich verkürzt auf den Punkt bringen als eine Bewegung von hierarchisch-bürokratischer „alter" Steuerung hin zu „neuen" Steuerungstechnologien, die auf den schulischen Output zielen und vornehmlich anhand von Rahmensetzungen regulierend in Erscheinung treten. Diese *Neue Steuerung* (siehe z. B. Altrichter & Maag Merki, 2010) von Schulen wird meist im Lichte grundlegend veränderter politisch-staatlicher Rationalitäten betrachtet, die sich komplexitäts- und kontingenzerfahren geben und sich in verschiedenen gesellschaftlichen Bereichen gleichermaßen auffinden lassen – etwa in Rahmen eines *New Public Managements* öffentlicher Verwaltung. Die Rede von der Neuen Steuerung lässt sich demnach als Form des Umgangs mit dem Problem des Ungewissen markieren, wobei Ungewissheit gleichsam als Möglichkeitsbedingung von Steuerung und als deren Negation gilt – wie sich nachfolgend noch zeigen soll.

Grundrisse der Neuen Steuerung geben der Einsicht in die (un-)mögliche Steuerbarkeit von Schulen Raum, indem sie das Scheitern linearer Ursache-Wirkungszusammenhänge konstatieren. Dabei wird der Gedanke von Steuerung nicht grundsätzlich aufgegeben, sondern der Vollzug von Steuerung wird auf die Gesteuerten ausgelagert: Im Kern lautet das Anlie-

---

[4] Für eine Übersicht organisationstheoretischer Ansätze in Bezug auf Schule / Schulentwicklung vgl. etwa Berkemeyer (2008).

38   Schulinspektion als Gegenstand von Erkenntnisproduktion

gen der Neuen Steuerung, die schulischen Akteure selbst kritisch über ihre eigene Praxis wachen zu lassen (Gruschka, 2010), so dass Steuerungsobjekt und -subjekt tendenziell zusammenfallen. Damit wird zugleich eine Innen- / Außen-Differenz eingezogen. Die Einflussnahme von ‚Außen' beschränkt sich somit auf Elemente der *Kontext*steuerung, für die es im Prinzip „*keine[r]* weitreichenden Kenntnisse über die internen Operationen des Adressatensystems" (Burth, 1999 in Höhne, 2006, S. 193; Hervorhebung durch Höhne) bedarf.

Der Einführung von Schulinspektion als Steuerungsinstrument werden solcherart „deregulierende Wirkungen im Schulwesen" (Rürup & Lambrecht, 2012, S. 165) zugeschrieben, in deren Zuge sich Gestaltungsfreiheiten für Schulen ergeben. Schulen erhalten eine operative Entscheidungsbefugnis innerhalb vorgegebener Ziele, Standards sowie Verfahrens- und Berichterstattungsvorschriften. Dem entspricht, dass die Vorstellung, wie Schulentwicklung konkret aussehen soll, in den Thematisierungen äußerst vage bleibt. Nur dass sie geschehen soll, ist unausweichlich. Zugleich – und scheinbar gegensätzlich – wird Schulinspektion in manchen vergleichsweise älteren Texten als Beleg für eine politische Tendenz hin zu verstärkter Rechenschaftslegung und Restandardisierung im Schulsystem gedeutet (vgl. z. B. Altrichter & Heinrich, 2007), weil mit Schulinspektion nicht nur die Ermöglichung von Freiheit von Schulen, sondern auch jene von besserer Kontrolle einhergeht, die aber gegenüber ‚linearer Steuerung' andere Formen annimmt, gerade weil sie die Kontingenz des Operierens indirekter Steuerung zu kompensieren sucht. Schulinspektion verspricht demnach sowohl größere Freiräume für schulische Selbststeuerung als auch ein effizienteres Durchdringen dieser Freiräume.

3.2.1 Wirksame Steuerung: (De-)Inszenierungen

Konträr zu bürokratischen Anordnungen auf der Input-Ebene operiert Schulinspektion, wie beschrieben, mit der *Dramatisierung (und Stiftung) von Problematizität*, der ein Verbesserungs„impuls" eingeschrieben ist: In Form von Inspektionsergebnissen sollen die Defizite der Schule besonders deutlich kenntlich werden, wobei zugleich – da die Rezeption und Nutzung der Inspektionsergebnisse für die Schulen nicht verordnet werden und vielmehr einen „zwanglosen Zwang" (Dietrich & Lambrecht, 2012) bedeuten – die steuernde Intention unsichtbar und de-inszeniert wird. Mit Schulinspektion tritt folglich kein klar konturiertes und als solches wahrnehmbares Steuerungssubjekt auf die Bühne, da die bloße, mittels standardisierter Verfahren gewonnene Erkenntnis für sich selbst spricht, so der programmatische Anspruch von Schulinspektion.

Steuerung stellt sich, so gesehen, als ein *Inszenierungsproblem bzw. Inszenierungsparadox* dar: Selbst wenn Steuerung nicht wirkt oder zumindest nicht auf direktem Wege wirkt (und dann als „alte Steuerungskonfiguration" pejorativ auf den Begriff gebracht wird), muss sie sich im Sinne der öffentlichen Legitimation von Bildungspolitik als Steuerung erkennbar machen und ein Bemühen darstellen, regulierend in Schulen einzugreifen. Die Ein- und Durchführung von Schulinspektion ergibt sich dann im Sinne einer Legitimationspraxis, in der sowohl ein Eingeständnis vonseiten der Bildungspolitik vollzogen wird, dass der Steuerungsanspruch in seiner bisherigen Ausprägung nicht haltbar ist, in der zugleich aber dieser Steuerungsanspruch nicht abgetreten wird.[5]

Soll Steuerung aber regulierende Effekte nach sich ziehen, so kann dies nicht ohne die Partizipation der zu steuernden Schulen erfolgen, so dass deren Selbstbestimmung aufrechterhalten bleiben muss. Schulinspektion muss sich demnach sowohl als Steuerungsinstrument erweisen, als sie auch nicht explizit als solches in Erscheinung treten darf. Dem entspricht, dass der Fluchtpunkt von Neuer Steuerung mittels Schulinspektion sich auf die schulischen Akteure bzw. die Schule (als organisational-pädagogischer Einheit) bezieht. Deren Einbezug und Responsibilisierung erscheint dabei als Effekt ‚ausgeklügelten' Steuerns:

> Die ‚Kunst des Regierens' auf der Ebene der Subjekte besteht darin, die Grenze zwischen Selbst- und Fremdregulierung scheinbar so aufzuheben, dass jedes ‚Fremdelement' in den selbstreflexiven Kreislauf des Subjekts integriert werden kann (Höhne, 2006, S. 209).

Diese Aktivierung von Selbstreflexivität, die in Bezug auf Schulinspektion als Steuerungsmechanismus der schulischen *Einsicht* diskutiert wird

---

[5] Für das sächsische Schulinspektionsverfahren zeigt sich diese Verbindung aus Offenlegung und Verdeckung von Steuerung beispielsweise auch in der Besetzung der Inspektorinnenposition. Als Inspektorinnen agieren in Sachsen festangestellte Lehrkräfte, die für die Durchführung von Schulinspektionen eine (Teil-)Abordnung erhalten. Sie treten damit den Schulen gegenüber sowohl als Lehrkräfte, und damit als Gleiche unter Gleichen, als auch als Inspektorinnen im Auftrag der Bildungspolitik auf, so dass sich das Verfahren der Schulinspektion im Zwischenraum von Peer-Review-Praktiken und staatlichem Steuerungshandeln verortet.

(vgl. unter 3.3.1 auf Seite 53), macht erklärlich, weshalb Steuerung sich de-inszenieren, sich unsichtbar machen muss, um gerade nicht als Steuerung zu gelten: Im Entdecken der „Wahrheit" schulischer Qualität mittels Einsicht in die empirische Evidenz von Schulinspektionsbefunden vollzieht sich zugleich das Verdecken schulischer Steuerung. Genau in diesem Spannungsfeld verortet sich das Versprechen von Schulinspektion, ein wirksames Steuerungsinstrument zu sein.

Das Verdecken der kontrollierend-regulierenden Anteile von Schulinspektion wird indes in wissenschaftlichen Texten mitunter als strategisches Taktieren ‚entlarvt':

> Auf der sicheren Seite steht die Inspektion dann, wenn sie die faktische Modernisierungsvorstellung, die der Inspektion zugrunde liegt, als Programm vermittelt. Zu ihm muss sich die Schule verhalten, vor allem dort, wo sie noch nicht ist, was sich aber die oberste Inspektion von ihr erwartet. Das darf man aber nicht zu deutlich herausstreichen, weil dann die bereits benannte Gefahr droht, dass die gesamte Inspektion nur als Mittel zum Zweck erscheint, bestimmte Programme in der Schule durchzusetzen. Das hätte man dann deutlich einfacher haben können (Gruschka, 2010, S. 89).

Diese *(De-)Inszenierung* findet sich auch an anderer Stelle, etwa in den Diskussionen um die *tatsächliche Durchsetzung* des neuen Steuerungsparadigmas im Schulsystem. Neue Steuerung löst zentralistisch-hierarchische Steuerungskontexte nicht vollständig ab, sondern firmiert eher als „‚nachgängiges' Steuerungshandeln", so Dedering (2008, S. 885), innerhalb eines Rahmens gesetzlich regulierter und damit vorgegebener Räume. Rürup und Lambrecht (2012, S. 180) sprechen diesbezüglich von der „Ergänzung eines nur halbherzig zurückgenommenen hierarchisch-bürokratischen Steuerungsansatzes durch neue Steuerungsinstrumente", um die vorherrschende Verwobenheit von Selbst- und Fremdsteuerungselementen herauszustellen. Schulinspektion dient dann als eine Art Maske, die den ‚schönen Schein' von Neuer Steuerung wahrt.

In anderer Hinsicht wird die Notwendigkeit einer (De-)Inszenierung von Steuerung ebenfalls deutlich, wenn etwa die Rede auf den „Funktionenmix" der Schulinspektion kommt (z. B. Brägger, Bucher, & Landwehr, 2005). Dieser ist nur scheinbar ein tatsächlicher Mix, in dem *Kontroll- und Entwicklungsfunktion* von Schulinspektion in egalitärer Note nebeneinander gestellt sind, was sich mit den o. g. deregulierenden und rezentralisierenden Effekten von Schulinspektion deckt. Dass Evaluation als *Kontroll- oder Regulierungspraktik* agiert, scheint vielmehr der rhetorischen Bearbeitung zu bedürfen. Die Entwicklungsfunktion von Schulinspektion wird also verschiedentlich mit besonderer Relevanz ausgestattet (z. B. Böhm-Kasper et al., 2016). Dies zeigt sich beispielsweise auf verfahrensorganisatorischer Ebene darin, dass um die passende Bezeichnung für Schulinspektion gerungen wird: In den Selbstbeschreibungen der Inspektionsverfahren taucht der Begriff der *Inspektion* in einigen Bundesländern (z. B. in Sachsen) nicht auf, sondern wird durch das neutraler erscheinende *externe Schulevaluation* ersetzt.[6]

Wenngleich die Berücksichtigung von Kontrolle (oder Rechenschaftslegung) als einer legitimen Funktion von Schulinspektion in den wissenschaftlich-empirischen Studien gefordert wird (Landwehr, 2011), tritt Kontrolle kaum als Operator für die Überprüfung der Wirksamkeit von Schulinspektion in Erscheinung. Im Rahmen von wissenschaftlichen Studien zu Schulinspektion wird vornehmlich auf die der Inspektion zugeschriebene Schulentwicklungsfunktion abgehoben, was sich ebenfalls als eine rhetorische Bearbeitung der Kontrollfunktion von Schulinspektion verstehen ließe. Schul*entwicklung*, als positiv konnotiertes Pendant zu Kontrolle, wird in diesem Sinne gegenüber

---

[6] Über die Wahl der Begrifflichkeit bezüglich „Schulinspektion" herrscht auch Uneinigkeit innerhalb der wissenschaftlichen Texte. Teilweise wird eine pragmatische Analogisierung der Begriffe Schulinspektion und externe (Schul-)Evaluation vorgenommen (etwa bei Dietrich, 2016), teilweise werden beide Begriffe inhaltlich voneinander unterschieden, indem etwa Schulinspektion als ein besonderer Typ von (externer) Evaluation profiliert wird (z. B. bei Sowada und Dedering, 2014), insofern sie keine im engeren Sinne wissenschaftliche Tätigkeit bedeutet. Auch die Selbstbezeichnungen der Verfahren differieren: Es finden sich länderspezifische Besonderheiten etwa in der Bezeichnung „externe" oder „Fremdevaluation", aber auch „Qualitätsanalyse" oder „Schulvisitation" (vgl. Böhm-Kasper et al., 2016, S. 1). Lambrecht (2013, S. 234) kommentiert hierzu: „Der Begriff der ‚Inspektion' verweist eher auf die Kontroll- und Rechenschaftslegungsaspekte des Instruments. Einige Bundesländer verwenden stattdessen den Evaluationsbegriff, der stärker mit der Entwicklungsfunktion des Instruments zu korrespondieren schein[t]". Was bedeutet es, dass wissenschaftliche Studien den bildungspolitisch unpopulären Begriff der Schulinspektion präferieren? Die Thematik der Begriffswahl zeigt in eindrücklicher Weise auf, inwiefern Namen mit Politizität verbunden bzw. aufgeladen sind und demnach gerade nicht indifferent gegenüber den bezeichneten Sachverhalten sind. Wenn in dieser Studie vornehmlich die Begrifflichkeit *Schulinspektion* zur Bezeichnung des Forschungsgegenstands gewählt wird, so zeigt dies, wie wenig mein eigener Forschungseinsatz sich von der Sprache der Evaluation bzw. von der Politizät des Feldes distanzieren kann. Zur wirklichkeitskonstitutiven Kraft von Namensgebung vgl. Laclau (2002b) und die Ausführungen zur Performativität des Sprechens unter 4 auf Seite 135 in dieser Arbeit.

anderen Formulierungen wie etwa Optimierung, Innovierung etc. bevorzugt. Dies mag sich zum einen darin begründen, dass in „Entwicklung" einerseits die Problematizität des Pädagogischen verdeckt wird: Entwicklung ist nicht per se mit Verbesserung gleichzusetzen. Zum anderen fungiert das Konzept der Entwicklung selbst als pädagogisches Vokabular und weist Nähen zum derzeit aktuellen Schulautonomiediskurs auf, in dem Selbsttätigkeit und Entscheidungshoheit von Schulen (als Handlungseinheiten) zu zentralen Werten avancieren (siehe hierzu auch Abschnitt 3.5.2 auf Seite 110).

In einigen Texten wird weiterhin England / Großbritannien als Referenz ‚heranzitiert', die symbolisch für die Gefahren einer kontrollorientierten Inspektion steht, um auf die entsprechenden Nebenwirkungen hinzuweisen (Kotthoff & Böttcher, 2010; Kemethofer, 2016). Die englische Schulinspektion wird zum Paradefall einer geglückten Geschichte um die auf Schulentwicklung orientierte Inspektion: Dort konnten in empirischen Studien kaum positive Effekte der OFSTED-Schulinspektion nachgewiesen werden, so dass in der Folge das Verfahren der britischen Schulinspektion angepasst und stärker auf Elemente der Entwicklungsfunktion zugeschnitten wurde (vgl. Kotthoff & Böttcher, 2010).

Ebenfalls im Kontext einer (De-)Inszenierung von Steuerung lässt sich auch die *Trennung von Beurteilungs- und Aufsichtsinstitutionen* einordnen, die bezüglich Schulinspektion thematisiert wird. Schulinspektion stellt dabei eines jener neuen Steuerungsinstrument dar, „mit denen [auch, M.S.] die Schulaufsicht konfrontiert ist" (Dedering & Müller, 2008, S. 242) – so dass deren Steuerungspraxis von Schulinspektion tangiert ist.

Schulinspektion wird demnach abgegrenzt von ‚traditionellen' Schulaufsichtszuständigkeiten, denen ein deutliches Heteronomie- und Steuerungsverhältnis von Schule und Aufsicht zugeschrieben wird. Mit Schulinspektion wird dieses Verhältnis nun als „kooperatives Verwaltungshandeln" umgedeutet, in der „Schulaufsicht als gleichberechtiger Partner" (Füssel, 2008, S. 161) auftreten kann. Inwiefern aber Schulinspektion und schulaufsichtliche Institutionen sich zueinander positionieren, ist nicht abschließend geklärt (vgl. stellvertretend für diese Diskussion Füssel, 2008). Allerdings, so wird argumentiert, *muss* Inspektion sich von Aufsicht unterscheiden, um ihr Vorhandensein zu rechtfertigen.

Auffällig ist dabei, dass die qua Schulinspektion vollzogene Form der Begutachtung von Schulen explizit nicht als schulaufsichtliche Tätigkeit benannt wird, sondern beispielsweise als marktförmig-unpolitische „Dienstleistung" (vgl. etwa Böttger-Beer & Koch, 2008) oder als unterstützendes Beratungsangebot an die Schule, das eine Freisetzung der Schule zu sich selbst impliziert – wobei beide Konzepte, der Dienstleistung und der Beratung, unterstellen, dass die Anstrengung zur Schulentwicklung seitens der Schule zum selbst gewollten Anliegen wird (vgl. für die subjektivierende Regierungslogik der Beratung generell: Traue, 2010).[7]

Das Aufgabenspektrum von Schulinspektion begrenzt sich in diesem Kontext auf die „Vorbereitung, Durchführung und Auswertung der Schulbesuche und endet mit der Aushändigung des Inspektionsberichts" (Dedering & Müller, 2008, S. 242), so dass das weitere Vorgehen den Schulen überlassen bleibt. An dieser Stelle wird eine steuernde Intention nicht mehr explizit benannt.

Schulaufsichtliche Belange treten erst dort wieder in Erscheinung, wo es darum geht, die Erkenntnisse aus den Inspektionsbefunden in Schulentwicklung zu überführen – und auch dort wird auf die Semantik der *Partnerschaftlichkeit* und *gemeinsamen Anstrengung* gesetzt (vgl. Diegmann, Schmidt, Flagmeyer, & Keitel, 2011). Verantwortung für die Wirksamkeit einer explizit-impliziten Steuerung qua Schulinspektion trägt dann bzw. soll – neben der inspizierten Schule selbst – die Schulaufsicht tragen, die mit der paradoxen Anforderung konfrontiert wird, Schulen durch die Wahrung von deren Freiheit hindurch zu lenken. So soll die Schulaufsicht weiterhin ihre Dienstaufsichtspflichten gegenüber den Schulen wahrnehmen, gleichzeitig aber die durch Schulinspektion proliferierte Autonomie der Schule aufrechterhalten, indem sie eine lediglich beratende und unterstützende Position im Gefüge der Schulentwicklung einnimmt (Dedering & Müller, 2008, S. 242). Das Problem der Steuerung verlagert sich hier auf die institutionelle Position der Schulaufsicht, die steuern soll, ohne zu steuern – analog zur Funktion der Schulinspektion (und zur Position der Schulleitung, siehe unter Abschnitt 3.5.4 auf Seite 116).

An dieser Stelle wird mit der *Zielvereinbarung* ein weiteres ‚neues' Steuerungsinstrument platziert, dass die Steuerungsproblematik bearbeiten soll. Die ebenfalls in partnerschaftlicher Metaphorik lancier-

---

[7] Die Dienstleistungsrhetorik und das darin eingelagerte ökonomische Tauschversprechen verdeckt politische Steuerungsabsichten und -notwendigkeiten, indem die Option einer freien Wahl und Interessengeleitetheit in Aussicht gestellt wird.

te Zielvereibarung soll Schule und Schulaufsicht, Schulinspektion und Qualitätsoptimierung miteinander verknüpfen und Verbindlichkeiten sichern:

> Die Ableitung von Konsequenzen aus dem Bericht bzw. die *Umsetzung* der Empfehlungen ist üblicherweise Sache der Schule, die dazu Zielvereinbarungen mit der Schulaufsicht abschließen soll (Lambrecht, 2013, S. 227).

Formuliert wird qua Zielvereinbarung also ein Vertrag zwischen Schule und Schulaufsicht – als Partnerinnen ‚auf Augenhöhe' (vgl. hierzu kritisch Dietrich & Lambrecht, 2012) –, der zwischen Pflicht und Selbstverpflichtung oszilliert und in Schulinspektion seinen Gegenhalt findet. In der Zielvereinbarung materialisiert sich die durch Schulinspektion erzeugte Wirksamkeit von Schulsteuerung als niedergeschriebene Darstellung eines bereits erfolgten Umgangs mit Inspektionsbefunden, so der Anspruch. Die Wirksamkeit von Schulinspektion wird damit nicht nur sichergestellt, sondern auch inszenatorisch dargestellt und her(aus)gestellt. Allerdings wird im Kontext der wissenschaftlichen Erforschung von Schulinspektion nur wenig Augenmerk auf Zielvereinbarungen als (potentiellen) Untersuchungsobjekten gelegt, so dass deren Indikationspotential für die Wirksamkeit von Schulinspektion (-sergebnissen) strittig erscheint.

Auf Ebene *empirischer* Forschungsprogrammatiken wird der Zusammenhang aus Inszenierung und De-Inszenierung von Steuerung ebenfalls aufgenommen und erscheint dort in Form bestimmter Erkenntnisrationalitäten (vgl. hierzu Abschnitt 3.4 auf Seite 68). Ein Großteil der wissenschaftlichen Texte zu Schulinspektion richtet sein Augenmerk auf die von Steuerung ‚betroffenen' Schulen bzw. schulischen Akteure und lässt diese (anhand von Selbstauskünften) zu Wort kommen. Dieses Vorgehen bezieht sich auf die theoretisch-konzeptionell angenommene / vorgenommene Überkreuzung von Selbst- und Fremdsteuerung seitens der schulischen Akteurin. Die Eingrenzung der Perspektive auf die Betroffenensicht impliziert dabei die Vorstellung, dass Schulen einen von politischer Regulierung noch einmal eigens abgrenzbaren Innenraum beziehen, der durch die wissenschaftliche Beobachtung für Außenstehende erst zugänglich wird und in dessen Sichtbarkeit die operativen Vollzüge von Steuerung-als-Selbststeuerung Kontur gewinnen. Dies wird beispielsweise an Formulierungen bezüglich schulischer „Eigenlogik" oder „Eigensinnigkeit" in der „Verwendung von Schulinspektionsbefunden" deutlich, die die Schule als autonome Verwenderin etablieren. An späterer Stelle soll dieser Aspekt noch einmal gesondert diskutiert werden (vgl. Abschnitt 3.5 auf Seite 91).

Wenngleich Fremd- und Selbststeuerung sich mit dem Verständnis von schulischen Akteuren als Auskunftsgebenden auch forschungslogisch abbilden, so bleibt dennoch eine trennscharfe Differenz aus Steuerungssubjekt und -objekt, Steuerndem und Gesteuertem, darin aufrechterhalten – wie allein schon über die Begrifflichkeit der akteurspezifischen „Eigenlogik" impliziert wird. Lambrecht und Rürup (2012) richten an einen Großteil der bis dato vorliegenden empirischen Studien zu Schulinspektion demnach den Vorwurf, in den jeweiligen Fragestellungen und Untersuchungsdesigns die bildungspolitische Steuerungslogik zu übernehmen und somit ebenfalls schulische Steuerung – unter dem Deckmantel objektivierender Wissenschaftlichkeit – zu betreiben. Auch diesen Gedanken möchte ich im Fortgang meiner Auseinandersetzung mit den wissenschaftlichen Texten zu Schulinspektion weiterverfolgen.

3.2.2 Wirksame Steuerung: Kritik an Schulinspektion aus gouvernementaler Perspektive

Dass die Inblicknahme einer Verwenderinnen- oder Gesteuerten-Perspektive nicht eo ipso darauf hinausläuft, eine Widerständigkeit – oder übergreifender: – eine Autonomie bzw. Eigenlogik herauszuarbeiten, stellt einen Einsatzpunkt für gouvernementalitätstheoretische Überlegungen dar, welche sich auf die Arbeiten von Michel Foucault (z. B. Foucault, 2004a, 2004b) berufen und welche ein Verständnis von Steuerung reartikulieren, dass dieses als komplexes und in sich gebrochenes Verhältnis von Selbst- und Fremdsteuerung versteht, das anschlussfähig an Thematisierungen zu Neuer Steuerung ist.

Gouvernementale wissenschaftliche Einsätze, die Schulinspektion zum Thema machen, verstehen ihr Sprechen als Kritik, indem sie beispielsweise auf Praktiken der Selbstführung oder des Selbst-Managements als Formen der Regierung von Menschen rekurrieren (vgl. z. B. Lehmann-Rommel, 2004).[8] Dies verweist darauf, dass Begriffe wie schulische Eigenverantwor-

---

[8] In Arbeiten, die sich auf die Gouvernementalitätsperspektive beziehen, wird im Rahmen der theoretischen Ausformulierung der Forschungsgegenstände eine Verwobenheit aus Steuerndem und Gesteuertem platziert, die Übersetzung in eine empirische Forschungsprogrammatik durchbricht dann jedoch häufig diese Verwobenheit und suggeriert eine Teilung und Identifizierbarkeit von Steuerungssubjekt und -objekt (vgl. Ott & Wrana,

tung oder (Teil-)Autonomie in spezifische, machtvoll strukturierte Regimes der Subjektivierung involviert sind. Gouvernementalitätsstudien bringen damit eine differente Perspektive ein, die sich der Engführung auf rationalistisch ausgerichtete Modernisierungsdiskurse zu entziehen sucht. Die gouvernementale Perspektive öffnet denn auch den Blick für die gesamtgesellschaftliche Logik von (de-)inszenierter Steuerung. Mit Begriffen wie Management bzw. Managerialismus oder Effizienz wird eine Rationalität beschrieben, die alle Lebensbereiche durchzieht und nicht ‚hinter der Schultür' halt macht.

Mittels gouvernementalitätstheoretischer Analysen sollen zudem die unsichtbaren Mechanismen und Effekte erhellt werden, die sich an Vorstellungen von Neuer Steuerung heften, so dass das Versprechen Neuer Steuerung mit den Realitäten konfrontiert wird, die durch dieses produziert werden. Der Verweis auf die *Kehrseite* von Neuer Steuerung (und Schulinspektion) lässt sich demnach als eine Form der Bearbeitung der Differenz aus Inszenierung / Realität verstehen, die die Inszenierung von Steuerung *als* Inszenierung kenntlich macht.

Nachfolgend werden einzelne Kritik-Einsätze an Neuer Steuerung in Zusammenhang mit Schulinspektion ohne Anspruch auf Vollständigkeit akzentuiert. Diese Kritiken beziehen sich auf eine Wirksamkeit von Schulinspektion, die konträr zu der in anderen wissenschaftlichen Texten profilierten Wirksamkeitsfigur einer Promotion von Schulentwicklung und Qualitätsoptimierung durch Schulinspektion liegt. Dabei soll nicht suggeriert werden, dass Kritik an Schulinspektion allein aus Richtung der gouvernementalitätstheoretischen Studien artikuliert wird (siehe für eine Kritik an Schulinspektion insbesondere auch Dietrich und Lambrecht, 2012 sowie Gruschka, 2010).

(1) Mit der Etablierung von Schulinspektion als neuem Steuerungsinstrument wird grundlegend am Gedanken des „kalkulierten Fortschritts" (Bröckling, 2000, S. 132) festgehalten, so dass damit sich potentiell auch „alte Fehler" (Höhne, 2011b, S. 146) wiederholten, die sich hinsichtlich unbeabsichtigter Nebenwirkungen ergeben.

2010). Es stellt sich demnach die Frage, wie eine Relationierung von Steuerungssubjekt und -objekt als solche im empirischen Forschungszugang erhalten bleiben und beobachtbar werden kann. Über diese Frage der Zugänglichkeit des Forschungsgegenstands hinausgehend lässt sich allerdings wahrnehmen, dass empirische Forschung in Rekurs auf gouvernementale Überlegungen im Feld Schulinspektion m.W.n. nach bisher kaum betrieben wird.

(2) Mit der Tendenz zu verstärkter Individualisierung (Stichwort: die einzelne Schule als Handlungseinheit) geraten die komplexen Bedingtheiten und Bedingungen schulischen Arbeitens und Wirkens aus dem Blick, wenn die sich selbst steuernde Schule auch die Verantwortung für ihren eigenen Qualitätsfortschritt trägt und sich dann entsprechend legitimieren muss. Es kommt dabei zur Umdeutung komplexer organisationaler Strukturprobleme in behandelbare Probleme, so dass rationalismuskritische Reflexionen ausgeklammert werden.

(3) Auch vollziehen sich schulische (Selbst-)Beschreibungen zunehmend in ökonomistischem Vokabluar, welches pädagogische Entscheidungen infiziert. Schulen müssen sich an der betriebswirtschaftlich geprägten Normalfolie der guten Schule, d. h. der leistungsstarken, erfolgreichen und problemfreien Schule, ausrichten, die immer schon ihre vollumfängliche Gestalt- und Verfügbarkeit impliziert.

(4) Dies führt zu Abwertung und ggf. Sanktionierung „schwacher" Schulen, so dass Evaluationen (bzw. Schulinspektionen) stets auch als Praktiken fungieren, die systematisch soziale Exklusion nicht nur einkalkulieren, sondern auf diese hin ausgerichtet sind und sie (mit)produzieren.

(5) Das ‚Outsourcing' der Arbeit an der schulischen Optimierung hin zu den einzelnen inspizierten Schulen kann nicht zuletzt zu einer Delegitimierung professionellen Wissens einerseits sowie des staatlichen Schulsystems als Ganzem andererseits führen: „In dem Sinn birgt ein einseitig rationalistisch ausgerichteter Qualitätsdiskurs die Schwierigkeit, genau das *Gegenteil von Qualität, nämlich Qualitätsverlust, zu legitimieren*" (Höhne, 2011b, S. 152; Hervorhebung im Original). Analog dazu argumentiert beispielsweise Ulrich Bröckling (2004) für Evaluation im Generellen, dass diese systematisch ihre Absicht unterläuft, Innovationen anzureizen, indem sie die Evaluierten an vorgegebene Qualitätskategorien normalisiert, so dass es zum Phänomen der Isomorphie und der Beibehaltung des Status Quo kommt.

(6) Nicht zuletzt wird die Ausbreitung und zunehmende Akzeptanz von Kontrollpraktiken kritisch benannt, die sich mit sozialer Normalisierung und der Omnipräsenz panoptischer Techniken verbindet, so dass weniger Steuerung im Umkehrschluss zu mehr Steuerung führt, auch wenn dies nicht offenkundig wird (vgl. Höhne, 2006).

(7) Auch disziplinpolitisch werden Schulinspektion und die mit ihr verbundene Steuerungslogik kommentiert, indem darauf hingewiesen wird, dass es zur Entwertung erziehungswissenschaftlich-pädagogischen Wissens und dessen Spezifik komme, beispielsweise durch stärkere Gewichtung von managerialen Qualitätsindikatoren in den Beobachtungsverfahren von Schulinspektion und ihrer Begleitforschung, so dass sich weitergehend eine Neudefinition von Bildungsforschung als Qualitätsforschung vollziehe (Höhne, 2011b; Gruschka, 2010).

3.3 Evidenzbasierte Steuerung: Wissen und Politik, Wissen als Politik

Bis zu diesem Punkt wurde in den vorangegangenen Ausführungen dargelegt, inwiefern Schulinspektion als Instrument einer Neuen Steuerung von Schulen, die auf die Aktivierung von Selbstreflexivität von schulischen Akteuren setzt, zu fassen ist. Dabei wurden zwei differente Verständnisse bezüglich der Wirksamkeit von Schulinspektion im Zusammenhang mit Neuer Steuerung herausgearbeitet, die sich in den wissenschaftlichen Texten zu Schulinspektion nachverfolgen lassen: Zum einen war dies das Wirksamkeitsversprechen von Schulinspektion, das aufgrund seiner gleichermaßen inszenatorisch-deinszenatorischen, verdeckenden und offenlegenden, Vorgehensweise Schulen effizienter steuern soll, indem es an der Freiheit der gesteuerten Schulen ansetzt, diese evoziert und aufrechterhält. Zum anderen wurden die Kehrseiten eines solches Effizienz- und Freiheitsversprechens aus Perspektive von Gouvernementalitätsanalysen zu Schulinspektion (bzw. zu Evaluation im Schulsystem oder über dieses hinausgehend) angesprochen, die eine alternative bzw. inverse Wirksamkeitsvorstellung lanciert – so dass beispielsweise mehr Qualität letztlich zu weniger Qualität führt. Annahmen zu Neuer Steuerung und gouvernementalitätstheoretische Konzepte des Regierens begegnen einander dabei hinsichtlich der Annahme einer Kontingenz des Steuerns, unterscheiden sich aber u. a. bezüglich ihrer Haltung zu einer Fortschritts- und Modernisierungslogik.

Am Versprechen auf bessere, im Sinne von „qualitativ gehaltvollerer" (Brüsemeister & Eubel, 2008, S. 8), Steuerung qua Schulinspektion soll nun noch einmal explizit angesetzt werden. Gegenüber traditionell angelegten Steuerungskonzeptionen soll Schulinspektion gerade aufgrund des durch sie praktizierten (bzw. in Aussicht gestellten) „zwanglosen Zwangs" zur

Selbststeuerung wirksam werden. Dieser Steuerungsmechanismus bezieht sich dabei auf den Anspruch der Schulinspektion, eine *empirische Evidenz* für Schulqualität bereitzustellen, die auf der Annahme fußt, dass ein in der Empirie fundierter Fakt gesellschaftlich funktional sein kann. In diesem Sinne wird Neue Steuerung in Bezug auf Schulinspektion häufig auch als *evidenzbasierte* Steuerung konkretisiert (z. B. van Ackeren et al., 2011), so dass das besondere Moment von Schulinspektion, die Erzeugung empirisch-reflexiven *Wissens* über Schulen, in den Fokus der Aufmerksamkeit gerät. Demnach soll sich der folgende Abschnitt den Thematisierungen des Wissens der Schulinspektion widmen.

Die regulierende Wirkung, die dem evaluativen Wissen zugeschrieben wird, beruft sich auf die steuerungsoptimistische Vorstellung, dass Wissen und aufgeklärtes Entscheiden strukturell miteinander zusammenhängen:

> Vor dem Hintergrund einer gegenwärtig favorisierten Politikstrategie der *evidence based policy* in Bildungssystemen soll u. a. das Instrument der Schulinspektion dazu beitragen, Entscheidungen im Schulsystem mithilfe von Daten sowohl innerhalb einer Ebene des Mehrebenensystems (z. B. Politik, Schule) als auch zwischen Akteuren des Schulsystems zu optimieren (Preuß et al., 2012, S. 103).

Das Versprechen von Schulinspektion beruft sich folglich darauf, ein gesichertes Wissen als Grundlage für Entscheidungen anzubieten. Dabei geht es nicht nur darum, dass allein schulisches Entscheidungshandeln durch bereit gestellte Evidenzen optimiert werden kann, sondern auch jenes von anderen Akteuren des Bildungssystems, wie etwa von Politik bzw. politischen Entscheidungsträgern. Zugleich soll Schulinspektion das Verhältnis zwischen den jeweilig heterogenen Akteuren derart vermitteln, dass Entscheidungen wechselseitig aufeinander abgestimmt werden, was einen zusätzlichen *Rationalisierungsschub* impliziert.

Verbunden mit der Ein- und Durchführung von Schulinspektion ist in diesem Zusammenhang eine Konjunktur spezifischer wissenschaftlicher Erkenntnisweisen, die sich auch innerhalb der Erziehungswissenschaft (etwa als empirische Bildungsforschung, vgl. Reinders et al., 2015) zunehmend etabliert: Von der „empirischen Wende" (erstmals: Roth, 1967) ist in diesem Zusammenhang nach PISA häufig wieder die Rede. Schulinspektion dient in diesem Sinne als Ausdrucksform einer neuen „Beweiskraft" von Wissen über nationale Bildungssysteme, welches sich zuvor, so die Diagnose von

Quesel et al. (2011, S. 9), in „spekulative[n] und subjektive[n] Deutungen und Entwürfe[n] zu Schulen und Unterricht" erschöpfte. Hierfür ist eine umfassende Datengenerierung über Schule und Schulsystem nötig, die sich an einen bildungspolitischen Erkenntniswillen heftet.

Schulinspektion verheißen Einsicht, die über das generierte Wissen zu Schulen und Schulqualität operiert – unter Betonung des Akts des *Sichtens* bzw. der *Sichtbarkeit*: Dies zeigt sich daran, dass ein ganzes Feld von *visuellen Metaphern* etabliert wird, wenn von Schulinspektion die Rede ist. So wird beispielsweise Schulinspektion als objektiver und nüchterner „Blick in oder auf Einzelschulen auf der Grundlage einer Zusammenschau vorhandener, intern und / oder extern gewonnener Daten" (Maritzen, 2008, S. 87) justiert oder als Form von „Inaugenscheinnahmen" (Maritzen, 2006, S. 7) von Schulen; es wird von Schulinspektion als einer „Beobachtung" von der Position der „unabhängigen Außensicht" (Dreyer, Giese, & Wood, 2011, S. 96) inspizierter Schulen gesprochen, in deren Folge sich etwa Schulaufsicht und Schule „auf Augenhöhe" (Dietrich & Lambrecht, 2012) begegnen können. Schulinspektionen „schauen genau hin: Fachliche Kompetenzen der Lehrkräfte werden überprüft, Lehr- und Lernmaterialien begutachtet, räumliche Gegebenheiten erforscht, Lerngruppen und die in ihnen vorherrschenden Sozialformen betrachtet" (Brüggemann, Jäkel, & Riemer, 2011, S. 32).

In Schulinspektionen geht es aber, aus Perspektive der inspizierten schulischen Akteurin, nicht allein darum, sich permanent der Beobachtung ausgesetzt zu fühlen, sondern sich selbst zunehmend als legitimen Beobachtungsgegenstand zu verstehen und dann auch anschließend selbstreflexiv immer wieder in den Blick zu nehmen, d. h. die Beobachtung in Form von einer Selbstbeobachtung auf Dauer zu stellen. In der sächsischen Schulinspektion wird beispielsweise neben anderen Qualitätskriterien auch geprüft, inwiefern an den Schulen bereits Formen der Selbstevaluation ausgeprägt sind (vgl. Sächsisches Bildungsinstitut, 2008).

Was zum einen als Demokratisierung von Kontrolle, als Aufklärung oder als gerechte Ressourcenverteilung politisch relevant gemacht werden kann, lässt sich ebenfalls auf seine Kehrseiten hinsichtlich gesellschaftlich relevanter Folgen hin befragen: Schulinspektion (ver-)schafft dergestalt umfassende Einblicke in einen schulischen Innen-Raum, der zuvor dem sezierend-prüfenden Auge verborgen blieb. *Panoptische Praktiken* einer omnipräsenten Einsicht etablieren eine „Ordnung der Sichtbarkeit" (Opitz, 2004, S. 123) und tragen zur sozialen Verallgemeinerung und Normalisierung systematischer Beobachtungen öffentlicher Dienstleistungen bei (vgl. Höhne, 2006), in der das Nichtdargestellte / Nichtdarstellbare immer schon verdächtig ist. Mit der Normalisierung stehen dann Praktiken der Differenzierung und Abwertung, der Bildung von Rangfolgen, von Konkurrenz und Wettbewerb in Zusammenhang (vgl. Schröder & Wrana, 2015).

Während zum einen Beobachtungen sich zunehmend normalisieren, wird zugleich vor allem die Neutralität der Beobachtung betont, die Nähen zu wissenschaftlichen Vorgehensweisen aufruft: Die Politizität von Schulinspektion wird verschleiert, indem sie als „Verfahren der Informationserhebung" (Rürup & Lambrecht, 2012, S. 167) beschrieben wird. Mit ihr sollen „detaillierte Kenntnisse über die Qualität der einzelnen Schulen des Landes und darüber hinaus über die Qualität des [...] Schulsystems insgesamt" (Sommer, 2011a, S. 137–138, der hier den niedersächsischen Inspektionserlass zitiert) gewonnen werden. Die Beobachtung ist der Bewertung, die qua Inspektion vollzogen wird, vorgelagert und erscheint als deren nüchterne und unhintergehbare Grundlage.

Ein solches Verdecken durch Sichtbarmachen ließe sich ebenfalls im Hinblick auf eine (de-)inszenierte Steuerung verstehen, wie sie im vorhergehenden Abschnitt diskutiert wurde. Denn während einerseits jegliche Effekte auf Schulen und Schulsystem dem evaluativen Wissen selbst zugeordnet werden, bieten sich Legitimationsgewinne für eine Bildungspolitik, die sich als evidenzbasiert versteht und inszenieren kann, so dass „Politik – und insbesondere Bildungspolitik – [...] zurzeit ohne Datengrundlage kaum machbar" (Lambrecht & Rürup, 2012, S. 57) erscheint.

Die explosive Zunahme des Wissens über Schulen interferiert indes mit der besonderen Qualität und Charakteristik dieses Wissens, schulische Wirklichkeiten zu erzeugen und darin selbst bereits *politisch wirksam* zu werden:

> Gemessen an dem, was jemals über Schulen und Bildung bzw. Unterricht geschrieben wurde, ist es wahrscheinlich, dass wir heute über mehr Wissen bezüglich Bildung und Erziehung verfügen als jemals zuvor. Wir wissen aber nicht nur *mehr* über Bildung und Erziehung: Wir scheinen auch über eine andere Art des Wissens über Erziehung und Bildung zu verfügen. Denn das neue Wissen über Erziehung und Bildung ist nicht einfach ein beschreibendes, analysierendes und erklärendes Wissen. Es ist vielmehr ein Wissen, das misst, vergleicht, evaluiert, ordnet, beurteilt, verschreibt und sogar vorschreibt. Der Unterschied ist nicht so sehr ein epistemologischer – es ist kein Unter-

schied hinsichtlich der ‚inneren' Qualität dieses Wissens über Bildung und Erziehung – als vielmehr ein soziopolitischer (Biesta, 2011, S. 78).

Gert Biesta weist hier darauf hin, dass das generierte Wissen über Schulen nicht allein dahingehend steuerungswirksam wird, dass es eng an die Möglichkeit rationalen Entscheidens gebunden ist. Vielmehr ist es das Wissen selbst, seine autorisierende Kraft, die gestaltend in die Wirklichkeit eingreift, indem sie diese nicht nur erkennt, sondern auch im doppelten Sinne, zeitlich und normativ-präskriptiv, vorschreibt (vgl. auch Bröckling & Peter, 2014). Schulinspektion erscheint dann als eine „besonder[e] Form der Vermessung" (Sowada, 2016, S. 265) des sozialen Raumes: Es ist gerade nicht der unbeteiligte Blick auf den Gegenstand Schule, der mit Schulinspektion ansichtig wird, sondern die Beobachtung ist immer schon *Prüfung und Wahrsprechen zugleich* und damit auf Eingriffe in die erkannte Wirklichkeit hin ausgelegt. Hier ließe sich nochmals auf den Gedanken der *Erkenntnispolitik* (Seitter, 1985; vgl. auch Reichenbach et al., 2011) verweisen, um die Verwobenheit von Wissen und Macht zu pointieren.

Im Diskurs um Schulinspektion wird dies u. a. (randständig) unter dem Stichwort der „Normenkommunikation" (Landwehr, 2011), als einer (wenig beachteten) Funktion von Schulinspektion, diskutiert. Das in Schulinspektionen generierte und auf Verwendung ausgelegte Wissen ist demnach auf verschiedenen Ebenen als politisches zu charakterisieren – und kann demnach auch in zweierlei Hinsicht wirksam werden (vgl. Bellmann & Müller, 2011a).

Neben der (doppelten) Politisierung des Wissens ließe sich zudem auch eine *Politisierung des Nichtwissens* (vgl. Wehling, 2008) problematisieren: Beispielsweise wird als Herausforderung formuliert, dass Unklarheit dahingehend herrscht, was mit den riesigen Datenmengen anzustellen ist, die mit datengenerierenden Steuerungsinstrumenten wie Schulinspektionen, Vergleichsarbeiten, Kompetenztests etc. erzeugt werden. Erkennbar wird dies beispielsweise in der systemtheoretisch inspirierten Unterscheidung von Daten, Informationen und Wissen (vgl. beispielsweise bei Berkemeyer, 2008), die auf einen komplexen Zusammenhang aus (Nicht-)Wissen und Wissensverwendung hinweist.

3.3.1 Autorisierungen: Schulentwicklung durch Einsicht und die „bessere", weil empirische Evidenz

Die formgebenden Eingriffe des Wissens in schulische Wirklichkeit sind allerdings nicht als unidirektional bzw. deterministisch zu verstehen, dies machten die vorhergehenden Ausführungen zur Neuen Steuerung bereits deutlich. Gerade für Schulinspektion – als Steuerungs*impuls* – ist die steuernde Wirkung des evaluativen Wissens bedeutsam, sie zeigt aber auch, dass die Beteiligung der Schulen an ihrem Gesteuertwerden für den Erfolg des Verfahrens unhintergehbar ist. Mit Thomas Höhne (2006, S. 2010) gesprochen, weist der Einbezug einer reflexiven Struktur gesteuerter Subjekte – Schulen werden subjektförmig konturiert, wenn sie als *autonome Schulen* oder *Handlungseinheiten* benannt werden – den „höchsten Grad an Kontingenz auf". Umso mehr muss sich das Evaluations- bzw. Schulinspektions-Wissen als wirkmächtiges „Steuerungswissen" (Kuper, 2008, S. 62) erweisen.

Im Diskurs um Schulinspektion wird häufig auf die steuerungslogische Figur der *Schulentwicklung durch Einsicht* rekurriert, die der Beteiligung der Schulen an ihrem Gesteuertwerden explizit einen Ort zuweist.[9] In der Formulierung einer „Schulentwicklung durch Einsicht" artikuliert sich die Erwartung, „dass sich die Schulen durch die [ihnen spezifisch zugeordneten, M. S.] Evaluationsergebnisse zu zielgerichteten Qualitätsverbesserungen ihrer pädagogischen Arbeit anregen lassen. Die Wirkung und Wirksamkeit von Schulinspektion ist dann an die Qualität des durch sie generierten evaluativen Wissens und dessen angemessener Wahrnehmung und Verarbeitung gebunden" (Lambrecht & Rürup, 2012, S. 59). Die „Einsicht" schließt jene Lücke

---

[9]   Zum ersten Mal taucht der Gedanke von „Schulentwicklung durch Einsicht" im Text von Manuela Böttger-Beer und Erik Koch von 2008 auf. Da die Autorin und der Autor konzeptionell und hauptamtlich die Erstellung sowie Etablierung der sächsischen Schulinspektion verantworteten, verstehe ich diesen Text, trotz seiner Platzierung zwischen wissenschaftlich-empirischen Studien in einem Sammelband zu Bildungsmontoring und Bildungscontrolling (Böttcher, Bos, Döbert, & Holtappels, 2008), als vornehmliche Selbstbeschreibung von Schulinspektionsverfahren. Die Wahl eines gemeinsamen Publikationsorgans für Texte *zu* Schulinspektion und *aus Sicht von* Schulinspektion zeigt dabei eine besonders enge Verbindung aus Wissenschaft und Bildungspolitik. *Schulentwicklung durch Einsicht* findet als Konzept im Rahmen vielfacher Re-Zitationen nunmehr zunehmend Eingang in den wissenschaftlichen Diskurs um Schulinspektion (vgl. z. B. Kemethofer, 2016; Sowada, 2016; Kotthoff & Böttcher, 2010). Dabei wird mitunter nicht mehr auf die ‚Orignalquelle' von Böttger-Beer und Koch (2008) verwiesen.

zwischen Steuerungssubjekt und -objekt, die im Kontext der Thematisierung Neuer Steuerung herausgestellt wurde.

Schulische „Einsicht" kann dabei in doppelter Weise profiliert werden: zum einen als Einsichtnahme im Sinne des Rezipierens und Erkennens der Wahrheit der schulischen Qualität, wie sie sich in der extern-objektiven Zeugenschaft der Schulinspektion darstellt; zum anderen als Einsicht in Form des Anerkennens, dass diese Wahrheit der Schulinspektion auch die Wahrheit der Schule selbst ist, so dass mit „Einsicht" die *Verhältnisnahme der Einsichtigen zu Schulinspektionsbefunden* und die *Übernahme von Verantwortung für schulische Qualität vonseiten der Schule* sich vollziehen kann, die wiederum Selbstoptimierungen erst anreizt. „Einsicht" spielt darüber hinaus auch mit einer „glaubenden Teilhabe an der diskursiven Ordnung" (Wrana, 2015, S. 126), d. h. der *Autorisierung* einer Bedeutsamkeit von Kategorien der Schulqualität, Qualitätsmessung und -verbesserung etc. zusammen (vgl. zum Begriff der Autorität bzw. Autorisierung u. a. Schäfer & Thompson, 2009a; Jergus et al., 2012; Jergus & Thompson, 2017).[10]

Einsichten sind aber nicht per se einsichtig. Im Gegenteil ist im formulierten Anspruch auf schulische Einsicht die Unterstellung einer grundlegenden (ungewollten, unmöglichen?) Nichteinsichtigkeit impliziert. Wenngleich eine solche mögliche Nichteinsichtigkeit seitens der schulischen Akteure prekär bleibt und demnach ein gewisser Zwang zur Einsicht besteht, wie Fabian Dietrich (2016) in seiner Studie aufzeigt, so muss der ‚Außenblick' des Inspektionwissens darüber hinausgehend dennoch über ein gewisses Anregungspotential verfügen, das diese Transformation von Wissen in Einsicht, von fremder in eigene Sicht als *Ein-Sicht*, wahrscheinlich werden lässt. Das Wissen der Schulinspektion muss die inspizierten Schulen also dazu *anreizen*, dieses Wissen anzuerkennen und sie mit dem Gehalt seiner Perspektiven überzeugen.

Positive Bezugnahmen auf die Notwendigkeit zur Wissensgenerierung im schulischen Kontext stellen eine solche Form des Anreizes dar, in-

---

[10] Die Einsicht in das Handeln als ein *eigenes* Handeln wird auch darüber hergestellt, dass im Umgang mit den Inspektionsbefunden, in der Einsichtnahme, ein Bezug aus Vergangenheit, Gegenwart und Zukunft etabliert wird, der über das eigene Handeln gebunden wird und in welchem die bis dato evaluierten Handlungen als optimierbar ausgewiesen werden. Über die Chrono-Logik aus Evaluation, Rückmeldung von Evaluationsbefunden, Einsicht und Optimierung wird eine Responsibilisierung schulischer Akteure für *ihre* Optimierungsanstrengungen vollzogen.

dem sie evidentes Wissen mit Attraktivitätswert ausstatten: Wer könnte sich des besseren, weil wissenschaftlich-empirisch gewonnenen Arguments erwehren (vgl. die Ausführungen unter 3.3 auf Seite 48)? Die „autorisierende Verführung" (Schäfer, 2014) einer *besseren Erkenntnis* ist vor allem dahingehend als relevant zu markieren, dass Schulen bzw. schulische Akteure bereits über eigene ‚Wahrheiten' verfügen, die sich aus praktischem Erfahrungswissen speisen. Die Forderung nach die Einsicht / Ein-Sicht prozessiert auf Basis der Unterstellung, dass die eigene Sicht stets nicht nur eine bekannte, sondern auch *verkannte* ist:

> Der Gewinn wissenschaftlicher Evaluation gegenüber der mehr oder weniger zufälligen praktischen Erfahrung liegt in der methodischen Systematisierung (Kuper, 2008, S. 65).

Die Aufwertung wissenschaftlichen Wissens prozessiert über die Abwertung der Praxis als einer zufälligen, unsystematischen, partikularen Erfahrung und als einer risikohaften Figur – weil sie beispielsweise dem permanenten Scheitern im täglichen Handeln ausgesetzt ist. Der „diskursive Trick" (Höhne, 2006) besteht hier also darin, die praktische Erfahrung als ungenügend zu problematisieren, d. h. diese in einen Zitationskontext zu gängigen Problematisierungsformeln des Pädagogischen, wie sie etwa in den PISA-Studien gegenwärtig werden, zu stellen. Um zur Einsicht anzuregen, muss das evaluative Wissen sich demnach als bessere Evidenz erst *inszenieren*.

Mit Blick auf die Begrifflichkeit der Evidenz ist die Attribuierung „besser" zunächst eigentlich widersprüchlich, denn:

> ‚Evidenz' steht für das Offenkundige, für das, was unmittelbar einleuchtet. Wer auf Evidenz rekurriert, nimmt die Position einer eigentlich unnötigen Zeugenschaft ein (Thompson, 2014a, S. 93).

Die Rede von einer *besseren* Evidenz verweist deshalb auf unterschiedliche Bedingungen und Geltungsbereiche dessen, was als „evident" zu verstehen ist und auf die Notwendigkeit evaluativer Evidenz, sich im Wettkampf der verschiedenen Evidenzen durchzusetzen, d. h. Macht- und Wahrheitseffekte zu generieren.

Für Evaluationswissen – und damit auch: Schulinspektionswissen – lässt sich ganz im Sinne des Zitats von Harm Kuper herausarbeiten, dass eine demonstrative Offenlegung der Produktionsbedingungen im Sinne „methodische[r] Systematisierung" (s. o.) den ‚Wettbewerbsvorteil' der evaluativen Evidenz im Ringen um die bessere Evidenz ausmachen soll. Die Autorisierung der wissenschaftlich-evaluativen Evidenz basiert demnach auf der Ausstellung von Verfahrensweisen des Erkenntnisgewinns, womit aber sich zugleich eine „Verdeckung der Autorisierung" vollzieht, „da sich andernfalls der Evidenz-Effekt des Offenkundigen nicht einzustellen vermag" (Thompson, 2014a, S. 94, FN 2).[11] Zugleich werden einige Aspekte von Schulinspektion dethematisiert, es lässt sich demnach nicht alles umfassend ausstellen: Beispielsweise werden die Erhebungsinstrumente – u. a. werden standardisierte Frägebögen eingesetzt – weder den inspizierten schulischen Akteuren noch der wissenschaftlichen Begutachterin vorträglich oder nachträglich zur Verfügung gestellt. Auf diese Weise können die einzelnen Operationalisierungen von Schulqualität nicht zum Gegenstand einer Auseinandersetzung werden, so dass Schulinspektion an dieser Stelle die Nachweispflicht nicht antreten muss, dass es sich bei den eingesetzten Datenerhebungsverfahren *tatsächlich* um wissenschaftliche Methodiken handelt – die Überzeugungskraft liegt damit vornehmlich auf der Zitation entsprechender wissenschaftlicher Rhetoriken.

Es sollen nachfolgend noch einmal detailliert diese *autorisierenden Strategien von Schulinspektion*, die dazu führen, dass Schulinspektionsbefunde als bessere Evidenz anerkennbar werden und das Feld der Erkenntnis strukturieren können, eruiert werden, da diese auch in vielen wissenschaftlichen Texten zu Schulinspektion zur Sprache kommen.

Die Verbindung von Schulinspektion mit *Wissenschaft bzw. Wissenschaftlichkeit* – ein wesentliches Moment der Autorisierung von Schulinspektion – wird vornehmlich über das methodische Arrangement der empirischen Beobachtung von Schulen vorgenommen. In der Wissenschaftlichkeit liegt ein Gewinn für Schulinspektion, so scheint es, weil sie vom Prestige und der Legitimität der wissenschaftlichen Erkenntnis zehren kann: (Moderne) Wissenschaftliche Erkenntnisse zeichnen sich dadurch aus, dass sie beanspruchen, „soziale Probleme und Konflikte unter Rekurs auf eine das Alltagsdenken übersteigende Wahrheit aufzulösen" (Thompson, 2014a, S. 95), ohne selbst in soziale Auseinandersetzungen eingelassen zu sein. Dabei konstituieren sie sich über eine Befremdung dessen, was als selbstverständlich gilt, d. h. in Differenz zur all-

---

[11] Es findet sich also auch hier ein Zusammenspiel aus Inszenierung und Deinszenierung wieder, wie es in einem vorhergehenden Abschnitt dargestellt wurde.

täglichen gesellschaftlichen Praxis.[12] Bereits diese befremdete Perspektive der Schulinspektion kann als Gelingensbedingung für schulische Einsicht firmieren, steckt in der Fremdheit doch Potential für Herausforderungen:

> Schulinspektion sollte z. B. im Schulsystem als Instrument und mit ihren Zielsetzungen transparent und akzeptiert sein, besser noch als kollegial-produktiv-wertschätzende Unterstützung willkommen geheißen werden; dabei zugleich aber auch die Schulen und Lehrkräfte mit immer neuen – überraschenden und herausfordernden – empirisch objektiv, valide und reliabel erhobenen Sachverhalten konfrontieren: also nicht gänzlich vorhersehbar sein und sich beständig verändern (Rürup, 2013, S. 5).

Exemplarisch ließe sich eine solche Befremdung der Perspektive an der rhetorischen Inszenierung des Begriffs *Evaluation* selbst darlegen, wie der Soziologe Helmut Kromrey an mehreren Stellen im Rahmen der Definition eines sozialwissenschaftlichen Evaluationsbegriffs aufzeigte (z. B. Kromrey, 2001; Kromrey, 2003): Evaluation steht für ein „vermeintlich wohlklingendes Fremdwort", das gegen den „(durchaus alltäglichen) Begriff ‚Bewerten und / oder Bewertung'" (Kromrey, 2001, S. 105), der sich hinter Evaluation verbirgt, profiliert wird. Evaluation erscheint als mit einer Exotik ausgestattet, die die Normalität überschreitet. Zwar verberge sich darin *eigentlich* der geradezu unaufregend-spröde erscheinende Akt des Bewertens, welchen „irgend jemand" jederzeit mehr oder weniger spontan „nach irgendwelchen Kritieren" an „irgend etwas" vollziehe (Kromrey, 2001, S. 106), doch gewinnt es ob seiner fremdartigen Erscheinung einen Attraktivitätswert, die den Bewertungsvorgang selbst nicht unberührt lässt: Plötzlich *möchte* Jeder und Jede Bewertungen vornehmen. Für Kromrey erscheint es demnach wichtig, wissenschaftliche Formen von Evaluation – die dann auch diesen Namen verdienten – von alltagspraktischen Bewertungsvorgängen zu separieren und deren Besonderheit herauszustellen.

---

[12] Von dieser Trennung des wissenschaftlichen Wissens von anderen Wissensformen profitiert auch die Legitimation der Schule als Institution der Vermittlung ‚wahren' Wissens (vgl. Schäfer & Thompson, 2011b). Es kann deshalb eine besondere Verbindung von Schule, schulischen Akteuren und Wissenschaft angenommen werden. Eine solche ist auch für den Umgang mit Schulinspektionsbefunden relevant, wie meine Studie verdeutlichen soll.

Häufig wird denn auch die wissenschaftliche Qualität im Vorgehen der Datenerhebung von Schulinspektionen herausgestellt. Exemplarisch heißt es in der Selbstbeschreibung des sächsischen Inspektionsverfahrens:

> Bei der Konzeption des Verfahrens wurde ein sozialwissenschaftlicher Ansatz verfolgt, mit dem systematisch und nachvollziehbar schulische Qualität kriterienorientiert bewertet wird [...]. Das Ziel ist es, auf möglichst objektive Art und Weise verlässliche Informationen über die Ergebnisse und Prozesse schulischer Arbeit zu liefern, um auf dieser Basis Veränderungspotenziale der Schule aufzuzeigen (Böttger-Beer & Koch, 2008, S. 253).

Aber auch in wissenschaftlichen Texten, die sich nicht explizit als Selbstbeschreibungen von Schulinspektionen auffassen lassen, wird das Entbergungspotential des evaluativen Wissens artikuliert: Es geht um „verlässliche Aussagen zur Schulwirklichkeit" (Quesel et al., 2011, S. 9), die die imaginären Selbstentwürfe schulischer Akteure transzendieren soll.

> Lehr- und Leitungspersonen halten sich gemeinsam selbst den Spiegel vor und können aus dem intensiven Dialog im Kollegium Schlüsse für die weitere Entwicklung ziehen. Vor möglichen Selbsttäuschungen werden sie bewahrt, indem ihnen unabhängige professionelle Beobachterinnen und Beobachter eine Außensicht auf die Schule vermitteln (Quesel et al., 2011, S. 7–8).

Innerhalb der Problematisierungsformel einer sich selbst täuschenden Praxis (s. o.) erscheinen Inspektionsbefunde hier als Korrektiv zur Fehlbarkeit des Pädagoginnensubjekts, das sich nicht vollständig vor sich selbst bringen kann. In ihrer bewahrenden Funktion erfüllen die Befunde zudem einen pädagogischen Auftrag, sofern sie dem Schul-Individuum einen Schutzraum bieten vor den negativen Konsequenzen einer ‚falschen' Einsicht – die es offenbar durchaus auch gibt. Die Begrifflichkeit des „Spiegels" interferiert hier mit dem Gedanken schulischer Einsicht in die eigene abgründige Realität.

Als neutrale Beobachtungsposition bleibt die Inspektionsperspektive jedoch unhintergehbar. Das qua Schulinspektion produzierte Wissen gilt demnach sowohl als partikulare Perspektive, die neben anderen Perspektiven steht, als auch als universell, insofern es die Partikularität der eigenen Perspektive verdecken und überschreiten muss, um andere Perspektiven als unzureichend zu markieren.

Schulinspektionen erhalten vor allem durch Verweis auf ihre Konzeption, ihr Evaluationsdesign, eine *wissenschaftliche Valenz*. Nachfolgend sollen in Form einer Auflistung verschiedene Aspekte angeführt werden, die Schulinspektion als ein glaubwürdiges wissenschaftliches Verfahren des Erkenntnisgewinns erscheinen lassen:[13]

- In der Konzeption und Durchführung wird herausgestellt, dass es sich um festgelegte und standardisiert-deduktive Beobachtungsvorgänge handelt, die für jede gute Schule – als Normvorgabe – gelten sollen (vgl. Dedering, 2015). Die Evaluationsdaten liefern eine abstrakte Bestimmung der untersuchten Schule und lassen wenig Raum, die je situativen und singulären Kontexte der einzelnen Schulen zu berücksichtigen. ‚Die‘ individuelle Schule wird im Lichte des Idealmaßes ‚einer‘ Schule begutachtet und in ihrer Spezifizität nivelliert. Über die Standardisierung in der empirischen Datenerhebung wird ein Abgleich mit Normen guter Schule ermöglicht, die in Form von „Orientierungsrahmen" (Kotthoff & Böttcher, 2010) oder „Referenzrahmen" für Schulqualität die empirischen Beobachtungen begründen.

  Schulinspektion legitimiert sich dabei über die *Bereitstellung eines spezifischen Wissenstableaus*, das näher fasst, von welcher „Art dieses ‚Evaluationswissen‘ eigentlich ist" (Höhne, 2006, S. 197) und von dem her standardisierte Vorgehensweisen in der Wissensproduktion sich als ‚one best way‘ rechtfertigen. Den Qualitätsrahmen liegt die kausallogische Annahme zugrunde, dass die Verbesserung der Qualität einzelner Qualitätsbereiche zu höherer Leistungsperformance („Output") der Schule insgesamt führt. Damit wird ein Repräsentationsverhältnis etabliert, in dem die situational gewonnenen Inspektionsbefunde als Ausdruck eines die Situativität der Beobachtung überschreitenden Qualitätszustandes der Schule gehandelt werden.

- Die Orientierungsrahmen für Schulqualität unterscheiden sich in den Inspektionsverfahren der einzelnen Bundesländer kaum, was wenig verwundert, insofern diese sich gleichermaßen auf zentrale Erkenntnisse der Schuleffektivitätsforschung berufen (vgl. Ehren & Scheerens, 2015; Helmke, 2012). Es handelt sich bei den Orientierungsrahmen demnach um Beurteilungskriterien, die „wissen, was wirkt" (Bellmann & Müller,

---

[13] Zum Verfahren der externen Schulevaluation und seinen einzelnen Elementen vgl. etwa Döbert, Rürup, und Dedering (2008).

2011b) und von denen her sich das qua Schulinspektion vermessene schulische Feld hinsichtlich der Differenz aus effektiv / nicht effektiv klassifizieren und kodieren lässt. Der Evaluationsgegenstand, die gute, d. h. effektive und effiziente Schule, kann – so suggerieren diese Qualitätsrahmen – präzise gefasst und operationalisiert werden, so dass in der Folge auch eindeutige Erkenntnisse bezüglich der schulischen Qualität evoziert werden, die auch eine reliable normative Bewertung der beobachteten Schule (und später auch gelingende pädagogische Praxis) ermöglichen. Fragen nach der „Wahrheit" von Schulqualität sind mit Verweis auf Erkenntnisse der Effektivitätsforschung immer schon entschieden, so dass andere mögliche Bestimmungsgrößen delegitimiert sind (vgl. auch Lambrecht, 2013).[14]

- Suggeriert wird in den Orientierungsrahmen eine „umfassende Bestandsaufnahme" (Gruschka, 2010) schulischer Qualität. Die Anzahl der erhobenen Qualitätskriterien inszeniert bereits Präzision in der empirischen Erhebung des für Schule Wesentlichen, ohne tendenziös auf bestimmte schulische Bereiche einen stärkeren Fokus zu legen. Um den Qualitätsrahmen zu bedienen, wird eine beträchtliche Anzahl von Beobachtungsdaten erhoben, da verschiedenste Bereiche von Schule untersucht werden, die die Gesamtheit aller den Erfolg einer Schule ausmachenden Prozesse abbilden sollen und einer „schier enzyklopädische[n] Ausdifferenzierung allen schulisch Relevanten" (Gruschka, 2010, S. 80) entsprechen. Allein der Umfang der inspizierten „Qualitätsbereiche" (Sächsisches Bildungsinstitut, 2009) lässt es wahrscheinlich werden, dass sich für jede Schule Optimierungsbedarf erkennen und rückmelden lässt, so dass sich selbst sehr positiv evaluierte Schulen dem Imperativ der Optimierung kaum entziehen

---

[14] Die Bezugnahme auf evidente Erkenntnisse, die eindeutige Hinweise für besseres pädagogisches Handeln geben, funktioniert als Autorisierungsstrategie, weil in ihnen gelingende pädagogische Praxis als Möglichkeit praktisch vollzogen wird, wie Christiane Thompson (2014a, S. 105; Hervorhebung im Original) für die amerikanische Reviewpraxis des *What Works Clearinghouse* (WWC) herausarbeitete: „Das Konstrukt von Evidenz als Verbesserungsversprechen besteht darin, dass das Bild der Erfüllung und des Gelingens pädagogischer Praxis in der Operation des Reviews in einer quasi-metaleptischen Bewegung inszeniert wird: Das vorgestellte Gelingen pädagogischer Praxis wird über die ‚Effektivität einer Intervention', wie sie in einer ‚strengen' wissenschaftlichen Studie nachgewiesen wurde, *vorgeführt*". Im Versprechen wird eine Äquivalenzbeziehung von experimentell-statistischer Studie und pädagogischer Praxis gestiftet.

Evidenzbasierte Steuerung: Wissen und Politik, Wissen als Politik | 61

können, weil auch ihnen noch Verbesserungsbedarf unterstellt werden kann.

Die in den Referenzrahmen zusammengetragenen Qualitätsbereiche beschränken sich hauptsächlich auf so genannte „Prozessfaktoren" (Böhm-Kasper et al., 2016, S. 3) wie Unterricht, Lehrerinnenprofessionalität, Schulklima, Schulmanagement; gelegentlich werden auch Output-Faktoren, z. B. Leistungsdaten, Schulabschlüsse, evaluiert. Die nahezu gleichumfängliche Gewichtung von Qualitätskriterien zu pädagogisch-unterrichtlichen und zu managerial-organisationalen Tätigkeiten wird, wie erwähnt, u. a. bei Höhne (2011b) als pädagogische Deprofessionalisierung diskutiert. Nicht nur in dieser Hinsicht wird ein mit der Einführung von Schulinspektion (und weiteren evidenzbasierten Steuerungstechnologien) sich einstellendes ‚Verschwinden' pädagogischer Beurteilungs- und Handlungslogiken beklagt (vgl. z. B. Biesta, 2011).

- Auch die Wahl der *methodischen Vorgehensweisen*, zumeist quantitativ-deduktive Messverfahren, inszenieren einen neutralen und unproblematischen Zugang zur Wirklichkeit schulischer Qualität, welche qua Schulinspektion ans Licht gebracht werden soll. Dem artikulierten (Selbst-)Anspruch von Schulinspektionen nach soll es sich beim Inspizieren um den Vollzug reliabler Messvorgänge handeln (vgl. Dedering, 2012, S. 70). Zu den Verfahren der Datenerhebung zählen vornehmlich (standardisierte) Befragungen der evaluierten schulischen Akteure und durch – meist eigens hierfür qualifizierte – Evaluatorinnen als einem „Expertenteam" (Böhm-Kasper et al., 2016, S. 3) vorgenommene Unterrichtsbeobachtungen. Im Vorfeld werden zudem häufig schulische Dokumente, wie beispielsweise das jeweilige Schulprogramm der inspizierten Schule, einbezogen.

- Die *Durchführenden* der Datenerhebungen, die Inspektorinnen, sollen „habituell wie Wissenschaftler" auftreten, wenngleich sie nicht mit diesen gleichzusetzen sind, sofern sie auch als „Agenten der Reformerwartungen des Staates" konturiert werden (Gruschka, 2010, S. 86). Das Aufgabenprofil der Schulinspektorinnen ist zumeist angelehnt an ‚traditionelle' Wissenschaftskonzeptionen, die auf Neutralität und Objektivität setzen (vgl. z. B. Lohmann & Reißmann,

2007), so dass diese als unabhängige und professionelle Beobachterinnen autorisiert werden, aber zugleich auch als Beobachterinnen verschwinden müssen, da die „wahre" schulische Erkenntnis sich beobachterinnenunabhängig objektiv zeigen soll. Inspektorinnen stellen eine bruchlose Verbindung zwischen schulischer Wirklichkeit und ihren forschungspraktisch erzeugten Abbildern her, so der Anspruch.

- Anschließend an die Schulinspektion erhalten die evaluierten Schulen einen *Inspektionsbericht*, der sich an gängigen Darstellungsweisen von Forschungsergebnissen anlehnt und statistische Kennwerte sowie Referenzbereiche für die erhobenen Normalwerte abbildet, um sich als übersichtliche Wissensquelle zu behaupten: „Man sah dann X häufig, manchmal, selten oder nie. Mit den hohen (kumulierten) Werten ist es möglich zu zeigen, wo augenscheinlich die Stärken der Schule liegen bzw. wo deren Schwächen gesehen werden" (Gruschka, 2010, S. 76). Dabei geht es in den Inspektionsberichten auch um die *Vermittlung* des Inspektionswissens, so dass die (geordnete, systematische) Aneignung dieses Wissens durch die Inspizierten ermöglicht und wahrscheinlicher wird.

In der Katalogisierung der Inspektionsbefunde stehen *Selbsteinschätzungen* der evaluierten schulischen Akteure ergänzend neben den unterrichtsbezogenen *Fremdbeobachtungen* durch Inspektorinnen und beiden wird hinsichtlich der Ergebnisdarstellungen der gleiche Stellenwert eingeräumt, d. h. es werden auch ergebnisinszenatorisch keine Unterschiede zwischen verschiedenen Perspektiven auf Schulqualität vorgenommen.

- Mit Schulinspektionen geht es stets auch darum, einem „Wissen, was wirkt" in schulpraktischen Zusammenhängen zur Wirksamkeit zu verhelfen. Dies betrifft auch die *Veröffentlichung und Aufbereitung* des generierten Wissens. Die Berichte werden in der Regel trotz ihres quasi-öffentlichen Status einer begrenzten Öffentlichkeit zugänglich gemacht, die die einzelne inspizierte Schule umfasst, um im Sinne einer „Schulentwicklung durch Einsicht" nicht inspektionsbedingte Wettbewerbs- und Konkurrenzeffekte durch eine konsequente Veröffentlichungspraxis zu suggerieren. Inspektionsberichte enthalten demgemäß auch keine Beratungen oder Empfehlungen, die bereits bestimmte Entwicklungsrichtungen vorwegnehmen könnten, sondern lediglich Bilanzierungen des Eingeschätzten, wobei bundeslandspezifische Differenzen möglich sind (vgl. Dedering, Fritsch, & Weyer, 2012).

Diese Inszenierungen von Schulinspektion als einem wissenschaftlichen Verfahren provozieren die Auseinandersetzung wissenschaftlicher Forschung mit Schulinspektion um deren Selbstverständnis. Unter der Perspektive der *Autorisierung einer besseren Evidenz* lassen sich also nicht nur die Autorisierungen von Schulinspektion beobachten, sondern auch jene der ‚Wissenschaftlichkeit' von Studien über Schulinspektion. Dies soll nachfolgend angerissen werden.

Während die Darstellungen des Inspektionsverfahren in einigen (teilweise älteren) wissenschaftlichen Texten (z. B. Kuper, 2006) sowie in den Selbstbeschreibungen der Inspektionsverfahren eine Nähe zwischen Wissenschaft und Evaluation bzw. Schulinspektion herausstellen oder einfordern, wird in anderen Bezugnahmen eine *Distanzierung* dahingehend augenfällig. Die Differenz von ‚reiner' Wissenschaft und Evaluation bzw. Schulinspektion wird dann stärker offen gehalten, deren Verhältnis wird allenfalls als ein ambivalentes beschrieben (z. B. Lüders, 2006). Die Inspektionen seien an „wissenschaftliche Formen der Datenerhebung angelehnt", heißt es etwa bei Böhm-Kasper et al. (2016, S. 3); bei van Ackeren et al. (2011, S. 172) wird die wissenschaftliche Qualität von Evaluation in Klammern gesetzt:

> Letztlich geht es um eine bestimmte (wissenschaftliche) Methode der Wissensgenerierung, d. h. um systematisches, empirisch gewonnenes und in seinen Voraussetzungen und seiner Gewinnung transparentes, objektiviertes Wissen.

Für Evaluation wird so ein nicht näher ausgeführter Sonderweg aufgerufen, der zwar wissenschaftliche Vorgehensweise imitiere, aber nicht eigentlich wissenschaftlich sei und der dennoch Wissen im Sinne des Anspruchs einer gegenüber der Praxis besseren Evidenz generiere. Schulinspektion wird damit im *Zwischenraum von Wissenschaft und Praxis* platziert, wobei sie beiden Referenzpunkten nicht gerecht zu werden scheint, wie sich vor allem hinsichtlich der Produktivität von Fragen nach der Wirksamkeit von Schulinspektion argumentieren ließe (vgl. nächster Abschnitt, 3.4 auf Seite 68).

Derzeit finden sich verstärkt Debatten um Möglichkeiten der Annäherung empirischer Bildungswissenschaft und Schulinspektion, wenn etwa die

Potenz der Schulinspektionsbefunde, im Rahmen wissenschaftlicher Sekundäranalysen nutzbar zu sein, geprüft wird (vgl. Gärtner, 2016) oder wenn grundlegende Annahmen (im Sinne der bereits beschriebenen Qualitätstableaus), auf denen Schulinspektion fußt, auf dem Wege empirischer Forschung bestätigt werden sollen. Die Frage, woher man weiß, „ob Schulinspektionen und die Instrumente, die sie nutzen, überhaupt ein angemessenes und akkurates Abbild der mutmaßlich erhobenen Schulqualität wiedergeben" (Pietsch, Lücken, Thonke, Klitsche, & Musekamp, 2016, S. 529) verweist darauf, dass auch wissenschaftliche Studien sich am Versprechen auf eine bessere Perspektive auf Schule und Schulqualität abarbeiten. In ihrem Editorial zur Ausgabe der Zeitschrift für Erziehungswissenschaft vom August 2016, die sich Schulinspektionen zum Schwerpunktthema macht, sprechen Thiel, Tarkian, und Kuper (2016) von der zunehmenden Verwissenschaftlichung von Schulinspektion als einem bildungspolitischem Feld. Ein solches Postulat betont wiederum neuerlich die gleichzeitige Nähe und Differenz zwischen Schulinspektion und (Erziehungs-)Wissenschaft.

Diese *Nähe und Differenz zu Wissenschaft gleichermaßen* lässt sich als disziplinär ausgerichtete Erkenntnispolitik bzw. als Streit um wissenschaftliche Autorität selbst verstehen: Schulinspektion, so die Sicht wissenschaftlicher Texte, inszeniert wissenschaftliche Vorgehensweisen empirischer Sozialforschung, die sich als Inszenierungen aber erst aus „rein" wissenschaftlicher Perspektive (und nicht etwa vonseiten praktischer Verwendungskontexte) darstellen.

> Man kann also bei dem Begriff Evaluation nicht gleich automatisch an Forschung denken, sodass die interessante Frage auftaucht, wo denn die wie auch immer gearteten Grenzen liegen (Lüders, 2006, S. 26).

Es ist dieses distanzierende, grenzziehende Sprechen über Schulinspektionen, welches einen Text als einen *wissenschaftlichen* erkennbar werden lässt (siehe hierzu ausführlicher den Abschnitt 3.4.4 auf Seite 88). Die Autorisierungsstrategie des wissenschaftlichen „Wahrsprechens" verweist darauf, dass Evaluation – durch alle Kritik hindurch – attraktiv für wissenschaftliche (Selbst-)Verständigungen ist und dass Wissenschaft in die Relevanzsetzung von Evaluation verstrickt ist.[15]

---

[15] Diese Grenzbestimmungen von Evaluation sind auch insofern interessant, als dass die Anerkennung von Arbeiten als *wissenschaftliche* Forschungsarbeiten auf dem Spiel steht, sofern diese sich als Evaluationsstudien ausweisen. Beispielsweise stellt Ralf Bohnsack

Die Eigenschaft des evaluativen Wissens als wissenschaftlich und nicht eigentlich wissenschaftlich gleichermaßen zu gelten, erscheint aber wiederum als eine *weitere Autorisierungsstrategie* der Schulinspektion, die sich darauf beruft, dass das Wissen in und für praktische Verwendungskontexte gewonnen wird, so dass Inspektionsobjekte und Schulentwicklungssubjekte zusammenfallen.

3.3.2 Autorisierungen: Bessere Entscheidungen

Mit Verweis auf die Produktionsbedingungen der Inspektionsbefunde als neutralen und systematisch gewonnenen Erkenntnissen wird rational-begründetes Verständigen und Entscheiden forciert (siehe hierzu Abschnitt 3.3 auf Seite 48). Dies interferiert mit einem sozialtechnologisch ausgerichteten Machbarkeitsversprechen auf Modernisierung:

> Hinter einer Evaluation von Maßnahmen, Modellen und Programmen steht die Überzeugung, dass mit ihrer wissenschaftlichen Begleitung, Überprüfung und Bewertung ein höheres Maß an Rationalität, Effektivität und Effizienz sowie eine verbesserte Qualität im Sinne technischen, kulturellen, sozialen und menschlichen Fortschritts erreichbar sei (Kardorff, 2006, S. 65).

Während eine Facette des Besseren hinsichtlich seiner autorisierenden Kraft bereits angesprochen wurde, soll nun eine zweite thematisiert werden, die an diesen Zusammenhang anschließt – nämlich die Relevanz der Inspektionsbefunde, „praktisch belangvolle Informationen bereitzustellen" (Kuper, 2008, S. 71). Dies wird vor allem vor dem Hintergrund bedeutsam, als dass im Zusammenhang mit der Problematisierung des Pädagogischen die bis dato getroffenen (pädagogisch fundierten) Entscheidungen oder deren Geltungsgründe als für die Verbesserung von Schulqualität falsche oder unwirksame markiert werden.

Im Unterschied zur wissenschaftlichen Erkenntnis ist die Erkenntnis der Schulinspektion deshalb von vornherein zweckgebunden: Die empirische

---

(2010) für Evaluationsstudien, in denen das qualitative Datenauswertungsverfahren der (auf Bohnsack zurück gehenden) Dokumentarischen Methode eingesetzt wird, den wissenschaftlichen Mehrwert eines solchen qualitativ-hermeneutischen Vorgehens deutlich heraus. Sein Argument basiert auf der scheinbar unvereinbaren Differenz von sozialwissenschaftlicher Methodik und praktischer Anwendungsorientierung.

Beobachtung von Schulen „geschieht mit dem Ziel, eine Beurteilung schulischer Qualitätsbereiche – und damit der Schule als Ganzes – vorzunehmen" (Dedering, 2012, S. 70). Sie legitimiert sich darüber, *passend* auf praktische Verwendungskontexte hin zugeschnitten zu sein, mithin auch verwendbar zu sein. Die „Absicht, ein Stärken-Schwächen-Profil zu erzeugen, das den Schulen Anstoß und Richtung für Qualitätsverbesserungen liefern soll", sei, Böttcher und Keune (2010, S. 151) zufolge, gar die einzige Gemeinsamkeit, die sich im Vergleich der unterschiedlichen Schulinspektionen in den einzelnen deutschen Bundesländern herausstellen lasse.

Dieser thematischen Linie folgend unterscheidet auch Matthias Rürup (2008) bezüglich des formalstrukturellen Aufbaus von Schulinspektionen zwischen eher wissenschaftsorientierten und auf Wahrheit ausgelegten sowie fallorientierten, auf Angemessenheit hin ausgelegten Formen von Schulinspektion. Angemessene Schulinspektionen weisen Nähen zum Peer Review auf, bei dem die „Vermittlungsarbeit von Mensch zu Mensch" (Sowada, 2016, S. 267) die Praktikabilität von Erkenntnissen sichert – sofern diese nicht allein aufgrund ihrer „Wahrhaftigkeit" schon qualitätssteigernde Wirkungen auslöst. Sie machen die Anschlussfähigkeit der evaluativen Erkenntnis für schulische Akteure wahrscheinlicher, indem die Andersheit der evaluativen Evidenz durch *soziale Vermittlungsarbeit* nivelliert wird.

In Bezug auf die praktische Verwertbarkeit von Inspektionsbefunden wird es demnach erforderlich, ein sensibles Gleichgewicht aus der Inszenierung und De-Inszenierung von Wissenschaftlichkeit auszutarieren, so dass evaluatives Wissen nunmehr zugleich als *vertraute und fremde Perspektive* für die Praxis an Geltung gewinnt. Denn in beide Richtungen lagern Risiken den Evaluationserfolg betreffend. Nils Berkemeyer (2008, S. 47) etwa verweist auf eine „strukturelle Überforderung von Schulen", wenn und insofern sie mit wissenschaftlichen Logiken im Kontext von Schulevaluation in Berührung kommen, so dass anders oder fremd schnell auch in *zu fremd* umschlagen kann. Das Versprechen von Evaluation lässt sich demnach als ein *doppeltes* spezifizieren: Es lautet, die unhintergehbare, objektive und interessenlose Erkenntnis zu produzieren und diese gleichsam so aufzubereiten, dass sie an die intendierten Verwendungskontexte anschlussfähig ist und dort Bedeutsamkeit erzeugen kann.

Evaluation verspricht somit etwas, das Wissenschaft – das legen die Erkenntnisse der Verwendungsforschung aus den 1980er Jahren nahe (Beck & Bonß, 1989) – nicht halten kann. Damit füllt Evaluation jene Lücke, die sich zwischen wissenschaftlichem Wissen und dessen sozialer Relevanz immer schon auftut und inszeniert eine *unproblematische Versöhnung* dieser „Sinnprovinzen" (Kuper, 2006). Zugleich hält sie die Differenz zwischen Wissenschaft und (schulischer) Praxis offen, indem sie sie als immer erst zu überwindende, zu versöhnende markiert. Denn Evaluation ist nicht selbst schon Praxis, sondern muss erst praktisch gemacht werden, d. h. in Verwendungskontexten Gehör finden und dort einen ‚Unterschied machen'. Dies ist ein Anspruch, vor dem Evaluation sich dann wiederum legitimieren muss:

> Befunde, die zwar als „ganz interessant" aufgenommen werden, bei denen es aber für das Entscheidungshandeln keinen Unterschied ausmacht, ob sie so oder anders ausfallen, sind irrelevant, sind Verschwendung von Evaluationsressourcen (Kromrey, 2003, S. 13).

Bereits in der Konzeption und Durchführung von Evaluationen seien demnach die spezifischen Bedürfnislagen der Verwendungskontexte in den Blick zu nehmen, so dass Brüche und Anschlussschwierigkeiten auf dem Weg von „Daten zu Taten" (Brühlmann, 2013) minimiert werden können. Schulinspektion versteht sich dann als Beforschung der Praxis für die Praxis – und soll darin effizienter sein.

Mit dem Einbezug von Verwendungskontexten ist eine Reihe von Unwägbarkeiten verbunden, die Evaluation zu einem Vorhaben mit ungewissem Erfolg machen: Wer sind die Nutzerinnen von Evaluationsbefunden? Welche Art von Informationen brauchen sie? Was ist der vorgesehene Nutzen von Evaluationsinformationen? Lassen sich diese Fragen nicht abschließend klären, drohe, so Kromrey (2001, S. 109–111), das Begehen von „Fehlern" oder gar noch das „Scheitern" des Evaluationsvorhabens. Die Berücksichtigung von „Praxis" in Evaluationen zeigt demnach den prekären Status des Evaluationswissens selbst auf: Seine Verwendungsweisen sind durch dieses nicht gedeckt. Gelingende Evaluation wird damit zur Herausforderung, ihr Misslingen potentiell möglich. Diese knappen Bezugnahmen auf die Evaluationsrisiken sollen aufzeigen, wie sich die Produktion evidenten Evalutionswissens in die „Unübersichtlichkeit und Ungewissheit der pädagogischen Praxis" (Thompson, 2014a, S. 106) einflicht.[16]

---

[16] Bereits der begriffliche Gehalt von „Evaluation" lasse Raum für Unbestimmtheiten und berge damit ein Risiko, so Helmut Kromrey. Die uneindeutige Referentialität des „sprachliche[n] Zeichen[s] ‚Evaluation'" (Kromrey, 2001, S. 105), die gerade aus dessen Nichtbestimmbarkeit schöpft, wird problematisiert: Aus der „unüberschaubare[n]

Der Gedanke praxisrelevanten Evaluationswissens lenkt weiterhin das Augenmerk auf die *Verwenderinnen und Verwendungskontexte* der Schulinspektionsbefunde als einem ‚Umschlagplatz' von empirischem Befund in Praxis. Schulinspektion setzt die rezipierende und Befunde verwendende schulische bzw. Schul-Akteurin ein und dahingehend frei, dass diese sich zu den Inspektionsbefunden noch einmal eigenständig verhalten muss und für die Verwertung des Wissens *responsibilisiert* wird. Die Verwenderin soll infolge ihrer Einsicht in die Inspektionsbefunde eine schulische Wahrheit für sich erkennen und annehmen, welche hinter dem Alltags- oder Professionswissen zu liegen beansprucht. Auf die Verwenderin konzentriert sich demnach auch die empirische Forschung zu Schulinspektion, wie im nachfolgenden Abschnitt näher untersucht werden soll.

3.4 Effekte messen, Effekte haben: Empirische Studien zur Wirksamkeit von Schulinspektion

Bis zu diesem Punkt wurden verschiedene Thematisierungslinien zu Schulinspektion herausgearbeitet, die sich in den wissenschaftlichen Texten vor allem als theoretisch-programmatische Ausführungen kennzeichnen lassen. Dabei konnte festgestellt werden, wie mit Schulinspektion ein Versprechen auf bessere Steuerung in Aussicht gestellt und legitimiert wird, das die Ungewissheit der Wirksamkeit von Steuerung systematisch in Rechnung stellt. Die Ungewissheit von Steuerungswirkungen ist in diesem Sinne zugleich Ertrag als auch Ausgangsbedingung von Schulinspektion als neuem, „besseren" Steuerungsinstrument. Die Lücke, die sich zwischen Steuerungsintention und -wirkung auftut, wird von Schulinspektion, die sich als geeignetes, kontingenzbewährtes Steuerungsinstrument inszeniert, adressiert und soll mit ihr zugleich überwunden werden. Ein wesentlicher Motor solcher Effizienzversprechen wird im wirksamen Wissen gesehen, das in Schulinspektionen generiert wird und das zugleich wissenschaftlich und praktikabel sein soll. Gegenstimmen eines solchen Steuerungsparadigmas stellen das Verschwinden pädagogischer Relevanzen oder performative Wirklichkeitskonstitution von Schulinspektionsbefunden zur Kritik. Sie berufen sich ebenfalls auf eine Vorstellung von Wirksamkeit, die sich in Form einer Kehrseite des Evaluationswissens zeigt.

Fülle von Fragestellungen", die sich mit Evaluation verknüpfen lassen, entsteht ein „Diskussionslabyrinth", in dem sich Forschende wie Evaluierende verlaufen könnten.

Die Verbindung von Schulinspektion und schulischer Steuerung kann weiterhin auch in Form einer *empirische Untersuchungen* anleitenden Forschungsfrage vorgenommen werden: Das Versprechen auf bessere Steuerung wird auf diese Weise für wissenschaftliche Forschung produktiv. Damit sind Thematiken der empirisch überprüfbaren Wirksamkeit von Schulinspektion berührt, die ein weites Feld empirischer Forschung umreißen. Schulinspektionswirksamkeit, ihre Wesensbestimmung und ihre forschungspraktische Zugänglichkeit werden dabei zu einem *Gegenstand des Wissens*, an dem sich empirische Forschungen ausrichten, so dass sie immer differenziertere Kenntnisse generieren. Dies wird etwa an der Forderung nach verstärkt qualitativ ausgerichteter Forschung im Feld der Schulinspektion deutlich, die zunehmend Gehör findet. Immer mehr Studien berufen sich auf ein qualitativ-rekonstruktives Forschungsparadigma, um die Wirksamkeitslücke zu bearbeiten – davon zeugt auch die vorliegende Studie. Diese Forderung nach einem anderen Wissen, das solche qualitativen Forschungszugänge in Aussicht stellen, wird im nächsten Abschnitt (vgl. 3.4.2 auf Seite 78) noch einmal im Zusammenhang mit der Vorläufigkeit von Erkenntnissen zur Wirksamkeit von Schulinspektion erläutert.

Doch *welches Wissen* zu Wirksamkeit von Schulinspektion wird in den empirischen Studien hervorgebracht? Nachfolgend soll herausarbeitet werden, was genau als Forschungsgegenstand in den Fokus der Aufmerksamkeit gerät, wer und was zu Auskunftsgebenden werden kann und mit welchen Mitteln dies vor dem Hintergrund welcher Annahmen vollzogen wird. Es ist, in Rekurs auf die Ausführungen zur „Erkenntnispolitik", zu vermuten, dass die Vorgehensweisen im Erforschen von Schulinspektion mit den o. g. Aspekten von Schulsteuerung interferieren, dass es also spezifische Erkenntnisrationalitäten oder Bedingungen des Wahrsprechens gibt, die dazu führen, dass nicht alles in jeglicher Form über Schulinspektion gesagt und erkannt werden kann. Wie diese Formen der Gegenstandskonstitution mit dem Effekt zusammenspielen, dass im wissenschaftlichen Sprechen spezifische *Subjektivitäten konstituiert werden*, d. h. wie im Forschen über Schulinspektion reguliert wird, als wer man in Erscheinung treten und sich selbst wahrnehmen kann, soll insbesondere an einer Studie zur Verwendung von Schulinspektionsbefunden (vgl. 3.5.1 auf Seite 96) tiefergehend verfolgt werden.

In einer ersten Näherung an die empirischen Studien lässt sich (wenig überraschend) feststellen, dass die Frage der Wirksamkeit von Schulinspektion zunehmend zur *wissenschaftlichen Angelegenheit* erklärt wird und als Erkenntnisgegenstand an Kontur gewinnt:

> Wirkungen und Wirksamkeit externer Schulevaluation sind auch in deutschsprachigen Ländern in den letzten zehn Jahren mehr und mehr in das Interessensblickfeld empirischer Forschung getreten (Husfeldt, 2011, S. 13).

Zweitens lässt sich konstatieren, dass nahezu alle Studien, die Schulinspektion in den Mittelpunkt des Erkenntnisinteresses stellen, von der Frage der Wirksamkeit tangiert sind und sich zu dieser ins Verhältnis setzen. Die Erforschung der Wirksamkeit von Schulinspektionen deutet auf „neue Symbiosen von Bildungspolitik und Bildungsforschung" (Bellmann & Müller, 2011a, S. 13) hin. Es lässt sich demnach eine spezifische Überlagerung aus wissenschaftlichen und politischen (Erkenntnis-)Logiken für das Feld der Schulinspektionsforschung herausstellen:

> Die Parallelität von Schulinspektionsprogrammatik und Schulinspektionsforschung lässt sich darüber erklären, dass die normativen Grundlagen der Steuerungsprogramme ihren Ursprung in spezifischen wissenschaftlichen Traditionen haben. Forschung über Schulinspektion, egal ob verwaltungsintern oder universitär, evaluiert sich im Prinzip selbst. Konsequenz dieser Verflechtung von Bildungspolitik, Bildungsverwaltung und Bildungsforschung ist, dass es im Grunde kaum Grundlagenforschung zu Steuerung allgemein und spezifischen Steuerungsinstrumenten im Besonderen gibt [...] (Lambrecht & Rürup, 2012, S. 72).

Begründet wird die aufgerufene „Verflechtung" von Bildungswissenschaft, -politik und -verwaltung über deren analoge Bezugnahmen auf evidentes Wissen, das in Schuleffektivitätstudien gewonnen wurde und den Schulinspektionen zugrunde liegt (siehe oben unter 3.3 auf Seite 48). Die in den Studien häufig vollzogene *Evalaution der Evaluation* ist demnach gleichbedeutend mit wissenschaftlicher Selbstevaluation über die Wirksamkeit wissenschaftlichen Wissens – dies kann insbesondere im Hinblick auf die konstatierte Verwissenschaftlichung der Datenerhebungsinstrumente in den einzelnen Schulinspektionen gelten (z. B. Thiel et al., 2016; Gärtner, 2016). Die wissenschaftliche Metaevaluation erscheint somit als eine Umgangsform mit Schulinspektion aus wissenschaftlicher Sicht. Suggeriert wird dabei zugleich, dass es eine wissenschaftliche Auseinandersetzung mit Schulinspektion gibt, die sich *nicht* mit Bildungspolitik verquickt und die im Sinne der Grundlagenforschung zu bevorzugen wäre.

Eine zunächst offensichtliche Überlagerung wissenschaftlicher und bildungspolitischer Perspektiven in den von Lambrecht und Rürup (2012) kritisierten Wirksamkeitsstudien erfolgt hinsichtlich einer Vorstellung von Wirksamkeit, die diese immer schon reifizierend voraussetzt, denn „die Studien übernehmen [...] auch die Vorannahme einer evidenzbasierten Steuerung, gehen also davon aus, dass der postulierte Wirkmechanismus auch der tatsächlich wirksame ist" (Dietrich & Lambrecht, 2012, S. 59). Eine Entdeckung anderer Wirksamkeiten erscheint dahingehend kaum realisierbar.

In solchen, meist quantitativ-deduktiv ausgerichteten Forschungszugängen wird oft auf ein *Wirkmodell* von Ehren und Visscher (2006) rekurriert, das allein aufgrund der Häufigkeit, mit der es zitiert wird, als zum Standardrepertoire wissenschaftlichen Sprechens über Schulinspektion gehörend verstanden werden kann. Das Wirkmodell konturiert sich als „theoretical framework" (Ehren & Visscher, 2006, S. 53), mit dem sich Wirkmechanismen von Inspektionsverfahren – namentlich: Merkmale der Schulinspektion sowie Merkmale der inspizierten Schule und externe Unterstützungsfaktoren – abbilden und modellieren lassen, die sich dann für empirische Überprüfungen anbieten. Im Rahmen des Modells wird die inspizierte Schule zu jenem Ort erklärt, an dem die Verwendung von Inspektionsbefunden sich vollzieht, indem ein Wirkungsgefüge aus externem Inspektions-Input und schulische Reaktionen auf diesen Input beschrieben wird, das von unterschiedlichen weiteren Faktoren moderiert wird. Die schulischen Reaktionen stehen dabei in einem im Vergleich zu anderen Wirkmodellen (z. B. Reezigt & Creemers, 2005; Böttger-Beer, Vaccaro, & Koch, 2010) eher ungerichteten Verhältnis zu den Inspektionsbefunden, so dass sich sowohl intendierte als auch nichtintendierte Effekte der Schulinspektion integrieren lassen. Der Begriff der Wirksamkeit wird hier also durch Verweis auf mögliche (Neben-)*Wirkungen* ergänzt und erweitert, mit dem sich Wirksamkeit von Schulinspektion identifizieren lässt. Böhm-Kasper et al. (2016, S. 25) sehen in dieser Öffnung des Wirksamkeitsbegriffs einen Grund für die „häufige Inanspruchnahme" des Modells von Ehren und Visscher.

Unter Nebenwirkungen (im Sinne von nichtintendierten Effekten) fallen beispielsweise schulische Reaktionen auf Schulinspektionsbefunde, wie die Auswahl kurzfristig zu erreichender Ziele von Schulentwicklung, um schnell

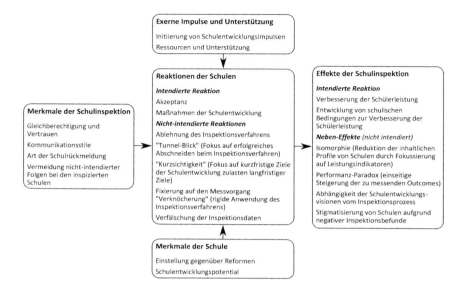

Abbildung 3.1: Rahmenmodell zur Wirkung von Schulinspektionen nach Ehren und Visscher (2006), dargestellt in der Übersetzung von Böhm-Kasper, Selders, und Lambrecht (2016, S. 23).

messbare Erfolge vorweisen zu können oder eine Fixierung auf den Messvorgang im Sinne von *Teaching to the Test*, d. h. eine Annäherung schulischer Arbeit an die Qualitätsbereiche der Schulinspektion, bei der ein Verlust der eigenen Identität bzw. der selbstinitiierten Entwicklungsziele, als ein mögliches Problem in Aussicht gestellt wird (Böhm-Kasper et al., 2016; Wolf & Janssens, 2007). Diese Nebenwirkungen verweisen auf ein mit der Freiheit in der Verwendung von Inspektionsbefunden konfundiertes *Risiko* und zugleich auf einen Wirksamkeitsbegriff, auf den hin sich die benannten schulischen Reaktionsformen erst als „Nebenwirkungen" verstehen lassen.

Gegenüber empirischen Forschungen, die die Wirksamkeitsprogrammatik der evidenzbasierten Steuerung übernehmen, finden sich auch Studien, vor allem aktuellere Publikationen, die sich abgrenzend zur Wirksamkeitsfrage verhalten und die ‚tatsächlichen' Steuerungsmodi als aus ihrer Sicht *offene Frage* behandeln, so dass Wirksamkeit nicht bereits in der Studienanlage

Effekte messen, Effekte haben: Studien zur Schulinspektion   73

reifiziert wird. Im Fokus solcher Betrachtungen steht dann beispielsweise die Untersuchung der „Umsetzung" (Dietrich & Lambrecht, 2012, S. 63) der Steuerungsprogrammatik , die sich in der (Schulinspektions-)Praxis finden lässt, d. h. die Analyse des „Steuerungsmechanismus bzw. [der] Steuerungsvorstellungen hinter der Schulinspektion selbst" (Lambrecht & Rürup, 2012, S. 70; vgl. auch Lambrecht, 2018).

Ein solcher Forschungseinsatz legitimiert sich über die Hervorbringung einer Unterscheidung von intendierter bzw. inszenierter und wirklicher Wirklichkeit, die mit der Kontingenz von Wirksamkeit zusammenhängt. Es wird auf ein „sich aus der Programmatik der Schulinspektion ergebendes Strukturproblem" (Dietrich & Lambrecht, 2012, S. 67) hingewiesen, das sich auf die begrenzte Regierbarkeit der konkreten Steuerungsakteure, die die Schulinspektion durchführen, ebenso wie auf die Verwenderinnen von Schulinspektionsbefunden bezieht.

Im Namen einer ‚tatsächlichen' Steuerung wird der Totalisierung bzw. der vollständigen Strukturierung des Erkenntnisfeldes wirksamkeitskritisch entgegen gearbeitet, so dass theoretisierende und methodisch-methodologische Zugänge in ihrer Verschiedenheit erhalten bleiben. Von der Wirksamkeitsfrage ist demnach auch ein Feld wissenschaftlicher Auseinandersetzungen tangiert, auf dem verschiedene Perspektiven um den Zugang zur Wahrheit der Wirksamkeit von Schulinspektion ringen.[17]

3.4.1 (Un)bestimmte Wirksamkeit

Die angesprochene Unbestimmtheit bzw. Ungewissheit findet sich in den empirischen Studien nicht nur hinsichtlich der Frage nach einer Positionierung bezüglich der postulierten Wirksamkeitsprogrammatik von Schulinspektionen. Der Begriff der Wirksamkeit etwa steht selbst für einen uneindeutigen Referenten, so dass sich empirische Untersuchungen zu Schulinspektion mit Fragen konfrontiert sehen wie: Was lässt sich wie als Wirksamkeit (nicht)

---

[17] Bellmann et al. (2016, S. 398) sprechen von einem systemisch bedingten Steuerungsproblem der Neuen Steuerung, das sich weniger entlang der Freiheit der Verwenderinnen erklärt, sondern vielmehr dahigehend, dass Rezeptionen und Rezipierende von (unter anderem) Schulinspektionsbefunden, die sich auf die Anreizstrukturen der Neuen Steuerung einlassen, einen hohen Beitrag zur Produktion von nichtintendierten Nebenfolgen Neuer Steuerung leisten. Dies zeigt nochmals, wie wissenschaftliche Forschung zu Schulinspektion sich zunehmend als kritisch versteht und von der engen Forschungsfrage nach einer Wirksamkeit von Schulinspektion zu lösen versucht – und dabei aber zugleich auf Fragen der Wirksamkeit von Schulinspektion Bezug nimmt.

benennen? Was zählt unter Nicht-Wirksamkeit, was zählt unter Wirkungen / Nebenwirkungen? Wie lässt sich Wirksamkeit dann für empirische Vorgehen beobachtbar machen? Wer kann über Wirksamkeit berechtigt Auskunft geben? Wer ist auf welche Weise legitimiert Wirksamkeit zu untersuchen (vgl. hierfür Lambrecht & Rürup, 2012)? Wann ist der Punkt erreicht, an dem zur Wirksamkeit von Schulinspektion alles gesagt und ein letztgültiger Nachweis der Wirksamkeit von Schulinspektion erbracht wurde?

Eine solche Offenheit ist herausfordernd, wenn es darum geht, eindeutige und begründete Aussagen zur (Un-)Wirksamkeit von Schulinspektion zu formulieren. Nachfolgend soll entlang eines *Überblicks zu vorliegenden Forschungsarbeiten* bezüglich Schulinspektion verfolgt werden, wie in diesen „Wirksamkeit" sowohl definiert und damit festgelegt wird, als auch gleichsam die Uneindeutigkeit von Wirksamkeit aufrechterhalten bleibt.

Auf *konzeptioneller* Ebene, d. h. in den Überlegungen zur Operationalisierbarkeit von Wirksamkeit innerhalb empirischer Forschungszugänge, zeichnet sich bereits eine Vielgestaltigkeit von Wirksamkeit ab, wenn die funktionale Bestimmung von Schulinspektion, wie beschrieben, mehrere Formen annimmt; so gelten etwa Rechenschaftslegung, Erkenntnis, Kontrolle, Qualitätsentwicklung als Äquivalente für Wirksamkeit, die sich jeweils eigens beobachten ließen. Forschungspraktisch wird die Wirksamkeit von Schulinspektionen meist aber mit ihrer Funktion des Anreizens von Schulentwicklung kurzgeschlossen: Der Fokus liegt auf „entwicklungsstützender Bewertung" (Böttger-Beer & Koch, 2008, S. 254), der gegenüber andere Ziele bzw. Funktionen subordiniert werden. Diese übrigen Funktionen werden gar als Scharnier konturiert, um schulische Qualitätsentwicklung zu promoten: Sie „sind somit kein Selbstzweck" (Böttger-Beer & Koch, 2008, S. 254). Dabei bleibt aber wiederum die Bestimmung, was unter Schulentwicklung firmiert, ebenfalls hinreichend unbestimmt (Husfeldt, 2011). Im Namen der nichtberücksichtigten Wirksamkeitsäquivalente ließe sich den Forschungsergebnissen gegenüber stets einwenden, ob es nicht doch noch eine unergründete Wahrheit der Wirksamkeit von Schulinspektion gebe, so dass der Raum des Sprechens über Wirksamkeit offen gehalten wird (z. B. bei Landwehr, 2011).

Die *Forschungslage* zu Schulinspektion zusammentragend, wird u. a. in den Beiträgen von Husfeldt (2011), Böttcher und Keune (2010) und Keune (2014) eine Typisierung von Wirksamkeitsstudien vorgenommen, die den ‚State of the Art' im Forschungsfeld zu Schulinspektion darstellen. Differenziert wird in solchen typisierenden Zusammenfassungen zwischen (1) Akzeptanzstudien, die den Erfolg einer Schulinspektion anhand selbstberichteter Akzeptanzurteile von schulischen Akteuren beurteilen; (2) Nutzungsstudien, die die Quantität und inhaltliche Ausrichtung (im Sinne einer Passung von Qualitätsbereichen und schulischer Problembearbeitung) von Maßnahmen zur Schulentwicklung in den Fokus nehmen, welche im Anschluss an Schulinspektion bekundet werden; (3) Schulentwicklungsstudien bzw. Effektmessungen, die Wirksamkeit mit verbesserten Schülerinnenleistungen engführen.

Für Studien vom Typ (1) wird die Annahme formuliert, dass die vonseiten schulischer Akteure wahrgenommene Güte der Schulinspektion und der infolge einer Einsicht in die Schulinspektionsbefunde evozierte Erkenntnisgewinn nahezu bruchlos in die Wirksamkeit von Schulinspektion überführt werden. Die schulische Akteurin, die als Verwenderin der Befunde erforscht wird, muss sich im Namen der Akzeptanz freiwillig auf die Schulinspektionsbefunde verpflichten und sich in deren Lichte selbst ergründen, damit „positive Effekte auf Schule und Unterricht" (Keune, 2014, S. 100) sich einstellen, so die Logik. Dies ist besonders dahingehend relevant, dass das Verhältnis aus Schule und Schulinspektion als asymmetrisches zu verstehen ist – die Teilnahme an Inspektionen ist für Schulen obligatorisch, auch auf die Anlage des Verfahrens und die Gestaltung der tatsächlich an Schulen durchgeführten Evaluation kann schulischerseits kaum Einfluss genommen werden (vgl. Diegmann et al., 2011). Über die weitere Verwendung der Inspektionsbefunde ist bereits entschieden, sobald die ‚Akzeptanzhürde' genommen wurde. Dies interferiert mit der Vorstellung einer Selbstläufigkeit wahrer Erkenntnisse, die durch Schulinspektionen als wissenschaftlichen bzw. wissenschaftsnahen Verfahren erzeugt werden: „Abhängig scheint die Wirksamkeit der Inspektion damit ‚nur noch' von der Akzeptanz der Schulinspektion durch die schulischen Akteure und deren Rezeptionsfähigkeit der wissenschaftlich legitimierten Informationen" (Lambrecht & Rürup, 2012, S. 60). In diesem Sinne werden in Forschungsstudien Zustimmungs- bzw. Ablehnungsbekundungen zur Schulinspektion als legitime Erhebungsdaten akklamiert.

Studien vom Typ (2) stützen sich ebenfalls häufig auf Selbstauskünfte der befragten schulischen Akteure zu deren aktiver Bearbeitung schulischer Qualitätsdefizite. In ihnen zeigt sich Wirksamkeit anhand von Tätigkeiten und Maßnahmen, die im Anschluss an die Schulinspektion zum Zwecke der Qualitätsentwicklung an der Schule initiiert wurden. Es wird ein Zusammenhang zwischen Umfang sowie inhaltlicher Verortung der Maßnahmen in

Inspektionsbefunden und dem Effekt der Schulentwicklung profiliert, ohne dass nähere Bestimmungen sowohl der Maßnahmen als auch von Schulentwicklung vorgenommen werden. Wirksamkeit bedeutet hier, anders gesagt, dass von den Verwenderinnen überhaupt Maßnahmen initiiert wurden, die sich in eine (zeitliche, inhaltliche) Nähe zu den Schulinspektionsbefunden bringen lassen.

In Studien des Typs (3) wird ein Entsprechungsverhältnis von Wirksamkeit und dem empirisch nachweisbaren Effekt verbesserter (Schülerinnen-) Leistungen grundgelegt. Neben Schülerinnenleistungstests, die mit der Problematik konfrontiert sind, dass Schülerinnenleistungen zwar ein „objektiv gemessenes Kritierium" (Husfeldt, 2011, S. 278) darstellen, sich aber nur schwerlich monokausal auf Inspektionsergebnisse zurückführen lassen, werden auch hier vornehmlich Selbstauskünfte schulischer Akteure zur Wirkung von Schulinspektion eingeholt (vgl. Keune, 2014). Diese auf Selbstauskünften basierenden Studien sehen sich mit dem Problem konfrontiert, dass Wirksamkeitserwartungen und tatsächliche Schulentwicklung nicht mehr klar voneinander geschieden werden können (vgl. Husfeldt, 2011).

Im Abgleich der genannten Typen von Forschungszugängen zu Schulinspektion fällt *resümierend* auf, dass der Zugang zur Wahrheit der Wirksamkeit von Schulinspektion meist über *Akteursbefragungen* gewählt wird,die die Relevanz der Verwenderinnenperspektive entlang wissenschaftlicher Erkenntnisweisen evozieren. In allen drei Zugängen wird Wirksamkeit dergestalt unidirektional an die von Schulinspektion ‚betroffenen' schulischen Akteure gebunden. Sie werden responsibilisiert, über die Wahrheit der Wirksamkeit Auskünfte zu geben und zugleich eine Bedeutsamkeit der Schulinspektionsbefunde für sich anzuerkennen (siehe auch unter Abschnitt 3.5.1 auf Seite 96). Die Wirksamkeit von Schulinspektion wird in solchen Akteursbefragungen als Normalität und Normativität (voraus-)gesetzt, indem sie u. a. als Befragungsgegenstand vermittelt wird.

Sowohl innerhalb als auch zwischen den einzelnen Forschungstypen lässt sich jedoch keine eindeutige Befundlage bezüglich der Wirksamkeit von Schulinspektion herausstellen – dies mitunter gleichen Untersuchungsbedingungen und -variablen zum Trotz: „Die vorliegenden Ergebnisse ergeben [. . .] kein einheitliches Bild", sind in ihrer Befundlage zum Teil „insgesamt noch eher widersprüchlich" (Keune, 2014, S. 115; 124). Im Text von Keune (2014, S. 126) wird demnach die Ungewissheit von Wirkungen als (vorläufige) Gewissheit herausgestellt:

> Das Resümee aus allen vorgestellten Akzeptanz-, Nutzungs- und Schul-
> entwicklungsstudien ist, dass das Ziel, die Bildungsqualität durch das
> Verfahren der Schulinspektion zu sichern bzw. zu steigern [...], alles
> in allem (noch) nicht empirisch nachgewiesen ist.

Die Frage der Wirksamkeit wird nach wie vor als „weitgehend unbeantwortet" (Husfeldt, 2011, S. 13) gehandhabt. Trotz einer bereits vorliegenden
Vielzahl an empirischen Befunden scheitert das Vorhaben, der Wahrheit von
Wirksamkeit nahe zu kommen. Diese Unergründbarkeit erhärtet sich auch
mit Seitenblick auf Forschungsbefunde internationaler Forschungsprojekte:

> Selbst in Ländern mit langer Schulinspektionstradition, wie z. B. in den
> Niederlanden oder in England, gibt es keine konsistenten Ergebnisse
> über Wirkungen auf die Qualität der Steuerung, der Schule und des
> Unterrichts (Preuß, Brüsemeister, & Wissinger, 2015, S. 121).

Man kann, so scheint es, die Wirksamkeit von Inspektionsbefunden nicht
beschreiben, ohne sie zu verfehlen, so dass sich der Erkenntnisstand zu
Wirksamkeit durch seine Unabschließbarkeit charakterisiert.

Dieser Befund ist umso eindrücklicher, wenn man ihn im Lichte des
qua Inspektion selbstartikulierten Anspruchs auf Evidenzbasierung und evidenzbasierte Steuerung betrachtet: So autorisiert sich Schulinspektion als
„bessere" Evidenz, zugleich lässt sich diese Evidenz selbst wiederum nicht
evident machen und bleibt des eindeutigen, „empirisch erhärtete[n] Befund[s]"
(Quesel et al., 2011, S. 10) schuldig. Gegenüber traditionell evidenzbasierten
Forschungsrichtungen wie Medizin oder Physik (denen der Evidenzgedan-
ke entspringt, vgl. Thompson, 2014a), ist die Verwendungsforschung von
Schulinspektionsbefunden – insofern sie soziale Prozesse des Umgangs mit
wissenschaftlichem Wissen eruiert – demnach mit einer Unbestimmtheit
konfrontiert, die offenbar nicht nur vorläufigen Charakters ist. Wenngleich
aber sich eine Wirksamkeit von Schulinspektion stets der Vergewisserung
entzieht, verbleibt sie dennoch, wie sich mit Verweis auf deren Normalität
und Normativität zeigt, als notwendige Idee und Beurteilungsgrundlage
erhalten, d. h. die Möglichkeit ihres Stattfindens wird stets eingerechnet.

3.4.2 Wirksame Verwendungen?

Die sich bezüglich einer Bestimmung der Wirksamkeit von Schulinspektion
entziehende Empirie reizt indes weitere Forschungseinsätze an, die sich zu

bisherigen Erkenntnissen ins Verhältnis setzen müssen; sie wirkt demnach generativ:

> Die unklaren Befundmuster weisen auf die Notwendigkeit hin, die Verarbeitungsprozesse selbst in den Blick zu nehmen, um zu verstehen, welche Impulse von der Schulinspektion ausgehen. Die Berichte der Schulen könnten ein guter Ausgangspunkt für eine qualitative Studie an den Schulen sein (Pietsch, Feldhoff, & Petersen, 2016, S. 257).

Hat die Befragung von inspizierten Akteuren keine eindeutigen Erkenntnisse produziert, wird sich dies von einer Untersuchung *tatsächlicher schulischer Verwendungspraktiken bzw. -vollzüge* versprochen, die der wissenschaftlichen Beobachterin unmittelbarer einsichtig sind und die diese mit dem unvoreingenommenen Blick eines auf Verstehen ausgelegten qualitativen Erkenntnisverfahrens aufbrechen und ans Licht bringen soll.

Es werden nicht nur andere, sondern auch tiefgründigere Einsichten in die „Black Box" (Brüsemeister, Gromala, Böhm-Kasper, & Selders, 2016) Schule gefordert, die offenlegen, wie genau die Verwendungen von Schulinspektionsbefunden sich vollziehen: Es bestehe, so Husfeldt (2011, S. 259; 279), ein Desiderat in der Erforschung „schulinterner Verarbeitungsprozesse", die „als Bindeglied zwischen Schulinspektion und verbesserter Schülerleistung" und als „Ausdruck der ersten unmittelbaren Wirkung der Evaluation angesehen werden" können. Dabei geht es um die Einführung einer Wirklichkeitsebene, die quer zu den Selbstauskünften der inspizierten schulischen Akteure liegt, so dass diese Selbstauskünfte wiederum als inszenierte Wirklichkeiten erscheinen (vgl. z. B. die Anmerkung Vera Husfeldts, 2011, die auf das Problem sozialer Erwünschtheit in wissenschaftlichen Befragungsstudien hinweist).[18]

Auch Altrichter und Kemethofer (2016, S. 504) sprechen in ihrem Durchgang durch die bisher vorliegenden Forschungsergebnisse zur (Wirksamkeit der) Schulinspektion bezüglich der uneindeutigen Erkenntnislage davon, dass die Befragung von Schulleitungen und Lehrpersonen eine bis dato gängige Befragungskonstellation markiert, „deren Potential ausgeschöpft scheint". Sie fordern, neben dem Bezug von vergleichsweise ‚unabhängigen' Datenquellen wie Beobachtungs- oder Leistungsdaten, mehr *qualitativ* ausgerichtete Forschung, welche „vertiefte Einblicke in die (kognitiven und sozialen) Reflexions-

---

[18] Bei Husfeldt (2011, S. 266) heißt es für die Befragtengruppe der Schulleitungen: „Da Schulleitende offenbar generell vor allem sich selbst, nicht andere Akteure der Schule, als Motor der Schulentwicklung wahrnehmen [...], ist ein teilweise erheblicher Druck zu sozial erwünschten Antworten denkbar."

und Entwicklungsprozesse anlässlich von Schulinspektion sowie in die Qualität der erwogenen und realisierten Entwicklungsmaßnahmen erlauben [...] und dadurch die Theoriebildung unterstützen" (Altrichter & Kemethofer, 2016, S. 504).[19]

Die mittels qualitativem Forschungsdesign vorgenommene „Untersuchung sozialer Praxis" erscheint auch Lambrecht und Rürup (2012, S. 74) „von Nöten", um sich des Vorwurfs „der bloßen ‚Meinungsforschung' im Themenfeld Schulinspektion" zu entledigen und die bildungspolitisch verortete Wirksamkeitslogik in wissenschaftskritischer Manier zu unterbrechen.

Neuere Studien bearbeiten dieses Forschungsdefizit entsprechend und ‚schauen genau hin'. Der Zugang zur schulischen Praxis wird dabei abermals großenteils über die Selbstauskünfte schulischer Akteure (Praktikerinnen) gesucht, indem etwa Schulleitungen und Lehrkräfte über deren Erfahrungen mit der Verwendung externer Schulinspektionsbefunde Auskunft geben (z. B. Dietrich, 2014a; Brüsemeister, Gromala, Böhm-Kasper, & Selders, 2016; Dedering, Katenbrink, Schaffer, & Wischer, 2016). Im Sinne der oben genannten tieferliegenden Wirklichkeitsebene werden die Aussagen der Befragten dabei als Ausdrucksgestalten eines diese Aussagen fundierenden sozialen Ordnungszusammenhangs (kollektives Erfahrungswissen, soziale Fallstruktur etc.) behandelt, der sich im Vollzug qualitativ-sozialwissenschaftlicher Auswertungsmethodiken wie Dokumentarischer Methode oder Objektiver Hermeneutik entbergen lässt.

Doch selbst wenn sich auf diesem Wege „substanzielle Änderungen der schulischen Praxis" (Dietrich, 2016, S. 165) bezüglich Schulinspektionen herausarbeiten ließen, so ist damit noch nicht notwendigerweise etwas über deren Zusammenhang zur Wirksamkeit im Sinne schulischer Optimierung ausgesagt. Die „Black Box" innerschulischer Verwendungsweisen – als Formulierung, die eine bestimmte Unbestimmtheit anzeigt – bleibt verschlossen und wird durch weitere Forschungserkenntnisse fortgeschrieben.

Mit der Untersuchung schulischer Verwendungspraktiken von Schulinspektionen erfährt der Begriff der Wirksamkeit indes weitere Öffnungen, etwa wenn auch zeitlich keine klare Differenz zwischen Inspektion, Inspektionsbe-

---

[19] Der Forderung nach Studien, die auf die Rekonstruktion schulischer Verwendungen fokussieren, steht gegenüber, dass bis dato vorliegende qualitativ-rekonstruktive Studien zu Schulinspektion kaum rezipiert werden, etwa bei Altrichter und Kemethofer (2016).

funden und den ihnen zugerechneten Effekten eingezogen wird, so dass die Rezeption und Verwendung von Schulinspektionsbefunden neuerlich als *konstellativer und vielschichtiger Prozess* erscheint: Ab wann ist eine Wirkung als solche auf Schulinspektionen zurückzuführen bzw. an welchem Zeitpunkt beginnt Schulinspektion Wirkungen zu entfalten? In mehreren Studien wird beispielsweise darauf hingewiesen, dass allein die Ankündigung einer alsbald erfolgenden Inspektion einen (wirksamen?) Eingriff in die Schulwirklichkeit darstellt:

> Vor dem Hintergrund der Annahme, dass die Wirkungen externer Begutachtungsverfahren nicht erst mit der Rückmeldung der Inspektionsergebnisse an die Schulen, sondern bereits mit ihrer Ankündigung eintreten, wird der Frage nachgegangen, wie sich die Situation in den Schulen nach der Ankündigung der externen Begutachtung darstellt: Ist dort zu diesem Zeitpunkt ein hektisches Treiben zu beobachten oder doch eher genügsame Gelassenheit (Dedering et al., 2012, S. 205)?

Fabian Dietrich (2016) spricht in diesem Zusammenhang von einer „Performativität" des Inspektionsverfahrens, um auf die inspektionsbezogenen Anpassungsleistungen der inspizierten Schulen hinzuweisen.[20] Die Wirksamkeit von Schulinspektion bezieht sich dann nicht mehr allein auf das durch sie generierte Wissen, sondern der Kontext der Wissensproduktion und das Inspektionsverfahren selbst werden in den Horizont von Wirksamkeitsfragen gestellt.

Auch lassen sich die *Grenzen der Wirksamkeit* von Schulinspektion thematisieren, die beispielsweise dahingehend gezogen werden müssen, dass die Vollzüge des Evaluativen selbst nicht innerhalb eines Raumes professionellen Arbeitens verbleiben, sondern diffundieren, so dass nahezu jeder Bereich des sozialen Lebens von Evaluation betroffen sein kann. Dabei wird vergleichsweise selten, wie etwa im folgenden Zitat, auf die möglichen Be- und Überlastungen von schulischen Akteuren eingegangen, die zur Optimierung von (ihrer) Schulqualität mobilisiert werden (vgl. auch Brauckmann, 2013):

> Berücksichtigen die Schulinspektionen in ausreichendem Maße das Recht jedes Beschäftigten, nur seinen Job tun zu dürfen – und nicht noch durch tiefergreifende Kontroll- und Evaluationsmaßnahmen persönlich hinterfragt, irritiert oder gar verängstigt zu werden – und

---

[20] Vergleiche etwa auch Wimmer (2006a) zur Performativität von „Fiktionen" bzw. Bröckling (2007) zu „Realfiktionen".

zwar noch zusätzlich zur sowieso schon beängstigenden persönlichen Anspannung im Lehrberuf (Rürup, 2013, S. 14–15)?

Wirksamkeit wird hier in einen Diskussionszusammenhang um Lehrerinnenprofessionalität gestellt und erhält darin eine risikohafte, bedrohliche Qualität, indem – in Verbindung mit Kontrolle – die Grenze aus beruflicher und privater Sphäre irritiert wird, über die die professionelle Pädagogin jenseits von Inspektion noch eigenständig verfügen kann. Die Ausweitung von Evaluation wird hier als Ressourcenfrage diskutiert, die das einzelne evaluierte Individuum betrifft. Dabei konstituiert sich der wissenschaftliche Hinweis auf 'Risiken und Nebenwirkungen' von Inspektionen als eine Art *Schutzraum für evaluierte Subjekte*, die dem inspizierenden Blick ausgesetzt sind, indem er im Namen der vom Risiko Betroffenen spricht und diesen Positionen eine Stimme verschafft. Mit dieser 'Pädagogisierung' der Betroffenen geht eine *Entpolitisierung* von Schulinspektion einher, denn grundsätzlich wird dabei nicht die Notwendigkeit zu evaluieren und Schulqualität evaluationsbasiert zu optimieren in Frage gestellt, sondern es werden lediglich die Bereiche abgesteckt, in denen Evaluation und Evaluierbarkeit moralisch akzeptabel und in dieser Hinsicht wirksam erscheinen.[21]

Die riskanten Kehr- bzw. „dunklen Rückseiten" (Brüsemeister & Eubel, 2008) von Schulinspektion, ihren Befunden und den damit verbundenen unwägbaren Verwendungen stellen indes weitere Einsatzpunkte für wissenschaftliche Forschung bereit:

> Angesichts von Schwierigkeiten nicht der *Erzeugung*, jedoch der *gezielten Verwendung* von evaluationsbasiertem Wissen, inklusive der Schwierigkeiten der Rückbindung an die Handlungspraxis verschiedener Akteure im Bildungssystem, ist es für die empirische Bildungsforschung [...] angebracht, sich mit der gegenteiligen These auseinanderzusetzen, dass auch Schwierigkeiten daraus erwachsen können, wenn man Evaluationswissen verwendet (Brüsemeister & Eubel, 2008, S. 8; Hervorhebung im Original).

Welcher Art die aufgerufenen Schwierigkeiten sind, bleibt unausgeführt und ruft künftige Forschungen auf den Plan, die sich stärker auf die Nebeneffekte von schulischer Steuerung mittels Schulinspektion konzentrieren werden.

---

[21] Zum Gegenstand der Pädagogisierung vgl. die Beiträge in Schäfer und Thompson (2013).

Bezugnehmend auf das durch Schulinspektion generierte Wissen wird die Risikohaftigkeit aus wissenssoziologischer Sicht an Nicht-Wissen gebunden, das mit jedem positiven Wissensgehalt unausweichlich mitproduziert wird (Wehling, 2008). Über die Wirkungen dieses Nicht-Wissens ließe sich wiederum ebenfalls nichts Abschließendes sagen.

Exemplarisch für eine solche Forschungslinie lässt sich ein aktuelles Forschungsprojekt von Bellmann et al. (2016) nennen, in dem die Nebenfolgen von neuen Steuerungsinstrumenten, zu denen Schulinspektionen zählen, untersucht werden sollen. Der Begriff der Nebenfolgen verweist nicht direkt auf Wirksamkeit, aber bezieht sich auf intendierte Effekte (der Qualitätsentwicklung) von Neuer Steuerung. Die Untersuchungen zielen auf eine empirische Rekonstruktion von Reformrezeptionstypen. Die Autorinnen plädieren im Übrigen für die Berücksichtigung eines „Rezeptionsfilters" (Bellmann et al., 2016, S. 399) im Umgang mit den externen Anreizen Neuer Steuerung seitens der schulischen Akteure, die eine pädagogische Erwägung dieser Anreize impliziert. Nebenfolgen entstehen den Erkenntnissen der Untersuchung zufolge v.a. dann, wenn die schulischen Akteure nicht reflektieren, wenn sich keine Einsicht zeigt, wenn also die Inspektionsergebnisse als externe Anreize unreflektiert auf das Verhalten der Gesteuerten umschlagen.

3.4.3 Educational Governance und Schulinspektion: Die „bessere" Perspektive?

Ließe sich trotz unscharfer Befundlage eine gewisse Eindeutigkeit oder zumindest Tendenz bezüglich der Wirksamkeitsfrage aus dem Forschungsstand zu Schulinspektionen ableiten – wie dies etwa bei Böhm-Kasper et al., 2016, zu Ungunsten einer erkennbaren Wirksamkeit getan wird –, so bleibt noch Klärungsbedarf dahingehend bestehen, wie dies zu deuten sei:

> Angesichts erster Ergebnisse der Forschung zur deutschen Schulinspektion, die zeigen, dass die Akzeptanz des Verfahrens zwar hoch ist, deren Wirkungen jedoch eher marginal [...], stellt sich die Frage nach möglichen Erklärungen (Brüsemeister, Gromala, Preuß, & Wissinger, 2016, S. 52).

Zur Unwahrscheinlichkeit abschließender Beobachtbarkeit von Wirkungen gesellt sich die Notwendigkeit (und Unmöglichkeit) abschließender *Erklärungen* des empirisch Vorgefundenen, die auf der Produktivität und Generativität einer (un)bestimmten Wirksamkeit von Schulinspektion aufruht.

Hier setzt im Feld der Schulinspektionsforschung vor allem der politikwissenschaftlich inspirierte *Educational-Governance*-Ansatz an, dem (selbstaufgeworfenem) Erklärungsdefizit zu begegnen, indem er der Unbestimmtheit von Wirksamkeit einen theoretischen Ort zur Verfügung stellt und sich damit im Zusammenhang einer Unverfügbarkeit von Inspektionswirksamkeit konstituiert (vgl. z. B. Altrichter, Brüsemeister, & Wissinger, 2007; Kussau & Brüsemeister, 2007b; Maag Merki, Langer, & Altrichter, 2014). Er bringt damit selbst eine Fassung der bestimmten Unbestimmtheit von Wirksamkeit hervor.

Der Bruch zwischen Schulinspektion und ihren Wirkungen findet sich im Educational-Governance-Ansatz u. a. als Differenz aus Handlungs- und Ergebnisrationalität von *Akteuren* wieder (vgl. Brüsemeister, Gromala, Preuß, & Wissinger, 2016). Akteure, etwa Schulleitungen, Lehrkräfte, aber auch institutionelle Entitäten wie Schulinspektion, Schulträger, Schulaufsicht etc., die sich stets in Konstellationen zueinander befinden und sich in und zu diesen verhalten, verfolgen der Annahme der Governance-Forschung zufolge Handlungsstrategien und sondieren Optionen (sog. Handlungsrationalität), machen ihre Entscheidungen dabei abhängig von den möglichen Gewinnen, die eine Entscheidung jeweils verspricht (sog. Ergebnisrationalität). Die in (ihrer eigenen) Rationalität handelnde Akteurin wird als handlungsmächtig und insofern als frei verstanden, wie ihre Freiheit nicht mit der Freiheit anderer Akteure kollidiert.

Es ist das Verdienst des zunehmend an Verbreitung gewinnenden Educational-Governance-Ansatzes, dass verschiedene Akteure des Schulsystems gleichermaßen – und als gleichermaßen ‚bemächtigte‘ – in den Fokus von Forschungen zu schulischer Steuerung kommen. Denn es geht bei Governance-Studien um „multiple perspectives" (Dedering, 2015, S. 179) auf den Forschungsgegenstand Schulinspektion, bei welchem das Sprechen von Steuerungsobjekt und -subjekt das gleiche Gewicht erhält. Oft wird vom Schulsystem als einem Mehrebenensystem gesprochen, in dem einzelne Akteure sich in interdependenten Relationen zueinander befinden. Schulveränderung wird demgemäß zur kollektiven Anstrengung mehrerer Akteure und Akteursgruppen erklärt (Kussau & Brüsemeister, 2007a, S. 131), was die Komplexität einer theoretischen Fassung von Schulsteuerung ebenso wie der empirischen Beobachtung von Schulinspektion und ihrer Wirksamkeit erhöht.

Im Kontext von Governance kann Schulinspektion selbst als eigene Akteurin und zugleich als *Netz* gefasst werden, welches verschiedene Akteure miteinander verbindet und die Zuständigkeiten für die schulischen Effekte und Wirksamkeit von Evaluation auf breiteren Schultern verteilt. Der Kreis der (möglichen) Verwenderinnen von Inspektionsbefunden vergrößert sich, wenngleich Lehrkräfte und Schulleitungen zentrale Akteure auch in der wissenschaftlichen Beobachtung (der Wirksamkeit) von Schulinspektion bleiben. Auch über Educational Governance wird folglich die Verwenderin von Schulinspektionsbefunden als zentrale Beobachtungseinheit proliferiert, indem sie als Akteurin konzeptualisiert wird.

Mit der Kategorie der *Transintentionalität* und der zentralen theoretischen Figur einer *Akteurskonstellation* vergegenständlicht sich das Moment des Unbestimmten / Unbestimmbaren in Governance-Studien:

> [I]n der Ergebnisrationalität wird eine Akteurin mit Akteurskonstellationen konfrontiert, die es ihr analytisch gesehen verunmöglichen, ihre Handlungsrationalität als alleinige Akteurin umsetzen zu können (Brüsemeister, Gromala, Preuß, & Wissinger, 2016, S. 57).

Governance-Ansätze betonen die Relationalität von Akteuren – im Sinne „struktureller Interdependenzen" (Brüsemeister, Gromala, Preuß, & Wissinger, 2016, S. 632) –, bleiben aber zugleich der Vorstellung einer rational handelnden Akteurin treu, so dass handlungstheoretisches und strukturtheoretisches Vokabular sich in Governance treffen, die klassische Unterteilung von Akteuren und Strukturen dergestalt bearbeitet wird. Dieser Gedanke wird empirisch so eingeholt, dass als Analyseeinheit die Akteurskonstellation gilt, in denen sich – vor dem Hintergrund eines stärker horizontal ausgerichteten Mehrebenensystems Schule – wechselseitig beobachtet, beeinflusst und verhandelt wird. Als Erhebungseinheiten werden allerdings zumeist einzelne Akteure herangezogen, so dass sich erst aus den kumulierten Einzelbetrachtungen verschiedener Akteure eine Aussage zur Konstellation extrapolieren lässt (Brüsemeister, Gromala, Preuß, & Wissinger, 2016, S. 61).

Die politikwissenschaftliche Herkunft des Governance-Ansatzes führt dazu, dass von diesem inspirierte Forschungen zu Schulinspektion vor allem im Fragehorizont staatlicher Schulsteuerung situiert werden, so dass die Wirksamkeitsfrage von Schulinspektion zum Anwendungsfall für grundsätzlichere Fragen der *Regierung und Regierbarkeit von Schulen* gereicht. Eine Verflechtung aus Politik und Pädagogik wird damit als selbstverständlich angenommen, es werden aber in der Governance-Forschung keine explizit pädagogischen Fragestellungen behandelt.

Effekte messen, Effekte haben: Studien zur Schulinspektion 85

Mitunter wird der Begriff der Wirksamkeit dabei unsichtbar oder verbleibt als Abgrenzungsfolie für Studien, die sich auf Governance berufen. Wirksamkeit wird darin zum negativierten Referenzpunkt und zum Anderen der eigenen wissenschaftlich-hermeneutischen Verortungspraxis. Als ‚Surrogat' für den verschwindenden Wirksamkeitsbegriff fungiert im Governance-Vokabular das Konzept einer *dichten Handlungskoordination*, bei der Intentionen und Effekte sich tendenziell decken. Ungerichtete Wirkungen werden im Vokabular der Governance-Perspektive als „Folgen für die Qualität der Handlungskoordination zwischen den schulischen Akteuren" (Brüsemeister, Gromala, Preuß, & Wissinger, 2016, S. 61) gefasst. Eine dichte Handlungskoordination erscheint aber nicht als Normalfall (vgl. Altrichter & Heinrich, 2007). Ausgehend von dieser Überlegung nimmt Fabian Dietrich eine Justierung von „Steuerung" vor, die diese von ihren Wirkungen unabhängig macht:

> ‚Steuerung' erscheint [...] als Versuch einer Handlungskoordination im Sinne einer gezielten Beeinflussung unabhängig davon, wie dieser Beeinflussungsversuch durch die von ihm Adressierten beantwortet wird (Dietrich, 2014a, S. 211).

Umgangsformen mit Schulinspektion, die aus Sicht einer ‚traditionellen' dichotomen Steuerungsfiguration als Abweichungen von intentierten Steuerungswirkungen verstanden würden, erhalten in Governance-Zugängen demnach einen selbstverständlichen Platz als eigensinnige und eigenen Rationalitäten folgende „Rekontextualisierungen" (z. B. Fend, 2011) von Steuerungsimpulsen durch die Gesteuerten bzw. zu Steuernden.

Im Sinne der empirischen Erforschung von Schulinspektion kann dann nach den „Prozessen der Handlungskoordination und nach der Rolle, welche ‚Steuerung' darin spielt" (vgl. Dietrich, 2014a, S. 203) gefragt werden – damit ist wiederum ein Einsatzpunkt für wissenschaftliche Ergründungen aufgerufen, die mit dem Anspruch auf „bessere[s] Verstehen" (Dietrich, 2014a, S. 233) der Wirklichkeit von schulischer Steuerung auftritt – ohne notwendig eine darüber hinausgehende „praktische Relevanz" (Schimank, 2007, S. 254) des Wissens erzeugen zu wollen.[22]

---

[22] Ein Großteil der von Educational Governance inspirierten Studien zeichnet sich allerdings gerade über dieses Versprechen auf praktische Relevanz ihrer Erkenntnisse aus, so dass die Studien häufig auch an bildungspolitische Entscheidungsträger gerichtete Hinweise enthalten, siehe beispielhaft die Studie von Wurster und Gärtner, 2009, zur

Dass sich solche Fragestellungen mit dem Educational Governance-Ansatz verbinden lassen, lässt sich darauf zurückführen, dass dieser Ansatz sich nicht als geschlossene Theoriearchitektur, sondern als eine *Perspektive* versteht, die einen heuristischen Zugang zur beobachteten Empirie bietet, auch wenn damit Setzungen und Einschränkungen verbunden sind, wie Dietrich anmerkt:

> Trotz der Komplexitätssteigerung der Beschreibungen, die mithilfe der [Governance-]Kategorien formuliert werden können, verweisen diese auf eine Subsumptionslogik, welche die Frage nach der Begründbarkeit der Kategorienbildung provoziert; schließlich präfigurieren die Kategorien die Deutung der empirisch interessierenden Phänomene. Erst dies generiert jenen heuristischen Wert, der ihnen zugeschrieben wird. In Bezug auf die Frage der Begründbarkeit der Kategorien, wird – mit der grundsätzlichen Zurückweisung des Anspruchs, die Governance-Perspektive basiere auf einer Governance-Theorie, konvergierend – auf die Vorläufigkeit der Kategorien verwiesen (Dietrich, 2014a, S. 207).

Governance bleibt mit Verweis auf die Vorläufigkeit, mit der sie Bestimmungen vornimmt und mit der Möglichkeit die Legitimität dieser Bestimmungen zu befragen, offen genug, um verschiedene methodische Forschungseinsätze, auch methodologisch vom intentionalistisch ausgelegten Akteursbegriff divergierende rekonstruktive Methodiken, wie Dokumentarische Methode oder Objektive Hermeneutik (vgl. die Beiträge in Maag Merki et al., 2014), unter sich zu vereinen, ohne dass Governance durch diese Verbindungen abschließend als Theorie konturiert würde. So bietet die Governance-Perspektive zwar manchem empirischen Forschungsvorhaben eine „Methodologie" (z. B. Preuß et al., 2015) – die meist aber eher als Gegenstandsbestimmung zur Struktur des Schulsystems gehandhabt wird – an, doch Anschlüsse an konkrete Vorgehensweisen im Erkenntnisgewinn müssen stets durch die einzelnen Forschungszugriffe neu hergestellt werden.

Mit Bezug auf Governance statten sich, so ließe sich weitergehend argumentieren, empirische Studien mit *wissenschaftlicher Valenz* aus, liefern sie doch mehr als bloße Beschreibungen der Wirklichkeit, wie sie eben auch von Evaluationen jedweder Art geleistet werden. Hinsichtlich der identitären Positionierungen von Wissenschaft und Evaluation (siehe oben un-

---

Rezeption und Verwendung von Schulinspektionsbefunden (vgl. Abschnitt 3.5.1 auf Seite 96 dieser Arbeit).

Effekte messen, Effekte haben: Studien zur Schulinspektion

ter 3.3.1 auf Seite 64 und bei Lüders, 2006) erscheinen solche theoretisierenden Deutungen der eigenen Forschungsergebnisse von Governance-Studien nicht unbedeutend. Es kommt demnach in Forschungsbeiträgen, die sich auf Governance berufen, zu Abgrenzungen gegenüber ‚reinen' Evaluationsstudien, die als implizit der bildungspolitischen Steuerungslogik aufsitzend und durch diese korrumpiert verstanden werden. Mit Verweis auf Governance lässt sich dagegen eine Haltung „analytischer Offenheit" (Altrichter, 2010c) bezüglich des Forschungsgegenstandes Schulinspektion profilieren:

> Im Unterschied zu normativ begründeten Governance-Vorstellungen und den Wirksamkeitserwartungen im aktuellen Steuerungsdiskurs geht diese Analyseperspektive von Governance ergebnisoffen sowie breiter an Fragen der Steuerung heran (Preuß et al., 2015, S. 117).

Wenngleich mit Governance und ihrer politischen Semantik demnach die Verflechtung von Politik und Pädagogik theoretisierend auf den Punkt gebracht werden kann, so wird eine *Politizität* nicht für jene empirischen Studien eingerechnet, die sich auf Governance berufen.[23]

Wenn es darum geht, die eigenen Forschungseinsätze im Diskurs zu situieren, kommt es meist aber doch zu *evaluativen Beurteilungen* bezüglich der Erkennbarkeit und Ausprägung kausaler Wirksamkeiten von Schulinspektion:

> Resümierend [im Hinblick auf die vorangehend präsentierten Befunde der Studie, M. S.] ist festzuhalten, dass keine konsistente Proportionalität zwischen Schulinspektion und Schulentwicklung besteht. Schulinspektion als Reforminstrument wird von den einzelnen Akteuren vorwiegend positiv angenommen und ist akzeptiert. In der Umsetzung in der Akteurskonstellation zeigt sich das Instrument jedoch als variierend, zum Teil labil (Preuß et al., 2015, S. 138).

---

[23] Johannes Bellmann (2015, S. 47) spricht in diesem Zusammenhang von einer gleichzeitigen Politisierung und Entpolitisierung von (Erziehungs-)Wissenschaft, da diese nicht bzw. nicht ausreichend auf die „politischen Funktionszusammenhänge ihrer Evidenzproduktion" reflektiere. In anderer Hinsicht sprechen die Autorinnen Thiel et al. (2016, S. 482) wiederum von der „Verwissenschaftlichung eines Feldes der Bildungspolitik" im Falle der Schulinspektion, die im Zusammenhang zunehmender empirischer (Begleit-)Forschung (der Wirksamkeit) von Schulinspektion steht, so dass auch die Erhebungsinstrumente, die in der Schulinspektion verwandt werden, dem *„state of the art* sozialwissenschaftlicher Methoden" (Thiel et al., 2016, S. 482) entsprechen. Auch in dieser Hinsicht ließe sich die (Ent-)Politisierung von Bildungspolitik reklamieren.

Was bedeutet es für wissenschaftlich-analytisches Sprechen, dass es mit seinen Intentionen einer neutralen Beobachtung der tatsächlichen Praxis bricht (brechen muss?), um über Schulinspektion zu sprechen? Es ist nicht frei vom Anspruch einer ‚Evaluation der Evaluation', was auf die machtvolle Strukturierung des Erkenntnisfeldes durch die Evaluationslogik selbst verweist: Diese ist, so Bellmann (2015, S. 46), gegenwärtig „kulturell nahezu alternativlo[s]". Ähnlich wie sich das Sprechen der in den Studien untersuchten schulischen Akteure nicht völlig abwehrend zu Schulinspektion verhalten kann (siehe nächster Abschnitt), ist auch wissenschaftliches Sprechen in ein ambivalentes Verhältnis zur Evaluationslogik verstrickt und muss affirmative Positionierungen vollziehen: Distanznahme gegenüber Evaluation und deren Vollzug stehen im Verhältnis zueinander. Kritik an und hegemoniale Durchsetzung von Evaluation bzw. evidenzbasierten Logiken widersprechen einander also nicht, sondern *koexistieren miteinander* (vgl. Bröckling, 2004; Thompson, 2014a).

3.4.4 Zweifelndes Sprechen

Wissenschaftliche Studien, so scheint es, konstituieren sich als die „bessere" Wahrheit über die Abgrenzung zum Evaluativen. Die Distanz, die das wissenschaftliche Sprechen gegenüber Evaluation einnimmt, kann allerdings nicht zu groß sein, da weder völlige Affirmation noch völlige Ablehnung des Evaluationsansinnens im Bereich des Sagbaren zu liegen scheinen (vgl. dazu die empirischen Analysen von Dietrich, 2016; Brüsemeister, Gromala, Böhm-Kasper, & Selders, 2016). Als Situierung im *Zwischen von Abgrenzung und Affirmierung* scheint sich ein Sprechen im Modus des Zweifelns zu eignen, da der Zweifel sowohl eine distanzierende Verhältnisnahme impliziert, als auch die Möglichkeit, dass Schulinspektion bzw. deren Wirksamkeit doch noch glücken *könnte* – Zweifeln ist demgemäß das *‚Medium' des Wissenschaftlichen.* So wird denn auch das zweifelnde (und an letzten Gewissheiten verzweifelnde) Sprechen, die Frage nach dem Gelingen von Wirksamkeit, zur besonderen Form des wissenschaftlichen Sprechens in Bezug auf Schulinspektion, die sich in vielen Literaturen zu Schulinspektion findet, weshalb auf die Sprechweise des Zweifelns an dieser Stelle noch einmal gesondert eingehen möchte.

Der Zweifel, der sich in wissenschaftliches Sprechen einschreibt, reagiert auf und reartikuliert die Versprechungen von Schulinspektion auf das bessere, empirische Argument. Schulinspektion bleibt dabei an dieses Versprechen dahingehend gebunden, dass im Rahmen empirischer Studien – die selbst von jener Autorität wissenschaftlichen Wissens zehren, die sie in Frage stellen – gefragt werden kann, ob Schulinspektion ihrem Versprechen gerecht wird. Wissenschaftliche Studien werden demnach zur legitimen Prüfinstanz der „Realisierung dieser Wirkungshoffnung" (Dedering, 2012, S. 69), indem sie nach der Wahrheit von Wirksamkeit fragen und ein Urteil über deren Angemessenheit zu treffen versuchen: „Tritt die intendierte Qualitätsentwicklung von Schulen durch Inspektion tatsächlich ein und ist die Maßnahme aus Kosten-Nutzen-Sicht effizient" (Sommer, 2011b, S. 137)?

Für wissenschaftliches Sprechen erscheint es denn auch bedeutsam, das Versprechen der Schulinspektion stets auch *als* Versprechen zu markieren, um die Differenz aus Wahrheit und (steuerungspolitischem) Wunsch offenzuhalten und anschließend den forschenden Blick einzusetzen. Zugleich muss aber auch, so konnte bereits bezüglich der grundlegenden Bedeutsamkeit von Wirksamkeit für erziehungswissenschaftliches Sprechen argumentiert werden, der eigene wissenschaftliche Einsatz wiederum dem Zweifel ausgesetzt werden, weil er von der Unbestimmtheit der Wirksamkeitsfrage eingeholt wird. Mit dem Zweifel ist demnach auch eine spezifische *(Zurück-)Haltung* verbunden:

> Vor diesem Hintergrund scheint [...] Zurückhaltung hinsichtlich der Identifizierbarkeit von distinkt auf das Steuerungsinstrument zurückzuführenden Veränderungen oder Reaktionsweisen angebracht (Dietrich, 2016, S. 165).

Der Zweifel im wissenschaftlichen Sprechen speist sich weiterhin aus einer generellen Skepsis ob der Wirksamkeit von Schulinspektion bzw. Evaluation, die sich auf die Erfahrung einer *Veränderungsresistenz* von Evaluierten bzw. Evaluationsobjekten beruft. So heißt es etwa im eingangs zu dieser Arbeit zitierten – und auf eine allgemeine Form von Evaluation bezogenen – Beitrag von Ulrich Bröckling (2004, S. 76):

> Vieles deutet darauf hin, dass die Praktiken der Aus- und Bewertung sich veralltäglicht und Evaluierer wie Evaluierte gelernt haben, das Evaluationsspiel zu spielen, ohne sich davon im gewohnten Gang der Geschäfte sonderlich aufhalten zu lassen.

Mit der Metaphorik des „Evaluationsspiels", das die an einer Evaluation Beteiligten aufführen, wird eine hiervon differente Ebene des Ernstes oder

der Wirklichkeit benannt, die sich unbenommen von Evaluation vollzieht. Man spiele zwar das Evaluations-Spiel, aber die eigentliche Praxis bleibt von solcherart (Schau-)Spiel unbenommen. Begründet wird dies hier durch die Ubiquität und Alltäglichkeit von Evaluationspraktiken, die im Gegensatz zum Anspruch des Evaluativen steht, eine bessere und nicht-alltägliche Evidenz zu evozieren. Wirksamkeit lässt sich nicht nur nicht nachweisen, sondern ihr Eintreffen ist in diesem Sinne auch nicht erwartbar. Die Möglichkeit des Scheiterns scheint Evaluation bzw. Schulinspektion immer schon anzuhaften, so dass Schulinspektion sich am stets mit aufgerufenen Vorwurf der Wirkungslosigkeit abarbeiten und ihre Wirksamkeit unter Beweis stellen muss.

Erfolgsgeschichten von einer wirksamen Schulinspektion können denn auch nur im Modus der rhetorischen Inszenierung in Erscheinung treten, die bewusst auf Effekte bezüglich der rezipierenden Adressatin abzielt, wie etwa im folgenden Vortragsmanuskript von Rürup (2013, S. 1–2) deutlich wird:

> Zum zweiten habe ich mich entschlossen, Sie von vornherein damit zu provozieren, dass ich das Instrument der Schulinspektion als ein Erfolgsmodell vorstellen möchte, das die (berechtigt) in es gesetzten Erwartungen erfüllt. Ich hätte zwar auch die Gegenthese aufstellen können, die von einem Scheitern des Instruments Schulinspektion spräche.[F]ür beide Thesen gibt es empirische Belege. [A]ber in der Vorbereitung zu diesem Vortrag bin ich davon ausgegangen, dass Sie ein Reden vom Scheitern der Schulinspektion weitaus weniger zum Widerspruch reizen würde.

Unter Referenz auf die uneindeutige Befundlage, die die Unentscheidbarkeit aus Gelingen und Scheitern der Wirksamkeit von Schulinspektion aufrechterhält, wird hier ein Misslingensvorbehalt gegenüber Schulinspektion artikuliert: Solange Wirksamkeit nicht eindeutig bewiesen ist, gilt sie als nicht vorhanden.

Die „Rede vom Scheitern" erscheint als eine Form schließender Bezugnahme auf Wirksamkeit zwar ebenso wenig durch Forschungsbefunde gerechtfertigt, wird dem gegenüber aber dennoch als erwartbarer Normalfall thematisiert, dem das Risiko eignet, aufgrund seiner Selbstverständlichkeit (in der Vortragssituation) keine Anschlüsse produzieren zu können. Eine Widerrede – aber auch: eine Wiederrede – wird dann unwahrscheinlich. Die Rede vom Gelingen fungiert in diesem Kontext als provokative Reizung, die die Angesprochenen zum Sprechen verführt, indem sie einen Raum der Auseinandersetzung und des Dissenses instituiert.

Wirksamkeit von Schulinspektion erscheint in diesem Kontext als Form einer gelingenden Inszenierung, der es gar nicht mehr um die Ergründung des Tatsächlichen und Wahren geht, sondern um das Generieren ‚reizender‘ Effekte. Über gelungene Wirksamkeit lässt sich dann nur im Modus der uneigentlichen Rede sprechen. An anderer Stelle ist von einer „ironischen Gebrochenheit" in der „Kurzdarstellung des (positiven) Forschungsstandes zur Schulinspektion" (Rürup, 2013, S. 2) die Rede.

Ganz in diesem Sinne ist auch die Bilanz von Achim Landwehr (2011, S. 36) einsichtig, dass das wissenschaftliche Sprechen bezüglich Wirksamkeit selbst bereits eine gelingende Schulinspektion anzeigt und die Frage nach der ‚eigentlichen‘ Wirksamkeit beeinflusst:

> Dass jetzt, nach einer rund zehnjährigen Entwicklungs- und Aufbauarbeit, die Fragen nach der Wirkung und der Wirksamkeit der externen Schulevaluation am Horizont auftauchen, darf meines Erachtens als ein gutes Zeichen gewertet werden. Diese Fragestellung kann nämlich erst dann ernsthaft aufgeworfen werden und angegangen werden, wenn die elementaren Voraussetzungen einer funktionsfähigen Praxis überhaupt gegeben ist.

Für Landwehr ist die wissenschaftliche Referenz auf Schulinspektion selbst noch Symbol ihres Gelingens, so dass sich im Zweifeln Kritik und Bestätigung von Schulinspektion überlagern.

3.5 Verwenderinnen-Adressen

Wie bereits mehrfach angesprochen, stellt sich die Frage der Wirksamkeit – neben der Erkundung tatsächlich vorfindlicher schulischer Rezeptionspraktiken – vor allem im Kontext der Inblicknahme der Verwenderinnen, die mit den Inspektionsbefunden umgehen, so dass Verwenderinnen zum bedeutsamen Fluchtpunkt für empirische Forschungsarbeiten zu Schulinspektion werden. Stellvertretend lässt sich hier (nochmals) eine Ausführung von Fabian Dietrich (2016, S. 123) zur Thematik der Neuen Steuerung durch Schulinspektion anführen:[24]

---

[24] Über verschiedene theoretisierende Zugänge wird die Bedeutsamkeit des Verwenderinnen-Subjekts im Zusammenhang mit der Verwendung von Schulinspektionsbefunden

92 Schulinspektion als Gegenstand von Erkenntnisproduktion

Mit den nicht zuletzt programmatisch hervorgehobenen Modi der Steuerung jenseits des konventionellen Modells hierarchischer Steuerung rücken unweigerlich die Adressaten des Steuerungsimpulses in den Blick.

Über die wissenschaftliche Profilierung der Wirksamkeitsfrage werden schulische Rezeptions- und Verwendungspraktiken mit Rezeptionssubjekten – die als *Adressatinnen* von Steuerung gegenständlich werden – konstelliert.

Dass die sich Inspektionsbefunde aneignenden Akteure – als Verwenderinnen von Schulinspektionsbefunden – in den Fokus wissenschaftlicher Beobachtung geraten, lässt sich nicht allein auf forschungspragmatische Begründungen rückbeziehen, auch wenn sich eine Befragung der von Schulinspektion betroffenen schulischen Akteure zu deren Verwendungen von Befunden leichter durchführen ließe als eine experimentelle Wirkungsanalyse, welche sich den jeweiligen Feldbedingungen subordinieren muss (vgl. Keune, 2014).

Akteursbefragungen beziehen sich darüber hinausgehend auf eine *hegemoniale Differenz und Entkoppelung* von Produktion, Vermittlung und Aneignung von (in Schulinspektionen produziertem) Wissen, die insofern als hegemonial zu betrachten ist, als dass Wissen und seine Vermittlungs- und Aneignungsformen (historisch gesehen) nicht immer schon auseinander fallen. Auch die Schule als Institution von Wissensvermittlung lässt sich im Lichte des Differenz-Kodes aus Vermittlung / Aneignung betrachten (vgl. Kade, 1997).[25]

---

herausgestellt. Beispielsweise wird in mikropolitischen Argumentationszusammenhängen Schule als eigenlogische bzw. eigensinnige politische Arena charakterisiert, in der in konkreten Situationen, etwa der Verwendung von Schulinspektionsbefunden, um Interessendurchsetzung gerungen wird (vgl. z. B. Lambrecht, Kotthoff, & Maag Merki, 2008). Verwenderinnen werden dann als politisierende und taktierende Individuen gegenständlich. Aus institutionenökonomischer Sicht wird auf das Principal-Agent-Prinzip verwiesen, in der der Bruch zwischen Inspektionsbefunden und ihren Verwendungen in Form einer Differenz von Auftragebendem und Ausführendem ebenfalls auftaucht (Fend, 2008a). Die Governance-Perspektive wäre an dieser Stelle ebenfalls noch einmal anzuführen.

[25] Die Aneignung von Wissen im Rahmen der Verwendung von Schulinspektionen zielt aber weniger auf eine adäquate Reproduktion des Schulinspektionswissens – wie dies etwa im Kontext schulischer bzw. unterrichtlicher Wissensaneignung als Ziel erscheint –, sondern, wie beschrieben, darauf, in praktische Situationen zu intervenieren. Das Inspektionswissen selbst ist demnach nicht gleichbedeutend mit der besseren Entscheidung, es öffnet vielmehr den Raum des Nachdenkens und setzt ein selbstreflexives

Mit Wissensvermittlung / -aneignung verbunden ist zudem der Gedanke einer nachhaltigen Individualisierung und individuellen Responsibilisierung von Wissensaneignung (vgl. Höhne, 2011a), insofern immer auch Spielräume im Aneignen des Wissens seitens der Aneignenden einkalkuliert werden (die dann etwa über Konzepte wie Vorwissen, Lerntypus etc. erklärt werden). Die Trennung in Wissen, Vermittlung und Aneignung verweist weitergehend auf ein *Legitimationsdefizit* des Wissens (siehe die Ausführungen unter Abschnitt 3.3.2 auf Seite 65, die sich auf das Ringen darum, ob Inspektionswissen als wissenschaftliches oder praktisches Wissen gilt, bezogen), das die Verwenderin *ein- und freisetzt*, d. h. die Verwenderin von empirischen Befunden als eine notwendige Adressatin erst konstituiert.

In einigen Texten zu Schulinspektion tritt die Position der Verwenderin als die einer *Übersetzerin* von Inspektionsbefunden auf, die die Befunde erst mit der Qualität eines Wissens versieht und anschließend dafür Sorge trägt, dass Wissen in Handeln über-setzt und damit ebenfalls eine neue Qualität annimmt. Konzepte der *Rückmeldung* und *Rezeption* von Inspektionsbefunden sollen dabei eine Brücke zwischen theoretischem und praktischem Wissen herstellen (Kuper, 2006, S. 8). Damit ist nicht nur eine Beteiligungsstruktur angesprochen, in der ein Verwenderinnensubjekt zur Produktion von Wissen beiträgt, sondern auch die Uneindeutigkeit und Offenheit des „Steuerungsimpulses" Schulinspektion:

> Welches Wissen wird nun im Zuge dieser Evaluationsverfahren erzeugt? Die Frage ist womöglich bereits falsch gestellt, da sie suggeriert, dass definitiv Wissen erzeugt wird. Dies ist aber [...] nicht gleich ausgemacht. Darum sollte besser gefragt werden, welche Informationen durch Evaluation erzeugt werden und inwieweit diese Informationen zu Wissen bei welchen Akteuren führen. Dazu gehört auch die Frage, ob ein und dieselbe Information zu gleichem oder zumindest aber ähnlichem Wissen bei unterschiedlichen Akteuren führt (Berkemeyer, 2008, S. 48).

Subjekt des Nachdenkenden ein, das eine rationale Distanz zu seinem unmittelbaren Erleben aufbaut. Indem qua Schulinspektion und deren zyklischer Wiederkehr eine solche Reflexivität auf Dauer gestellt wird, müssen sich die Verwenderinnen fortwährend als veränderungsbedürftig verstehen und an der eigenen Optimierung arbeiten (vgl. ähnliche Aufforderungen zur permanenten Optimierung im Feld frühkindlicher Bildung bei Jergus & Thompson, 2015). Dieser Anspruch versinnbildlicht sich im Leitbild des „unternehmerischen Selbst" (Bröckling, 2007).

Indem in der rezipierenden Aneignung der Schulinspektionsbefunde Informationen erst in Wissen übersetzt werden, ergeben sich strukturelle Änderungen des Wissens: Es wird subjektiv und existiert allein in Form partikularer Deutungen der wissenden Akteure, denen die Interpretationshoheit der Informationen (zugleich aber auch die Aufgabe des Deutens) obliegt. Die rezipierende Akteurin entscheidet über die Ausgestaltung des Wissens und darüber, ob die empirische Evidenz tatsächlich eine bessere ist – oder noch basaler: wann eine Evidenz als Evidenz überhaupt erst in Erscheinung treten kann. Erst seine *Anerkennung*, die sich im Akt des Aneignens / Verwendens vollzieht, macht Wissen tatsächlich zu Wissen. Evaluatives Wissen kann zwar Machteffekte evozieren (vgl. Biesta, 2011), es handelt sich aber um eine Macht, die auf Zutun und Zustimmung der Beteiligten bzw. Bemächtigten angewiesen bleibt.

Die Wahrhaftigkeit der Ergebnisse erscheint in diesem Zusammenhang dann allenfalls als notwendige, nicht aber als hinreichende Bedingung. Zudem wird das reflexiv-entscheidungskompetente Subjekt von vornherein als eines verstanden, das kompetent ist im Umgang mit Wissen bzw. Informationen, so dass ihm die freie Verfügbarkeit über die extern herangetragenen Inspektionsbefunde obliegt.

Hinsichtlich des Praktischwerdens von Wissen hält die Verwenderin-als-Übersetzerin dann einen „Ort für das Urteilen offen" (Biesta, 2011, S. 94), weil das „evidente" Schulinspektionswissen sich nicht von selbst auf spezifische Kontexte und Situationen beziehen kann. Die Evidenz dessen, was der Fall ist, bleibt damit der Perspektivität und Kontingenz ‚vor Ort' überlassen und autorisiert das praktische Erfahrungswissen (dessen Abwertung zuförderst die Durchführung von Schulinspektionen rechtfertigte, siehe unter Abschnitt 3.3.1 auf Seite 53):

> Die Verantwortung praktischer Entscheidungsträger für die Deutung von Evaluationsergebnissen ist erforderlich, weil nur Praktiker über die Detailkenntnis lokaler Handlungsbedingungen und ‚vor Ort' wirksamer Einflussfaktoren auf Evaluationsergebnisse verfügen. Eine auf den jeweiligen Handlungskontext bezogene Erklärung von Evaluationsergebnissen kann daher nicht von der Evaluation selbst, wohl aber von den Praktikern erwartet werden. Die Evaluation bietet somit für die Diskussion, Abwägung und Reflexion praktischer Entscheidungen einen Anlass bzw. Argumentationskontext (Kuper, 2008, S. 71).

Die Position der *Praktikerin* wird hier mit jener Expertise im Sinne einer „Detailkenntnis" aufgeladen, die die Lücke im Inspektionswissen befüllt. Im Gegensatz zu detaillierten Vorgaben von Handlungsoptionen im Sinne von Aus- und Weiterbildungsanleitungen sind Inspektionsergebnisse offen und unbestimmt, weil sie Optimierungsbedarfe nur anzeigen, nicht aber die jeweiligen Optimierungshandlungen ausbuchstabieren. Zugleich ist damit angesprochen, dass die Lücke erhalten bleibt, insofern sie mit jedem Befund, mit jeder Praktikerin neu eröffnet und befüllt werden muss.

Für jene differierenden Verwendungen ist auch die *Form der Vermittlung* bedeutsam: Es geht um die lesende Rezeption und Selbstaneignung von medialen Wissensinhalten entlang von Selbst-Bildungen, d. h. ohne dass eine vermittelnde Person (als Lehrerin) in Erscheinung tritt. Pädagogische Einsatzpunkte ergeben sich erst dann, wenn die Adressatin von Schulinspektionsbefunden ihre Rezipierendenhaltung nicht einnimmt und die Möglichkeit von Wirksamkeit zu unterlaufen droht. Dabei wird Pädagogik stets als Unterstützung, nie als Zumutung formuliert.[26]

Die Konstitution eines Verwenderinnensubjekts von Inspektionsbefunden wird begleitet und forciert von einem „Willen zum Wissen" (Foucault, 1977), der das Sprechen der Betroffenen aufsucht: Es gilt über diese Adressatinnen mehr zu erfahren, über deren Neigungen, Erfahrungen und Rezeptionsweisen der Inspektionsberichte, ihre Maßnahmenplanungen, ihre subjektiven Vorstellungen zu Schulentwicklung, ihre Belastungen bzw. ihr Belastungsempfinden etc. Dabei sind es vor allem psychologische Termini, mittels denen der Forschungsbedarf umrissen wird:

> Insbesondere die Haltungen, Fähigkeiten und Kompetenzen der Schulverantwortlichen und Lehrerschaft an der evaluierten Schule spielen letztlich eine wichtige Rolle dabei, ob Inspektionsbefunde für die Weiterentwicklung von Unterricht und Schule genutzt werden (Pietsch, Feldhoff, & Petersen, 2016, S. 232).

Im Zuge der Fokussierung und Responsibilisierung der Verwenderinnenposition tun sich indes Leerstellen im Forschungsfeld auf:

> So bleiben der eigentliche Prozess des Inspizierens, aber auch der politische Kontext des Steuerungsinstruments merkwürdig unterbelichtet (Lambrecht & Rürup, 2012, S. 72).

---

[26] Zur pädagogischen Qualität von Schulinspektionsverfahren vgl. auch die Arbeit von Lambrecht (2016).

96 Schulinspektion als Gegenstand von Erkenntnisproduktion

Dies geht mit der Diagnose eines Unsichtbarwerdens von Politik bzw. Steuerung überein.

3.5.1 En detail: Adressierungen und die Leistung der Schulinspektion

Die Fokussierung der Verwenderinnen im Rahmen der Untersuchung von Schulinspektionen ist nicht allein auf eine Differenz von Wissensvermittlung / -aneignung zu reduzieren, die sich etwa darin zeigt, dass die Inspektionsbefunde in *Inspektionsberichte* und damit in eine bestimmte, rezipierbare Form überführt werden, welche wiederum zum Rezipieren anreizt. Auch wissenschaftliche Studien über Schulinspektion arbeiten an der Erzeugung einer Verwenderinnen-Adresse mit, wie bereits im vorhergehenden Abschnitt argumentiert wurde. Dieser Gedanke soll nun entlang einer ausgewählten Studie zur Verwendung von Inspektionsbefunden näher erläutert werden, in der die Konstitution von Subjekten sowie von Schulsteuerung über den Bezug auf schulische Leistungen profiliert wird.

Indem wissenschaftliche Studien sich auf die Erforschung einer Wirksamkeit von Schulinspektion berufen, werden sie in das Procedere um Neue Steuerung eingebunden, weil beispielsweise in der Befragung schulischer Akteure zu deren Verwendungen von Schulinspektionsbefunden jene Akteure adressiert und damit als *soziale Adressen* konstituiert werden. Diese Konstitution bezieht sich auf den Vorgang der performativen „Adressierung" (z. B. Bröckling, 2007; Reh & Ricken, 2012), in dem Positionen bzw. Orte im sozialen Raum als solche aufgerufen, präfiguriert und den Adressierten bereitgestellt werden. Unterstellt wird damit eine Produktivität wissenschaftlichen Erkennens, die sich – entgegen der sich im Themenfeld Schulinspektion vollziehenden Abgrenzungsbewegungen – gerade nicht auf eine Differenz aus Wissenschaft und den sozialen Bedingungen der Hervorbringung wissenschaftlicher Erkenntnisse stützen kann. Die Einsicht von Lambrecht und Rürup (2012), dass viele Studien zur Wirksamkeit von Schulinspektion implizit bildungspolitische Steuerungsvorstellungen übernehmen, suggeriert dabei noch, dass es wissenschaftlichen Erkenntnisproduktionen prinzipiell möglich sei, einen Ort jenseits von Politik zu beziehen. Demgegenüber ist auf das Geflecht aus Politik und Erkenntnis, Macht und Wissen, hinzuweisen.

Das Postulat einer solchen Relationalität findet sich in den Schriften von Michel Foucault (z. B. 1992) systematisch ausgearbeitet. Foucault spricht beispielsweise von einem „Macht-Wissen-Nexus" und formuliert auf diese Weise die Einsicht, dass das, was jeweils als „wahres" Wissen gilt, an soziale Praktiken gebunden und damit historisierbar ist. Die Geschichte der Wissenschaft ist demgemäß keine geradlinige Erzählung zunehmender Rationalisierung und Wissensakkumulation, sondern eine von Umbrüchen und Unterbrechungen gekennzeichnete *Serie* von kontingenten Wissensformationen, in denen sich je spezifische Objektfelder konstituieren. Mit den Objektfeldern sind weiterhin spezifische Subjektivitäten assoziiert, etwa wenn, wie Foucault (1995) zeigte, sich im Zuge der Erforschung des Wahnsinns das abendländische Vernunftsubjekt herausbildet: Art und Umfang des Wissens, das über den Wahnsinn generiert wird, beeinflussen die Konturen dessen, was als nicht wahnsinnig, d. h. vernünftig, gelten kann. So kann es denn auch keine Rede von ‚der' Geschichte ‚des' Menschen geben, die Kohärenz und Kontinuität beansprucht. Es geht im Sinne Foucaults vielmehr um den Nachvollzug der je historisch-situativen Vorgänge und Handlungsweisen, in denen Subjektivitäten sich allererst formieren bzw. formiert werden, so dass noch vor jeder Autonomie und Handlungsfähigkeit von Subjekten eine Beteiligung sozialer Praxis einzurechnen ist.

Diese knapp angerissene Perspektive auf Prozesse der *Subjektivierung* durch wissenschaftliche Erkenntnispraktiken macht deutlich, dass im Kontext der Untersuchung von Verwenderinnen von Schulinspektionsbefunden die untersuchten bzw. befragten schulischen Akteure nicht das Gegenüber von Techniken des Erkenntnisgewinns darstellen, sondern dass deren Konstitution sich erst im Zusammenhang des Erkennens vollzieht (siehe hierzu ausführlicher das Kapitel 4 auf Seite 135 dieser Arbeit). Wirksamkeitstudien stellen somit keine neutralen Belege evaluativer Wirksamkeit dar, sondern produzieren selbst jene Identitäten und Ordnungsmuster (mit), von denen sie sprechen. Scheinbar deskriptive Beschreibungen schulischer Akteurspositionen in wissenschaftlichen Texten stellen demnach, darauf verweist auch die Begrifflichkeit der *Adressierung*, immer auch Aufgaben bereit für Individuen, die diese sozialen Adressen einnehmen (sollen).

Die Produktion von Subjektivität in wissenschaftlichen Erkenntnisprozessen soll nachfolgend an einer ausgewählten Studie zur Wirksamkeit von Schulinspektion expliziert werden, die im Sinne der o. g. Ausführungen als typisch für das Forschungsfeld gelten kann und die weiterhin einen Einblick in die Produktion von Wissen über die schulischen Verwenderinnen gewährt, da sie ihre Untersuchungsinstrumente explizit offenlegt. Zudem zeigt sich in der Darstellung der Studienergebnisse, die nachfolgend referiert wird, in besonders eindrücklicher Weise, *wie* soziale Verwenderinnenadressen konstituiert und mit welchen Normen diesen Adressen aufgeladen und konfrontiert werden. Demnach sollen diese Vollzüge in detaillierter Form argumentiert werden.

Es handelt sich bei dieser Studie um einen 2013 in der *Zeitschrift für Pädagogik* publizierten Text zu „Schulen im Umgang mit Schulinspektion und deren Ergebnissen" (Wurster & Gärtner, 2013), der es sich zum Anliegen macht, prototypische Nutzungsmuster von Inspektionsbefunden seitens der Schulen zu eruieren und daraus – normalisierte wie normalisierende (vgl. Foucault, 1994b) – „Klassen" von Schulen zu identifizieren. In der nachfolgenden Analyse dieser Studie soll der Blick (1) auf die Produktionsweise der Erkenntnisse im Sinne der in der Studie verwandten Untersuchungsmethodik, (2) auf die Erkenntnisse und (3) auf die mit den Erkenntnissen verknüpften Schlussfolgerungen gerichtet werden.

Zu (1): Im Text von Sebastian Wurster und Holger Gärtner wird die „Verarbeitung und Nutzung" (Wurster & Gärtner, 2013, S. 426) von Inspektionsergebnissen an inspizierten Schulen in den Mittelpunkt des Erkenntnisinteresses gerückt und damit die Bedeutsamkeit der Aneignung von Inspektionsbefunden durch schulische Akteure neuerlich betont. Die Untersuchung schulischer Akteure folgt der Annahme, dass diese den Ort markieren, an dem über Wirksamkeit entschieden wird.

In der Studie von Wurster und Gärtner wurden Schulleitungen sowie Lehrkräfte, die zugleich Mitglieder der Schulkonferenz waren, als Auskunftgebende für die Rezeptions- und Nutzungsprozesse an ihrer Schule gefasst und mittels standardisiertem Fragebogen befragt. Die Auswahl der Befragten erfolgte hinsichtlich des besonderen Maßes, in welchem sie über „Informationen verfügen, um Fragen zur Schulinspektion zu beantworten" (Wurster & Gärtner, 2013, S. 431), d. h. dass die Befragten in einen Zusammenhang mit einem exklusiven Wissen über die Schule und Schulinspektion gestellt und dahingehend von anderen schulischen Akteuren differenziert werden. Zugleich firmieren die Befragten als Sprachrohr für die gesamte Schule, etwa wenn sie im Rahmen der Datenerhebung dazu befragt werden, wie sie den Nutzen der Schulinspektion für die Schule *und* für die eigene pädagogische Arbeit einschätzen (Wurster & Gärtner, 2013, S. 434).

Indem die Schulleitungen und Lehrkräfte (als Repräsentantinnen der gesamten Schule) in der Befragung bereits als Rezipierende und Nutzende von Schulinspektionsbefunden angesprochen werden, wird eine Verbindung aus

Individuum, schulischer Handlungseinheit und ihrer Verantwortlichkeit für die Wirksamkeit der Inspektionsergebnisse etabliert. Die Befragten werden derart in einen Zusammenhang mit schulischer Qualität gestellt, dass diese als ursächlich für jene erscheinen. Folglich werden die Befragten systematisch auch für die Erhöhung der Schulqualität responsibilisiert, indem ihnen sowohl Rationalität im Umgang mit Inspektionsdaten unterstellt wird als auch ein *Leistungsvermögen* in Bezug auf die Optimierung von ('ihrer') Schule, wie nachfolgend anhand der Studienergebnisse aufgezeigt werden soll.

Um noch einmal auf die bereits genannte These von Lambrecht und Rürup (2012) zurückzukommen, so ist darin auf den Punkt gebracht, dass gerade Studien, die als *Evaluation der Evaluation* markiert werden, sich nicht neutral zu ihrem Erkenntnisgegenstand verhalten, sondern durch die politisch interessierte Wirksamkeitsfrage aufgeladen sind. Auch bei Vera Husfeldt (2011) kam bekanntlich der Hinweis auf, dass die soziale Erwünschtheit von Befragtenaussagen in den empirischen Untersuchungen zu berücksichtigen seien (vgl. die Ausführungen unter 3.4.2 auf Seite 78). Beide Thematisierungen verweisen auf die *Beschränkungen des Antwortraums*, der in den Befragungen schulischer Akteure zu ihren Verwendungen von Schulinspektionsbefunden etabliert wird. Wissenschaftliche Befragungen erscheinen demgemäß als *Prüfungs- und / oder Geständnispraktiken* (vgl. dazu Reh, 2003; Jergus, 2014a), in denen ermittelt wird, ob und wie genau schulische Prozesse und Ergebnisse mit Vorstellungen zur Wirksamkeit von Schulinspektion überein gehen – und bestätigen / erzeugen die Relevanz dieser Vorstellungen. Die formulierte Steuerungslogik einer *Entwicklung durch Einsicht* erscheint dann als eine Form von „Bezugsnorm" (vgl. Sacher, 2014) der Leistungsbeurteilung, an der die jeweils durch den Prüfling aktualisierten Prüfungsleistungen abgeglichen werden. Diese Überlegungen zur Prüfungsförmigkeit wissenschaftlichen Befragens in Schulinspektionsstudien sollen nachfolgend in Form eines knappen Exkurses noch einmal systematisiert werden, da sich diesbezüglich Zusammenhänge zur Konstitution von Subjektivität auffinden lassen.

Bei Michel Foucault finden sich Überlegungen zum Gedanken der Prüfung als *Machtritual*, in dem Individuen und Erkenntnisse über diese produziert werden (z. B. Foucault, 1994b). Die Prüfung dient zumeist als Autorisierungsakt der Geprüften als einem anerkannten Mitglied einer Wissensgemeinschaft, wobei die Geprüfte im Rahmen der Prüfung ihre Eignung vorführen und sich als Wissende zeigen muss (vgl. Breidenstein & Thompson, 2014). Gilt die Prüfung als bestanden, verändern sich demnach für die Geprüfte die Eingriffs- und Gestaltungsmöglichkeiten des sozialen Raums, der durch die Prüfung reguliert ist. Die Prüfung inszeniert dabei einen erfolgten (und erfolgreichen) Übergang von Wissen und Erkenntnis an die Geprüfte, so dass deren gezeigte Prüfungsleistung als ein Indikator für den Erfolg des Wissenstransfers gilt. In der Teilnahme an der Prüfung bestätigt die Geprüfte aber nicht nur den Erfolg des Transfers, sondern auch die Gültigkeit und Autorität des Prüfungswissens (sowie der Prüfenden). Was als im Rahmen der Prüfung anerkennbare Leistung gilt, wird dabei erst im situationalen Geschehen verhandelt (vgl. Thompson, 2014b).

In der Prüfung wird Subjektivität zudem evoziert über die Zurechnung einer Äußerung, eines Verhaltens etc. zu einer Person, die diese(s) als ihre eigene Leistung hervorgebracht hat. Der Gedanke der Leistung ist demnach an Vorstellungen von Autonomie und Subjektivität gebunden, da Leistung einer Urheberschaft bedarf, als deren Effekt sie erkennbar wird.[27] Foucault zufolge ist die Prüfung demnach in doppelter Hinsicht ein produktives Machtverhältnis, da es sowohl Wissen als auch Subjekte einsetzt. Als Machttechnik fungiert die Prüfung aber auch dahingehend, dass sie Zonen der Normalität errichtet, die nicht nur für die Geprüften Verbindlichkeit beanspruchen, sondern auch in die Strukturierung des sozialen Raumes eingreifen.

Der Akt des Prüfens, so Foucault, vollzieht sich über die analytisch-analysierende Beobachtung des einzelnen Individuums, in deren Fortschreiten weiterhin ein spezifisches Wissen über den Prüfling generiert wird, etwa über dessen Leistungsniveau, dessen Fertigkeiten etc. (Foucault, 1994b, S. 241). Dies ermöglicht zum einen, detaillierte Erkenntnisse über die Einzelne zu erhalten, die als Prüfungssubjekt im Mittelpunkt des Prüfungsgeschehens steht und sichtbar wird. Es geht aber ebenso um den Aufbau eines Vergleichssystems, in dem das Individuum sukzessive zu einer ‚geordneten Masse' in Beziehung gesetzt und eingeordnet, klassifiziert, normalisiert und dergestalt erkannt werden kann (Foucault, 1994b, S. 243). Beobachtung und Normierung / Normalisierung gehen im Prüfungsgeschehen Hand in Hand.[28]

---

[27] An dieser Stelle ließe sich verdeutlichen, weshalb die Adresse der Schule als Handlungseinheit (Fend, 1986) zum zentralen Referenzpunkt des Diskurses um Schulinspektion gerinnt, denn um einen Zusammenhang aus Leistung, Leistungsvermögen und Optimierung / Veränderung herzustellen, muss ein Individuum mitsamt „subjektivem Binnenraum" konstruiert werden, dem sich Leistung zurechnen lässt (vgl. Breidenstein & Thompson, 2014) und das sich wiederum selbst auch einsichtig werden kann.

[28] Zum Zusammenhang von Norm, Normalität, Normalisierung vgl. auch Bühler, Forster,

Diese Überlegungen Foucaults zur Prüfung angewandt auf wissenschaftliche Befragungen zur Verwendung von Inspektionsergebnissen führen dazu, dass die qua wissenschaftlicher Untersuchungen vollzogene „Evaluation der Evaluation" als „Evaluation der Evaluierten" verstanden werden kann. Im Vorgang des wissenschaftlichen Befragens von schulischen Akteuren als Verwenderinnen von Inspektionsbefunden werden ebenfalls Zonen der Normalität umrissen, innerhalb derer die Befragten als Verwenderinnen in Erscheinung treten (vgl. unter Punkt (2) dieser Auflistung). Zudem wird die Norm, dass die Inspektionsergebnisse (im Sinne der Schulentwicklung) verwendet werden sollten – oder anders ausgedrückt: dass *Einsicht* in die Ergebnisse gezeigt werden muss – , in der gemeinsamen ‚Befragungsarbeit' zwischen Befragendem und Befragten etabliert und bestätigt.

Die wissenschaftliche Technik der Befragung, die sich sowohl auf den eigentlichen Akt des Fragebogenausfüllens erstreckt, als auch darüber hinausgehend die Ansprache und Gewinnung der schulischen Akteure, die Beschreibung des Vorgehens, die Selbstpräsentation der Autorinnen als Wissenschaftlerinnen etc. umfasst, inszeniert dabei ein neutrales Verhältnis zum Wissen, das um die Verwendung von Inspektionsbefunden generiert wird. Mit der Befragung wird keine normative Bewertung der Befragtenaussagen suggeriert, sondern ein Interesse am Schließen von Erkenntnislücken. Dies mag die implizite Normativität überdecken, die beispielsweise in der Ausformulierung von Fragebogenitems selbst zu finden ist:

> Der Fragebogen umfasst die Themenbereiche schulinterne Reflexion und Rezeption der Inspektionsergebnisse, eingeleitete Aktivitäten vor und nach der Inspektion, externe Unterstützung und die Wahrnehmung und Akzeptanz des Inspektionsverfahrens (Wurster & Gärtner, 2013, S. 434).

Die Befragten werden autorisiert, als Verwenderinnen von Schulinspektionsbefunden nun eigenständig die Optimierung von Schulqualität anzugehen, indem sie im Rahmen des Befragungsakts (neuerlich) als Verwenderinnen ermächtigt werden. Damit ist auch angesprochen, dass die inspizierten schulischen Akteure *in doppelter Weise* mit der Prüfungsförmigkeit von Schulinspektion und deren Inspektionsnormen in Verbindung gebracht werden: einmal im Rahmen der Schulinspektion selbst, in der Vorstellungen über die gute Schule etabliert und präsentiert werden, denen die Inspizierten gerecht

---

Neumann, Schröder, und Wrana (2015).

werden sollen; ein weiteres Mal im Rahmen der Befragung der Verwenderinnen zu ihren Verwendungen von Inspektionsbefunden, in der die Befragten sich durch den Vollzug ihrer Einsicht in ein Verhältnis zu den Konturen guter Schule setzen (müssen) und sich im Zusammenhang der Bewertung verstehen.

In gemeinsam mit den Befragenden vollzogenen Akten des Zeigens und Gezeigtbekommens von wirksamer Verwendung der Befunde innerhalb des Befragungsgeschehens (an)erkennen die Befragten zudem, dass es sich bei der inspizierten Schule, über die in der Befragung verhandelt wird, um *ihre* Schule handelt, dass die Optimierung von Schulqualität *ihre* Aufgabe bedeutet. Damit verbürgen die Befragten auch mit, dass nicht etwa andere, nicht durch sie selbst verschuldete Umstände in eine Verbindung zu Schulqualität gestellt werden. Die wissenschaftliche Befragung schulischer Akteure weist folglich Nähen zur (bildungs-)politischen Strategie der Individualisierung von Problemlagen auf, innerhalb derer eine „Bringschuld der Selbstsorge" (Höhne, 2006, S. 213) initiiert wird. Dieser Responsibilisierungsdruck wird auch dadurch kanalisiert, dass die einzelne Befragte sich im Verhältnis zu anderen Befragten als eine von vielen mit vergleichbarer Problemlage verstehen muss, da es in Studien quantifizierender Sozialforschung immer auch um Fragen der Repräsentativität von Stichproben und dem Verschwinden des Einzelfalls geht.

Ein weiterer zentraler Mechanismus dieser Responsibilisierung ist die *Selbstprüfung* bzw. das *Geständnis*, das die Befragten im Befragungsgeschehen vollziehen, indem sie sich angeleitet durch die Fragebogenitems auf ihre Verwendungen hin selbst befragen: Sie nehmen Einsicht in die Inspektionsbefunde sowie in sich und demonstrieren dies durch Ausfüllen des Fragebogens. Auch bezüglich des Geständnisses finden sich Überlegungen bei Michel Foucault, die hier ergänzend zu den Ausführungen der Prüfung aufgerufen werden sollen.

In seinen Untersuchungen zum Zusammenhang von Wissen und Macht im Gegenstandsbereich der menschlichen Sexualität (Foucault, 1977) erarbeitet Foucault unter dem Stichwort des Geständnisses einen Zusammenhang aus der Entbergung einer Wahrheit des befragten Selbst und der Konstitution sowie der Bindung an dieses Selbst. Im Unterschied zur Prüfung wird das Wissen über die Befragte durch sie selbst (in Form einer Selbstbefragung und einem auf sich selbst gerichteten Willen zum Wissen) und für sie (mit-)hervorgebracht, indem diese von sich Auskunft vor anderen gibt. Selbsterkenntnis, die Erzeugung einer Innerlichkeit und Bekenntnis zum Prüfungswissen – bzw. im Falle von Schulinspektion: Bekenntnis zur Schulinspektion und deren Normen – sind miteinander amalgamiert. Mit Blick auf die Foucaultsche Vorstellung des Geständnisses kann verständlich werden, wie Befragungen zur Verwendung von Inspektionsbefunden dazu anreizen, sich selbst zu ergründen und im Lichte der Befragungsgegenstände als Verwenderinnen auszulegen.

Über die Forderung nach *Einsicht* seitens der inspizierten und rezipierenden Akteure werden demnach *Prüfungs- und Geständnispraktiken miteinander kompiliert*, indem Einsicht als Prüfungsleistung gilt und als Praktik der Selbstergründung, wie sich am Erhebungsinstrument der Befragung von Selbstauskünften schulischer Akteure in der Studie von Wurster und Gärtner (2013) herausarbeiten lässt.

Zu (2): Die *Befragungsergebnisse* der Studie werden im Format von trennscharfen „Klassen" von Schulen geordnet, die eine abstrakte Beschreibung von unterschiedlichen Verwendungsmustern darstellen. Diese Klassen sind aggregiert aus der Vielzahl an Einzelaussagen und anhand des statistischen Zuordnungsverfahrens einer Latent Class Analysis generiert. Die Klassen-Typologie inszeniert eine Lücke im Erkenntnisprozess: „Im Vergleich zu bisherigen Studien liegt das Erkenntnisinteresse vornehmlich auf der Frage, ob sich differentielle Verarbeitungsmuster [von Schulinspektionsbefunden, M. S.] identifizieren und durch eine überschaubare Anzahl an Typen beschreiben lassen" (Wurster & Gärtner, 2013, S. 426), die anschließend eine für jeden Schul-Typ passende Unterstützung im Umgang mit den Schulinspektionsbefunden rechtfertigen.

Durch den Bezug auf *Leistung* – als zentraler Kategorie der Studie – ist die Klassen-Typologie mehrwertig strukturiert, weshalb die wissenschaftliche Technik der Befragung unter (1) als Prüfungspraktik gefasst wurde: Leistung vergegenständlicht sich einerseits am erreichten Inspektionsergebnis der Schulen als tatsächlichem Output, andererseits aber auch in den schulischen Verwendungsweisen der Inspektionsbefunde, namentlich am Umfang der Reflexion und Kommunikation von Inspektionsbefunde innerhalb der Schule, am Grad der Einsicht in die Befunde („Akzeptanz") und am Umfang der Aktivitäten, die in Bezug auf die Schulinspektion durchgeführt wurden. Die Verknüpfung dieser Dimensionen ergibt ein disjunktes Raster, in welchem die Komplexität des Schulischen innerhalb einer deskriptiven Ordnung organisiert werden kann – bei Höhne (2006, S. 206) wird dieser Vorgang als

„Selektionssteigerung" gefasst. Die Ausprägung der Klassen ergibt sich im Text von Wurster und Gärtner (2013) wie folgt:

- (selbst-)zufriedene Schulen (ca. 24% aller befragten Schulen): Diese zeichnen sich durch sehr gute Inspektionsergebnisse aus sowie durch umfangreiche Kommunikation und Reflexion dieser. Weiterhin eignet ihnen eine hohe Akzeptanz und hohe Nutzenszuschreibung bezüglich der Inspektionsbefunde. Trotz ausgeprägter Nutzenaspirationen werden kaum Schulentwicklungsaktivitäten wahrgenommen. Die Inspektionsbefunde werden den Autoren zufolge aus Sicht der Schule vornehmlich als Symbol der Anerkennung bzw. Bestätigung der eigenen Arbeit aufgefasst.

- aktive Schulen (ca. 18% aller befragten Schulen): Ihnen werden gute Inspektionsbefunde, eine intensive Kommunikation und Reflexion der Befunde zugeschrieben, doch im Gegensatz zur erstgenannten Schul-Klasse wird hier ein hohes Aktivitätsniveau sowohl im Vorfeld als auch im Anschluss an die Schulinspektion als hervorgehobenes Merkmal betont. Das Aktivitätsniveau zeigt sich an der Anzahl von – nicht näher bestimmten – Aktivitäten, der Inanspruchnahme von externer Unterstützung und im Fortschritt des Planungsstadiums. Akzeptanz und Nutzenaspiration der Inspektionsbefunde werden als hoch befunden.

- reaktive Schulen (ca. 21% aller befragten Schulen): Haben im statistischen Vergleich unterdurchschnittliche – die qualitative Bewertung „schlecht" wird an dieser Stelle nicht genutzt – Inspektionsergebnisse, zeigen wenig Rezeptionsaktivität und Reflexion auf die Befunde sowie wenig Aktivität bezüglich Schulentwicklung im Anschluss an die Schulinspektion. Kennzeichnendes Merkmal dieser Klasse sind vielzählige Vorbereitungen im Sinne einer vorträglichen Anpassung an Inspektionserfordernisse, jedoch keine weiteren Aktivitäten, die nach Abschluss der Schulinspektion eingeleitet werden. Eine Erklärung für dieses Aktivitätsschema wird vonseiten der Autoren darin gesucht, dass diese Schulen der Schulinspektion hauptsächlich eine Rechenschaftsfunktion zuerkennen, sie aber weniger als Impuls für Schulentwicklung in Betracht ziehen (Wurster & Gärtner, 2013, S. 440). Die Akzeptanz der Ergebnisse, Diagnosegüte und Nutzen der Ergebnisse werden als hoch gewertet.

Verwenderinnen-Adressen

- unzufriedene Schulen: Auch diese Schul-Klasse kennzeichnet sich darüber, dass sie ein „unterdurchschnittliches" Inspektionsergebnis erhalten hat, welches zudem innerhalb der Schule wenig rezipiert und reflektiert wird. Damit einher geht eine geringe Akzeptanz der Inspektionsbefunde, ein prospektiver Nutzen wird vonseiten der Schule nicht zuerkannt und die Diagnosegüte der Ergebnisse wird als gering eingeschätzt. Die negative Positionierung der Schulen gegenüber dem Inspektionsverfahren gilt als deren bestimmendes Merkmal. Diese letzte Gruppe lässt sich noch einmal hinsichtlich des Aktivitätsniveaus differenzieren:

  - Gruppe a) (ca. 23% aller befragten Schulen) akzeptiert zwar das Inspektionsverfahren nicht, weist dennoch eine hohe Anzahl von Aktivitäten zur Schulentwicklung vor und nach dem Inspektionsverfahren auf, wird deshalb als „aktive unzufriedene Schule" bezeichnet. Dies wird seitens der Autoren im Zusammenhang mit der Zuschreibung einer Kontrollfunktion an Schulevaluation erklärt;

  - Gruppe b) (ca. 15% aller befragten Schulen) hingegen versieht das Inspektionsverfahren mit einer insgesamt schlechten Bewertung und stellt wenige bis keinerlei Entwicklungsaktivitäten an, wird deshalb als „passive unzufriedene Schule" bezeichnet.

Entlang der Verwendungsmuster von Inspektionsbefunden können die untersuchten Schulen nahezu gleichmäßig auf die fünf von Wurster und Gärtner erarbeiteten Kategorien verteilt werden. Die Angabe statistischer Berechnungswerte in Prozentzahlen impliziert dabei einen sich auf die Legitimität quantitativer Sozialforschung berufenden Wahrheitsgehalt, der die eingesetzten Kategorien bzw. Klassen untersetzt. Die einzelne Verwendungs-Klasse steht dabei im Verhältnis zu allen anderen Klassen des Verwendungsmuster-Tableaus und erhält ihre Spezifik über deren Differenz. Mit der Darstellung des Vorgehens in der Klassenmodellierung wird die Kontingenz in der Erkenntnisproduktion überdeckt: Die Ergebnisse lassen sich als notwendige Folge aus den Befragtenaussagen argumentieren.

Im die Darstellung der Taxonomie kommentierenden Beitext wird sich weniger auf die Ausprägung der Inspektionsbefunde selbst, sondern vornehmlich auf die Differenz Aktivität / Passivität bezogen: Aktivität ist den Autoren zufolge mit Lernfortschritt und Kompetenzzuwachs verbunden (Wurster &

Gärtner, 2013, S. 430, unter Bezugnahme auf Senkbeil, 2006) und zugleich zentraler Imperativ der Neuen Steuerung. Aktivität / Passivität markiert in diesem Zusammenhang eine besondere Form von Leistungsdifferenz. Lediglich zwei Klassen von Schulen, die mit insgesamt 41 Prozent der Stichprobe etwas weniger als Hälfte der Gesamtverteilung ausmachen (das Bild differenziert sich, wenn die jeweiligen Schulformen zusätzlich in Betracht gezogen werden), entsprechen der Typologie zufolge der Forderung auf aktiven Umgang mit Inspektionsergebnissen. Diese werden entsprechend als *aktive Schulen* und *aktive unzufriedene Schulen* markiert. Diese Kennzeichnung als aktive Schule weist Schulen nicht nur eine an ihre eigenen Handlungen geknüpfte Identität zu, sondern bringt Aktivität – die hier nicht näher bestimmt und so als Wert an sich eingesetzt wird – als Bezugsideal ins Spiel, das die Unterscheidung von gut / schlecht für die Evaluationsthematik ‚übersetzt‘. Schulische Aktivität in der Vor-, mehr noch aber in der Nachbereitung der Schulinspektion, wird mit der Ausprägung der Inspektionsbefunde, die hier dichotomisiert zwischen gut und „unterdurchschnittlich" variieren, derart in Verbindung gebracht, dass Aktivität nicht nur als Indikator potentieller künftiger Schul-Leistungen dient, sondern selbst als eine Form des Leistung-Zeigens erscheint.[29]

In diesem Kontext werden die Inspektionsergebnisse selbst – ähnlich wie der Gedanke einer Zu-Ordnung von Individuen zu (ihren) Leistungen und der damit verbundenen grundsätzlichen Legitimität von Leistungsmessung qua Schulinspektion – als unhinterfragte Norm(alität) etabliert, über deren Wahrheitsgehalt nur insofern sinniert werden muss, als dass Schulen diese ‚Wahrheit‘ auch (an-)erkennen, z. B. wenn die zugeschriebene Diagnosegüte der Inspektionsergebnisse durch die Befragten als hoch oder niedrig bewertet wird. Einzig die in mehrerlei Hinsicht als leistungsschwach markierten „unzufriedenen Schulen" stellen die Diagnosegüte infrage, doch haben deren Stimmen – als in Bezug auf Leistung Exkludierte – weniger Gewicht. Dies verweist auf eine *existentielle Dimension*, die mit der Rückmeldung von Leistungsbewertungen für die inspizierten Schulen verbunden ist, so dass Schulinspektion (nicht nur in dieser Hinsicht) zu einem relevanten Gegen-

---

[29] Vgl. zum performativ-subjektivierenden Prozess des Leistung-Zeigens die ethnographisch angelegten Studien etwa von Rabenstein, Reh, Ricken, und Idel (2013), in denen die Konzepte des (pädagogischen) Zeigens (z. B. Prange, 2005) und der Adressierung / Anerkennung (z. B. Ricken, 2009) im Rahmen der Beobachtung von Unterricht als analytische Kategorien verwendet werden. Leistung wird dabei nicht als ein im Individuum liegendes Potential verstanden, sondern als etwas, das innerhalb von pädagogischen Praktiken zur Aufführung gebracht werden muss.

stand wird, über den sich nur in spezifischer Weise sprechen lässt und der wiederum spezifische Sprecherinnenpositionen zuweist (siehe hierzu auch die Analysen der Forschungsinterviews in den folgenden Kapiteln der Arbeit).

Mit „Aktivität" ist indes auch die Mobilisierung eines schulischen Leistungspotentials verbunden, das im Rahmen der Typologie inszeniert wird und das in künftigen Schulinspektionen zur Entfaltung gebracht werden kann. So wird suggeriert, dass *jede* Schule eine gute Schule werden könne und in den oberen Feldern der Typologie Platz findet, wenn sie sich nur bemüht und aktiv an ihrer Verbesserung arbeitet. Die Logik der Selbstoptimierung funktioniert über das Versprechen, dass die eigene Zukunft zum Besseren hin gestaltbar und man zur Verbesserung grundsätzlich in der Lage ist. Die Rede von Aktivität suggiert eine gewisse Ermöglichung von Chancengleichheit und sozialer Gerechtigkeit. Impliziert ist darin, dass Aktivität kausallogisch in Schulentwicklung mündet, die sich wiederum in guten Inspektionsergebnissen erkennbar zeigt; auch wenn – oder gerade weil – Aktivität ebenso wie Schulentwicklung ein schillernder Begriff bleibt. Werden die schulischen Adressen als Verwenderinnen von Inspektionsbefunden befragt, erscheint es mithin als kaum akzeptabel, dass sie von keinerlei Aktivitäten berichten, die mit den Inspektionsergebnissen in einen Zusammenhang gebracht werden.

Doch nicht nur die befragten Schulen müssen sich im Befragungsakt zu ihrer (Schulentwicklungs-)Aktivität *bekennen* (vgl. Reh, 2003) und diese an die Schulinspektion binden, sondern auch die empirische Studie von Wurster und Gärtner scheint auf das Zitieren von schulischer Aktivität – als einer legitimen Forderung an die inspizierten Schulen – angewiesen, um sich als wissenschaftliches Sprechen über wirksame Schulevaluation auszuweisen. Dies wird deutlich, wenn man die hier dargestellten Studieninhalte in ein Verhältnis zu den vorhergehenden Ausarbeitungen der Forschungslage bezüglich Wirksamkeit von Schulinspektion setzt.

Zu (3): Im Anschluss an die Ergebnisdarstellung folgt im Text von Wurster und Gärtner eine *Kommentierung und Einordnung der gewonnenen Erkenntnisse* hinsichtlich deren Relevanz für schulische und Steuerungs-„Praxis" (Wurster & Gärtner, 2013, S. 441), die einen produktiven Umgang mit den klassifizierten Verwenderinnen-Schulen in Aussicht stellt. Die Studienergebnisse werfen somit die Problematik ihrer eigenen *Wirksamkeit* auf.

Im Zuge des generierten detaillierteren Wissens über die Schulen bzw. schulischen Verwenderinnen ändert sich der Anspruch daran, wie mit diesen hinsichtlich Steuerungsbelangen umzugehen ist. Die Autoren verstehen ihre

Erkenntnisse als *evidenzbasierte Entscheidungshilfen* für bildungspolitisches Steuerungshandeln, welches damit selbst als optimierbar erscheint. Die Vorschläge zur differenzierten und passgenauen Unterstützung von Schulen, um deren Verwendungen von Inspektionsbefunden zu organisieren, richten die Autoren an „sowohl die Inspektion, die Schulaufsicht als auch das vorhandene Unterstützungssystem" (Wurster & Gärtner, 2013, S. 441). Sie nehmen demnach eine vermittelnde Position zwischen Wirksamkeitserwartungen und dem empirischen Eintreffen von Wirksamkeit ein. Sie ergänzen Schulinspektion dort, wo diese nicht den Umschlag von Einsicht in Aktivität auf den Weg bringen konnte. Dieser ‚Schulterschluss' von wissenschaftlicher Studie und Schulinspektion wird dahingehend vorgenommen, dass jedem Schultyp, selbst dem im Sinne der Leistungslogik als „High Performer" zu klassifizierenden Typ, noch unterstellt wird, über ‚Potential nach oben' zu verfügen:

> Wie einleitend beschrieben, wird mit der Einführung von Schulinspektion eine *generelle* Entwicklungsfunktion erhofft [...]. d. h. im Rahmen des aktuellen Steuerungsparadigmas sollen *alle* Schulen produktiv mit den Ergebnissen der Schulinspektion umgehen und sie für ihren weiteren Entwicklungsprozess nutzen (Wurster & Gärtner, 2013, S. 441; Hervorhebung im Original).

Selbst bei sehr guten Inspektionsbefunden – die Ziel jeglicher Entwicklungsaktivitäten darstellen – bleibt Handlungsbedarf bestehen, und sei er nur darin zu finden, dass diese Schulen Überzeugungsarbeit an anderen Schulen hinsichtlich ihrer ‚best practice' leisten. Diese sehr leistungsstarken Schulen ließen sich weiterhin funktionalisieren, um Begehrlichkeiten anderer Schulen zu wecken:

> Ein produktiver Umgang mit den sehr guten Ergebnissen der *‚(selbst-) zufriedenen'* Schulen kann darin bestehen, die Qualität dieser Schulen sichtbarer zu machen, z. B. durch Auszeichnungen oder durch die Möglichkeit, ihre Arbeit anderen Schulen vorzustellen. Zudem kann eine Gratifikation für diese Kategorie Schulen eingeführt werden, um allen anderen Schulen Anreize zu schaffen, ebenfalls diese Kategorie zu erreichen (wie insbesondere den ‚aktiven Schulen'; Wurster und Gärtner, 2013, S. 441; Hervorhebung im Original).

Gerade die aktiven Schulen erscheinen als Zielpunkt solcherart Begehrlichkeiten. Sie zeigen bereits einen Wunsch nach Verbesserung und müssen entsprechend anders unterstützt werden, denn bei den ‚*aktiven unzufriedenen Schulen*' besteht potentiell die Gefahr, zu viele Aktivitäten gleichzeitig einleiten zu wollen. Daher scheint es hier angebracht, den Prozess eng durch die Schulaufsicht zu begleiten, auf wenige Aktivitäten zu fokussieren und entsprechende Unterstützung bereitzustellen (Wurster & Gärtner, 2013, 441; Hervorhebung im Original).

Dieser auf den aktiven Schultyp zielende Ratschlag zeigt auf, dass in Aktivität auch ein Risiko liegt, etwa dann, wenn die einzelnen Aktivitäten ungerichtet vollzogen werden.

Dass die Ratschläge bezüglich der ‚leistungsschwachen' Schultypen drastischer ausfallen, erscheint konsistent zur Aktivierungslogik. So sollten, dem Text Wursters und Gärtners zufolge, Schulinspektionen häufiger durchgeführt werden, „um das Abebben jeglicher Aktivität nach der Inspektion zu vermeiden. Für diese Schulen scheint ein Inspektionsrhythmus von fünf Jahren ungeeignet" (Wurster & Gärtner, 2013, S. 442). Schulinspektion erscheint dabei mehr als eine überprüfende Kontrolle, die die Aktivitätsleistung von Schulen sicherstellen soll, denn als Entwicklungsanreiz zu fungieren. Zusätzlich sollten den Schulen gegenüber „konkrete Zielvorgaben" (Wurster & Gärtner, 2013, S. 442) kommuniziert werden, so dass die Logik der Selbstoptimierung hier unterbrochen scheint.

Denjenigen Schulen, die sich hingegen nicht zu ihren Schulinspektionsbefunden bekennen und Entwicklungsaktivitäten zurückweisen, droht die völlige Infragestellung ihrer Legitimität als Schule. Sie lassen sich nur noch als „failing schools" (Wurster & Gärtner, 2013, S. 442) charakterisieren, deren Leistungspotential bezweifelt wird. Die Umgangsstrategien, die der Text für diese Schulen mit Referenz auf die Sanktionspraktiken Englands vorschlägt, reichen bis zur vollständigen Exklusion ‚Leistungsunwilliger': „Austausch der Schulleitung, der Austausch eines Kollegiums oder Schließung und Neugründung der Schule" (Wurster & Gärtner, 2013, S. 442). Wer seine Aktivität nicht sicht- und wahrnehmbar inszeniert, sieht sich in seiner Existenz bedroht.[30].

Wurster und Gärtner (2013, S. 442) interessiert weiterhin, „wie sich unterschiedliche Schultypen im Alltag identifizieren lassen", so dass für die empirisch erzeugten Verwendungsraster eine Geltungskraft reklamiert wird, die über reinen Erkenntnisgewinn hinausgeht. Auch in dieser Hinsicht zeigt

---

[30] Zur schulischen Inszenierungsnotwendigkeit von Aktivität in Bezug auf Schulinspektionen siehe auch Case, Case, und Catling (2000)

sich die Politizität empirischer Studien im Feld von Schulinspektion. Ließen sich Schulen durch – noch zu bestimmende – Indikatoren unaufwändig identifizieren und innerhalb der Klassen-Typologie verorten, könnte zügig mit differentiell angepassten Unterstützungangeboten schulische Aktivität angeregt oder kanalisiert werden, so der formulierte Anspruch der Studie Wursters und Gärtners.

3.5.2 Adresse: Die autonome Einzelschule

Bezugnehmend auf die vorhergehenden Ausführungen zur Adressierung qua wissenschaftlichen Forschens sollen die nun folgenden Abschnitten einzelne Verwenderinnen-Adressen darlegen, die in den wissenschaftlichen Texten zu Schulinspektion häufig aufgerufen werden und die über diese wissenschaftliche Thematisierung ein besonderes Gewicht erhalten. Zunächst soll die Adresse der autonomen Einzelschule in den Blick genommen werden.

Die Konstitution ‚der' Schule als umgrenzter, eigenständig agierender Entität wird an häufig vorfindlichen Formulierungen wie der „Einzelschule als Hauptadresse der [Inspektions-]Befunde" (Lambrecht & Rürup, 2012, S. 58), der „verstärkte Eigenverantwortung" (Preuß et al., 2012, S. 102) zukommt oder der Schule als autonom agierender „Handlungseinheit" (Fend, 1986) nachvollziehbar. In diesen Formulierungen werden Schulen als der vornehmliche Ort der Rezeption und Nutzung von Inspektionsbefunden erklärt.[31]

Im Diskurs um Schulinspektion erscheint Autonomie als ein zentraler Referenzpunkt, der gerade für erziehungswissenschaftlich-pädagogische Bezugnahmen attraktiv zu sein scheint, weil die Begrifflichkeiten von Autonomie, Selbststeuerung und Lernen *genuin pädagogisches Vokabular* markieren (vgl. Lehmann-Rommel, 2004). In pädagogischen Überlegungen stellt Autono-

---

[31] Die Referenz auf die Einzelschule ist nicht spezifisch für Diskussionen um Schulinspektion und schulische Steuerung. Innerhalb der Schulpädagogik wird beispielsweise etwa im Schulkulturansatz (z. B. Helsper, 2008, 2010) eine Sichtweise auf Schule eingenommen, die letztere nicht als bürokratisch regulierte Organisation auffasst, sondern als je durch das Handeln von schulischen Akteuren strukturierte sinnvermittelte und sinnkonstituierte Einheit. Demnach kann die Diskussion um die Einzelschule auch im Anschluss an kulturtheoretische Ansätze aufgenommen werden; sie bleibt nicht auf handlungstheoretische Vorstellungen bezüglich Autonomie beschränkt. Zu fragen wäre allerdings, inwiefern eine solche schulkulturbezogene theoretische Perspektive auf die Handlungseinheit Schule nicht ebenfalls Adressierungen an „die" Schule vornimmt und somit dem Diskurs um Neue Steuerung von Schule zuspielt.

Verwenderinnen-Adressen 111

mie dabei u. a. den positiv konnotierten (imaginär bleibenden; vgl. dazu z. B. Meyer-Drawe, 1990) Ziel- bzw. Endpunkt pädagogischer Bemühungen dar – d. h. sie nivelliert, sobald sie in den pädagogischen Subjekten vorliegt, das pädagogische Erzieherinnen-Zögling-Verhältnis, das auf die Herstellung von Autonomie ausgelegt war. Die vorhandene Autonomie ermöglicht dem (freien und dann nicht mehr nötigerweise zu erziehenden) Subjekt, sich in eigenständiger Weise und aufgrund einer selbstgesetzten Rationalität zu den gesellschaftlichen Anforderungen und Bedingungen des eigenen Handelns verhalten zu können – und dies auch tun zu müssen.[32]

Im Zusammenhang mit einem solchen Verständnis von Autonomie als eigenständiger Verhältnisnahme betont die Rede von der *schulischen Autonomie* die kaum als problematisch erscheinende Eigengerichtetheit und Eigenlogik des Schulischen, weshalb eine steuernde Einflussnahme bildungspolitischer und -administrativer Instanzen stets nur begrenzt möglich ist. Das Scheitern von Steuerung erhält auf diese Weise eine normalisierende Qualität, so dass Autonomie auch für steuernde Instanzen als Legitimationsformel für eine mangelnde Einflussnahme in Gebrauch genommen werden kann. Autonomie erscheint demnach in vielerlei Hinsicht als attraktives Konzept (vgl. auch Schirlbauer, 2008).

Auffällig erscheint, dass schulische Autonomie, im Gegensatz zur pädagogischen Autonomie, von vornherein funktional auf die Optimierung und Innovierung von Schulen bzw. auf Schulentwicklung hin angelegt ist, an die sich gesellschaftspolitische Modernisierungshoffnungen binden. Damit werden bestimmte Spielarten von Autonomie – etwa Widerwillen, Verweigerung, Nichtteilnahme – von vornherein als unangemessene ausgeschlossen. Autonomie ist also nur so lange emphatisch aufgeladen, wie in ihr Eigen- und Fremdgesetzlichkeit überschneidungsfrei zusammenfallen, so dass die Schule auch tun *möchte*, was sie *soll*:

> Durch erhöhte Selbstständigkeit und Flexibilität der Schule lassen sich Bildungsprozesse genauer auf das soziale Umfeld abstimmen und in

---

[32] Herausfordernd ist in dieser – verkürzt dargestellten – Sichtweise nicht nur, dass fraglich bleibt, inwiefern sich Fremdgesolltes durch pädagogische Intervention beim Zögling in Selbstgewolltes überführen lässt – was nicht zuletzt auch Fragen der Wirksamkeit des pädagogischen Verhältnisses tangiert. Insofern insbesondere schulpädagogisches Handeln neben der Herstellung von Autonomie des Zöglings stets auch auf Reproduktion gesellschaftlicher Anforderungen zielt, werden eindeutige Sortierungen in Autonomie und Heteronomie zudem schwierig.

einem motivierenden und leistungsfördernden Klima wirksam gestalten (Quesel et al., 2011, S. 7).

Autonomie fungiert dabei im Rahmen von Schulinspektion (und weiteren Technologien neuer Steuerung) sowohl als *Mittlerin* als auch *Telos* von Steuerungsbemühungen des Schulischen. Entsprechend interferiert Schulinspektion mit Autonomie in doppelter Hinsicht, wenn einerseits die autonome Schule bereits als Ausgangspunkt (voraus-)gesetzt wird, indem ihr das Vermögen unterstellt wird, evaluierbar zu sein und sich datengestützt entwickeln zu können – so dass auch Verwenderinnen bereits autonom sein müssen, um Schulinspektionsbefunde zu verwenden. Andererseits soll schulische Autonomie (z. B. als „erhöhte Selbständigkeit") stets erst angereizt und durch Schulinspektion im Sinne einer schulexternen *Unterstützung* profiliert werden, damit Schulentwicklung gelingt.[33]

Dies lässt sich an der Adresse der „lernenden Organisation" (Senge, 2011) bzw. „lernenden Schule" (Schratz & Steiner-Löffler, 1999) nachvollziehen, in welcher die Schule als grundlegend gestaltbar betrachtet und als Lernende pädagogisiert wird, darin den Schülerinnen gleichgestellt. Allein, das Lernen stellt sich nicht ohne Schwierigkeit ein:

> Inspektion führt nicht automatisch zu Qualitätsentwicklung (zit. nach Meyer, 2007). Bei Terhart klingt Skepsis an, wenn er fragt, wie ‚man ein System aktivieren kann, das zwar Lernen der Schüler zu organisieren hat, selbst aber in großen Teilen meint, nicht lernen zu müssen' (Terhart, 2002; zitiert nach Sommer, 2011b, S. 150).

Der grundlegend zugeschriebenen Lern*fähigkeit* wird hier eine mangelnde Lern*bereitschaft* diametral gegenüber gestellt. Der Lernunwillen von Schulen lässt sich dann als Ursache mangelnder Qualitätsverbesserung profilieren, was sich ebenfalls als Form der Pädagogisierung liest: Denn nur dort, wo ein „konzertierte[r] Verbesserungswillen" vorhanden ist, lässt dieser „dann auch die Fähigkeiten / Kapazitäten dazu [gemeint ist Verbesserung, M. S.] anwachsen" (Rürup, 2013, S. 11). Umgekehrt gilt denn auch ein Nichtkönnen

---

[33] In der Selbstbeschreibung des sächsischen Inspektionsverfahrens heißt es: „Das Verfahren der externen Evaluation wird als Unterstützung für Schulen verstanden, welche eigenverantwortliches Handeln der Schulleitungen und der schulischen Steuergruppen stärken soll" (Böttger-Beer & Koch, 2008, S. 255). An anderer Stelle des gleichen Textes wird davon gesprochen, dass die Schulinspektion, wie bereits von mir erwähnt, als eine Dienstleistung für die Schule verstanden werden soll.

als eine Ausdrucksform des Nichtwollens. Organisational-schulisches Lernen muss demnach zumeist erst *angeregt* werden. Diese Anregung wird auch über das Schaffen entwicklungsbegünstigender Rahmenbedingungen vorgenommen: Etwa, indem den schulischen Akteuren die „nötigen Kompetenzen und Sachmittel" (Keune, 2014, S. 22) für Schulentwicklung im Format von Fortbildungen, Mediationen, Schulentwicklungsberatungen etc. vermittelt werden, um die durch Inspektionsbefunde in Aussicht gestellte Zukunft als Realität gestalten zu können.

Beratungs- und Unterstützungsbemühungen zielen indes nicht allein auf die Begleitung von Lernprozessen, die in Schwierigkeiten geraten oder bereits von vornherein als schwierig deklariert werden. Vielmehr werden Unterstützung und Hilfe – im o. g. Verständnis, in dem Autonomie sowohl Telos als auch Mittel von Schulinspektion ist – zu Imperativen, sich zum eigenen Lernen (und der Notwendigkeit des Lernens) überhaupt erst zu bekennen. Im Unterstützungshandeln *kann* der Entwicklungsprozess – aufgrund des durch den Beratenden eingebrachten Expertise-Wissens – nicht nur nicht scheitern, er *darf* es auch gar nicht. Ganz in diesem Sinne ist auch Schulinspektion auf Mobilisierung von schulischen Akteuren zu Autonomie hin ausgelegt: Mit Einrichtung von Schulinspektion wird „ein gewisser Druck auf Schulen ausgeübt [. . .], sich ihrer Aktivitäten und Strukturen zu vergewissern, sich der Aufgabe der Qualitätsentwicklung zu stellen und als förderlich angesehene Maßnahmen wie Schulprogrammarbeit, Unterrichtsentwicklung oder regelmäßige Evaluation zeitnah umzusetzen" (Sommer, 2011b, S. 138). Der „gewisse Druck" gilt dabei – offenkundig widersprüchlich – der *Einschränkung* von Autonomie im Namen von *Autonomieförderung*: „Das System der externen Schulevaluation ermöglicht der Steuerungsinstanz, auf das System behutsam Einfluss zu nehmen, ohne die Autonomie zu sehr einzuschränken" (Quesel et al., 2011, S. 7).

Demnach wechselt der Sinngehalt von Autonomie von absoluter Autonomie hin zu einem Begriffsverständnis, das graduelle Abstufungen innerhalb eines Kontinuums von Autonomie-Heteronomie vorsieht. Die paradoxe Formulierung einer „regulierten Autonomie" (Höhne & Schreck, 2009) oder „Teilautonomie" (z. B. bei Heinrich, 2007), lässt dabei nicht deutlich werden, wie klein der Anteil der Regulierung zu sein hat, damit noch von Autonomie gesprochen werden kann. Die häufige Wiederkehr von Begriffen wie Teilautonomie überdeckt indes die Widersprüchlichkeit, die in diesen angelegt ist.

3.5.3 Kollektive und Individuen, Kollektive als Individuen

Im Sprechen über Schulautonomie wird, wie sich zeigte, ‚die' Schule personifiziert und mit Subjektstatus versehen. Deutliche wurde, dass hinsichtlich Steuerungsfragen organisationale und personale Bezugsgrößen miteinander analog gesetzt werden. Wie individualisierendes und kollektivierendes Vokabular *ineinandergreift*, lässt sich beispielsweise im Text von Norbert Landwehr (2011, S. 52–53) verfolgen, der Hinweise für das Wirksamwerden von Schulinspektion gibt. Im Text präsentiert sich ein Wissen über die individuellen und kollektiven Verwenderinnen-Adressen entlang psychologisch-individualisierender Termini, so dass Gemeinschaften als Individuen behandelt werden.

Landwehr formuliert sechs mögliche Gelingensfaktoren von Schulinspektion, die letzterer an den inspizierten Schulen zur Wirksamkeit verhelfen sollen. Dabei ist Wirksamkeit von Schulinspektion, im Sinne von wahrnehmbarer Schulentwicklung, abhängig von dem Maße, in dem (1) sich die Schule selbst als *lernende Schule* versteht, wobei die organisationale und die personale Ebene nebeneinander gestellt werden: „Schulleitung und die Lehrpersonen haben eine grundsätzlich positive Einstellung gegenüber Veränderungen [,] Schule hat ein [. . .] Selbstverständnis als professionelle Lerngemeinschaft". (2) Das Evaluations*interesse* der Schule ist bedeutsam, Schulqualität und Qualitätsfortschritt sind wichtige Zielformulierungen vonseiten der Schule. In der Schule gibt es (3) *Kompetenz* und *Erfahrung* im Umgang mit Schul- und Unterrichtsentwicklungsprojekten. Schulen verfügen bereits über (4) *Erfahrungen* mit interner Evaluation und haben ein funktionsfähiges Qualitätsmanagement aufgebaut. Es muss weiterhin (5) eine partizipative Auseinandersetzung mit den Inspektionsbefunden geben: „Das Kollegium wird einbezogen in einen gemeinsamen Prozess der Ergebnisanalyse, der getragen ist vom Ziel, die Problemdiagnose der externen Evaluation auf dem Hintergrund der eigenen Erfahrungen nachzuvollziehen" (Landwehr, 2011, S. 53). Maßnahmenbeschlüsse infolge der Schulinspektion müssen (6) eigenverantwortlich vollbracht werden; dabei werden die „konkreten Maßnahmen [. . .] vor dem Hintergrund der eigenen Datenanalyse von der Schule selbst generiert – angeregt durch vorhandene Empfehlungen des Evaluationsberichts" (Landwehr, 2011, S. 53).

Individuen und Gemeinschaften, Personen und Organisationen oder Institutionen sind auf diese Weise miteinander verbunden und im Status vergleichbar. Dies führt dazu, dass das Kollektiv – als Vereinheitlichung der Vielen bzw. als Form der Co-Präsenz von Akteuren – zur *Verstärkung der Logik individueller Responsibilisierung* für die Optimierung von Schulqualität beiträgt, indem Zusammenschlüsse von Personen *als* Individuen behandelt werden, wenngleich die einzelne Person im Kollektiv unsichtbar wird. Kollektivierung erscheint demnach nicht als diametrales Gegenüber von Individualisierung, sondern als deren ‚Motor'.

Dem entspricht der Umstand, dass Schulinspektionen – ebenso wie ein Großteil der Verfahren von Neuer Steuerung – nicht auf individueller Ebene der Schulleitung, der einzelnen Lehrkraft etc. ansetzen, sondern auf aggregierter, organisationaler Ebene: Über den Stand der Qualität der pädagogischen Arbeit einzelner schulischer Akteure werden keine Aussagen getroffen, sondern diese sind in den Inspektionsberichten bereits als Leistung der gesamten Schule dargestellt. Die Inspektionsbefunde sind demgemäß entpersonalisiert (vgl. M. Schmidt, Diegmann, Keitel, & Marquardt, 2011).

In diesem Zusammenhang lässt sich eine *Mobilisierung* des Kollektiven bzw. der Gemeinschaft durch Schulinspektion beobachten, etwa wenn über die Rückmeldung hinausgehend gefordert wird, „dass nach der Berichtsübergabe die Ebene der Erhebung des Ist-Zustandes verlassen wird und man sich auf die Ebene eines diskursiven Aushandlungsprozesses möglichst mit allen an Schule beteiligten Gruppen begibt" (Böttger-Beer & Koch, 2008, 255; siehe hierzu auch das o. g. Zitat von Landwehr), um diese Gruppen für den Gedanken der Schulentwicklung zu gewinnen.

Was die Mobilisierung der Gemeinschaft verspricht, lässt sich am Beispiel der Adresse der *schulischen Steuergruppe* nachvollziehen, die sich als eine neue Qualitätsoptimierungsinstanz auf innerschulischer Ebene etabliert bzw. etablieren soll. Die Steuergruppe zielt in ihrer Zusammensetzung auf eine Demokratisierung von Verantwortung, indem sie verschiedene Subgruppen innerhalb der Lehrerschaft stellvertretend zusammenführt. Zugleich werden auch alle an Beteiligten auf diese Weise für Schulentwicklung erreicht: Die Steuergruppe besteht aus Vertreterinnen unterschiedlicher Fachbereiche der innerschulischen Lehrerinnenschaft; sie suggeriert damit eine breite Partizipation an der Gestaltung von Schule seitens der pädagogischen Akteure und nivelliert innerschulische Unterschiede zwischen Akteuren (vgl. Feldhoff, 2011; Dubs, 2008).[34]

---

[34] In ihrem Beitrag zur Ordnung von Innovation im Feld der Frühpädagogik haben Jergus und Thompson (2015) herausgearbeitet, dass und wie im Lichte der gemeinsamen Erstellung von Bildungsplänen durch verschiedene bildungs(politische) Akteure Kollek-

116 Schulinspektion als Gegenstand von Erkenntnisproduktion

Die Mobilisierung vollzieht sich nicht zuletzt auch darin, dass wissenschaftliche Studien Steuergruppen oder Lehrerinnen-, Eltern-, Schülerinnengruppen etc. zu relevanten Erhebungseinheiten erklären (z. B. Brüsemeister, Gromala, Preuß, & Wissinger, 2016) und diese als solche ansprechen. Derartige Adressierungen zielen auf eine Gemeinschaft als kohärente Einheit, in der eine auskunftsgebende Person so gut wie die andere ist.

Davon unbenommen bleibt weiterhin jede individuelle Akteurin für Schulqualität verantwortlich, so dass Wirksamkeit von Schulinspektion auch über eine Anhäufung diverser Einzelbemühungen (entlang einer Adressierung des Kollektivs) ermöglicht wird. Zwischen Individuen und kollektiven Gruppierungen wird demnach die *Verantwortlichkeit für die Optimierung von Schulqualität verdoppelt.*

Diese Verdoppelung von individueller und kollektiver Verantwortlichkeit betrifft auch die Schulinspektion selbst: Dem Anspruch nach soll Schulinspektion zum einen „wahre" Aussagen über die beobachtete Einzelschule treffen (und so deren Qualitätsoptimierung katalysieren), zum anderen dient sie als Instrument zum Monitoring des gesamten Schulsystems, so dass aus den Inspektionsdaten auch Aussagen über alle Schulen eines Bundeslandes getroffen werden können (vgl. z. B. Dedering, 2012).

3.5.4 Adresse: Schulleitung

Neben kollektiven Adressen wie der Schule oder den schulischen Steuergruppen bilden sich weiterhin identifizierbare personale Positionen heraus, die als in besonderer Weise von Schulispektion und deren Wirksamkeit adressiert platziert werden. Als eine solche kann die Schulleitung gelten:

> In diesem Zusammenhang [von Neuer Steuerung, M. S.] artikulieren sich Erwartungen und Anforderungen an die Veränderungsfähigkeit der Schule als Handlungseinheit und an die Lehrpersonen sowie an die Tätigkeit, das Selbstverständnis, an Fähigkeiten, Kenntnisse und Fertigkeiten von Schulleiterinnen und Schulleitern (Preuß et al., 2012, S. 104).

Die Legitimität der Schulleitungsadresse ergibt sich daraus, dass der Schulleitung eine besondere Relevanz bezüglich des Rezeptions- und Verwendungs-

---

tivität evoziert wird, die den Dissens zwischen den Akteuren überdeckt. Demnach lässt sich vermuten, dass die bildungspolitisch induzierte Mobilisierung und Befriedung von Gemeinschaft eine zentrale Strategie von Neuer Steuerung im Bildungssystem darstellt.

procederes der Inspektionsbefunde zugeschrieben wird, etwa wenn deren „emotionale Verarbeitung" der Ergebnisse als wichtiger Einflussfaktor auf die gesamtschulische Rezeption einer Schulinspektion angeführt wird (vgl. Brimblecombe, Ormston, & Shaw, 1995). Präskriptiv – und dann auch deskriptiv in Form empirischer Forschungsbefunde – wird herausgestellt, dass Schulleitung ein „zentraler Motor für Schulentwicklung" (Brüsemeister, Gromala, Preuß, & Wissinger, 2016, S. 81) sei und eine „Schlüsselrolle" (Preuß et al., 2012, S. 116) bzw. einen „Knotenpunkt" (Preuß et al., 2015, S. 128) im Hinblick auf die Wirksamkeit von Schulinspektion darstelle.

Diese Relevanzsetzung der Schulleitung spielt mit veränderten Ansprüchen und Rahmenbedingungen des Leitungshandelns zusammen (vgl. Lambrecht et al., 2008). Der Imperativ, der Schulleitungen anleiten soll, lässt sich auf die Formulierung „Vom Verwalten zum Gestalten" (Brauckmann, 2013) herunterbrechen. So sieht sich Schulleitung mit „erweiterten rechtlichen Kompetenzen, Verantwortlichkeiten und der Aufgabe konfrontiert, die Entwicklung ihrer Schule zielgerichtet und systematisch zu betreiben" (Brauckmann, 2012, S. 79). Demnach tritt Schulleitung als Prototyp einer sich selbst steuernden schulischen bzw. schulpädagogischen Akteurin in Erscheinung und steht in ausgewiesener Beziehung zum Gedanken schulischer Autonomie.[35]

Als eine solcherart verschiedentlich titulierte ‚Gelingensbedingung' gilt Schulleitung zugleich auch als Risiko von Wirksamkeit, ist doch das Scheitern der Verwendung von Inspektionsbefunden seitens der Schulleitung mit dem Scheitern von Schulinspektions-Wirksamkeit konfundiert. Schulleitung nimmt – hier der Schulinspektion analog, die Steuerung sowohl vollzieht als auch verdeckt – eine Zwischen- bzw. Vermittlungsposition ein, in der gegenläufige Momente miteinander moderiert werden.

Diese *Zwischenraum- oder Grenzpositionierung* findet sich in verschiedenen Referenzen auf die „Rolle der Schulleitung" (Dubs, 2008): Zum einen in der Aufgabenbestimmung von Schulleitung, die sich im Lichte der Wirksamkeit von Schulinspektion verdichtet entlang des Begriffs *gatekeeper* bzw. des Informationsfilters, der die Grenze zwischen Schul-Innerem und „externen Strukturangeboten" (Altrichter & Kemethofer, 2015, S. 292) besetzt und die Durchlässigkeit der Grenze nach beiden Seiten hin absichert. Schulleitung

---

[35] Indem Schulleitung als prototypische Repräsentantin einer schulischen Autonomie gehandelt wird, gerät die Widersprüchlichkeit dieser Autonomie aus dem Blick. Demnach trägt auch eine solche auf Schulleitungen gerichtete Forschung zur Normalisierung des Autonomiegedankens bei.

wird dabei zur Repräsentantin einer schulischen Ordnung für schulexterne Akteure, etwa die Schulaufsicht:

> Deshalb beschäftigt [...] sich [Schulaufsicht, M. S.] auch nicht mehr mit den einzelnen Lehrpersonen, sondern sie ist nur noch Gesprächspartnerin der Schulleitung (Dubs, 2008, S. 261).

Die Beschreibung des Verhältnisses von Schulaufsicht und Schulleitung als das einer Gesprächspartnerschaft suggeriert Gleichwertigkeit hinsichtlich administrativer Belange und Verantwortlichkeiten, so dass Schulleitung einerseits zur Ergänzung für fehlende Schulaufsicht – die ja lediglich als Partnerin auftritt – wird, andererseits aber nicht selbst Schulaufsicht *ist*. Im Namen erfolgreicher Schulqualitätsoptimierung wird Schulaufsicht unsichtbar, Schulleitung hingegen profiliert:

> Führung der Lehrpersonen als wichtigste Voraussetzung für die erfolgreiche Entwicklung einer Schule muss ausschließlich bei der Schulleitung liegen (Dubs, 2008, S. 261).

Zum anderen findet sich eine Zwischenstellung von Schulleitung auch hinsichtlich der Verortung im schulischen Gefüge. Schulleitung wird – als primus inter pares – einerseits in die Nähe der Position einer Lehrkraft gerückt:

> Dabei kommt ihnen [den Schulleitungen, M. S.] zugute, dass sie den Beruf des Lehrers selbst erlernt haben, mehr oder weniger hauptamtlich unterrichten und sich von daher in die Perspektive der Lehrerseite hineinversetzen können (Preuß et al., 2012, S. 117).

Andererseits aber setzt Schulleitung sich als „visionär-transformationale Führungsposition" vom Kollegium hinsichtlich der Steuerung von Optimierungshandlungen ab (vgl. Warwas, 2014). Die darin angesprochene schulinterne Hierarchie vollzieht sich über die Differenz von Aufgaben bzw. Zuständigkeiten: Für die jeweilige Einzelschule obliegt der Schulleitung die „strategische Führung der Schulentwicklung", die darin besteht, dass Schulleitungen „[anregen] oder entscheiden, ob ein Vorhaben eingeleitet wird, wenn die Anregung von außen kommt. Sie wirken aber bei den Arbeiten nicht mit, um ihre Unabhängigkeit zu wahren" (Dubs, 2008, S. 269), so dass das ‚operative Geschäft' den Lehrkräften überantwortet bleibt (ähnlich: Pietsch, Feldhoff, & Petersen, 2016). In diesem Sinne soll auch die Position der Schulleitung die Mobilisierung von einer Schulgemeinschaft herbeiführen.

Bezüglich dieser Mobilisierungsforderung gilt es für Schulleitung auch, den Erfolg bzw. die Wirksamkeit von Schulinspektion bzw. Optimierung von Schulqualität im Namen des Fortschritts auch gegen Widerstände zu sichern:

> Weil die Ermüdung der Lehrpersonen bei Schulentwicklungsmaßnahmen sehr groß ist und stets mit Widerständen aus der Lehrerschaft umzugehen ist, bedarf es der Autorität der Schulleitungsperson, um den Schulentwicklungsprozess in Gang zu halten (Dubs, 2008, S. 267).

Übernahme und Überschreitung der Lehrerinnenperspektive finden in der Position der Schulleitung also unproblematisch zusammen. Schulleitungen sind deshalb in besonderem Maße mit der Erwartung konfrontiert, dass sie den „erfolgreichen Transfer bildungs- und steuerungspolitischer Initiativen und Maßnahmen in die schulische Handlungspraxis leisten" (Preuß et al., 2012, S. 116), indem sie Übersetzungen von externen Schulinspektionsangeboten in eine „ebenenspezifische Sprache" (Altrichter & Kemethofer, 2015, S. 291) des jeweiligen Lehrerinnenkollegiums leisten. Dies erinnert abermals an die unter Abschnitt 3.2.1 auf Seite 38 thematisierte Steuerungslogik einer sowohl verdeckten, als auch zur Schau gestellten (de-)inszenierten Steuerung durch evidente Schulinspektionsbefunde. Sowohl in Bezug auf die Lehrerinnen als auch auf die Schulaufsicht befindet sich Schulleitung demnach in einer doppelten Stellvertretungsposition, die den Grenz- bzw. Zwischenraum bezieht.

Analog zu diesen Überlegungen wird in *wissenschaftlichen Studien zur Schulinspektion* die Schulleitung ebenfalls häufig als ‚erste Adresse' in Bezug auf Wirksamkeit und Wirkungen von Schulinspektion herangezogen (etwa bei Böhm-Kasper et al., 2016; Gärtner, Hüsemann, & Pant, 2009; Schwank & Sommer, 2012; Dietrich, 2012; Lambrecht et al., 2008; Wurster, Richter, Schliesing, & Pant, 2013). Untersucht wird die Schulleitung dabei meist als Repräsentantin und Sprachrohr der gesamten Schule, die stellvertretend für eine Gesamtheit als Auskunftgebende agieren kann, wie es beispielsweise im wissenschaftlichen Anspruch einer Ergründung von „*Reaktionen der Schule auf Schulinspektion aus Schulleitungssicht*" in einer empirischen Studie zur Wirksamkeit von Schulinspektion formuliert wird (Böhm-Kasper et al., 2016, S. 36; Hervorhebung im Original).

Das Forschungsinteresse vonseiten empirischer Studien korreliert weiterhin mit der besonderen Zuständigkeit von Schulleitung für Schulinspektion, die dieser *im Rahmen des Inspektionsverfahrens* zugeschrieben wird: „Durch die Inspektion werden Schulleitungen – in Relation zu den Lehrkräften – strukturell aufgewertet, da sie die Ansprechpartner der Inspektion sind" (Preuß et al., 2015, S. 127–128). Aber nicht nur im Sinne einer Ansprechpartnerin wird die Schulleitung in Schulinspektionen besonders berücksichtigt, sondern ihr Handeln geht beispielsweise auch als ein eigenständiger Qualitätsaspekt in die Untersuchungen der Schulinspektion ein, etwa wenn die Qualität von innerschulischem Management und Führung befragt wird (vgl. z. B. für Sachsen: Sächsisches Bildungsinstitut, 2008). Schulleitungen werden demnach im Zuge von Schulinspektion verstärkter Beobachtung ausgesetzt und zugleich in besonderer Weise von Schulinspektion für die Verwendung der Befunde betroffen gemacht, so dass sich die Präsenz von Schulleitung zwischen Schulinspektionspolitik und Wissenschaft verdoppelt.

Der Verbesonderung der Schulleitungs-Adresse, im Sinne einer doppelten Relevanzzuschreibung durch einerseits Schulinspektion und andererseits wissenschaftliche Beobachtung, korrespondiert wiederum eine positive(re) Beurteilung von Schulinspektion und deren Wirksamkeit durch die inspizierten Schulleitungen, wie in den Studienergebnissen herausgestellt wird. In vielen empirischen Studien (z. B. Altrichter & Kemethofer, 2015; Wurster, Feldhoff, & Gärtner, 2016; Huber, 2006) lässt sich keine generell ablehnende Haltung der Schulleitung gegenüber Schulinspektion herausstellen, darüber hinaus setzen sich andere Verwenderinnen, vornehmlich Lehrkräfte, von Schulleitung hinsichtlich ihrer vergleichsweise „kritische[n] Deutungen der Schulinspektion" (Preuß et al., 2012, S. 116) ab. Diese Erkenntnis liegt quer zum Einbezug beispielsweise situativer Bedingungen (Standort der Schule, Schulart etc.), zu sozialen Gruppierungsdaten (Geschlecht, Berufserfahrung) oder zu bundeslandspezifischen Konzeptionen der Schulinspektionen. Die empirische Forschung bestätigt dann wiederum die Relevanz von Schulleitung: „Für das Verfahren der Inspektion verdeutlichen diese Befunde die bedeutsame Rolle der Schulleitung als Hauptadressat der Inspektionsergebnisse und als Initiator für Entwicklungsmaßnahmen" (Wurster et al., 2016, S. 571).

Der sich in dieser Befundlage entbergende ‚Zwang zur Anerkennung' von Schulinspektion durch Schulleitung legt die Vermutung nahe, dass es für die Schulleitung in der Verwendung von Inspektionsergebnissen etwas ‚zu gewinnen' gibt. Im Bruch von kritischer Lehrerinnenperspektive und affirmativer Schulleitung liegt dann erst die Notwendigkeit von Übersetzungs-

Verwenderinnen-Adressen 121

und Überzeugungsarbeit, die der Schulleitungsposition eine spezifisches Gewicht verleiht.

3.5.5 (Nicht-)Adressen: Eltern und Schülerinnen

Die Relevanz von Schulleitung im Procedere der Verwendung von Schulinspektionsbefunden prozessiert über Abwertung und Ausschluss von anderen Verwenderinnen-Adressen, beispielsweise von Eltern und Schülerinnen. Schülerinnen sind nahezu gänzlich unsichtbar und erhalten keine Stimme als Auskunftgebende. Ihre Position markiert eine *Leerstelle* von Schulinspektion bzw. von den Forschungen, die in diesem Kontext angestellt werden. Sie sind eher diejenigen, für die gesprochen wird, wenn es im Namen verbesserter Schülerinnenleistungen um die Optimierung von Schulqualität geht. Für Schulqualität werden Schülerinnen kaum verantwortlich gemacht, sie sind eher die Empfängerinnen von Schul-Leistungen bzw. von Schulqualität.

Ähnlich wie Schülerinnen werden Eltern bezüglich der Wirksamkeit von Schulinspektionen zum „Ziel der strategischen Überlegungen" (Peters, 2015, S. 342) und als ‚Konsumentinnen' von schulischen Produkten im Sinne von „Stakeholdern" (Peters, 2015) gefasst, denen gegenüber Lehrerschaft und Schulleitung als Leistungserbringerinnen agieren. Eltern stehen denn auch nur „mittelbar im Gefüge der Schulinspektion" (Preuß, 2013, S. 155). Weiterhin sind im Verfahren der Schulinspektion Eltern formell als Auskunftsgebende (ebenso wie Schülerinnen) bezüglich Beurteilung der Schulqualität der inspizierten Schulen berücksichtigt und firmieren in diesem Sinne als ‚außenstehende' Beurteilungsinstanzen schulischer Leistungen; zudem wird ihnen ein (juristisch verankertes) Mitsprache- und Entscheidungsrecht im Hinblick auf die Optimierung von Schulqualität durchaus zugesprochen (vgl. Saldern, 2012).

Auch gerät die Verwenderinnen-Adresse der Eltern nur selten in den Fokus von Forschungsvorhaben zu Schulinspektion, wobei deren zunehmende Präsenz – vor allem im Rahmen von Governance-Studien – auffällt (Brüsemeister, Gromala, Preuß, und Wissinger, 2016; Preuß et al., 2015; Schwank und Sommer, 2012). Eine Studie, die Eltern als Akteure des Schulinspektionsprocederes befragte, versteht Eltern dabei weniger als eine eigenständige Befragtengruppe, sondern lässt sie im Rahmen einer Befragung schulischer Steuer- bzw. Kontaktgruppen zu Wort kommen (vgl. bei Drinck et al., 2013). Dabei werden Eltern als bedeutsam für eine gelingende Schulentwicklung insofern benannt, als dass sie die aus den Schulinspektionsbefunden abgeleiteten einzelschulischen Entwicklungsziele zusammen mit anderen schulischen Akteuren „tragen" (Drinck et al., 2013, S. 59). Hierfür sei es nötig, den Eltern Zugang zu den Inspektionsbefunden zu verschaffen, so dass diese rezipiert werden können. Auffällig an den Ergebnissen dieser Studie ist, dass Eltern dort weniger als Auskunftgebende auftreten – deren Wortbeiträge haben einen vergleichsweise geringen Umfang. Vielmehr dient die Adresse der Eltern als ein Bezugspunkt, auf den hin Erwägungen vorgenommen werden, etwa wie und in welcher Form den Eltern die Inspektionsergebnisse seitens der Schulleitung vermittelt werden können.

Andere Studien hingegen stellen die vergleichsweise hohe Akzeptanz von Schulinspektion durch die Eltern heraus und proklamieren für die Adresse der Eltern ein eigenes Wirksamkeitsverständnis und eigene Interessen an der Schulinspektion (Schwank & Sommer, 2012; Brüsemeister, Gromala, Preuß, & Wissinger, 2016). Zugleich wird auch dort herausgestellt, dass die Beziehung zwischen Eltern und Schulinspektion durch die schulischen Akteure der Schulleitung und der Lehrkräfte vermittelt ist. Insbesondere Brüsemeister, Gromala, Preuß, und Wissinger (2016, S. 84) kommen zu dem Schluss, dass „der Einbezug der Eltern in schulische Prozesse nicht ausreichend umgesetzt erscheint. Das Inspektionsverfahren ändert daran nichts". Zugleich werden Eltern als Adresse charakterisiert, die sich auch von selbst aus wenig für Schulentwicklung zu mobilisieren vermag: Sie bleiben „eher passiv" und „schränken [...] ihre Handlungsmöglichkeiten ein"; dies ist wiederum nicht zuletzt darauf zurückzuführen, dass sie „auch durch die Nichtbeachtung anderer Akteure gebremst werden" (Brüsemeister, Gromala, Preuß, & Wissinger, 2016, S. 84).

Wenngleich Eltern als Rezipierende und Verwenderinnen von Schulinspektionsbefunden kaum von empirischen Wirksamkeitsstudien bedacht werden, ist damit nicht gesagt, dass Anrufungen zur Optimierung von Schulqualität vor den Toren des Elternhauses Stopp machen. Wenn etwa Eltern im Zuge von Schulwahlpraktiken zu Entscheiderinnen über die gute Bildung des Kindes werden (weiterführend z. B. Krüger, 2013; Krüger, 2014) oder im Rahmen frühkindlicher Bildung deren Verhältnis zum Nachwuchs über den Signifikanten der Bildung moderiert wird (vgl. die Beiträge in Jergus & Thompson, 2017), lassen sich vielgestaltige Formen der Adressierung und Mobilisierung von Elternschaft nachzeichnen. In der internationalen Schulentwicklungsforschung gelten Eltern schon länger als Gelingensbedingung für verbesserte Qualität von Schule und Unterricht (Epstein, 2001;

Hoover-Dempsey & Sandler, 1997), indem sie als „Partner für erfolgreiches Lernen" (Peters, 2015, S. 361) eingesetzt werden. Dabei ist es aber wiederum die Schulleitung, die sich mit dem Anspruch konfrontiert sieht, auch in dieser Hinsicht aktiv zu werden und die Kooperation von Schule und Familie voranzutreiben (vgl. Leithwood, Louis, Anderson, & Wahlstrom, 2004).

Die *Ein- und Ausschlüsse* von Verwenderinnen-Adressen in empirischen Studien, die u. a. über deren Qualifizierung als Befragungsobjekte vorgenommen werden, haben indes auch eine strategisch-politisierende Funktion, denn mit ihnen wird der schulische Raum durch wissenschaftliche Forschungen (mit-)vermessen (vgl. Drinck et al., 2013): Wer kann als (schul-)pädagogisches Subjekt anerkennbar werden und sich selbst entsprechend verstehen? Wer gehört nicht mehr zum Innenraum Schule? Für wen gilt die inspizierte Schule als die eigene Schule, die geleistete Arbeit als die eigene? Wer wird responsibilisiert für die Arbeit an der Schulqualität und die Verwendung der Inspektionsbefunde?

Je mehr Eltern und Schülerinnen dabei im Sinne von Empfängerinnen von Schul-Leistungen nur peripher in die Optimierungsarbeit von Schulqualität einbezogen werden, desto kleiner wird der Kreis der für die Befunde Zuständigen und desto größer der Erfolgsdruck, weil nunmehr nicht nur Bildungsadministration und -politik gegenüber Rechenschaft abgelegt werden muss, sondern auch den Eltern und Schülerinnen gegenüber.

3.5.6 Adressen: Schulinspektion, Schulinspektorinnen

Ebenso vergleichsweise seltener geraten Schulinspektorinnen oder gar: „die" Schulinspektion als Adressen in den Fokus von Forschungsvorhaben. Dies geschieht dann wiederum vornehmlich im Kontext governanceanalytischer Forschungszugänge, wenn etwa die Rede vom „neue[n] Akteur der Steuerung des Schulsystems" (Preuß et al., 2012, S. 104) ist, dem subjektähnliche Eigenschaften zugesprochen werden. Beispielsweise erlebe, so Preuß et al. (2012, S. 104; 107), Schulinspektion ihre erste „existentielle Krise" oder werde als rationale Besitzerin von „Handlungsstrategien" identifiziert.

Bezüglich der Wirksamkeit von Schulinspektion sind auch Schulinspektorinnen aufgefordert, eine Relais- oder Zwischenposition einzunehmen: als praktische Wissenschaftlerinnen bzw. wissenschaftliche Praktikerinnen, die „Realitätsnähe und Umsetzbarkeit im Feld" garantieren und dabei auf „theoretisch fundierte und sozialwissenschaftlich geprüfte Instrumente" zurückgreifen (Böttger-Beer & Koch, 2008, S. 256) sollen. Die Übersetzungsarbeit zwischen den jeweiligen Sphären wird nicht allein in der richtigen Passung von Wissenschaft und Praxis verortet, sondern bezieht sich auch auf den Anspruch, schulische Verwenderinnen mit den Inspektionsbefunden zu *vermitteln* und darin *pädagogisch* tätig zu werden:

> Neben der methodisch adäquaten Durchführung einer Evaluation ist gerade auch die Vermittlung der gewonnenen Erkenntnisse von besonderer Bedeutung, damit Schulinspektion zur Schulentwicklung durch Einsicht einen Beitrag leisten kann. Schulinspektoren sollten demnach in ihrer Rollenausübung nicht nur Evaluatoren, sondern auch Erwachsenenpädagogen sein (Sowada, 2016, S. 278).

Mit pädagogischem Geschick soll also gelingen, was andernfalls als unwahrscheinlich erscheint: die Autorisierung und Anerkennung des evaluativen Wissens im Rahmen einer schulischen Einsicht, die wiederum (scheinbar nahtlos) zu Optimierungshandeln mobilisiert. Schulinspektorinnen fungieren damit als eine weitere „Schlüsselfigur" (Lambrecht, 2013, S. 230) des Verwendungsprozesses von Schulinspektionsbefunden, was diese auch selbst als Verwenderinnen von Inspektionsbefunden responsibilisiert.

Eine pädagogisch-vermittelnde Positionsnahme zwischen Schule und Schulinspektion erscheint dabei sowohl möglich als auch nötig und erhöht die Wahrscheinlichkeit erfolgreicher Rezeptionen einerseits – denn mit der richtigen, sensiblen und den Bedürfnissen der inspizierten Schule angepassten Vermittlung erledigt sich die Aneignung der Inspektionsbefunde durch die Schule selbst, so scheint es – wie sie andererseits auch deren „Achillesferse" (Sowada & Dedering, 2014) darstellt.

Eine Qualifizierung von Schulinspektion / Schulinspektorinnen als ‚Forschungsobjekte' empirischer Studien erfolgt weiterhin auch angesichts des Anspruchs, mehr Wissen über die tatsächlichen Steuerungmodi bzw. die Steuerungspraxis zu erzeugen. Dabei wird unterstellt, dass die Inspektorinnen sich zu den Steuerungsintentionen von Schulinspektion noch einmal eigenständig verhalten. Bei Lambrecht (2013, S. 225) heißt es:

> Anhand empirischer Befunde wird gezeigt, dass sich Schulinspektor / inn / en [...] kommunikativ von der offiziellen Steuerungskonzeption Schulinspektion als ‚gelenkter Entwicklung' distanzieren und ihr eine eigene, schulorientierte Inspektionspraxis entgegensetzen.

Der „Faktor Mensch" (Sowada & Dedering, 2014, S. 133), der in die Inspektionspraxis eingeht, stellt hinsichtlich Schulinspektion folglich ein Moment der Unwägbarkeit dar, welches die Frage nach deren Wirkungen offen hält, indem jede Inspektionspraxis aufs Neue ihr Verhältnis zu einer „offiziellen" Inspektionsnorm auslotet.

Die Verhältnisnahme zur Schulinspektion kann im Sinne (bewusst vorgenommenen?) professionellen Handelns erfolgen, wie es im o. g. Zitat von Lambrecht (2013) mit der Formulierung einer schulorientierten Inspektionspraxis aufschien. Sie kann aber auch als durch die Offenheit der Inspektionsbefunde erzwungene Verhältnisnahme konturiert werden, wie es bei Sowada und Dedering (2014) argumentiert wird. Dort wird bezüglich Schulinspektorinnen als Untersuchungseinheit eine Variabilität des Inspektionsprozesses herausgestellt, so dass der Steuerungsimpuls von Schulinspektion in sich gebrochen erscheint:

> Die Konzentration auf die Folgen dieses Steuerungsinstruments als ,Intervention' hat dazu geführt, dass Schulinspektion als *soziale Praxis* bisher vergleichsweise wenig Aufmerksamkeit erfahren hat. [...] Hier setzt der vorliegende Beitrag an: Er richtet die Aufmerksamkeit auf den Prozess der Qualitätseinschätzung und fokussiert auf die Ermessensspielräume, die Schulinspektor / innen auch im Rahmen hoch standardisierter Inspektionsverfahren in ihm haben (Sowada & Dedering, 2014, S. 120; Hervorhebung im Original).

Mit Verweis auf die „soziale Praxis" des Inspizierens und den darin eingelagerten „Ermessensspielräumen" für Bewertungen – im Sinne von Entscheidungs- und Interpretationsmöglichkeiten (Sowada & Dedering, 2014, S. 124) – lassen sich Heterogenitäten im Prozess der Produktion von Inspektionsbefunden herausstellen, die sich nicht auf Fragen der Reliabilität oder Objektivität (vgl. hierzu Müller & Pietsch, 2011) reduzieren, sondern auf eine konstitutive Un(ter)bestimmtheit von Inspektionskriterien hinweisen. Die uneinheitliche Qualität der Inspektionsbefunde resultiert daraus, wenngleich sie nicht offensichtlich zu Tage tritt. Dies ruft eine risikohafte Qualität der Befunde auf:

> Ein einheitliches Bewertungsformat erzeugt Ordnung, die jedoch trügerisch sein kann, da die Uneinheitlichkeit ihrer Erzeugung verborgen wird (Sowada & Dedering, 2014, S. 132).

Hier findet sich die Rede von der Inszenierung qua Schulinspektion wieder, die einer von dieser differenten Wirklichkeit gegenüber gestellt wird.

Gerade jene Unwägbarkeit, die die Inspektionsbefunde ausmacht, bedingt zugleich auch den Erfolg der eingehend zu diesem Abschnitt erwähnten Vermittlung von Inspektionsbefunden (vgl. Lambrecht, 2013). Denn die Befunde sind angewiesen auf das entgegenkommende Mittun der Inspektorinnen, ebenso wie auf jenes von anderen Verwenderinnen, gerade weil sie ihre Rezeptionen in den praktischen Verwendungskontexten nicht selbst umgrenzen können. Sowohl Schulinspektorinnen als auch schulpädagogische Verwendungs-Adressen zehren von der Lücke, die durch Inspektionsbefunde aufklafft.

3.6 Zwischenfazit: Unbestimmte Wirksamkeit, wirksame Unbestimmtheit im wissenschaftlichen Sprechen über Schulinspektion

Die bisherigen Ausführungen zur Analyse des wissenschaftlichen Sprechens über Schulinspektion zusammentragend, lässt sich festhalten, dass in den wissenschaftlichen Texten zu Schulinspektion(sforschung) – vergleichbar den eingangs referierten Ausführungen zur pädagogischen Wirksamkeit – die Unbestimmtheit ein *konstitutives Merkmal* der Auseinandersetzung mit der Wirksamkeit von Schulinspektion darstellt. Als konstitutiv gilt diese insofern, als sich die Texte, unbenommen davon, ob es sich um eine empirische Studie oder eine konzeptionelle bzw. theoretisierende Bezugnahme auf Neue Steuerung von Schulen handelt, stets auf das Diktum der Wirksamkeit als einem Referenzpunkt der Auseinandersetzungen beziehen. Zugleich ist dieser Wirksamkeit von Schulinspektion nicht (sprachlich) nahe zu kommen: Weder ließe sie sich etwa definitorisch fassen, noch empirisch eindeutig als (nicht) vorhanden nachweisen. Die Unbestimmtheit der Wirksamkeit von Schulinspektion stellt insofern ein *unlösbares Problem* dar, dass gerade aufgrund dieser Unlösbarkeit generative Effekte zeitigt. Es reizt zum wiederholten Rückversichern über die Verfasstheit von Wirksamkeit an und gilt in dieser Hinsicht als diskursproduktiv: Die unbestimmte Wirksamkeit ist eine wirksame Unbestimmtheit.

Im ersten Teil der Literaturanalyse wurde herausgearbeitet, wie Schulinspektion als ein Effizienz und Erfolg versprechendes Instrument der schulischen Selbststeuerung konturiert wird, indem es in den Kontext von schulischer / pädagogischer Qualität gestellt wird. Die Forderung nach der Optimierung von Qualität prozessiert über die Abwertung einer pädagogischen

Praxis als hinsichtlich Qualität nicht optimaler. Schulinspektion dient in diesem Sinne sowohl einer inszenatorischen Demonstration pädagogischer Problematizität, wie sie zugleich auch in Aussicht stellt, dass Optimierung künftig als möglich erscheint. Schulinspektion kennzeichnet sich demnach durch ein doppeltes Wirksamkeitsversprechen.

Weiterhin wurde das Wirksamkeitsversprechen von Schulinspektion in den wissenschaftlichen Texten in zweierlei Richtung profiliert, indem ihr ein Steuerungshandeln sowohl zur Schau stellender wie auch dieses maskierender Zug zugeschrieben wurde. Einerseits stellt Schulinspektion in diesem Diskussionszusammenhang etwa Legitimationsgewinne für eine Bildungspolitik bereit, die angesichts des Status von wirksamer schulischer Steuerung als „produktiver Fiktion" ausweist, dass mit der Etablierung von Schulinspektionen am Bemühen um schulischen Steuerung festgehalten wird. Andererseits wird in der konzeptionellen Anlage von Schulinspektionen ein Steuerungsbemühen zugleich verdeckt, indem – den Schulen bzw. schulischen Akteuren als Adressen von Schulinspektion(sbefunden) gegenüber – auf den nichtfunktionalen Charakter einer empirischen Evidenz, die in Schulinspektionen produziert wird, verwiesen wird. Eine solche De-Inszenierung von Steuerung mittels Schulinspektion taxiert die von Schulen und ohne äußeren Zwang vorgenommene Optimierungsarbeit. Diese wird mit dem Steuerungsmechanismus einer *Schulentwicklung durch Einsicht*, die vonseiten der Schule vorgenommen wird, umschrieben.

Auf diese Weise wird ein fragiles Verhältnis aus Selbst- und Fremdsteuerung entworfen, welches stets Gefahr läuft, auf die Seite der Fremdsteuerung umzuschlagen und so die Wirksamkeit von Schulinspektion zu riskieren. Die Neue Steuerung von Schulen, die sich als Amalgam aus Selbst- und Fremdsteuerung zeigt, setzt demnach auf die Unbestimmtheit als funktionaler Gelingensbedingung der Wirksamkeit von Schulinspektion, indem sie Freiheitspotentiale der schulischen Akteure / Schulen bereithält und diese zu einem Teil des Steuerungsprocederes erklärt.

Im Fortgang der Analyse wissenschaftlicher Texte zu Schulinspektion wurden die kritischen Stimmen, die sich zur Neuen Steuerung (mittels Schulinspektion) erheben, untersucht. Am Beispiel von rationalitätskritischen Gouvernementalitätsstudien wurde argumentiert, dass sich der Neuen Steuerung auch ‚Kehrseiten' abgewinnen lassen, die etwa in der zunehmenden Umwertung von sozialer in eine individuelle Verantwortungslogik liegen. Dabei wird Schulinspektion ebenfalls im Hinblick auf ihre Wirksamkeit diskutiert – eine Wirksamkeit, die (im Sinne von ‚Kehrseiten') abseits des Effizienzversprechens der Neuen Steuerung lagert.

Inwiefern sich Schulinspektion trotz dieser ‚Risiken und Nebenwirkungen' als Steuerungsinstrument mit Attraktivität versieht, wurde in den anschließenden Analysen der wissenschaftlichen Texte beobachtet: Dabei wurden die Autorisierungsstrategien der ‚besseren Evidenz' dargestellt, die sich erstens darauf beziehen, dass Schulinspektionen wissenschaftliche Produktionsweisen von empirisch gewonnener Erkenntnis übernimmt (und dies explizit ausweist), und zweitens entlang dieser empirischen Evidenz der Schulinspektion eine bessere schulpraktische Entscheidung in Aussicht stellt, da die Produktion von Schulinspektions-Evidenzen von vornherein auf die Vermittlung der Inspektionbefunde im Sinne einer gelingenden Rezeption innerhalb der Schulpraxis ausgelegt ist. Die Autorisierungsstrategien arbeiten dabei mit dem Mechanismus einer *Schulentwicklung durch Einsicht* zusammen, insofern mit „Autorisierung" nicht auf ein durch Zwang, sondern durch *mobilisierende Überzeugungsarbeit* gekennzeichnetes Verhältnis aus Fremd- und Selbststeuerung verwiesen ist (vgl. Jergus et al., 2012). Es ließ sich zudem in der Literaturanalyse herausstellen, wie entlang der Qualifizierung von Schulinspektionsbefunden als ‚wissenschaftliche' bzw. ‚wissenschaftsähnliche' Erkenntnisse eine für Schulinspektion(sforschung) spezifische Verquickung von Bildungspolitik und Bildungsforschung einhergeht, indem einerseits mittels Erkenntnissen gesteuert wird und andererseits die Erkenntnisse auf kausallogischen Studien zur Schuleffektivitätsforschung aufruhen: ein „Wissen, was wirkt".

Der Gedanke einer *Erkenntnispolitik*, der diese Verquickung auf den Punkt bringt, wurde anschließend in der Analyse der empirischen Studien zu Schulinspektion weiterverfolgt. Hinsichtlich einer erkenntnispolitischen Dimension der Analyse wurde zum einen herausgestellt, wie in den Bezugnahmen auf Schulinspektion wissenschaftliche Studien sich *als* wissenschaftlich bzw. dem wissenschaftlichen Raum zugehörig ausweisen können, indem Abgrenzungen von Vorgehensweisen vorgenommen werden, die als Evaluation identifiziert werden. Solche Grenzziehungen wissenschaftlicher Studien gegenüber Evaluationen sind umso dringlicher, aber auch herausfordernder, da Evaluation wissenschaftliche Vorgehensweisen *inszeniert*. Was Fragen der Wirksamkeit von Schulinspektion betrifft, ist Wissenschaft demnach mit sich selbst konfrontiert. Der Blick ins Forschungsfeld zu Schulinspektion zeigte, dass selbst Studien, die sich dahingehend positionieren, explizit keine Evaluation von

Schulinspektion zu betreiben, letztlich nicht um evaluative bzw. evaluierende Aussagen herumkommen.

Zum anderen ließ sich hinsichtlich der Fokussierung auf *Erkenntnispolitik* zeigen, dass die analysierten Studien auf das Versprechen von Schulinspektion auf wirksam(ere) Steuerung von Schulen rekurrieren und dessen Realisierung prüfen, so dass „Wirksamkeit" als notwendige Beurteilungsgrundlage in den wissenschaftlichen Texten (voraus-)gesetzt wird. Die Unbestimmtheit von Wirksamkeit stellt nicht nur einen Anlass für Forschung dar, sondern auch deren Ertrag: Die Studien stellen stets aufs Neue heraus, dass nichts Abschließendes zur Wirksamkeit von Schulinspektion gesagt werden kann. Da sich die Befundlage als heterogen darstellte – eindeutige Erkenntnisse bezüglich Wirksamkeit / Unwirksamkeit von Schulinspektion konnten nicht oder nur im Sinne eines rhetorischen Stilmittels formuliert werden – wurden zunehmend solche Forschungen eingefordert, die sich auf die Rekonstruktion von schulischen Verwendungspraktiken konzentrieren. Diese Forderung artikuliert sich dahingehend, dass ein Großteil der empirischen Studien sich auf Selbstauskünfte der schulischen Akteure, die die Inspektionsbefunde im Sinne von Schulentwicklung verwenden sollen, stützt. An diesen Forderungen lässt sich aufzeigen, wie die Unbestimmtheit von Wirksamkeit zu Vergewisserungen auf die „wahre" Wirksamkeit in Form von weiteren Forschungsprojekten aufruft.

Bezüglich der Verwenderinnen als *Adressen empirischer Wirksamkeitsforschung* lässt sich aber nicht nur herausstellen, inwiefern die Frage der Wirksamkeit offen gehalten wird, sondern auch, inwiefern diese Offenheit mit der Produktion von Bestimmtheiten einhergeht. Die Unbestimmtheit der Wirksamkeit von Schulinspektion stellt in diesem Sinne eine Produktionsbedingung dieser Texte dar, weil in jedem Text Bestimmungen und Verhältnisnahmen zu dieser unbestimmten / unbestimmbaren Wirksamkeit vorgenommen werden müssen, sich Positionierungen vollziehen. Diese Positionierungen nehmen Fixierungen innerhalb des Feldes von Schulinspektion vor: Neben der Etablierung von Wirksamkeit als einem festen Referenzpunkt werden die Verwenderinnen als „soziale Adressen" (vgl. Bröckling, 2007) formiert und Responsibilisierungen vorgenommen: Mit Beforschung von schulischen Akteuren als Verwenderinnen von Schulinspektionsbefunden wird die Zuständigkeit für ein Wirksamwerden von Schulinspektion im Sinne von Schulentwicklung an die schulische Praxis überantwortet.[36] Die Konstitution

---

[36] Ähnlich wurde in den o. g. Gouvernementalitätsstudien eine individualisierende Respon-

einer Verwenderinnenadresse, die mit sozialen Forderungen wie jenen nach Autonomie, Aktivität etc. aufgeladen wird, ließ sich insbesondere am Beispiel einer Studie zu differentiellen Verwendungsmustern von Schulinspektionsbefunden (vgl. Wurster & Gärtner, 2013), die in verschiedenen Hinsichten als ,typisch' für das Forschungsfeld gelten kann, herausarbeiten.

In diesem Sinne wirkt die Unbestimmtheit von Wirksamkeit produktiv: Sie setzt die Verwenderinnen als Effekte des Beforschtwerdens ein. Schulinspektion und wissenschaftliche Beobachtung ihrer Wirksamkeit spielen in der Responsibilisierung von Verwenderinnen dabei zusammen, denn die in den wissenschaftlichen Studien vornehmlich untersuchten Akteure decken sich mit jenen, die durch die Schulinspektion als „erste Adressen" angesprochen werden. In den empirischen Studien zu Schulinspektion werden einerseits individuelle (Schulleitung, Lehrkräfte, Schulinspektorinnen) sowie kollektive Adressen (die autonome Schule, schulische Steuergruppen etc.) etabliert, andererseits werden diese insofern zusammengebunden, dass sie gemeinsam an einer Verstärkung der Logik individueller Responsibilisierung arbeiten. In der Steuerung qua Schulinspektion versöhnen sich demnach soziale Ordnung und Subjektivität, so dass Optimierung von Schulqualität machbar erscheint.

Das Wissen, das sich in empirischen Studien über die Verwenderinnen akkumuliert, wird dann als Steuerungswissen bedeutsam, mit dem sich schulische Praxis im Umgang mit den Inspektionsbefunden effektivieren ließe, d. h. mit dem letztlich auch pädagogische Wirksamkeit gesichert werden soll (vgl. nochmals Wurster & Gärtner, 2013). Der wissenschaftliche Diskurs legitimiert sich über seine Bedeutung für die Optimierung schulischer Praxis.

Dabei verstricken sich die Studien in eine Problematik der Zugänglichkeit und Unzugänglichkeit bezüglich der Verwenderinnen: Zwar geht es den Studien um generalisierte und belastbare Erkenntnisse zu den Verwendungen von Schulinspektionsbefunden, beispielsweise in Form von repräsentativen Verwendungsmustern; andererseits wird aber stets die Singularität und Uneinholbarkeit von Verwendungen betont – was sich schließlich auch in einer uneindeutigen Befundlage der empirischen Forschung zur Wirksamkeit von Schulinspektion widerspiegelt. Ähnlich den hinführend zu diesem Kapitel

---

sibilisierungslogik für Verfahren bzw. Instrumente der Neuen Steuerung von Schulen herausgestellt. Auch Gouvernementalitätsstudien lassen sich in diesem Sinne als erkenntnispolitische Einsätze verstehen. Mir ging es in der Analyse der empirischen Forschungsstudien darum, zu zeigen, wie diese Responsibilisierung durch das ,Engagement' der wissenschaftlichen Studien im Feld der Schulinspektion(sforschung) verdoppelt wird.

dargelegten Ausführungen zur paradoxalen Struktur des Pädagogischen ließe sich für die Beforschung von Verwenderinnen / Verwendungen konstatieren, dass die Forschung die Fremdheit der Beforschten nicht überbrücken kann, sie aber gleichsam überbrücken muss, um sich in das Procedere um wirksame Neue Steuerung einzuschreiben.

3.7 Anschlüsse für das weitere Vorgehen

Die Inblicknahme (und Hervorbringung) von schulischen Verwenderinnen-adressen in den Studien verweist weiterhin darauf, dass sich das pädagogische Wissen, das in Schulinspektion sowohl grundgelegt, gewonnen als auch vermittelt wird, nicht bruchlos in schulische Praxis einsetzen lässt – ein „Wissen, was wirkt" ist *nicht per se wirksam.* Es wird in seinen Verwendungskontexten vielmehr übersetzt, ver-wendet, neugeformt, was für eine wissenschaftliche Untersuchung dieser je spezifischen Verwendungen das Problem der Generalisierbarkeit von Erkenntnissen aufwirft. Helmut Fend (2011) bezeichnet diese differenziellen Vollzüge der Übersetzung (von Schulinspektionsbefunden) als „Rekontextualisierung", worauf häufig in den wissenschaftlichen Texten zu Schulinspektion Bezug genommen wird. Mit Rekontextualisierung ist der Bruch zwischen mindestens zwei Kontexten (der Wissenschaft, der die Inspektionsbefunde entstammen; der Praxis, in der sie Anklang finden sollen) angesprochen. Der Gedanke dieses Bruchs und der damit einhergehend Übersetzung soll an dieser Stelle weiter verfolgt werden. Wie sich in der bis zu diesem Punkt vorgenommenen Analyse wissenschaftlicher Texte zu Schulinspektion herausstellte, ist selbst ‚die' Wissenschaft nicht als einheitlicher Kontext zu verstehen. Die konstitutiven Vergewisserungen auf Wirksamkeit und das stete Wiederaufrufen ihrer Unbestimmtheit zeigen auf, inwiefern Wissenschaft auf das Problem der Unbestimmtheit reagiert bzw. in dieses eingespannt ist: Die Rede von der Unbestimmtheit erscheint vor diesem Hintergrund selbst bereits als eine Form des *praktischen Umgangs* mit dieser, gerade weil sich zu Wirksamkeit so viel Verschiedenes besprechen lässt.

Die Fokussierung auf die praktischen Umgänge mit (der Wirksamkeit von) Schulinspektion bzw. deren Befunden soll im weiteren Verlauf meiner Arbeit im Zentrum stehen. Dabei geht es mir im Speziellen um die Praktiken der (Re-)Produktion einer Unbestimmtheit von Wirksamkeit, die im Anschluss an die Literaturanalyse als ein konstitutives Moment von Sprechen über Schulinspektion identifiziert wurde.

Die Fokussierung auf Praktiken des Umgangs mit Schulinspektion(sbefunden) lässt sich auch entlang der steuerungslogischen Forderung nach einer *Schulentwicklung durch Einsicht* argumentieren: „Einsicht" markiert (insbesondere im Kontext von Schulinspektion / Schulentwicklung) einen zwischen Aktivität und Passivität oszillierenden Begriff, da Einsichten sowohl gewährt werden müssen oder gefordert werden, wie diese Einsicht von jemandem erst aktiv vorgenommen werden muss. Einsichtnahmen situieren sich demnach als Akte im Zwischenraum von Zuerkennung und Inanspruchnahme, die aufgrund der relationalen Qualität nicht durch ein ,starkes', selbstbestimmtes Subjekt zu leisten sind.

Die Verwendung von Schulinspektion(sbefunden), insbesondere im Format der *Einsicht* als einer spezifischen Chiffre für Verwendungen, vollzieht sich demnach in einem solchen ,Zwischenraum', der weder von der Wissenschaft und ihren uneindeutigen Erkenntnissen, noch von den schulpraktischen Verwendungen vollends abgedeckt ist. In diesem Zwischenraum werden Einsichten je praktisch vollzogen, Anschlüsse an Schulinspektion(sbefunde) übersetzend hergestellt (vgl. Thompson, 2017a).

Eine Analyse von Praktiken im Feld der Schulinspektion(sforschung) erscheint als mit zwei Besonderheiten konfrontiert: Dies betrifft zum einen deren Zusammenspiel mit den Verwenderinnen-Adressen, insofern die Untersuchung von Verwenderinnen und ihre Verwendungen von Inspektionsbefunden eine bedeutsame Zugangsweise zu Fragen der Wirksamkeit markiert, wie sich aus der Literaturanalyse ergab: Die Texte weisen dem Sprechen ,in der ersten Person', den Selbstauskünften der schulischen Akteure als Verwenderinnen, gesteigerte Aufmerksamkeit zu und evozieren damit (mitunter) ein selbstbestimmtes Verwenderinnensubjekt, das nach rationalen Erwägungen entscheidet und souverän mit dem in Schulinspektionen produzierten Wissen agiert. Demnach stellt sich die Frage, wie die Aussagen von befragten schulischen Akteuren / Verwenderinnen konsequent als Praktiken ausgelegt und einer Analyse zugänglich gemacht werden können, wie also der Umgang mit Inspektionsbefunden als *Subjektivierung* gefasst werden kann (vgl. etwa Schäfer & Thompson, 2011b).

Zum zweiten sollen die Praktiken des Umgangs mit Schulinspektion(sbefunden) im Lichte einer systematischen Verquickung aus Erkenntnis und Politik betrachtet werden, da eine solche für das Forschungsfeld zu Schulinspektion als relevant herausgearbeitet wurde. Um diesen Verbindungslinien nachzugehen, wird in den anschließenden Kapiteln der vorliegenden Arbeit auf poststrukturalistische Perspektiven auf das Verhältnis von Praktiken, Subjektivität und Sozialität eingegangen, um diesen Hinweise für ein analytisches Vorgehen in der Rekonstruktion von Praktiken des Sprechens über Schulinspektion im Rahmen einer Interviewstudie zu entnehmen.

4 Theoretische Perspektiven auf Subjektivierung, Macht und die Politizität des Sozialen

Im Folgenden sollen theoretische Überlegungen angestellt werden, die insbesondere mit den Arbeiten Jacques Derrida, Judith Butler, Ernesto Laclau, Chantal Mouffe sowie Michel Foucault verbunden sind. Ich beziehe mich auf (deren) poststrukturalistische Perspektiven, um zum einen die Begrifflichkeit der *Praktik* zu konturieren, die Gegenstand meiner Interviewanalysen zur Wirksamkeit von Schulinspektion sein soll. Eine solche Fokussierung auf Praktiken wird in den empirischen Studien zu Schulinspektion zunehmend gefordert (siehe vorhergehendes Kapitel). Zum anderen sollen die zu analysierenden Praktiken konsequent hinsichtlich des – insbesondere für Schulinspektionsforschung bedeutsamen – Zusammenhangs von Macht, Erkenntnis und Subjektivität in den Blick genommen werden.

Für poststrukturalistisches Denken sind Begriffe wie Macht, Praktik, Performativität, Diskurs und Subjektivierung zentrale Bezugsgrößen. Sie werden zunehmend in den Erziehungswissenschaften rezipiert und im Kontext von empirischen Studien anschlussfähig – um nur einige zu nennen: Hoffarth (2009), Jäckle (2009), Maxim (2009), Krüger (2010) sowie Jergus, Krüger, und Schenk (2013). Auch für meine eigene Studie sollen die genannten Begriffe gewissermaßen als *sensitizing concepts* einer Analysehaltung bezüglich der empirischen Untersuchung von Verwendungspraktiken von Schulinspektionsbefunden dienen (vgl. Fritzsche, 2001).

In der nachfolgenden Darstellung soll zunächst auf die für poststrukturalistische Perspektiven grundlegende Annahme einer wirklichkeitskonstitutiven Qualität von Sprache bzw. Sprechen eingegangen werden, die mit dem Terminus der Performativität verbunden ist (1), bevor in einem weiteren Schritt unter Rekurs auf eine Argumentation Judith Butlers der Übertrag des Performativitätstheorems auf das Denken sozialer Zusammenhänge geleistet wird. Insbesondere die sprachlich strukturierten Prozesse der Subjektivierung – als relationales Geschehen der Unterwerfung und Freisetzung zu sich selbst – sollen dabei im Fokus stehen (2). Danach soll mit der Darstellung der Hegemonietheorie Laclaus und Mouffes das Verhältnis von Praktiken, Politi-

---

© Springer Fachmedien Wiesbaden GmbH, ein Teil von Springer Nature 2020
M. Schmidt, *Wirksame Unbestimmtheit, unbestimmte Wirksamkeit,* Schule und Gesellschaft 63, https://doi.org/10.1007/978-3-658-28081-9_4

zität und der Konstitution sozialer Wirklichkeiten in den Blick genommen werden. Der Frage, wie Strukturierungen im Rahmen der Annahme von einer grundlegenden Offenheit prozessieren und welchen Status diese hinsichtlich ihrer Verbindung zu Politizität haben können, gilt dabei die Aufmerksamkeit (3). Das Kapitel schließt mit Betrachtungen von Foucaults Machtanalytik, in der die Wirkmächtigkeit von wirklichkeitsstiftenden Praktiken thematisiert wird (4) sowie einer zusammenfassenden Diskussion der einzelnen Perspektiven (5), an die sich die Darlegung des analytischen Vorgehens im nächsten Kapitel anschließt.

4.1 Zeichen und Strukturen

Unter dem Etikett des „Poststrukturalismus" firmieren Ansätze, die sich an (sprach-)theoretischen Grundannahmen des Strukturalismus orientieren, diese aber gleichzeitig in einigen Punkten kritisieren, radikalisieren und reformulieren (vgl. Moebius & Reckwitz, 2008a, S. 10). Gegenüber strukturalistischen wird in poststrukturalistischen Ansätzen insbesondere das Moment der Kontingenz des Sozialen sowie von Subjektivität herausgestellt und zum Einsatzpunkt des Nachdenkens gemacht.

Poststrukturalistische Perspektiven basieren dabei – ebenso wie strukturalistische – auf der Annahme einer differentiellen Verfasstheit von Wirklichkeit, in welcher sich Bedeutungen, Objekte, Identitäten, Institutionen, Materialitäten usw. ausschließlich im Sinne relationaler Werte konstituieren. Jenseits von Differenzen kann es weder Sinn noch Bedeutung geben. Die differentielle Verfasstheit von Sprache geht zurück auf die Arbeiten des Sprachwissenschaftlers Ferdinand de Saussure (bzw. dessen Vorlesungsmitschriften; Saussure, 1967). Da dessen Überlegungen grundlegend für (post-)strukturalistische Perspektivierungen sind, sollen sie nachfolgend knapp vorgestellt werden.

Saussure nimmt die Struktur von Sprache in den Blick: Als strukturelle Ebene von Sprache, als *langue*, gilt „nicht eine Funktion der sprechenden Person; sie ist das Produkt, welches das Individuum in passiver Weise einregistriert; sie setzt niemals eine vorherige Überlegung voraus" (Saussure, 1967, S. 16). Im Sinne eines sozialen Bandes hält die *langue* Aussagen einzelner Sprecherinnen zusammen und bedingt deren Verständlichkeit. Die Regelgeleitetheit der *langue* vergleicht Saussure mit einem Schachspiel, bei welchem die Spielregeln das Feld der Spielmöglichkeiten begrenzen: „Ob ich Holz- oder Elfenbeinfiguren anwende, ist gleichgültig für das System. Wenn ich aber die Zahl der Figuren verringere oder vergrößere, so greift das tief in die Grammatik des Spiels ein" (Saussure, 1967, S. 27).

Die Elemente der *langue* sind sprachliche Zeichen, die innerhalb des Sprachsystems einen distinktiven Wert über deren Verbindung zueinander einnehmen. Als Zeichen gilt für Saussure eine arbiträre, unmotivierte differentielle Einheit aus Bezeichnung (Lautbild / Schriftbild bzw. Signifikant) und Bezeichnetem (mental repräsentierte Vorstellung des Gegenstandes bzw. Signifikat), die nur analytisch zu trennen ist.

Die bedeutungsgebende Differenzrelation bezieht sich nicht allein auf das Zeichen selbst, als Signifikat-Signifikanten-Verbindung, sondern auf dessen *Wertigkeit* innerhalb einer Konstellation von Zeichen, die aufeinander verweisen: „Ihr bestimmtestes Kennzeichen ist, daß sie etwas sind, was die andern nicht sind" (Saussure, 1967, S. 139–140). Auch die zeitliche Aufeinanderfolge von Signifikanten kann als eine zeitlich / räumlich flottierende Kette verstanden werden, so dass sich die einzelnen Zeichen nur durch ihre Stellung zu den jeweils vor- und nachstehenden Zeichen identifizieren lassen. Am Beispiel des deutschen Satzes, der eine Klammerstruktur ausweist, lässt sich zeigen, wie die Wort / Satz-Bedeutung von der Konstellation einzelner Wörter und Satzelemente abhängt: Mit jedem weiteren Wort, das hinzukommt, verschiebt sich deren Sinn. Erst mit dem Satzende, mit dem Setzen eines Interpunktionszeichen im Schriftlichen, wird die Signifikantenkette arretiert. Sinn- und Bedeutungsgebungen liegen damit, Saussure folgend, innerhalb von Sprache selbst verortet und sind dieser gegenüber nicht präexistent. Ein repräsentationslogisches Verständnis, bei dem Sprache eine präexistente Welt abbildet, wird damit zurückgewiesen.

4.2 Performative Sprechakte

Weniger von der Strukturalität von Sprache, sondern vom Gegenstand des Sprechaktes ausgehend, betont auch das vom Sprachphilosophen John L. Austin formulierte Konzept der *Performativität* die bedeutungsgebende Kraft von Sprache und übt auf diese Weise Kritik an einem repräsentationslogischen Verständnis von Sprache / Sprechen. Als performativ gelten für Austin jene Äußerungen, „in denen wir etwas tun, *dadurch daß* wir etwas sagen oder *indem* wir etwas sagen" (Austin, 1972, S. 33) und in denen wir somit gestaltend in die Zustände der Welt eingreifen. Performativität betont damit sowohl den praktischen Vollzug als auch die Kraft einer *Setzung* durch das

Sprechen. Exemplarisch ließe sich das Taufen eines Schiffes anführen, bei der im Benennungsakt durch eine hierfür autorisierte Person das getaufte Schiff zu einem Bestimmten wird.

Performative unterscheiden sich von konstativen Sprechakten im Hinblick auf ihr Verhältnis zur Wahrheit: Sie können nicht auf die richtige / falsche Abbildung von außersprachlichen Sachverhalten hin untersucht werden; stattdessen stellt sich für sie die Frage des Gelingens / Misslingens eines praktischen Vollzugs: Wurde eine ‚Tatsache' im Sprechen und durch das Sprechen geschaffen (Posselt, 2005, S. 44)?[1] Austins Aufmerksamkeit gilt insbesondere den *Bedingungen*, unter denen ein Performativ misslingt. Dieses Misslingen stellt Austin dabei in den Zusammenhang mit dem Verständnis eines starken Kontextbegriffs: „Das Verunglücken ist eine Krankheit, der *alle* Handlungen ausgesetzt sind, die in allgemein üblichen Formen oder zeremoniell ablaufen müssen, also alle *konventionellen* Handlungen" (Austin, 1972, S. 39). Es muss demnach eine ganze Menge [...] in Ordnung sein und richtig ablaufen (Austin, 1972, S. 33), damit sich die „sinndeterminierende Funktion" (Kertscher, 2003, S. 43) des Performativs einlöst. Am Beispiel der Schiffstaufe zeigt sich, dass der Sprechakt des Namenszuweises in ein konventionelles Setting eingebettet sein muss. Diese Konvention kennzeichnet sich dahingehend, dass die Sprechende zum Sprechen berechtigt ist und dass ihr Sprechen selbst eine rituelle Wiederholung zurückliegender Sprechakte darstellt.

Einen besonderen „Unglücksfall" stellen für Austin solche Sprechakte dar, in denen sich das Sprechen als unernst oder inszeniert darstellt – beispielsweise im Zitieren eines Performativs durch eine Künstlerin auf der Theaterbühne, im Zitieren eines Witzes oder im Gespräch einer Person mit sich selbst. Als Formen „parasitären" Sprechens werden diese Zitationen des Performativs explizit von Austins Untersuchungen ausgeschlossen (Austin, 1972, S. 41).

---

[1] Dass die performative Qualität des Sprechens sich nicht scharf von ihrem konstativen Pendant trennen lässt – auch im Sprechen über einen Referenten wird behauptet, berichtet, gefragt –, veranlasst Austin schließlich dazu den Sprechakt neu zu justieren: Dieser differenziert sich in eine lokutionäre (propositionaler Akt), illokutionäre (im Sprechen vollzogener Akt) und perlokutionäre (Wirkung / Effekt des Sprechens) Dimension (vgl. Austin, 1972).

4.3 Zitierende Zeichen ohne Ursprung

Sowohl die Zeichentheorie Saussures als auch Austins Performativitätskonzept stellen wichtige Vorüberlegungen und Bezugspunkte poststrukturalistischen Denkens dar. Eine Reformulierung im Sinne des Poststrukturalismus erfahren beide Denkfiguren durch die Arbeiten des Sprachphilosophen Jacques Derrida, von denen einige Akzentuierungen nachfolgend dargelegt werden sollen, die für den Gang der weiteren Argumentation in dieser Arbeit bedeutsam sind (vgl. zur Referenz auf Derrida für erziehungswissenschaftliche und empirische Fragestellungen: Wimmer, 2006a; Jergus, 2011). Derrida situiert seine Überlegungen zur Neujustierung des Zeichens und des Performativs innerhalb einer *Logik des Schriftlichen*. Für ihn ist die Schrift, die in philosophischen Diskussionen eine gegenüber der mündlichen Kommunikation marginalisierte Stellung einnimmt, der paradigmatische Code des Sprechens (vgl. Derrida, 1974).[2]

Der dekonstruktivistischen Relektüre u. a. von Rousseaus biographischen „Bekenntnissen" entnimmt Derrida die Einsicht, dass jedes Zeichen als *Graphem* fungiert bzw. funktioniert, welches von einer doppelten *Abwesenheit* von Präsenz geprägt ist, die als generelle Abwesenheit die Funktionsfähigkeit des Zeichens bedingt. Während des Schreibaktes ist zum einen die Adressatin des Textes nicht gegenwärtig; im Rezipieren des Geschriebenen ist zum anderen die Schreibende sowie der weitere Kontext, der den Text organisierte, nicht mehr gegenwärtig, so dass der ursprüngliche Sinn, etwa das von

---

[2] Diese Marginalisierung des Schriftlichen findet sich auch bei Saussure, der seine Ausführungen auf die gesprochene Sprache begrenzt (Derrida, 1974, S. 29). Derrida erkennt in der Präferenz mündlicher Rede und der mit ihr verbundenen Vorstellung einer Unmittelbarkeit von Äußerung, Hören und Verstehen einen wesentlichen Bezugspunkt metaphysischer – phono-logozentrischer – Wissenschaften bzw. Philosophie. Beispielsweise bringt, so argumentiert Derrida, Aristoteles in seinen philosophischen Überlegungen die „phone" (das gesprochene Wort) in unmittelbaren Zusammenhang mit der Seele, deren Affektionen wiederum als natürlicher Ausdruck der Dinge gelten, so dass zwischen dem Sein und der Seele eine Relation natürlicher Übersetzung besteht (Derrida, 1974, S. 24). Das gesprochene Wort dient als Gewand für den Gedanken, während die „vulgäre" Schrift als materielles Derivat des gesprochenen Wortes vornehmlich auf ihre instrumentelle Funktion der „Übersetzung eines erfüllten und in seiner ganzen Fülle *präsenten* Wortes (sich selbst, seinem Signifikat und dem anderen präsent, geradezu Bedingung für die Thematik der Präsenz im Allgemeinen)" (Derrida, 1974, S. 62; Hervorhebung im Original) reduziert wird. In Saussures Formulierung bezüglich des Signifikats sieht Derrida eine solche Logik des Mündlichen am Werke, weshalb er die Kontingenz des Signifikats geltend macht.

140 Subjektivierung, Macht und die Politizität des Sozialen

Autorin des Textes Intendierte, sich nicht mehr vollständig erschließen lässt.[3] Bezüglich dieser Abwesenheiten zielt das Graphem auf Kommunikabilität: Bereits im Moment des Schreibens antizipiert die Schreibende ihre eigene Nichtanwesenheit, so dass auch solche Empfängerinnen das Geschriebene entschlüsseln können, an die sich der Text nicht originär richtete. Demnach funktioniert der schriftliche Code auch in Abwesenheit einer jeden empirischen Empfängerin – wenngleich sich im Schreiben stets adressierend an jemanden gewendet wird, der bzw. die damit beim Schreiben als Abwesende anwesend ist. Die Abwesenheit, die sich aus der Logik des Schriftlichen ergibt, erscheint demnach als konstitutiv für Sprache / Sprechen.

Mit der Annahme einer graphemischen Struktur des Zeichens radikalisiert Derrida das Saussure'sche Zeichenkonzept, indem er dessen Arbitrarität und Differentialität betont: Der Bereich des Signifikats wird nunmehr selbst zu einer Funktion innerhalb einer Verweisungsstruktur, er fungiert als Signifikant des Signifikanten, als Schriftzeichen.

> „Signifikant des Signifikanten" beschreibt [...] die Bewegung der Sprache – in ihrem Ursprung; aber man ahnt bereits, daß ein Ursprung, dessen Struktur als Signifikant des Signifikanten zu entziffern ist, sich mit seiner eigenen Hervorbringung selbst hinweggrafft und auslöscht (Derrida, 1974, S. 17).

Demnach ist das Zeichen immer schon „von seinem Ursprung abgeschnitten" (Derrida, 1972a, S. 85), doch der Ursprung, das Signifikat, bleibt als Abwesendes anwesend. Mit Derrida lässt sich demnach gegenüber Saussure

---

[3] Das auf Derrida zurückführende Verfahren der Dekonstruktion beschreibt eine doppelte Bewegung in der Relektüre von Texten – wobei hier ein weiter Textbegriff zum Tragen kommt (siehe hierzu auch Feustel, 2015). Zum einen geht es darum, die im gelesenen Text immanenten Widersprüche der in den Textstrukturen entfalteten Unterscheidungen aufzuzeigen (destruieren), zum anderen geht es um ein Verschieben und Neujustieren dieser Unterscheidungen (konstruieren; vgl. Moebius, 2003). Für Derrida ist Metaphysikkritik ein Anliegen, das er u. a. von den Philosophen Friedrich Nietzsche oder Martin Heidegger übernimmt und weiterführt. Eine Aporie der Metaphysikkritik sieht Derrida in der Problematik verortet, dass man in jeder Kritik bereits auf eine Sprache zurückgreifen muss, die allein schon aufgrund der Entwicklung ihrer historischen Verwendung eine metaphysische Last mit sich trägt (vgl. Ganter, 2003). Eben dort sei für Derrida demnach anzusetzen und Metaphysikkritik als Sprachkritik zu betreiben. In seinen Arbeiten verknüpft Derrida demnach konsequent die Begriffswelt der Semiotik mit jener der klassischen Philosophie und Kulturwissenschaft (Engelmann, 2004, S. 21).

stärker noch pointieren, dass Bedeutungen als Effekte des Sprechens erzeugt werden.

Inwiefern ein Zeichen als solches gerade aufgrund einer Abwesenheit (des determinierenden Kontexts, der ursprünglichen Bedeutung, der Sprecherin-nenintention) funktioniert, stellt Derrida im Hinblick auf seinen Neologismus der *Iterabilität* heraus:

> Auf dieser Möglichkeit möchte ich bestehen: Möglichkeit des Heraus-nehmens und zitathaften Aufpfropfens, die zur Struktur jedes gespro-chenen oder geschriebenen Zeichens [marque] gehört [...] (Derrida, 2004b, S. 89).

Die Iterabilität, eine differentielle Einheit aus sanskrit: itara (anders) und lateinisch: iterum (erneut, noch einmal; Derrida, 1972a, S. 83–84), gilt als inhärentes Funktionsmerkmal des Zeichens. Sie beschreibt einen Vorgang des „*zitathaften* Aufpropfens" auf einen anderen, vom originären verschiedenen Kontext, so dass dem Zeichen die Potenz zugewiesen wird, unendlich viele neue Kontexte zu evozieren, d. h. auch: neue, unabschließbare Bedeutungen hervorzubringen. Ähnlich wie bei Austin ist hier das Moment der rituellen *Wiederholbarkeit* bedeutsam im Hinblick auf die bedeutungsgebende Qualität eines Zeichens, jedoch wird diese mit Verweis auf ihren zitatförmigen Cha-rakter als eine nicht-identische Wiederholung gefasst, die sich hinsichtlich der o. g. Abwesenheit ergibt.[4]

Die „Kraft zum Bruch" (Derrida, 2004b, S. 83), die der Iterabilität des Zeichens innewohnt, stellt auch eine Kritik an Austins Performativ und dessen starkem Kontextbegriff dar. Waren bei Austin noch jene Kontexte von Sprechakten ausgeschlossen, die als unernstes oder zitathaftes Sprechen (auf der Theaterbühne etc.) erschienen, so stellt Derrida die Frage, ob eine performative Aussage gelingen könnte,

---

[4] Das aus dem Agrikulturellen entlehnte „Aufpropfen", mit dem Derrida die Möglichkeit des Zeichens benennt, sich von einem Kontext zu lösen und in einem anderen Kontext verwendet zu werden, steht für die Praxis des Veredelns von Pflanzen zum Zwecke der Vermehrung oder des Erhalts von Einzelpflanzen, wobei zwei zuvor nicht miteinander verbundene Elemente vereinheitlicht werden (vgl. hierzu auch Jergus, 2013). Pfropfreis und Unterlage werden durch Ein- und Zuschnitte derart verletzt, dass sie zueinander passen und anschließend miteinander – als Einheit – verheilen können. Insofern das Pfropfen ein künstlicher Akt ist; eine „materiale Praktik des Herausreißens und Zusam-menleimens" (Wirth, 2012, S. 97), impliziert es stets auch ein Verhältnis gewaltvollen Einwirkens.

142   Subjektivierung, Macht und die Politizität des Sozialen

wenn ihre Formulierung nicht eine „codierte" oder iterierbare Aussage wiederholen würde, mit anderen Worten, wenn die Formel, die ich ausspreche, um eine Sitzung zu eröffnen, ein Schiff oder eine Ehe vom Stapel laufen zu lassen, nicht als einem iterierbaren Muster konform identifizierbar wäre, wenn sie also nicht in gewisser Weise als „Zitat" identifiziert werden könnte (Derrida, 2004b, S. 99)?

Im Hinblick auf das Moment der Iterabilität werden Zeichen und Performativ analogisiert: Jedes Zeichen ist performativ und jedes Performativ gilt als ein Zeichen, so dass das Sprechen von jeglicher Referenz auf eine präexistent vorliegende Welt entkleidet wird.

Inwiefern eine generalisierte Abwesenheit Bedeutungsgebungen ein- und aussetzen kann, zeigt Derrida an Konzepten der différance, der Spur, des Supplements, die nachfolgend erläutert werden, damit an späterer Stelle auf diese zurückgegriffen werden kann: Die Gleichzeitigkeit des Ein- und Aussetzens von Bedeutung wird in den nachfolgend referierten Arbeiten Judith Butlers und Ernesto Laclaus / Chantal Mouffes als Öffnung und Schließung von sozialen und subjektiven Strukturen rezitiert, welche auf der Kontingenz des Sozialen aufruhen.

In Bezug auf die graphematische Logik setzt Derrida an Stelle des bedeutungsbegrenzenden Zentrums eine sinnproduktive Dezentrierungsbewegung der Signifikanten, die *différance*, die selbst eine Differentialität anzeigt, wie sie zugleich Unterscheidungen in einer Praxis produziert (im Gegensatz zur statisch gegebenen Differenz von Elementen im strukturalistischen Verständnis). Es handelt sich bei différance nicht um einen propositionalen Begriff, sondern eher um eine Funktion: Weder ist sie etwas, noch ist sie nichts (Derrida, 2004a).[5]

Différance als Kunstwort enthält ein ganzes Bündel semantischer Bestimmungen: Als Ableitung des Verbs „différer" umfasst die *différance* dessen zwei Bedeutungen, des sich von etwas Unterscheidens, des nicht identisch Seins (1) und des Temporierens, d. h. des Aufschiebens von etwas auf einen späteren Zeitpunkt, des Rekurrierens auf einen verzögernden Umweg (2). Das „a" der différance stammt vom Partizip Präsens und verweist so auf eine aktive Bewegung der Konstitution von Differenzen. Gegenüber der Aktivität

---

[5]   Anhand des Neologismus „différance" kann Derrida auf sprach-spielerische Weise seine Kritik an den phono-logozentrischen Denksystemen formulieren, denn gegenüber dem im Französischen gebräuchlichen Begriff „différence" lässt sich das *a* der différance nicht lautlich vernehmen, sondern zeigt sich lediglich in der graphischen Gestalt (Derrida, 2004a, S. 111).

der Bewegung, die durch das „a" gekennzeichnet wird, verweist die französische Substantivendung „-ance" wiederum auf ein unentschiedenes Verharren zwischen Aktiv und Passiv. Dies unterstreicht die unauflösliche Paradoxie der différance einerseits und andererseits ihre Medialität, ihr Dazwischensein, das sich bspw. nicht auf die Passivität oder Aktivität eines handelnden Subjekts beruft. Denn différance geht jeder Subjektivität voraus.

Die différance ist also eine für binäres Denken paradoxe Figur, die Differenzen sowohl evoziert als auch vereint, ohne sie je zu synthetisieren (vgl. Ganter, 2003, S. 28). Demnach widersteht sie den sprachlich-philosophischen Oppositionen, eben weil sie sie trägt (Derrida, 2004a, S. 114). Das stete Produzieren von Differenzen durch die Bewegung der différance führt dazu, dass Sinn stets uneinheitlich hervorgebracht wird, Bedeutungen nicht in einem absoluten Sinne „sind".

Für Derrida gilt die différance auch als eine Ur-Spur, eine Spur der Spur, die sich in die einzelnen Elemente des Systems einschreibt, aber im Moment der Präsenz immer schon vergangen ist. Die Spur, als weiteres Konzept, das mit Iterabilität in Verbindung steht, ergibt sich aus der Logik der différance: Jedes sprachliche Element trägt Spuren anderer Elemente mit sich, die es daran hindern, eine Selbstidentität einzunehmen. In den Bedeutungsgebungsprozess ist das Abwesende somit konstitutiv eingeschrieben.

Die Spur ist die Anwesenheit von etwas Abwesenden, das niemals anwesend war – das Zentrum der Struktur, der originäre Sinn etc., welches bzw. welcher dem Produzieren von Differenzen Einhalt gebieten kann. Da die Spur das Abwesende als Abwesendes präsent macht, fungiert sie als „Simulacrum eines Anwesens, das sich auflöst, verschiebt, verweist, eigentlich nicht stattfindet" (Derrida, 2004a, S. 142). Simuliert wird ein „Anwesen", die Präsenz eines bedeutungsgebenden Zentrums, welches erst nachträglich zum Signifikationsvorgang entsteht, aber als diesem vorausgehend erscheint. Das Zentrum der Struktur ist demnach dauerhaft nicht besetzt bzw. besetzbar, sondern ein leerer Ort. Dieser leere Ort ruft dazu auf, befüllt zu werden, denn nur auf diese Weise sind Sinn und Bedeutung möglich.

In konstitutiver Abwesenheit eines ankernden Zentrums können die Einsetzungen bzw. Einsätze in den leeren Ort nur den Status von Stellvertretungen annehmen, die sich in eine unausfüllbare Lücke hineinfügen. Ein solches „Supplement" – als Repräsentant der abwesenden Fülle – „kommt hinzu oder setzt sich unmerklich *an-(die)-Stelle-von;* wenn es auffüllt, dann so, wie wenn man eine Leere füllt" (Derrida, 1974, S. 250; Hervorhebung im Original).

Das Supplement bleibt dem Original gegenüber äußerlich: es „kommt hinzu". Als ein flottierender Signifikant ist es Teil einer Signifikantenkette, d. h. einer Kette aus verbundenen und grundlegend gleichwertigen Elementen bzw. Kettengliedern, deren Verbindungen nicht grundsätzlich sind (vgl. Derrida, 1972b). Aber das Supplement neigt dazu, sich wie ein Zentrum zu verhalten und damit: sich von anderen Signifikanten insofern zu unterscheiden, als dass es die Signifikantenkette überhaupt erst als solche organisiert, das Flottieren still stellt. Es *„verhält sich* so, daß es die Kette selbst beschreibt, das Kette-Sein einer textuellen Kette, die Struktur der Substitution" (Derrida, 1974, 281; Hervorhebung im Original), so dass Bedeutung als Besetzung des Zentrums bzw. als Schließen der Leerstelle möglich wird. Da das Supplement gleichzeitig *ein* Glied in einer Kette differenter Elemente ist und mit anderen vertauscht werden könnte, die die Leerstelle in der Struktur ebenfalls befüllen könnten, wird die Füllbarkeit der Leerstelle mit jedem Einsatz aufgeschoben und neu etabliert.

Zitieren meint demnach, unter Referenz auf différance, Spur und Supplement, dass Bedeutungen stets gleichermaßen ein- und augesetzt werden, indem sich im Zitieren auf ein abwesendes ‚Original' bezogen wird, was sich als ‚Original' erst im Zitationsvorgang zeigt (vgl. Jergus, 2013, S. 198). Insofern das Zitieren als ursprünglicher Modus der Sinn- und Bedeutungsstiftung gilt, iteriert die Bezugnahme auf das Original dieses als uneinholbares Referenzobjekt des Sprechens, das in seiner Uneinholbarkeit weitere Zitationen antreibt.

4.4 Performativität als Konstitutionslogik des Sozialen und des Subjekts

Der Gedanke einer sich auf Iterabilität und die Unabschließbarkeit von Bedeutungen beziehenden Performativität wird von der Sozialphilosophin Judith Butler aufgegriffen. Sie betont die handlungspraktische Seite des Sprechens und weist darauf hin, dass Sprache sowohl als Medium genutzt wird, um Effekte zu erzeugen als auch, dass Sprache selbst ein „Name für unser Tun, [...] (der Name für die Handlung, die wir typischerweise vollziehen)" (Butler, 2006, S. 20), ist. Diese sprechpraktische Fassung des Performativs überträgt Butler auf sozial- bzw. kulturtheoretische Überlegungen und arbeitet heraus, wie soziale und subjektive Wirklichkeit als semiotisches System von (sprachlichen, körperlichen, insitutionellen, architektonischen etc.) Zeichen in Sprechakten erzeugt wird.[6]

Performative Sprechakte gewinnen ihre Kraft dabei durch das zitierende bzw. iterierende Wiederaufrufen sozialer Gebrauchsweisen von Bedeutungen und sozialen Normen, was auf eine strukturelle Lücke im Bezeichnungsakt verweist, welche erst Anlass von Iterationen darstellt.

Inwiefern soziale Tatsachen und subjektive Identitäten im Sprechen geschaffen werden, lässt sich am Beispiel der performativen Direktive einer Ärztin verfolgen, die den noch ungeborenen bzw. neugeborenen Säugling mit den Worten „Es ist ein Mädchen!" kategorisiert und ihm eine spezifische geschlechtliche Identität zuspricht. Neben der Zuweisung einer Identität innerhalb eines sozialen Raumes wird im Sprechakt dieser soziale Raum binär geordneter heteronormativer Geschlechtlichkeit, in dem die Identität einen ‚sinnvollen' Ort markiert, zudem *neu erzeugt* und im wiederholten Aufruf zugleich *bestätigt*. Der Sprechakt bringt dabei in paradoxaler Umkehrung sowohl sich als auch seine Geltung hervor, *während* er auf diese referiert. Von der als iterativ gefassten Wiederholung hängt demnach das Fortbestehen eines sozialen Raumes ab, ebenso wie es (aufgrund der grundlegenden Unausgefülltheit von Zeichen) stets daran scheitert, vollständig konstituiert zu sein. Soziale und subjektive Identitäten sind demnach stets prekär, wie nachfolgend insbesondere am für die Analysen dieser Studie relevanten Konzept der „Subjektivierung" bzw. „Subjektivation" expliziert werden soll (siehe nächster Abschnitt).

In Bezug auf Derrida, für den die Kraft des Performativs, jenes zu erzeugen, worauf referiert wird, im Bruch mit dem Kontext lagert, d. h. in der Möglichkeit des Misslingens, argumentiert Butler, dass bestimmte Kontexte mit bestimmten Sprechakten auf eine Weise zusammenhängen, die schwerer zu erschüttern ist – wenngleich damit nicht gemeint ist, dass solche Kontexte nicht auch von der Logik der Iteration eingeholt würden.[7] Ihre Persistenz

---

[6] Ein solches Verständnis des Performativs als wirklichkeitserzeugendem Modus unterscheidet sich von Zugängen, die Performativität auf ihre inszenatorische Qualität hin lesen und dabei zwischen Inszenierung, etwa im Rahmen theatraler Performances oder schulischer Rituale, und Wirklichkeit noch einmal unterscheiden (vgl. die Beiträge in Wulf und Zirfas, 2007). Die Butlersche Fassung des Performativs betont dagegen gerade die Ununterscheidbarkeit von Inszenierung und Wirklichkeit.

[7] Dieses Argument Butlers ist angelehnt an die Überlegungen Pierre Bourdieus zur „sozialen Magie" des Performativs (vgl. Bourdieu, 2005). Während aus Bourdieu'scher

spielt vielmehr mit der „Sedimentierung" von Sinngebungen und sozialen Strukturierungen im Lichte von deren stetem Wiederaufruf zusammen (vgl. Butler, 2006, S. 81): Wird ein bestimmter Sinn von vielen Seiten her auf ähnliche Weise hervorgebracht, entsteht der Eindruck des Vorhandenseins einer originären Referent, die aufgrund ihres quasi-natürlichen Charakters normativ wirkt und so die Erzeugung weiteren ähnlich gelagerten Sinns wahrscheinlich(er) werden lässt.

Damit ist eine temporale bzw. historische Dimensionierung des Performativs aufgerufen, die zu dessen Gelingen beiträgt und die darauf verweist, dass Differenzlinien stets auch in gesellschaftliche Machtverhältnisse eingebettet sind.[8] Den Vorgang einer Inszenierung von Originalität im Modus des Zitierens, die aber erst durch das Zitieren und als deren Effekt entsteht, bezieht Butler auf die rhetorische Figur der *Metalepse* (vgl. Butler, 1995), mit der eine Umkehrung des kausallogischen Zusammenhangs aus Ursache und Wirkung benannt und pointiert ist. Auch die Konstitution des Subjekts, die das Thema des nächsten Abschnitts bildet, entspricht einem solchen metaleptischen Akt der Umkehrung.[9]

Sicht der performative Sprechakt gesellschaftliche Differenzverhältnisse in repräsentationslogischer Manier abbildet und diesen damit immer wieder zur Durchsetzung verhilft, betont Butler, dass auch solche vermeintlich feststehenden Differenzen auf das stete Zitiertwerden angewiesen sind. Aus Sicht Bourdieus hängt das Gelingen einer performativen Äußerung von deren ritueller Wiederholung ab und von der Öffentlichkeit, die im performativen Akt impliziert ist. Die Stiftung von Identitäten (z. B. in der Verleihung einer Approbation an eine Medizinerin) erfolgt im ‚Namen der Gemeinschaft' innerhalb derer die Identität sich verortet und verbindlich wird, d. h. die Stiftung bezieht sich auf eine dominant vorliegende soziale Ordnung. Bereits vorliegende Differenzen innerhalb der sozialen Ordnung werden mit dem Performativ dann neuerlich festgeschrieben und stabilisiert und verleihen dieser Ordnung eine besondere Weihe (vgl. Jergus et al., 2012).

[8] Kerstin Jergus verweist darauf, dass die mit dem Verweis auf Iterabilität aufgerufene Zeitdimension nicht im Sinne einer linearisierenden Temporallogik zu verstehen ist, in der sich Sinn anhand sequenzieller Anschlüsse ergibt (vgl. Jergus, 2014a, S. 60, FN 44). Einer solchen sequenzlogischen Annahme bezüglich der Sinnproduktion folgen viele rekonstruktive Analyseverfahren, etwa die Narrationsanalyse nach Fritz Schütze (1983). Demgegenüber ist die Produktion von Sinn anhand der verkettenden Konfiguration von Elementen (vgl. nächster Abschnitt), wie sie aus einer poststrukturalistischen Perspektivierung argumentiert werden kann, die für vorliegende Studie leitende Annahme.

[9] Für Sprechen über sich selbst ist der Gedanke einer metaleptischen Umkehrung aus Ursache und Wirkung folgenreich: In seinen Selbstnarrationen setzt sich ‚das' Subjekt als bereits konstituiertes voraus, obgleich es sich im und durch dieses Sprechen erst als Urheberin der eigenen Rede hervorbringt. Um Sprechen zu können, so sollen die anschließenden Ausführungen zu Subjektivierung zeigen, muss man bereits ‚besprochen'

4.4.1 Subjektivierung

Am für Butlers Arbeiten bedeutsamen Konzept der *Subjektivierung* lässt sich das Zusammenspiel aus Sprache, sozialer Wirklichkeit, subjektiver Identität und Macht verdeutlichen, das metaleptisch ein Subjekt erzeugt. Das Konzept der Subjektivierung entnimmt Butler einer Foucaultlektüre, in der die Doppelstruktur der Subjektwerdung herausgestellt wird. Dies wird bereits am semantischen Gehalt von „Subjekt" einsichtig, wie Foucault aufzeigt:

> Das Wort Subjekt hat einen zweifachen Sinn: vermittels Kontrolle und Abhängigkeit jemandem unterworfen sein und durch Bewußtsein und Selbsterkenntnis seiner eigenen Identität verhaftet sein. Beide Bedeutungen unterstellen eine Form von Macht, die einen unterwirft und zu jemandes Subjekt macht (Foucault, 1994a, S. 241).

Unterwerfung und Freisetzung des Subjekts sind für Foucault einander überlagernde Momente, was eine paradoxale Konstellation aus Abhängigkeit und Freiheit impliziert. Unterwerfung geht dabei nicht in restriktiver Beschränkung auf, stellt sie doch zugleich auch produktive Anreize bereit, ein Selbst zu werden – im Rahmen sozialer Verständigungen (vgl. auch einen späteren Abschnitt dieses Kapitels zur Machtanalytik Michel Foucaults unter 4.6 auf Seite 170).

Um innerhalb des Subjektivierungsgeschehens, das die Gleichzeitigkeit von Unterwerfung und Hervorbringung betont, das „performative Moment setzenden Handelns" (Jergus, 2011) zu profilieren, greift Butler auf einen von Louis Althusser formulierten Gedanken zur *Interpellation* zurück, mit der ein sprachliches Anrufungsszenario benannt ist (vgl. Althusser, 1977). Die Struktur der Interpellation erläutert Althusser an folgender paradigmatischer Szene: Ein Polizist ruft „He, Sie da!" und ein Passant dreht sich herum. Der Passant wird angerufen bzw. adressiert (Bröckling, 2007, vgl. hierzu auch; Reh & Ricken, 2012). Dabei stellt der Ruf des Polizisten die Form des Symbolischen dar, wonach der Polizist mit sozialer Autorität spricht. Zum Subjekt wird der Passant, da er sich auf den Ruf hin *umwendet* und sich als derjenige, dem der Ruf galt und als der er identifiziert wurde, erkennt, anerkennt und für den Polizisten zu erkennen gibt. Insofern die Subjektivierung

---

sein, muss man sich einer fremden Rede ebenso zitierend bedienen wie man von dieser zitierend bedient wird. Insbesondere in den Überlegungen zu einer empirischen Analyse von qualitativen Forschungsinterviews soll dieser Gedanke noch einmal aufgenommen werden (siehe 5 auf Seite 181).

in ihrer Explikation als Interpellationsgeschehen ein sprachlich strukturiertes Vorgehen markiert, ist sie auch ein *praktisches Handeln.*

Hinsichtlich des interpellativen Moments lässt sich der Subjektivierungsvorgang als ein relationales Verhältnis der Adressierung und Anerkennung konkretisieren, in der das angerufene Subjekt sowohl als den Machtwirkungen vorgängig als auch als Folge von Machtwirkungen aufzufassen ist. Das oben angesprochene Beispiel einer ärztlichen Direktive („Es ist ein Mädchen!") zeigt, wie im Vorgang der Adressierung die Angerufene mit der sozialen Adresse des weiblichen Geschlechts in Verbindung gebracht und demnach als ein bestimmter Jemand identifizierbar (gemacht) wird, womit auch die Einnahme eines Selbstverhältnisses impliziert ist (vgl. Butler, 1995).[10]

Eine Unterwerfung bedeutet Subjektivierung nicht nur dahingehend, dass man sich mit Namen, Kategorisierungen, Zuschreibungen konfrontiert sieht, die man nicht selbst gewählt oder hervorgebracht hat, insofern sie der Subjektwerdung vorausliegen, wie der o. g. Ausruf bzw. die Anweisung der Ärztin zu verdeutlichen vermag. Zur Unterwerfung lässt sich auch rechnen, dass die jeweiligen Namen, Kategorien etc. stets einen *Ausschluss von anderen Möglichkeiten* der Benennung etc. vornehmen. Mit dem Formiertwerden des Subjekts in eine vorgängige soziale Wirklichkeit gehen demnach auch Verlust und Verkennung einher, was die Grenzziehungen als *gewaltsamen Akt*

---

[10] Die stete wiederholende Erneuerung einer solchen Anrufung über die Zeit wird sich zunehmend in beispielsweise körperlichen Stilen materialisieren und zum Bezugspunkt einer Identität des Kindes werden. Den Zusammenhang von sprachlicher Anrufung und körperlicher Materialisierung / Materialität argumentiert Butler (1995) entlang der Funktionalität von Travestiepraktiken: In Travestie wird die Naturalität des Geschlechtskörpers (schau-)spielerisch in Frage gestellt. Die Inszenierungen von Geschlechtlichkeit in Travestiepraktiken und durch Travestiekünstlerinnen machen, so Butler, in besonders eindrücklicher Weise deutlich, inwiefern *jede* geschlechtliche Identität auf Zitationen beruht und zur Aufführung gebracht werden muss – vergleichbar dem Einwand Derridas gegenüber John L. Austins Performativbegriff, dass die parodierende Zitation in künstlerischen Bühnenaufführungen etwas über das (nicht vorhandene) „Wesen" des Zitierten verrät. So gelten scheinbar eindeutige sichtbare körperliche Merkmale und Körperpraktiken wie Haarlänge oder Kleidungsstil nicht als Ausdrucksgestalten eines Geschlechtskörpers, sondern als ritualisierte *Zeichen*, die einen Körper überhaupt erst als kohärenten Geschlechtskörper innerhalb der verfügbaren Schemata kultureller Selbstverständlichkeit lesbar werden lassen. Der „wahrhaft" männliche / weibliche Körper bzw. „sex" wird als *metaleptischer* Effekt der inszenierenden Zitation und des Arrangements dieser Zeichen erzeugt, so dass sich die gängige sex-gender-Differenz in Folge der Butlerschen Argumentation in dekonstruktiver Manier umkehrt.

Performativität als Konstitutionslogik des Sozialen und des Subjekts 149

kenntlich macht.[11] Butler bezeichnet Subjektivierung denn auch als *Trauma* (Butler, 2006).

Gegenüber Althusser, für den die Formierung des Subjekts sich im Umwenden des Angerufenen ereignet und erschöpft, führt Butler den Gedanken einer „Komplizenschaft" an und konturiert darin die Interpellationsszene auf eine eigene Weise, indem sie die Relationalität des Subjektivierungsprozesses herausstellt. Für Butler ist Subjektivierung kein determinierender und unidirektionaler Vorgang, sondern dieser zehrt von einer initialen Empfänglichkeit der Adressierten für die Adressierung, so dass der Ruf immer schon ‚auf fruchtbaren Boden fällt':

> Welche Art von Beziehung bindet diese beiden bereits, so daß das Subjekt weiß, wie es sich umzuwenden hat, weiß, daß es dabei etwas gewinnen kann? Wie können wir uns diese ‚Wendung' als der Subjektbildung vorausgehend denken, als ursprüngliche Komplizenschaft mit dem Gesetz, ohne die kein Subjekt entsteht (Butler, 2001, S. 102)?

Die Komplizenschaft umreißt eine Unterwerfungsgeste unter eine regulierende soziale Ordnung („Gesetz"), die der Subjektwerdung vorauseilt und ein Selbstverhältnis stiftet. Als „vorwegnehmende Bewegung in Richtung Identität" (Butler, 2001, S. 102), trägt die Unterwerfung des Subjekts unter die Bedingungen seiner Hervorbringung den Erfolg der Interpellation, jenes, was sie benennt, auch hervorzubringen, mit. Subjektivierung erscheint in dieser Hinsicht nicht als kühle Wahl zwischen den Alternativen ein Subjekt zu werden oder es sein zu lassen.

Es kommt zur *Anerkennung* von und Bindung an die machtvollen Bedingungen der eigenen Formierung, weil dem Subjekt eine Identität versprochen wird, zu der es sich auch selbst verhalten kann, d. h. die Anerkennung der machtvollen Bedingungen, aus / in denen das Subjekt hervorgeht, geschieht um der eigenen Existenz willen.

Die Umwendung zur Macht stellt folglich einen Begehrens-Wert dar, der ein Beharren und Verhaftetsein in den Bedingungen des eigenen Daseins auch in wiederholenden Selbstverständigungen / -narrationen sichert (vgl. Butler, 2001, S. 99). Die Begrifflichkeit der „Anerkennung" geht damit auch nicht in wertschätzenden Konnotationen auf, sondern formuliert eine *existentielle Dimension* hinsichtlich des Hineinfindens in ein soziales bzw.

---

[11] Es handelt sich bei diesem Verlust um einen unbetrauerbaren, wie wenig später bezüglich der Butlerschen Vorstellung von Melancholie argumentiert wird.

kulturelles Dasein und berührt in gleicher Weise Fragen der gesellschaftlichen Reproduktion. Damit fungieren auch abwertende und marginalisierende Bezeichnungen (Beleidigungen, Diskriminierungen etc.) als anerkennende Akte, wie Butler (2006) in ihrer Arbeit zu *hate speech* argumentiert, da diese noch einen Ort im sozialen Raum bereithalten, an dem ein Subjekt sich einfinden kann.[12]

Auch das Subjektivierungsgeschehen ist aufgrund der Iterabilität von Zeichen unabschließbar, so dass nicht ein vollständig konstituiertes Subjekt mit ontologischem Status am Ende des Prozesses steht: Weder ist es ganz ,bei sich', noch vollständig vergesellschaftet. Butler verdeutlicht dies an der psychoanalytisch inspirierten Figur der „Melancholie", die die konstitutive Verwiesenheit von Sozialität bzw. Macht und Subjektivität auf den Punkt bringt (vgl. Butler, 2001).

Melancholie steht für einen unbetrauerbaren Verlust, der die Folge von Ausgrenzungs- und Verwerfungsgesten ist, wie sie in performativen Sprechpraktiken stets vorgenommen werden (vgl. Mecheril & Plößer, 2012). Jede Signifizierung lässt sich in diesem Sinne als Arbeit an den Grenzen von Sagbarkeit / Unsagbarkeit bzw. als differenzierende (De-)Qualifizierung von superioren / inferioren Subjektpositionen verstehen. Erst über den Ausschluss und die Verwerfung von inferioren, d. h. als nicht anerkennbar qualifizierten, Identitäten wird der Raum abgesteckt, indem sich einfinden kann, was je als lebbare Existenz gilt.

Demnach gilt für die Einnahme einer Identität im Rahmen von Subjektivierung, dass diese sich über Ausschlüsse herstellt.[13] Jene Ausschlüsse fungieren

---

[12] In (nicht nur) pädagogischen bzw. erziehungswissenschaftlichen Diskussionen wird das Anerkennungskonzept vor allem in seiner mit Fragen der Macht verbundenen Fassung zunehmend zitiert und als konstitutives Moment von Erziehung und Bildung aufgefasst, vgl. etwa die Beiträge in Schäfer und Thompson (2010a) sowie Ricken (2009). „Mit Anerkennung", so folgern Balzer und Ricken (2010, S. 36), „scheint etwas benannt, was sowohl an manchen zentralen Nerv unserer Zeit als auch an vielfältige theoretische Grundfragen rührt". Als nicht normativ enggeführter Begriff wird Anerkennung auch im Sinne einer analytischen Beobachtungskategorie verwendet: Eine empirische Operationalisierung von Anerkennung als Adressierung / Readressierung nehmen beispielsweise Reh und Ricken (2012) vor. Für empirische Forschungen, die sich u. a. auf das Butlersche Anerkennungstheorem beziehen, siehe beispielsweise Idel und Rabenstein (2013), Rabenstein et al. (2013), Jergus und Thompson (2017), Balzer und Bergner (2012).

[13] Das Verhältnis von Subjektivierung, Subjekt und Identität lässt sich im Anschluss an Althussers Interpellationsgedanken wie folgt sortieren: Im Rahmen des Subjektivierungsgeschehens wird eine Subjektposition bzw. -adresse bereitgestellt sowie bezogen

Performativität als Konstitutionslogik des Sozialen und des Subjekts 151

(in Rekurs auf eine Argumentation Derridas) als konstitutives Außen und tragen eine Differenz in die Identität ein, die deren Einheit spaltet, d. h. die die Möglichkeit des Subjekts untergräbt, in einem selbstidentischen Sinne zu ,sein': „Selbst wenn das Subjekt benannt wird", so Butler (2006, S. 70), „hängt die Frage, ,wer' es ist, ebenso von den Namen ab, die es niemals erhalten hat: Durch den Namen werden die Möglichkeiten des sprachlichen Lebens ebenso eröffnet wie verworfen". Die nicht erhaltenen Namen bilden gewissermaßen den „verborgene[n] Teil der Identität" (Mecheril & Plößer, 2012, S. 126) und stützen diese. Bezogen auf das Verhältnis von Subjektivität und Sozialität, fungiert Melancholie somit als „Platzhalter [der] anwesende[n] Abwesenheit des Sozialen" (Jergus, 2011, S. 30) im Subjekt, das um seine unmögliche Autonomie nicht trauern kann, da es seine Abhängigkeit von den sozialen Bedingungen seiner Hervorbringung verleugnen muss, um sich als autonom verstehen zu können. Melancholie verweist demgemäß auf die unvollständige Formierung von Subjektivität im Rahmen des Sozialen – und vice versa.

Diese Unvollständigkeit der Formierung bedingt deren Fragilität und *prozedurale Charakteristik*. Als ein doppeltes Zitationsgeschehen, relationiert aus den Akten der Anrufung und Umwendung, ist Subjektivierung ein kontingenter und nicht abschließbarer Vorgang. Sprachliche Kategorien, Namen, Bezeichnungen und die mit ihnen verbundenen soziale Normen entscheiden zwar darüber, welche Form die Anerkennung annehmen kann, aber diese normativen Zuschreibungen sind – als Zitationen – nie vollständig und sie legen die Form der Anerkennung auch nicht eindeutig fest (Balzer, 2007, S. 63). Sie rufen in anreizender Weise dazu auf, sich beispielsweise als Frau, Wissenschaftlerin, Mutter zu formieren, ohne bestimmen zu können, was eine Frau, Wissenschaftlerin, Mutter ist, wie diese sich zu verhalten hat oder wo die konkret datierten Grenzen der binär strukturierten sozialen Ordnung, die zitiert wird, verlaufen. Dies birgt Spielräume für ,eigenmächtige' (wiederum zitatförmige) Verwendungen, oder bezugnehmend auf das Interpellationskonzept: „Ver-Wendungen" (Jergus, 2013, S. 196), der sozialen Adressen.

Die Unterwerfungsgeste eröffnet

> eine Bewegung [. . .], die den Rahmen derselben zu durchbrechen erlaubt: Das Subjekt muss sich zu den Normen verhalten – und es

---

und „konstituiert sich in diesem Bezug ein Subjekt als Träger und Empfänger einer Identität" (Mecheril & Plößer, 2012, 127, FN).

152 Subjektivierung, Macht und die Politizität des Sozialen

verhält sich immer schon zu ihnen; mehr noch: es kann sich nie bloß konventionell, d. h. den Normen entsprechend verhalten, sondern markiert auch noch in der konkreten und vollständigen Unterwerfung eine selbständige Rezeption der Normen (Balzer & Ricken, 2010, S. 68).

Gerade die Betonung des praktischen Moments in der Subjekt*werdung* rekurriert auf den Aspekt einer unvollständigen Konstitution, weshalb Butler die ein Selbstverhältnis stiftende Umwendung (bzw. Ver-Wendung) als „tropologische Inauguration des Subjekts" (Butler, 2001, S. 9) beschreibt. Sie pointiert mit dieser Formulierung eine rhetorische Verfasstheit von sozialen und subjektiven Identitäten, die sich auf die „performative Kraft der Tropen" (Butler, 1995, S. 121) in Abgrenzung zu Vorstellungen außersprachlich vorliegender Identität bezieht (vgl. hierzu auch Abschnitt 4.5.3 auf Seite 165).

4.4.2 Resignifikationen als politisches (Ver-)Sprechen

„Ver-Wendung" impliziert die Möglichkeit, sich gegen die Bedingungen der eigenen Existenz, die Normen der Anerkennbarkeit, zu wenden. Eine solche Freiheit bzw. *Handlungsmächtigkeit* des Subjekts ist in jedem Subjektivierungsvorgang grundlegend angelegt und damit nicht suspendierbar. Sie spielt mit der strukturell bedingten Möglichkeit des Performativs, zu misslingen, zusammen (vgl. hierzu den vorherigen Abschnitt). Butler formuliert eine Vorstellung von Widerständigkeit und Subversion, die nicht emphatisch aufgeladen ist – etwa im Sinne eines emanzipatorischen Gegenübers von Macht –, sondern die *innerhalb* von Machtverhältnissen und des durch diese eröffneten sowie begrenzten Raums situiert ist.

Das strukturelle Angewiesensein von Macht auf beständige Zitationen macht diese anfällig für (parodierende) ,Fehlzitationen', d. h. für das Aufrufen nichtautorisierter oder ungerechtfertigter Bedeutungen (im Sinne des Aufpropfens auf neue Kontexte), die neue Formen der Autorität hervorbringen können. Butler beschreibt diese Sprechweisen als *Resignifikationen*.[14] Widerstand oder Kritik agiert in diesem Sinne in Form „unerwarteter Permutationen", die die Macht bzw. das ,Gesetz' der sozialen Ordnung in ihrem permanenten Wiederaufrufen erzeugt, weil und insofern Macht nicht auf sich selbst referieren kann (Butler, 1995, S. 141–142). Die notwendige Wieder-

---

[14] Ein Beispiel für eine Resignifikation stellt der Subjektbegriff Butlers dar, der als „in Formierung begriffene Struktur" (Butler, 2001, S. 15) in den Diskurs wieder eingeschrieben wird.

holung / Wiederholbarkeit von Subjektivierungen bedingt demnach auch Kohärenz *und* Inkohärenz des Subjektes, Verstetigung *und* Fragilität von Subjektivierungsnormen.

Resignifikationen sind Akte von ungewissem Erfolg. In einem Verweisungsverhältnis der Gleichzeitigkeit zu Signifikationen stehend, entziehen sie sich einer eindeutigen Sortierung. Widerständiges und nicht-widerständiges Sprechen lassen sich in diesem Sinne nicht distinkt voneinander scheiden bzw. lässt sich kritisches Sprechen nicht als solches klar profilieren. Es ereignet sich – als *Sprechen* – immer schon als Anerkennungsgeschehen, das „Subjektivität in Szenarien der An- und Aberkennung ihrer sozialen Existenz einspannt" (Jergus, 2012, S. 40).

Nunmehr erscheint Widerstand bzw. Kritik als eine spezifische Praxis der Arbeit an den Grenzen des Sagbaren bzw. den Normen und Zwängen des Sozialen, die, da sie sich auf die Bedingungen der eigenen Existenz richtet, mit dem *Risiko* der Deformation des Subjekts einhergeht.[15] Das Subjekt macht sich dabei selbst zum Spieleinsatz in einer bestimmten Ordnung von Anerkennungsnormen:

> Um zu sein, können wir sagen, müssen wir anerkennbar sein; aber die Normen in Frage zu stellen, durch die uns Anerkennung zuteil wird, bedeutet in mancher Hinsicht, sein schieres eigenes Sein zu gefährden, in seiner eigenen Ontologie fragwürdig zu werden, seine Anerkennbarkeit als Subjekt aufs Spiel zu setzen. Es bedeutet aber noch mehr. Wenn man gezwungen ist, sich über die verfügbare Norm an sich selbst zu binden, bedeutet das, daß eine Infragestellung der Norm, der Ruf nach neuen Normen, eine Ablösung von sich selbst mit sich bringt (Butler, 2003, S. 64).

Jedes Sprechen, so lässt sich festhalten, ist ein mehr oder weniger deutlicher Bruch mit den sozialen Kontexten, in dem diese und die Anerkennung bzw. Anerkennbarkeit als Subjekt auf dem Spiel stehen. Demnach ist subversive

---

[15] Ein solches Verständnis von Kritik bezieht sich auf Überlegungen Michel Foucaults, für den Kritik eine der Kunst näher (als der Wissenschaft) stehende „Haltung" bedeutet, „nicht derartig, im Namen dieser Prinzipien da, zu solchen Zwecken und mit solchen Verfahren regiert [zu werden] – dass man nicht so und nicht dafür und nicht von denen da regiert wird" (Foucault, 1992, S. 11–12). Dies bezieht sich auf den Machtbegriff Foucaults als Regierung im Sinne einer „Führung der Führungen" (vgl. ausführlicher Abschnitt 4.6 auf Seite 170). Für Foucault ist die Frage danach, wie man nicht regiert wird, nicht zu trennen von jener Frage nach der Art, wie man regiert.

154 Subjektivierung, Macht und die Politizität des Sozialen

Resignifikation jederzeit möglich, weil sie in der Iterabilität des Sprechens angelegt ist und auch – und insbesondere – in (scheinbar) ‚gelingenden‘ Anrufungen eine Bedingung ihres Erscheinens findet.[16]

Für Butler gilt diese im Performativ angelegte Option eines resignifizierenden ‚falschen‘ Zitierens / Zitiertwerdens, die mit der Unabgeschlossenheit von Sinn zusammenspielt, als „politische[s] Versprechen der performativen Äußerung" (Butler, 2006, S. 252). Die Rede vom *Politischen* – als einem Raum des Dissenses, des Widerstands und Ereignisses (vgl. Feustel & Bröckling, 2010) – bezieht sich darauf, dass in den Fehlzitationen ein Möglichkeitsraum des Bedeutens wiedereröffnet wird, der infolge von sedimentierenden Wiederholungen geschlossen und naturalisiert erschien. Resignifikationen richten sich – als politische Artikulationen – auf Veränderungen der Rahmen des Sag- und Lebbaren, so dass Soziale in Bewegung gerät, differente Orientierungen eingebracht und Machtverhältnisse verschoben werden.[17]

Allerdings hat, wie eingangs zu diesem Abschnitt erwähnt, nicht jede subversiv agierende Äußerung gleichermaßen die Kraft, eingespielte Machtverhältnisse zu erschüttern. Insofern jedes Sprechen ebenso von Macht bedingt ist, wie es Macht gleichsam bedingt, ist aber auch nicht vorherbestimmt

---

[16] Unter Bezug auf ein Beobachtungsprotokoll, das im Rahmen einer Hospitation im Kindergarten entstand, argumentieren Schäfer und Thompson (2010b), inwiefern Gelingen und Scheitern von Anerkennungen bzw. Anrufungen einander systematisch überlagern. In der ethnographisch protokollierten Szene einer Kindergartengruppe sollten sich die Kinder der Ethnographin mit Namen und Herkunft vorstellen. In wertschätzender Manier forderte die Erzieherin zwei der Kinder, die angaben, aus Frankfurt / M. zu stammen, auf, ihren ‚eigentlichen‘ Herkunftsort zu benennen: „Ja, M., du wohnst jetzt in [Frankfurt], geboren bist du in Polen und S. ist in Indien geboren. ‚Aber ich bin ein Deutscher!‘ erwidert M., der polnische Junge" (Diem, 2000 in Schäfer und Thompson, 2010b, S. 25). Mit Blick auf das Scheitern der von der Erzieherin intendierten Wertschätzung pointieren Alfred Schäfer und Christiane Thompson die wirklichkeitskonstitutive Kraft der Adressierung: „Der Junge M. wehrt sich gegen die Attribution der Erzieherin. Wenngleich er also seine ‚Veranderung‘ nicht auf sich sitzen lassen will, so ist dennoch eines festzuhalten: Frau Z. hat mit ihren Bemerkungen den Raum des Sprechens bereits ‚konfiguriert‘. Dies ist nicht nur daran zu erkennen, dass die Protokollantin der Szene diesen Jungen nun selbst als einen ‚polnischen‘ Jungen bezeichnet. Der Sprecheinsatz von M. kann nur als ein ‚Sich-Wehren‘ gegen die Attribution auftreten – es gibt keinen unbelasteten Anfang" (Schäfer & Thompson, 2011b, S. 26).

[17] In dieser Perspektive stellt jeder – selbst ein im besten Sinne gemeinter – Versuch den Raum des Sag- und Lebbaren fest zu umgrenzen, beispielsweise in Formen sprachlicher Zensur oder juristischer Fixierung, keine adäquate Weise dar, sich von gegebenen Machtverhältnissen zu emanzipieren, da in diesen der Raum für politische Auseinandersetzungen beengt oder geschlossen würde (Butler, 2006).

oder theoretisch deduzierbar, wann eine solche Einschreibung neuen Sinns bzw. anderer Fassungen subjektiver und sozialer Positionen „gelingt": Ein solches „Gelingen" ist potentiell immer möglich und hängt von der Frage ab, inwiefern der

> uneigentliche Gebrauch performativer Äußerungen den Effekt der Autorität erzeugen kann [...] oder ob fehlangeeignete oder enteignete performative Äußerungen nicht sogar die herrschenden Formen von Autorität und deren Ausschlussmechanismen sichtbar machen können (Butler, 2006, S. 247).

Damit ist auch angesprochen, dass performative Äußerungen stets mit dem Anspruch einhergehen, Geltung und Legitimität zu entfalten, d. h. Hegemonie zu erlangen und sich gegenüber anderen Ansprüchen als die „bessere" Perspektive durchzusetzen. In der nun anschließenden Darstellung der Hegemonietheorie Ernesto Laclaus und Chantal Mouffes soll dieser Gedanke noch einmal ausgeführt und im Zusammenhang mit der Frage diskutiert werden, wie Schließungsbewegungen von Diskursen sich in actu ereignen. Auch die Hegemonietheorie überträgt Derrida'sche Konzepte auf das Denken des Sozialen und variiert damit die von Judith Butler angestellten Überlegungen zur Offenheit und Scheiternsanfälligkeit von Strukturen.

4.5 Zwischen Notwendigkeit und Kontingenz: Diskurs- als Hegemonietheorie

Die Hegemonietheorie Laclaus und Mouffes (1991) zitiere ich hier insbesondere hinsichtlich Fragen der für die Konstitution sozialer Wirklichkeit(en) bedeutsamen Politizität und des Zusammenhangs zu Praktiken. Laclau und Mouffe konzentrieren sich in ihren Überlegungen unter anderem auf die Fixierungen bzw. Schließungsbemühungen innerhalb prinzipiell als offen zu verstehender Strukturen, d. h. auf deren Wirkmächtigkeit, die bezüglich der Arbeiten Butlers bereits unter dem Stichwort der „Sedimentierung" angesprochen wurde. Wie kommt es, dass bestimmte Subjektivitäten und bestimmte soziale Ordnungen wahrscheinlicher wiederholt bzw. zitiert werden als andere, so dass grundlegend angelegte Instabilitäten des Sozialen „tatsächlich in Schach" (Reckwitz, 2006, S. 343) gehalten werden?

Diese Frage verweist noch einmal explizit auf die Machtförmigkeit in der Konstitution von (sozialer und subjektiver) Wirklichkeit, die mit dem Politischen für Laclau / Mouffe in Verbindung steht. Die Rolle des Politischen ist in der Hegemonietheorie – ähnlich zu den Ausführungen Butlers – die einer Grundlegung des Sozialen: Wenngleich manche (soziale) Tatsache so erscheinen mag, als sei sie notwendig und unveränderbar in einer spezifischen Form vorliegend, so ist sie dennoch ein Effekt verstetigter Re-Produktionsprozesse, der seine aus politischen Auseinandersetzungen hervorgegangenen Konstitutionsbedingungen verschleiert. Demnach ist eine soziale Tatsache immer auch re-politisierbar. Der Verweis auf das Politische markiert Prozesse der Disruption und Neuordnung sozialer Verhältnisse.

Laclau und Mouffe (1991) verwenden den Begriff der „Hegemonie", um eine nicht-essentialistische Justierung solcher Verstetigungsvorgänge, die immer wieder in Bewegung geraten können, vorzunehmen: Mit „Hegemonie", einem aus den Arbeiten Antonio Gramscis zitierten Konzept, ist der Modus der Formierung eines Diskurses zu einem – gegenüber anderen Diskursen – *vorherrschenden* Horizont sozialer Orientierung angesprochen, d. h. die Etablierung einer spezifischen Wirklichkeit, die als unhintergehbar *erscheint*. Gegenüber dem Politischen, das als dynamische Bewegung Strukturierungsprozesse am Laufen hält, „gilt der Kampf um eine hegemoniale Stabilisierung als der eigentliche Modus von Politik" (Nonhoff, 2007, S. 12). In der unauflösbaren Relation aus (unter anderem) dem Politischen / der Politik lagert die unmögliche Schließung des Sozialen, wie nachfolgend argumentiert werden soll.

Die Überlegungen Laclaus / Mouffes nehmen ihren Ausgang demnach ebenfalls von einer dauerhaften Abwesenheit zentraler Fixpunkte von Strukturierungen. Diese Abwesenheit ergibt sich hinsichtlich einer grundlegend *antagonistischen* Verfasstheit von Sozialität, d. h. einer Umstrittenheit bzw. Umkämpftheit von Strukturen, die von mit den Arbeiten Karl Marx' verbundenen Theoretisierungen übernommen wird. „Innerhalb dieses Theorierahmens ist eine Gesellschaft ohne Interessengegensätze schlicht nicht denkbar" (Wullweber, 2012, S. 30). Eine solche grundlegende Umkämpftheit markiert das politische Moment in der Hervorbringung von Wirklichkeit(en), da in Bezug auf diese die Durchsetzung *einer* hegemonialen Wirklichkeit erst notwendig wird.

Die Begrifflichkeit des Antagonismus reduziert sich für Laclau / Mouffe nicht auf Machtkämpfe zwischen sozialen Gruppen bzw. Individuen oder auf einen quasi-logischen Widerspruch *innerhalb* von Strukturen – wenngleich auch diese als antagonistisch gefasst werden könnten. Benannt ist mit dem Antagonismus vielmehr eine als radikal gefasste Differenz, die die

Strukturierheit von Strukturen selbst betrifft und deren (Un-)Möglichkeit anzeigt – analog der Figur des konstitutiven Außen bei Derrida (Laclau, 2007a, S. 26–27).[18]

Der Antagonismus etabliert einen Riss, eine Unterbrechung des Raumes, in welchem subjektive und soziale Identitäten differentiell so geordnet sind, dass sie ein System / Diskurs arrangieren, in dem ein bestimmter Horizont des Denkbaren und Wahren abgesteckt ist. Dieser diskursive Innenraum ergibt sich erst in grundlegender Differenz zu solchen differentiellen Identitäten, die als vom Diskurs *ausgeschlossene, verworfene* gelten. Die durch den Antagonismus aufgerufene Grenze, die den Innenraum des Diskurs von seinem Außen scheidet, muss demnach radikal heterogen vis-à-vis des Diskurses (und zugleich dessen Teil) sein:

> Wenn das, was sich jenseits der Grenze befindet, derselben Art ist wie das, was sich diesseits befindet, hätten wir es nur mit einer Scheingrenze zu tun, die nichts anderes als eine interne Differenz innerhalb eines durchgehenden Raums der Repräsentation wäre. Eine *tatsächliche* Grenze sollte diesen Raum daher unterbrechen, sie sollte ihm gegenüber radikal *heterogen* sein (Laclau, 2007a, S. 27).

Mit der vorher genannten *Umkämpftheit* sozialer Wirklichkeit ist angesprochen, dass innerhalb des sozialen Raums – bei Laclau / Mouffe: des

---

[18] Die räumliche Metaphorik einer Unterscheidung von Innen und Außen suggeriert zwei voneinander deutlich getrennte Sphären. Urs Stäheli (2000, S. 25) weist in seiner Lesart der Hegemonietheorie darauf hin, dass das „Außen" immer auch „innerhalb" des Diskurses liegt, vergleichbar eines Moebius-Bandes, bei dem Außen- und Innenfläche fließend ineinander übergehen. Statt einer räumlichen Trennung liegt die strukturelle Bedeutsamkeit des Außen darin, dass es jenen Riss beschreibt, der „die vollständige Schließung des Diskurses verhindert und den Diskurs zu immer neuen Ausschlussversuchen führt" (Stäheli, 2000, S. 25). In späteren Schriften differenziert Laclau – im Anschluss an psychoanalytische Lektüren insbesondere der Schriften Jacques Lacans – zwischen Antagonismus und Dislokation, wobei letztere als Bezeichnung für jene Ereignisse operiert, die in einem gegebenen System nicht kodiert werden können und durch ihr ‚Einreißen' in die sich verdichtenden Strukturen Bedeutungsfixierungen unterminieren. Antagonismen fungieren dann als ein zeitlich versetzter Versuch auf die Dislokation zu antworten – indem die Ursache für eine Dislokation in einem antagonistischen Gegner verortet wird (vgl. Dyrberg, 1998). Die Relevanz des Antagonismus für die Öffnung und Schließung des Sozialen macht erklärlich, weshalb die Hegemonietheorie Laclaus / Mouffes auch als Theorie radikaler Demokratie bezeichnet wird. Radikale Demokratie zeichnet sich für Laclau / Mouffe über das Bewusstsein bezüglich ihrer Grundlosigkeit sowie über den Streit um Begründungsfiguren im Modus von Politik aus (vgl. Nonhoff, 2007, S. 7).

diskursiven Terrains, einer der Derrida'schen différance vergleichbaren Figur – eine Vielzahl an widerstreitenden differenziell strukturierten „Elementen" flottiert (Laclau & Mouffe, 1991).[19] Die Charakteristik des Flottierens verweist sowohl auf die diskursive Verfasstheit eines jeden Objekts / Subjekts, als auch auf deren uneindeutige Identität. Als Signifikationsvorgang gefasst, lässt sich das Flottieren des Signifikanten als dessen Potenz fassen, sich an unendlich viele Signifikate bzw. Konfigurationen von Signifikanten zu binden, da ein Signifikant nicht auf eine Bedeutung hin fixiert ist. Laclau und Mouffe (1991) sprechen diesbezüglich von der „Überdeterminiertheit" von Sinn und Bedeutung bzw. von Identitäten.[20]

Der Antagonismus – als Etablierung einer Grenze von Signifikation – bezieht sich nicht auf den Ausschluss aller innerhalb des diskursiven Terrains flottierenden Elemente bzw. Konfigurationen, sondern nur auf jene, die *notwendigerweise* ausgeschlossen werden müssen, so dass das Flottieren zeitweise arretiert und Sinn und Bedeutung, soziale und subjektive Identitäten, sich einstellen können (Stäheli, 2000, S. 25). Als „Diskurs" (bzw. in zeichentheoretischem Vokabular: Signifikat) gilt im Laclau / Mouffe'schen

---

[19] Das diskursive Terrain wird von Laclau / Mouffe auch als Feld der Diskursivität bezeichnet, das von Diskursen bearbeitet wird. Im diskursiven Terrain agglomerieren unterschiedliche Diskurse, die jeweils antagonistisch im Sinne des Differenzprinzips organisiert sind und eine spezifische Fassung sozialer Wirklichkeit inszenieren. Für Laclau (1983, zitiert nach Stäheli, 2000, S. 35) ist das diskursive Terrain analog dem „Sozialen": „The social is that which is already there, as a possibility and a terrain for the constitution of differences". Das Soziale fungiert demnach als offene Struktur und als „Einschreibfläche für die politische Praxis" (Angermüller, 2007, S. 160). Der Begriff erfährt auf diese Weise eine Neuartikulation gegenüber ‚klassischen' Vorstellungen von Gesellschaft als einer gründenden Totalität (Laclau & Mouffe, 1991). Der Begriff einer (konkreten) „Gesellschaft" ist für Laclau / Mouffe analog zum Diskurs- oder Strukturbegriff jener einer vorübergehend erfolgreichen Schließung des Sozialen. Gerade im Hinblick auf die Unabschließbarkeit von Schließungsbemühungen lässt sich aber kaum von „dem" Diskurs oder „der" Gesellschaft als objektiven Begriffen sprechen.

[20] Martin Nonhoff weist darauf hin, dass das Flottieren für solche Signifikanten gilt, die sich nicht auf *eine* Signifikantenkonstellation festlegen lassen: „Die antagonistische Grenze ist [. . .] keine objektiv gegebene: Denn erstens unterliegt sie der Perspektivität, d. h. von unterschiedlichen Punkten im sozialen Raum aus betrachtet kann es unterschiedliche antagonistische Grenzen geben. Zweitens werden damit stets mehrere Antagonismen innerhalb eines sozialen Gefüges denkbar, und so gibt es auch Elemente, die sich nicht eindeutig einer bestimmten Seite eines bestimmten Antagonismus zuordnen lassen. Diese Elemente destabilisieren — vergleichbar flottierender Signifikanten — antagonistische Grenzziehungen" (Nonhoff, 2007, S. 12–13). Da die Bildung eines Antagonismus sich über Praktiken des Ein- und Ausschließens von Elementen vollzieht, können formal gesehen nicht nur bestimmte, sondern alle Signifikanten flottieren.

Sinne eine über die Verbindung von Elementen (Signifikanten) strukturierte Konfiguration, welche eine quasi-totalitäre Qualität aufweist. Mit Diskurs ist ein „cluster of rules which make some combinations and substitutions possible and exclude others" (Laclau, 2000, S. 76) benannt. Vergleichbar ist dieses Diskursverständnis jenem Michel Foucaults (siehe vor allem Foucault, 1981).

Ein Diskurs konstituiert sich dabei stets *praktisch* entlang (1) von Ausschlüssen und (2) über die Verkettung von Differenzen zu stabilisierten „Momenten" innerhalb eines Diskurses (Laclau & Mouffe, 1991). Laclau / Mouffe bezeichnen diese Verkettungspraktiken, in denen diskursive Elemente miteinander relationiert und konfiguriert werden, als *Artikulationen*, die gewissermaßen die kleinsten Einheiten des Diskurs bilden. Als Resultat des artikulierenden In-Beziehung-Setzens von Elementen wird deren soziosymbolische Identität – als eine spezifische – modifiziert (z. B. als Frau, Mutter, Wissenschaftlerin; Laclau und Mouffe, 1991, S. 155). Mit Bezug auf das Konzept der Artikulation lässt sich ein Diskurs folglich als Verschränkung von (konstitutiv offener) Struktur und Praxis fassen (vgl. hierfür nochmals den Diskursbegriff bei Foucault, 1981).

In Artikulationsakten findet sich die performative Setzungskraft sprachlichen Handelns erneut. Darüber hinaus können auch solche Praktiken der Wirklichkeitskonstitution, die nicht vordergründig versprachlicht sind, etwa körperliche Vollzüge, Vergegenständlichungen, künstlerische Ausdrucksformen, als Artikulationen gelten, mit denen aufgezeigt wird, „inwiefern verschiedene Verhaltensweisen diskursive Momente aufweisen" (Wrana & Langer, 2007, Abs. 12). Im Artikulationskonzept überlagern sich folglich diskursive und soziale Bezüge:

> Unsere Analyse verwirft die Unterscheidung zwischen diskursiven und nicht-diskursiven Praxen und behauptet, dass zum einen sich jedes Objekt insofern als Objekt eines Diskurses konstituiert, als kein Objekt außerhalb jeglicher diskursiver Bedingungen des Auftauchens gegeben ist und zum anderen jede Unterscheidung von gewöhnlich als linguistisch und behaviouristisch bezeichneten Aspekten gesellschaftlicher Praxis entweder eine falsche Unterscheidung ist oder als eine Differenzierung innerhalb der sich in verschiedene diskursive Totalitäten strukturierenden gesellschaftlichen Sinnproduktion verortet werden sollte (Laclau & Mouffe, 1991, S. 157).[21]

---

[21] Diese These Laclaus und Mouffes ist vergleichbar den Ausführungen Butlers zu Mate-

Das Artikulationskonzept irritiert demnach die Unterscheidung zwischen diskursiven und nichtdiskursiven Praktiken, die insbesondere am Foucault'schen Diskursbegriff häufig problematisiert wird (vgl. ausführlicher hierzu Wrana und Langer, 2007).

Diskursive Schließungsversuche erfolgen insbesondere über die Operationslogik der *äquivalenziellen* Verknüpfung von Elementen hinsichtlich eines konstitutiven Ausschlusses, so dass Artikulationen das stets praktisch vorzunehmende Arbeiten an den Grenzen des Diskurses implizieren. Diese Äquivalenzlogik ist von der ihr entgegen strebenden Operationslogik der *Differenz* kontaminiert.

4.5.1 Differenz und Äquivalenz: Unentscheidbarkeiten

Äquivalenz und Differenzlogik bilden zentrale Aspekte der Hegemonietheorie Laclaus / Mouffes. Sie supplementieren den fehlenden Fixpunkt des Diskurses: „[I]n the locus of totality we find only this tension [between equivalence and difference]" (Laclau, 2007b, S. 70). Als „spannend" ist diese Relation insofern zu bezeichnen, als dass Äquivalenz und Differenz selbst füreinander jeweils als antagonistisch bestimmtes konstitutives Außen fungieren. Differenz und Äquivalenz stellen binär-dichotome Operationen dar, die gleichzeitig vollzogen werden und die den Diskurs, als un-mögliche Totalität, sowohl evozieren als auch unterminieren. Dem Diskurs kommt die paradoxe Aufgabe zu, sich zu entfalten und gleichermaßen zu begrenzen:

> This totality is an object which is both impossible and necessary. Impossible, because the tension between equivalence and difference is ultimately insurmountable; necessary, because without some kind of closure, however precarious it might be, there would be no signification and no identity (Laclau, 2007b, S. 69–70).

Die Differenzlogik bezieht sich auf das Produzieren von Differenzen als spezifischen Entitäten eines Diskurses und beschreibt eine Ausdehnung der Signifikantenkette durch das Anknüpfen weiterer Glieder, die einander different sind. Das Vorhandensein differenzieller Einheiten ist Bedingung für deren Systematisierung zu *einem* Diskurs. Zugleich müssen diese Einheiten immer schon auf eine Weise miteinander verbunden sein, die deren Differenz

---

rialität / Materialisierung entlang diskursiver Adressierungen (vgl. den vorhergehenden Abschnitt).

erst ermöglicht: Die Totalität, die ein Diskurs anstrebt, muss in jedem seiner Bestandteile repräsentiert sein. Hier greift die Äquivalenzlogik, die der Differenzlogik entgegen strebt und in diesem Streben paradoxerweise Elemente daran hindert, vollständig als Momente absorbiert zu werden.

Beschrieben ist mit der Äquivalenzlogik ein Systematisierungsprinzip von Differenzen in Form der Verknüpfung von Elementen zu einer Konfiguration bzw. Kette, deren einzelne Glieder hinsichtlich eines ihnen allen zugrundeliegend Identischen miteinander gleichgesetzt und austauschbar werden (Laclau & Mouffe, 1991, S. 183). Dieses Identische ist negativ bestimmt, denn äquivalent sind die einzelnen Kettenglieder allein im gemeinsamen Bezug auf etwas, von dem sich alle in gleicher Weise unterscheiden: dem antagonistisch bestimmten konstitutiven Außen, das jenes Element bzw. jene Konfiguration darstellt, welches bzw. welche notwendigerweise nicht Bestandteil des Diskurses werden kann.[22]

Diese Ausführung zeigt, inwiefern das konstitutive Außen in seiner Abwesenheit anwesend ist, da es als verbindendes Prinzip den Diskurs organisiert – und dessen Etablierung als Totalität zugleich unterminiert. Demnach ist das Verhältnis aus Differenz / Äquivalenz *unentscheidbar*: Jede der Operationen „ist zugleich die Bedingung der Möglichkeit und die Bedingung der Unmöglichkeit der anderen" (Laclau, 2002a, S. 32), so dass Äquivalenz niemals in Identität, Differenz niemals in absolute Differenz umschlagen kann.

Eingespannt in die konträr operierenden Logiken der Äquivalenz und Differenz ist ein Diskursmoment in sich gespalten:

> Auf der einen Seite behält es seinen eigenen „buchstäblichen" Sinn bei; auf der anderen Seite symbolisiert es die kontextuelle Position, für die es ein substituierbares Element ist (Laclau & Mouffe, 1991, S. 105–106).

---

[22] Zur Verdeutlichung bemühen Laclau und Mouffe das folgende Beispiel: „In einem kolonisierten Land wird die Präsenz der herrschenden Macht jeden Tag durch eine Reihe von Inhalten wie Unterschiede in der Kleidung, der Sprache, der Hautfarbe, bei den Sitten und Gebräuchen, evident gemacht. Da ein jeder dieser Inhalte mit den anderen durch ihre gemeinsame Unterscheidung vom kolonisierten Volk äquivalent ist, verliert er seinen Zustand eines differentiellen *Moments* und bekommt den flottierenden Charakter eines *Elements*. Somit erzeugt die Äquivalenz eine zweite Bedeutung, die die erste, obwohl sie von ihr zehrt, untergräbt: Die Differenzen heben sich einander gegenseitig auf, insofern sie etwas ihnen allen zugrundeliegendes Identisches ausdrücken" (Laclau & Mouffe, 1991, S. 183).

162 Subjektivierung, Macht und die Politizität des Sozialen

Diese Justierung einer Diskurseinheit betont deren strukturelle Iterabilität, in der sich Identität und Andersheit zur differentiellen Einheit verbinden. Artikulationen, so lässt sich festhalten, verharren demnach stets *zwischen* Öffnung und Schließung von Sinn und Bedeutung bzw. von Identitäten.

4.5.2 Unmögliche Bezeichnungen

Inwiefern eine artikulatorische Praktik den Versuch einer hegemonialen Schließung darstellt, soll nun anhand der Laclau / Mouffe'schen Überlegungen zur diskursiven Etablierung von *Knotenpunkten* dargelegt werden. Auf einen Knotenpunkt hin richten sich die Glieder der Signifikantenkette aus, so dass der Diskurs zu einer (instabil verbleibenden) Einheit „vernäht" wird, indem der Knotenpunkt den Riss besetzt, der durch den Antagonismus hervorgebracht wird. Knotenpunkte verbürgen damit die zeitweise eindeutigen Beziehungen zwischen Elementen und bilden die Ordnung des Diskurses.[23]

Die Etablierung eines Knotenpunktes markiert eine grundlegende Aporie des Konstitutionsprozesses von Diskursen: Es wurde bereits argumentiert, dass sich Diskurse über ihre Abgrenzung von einen konstitutiven Außen strukturieren; diese Abgrenzung wird in Artikulationsakten vorgenommen. Dabei muss dieses konstitutive Außen, d. h. jenes Element, welches nicht Teil des Diskurses werden kann, zugleich Eingang in den Diskurs finden, um Schließung zu prozessieren. Die Hineinnahme des ausgeschlossenen Elements kann jedoch nicht auf ‚regulärem' Wege der Verkettung erfolgen, da dieses sonst zu einer Differenz nebst anderen würde, so dass Diskurs und Außen in eins fielen (Nonhoff, 2007, S. 10).

Eine Schließung des Diskurses kann sich demnach nur dann ereignen, wenn die Grenze des Diskurses, die durch das Außen bedingt ist und dieses vom Diskurs trennt, sowohl aufrechterhalten als auch aufgehoben wird. Auf den Signifikationsvorgang gewendet, handelt es sich bei diesem Prozess um eine unmögliche Bezeichnung, die etwas nicht Vorhandenes als Vorhandenes signifiziert. Dies ‚gelingt' nur im Modus der Subversion des Bezeichnungsprozesses als solchem. Eine derartige Position der Bezeichnung (einer Grenze)

---

[23] Die Begrifflichkeit des Knotenpunktes übernehmen Laclau / Mouffe von Jacques Lacans Formulierung des „point de capiton" bzw. Stepppunkt. Laclau und Mouffe (1991, S. 150) verweisen darauf, dass ein Diskurs, der nichts festsetzt, der Diskurs einer Psychotikerin sei. Eine solche Formulierung verweist darauf, dass im Sinne der Kontingenz des Sozialen nicht zu jeder Zeit alles möglich wäre. Die Verbindung aus Kontingenz und Notwendigkeit, wie sie von Laclau und Mouffe entfaltet wird, entspricht eher einer geordneten Unordnung.

Diskurs- als Hegemonietheorie 163

bei gleichzeitiger Unterminierung von Bezeichnung wird von einem „leeren Signifikanten" bezogen, der die Abwesenheit eines eigentlichen Fixpunktes anzeigt und als Knotenpunkt fungiert:

> Es kann leere Signifikanten innerhalb des Feldes der Signikation deshalb geben, weil jedes Signifikationssystem um einen leeren Platz herum konstruiert ist, der aus der Unmöglichkeit resultiert, ein Objekt zu produzieren, welches der Systemhaftigkeit des Systems trotz alledem erfordert (Laclau, 2002b, S. 70).

Bedeutsam ist in diesem Zusammenhang, dass ein leerer Signifikant immer ein Signifikant des Diskurses ist, d. h. eine spezifische bzw. partikulare Differenz, die in Einnahme der Position des leeren Signifikanten (bzw. des Knotenpunktes) Universalität beansprucht:[24]

> Dieser Signifikant ist einerseits ein Partikulum, ein differentes Element wie jedes andere. Andererseits aber verkörpert er in einer Art paradoxalem Kurzschluss zugleich das spezifische Allgemeine der betreffenden Formierung von gesellschaftlichen Forderungen (und der fordernden Subjekte; Nonhoff, 2007, S. 13).

Die Entleerung hinsichtlich der Differentialität des Signifikanten erfolgt über dessen Funktion der Repräsentation des Diskurses bzw. der Identität aller durch ihn verbundenen Elemente. Je mehr partikulare Systemdifferenzen ein spezifischer Signifikant um sich zu organisieren vermag, desto mehr von seiner differentiellen Partikularität wird getilgt, d. h. er wird so weit entleert, bis er (nahezu) ausschließlich für die Totalität des Diskurses steht. Insofern auch ein leerer Signifikant der „Materialität des Signifikanten" (Laclau, 2001, S. 147) verbunden bleibt, stellt er jedoch immer einen unangemessenen Repräsentanten dar – dies schließt an Derridas Überlegungen zum Supplement an (vgl. Abschnitt 4.3 auf Seite 139).[25]

---

[24] Als Beispiel für einen leeren Signifikanten sind Signifikanten wie „Freiheit" und „Gleichheit" – aber auch: Wirksamkeit – zu nennen, die chronisch unterbestimmt durch ein fixes Signifikat sind (Reckwitz, 2006, S. 344), sie demnach nahezu ,leer' an einer spezifischen Bedeutung und demzufolge interpretationsoffen. Knotenpunkte setzen an die Stelle eines unverfügbaren Zentrums einen quasi-totalitären „Horizont" (Laclau, 1999, S. 130), gerade weil sich viele andere Signifikanten auf sie beziehen können, um im Namen der Freiheit, Gerechtigkeit etc. zu sprechen.

[25] Ein Signifikant kann sich nicht vollständig ,entleeren', weshalb mitunter auch vom „ten-

Der Modus des Organisierens von Elementen um einen Knotenpunkt herum ist dabei weniger ein repressiver, als ein *affektiver* (vgl. Laclau, 2007b). Das Gelingen eines Signifikanten, zum Repräsentanten der Einheit des Diskurses zu werden, ergibt sich im Hinblick auf seine Potenz (s)eine spezifische diskursive Identität als attraktiv und erstrebenswert darzustellen und dahingehend Bindungskräfte zu erzeugen, d. h. die Äquivalenzkette auszudehnen (vgl. Reckwitz, 2006, S. 343). Neben der repressiven Operation des Ausschließens eines nicht zum Diskurs gehörigen Elements operiert die Macht der Hegemonie demnach auch über das Versprechen der adäquaten Repräsentanz und wirkt dahingehend *produktiv* (vgl. hierzu den nächsten Abschnitt zur Machtanalytik Foucaults).

Welcher Signifikant den „totalizing job" (Laclau, 2007b, S. 70) übernimmt, d. h. zum Repräsentanten des gesamten Diskurses wird, ist demnach nicht determiniert, sondern „[e]s ist die Unbestimmtheit des Inhalts, durch die das Universale seinen Ausdruck bekommt" (Laclau, 1999, S. 134).

Dem leeren Signifikanten kommt in den Kämpfen um diskursive Vorherrschaft eine herausgehobene Bedeutsamkeit zu, denn an diesem ,entscheidet' sich vorübergehend, welche konkrete Form die Schließung des Diskurses, im Sinne einer hegemonialen Formierung, des diskursiven Terrains jeweils annehmen soll. Zur Hegemonie einer diskursiven Formation kommt es, wenn sich diese als das Allgemeine oder Universelle repräsentierend, d. h. als alternativlos gegenüber anderen Formationen, inszenieren kann und über die wiederholt geleistete Abwertung von Alternativen seine Vorrangstellung festigt (vgl. Nonhoff, 2006). Die Etablierung eines leeren Signifikanten ist demnach Konvergenzpunkt hegemonialer Aushandlungen.

Laclau bezeichnet die Beziehung, in der ein partikulares Element die Repräsentation des Universalen bzw. Allgemeinen übernimmt, als hegemoniales Verhältnis, um über den Terminus der Hegemonie den streitbaren und stets vorläufigen Charakter der Konstruktion eines gemeinsamen Grundes divergierender Elemente zu markieren. „Hegemonie" wird in diesem Sinne „zum Namen des politischen Wettkampfs, diese ,Ordnung an sich' mit einer bestimmten partikularen Forderung zu inkarnieren" (Marchart, 1998, S. 9). Die Prozessualität von Hegemonie ergibt sich hinsichtlich der Unentscheidbarkeit der Relation von Partikularität / Universalität. Als unentscheidbar

---

denziell leeren Signifikanten" gesprochen wird (z. B. Marchart, 2007). Die zunehmende Entleerung des Signifikanten, die sich in der Verlängerung der Äquivalenzkette ergibt, wird durch die die Äquivalenz konstiuierende Differenzialität begrenzt.

gilt die Relation zwischen den Dimensionen der Partikularität und der Universalität, analog jener zwischen Differenz und Äquivalenz, dahingehend, dass jene Grenze, die zwischen der Leere des Universalen und der partikularen Füllung klafft, immer wieder aufs Neue etabliert werden muss (Laclau, 1999, S. 137). Insofern weder der eine noch der andere „Grenzfall" in seiner Absolutheit erreicht werden kann und ist es die Bewegung im Zwischen, das Neu-Verketten und Differenzieren, welches Sinn und Bedeutung im Status steter Vorläufigkeit erzeugt.

Zusammenfassend lässt sich die Hegemonietheorie dahingehend verdichten, dass in ihr die Figur einer *unmöglichen Schließung* bearbeitet wird (Jergus, 2011, S. 56). Dies ergab sich etwa hinsichtlich der Differenzrelationen von dem Politischen / der Politik, den Logiken der Differenz / Äquivalenz oder des Partikularismus / Universalismus, ebenso ließe sich das Verhältnis aus Kontingenz / Notwendigkeit anführen. Den Differenzrelationen ist gemein, dass sie als unentscheidbar gelten, demnach nicht zu einem Pol hin aufgelöst werden oder vollständig ineinander verschmelzen können. Bewegungen der Öffnung und Schließung von Strukturen bzw. Sinn werden damit als *gleichzeitige* und *miteinander in Beziehung stehende* erkennbar. Die Erzeugung von Sinn bzw. sozialen und subjektiven Identitäten erfolgt im durch die unmöglich zu erreichenden Pole der Öffnung / Schließung abgesteckten *Zwischenraum.* Mit Hegemonie bzw. einer hegemonialen Artikulationspraktik ist hinsichtlich dieser Relationen eine Entscheidung auf unentscheidbarem Terrain benannt, die zu einer prekär verbleibenden Strukturierung im Sinne eines Diskurses, Signifikats, einer Gesellschaft führt. Eine hegemoniale Artikulationspraktik fungiert als (wiederholt-zitierend vorzunehmende) Schließungsbemühung, d. h. als eine Entscheidung, die (1) in sich selbst gründet, (2) andere Entscheidungen ausschließt und (3) inhärent gespalten ist, da sie stets *diese* Entscheidung, aber auch *eine* Entscheidung ist (vgl. Laclau, 1999, S. 138).

4.5.3 Die Rhetorizität der Hegemonie

In jüngeren Veröffentlichungen hat Ernesto Laclau, inspiriert von den Arbeiten des Literaturkritikers Paul de Man, die Terminologie der Hegemonietheorie um das Vokabular einer Rhetorizität des Sozialen erweitert, die „notwendigerweise die performative Dimension mitbeinhaltet" (Laclau, 2001, S. 147). Der Bezug auf Rhetorik ist insofern anschlussfähig, als dass rhetorische Überlegungen sich stets auf die Wirkmächtigkeit der Rede richten (vgl. zur Bedeutsamkeit der rhetoriktheoretischen Überlegungen Laclaus für eine machtsensible Diskursanalyse, wie sie auch in dieser Studie vorgenommen werden soll: Jergus, 2011; Jergus, 2014b). Aus Perspektive einer generalisierten Rhetorik wird die Kontingenz von Sinn bzw. sozialen wie subjektiven Identitäten, d. h. deren Grundlosigkeit, pointiert. Als rhetorische Relation gefasst, ist die Beziehung zwischen Elementen als figürlich bzw. figurativ und mittelbar – gegenüber einer wörtlich-objektiven – zu bestimmen (Nonhoff, 2007, S. 10).

Laclau betont die *katachrestische* Qualität dieser Beziehung und referiert damit auf die gleichnamige rhetorische Figur, in der in ,missbräuchlicher' Verwendung vorhandenen Wortmaterials neue Ausdrücke generiert werden, beispielsweise in den Wörtern Motorhaube, Bergfuß, Salatkopf. Der durch die Katachrese praktizierte Missbrauch verweist auf die – aus Perspektive einer objektiv vorliegenden Wortbedeutung – inkorrekte Verwendung von Wörtern, so dass zunächst nicht miteinander Zusammenhängendes zu einer Einheit verschmilzt und im Effekt der Verknüpfung ein „eigentlicher" Ausdruck erst geschaffen wird. Die Katachrese ist der Modus der Er-Findung einer Bezeichnung, welche die unabschließbare Produktivität von Sprache anzeigt, aus einer begrenzten Anzahl von Wortelementen unbegrenzt viele sprachliche Neuschöpfungen vorzunehmen. Demnach fungiert die Katachrese als Figur der Entgrenzung des Vorhandenen.

Bedeutsam ist in diesem Zusammenhang ihre Nähe zum Tropus der Metapher, die sich dahingehend dargestellt, dass die Katachrese als eine erzwungene, notwendige Metapher gilt (Posselt, 2005, S. 9).[26] Die Unterscheidung in Katachrese und Metapher basiert auf dem Vorhandensein eines eigentlichen Ausdrucks, der im Falle der Metapher durch den figurativen Ausdruck substituiert, im Falle der Katachrese erst geschaffen wird:

> Wenn also das einzige Definitionskriterium einer Katachrese darin besteht, daß sie auf einem figuralen Namen beruht, der kein Gegenstück in einem eigentlichen hat, dann ist klar, daß es in der Art von Figurierung, die von der Katachrese eingeführt wird, keine Spezifität gibt und daß sie die Figuren der Sprache *sensu stricto* wiederholen wird, mit der einzigen *differentia specifica*, daß es keine tropologische Bewegung vom Eigentlichen zum Figuralen gibt (Laclau, 2001, S. 159; Hervorhebung im Original).

---

[26] Vergleiche „tropus" als das griechische Wort für „Wendung" (oder Redewendung).

Neben dem Aspekt ihrer Missbräuchlichkeit kennzeichnet sich die Katachrese folglich durch das Schließen einer sprachlichen Lücke. Ihre signifizierende Bewegung ist nicht bloßer Transfer eines Ausdrucks auf einen ‚neuen' Sachverhalt, sondern impliziert die Notwendigkeit der Bezeichnung eines bislang unbenannten Sachverhalts oder Gegenstands. Die Katachrese supplementiert „einen lexikalischen Mangel in der Sprache" (Posselt, 2005, S. 19). Eine strikte Trennlinie zwischen figurativem und wörtlichem Ausdruck ist folglich hinsichtlich dieses Tropus kaum zu ziehen. Gerald Posselt (2005), der die Katachrese hinsichtlich der Frage nach einer „Rhetorik des Performativen" zum Untersuchungsgegenstand nimmt, stellt heraus:

> Die Katachrese steht unentscheidbar zwischen dem gewöhnlichen Wort und der Metapher. Sie ist ein gewöhnlicher Ausdruck, da sie eine ursprüngliche und genuine Bezeichnung ist; sie ist eine Metapher, da sie auf Übertragung und Ähnlichkeit beruht. Kurz, die Katachrese ist ein eigentlicher Ausdruck, da es keinen anderen Ausdruck gibt, der eigentlicher wäre, und doch ist sie figurativ, da sie immer auf einer tropologischen Bewegung basiert (Posselt, 2005, S. 19).

In Posselts Argumentation nimmt die Katachrese demnach eine Zwischenposition ein, in der sie (mit den Worten Pierre Fontaniers) einen eigentlichen Sinn „zweiten Ursprungs" (Posselt, 2005, S. 20) generiert. Als deren Möglichkeitsbedingung – und damit: als grundloser Grund – geht die Katachrese der Unterscheidung von literalem / figurativem Sinn voraus: „Wenn es jedoch prinzipiell immer möglich ist, einen neuen eigentlichen Sinn hervorzubringen, dann ist zu vermuten, daß es vielleicht niemals einen ursprünglichen eigentlichen Sinn gegeben hat" (Posselt, 2005, S. 20), so dass die Katachrese gewissermaßen den (un-möglichen) Ursprung der Sprache markiert.

Ebenso wie sie die Bedingung der Möglichkeit einer Differenz aus wörtlich / figurativ ist, zeigt sie auch deren Unmöglichkeit an: Das Potential der Katachrese, unendlich viele neue Ausdrücke zu generieren, unterminiert die Fixierung von Sinn auf *einen* Ausdruck hin. Die Qualifizierung des Verhältnisses als *unentscheidbar* betrifft nicht nur jenes Verhältnis aus wörtlicher und übertragener Rede, sondern auch jenes zwischen eigentlichem und uneigentlichem Tropus. Die Abgrenzung der Katachrese – als erzwungener und damit uneigentlicher Metapher – gegenüber dem ‚reinen' Tropus der Metapher macht darauf aufmerksam, dass auch alle anderen Tropen mit der Katachrese in Verbindung stehen, insofern auch diese, wie etwa die für Laclaus hegemonietheoretische Überlegungen relevanten Tropen der Metonymie oder Synekdoche, dem Missbrauch durch die Katachrese anheimfallen können. Demnach besetzt die Katachrese einen paradoxen Ort innerhalb und außerhalb des rhetorischen Systems, weil sie sich keiner Seite eindeutig zuordnen lässt. Sie verhält sich „wie ein invaginalisierter Rand", der „innerhalb dessen liegt, was er begrenzt" (Posselt, 2005, S. 18) und verbürgt mit diesem Verhalten die Unabgeschlossenheit des rhetorischen Systems.

Bezüglich der Funktion der Katachrese, einen Sachverhalt durch eine missbräuchliche Geste zu benennen, ist das Moment der sprachlichen Setzungskraft, d. h. deren performative Dimension, zu betonen. Offenbar nicht zufällig entspinnt sich Derridas Neujustierung des Austin'schen Performativs an Austins Klassifizierung zitierender Sprechkontexte als missbräuchlich (vgl. Abschnitt 4.3 auf Seite 139): Das Derrida'sche Performativ ist selbst eine katachrestische Benennung, die sich einen existierenden Ausdruck ‚borgt'. Die Performativität der sprachlichen Benennung, die die Katachrese birgt, liegt in der hervorbringenden Konstitution eines Gegenstandes bzw. Sachverhalts als einer *identitären Einheit*:

> Der sprachliche Akt der Benennung wird hier als eine diskursive Praxis verstanden, die den Anschein der Einheit und Identität dessen hervorbringt, was sie benennt und dadurch als einheitliche, in Zeit und Raum identische Entität intelligibel macht (Posselt, 2005, S. 22; vgl. auch Laclau, 2002a).[27]

Spätestens an dieser Stelle lässt sich die Verbindung zwischen dem Tropus der Katachrese und der hegemonialen Schließung im Sinne einer Repräsentation / Totalisierung des Diskurses, wie sie von Laclau und Mouffe formuliert

---

[27] Posselt zeigt eine solche Hervorbringung von Einheit am Beispiel des scheinbar eindeutigen Wortes „Bergfuß" auf, dessen Benennung ein bereits konstituiertes physikalisches Objekt vorauszugehen scheint: „Fragt man [...] genauer nach, wie denn der Fuß eines Berges ‚eigentlich' beschaffen sei, was zu ihm gehöre und was nicht, wo er aufhöre und wo er beginne, so kommt der Verdacht auf, daß das Wort ‚Bergfuß' die Identität und die Einheit eines Wortes suggeriert, die so nicht existiert, sondern vielmehr durch den Namen selbst erst hervorgebracht wird" (Posselt, 2005, S. 21). Posselt unterstreicht im weiteren Verlauf seiner Untersuchungen diese performative Setzungskraft der Katachrese, indem er argumentiert, dass der katachrestische Vorgang der Besetzung einer sprachlichen Lücke zugleich die *Konstitution* dieser Lücke ist – d. h. die Konstitution „eines Grundes, der nur als abwesender adressiert werden kann" (Jergus, 2011, S. 74). Demnach besetzt die Katachrese nicht nur eine Lücke, sie schafft diese erst.

wurde, ziehen (Laclau, 2001, S. 149). Diese Repräsentation, so wurde im vorherigen Abschnitt argumentiert, ist sowohl notwendig als auch unmöglich und metaleptischer Effekt einer vereinheitlichenden Benennungspraxis. Vergleichbar weist auch Judith Butler auf den tropologischen Charakter der Subjektivierung hin und taxiert damit die „Um-Wendung des Subjekts zur Anrufung als tropische Geste" (Jergus, 2011, S. 70).

Mit Blick auf Subjektivierung als katachrestischem Vorgang der nachträglichen (metaleptischen) Erzeugung eines Subjekts, lässt sich bezüglich der performativen Wirksamkeit der Katachrese herausstellen, dass diese auch unabhängig davon eintritt, ob die Katachrese beabsichtigt oder versehentlich vorgenommen wurde. Keine Sprecherin kann über den von ihr getätigten Sprechakt vollends verfügen (Posselt, 2005, S. 213). Missbrauch stellt vielmehr ein Wesensmerkmal des Sprechens dar.

Dies lenkt die Aufmerksamkeit auf die *politische Qualität* der Katachrese, auf die sowohl Laclau (und Butler) als auch Posselt in ihren Arbeiten fokussieren. Diese politische Qualität lagert in der Notwendigkeit und Missbräuchlichkeit der Katachrese. Beide Aspekte referieren auf die nicht zu tilgende Möglichkeit einer subversiven Resignifikation (vgl. Butler, 2006 sowie vorheriger Abschnitt unter 4.4.2 auf Seite 152) als Neu- bzw. Wiedereinschreibung „alter" Namen mit „neuen" Begriffen – im Sinne sedimentierter Bedeutungen, die durch Fehlverwendungen wieder ‚geöffnet' werden können.

An der Katachrese ist für Laclau nicht allein ihr performatives Wirken hinsichtlich der hegemonialen Bearbeitung des diskursiven Terrains bedeutsam, sondern auch ihr Verhältnis zu den Tropen der Metapher und der Metonymie. Letztere kennzeichnen verschiedene Arten der Beziehungsgestaltung: *Metonymisch* sind solche Beziehungen, die auf Kontiguität, d. h. auf kontingenten Verschiebungen von Elementen, welche nicht notwendig miteinander verbunden sein müssen, beruhen. Als *metaphorisch* lassen sich analogische Beziehungen der Verdichtung bezeichnen, in denen jedes Element gegen ein anderes ersetzt werden kann (im Sinne von Identität oder vollständig fixierter Bedeutung), wie es eine diskursive Schließung betrifft: „Ein Diskurs ist mehr oder weniger metaphorisch je nach dem Grad der Fixierung, die er zwischen seinen konstitutiven Komponenten etabliert" (Laclau, 2001, S. 157). Metonymie steht demnach in Linie der Differenzlogik, Metapher in jener der Äquivalenzlogik. Artikulatorische Praktiken der Sinnerzeugung / -fixierung finden dann – entsprechend den unter 4.5.1 auf Seite 160 genannten Ausführungen – zwischen den je für sich unmöglichen Polen der metonymischen Verschiebung und metaphorischen Ersetzung statt. Insofern stellt sich Hegemonie ein als das wiederholt vorzunehmende Ziehen einer Grenze zwischen den Tropen, d. h. unter der Bedingung, dass diese ihre tropologische Bedeutung aufrechterhalten:

> Dieser Vorgang genereller Rhetorisierung findet nur statt, soweit keine der Bedingungen, unter denen jede Trope das werden würde, was sie wörtlich zu sein behauptet, erfüllt ist (Laclau, 2001, S. 170).

Katachrese, Metonymie und Metapher (sowie die Synekdoche als Figur, die sich auf die Bildung eines Knotenpunktes, um das Allgemeine durch eine Partikularität zu repräsentieren, bezieht) stehen demnach in einem Zusammenhang gegenseitiger Hervorbringung und Begrenzung, der auf Dauer gestellt ist und in dem zwischen wörtlicher und rhetorischer Rede nicht klar zu unterscheiden ist.

Die Erweiterung der Hegemonietheorie um rhetorisches Vokabular betont *zusammenfassend* die figurative und relationale Qualität von Sinn und Bedeutungsgebungsprozessen und präzisiert den performativen Charakter von Hegemonien. Im verbindenden Zusammenschluss differentieller Elemente wird der soziale Raum von sich in Bewegung befindlichen diskursiven Elementen so organisiert, dass sich eine vorübergehende Fixierung dieser Elemente einstellt. Das Prinzip der Organisation verläuft über den Ausschluss eines Elements bzw. einer Konfiguration, die als radikal anders und nicht zugehörig erklärt wird. Der Ausschluss markiert eine machtvolle Geste, in deren Effekt soziale Ordnung(en) und subjektive Identitäten (bzw. Sinn und Bedeutung) sich einstellen (vgl. nächster Abschnitt). Gleichermaßen wie der Ausschluss die Bedingung der Möglichkeit einer Etablierung von Ordnung ist, subvertiert und verhindert er auch jede Verstetigung und Essentialisierung dieser Ordnung. Jedes Sprechen, das, als Artikulationen gefasst, Differenzen hinsichtlich des Ausschlusses relationiert, lässt sich insofern als katachrestisch verstehen: Es besetzt jene Lücke im Herzen der Konfiguration, die sich aufgrund der Kontingenz des Sozialen nicht schließen lässt. Zugleich wird diese Lücke im Besetzungsakt konstituiert.

4.6 Foucaults Machtanalytik

Die bisherigen Betrachtungen der als ‚poststrukturalistisch' zu bezeichnenden Einsätze Derridas, Butlers, Laclaus und Mouffes etc. sollen nachfolgend um eine Darstellung der Machtanalytik von Michel Foucault ergänzt werden, um die Wirkmächtigkeit von Sprechpraktiken zu spezifizieren. Die Arbeiten Foucaults sollen an dieser Stelle noch einmal eigens erwähnt werden, da sein Denken nicht nur Inspirationsquelle für die hier angeführten Theoretisierungen von insbesondere Judith Butler sowie Ernesto Laclau und Chantal Mouffe darstellt, sondern Foucault auch in den Erziehungswissenschaften eine gegenüber anderen als ‚poststrukturalistisch' deklarierten Arbeiten und Autorinnen vergleichsweise breite Rezeption erfährt. Insofern der folgende Abschnitt der vorliegenden Arbeit auf das Foucault'sche Machtverständnis fokussiert, können nicht alle Aspekte seines insgesamt sehr heterogenen Werkes angerissen werden.

Wenngleich Foucault selbst nicht die Bezeichnung der Performativität verwendet, referiert er mit dem Konzept der „diskursiven Äußerung" eine ähnliche Denkfigur. Systematische Linien der Arbeiten Foucaults zu den bisher besprochenen Theorien arbeitet Kerstin Jergus (2011) in ihrer Untersuchung zum unbestimmten Sprechen über Liebe / Verliebtheit heraus. Sie argumentiert, dass Foucault ebenfalls von einem leeren Zentrum der Struktur ausgeht – dieser Nicht-Ort findet sich bei Foucault in Form eines „historischen Apriori" (Foucault, 1981) – das kontingente Besetzungsversuche erfordert. Als „diskursive Praxis" (Foucault, 1981, S. 93) benennt Foucault Vorgehensweisen, in denen Beziehungen als „Bündel" (im Sinne einer diskursiven Formation) zwischen Gegenständen, Begriffen, Subjektpositionen und Strategien gestiftet werden, die in der Hervorbringung, Sicherung, Umgestaltung etc. von sozialen Tatsachen bzw. Objekten (z. B. „Wahnsinn", „Sexualität") zusammenspielen. Auch für Foucault operieren diese Praktiken nicht im Sinne einer Aktualisierung vorhandener Strukturierungen, sondern im Zwischenraum von reiner Wiederholung und absoluter Andersheit, bei Foucault: Zwischen Ereignishaftigkeit und Regelmäßigkeit (Foucault, 1992). Sie sind damit performativen „Artikulationen" nach Laclau / Mouffe vergleichbar.

Analytisch situiert sich ‚das' Foucault'sche Vorgehen als Konglomerat einer „archäologischen" und „genealogischen" Betrachtungsweise, wobei erstere sich auf das faktische Auftauchen von Aussagen und die Möglichkeitsbedingungen des Erscheinens von Aussageereignissen, letztere sich auf die Brüche innerhalb einer das Analysierte totalisierenden Darstellung (wie sie die Archäologie als alleinige Untersuchungsperspektive in Aussicht stellt) konzentriert (Jergus, 2011, S. 59–62). Mit der genealogischen Betrachtungsweise ist demnach in besonderer Weise die Annahme verbunden, dass es keine abschließenden Erkenntnisse bezüglich eindeutig vorliegender Erkenntnisgegenstände gibt (vgl. hierzu auch das nächste Kapitel dieser Arbeit unter 5 auf Seite 181). Die Analyse fokussiert sich vielmehr auf ,Oberflächlichkeiten', auf Positivitäten des Erscheinens. Demnach versteht auch Foucault diskursive Praktiken als Bewegungen zwischen Öffnung und Schließung. In einem solchen Zusammenhang wird „Macht" als nicht einheitlich vorliegender Gegenstand bestimmt.

Als „Analytik" bezeichnet Foucault seine Auseinandersetzung mit Macht, um darauf aufmerksam zu machen, dass es sich bei Macht nicht um einen substanzlogischen Begriff handelt, sondern um die Bezeichnung eines netzwerkartigen (Kräfte-)Verhältnisses, das Auseinandersetzungen im Sinne gegeneinander gerichteter Kräfte, Verschiebungen, Brechungen, impliziert und „sich nicht zureichend auf nur eine Seite – als Ursprung – zurückführen lässt" (Ricken, 2004, S. 125).

Macht existiert denn auch nur in Form ihrer Ausübung / Ausgeübtwerdens und ist – eingelassen in soziale Relationen – „ein Moment an allem (sozialen) Handeln" (Ricken, 2004, S. 127), dezentral von überall kommend (vgl. Foucault, 1977, S. 114). Mehr als die Frage danach, was Macht ist, steht folglich die Frage nach dem Funktionieren, dem „Wie" der Macht, im Fokus (vgl. Foucault, 1994a).

4.6.1 Let's talk about sex: Produktive Macht

Die relationale Struktur von Macht als einem Verhältnis verweist auf die Perspektive, gegebene soziale Ordnungen, Identitäten etc. in ihrer Bedingtheit durch andere(s) wahrzunehmen. Hier finden sich Anknüpfungspunkte an das Konzept des konstitutiven Außens, das ein ermöglichendes / verunmöglichendes Verhältnis zum Diskurs unterhält. Mit Foucault lässt sich die Produktivität von machtvollen Ausschlüssen verdeutlichen, die auch für die theoretischen Überlegungen Butlers und Laclaus / Mouffes relevant war.

In seinen Untersuchungen zum Zusammenspiel von „Sexualität und Wahrheit" argumentiert Foucault (1977) entlang des Untersuchungsgegenstandes menschlicher Sexualitätsdiskurse, dass die Unterdrückung und das Verbot des Sprechens über Sexualität in inverser Wendung erst zu geschwätzigem Wuchern bezüglich Sexualität führt: Das Sprechverbot ermöglicht und ersucht permanent Redeweisen, die sich als Befreiung des Gegenstandes der unterdrückten Sexualität veranlassen, d. h. das Verbot stellt einen Anreiz zum und eine Intensivierung des Sprechens dar.

Foucault spricht von „diskursiven ‚Interessen'" oder vom „Gewinn des Sprechers" (Foucault, 1977, S. 16), den die vermeintlich subversive Rede über den verbotenen Sex in Aussicht stellt. Als mit einem solchen Gewinn verbunden gilt das Aufdecken und Aussprechen einer Wahrheit des Sexes, für die ihr Verbergen zuvörderst notwendig ist. In diesem Sinne operieren Machttechniken nicht ausschließlich repressiv, sondern im Format der Produktivität, die die Attraktivität und Anerkennung von Machtverhältnissen verspricht: Als eine Verbindung aus Zwang und Lust.

> Der Grund dafür, daß die Macht herrscht, daß man sie akzeptiert, liegt ganz einfach darin, daß sie nicht nur als neinsagende Gewalt auf uns lastet, sondern in Wirklichkeit die Körper durchdringt, Dinge produziert, Lust verursacht, Wissen hervorbringt, Diskurse produziert; man muß sie als ein produktives Netz auffassen, das den ganzen sozialen Körper überzieht [...] (Foucault, 1978b, S. 35).

Produktiv wirkt die Macht (unter anderem) hinsichtlich der Einsetzung „wahrer" Diskurse. In seinen historisch situierten Studien zu Sexualität kommt Foucault zur Einsicht, dass entgegen einer These von der Repression des Sexes dieser zunehmend zum Gegenstand von Erkenntnis wurde – und zwar einer bestimmten Form von Erkenntnis:

> Um das 18. Jahrhundert herum entsteht ein politischer, ökonomischer und technischer Anreiz, vom Sex zu sprechen. Und das nicht so sehr in Form einer allgemeinen Theorie der Sexualität, sondern in Form von Analyse, Buchführung, Klassifizierung und Spezifizierung, in Form quantitativer oder kausaler Untersuchungen (Foucault, 1977, S. 29).

Dem Sex gegenüber etabliert sich ein „Willen zum Wissen", der die Wahrheit des ersteren „ans Licht zu zerren" (Foucault, 1978a, S. 99) sucht, indem er den Sex sprechen lässt, sein Sprechen protokolliert und untersucht. Dabei wird die Wahrheit des Sexes stets als eine verborgene, als dessen Geheimnis figuriert. Im Sinne des vom Diskurs Ausgeschlossenen fungiert die niemals abschließend zu ergründende Wahrheit des Sexes als generativer ‚Motor' des

174 Subjektivierung, Macht und die Politizität des Sozialen

Sprechens: Die Wahrheit wird in *jedem* Sprechen über den Sex aufgeschoben, weshalb sich stetes Neubefragen und -besprechen rechtfertigt.[28]

Ein solches *Wahrsprechen* bezüglich des Sexes, das sich auf die Wahrheit des Sexes als Möglichkeit und Unmöglichkeit des Sprechens gleichermaßen bezieht, ist zudem eingebettet in Regulierungsformen des Sprechens: Ein „Regime" (Foucault, 1977, S. 33) des Diskurses, das umreißt, was von wem von welchem Ort aus mit welchen Wirkungen über den Sex preisgegeben werden kann / muss. Sprechen führt demnach immer Geltungsansprüche mit sich, die daraus resultieren, dass sich ‚die' Wahrheit des Sexes – als einer einheitlichen Referenz – nicht finden lässt. Die Produktion von Wissen zu einem Diskursgegenstand ist demnach eingelassen in Produktionsbedingungen (bzw. bei Foucault: Akzeptabilitätsbedingungen), die reglementieren, was als „wahres" Wissen gelten kann.

Foucault definiert seinen Wahrheitsbegriff wie folgt: „Ensemble der Regeln, nach denen das Wahre vom Falschen geschieden und das Wahre mit spezifischen Machtwirkungen ausgestattet wird" (Foucault, 1978b, S. 53). Die Etablierung solcher Regeln, die mit der Unterscheidung in wahr / falsch einen Horizont von Sag- und Denkbarkeiten umreißen, verweist auf den grundlegenden „Kampf um den Status der Wahrheit" (Foucault, 1978b, S. 53) innerhalb gesellschaftlicher Arrangements. Im Rahmen dieses Horizonts bewegen sich die Hervorbringungen von Wissen: „Das Wort *Wissen* wird also gebraucht, um alle Erkenntnisverfahren und -wirkungen zu bezeichnen, die in einem bestimmten Moment und in einem bestimmten Gebiet akzeptabel sind" (Foucault, 1992, S. 32).

Das Wahrsprechen, das sich auf den Sex als Erkenntnisgegenstand richtet, lässt den Gegenstand des Sexes selbst nicht unberührt: Er wird im Rahmen des Erkenntnisgeschehens, das sich um den Sex herum arrangiert, zu einer Angelegenheit, „die man zum größtmöglichen Nutzen Aller regeln und optimal funktionieren lassen muß", d. h. der Sex wird zur „Sache der Verwaltung" (Foucault, 1977, S. 30). Damit ist eine (nicht auf den Sex beschränkte) Verbindungslinie zwischen Erkenntnis und Politik, Wissen und Macht, aufgerufen, die Foucault als unauflöslichen „Nexus" beschreibt (vgl. Foucault, 1992, S. 33).

---

[28] In der Terminologie der Hegemonietheorie von Laclau / Mouffe ließe sich bezüglich Sexualität in dieser Hinsicht von einem ‚Knotenpunkt' sprechen (vgl. Jergus. 2011, S. 64).

Das, was jeweils unter „Wahrheit" firmiert, ist demnach nicht unabhängig von machtvollen Einsätzen im Raum des Sozialen zu sehen. Foucault spricht von einer politischen Ökonomie der Wahrheit bzw. von *Wahrheitspolitik*:

> Die Wahrheit ist von dieser Welt; in dieser wird sie aufgrund vielfältiger Zwänge produziert, verfügt sie über geregelte Machtwirkungen (Foucault, 1978b, S. 51).

Demnach kann es aus diesem Wahrheitsverständnis heraus auch nicht in kritischem Gestus darum gehen, eine andere, jenseits des Diskurses liegende Wahrheit zu finden oder ein „für die Macht [...] gefährliches Wissen" (Foucault, 1994b, S. 39) zu produzieren, um vorliegende Machtverhältnisse zu erschüttern. Ein kritischer Einsatz muss sich innerhalb des Rahmens des Politischen befinden bzw. einfinden:

> Es geht nicht darum, die Wahrheit von jeglichem Machtsystem zu befreien – das wäre ein Hirngespinst, denn die Wahrheit selbst ist Macht – sondern darum, die Macht der Wahrheit von den Formen gesellschaftlicher, ökonomischer und kultureller Hegemonie zu lösen, innerhalb derer sie gegenwärtig wirksam ist (Foucault, 1978b, S. 54).

Eine solche in politischen Auseinandersetzungen erwirkte Lösung wäre an die Durchsetzung neuer Hegemonien gebunden, die mit anderen Wahrheiten einhergingen, d. h. an Prozesse der Öffnung und Schließung des Diskursiven.

Das Rätsel des Sexes – als einem Beispiel für die generative Bewegung zwischen Öffnung und Schließung – erstreckt sich indes auch auf Fragen von Subjektivierung:

> Ein derart gebieterischer Wille zum Wissen, von dem wir so gefesselt sind, daß wir bereits nicht mehr bloß die Wahrheit des Sexes suchen, sondern von ihm unsere eigene Wahrheit verlangen. Er soll uns sagen, was mit uns los ist (Foucault, 1978a, S. 99).

Das Versprechen der Ergründung einer (als verborgen konstituierten) Wahrheit des Sexes bindet Subjekte, die sich im Auskunftgeben über ihren Sex selbst ergründen, d. h. an der / ihrer indidualisierenden (An-)Erkennung als spezifische Subjekte der Sexualität arbeiten (sollen). Dies impliziert die Stiftung einer Beziehung aus Wahrheit und Selbst: Wissen, Wahrheit, Macht und Subjektivität stehen im steten Verweisungszusammenhang. Der Bezug auf

176 Subjektivierung, Macht und die Politizität des Sozialen

eine in jedem Sprechen gleichermaßen ein- und ausgesetzte Wahrheit des Sexes stellt diesen Vorgang der subjektivierenden Formierung bei gleichzeitiger Regulierung auf Dauer.

Als paradigmatisch für ein solches auf die Etablierung von individualisierenden Selbstverhältnissen gerichtetes Machtagieren führt Foucault die Praktik der Gewissensprüfung in Form des Geständnisses bzw. der Beichte an, die er mit einer spezifischen Machtformation – der aus dem Christlichen diffundierten Pastoralmacht – zusammenführt. Als Pastoral bezeichnet Foucault eine Form der „Menschenregierungskunst" (Foucault, 1992, S. 10), die sich entlang der Gewissensführung vergegenständlicht (vgl. eine ähnliche gelagerte Betrachtung zu Macht, die stärker am leiblichen Selbstverhältnis ansetzt: Foucault, 1994b). Im Pastoral kreuzen sich Formen der Fremd- und Selbstregierung sowie der Regierung von Menschen im Organisationsmodus der ‚Bevölkerung' und des ‚Individuums' im Sinne eines Führungsverhältnisses. Im Pastoral werden Einzelne und Viele gleichermaßen regiert.[29]

4.6.2 Relationen: Macht als „Führung der Führungen"

Den Gedanken der Führung bzw. Regierung nimmt Foucault noch einmal im Sinne einer systematisch relationalen und kontingenztheoretischen Justierung von Macht auf: Macht, verstanden als konditionales Gefüge einer *Führung der Führungen*, bezieht sich auf ein Handeln, das in nicht eindeutig direktionaler Weise auf Handeln einwirkt und innerhalb eines bzw. als *Möglichkeitsfeld* operiert, demnach zwischen Notwendigkeit und Möglichkeit situiert ist.

> [Macht] stachelt an, gibt ein, lenkt ab, erleichert oder erschwert, erweitert oder begrenzt, macht mehr oder weniger wahrscheinlich; im

---

[29] Foucaults genealogisch-historisch situierte Studien zeigen die Vielfalt und den Wandel von Machtformen auf: Neben der Pastoralmacht, als einer Ausprägung der Machtformation, die Foucault in Bezugnahme auf den Begriff der Regierung als *Gouvernement* bezeichnet (vgl. Foucault, 1994a), arbeitet Foucault die Souveränitätsmacht aus, welche über Repression und Normierung operiert sowie die Disziplinarmacht, die entlang von Normalisierungen und Einschlüssen reguliert (Foucault, 1994b). Norbert Ricken systematisiert diese Machtformationen entlang des vom späten Foucault justierten Machtverständnisses als „Führung der Führungen" (siehe nächster Abschnitt) als drei differente „Führungsweisen": (1) die Souveränitätsmacht lässt sich als direkt agierende Aktionsmacht fassen, da auch die per Gewalt und Zwang agierenden Formen auf die – wie auch immer geartete – Zustimmung des unterdrückten Subjekts angewiesen sind; 2.) die Normalisierungsmacht operiert in Form indirekter Strukturierungen, 3.) Pastoral bzw. Gouvernement fungieren als Konditionalmacht „qua Beeinflussung und Ausnutzung menschlicher Selbstverhältnisse" (Ricken, 2004, S. 130–131, FN 6).

Grenzfall nötigt oder verhindert sie vollständig, aber stets handelt es sich um eine Weise des Einwirkens auf ein oder mehrere Subjekte, und dies, soweit sie handeln oder zum Handeln fähig sind (Foucault, 1994a, S. 255).

In dieser Formulierung wird deutlich, dass Macht und Freiheit nicht als einander negierende Gegenpole zu fassen sind, insofern Macht von Freiheit – und vice versa – konstitutiv abhängt, aber nicht auf diese reduzierbar ist: Akte des Sich-Führens bzw. Sich-Verhaltens der Geführten innerhalb des Führungsverhältnisses, in denen mögliche Antworten und Reaktionen auf das Geführtwerden formuliert werden, werden in dieser Konzeption nicht übergangen, da andernfalls kein Macht-, sondern ein Gewaltverhältnis zustande käme (vgl. Ricken, 2004, S. 130). Die Selbstverhältnisse (als Führungen) der geführten Subjekte werden von Macht explizit also berücksichtigt, zugleich ist jedes Selbst- damit immer bereits auch ein Anderenverhältnis.[30]

Bringt man die Foucault'schen Ausführungen zu Macht in Austausch mit der Hegemonietheorie nach Laclau und Mouffe, so lässt sich festhalten, dass die hegemoniale Relation, d. h. die Konfiguration von Elementen im Sinne eines Diskurses bzw. einer Struktur, insofern eine Machtrelation darstellt, als dass mit ihr zum Einen der Ausschluss von Elementen zu einem konstitutiven Außen vorgenommen wird, wobei die Wahl des Ausgeschlossenen aufgrund eines fehlenden Zentrums des Diskurses sich nicht logisch oder strukturbedingt ableiten lässt.

Zum Zweiten äußert sich Hegemonialität im äquivalenziellen Verketten von Elementen zu prekär-stabilen Diskursmomenten entlang von Praktiken der Artikulation, deren Verkettungsmodus sich als negativierende Referenz (im Sinne von der Bildung von Knotenpunkten) auf das Ausgeschlossene vollzieht. Sowohl der verknüpfende Zusammenschluss als auch das trennende Vereinzeln von Elementen im Rahmen von Artikulationen gelten als machtvolle Operationen und verweisen auf die generative Qualität des Ausschließens. Die zu einer hegemonialen Formation verketteten Elemente strukturieren ein

---

[30] Norbert Ricken (2004) spricht in diesem Zusammenhang davon, dass die Begrifflichkeit der Subjektivität in dieser Machtjustierung als nichtlinear gedacht werden muss: Einerseits ist sie vorgängige Bedingung, auf die Macht angewandt wird, andererseits Folge von Machtwirkungen. Eine solcherart als „widersprüchliches Doppel" (Ricken, 2004, S. 134) formulierte Subjektivität lässt sich an die Ausführungen Judith Butlers zu Subjektivierung als einem Vorgang der gleichzeitigen Hervorbringung und Unterwerfung von Subjektivität anschließen (4.4.1 auf Seite 147). Vergleiche auch Wrana (2006) für eine diskursanalytische Perspektive auf die Konstituiertheit von Subjektivität.

(diskurses / soziales) Terrain und formulieren Geltungs- und Legitimationsregeln, die formierend wirken, d. h. sie schaffen spezifische Realitäten. Auf das Mitführen der Geltungs- und Legitimationsregeln im Sprechen verweist der Foucault'sche Modus des Wahrsprechens, der pointiert, dass „Wahrheit" einen Effekt diskursiver Konstituierung darstellt. Die Operation einer hegemonialen Durchsetzung bezieht sich dabei auf das (auf Wiederholungen beruhende) präfigurierend wirkende Moment von strukturierenden Verkettungen, das bestimmte Konfigurationen wahrscheinlicher macht als andere und diese Konfigurationen durch das wiederholende Verketten stabilisiert. Artikulationspraktiken sind damit immer auch Machtpraktiken, die situiert sind „in einem Ensemble verschiedener Machtpraktiken und Machtbeziehungen" (Wrana & Langer, 2007, Abs. 15). Macht lässt sich folglich als doppelte Bewegung des Gestaltens sowie Etablierens / Durchsetzens einer spezifischen Wirklichkeit über den Ausschluss anderer möglicher Wirklichkeiten auf den Punkt bringen.

4.7 Schlussfolgerungen aus den theoretische Perspektiven für eine empirische Analyse der Verwendungen von Schulinspektionsbefunden

Die hier referierten poststrukturalistischen Perspektiven Derridas, Butlers, Laclaus und Mouffes sowie Foucaults lassen sich hinsichtlich der Konzepte der Performativität und Iterabilität zusammenführend betrachten. Beide Begrifflichkeiten umreißen die nicht repräsentationslogisch gedachte Hervorbringung von Sinn und Bedeutung im und mittels Sprechens, die stets situativ und praktisch vorgenommen wird. Insbesondere die *Iterabilität* betont die Nichtidentität dieser sprachlich strukturierten Vollzüge und die Unabgeschlossenheit von Sinn und Bedeutung.

Auf die Frage des Status von Subjekten sowie sozialer Ordnung bezogen, ergibt sich daraus, dass weder das Subjekt noch das Soziale als eindeutige Haltepunkte dem Sprechen vorausliegen. Deren *Konstitution* im Sprechen ist eine unvollständige, so dass sie auf stete Iterationen bzw. Wiederholungen im Modus des Zitierens angewiesen bleiben (vgl. Jergus, 2013). Analytisch sollen diese Wiederholungen im Weiteren, wie bereits argumentiert, als *Sprechpraktiken* verfolgt werden.

Den Arbeiten Butlers, Laclaus und Mouffes sowie Foucaults konnte entnommen werden, inwiefern Subjektivität und Sozialität im Sinne einer unauflösbaren und paradoxalen Relation zu fassen sind und wie letztere sich systematisch mit *Macht* verkoppelt. Macht fungiert, den genannten Überlegungen zufolge, als Medium des Sozialen, das Identitäten anreizt und das Auftreten bestimmter Konfigurationen (un-)wahrscheinlicher macht. Diskurs, Macht, Subjekt, dies sind drei zentrale Verweisungspunkte. Dabei fungiert „Macht" ebenfalls nicht als feststehender Begriff, sondern eher als Beobachtungskategorie, die deutlich werden lässt, wie Verbindungen entstehen, sich verstetigen, sich auflösen.

Die Ausführungen zur Relationalität von subjektiver und sozialer Ordnung lassen sich nunmehr auf das Forschungsvorhaben dieser Arbeit insofern adaptieren, als dass zum einen die Äußerungen zur Verwendung und Wirksamkeit von Schulinspektionsbefunden als machtvolle Artikulationen untersucht werden, die bezugnehmend auf eine Bestimmung von „Wirksamkeit" eine differentielle ‚Ordnung der Wirksamkeit' etablieren und dabei die Grenzen des Sagbaren umreißen bzw. Normen des Verwendens von Schulinspektionen re-formulieren.

Zum anderen lassen sich, damit in Verbindung stehend, Fragen der Verwendung von Schulinspektionsbefunden systematisch auch als Fragen der Subjektivierung umformulieren: Es lässt sich demnach keine Verwenderin von Schulinspektionsbefunden annehmen, die die Verwendung souverän vollzieht, wo zuvor die Subjektbildung zu klären ist. Wie in der Analyse wissenschaftlicher Texte zu Schulinspektion herausgearbeitet wurde (vgl. 3 auf Seite 29), erhält das Subjekt der Verwenderin von Schulinspektionsbefunden – als Zurechnungsadresse, die für die Weiterarbeit mit den Befunden verantwortlich zeichnet – einen herausgehobenen Stellenwert in Bezug auf die Wirksamkeit von Schulinspektion: Es soll den Übertrag der Inspektionsbefunde in die Schulpraxis und deren Verbesserung bewerkstelligen.

Insbesondere bezüglich der Erforschung von Verwendungen von Schulinspektionsbefunden erscheint das Subjektivierungskonzept dahingehend aufschlussreich, als dass es erlaubt, Verwendungen als *Ver-Wendungen*, d. h. als mehr oder weniger gegen ihre ‚ursprüngliche' Intention gewendete *Übersetzungsleistungen*, in den Blick zu nehmen: Die Formulierung einer Ver-Wendung verweist darauf, dass Schulinspektionsbefunde nicht ‚einfach' in der schulischen Praxis eingesetzt und in Schulentwicklungsvorhaben transferiert werden (können) – ebensowenig, wie angerufene Subjekte im Akt der Umwendung die Anrufung repetitiv wiederholen können. Selbst die Verwendung der Inspektionsbefunde im bildungspolitisch intendierten Sinne stellt eine eigenständige Übersetzungs- und Aneignungsleistung der Befunde dar, ohne das ein souveränes Subjekt der Verwenderin angenommen werden kann.

Demnach lässt sich mit dem Subjektivierungskonzept die nicht auf Kausalität zu reduzierende, komplexe Verbindung aus Schulinspektion und deren Wirksamkeit analytisch entsprechend einholen. Nachfolgend soll es nun darum gehen, eine solche *Diskursanalyse* methodisch zu justieren – und anschließend an Forschungsinterviews, die mit Schulleitungen zu den Verwendungen von Schulinspektionsbefunden geführt wurden, vorzunehmen.

5 Analytisches Vorgehen

Die folgenden Ausführungen sollen verdeutlichen, wie in der Analyse der Forschungsinterviews vorgegangen wurde, die den Gegenstand der nachfolgenden Kapitel dieser Studie bildet. Wie bereits vorhergehend erwähnt, handelt es sich dabei um qualitative, leitfadengestützte Interviews, die mit sächsischen Schulleitungen zu deren Rezeptionen und Verwendungen von Schulinspektionsbefunden im Rahmen eines Forschungsprojektes durchgeführt wurden (für nähere Hinweise zum Projekt und der Erstellung des Datensamples vergleiche den Abschnitt 5.7 auf Seite 202 dieses Kapitels zur Korpusauswahl). Bezugnehmend auf die Analysen zu den wissenschaftlichen Sprechweisen um Schulinspektion erscheint die Wahl eines Forschungsinterviews als Erhebungsmethode den Logiken des Erkenntnisfeldes um Schulinspektion zu entsprechen, da mit dem Interview die Verheißung verbunden ist, der Subjektivität der Sprechenden Raum zu geben und somit dieser in besonderer Weise gerecht zu werden. Die Schwierigkeit dieser Material- bzw. Textsorte ergab sich in der Analyse allerdings dahingehend, dass auf diese Weise die Responsibilisierungen der schulischen Akteure und das Wirksamkeitsverständnis der Schulinspektion, wie sie unter 3 auf Seite 29 herausgearbeitet wurden, in der eigenen Forschung iteriert werden.

Um demgegenüber einen Zugang zum Forschungsmaterial zu finden, in dem das zu Analysierende nicht bereits vorträglich im Lichte einer Wirksamkeitslogik präfiguriert ist, wurde auf die poststrukturalistischen Perspektiven auf Subjektivität und Sozialität referiert, wie sie im vorangegangenen Kapitel dargelegt sind. Diese poststrukturalistischen Perspektiven betonten den zentralen Stellenwert der Kontingenz für Prozesse subjektiver und sozialer Ordnungsbildung, die sich stets im praktischen Vollzug befinden.

Für die Analyse galt es nun, die aufgerufenen theoretischen Linien in eine empirische Forschungsprogrammatik zu *übersetzen*, um die Verwendungen von Schulinspektionen als kontingente Praktiken untersuchen zu können. Diese Übersetzungen bilden den Gegenstand der anschließenden Ausführungen. Den Gang der Argumentation vorwegnehmend, soll es in der Analyse der Interviews um die Inblicknahme der Verwendungenpraktiken

---

© Springer Fachmedien Wiesbaden GmbH, ein Teil von Springer Nature 2020
M. Schmidt, *Wirksame Unbestimmtheit, unbestimmte Wirksamkeit*, Schule und Gesellschaft 63, https://doi.org/10.1007/978-3-658-28081-9_5

von Schulinspektionsbefunden gehen, wie sie in den Interviews *aufgeführt* werden. Dabei wird von einem doppelten Verständnis von „Verwendung" – als Vollzügen des Wirksammachens von Inspektionsbefunden – ausgegangen, das die Analysen anleiten soll.

Über das Berichten von bereits erfolgten Verwendungen von Inspektionsergebnissen hinausgehend, werden in den Interviews Verwendungen vollzogen: Im Sprechen finden Aneignung und Übersetzung von Inspektionsbefunden statt, dies allerdings in einem anderen Kontext und zu einem anderen Zeitpunkt als bisherige Aneignungen, so dass sie jenen nicht gleichen. Die Interviewsituation selbst schafft dabei eine Öffentlichkeit, in der die Interviewerin (mitunter) in die Position einer Dritten gerückt wird, die die Auseinandersetzungen zwischen Inspektion und Inspizierten protokolliert, festhält und demnach auf eine andere Grundlage stellt. Die Interviewsituation konfrontiert die Interviewten (nochmals) mit den Inspektionsbefunden bezüglich der inspizierten Schule, sie legt eine (neuerliche) Auseinandersetzung mit den Befunden nahe und adressiert die Interviewten als verantwortliche Verwenderinnen, die bezüglich der Wirksamkeit von Schulinspektionen eine ‚Gelingensbedingung' darstellen sollen.

In diesem Zusammenhang ist auch auf die Bedeutsamkeit des Tonbandaufnahmegeräts, als Medium der Gesprächssicherung, hinzuweisen, das, stets zwischen den Interviewbeteiligten platziert, dem Interviewsprechen seine Flüchtigkeit nimmt und auf eine andere „Ver-Wendung" dieses Sprechens hinweist, die im Moment des Sprechens noch nicht vollumfänglich absehbar ist. Gleichsam zu ihrer Position einer beobachtenden Dritten ist die Interviewerin aber auch in das Verwendungsgeschehen involviert: Nicht nur, indem sie selbst Bezüge zu den Inspektionsbefunden herstellt, sondern auch, weil sie als wissenschaftliche Erkenntnissuchende in die Unbestimmtheit von Wirksamkeit hineingezogen ist und – zusammen mit den Interviewpartnerinnen – im Gespräch Bestimmungen (und damit: Verwendungen) vollzieht; eine solche Beteiligung der Wissenschaft an der Unbestimmtheit von Wirksamkeit wurde in den Analysen unter 3 auf Seite 29 herausgearbeitet. In diesem Sinne verdoppelt sich die Verwendung von Inspektionsbefunden zwischen den Interviewpartnerinnen sowie zwischen diesen und den Befunden.

Um ein solches Verständnis von Verwendungen (bzw. Ver-Wendungen) im Rahmen von Forschungsinterviews methodisch adäquat abbilden zu können, wurde ein diskursanalytisches Vorgehen gewählt, das die Inblicknahme der sprechpraktischen Vollzüge, in denen Wirklichkeit gestiftet wird, ermöglicht.

Eine wesentliche Orientierung findet das Vorgehen meiner hier vorgestellten Studie in den insbesondere von Kerstin Jergus durch- und weitergeführten Ausarbeitungen zur poststrukturalistischen bzw. kulturwissenschaftlichen Figurationsanalyse, in denen rhetorik- und signifikationstheoretische Überlegungen Eingang finden (vgl. Jergus, 2011, 2014a, 2014b, 2015).

5.1 Ab- und Eingrenzung einer erziehungswissenschaftlichen Diskursanalyse

Die avisierte Diskursanalyse steht dabei nicht für einen einheitlich vorliegenden Referenten: Weit davon entfernt, *ein* kanonisiertes methodisches Instrumentarium anzubieten, aus dem sich ein analytisches Vorgehen applizieren ließe, steht „Diskursanalyse" selbst für einen tendenziell leeren Signifikanten in einem von Anerkennungskämpfen durchzogenen wissenschaftlichen Feld, auf den hin methodologisch-methodische Umgrenzungen erfolgen (vgl. hierfür die vielzähligen, unterschiedlich gelagerten Beiträge in Angermüller et al., 2014). Für diskursanalytische Vorgehensweisen lässt sich weiterhin konstatieren, dass sie sich zunehmend (nicht nur) in den Erziehungswissenschaften verbreiten und somit normalisieren bzw. auch standardisieren.

Für *erziehungswissenschaftliche Überlegungen* sind Diskursanalysen insbesondere hinsichtlich des in ihnen vorgenommenen Zusammenhangs von Wissensformierungen, Machtverhältnissen und Subjektivierungen bedeutsam, weil sie als an die „Gegenstandskonstruktionen der Disziplin anschlussfähig" (Fegter et al., 2015, S. 9) gelten. Zudem knüpfen Diskursanalysen an Diskussionen um dem Status erziehungswissenschaftlicher Grundbegriffe wie Subjekt, Bildung, Autonomie innerhalb bildungstheoretischer Diskussionen an, die maßgebliche Inspiration aus der Rezeption poststrukturalistischer Ansätze innerhalb der Erziehungswissenschaften seit den 1990er Jahren bezog bzw. bezieht. Diese Rezeptionen waren anfänglich eher diskurstheoretisch, denn empirisch-analytisch ausgelegt.

Erziehungswissenschaftliche Diskursanalysen, die sich stets als Verknüpfungen empirischer und theoretischer Überlegungen verstehen, interessieren sich für die „widersprüchlichen (Re)Produktions- und Transformationsprozess[e] sozialer und pädagogischer Ordnungen und Praktiken sowie der Konstruktion pädagogisch relevanter Gegenstände in fachlich-professionellen, wissenschaftlichen, bildungspolitischen und medialen Debatten" (Fegter et al., 2015,

S. 9). Insgesamt betrachtet, zeichnen sich erziehungswissenschaftliche Diskursanalysen darin aus, dass sie „pädagogisches Wissen und pädagogische Praktiken reflexiv wenden, um deren Konstitution und Verortung innerhalb gesellschaftlicher Verhältnisse aufzuzeigen" (Wrana, Ott, Jergus, Langer, & Koch, 2014, S. 233).

Derzeitige Forschungslinien von diskursanalytischen Studien innerhalb der Erziehungswissenschaften, die sich auf empirische Untersuchung pädagogischer Gegenstandsfelder richten, identifizieren Wrana et al. (2014, S. 227–233) wie folgt: (1) Eine Reihe von Studien zielt auf das Herausarbeiten von Wissensformierungen, d. h. auf Fragen der Produktion eines Wissens, das spezifische Gegenstände im pädagogischen Diskurs erscheinen lässt (Kindheit, Behinderung etc.); (2) ein weiterer Teil von Studien analysiert Machtverhältnisse und Wissensproduktionen, es handelt sich dabei meist um Studien, die sich auf das Forschungsprogramm der *governmentality studies* beziehen und die auf „Programme des Regierens" fokussieren (vgl. Bröckling, Krasmann, & Lemke, 2000); (3) daneben lassen sich Studien zu Subjektivation / Subjektivierungsregimen klassifizieren, in denen der Prozess der Subjektwerdung empirisch verfolgt wird, zu diesen Forschungen lässt sich auch die vorliegende Untersuchung zählen; (4) eine vierte Gruppe von Studien interessiert sich für die Formierungen und Hervorbringungen des Pädagogischen, beispielsweise durch die Inblicknahme der Erziehungswissenschaften als einem von Machtverhältnissen durchzogenen Raum, welcher erkenntnispolitisch geordnet wird, beispielsweise durch die Analyse tragender pädagogischer Konzeptualisierungen wie Erfahrung, Lernen, Kompetenz.

Die Proliferation diskursanalytischer Studien innerhalb (und außerhalb) der Erziehungswissenschaften geht einher mit der Herausbildung verschiedener methodischer ‚Verdichtungen' und Schulenbildungen, die mit spezifischen, in sich homogenen theoretischen Postulaten agieren. Es ließen hier sich beispielsweise wissenssoziologisch orientierte Diskursanalysen (exemplarisch: Keller, 2011) nennen und abgrenzen von strukturalen Diskursanalysen „kulturellen Wissens" (Diaz-Bone, 2005), von Gouvernementalitätsstudien (Bröckling & Krasmann, 2010) oder von ethnographisch-praxeologischen Diskursanalysen (z. B. Langer & Richter, 2015). Das Verständnis bezüglich des Verhältnisses aus Subjekt und Sozialität wird dabei durchaus unterschiedlich gehandhabt. Demzufolge gehen die verschiedenen Diskursmethodologien auch nicht einheitlich mit dem Untersuchungsmaterial des Forschungsinterviews um, wie ich nun kurz und exemplarisch an einigen Formen der Diskursanalyse, die sich vornehmlich auf eine synchrone Betrachtung von Diskursen richten, umreißen möchte. Dies dient der Verortung meines eigenen Forschungseinsatzes, der anschließend dargelegt wird.

In *wissenssoziologischen Diskursanalysen* (z. B. Keller, 2004; Keller, 2011) oder wissenssoziologischen Subjektivierungsanalysen (z. B. Pfahl, Schürmann, & Traue, 2015) werden diskurstheoretische Fragestellungen in theoretische Annahmen der hermeneutische Wissenssoziologie eingebunden. Letztere interessiert sich für den „sozialen Sinn", folglich für Erzeugungen und Erscheinungen gesellschaftlicher Wissensvorräte. Diese Wissensvorräte bilden als kollektive „Deutungen der Welt" (Keller, 2007, Abs. 15) den Kontext für „alltagspragmatisch[e] Deutungen" von handelnden Akteuren und sollen interpretativ und methodisch reflektiert erschlossen werden (Keller, 2007, Abs. 10). Die Wissensanalyse konkreter empirischer Materialien wird anhand präfigurierender und typisierender wissenssoziologischer Kategorien, z. B. Deutungsmuster, Phänomenstruktur, vorgenommen. Im methodischen Vorgehen wird sich orientiert an forschungspraktischen Leitlinien der Grounded Theory, insbesondere an deren „Kodier-Paradigma" (vgl. Strauss & Corbin, 1996).

Im Rahmen der, an diese Form der Diskursanalyse anschließenden, *wissenssoziologischen Subjektivierungsanalyse* wird dem Zusammenspiel von Expertenwissen und Alltagswissen bzw. den Wirkungen von Diskursen auf das lebenspraktische Handeln von Individuen – sowie dessen Rückwirkungen – nachgegangen (Pfahl et al., 2015, S. 91). Die Bedeutsamkeit von Wissen in Bezug auf Subjektkonstitutionen zeigt sich in der Analyse von gesellschaftlichen Wissensordnungen – als „Expertendiskurse" (Pfahl et al., 2015, S. 94) – einerseits und der Rekonstruktion der Anwendungen dieses Wissens in der Deutung der Subjekte andererseits. Den aneignenden Subjekten wird dabei Eigensinn zugeschrieben, so dass diese relativ autonom in der Entscheidung dahingehend erscheinen, wie sie die Expertendiskurse für ihre Lebenspraxis übersetzen. Zudem ergeben sich Möglichkeiten des individuellen „Zurücksprechens" zu Diskursen, die auf der wissenssoziologisch-diskursanalytischen Annahme aufruhen, dass zwischen Diskurs und Subjekt / Individuum ein wechselseitiges Wirkungsverhältnis besteht. Interviews als Untersuchungsmaterialien dienen in diesem Zusammenhang dem Zweck, die Aneignungen von Diskursen fallbezogen und hermeneutisch zu rekonstruieren, indem in den Interviewaussagen „Spuren der Diskurse", beispielsweise Selbsttechniken, aufgesucht werden (Pfahl et al., 2015, S. 97). Demnach werden Interviews nicht eigens als Diskurse, sondern als Räume der eigensinnigen Aneignung von Diskursen gefasst, die mit einem starken Subjektbegriff korrespondieren. In Interviews verleiht sich „subjektives Wissen" Ausdruck.

Die *Diskursanalyse der Wissenstruktur kulturellen Wissens* nach Rainer Diaz-Bone stellt eine auf die Arbeiten Foucaults zum Diskursbegriff bezogene, strukturalistisch orientierte Vorgehensweise dar, die zugleich Verbindungen zur diskursiven Praxis aufnimmt und den ereignishaften Charakter von Aussagen im Anschluss an Foucault betont. Insgesamt geht es Diaz-Bone zufolge bei Diskursanalysen aber die Rekonstruktion der „Regelhaftigkeit der Diskurse", die durch den wissenschaftlichen Blick sichtbar gemacht und deren „unsichtbare Praxis ,ans Tageslicht'" gebracht werden soll (Diaz-Bone, 2005, Abs. 18). Die strukturale Analyse fokussiert auf die „Tiefenstruktur des Diskurses", die diskursintregierende Semantiken umfasst (Diaz-Bone, 2005, Abs. 14). Erst im Anschluss an das Herausarbeiten von Diskursregeln kann die Analyse um „Aspekte der Veränderung von Diskursordnungen" (Diaz-Bone, 2005, Abs. 19) erweitert werden. Interviews kommen dabei als Untersuchungsmaterial infrage, sind aber nur insofern geeignet, als sich in ihnen eine „einheitliche Wissensordnung" vorfinden lässt. Diaz-Bone plädiert für eine methodischen Holismus, d. h. eine enge Passung zwischen Theorie und Empirie, und problematisiert die fehlende Selbstkontrolle, die mit einem Abweis eines klar konturierten methodischen Vorgehens einherginge.

Gouvernementalitätsanalysen hingegen sind nicht mit vergleichbar starken methodischen Implikationen versehen, aber beschränkt in ihren Untersuchungsgegenständen: Sie interessieren sich für Programme des Regierens – als Technologien, die einen Zusammenhang der Selbst- und Fremdführung konfigurieren – weniger aber für deren Aneignungen und Verwendungen im Sinne eines Vermittlungsprozesses (Bröckling, 2007; Bröckling & Krasmann, 2010). Gegenüber den genannten Diskursanalysen, die auf die Rekonstruktion von Wissensordnungen zielen, sind Gouvernementalitätsanalysen stärker auf Untersuchung gesellschaftlicher Machtverhältnisse fokussiert. Untersuchungsmaterialien, beispielsweise Ratgeberliteraturen oder Gutachten (weniger aber Forschungsinterviews), werden als präskriptive Programme gehandhabt, in denen Problematisierungen und Problemlösungen in Form von Rationalitäten vorgenommen werden. Diese Programme statten sich mit einer Anrufungsfunktion aus, um deren Interventionsfeld zu umgrenzen und dergestalt spezifische Verhaltensweisen der „Anderen des Programms" (Ott & Wrana, 2010, S. 159), d. h. der Regierten, wahrscheinlicher zu machen.

Bröckling (2007, S. 35) bezeichnet gouvernementale Programme (in systemtheoretischem Vokabular) als „Realfiktionen" von Macht, die diskursiv Wahrheiten und Gegenstände konstituieren und die demnach im Mittelpunkt der Analyse stehen. Eine solche Analyse verbleibt dabei auf Ebene von Programmen und auf deren postulierten Machteffekte beschränkt und kann, so der Einwand von Ott und Wrana (2010, S. 156), die „Machtausübung im Vollzug" der sozialen Praxis nicht berücksichtigen. Das Individuum, auf das sich Regierungsprogrammatiken im Modus von Realfiktionen richten, wird dabei als „gewissermaßen existentialistische Figur" den Programmen binär gegenüber gestellt; es ist „in Machtverhältnisse hineingeworfen und muss sich zu ihnen verhalten" (Ott & Wrana, 2010, S. 159).

Die kursorisch aufgerufenen (und keinesfalls alle Varianten repräsentierenden) Formen von Diskursanalysen zeugen von einem spannungsgeladenen Verhältnis zum Untersuchungsmaterial des Forschungsinterviews, dessen produzierte Texte entweder nicht als Diskurs oder als Medium verstanden werden, das einen Zugang zu tieferliegenden Strukturen des Diskurses gewährt. Einhergehend damit differieren die Verständnisse zwischen den verschiedenen Diskursanalysen bezüglich der empirischen Untersuchung von Prozessen der Subjektivierung. Mit dem nachfolgend vorgestellten analytischen Vorgehen soll Subjektivierung systematisch als Vermittlungsverhältnis zwischen Individuum / Subjekt und Struktur / Sozialität innerhalb von Sprechpraktiken verfolgt werden. Damit gehen spezifische Justierungen bezüglich des Verständnisses von Forschungsinterviews einher, die unter Abschnitt 5.3 auf Seite 192 näher erläutert werden.

Dem Vergleich der verschiedenen Formen von Diskursanalysen ist weiterhin zu entnehmen, dass um die Frage danach, inwiefern eine methodische kontrollierte Vorgehensweise in der Analyse des Datenmaterials angezeigt erscheint, gerungen wird. Im nächsten Abschnitt (vgl. 5.2 auf der nächsten Seite) soll, daran anschließend, der Frage nachgegangen werden, wie die Forderung nach methodischer Kontrolle sich zu dem Anspruch verhält, die Kontingenz von Untersuchungsgegenständen analytisch zu berücksichtigen.

Eine Berücksichtigung von Kontingenz ist im Rahmen der hier angestellten Diskursanalyse dahingehend bedeutsam, als dass die Generativität von Subjektivität, sozialer Ordnung etc. sich erst von dieser Annahme einer Kontingenz des Sozialen her denken lässt. Die Fragen nach der ‚Methodisierung' von Kontingenz sollen anschließend auch auf die eigene Forschung und den Status der Forschungsergebnisse geblendet werden (vgl. Abschnitt 5.5 auf Seite 198). Inwiefern eine Interviewanalyse diesseits des Einbezugs vordiskursiver Versicherungshorizonte konturiert werden kann, soll Inhalt des darauffolgenden Abschnitts (5.4 auf Seite 196) sein, in dem das Verhältnis von Bestimmtheit / Unbestimmtheit hinsichtlich Artikulationspraktiken befragt wird. Eine Überführung dieser Überlegungen in die analytischen Konzepte der Figurierung und Figuration wird anschließend geleistet (Abschnitt 5.6 auf Seite 200), bevor die Auswahl des Korpus der Interviewmaterialien (Abschnitt 5.7 auf Seite 202) und das konkrete Vorgehen in der Analyse der Interviews (Abschnitt 5.8 auf Seite 204) erläutert werden. Das Kapitel endet mit der Formulierung heuristischer Analysefragen, als deren Beantwortung die in den nächsten Kapiteln vorgestellten Studienergebnisse firmieren.

5.2 Kontingente Praktiken als Forschungsgegenstand

Die im vorangegangenen Kapitel dargestellten poststrukturalistischen Perspektiven betonten die Kontingenz und Unabschließbarkeit von Sinn- und Bedeutungsgebungsprozessen. Um diesen Perspektiven im Rahmen einer empirischen Forschungsprogrammatik zu folgen, muss demnach auch in der analytischen Praxis der Berücksichtigung von Kontingenz Raum gegeben werden. Die Inblicknahme kontingenter Praktiken der Hervorbringung von sozialer Wirklichkeit geht allerdings mit der Verschiebung zentraler Prämissen qualitativ-empirischer Sozialforschung einher, die nachfolgend kurz angerissen werden soll. Ohne die Heterogenität von methodisch-methodologischen Bearbeitungen empirischen Datenmaterials innerhalb der sozialwissenschaftlichen Forschung unterschlagen zu wollen, lassen sich auf einer ersten Betrachtungsebene zwischen einem Großteil dieser Methodiken Analogien bezüglich der Auffassung einer als eindeutig vorliegenden sozialen Wirklichkeit wahrnehmen.

Grundlegend ist empirische Forschung üblicherweise darauf ausgelegt, die Realität des Untersuchten zu erfassen und darzustellen – sie fragt nach den realen Erscheinungsweisen von Untersuchungsgegenständen und deren Ursachen und erzeugt somit eine gegenüber theoretischen Vergewisserungen relevant gemachte „Illusion der Wirklichkeitsnähe" (Nassehi & Saake, 2002, S. 68). Eine solche Zugangsweise zur Wirklichkeit impliziert, dass diese als finite bzw. geschlossene vorliegt und durch Forschung zugänglich gemacht werden kann. Die Verwendung von Kategorien (wie Vernunft, Individualität,

Identität etc.) mutet in sozialwissenschaftlicher Forschung dabei mitunter relativ unproblematisch an:

> Auch wenn man sie als nicht einfach gegeben unterstellen mag, so geht man doch von ihrer Konstruierbarkeit und damit Identifizierbarkeit aus: Man glaubt, die Bedingungen ihrer Zurechenbarkeit formulieren und etwa in methodischen Settings auch kontrolliert einsetzen zu können (Schäfer, 2006, S. 90).

Während dies für quantifizierende und kausallogisch orientierte Forschungen gelten mag, die mit dem Verfahren der methodischen Operationalisierung das Problem der Eindeutigkeit immer bereits als vorträglich gelöst betrachten, so ist die Lage bezüglich qualitativer bzw. nichtstandardisierter Forschungen komplexer: Für sie stellt sich die Frage des Konsenses „über die Bedeutung verwendeter Konzepte und deren ‚Realitätsbezug'" (Schäfer, 2006, S. 90) explizit.

Alfred Schäfer zufolge kennzeichnen sich (viele) Ansätze qualitativer Sozialforschung durch zwei grundlegende Annahmen, die sich auf eine distanzierende Haltung zu einer bereits als definit vorfindlichen Wirklichkeit beziehen: (1) Der Reflexionsvorbehalt hinsichtlich der / des Erforschten, der von einer Differenz zwischen augenscheinlicher und „wirklicher" Wirklichkeit – und damit von einem pluralen Wirklichkeitsverständnis – ausgeht, dies zeigt sich etwa bezüglich der Selbstdarstellungen von Beforschten im Rahmen von Interviewstudien: Sprechendes Ich und gesprochenes Ich fallen hinsichtlich des Reflexionsvorbehaltes auseinander; (2) der Latenzvorbehalt, mit dem benannt ist, dass die Selbstdarstellungen stets durch anderes strukturiert sind: „Latenz" bezieht sich etwa auf tieferliegende Sinn- und Bedeutungsstrukturen, die von der Oberfläche der Textinformation abgegrenzt werden.

Die Entbergung des Latenten bleibt der wissenschaftlichen Beobachtung vorbehalten und soll *methodisch kontrolliert* erfolgen:

> Die Latenzannahme dient dann dazu, eine Möglichkeit zu finden, gleichsam hinter dem Rücken des Subjekts diese [auf den Reflexionsvorbehalt bezogene, M. S.] Differenz kontrolliert und nicht willkürlich zu schließen (Schäfer, 2006, S. 91).

Mit dem Schließen der unter dem Reflexionsvorbehalt benannten Differenz ist ein Vorgang der Zurechnung des Gesagten auf das Subjekt des Sagenden als dem übergeordneten Kontext des „eigentlich Gesagten" angesprochen, das den Umweg über eine objektivierende Interpretation nimmt (Schäfer, 2006, S. 104). Wenn im Selbstverständnis einiger qualitativer Verfahren die gewonnenen empirischen Daten über zugrunde liegende soziale Gesetzmäßigkeiten (Deutungsmuster, Typen etc.) informieren sollen, so mag es nicht das Subjekt sein, das als „Zurechnungsadresse" (Nassehi, 2008) des Eigentlichen fungiert, sondern etwa zeitenthobene Strukturen, doch das Prinzip der Differenztilgung zeigt sich in analoger Weise. Während sich also mit dem Reflexionsvorbehalt noch vom Gedanken einer definiten Wirklichkeit distanziert wird, wird dieser mit dem Latenzvorbehalt gleichsam wieder ‚einkassiert': Der „Wunsch nach Eindeutigkeit" (Nassehi & Saake, 2002) bzw. nach einem sicheren Grund jenseits des Forschungsprocederes, treibt demnach die empirische Sozialforschung häufig um.

Der bestimmende und vereinheitlichende Gestus, der mit dem Schließen der Differenz einhergeht, macht aber gerade jene Kontingenz (des Subjekts, des Sozialen) unkenntlich – Nassehi und Saake (2002) erheben diesbezüglich den Vorwurf der Kontingenzdomestifikation gegenüber empirischer Sozialforschung –, die für poststrukturalistisches Denken um Performativität zentral ist und deren Einbezug in dieser Studie demnach Bestandteil der Analyse sein soll.[1]

Eine methodologische Verschiebung, die die Inblicknahme von Kontingenz – und damit: die Vervielfältigung von Wirklichkeit(en) – als Untersuchungsgegenstand ermöglicht, geht nicht nur einher mit der Distanzierung gegenüber Fragen der methodischen Kontrollierbarkeit des Zugriffs gegenüber dem Forschungsgegenstand, sondern auch mit einer veränderten Justierung gängiger Unterscheidungen in Theorie und Empirie als zwei differenten Zugängen.

Eine produktive Verknüpfung von Theorie und Empirie wird schon seit längerem, beispielsweise unter dem Stichwort einer „theoretischen Empirie" (Kalthoff, Hirschauer, & Lindemann, 2008), diskutiert. Unter der Annahme, dass theoretische und empirische Beobachtungen sich bezüglich ihres Verhältnisses zur Wirklichkeit, d. h. in ihren epistemologischen Prämissen, kaum unterscheiden, weil beide in die Konstitution jenes Gegenstandes verstrickt

---

[1] Nassehi und Saake, die sich der Frage einer Beobachtbarkeit von Kontingenz im sozialwissenschaftlichen Forschungsprozess entlang systemtheoretischer Überlegungen nähern, fassen unter „Kontingenz" jenes, was „nicht notwendig so, aber auch nicht zufällig so" (Nassehi & Saake, 2002, S. 78, FN 25) ist. Mit Blick auf die in dieser Arbeit dargelegten poststrukturalistischen Perspektiven ist „Kontingenz" im Sinne der Prekarität von machtvollen Identitäts- und Ordnungsbildungen sowie -umformungen zu spezifizieren. Für eine pädagogisch kontextualisierte Diskussion von Kontingenz vgl. Ricken (1999).

sind, dem sie sich in der Beobachtung lediglich asymptotisch anzunähern meinen (vgl. Nassehi & Saake, 2002, S. 70), firmieren „Theorie" und „Empirie" als zwei Namen eines (in bestimmten Hinsichten) vergleichbaren Vorgehens. In einem solchen selbstreflexiven Verständnis bezüglich der empirischen Sozialforschung ginge es nicht länger darum, sich zu vergewissern, wie sich die Gesamtheit eines Gegenstandes etwa durch Kombination theoretischer und empirischer Erkenntnisse im Sinne der „Arbeitsteilung" (Schäfer, 2013, S. 536) oder durch eine Triangulation verschiedener Forschungsstrategien erfassen ließe. Die Einheit eines (Forschungs-)Gegenstandes erscheint vielmehr als nichtlinearer Effekt des wissenschaftlichen Beobachtens (ob stärker theoretisierender oder empirischer Ausprägung) selbst: „Die wissenschaftliche Praxis ist eine Praxis, die in die Bestimmungsproblematik ihrer Gegenstände eingreift" (Thompson, 2013, S. 230). Solchermaßen als soziale *Praxis* verstanden, kann wissenschaftliches Forschen indes keine einheitlichen Gegenstände abbilden oder erzeugen – da sie selbst auf Ausschlüssen anderer möglicher Gegenstandskonstitutionen, und damit: auf Kontingenz, aufruht.

Um noch einmal auf die Forderung nach *methodischer Kontrolle* im empirischen Vorgehen zurückzukommen, die den Einfluss der Beobachtung begrenzen soll, weil sie ein äußerliches Herantreten der Beobachtung an den fixierten Gegenstand suggeriert, so erscheint diese als uneinlösbar:

> Die Infragestellung der Kontrollierbarkeit von Sinn – über Sicherungen durch Wirklichkeit, Subjekt, Methode oder Wissen – setzt ‚Kontrolle' tatsächlich in Anführungszeichen. Der Hinweis auf die Verbindung von Forschung und Gegenstand beginnt nicht erst bei der Methode und endet auch nicht damit (Jergus, 2011, S. 107).

Dem Anspruch auf methodische Kontrolle wird eine Haltung der Offenheit bezüglich des empirischen Materials gegenüber gestellt (Jergus, 2014b, S. 335).[2] Damit ist eine Berücksichtigung von Kontingenz in doppelter Weise angesprochen: Zum einen ist diese Bestandteil empirischer Untersuchungsgegenstände, denen sich die Analyse widmet, zum anderen müssen die Analyse

---

[2] Konsequenterweise müsste man sich mit Verweis auf eine Haltung der Offenheit, die ein diskursanalytisches Vorgehen erfordert und verspricht, von der Metaphorik einer „Methode" distanzieren, da diese „vom Gehen eines Weges geborgt ist und mit der Vorstellung von Verlauf oder Ablauf einhergeht, mithin die Idee eines richtigen oder falschen Wegs beinhaltet" (Wrana, 2014b, S. 621). Diskursanalyse ist in diesem Sinne vielmehr eine theoretisch aufgeladene Beobachtung, der stets ein „Charakter des Unfertigen" (Krüger, 2010, S. 97) anhaftet. Zur Kritik an einer Standardisierung diskursanalytischer Vorgehensweisen im Sinne einer „Methode" siehe Feustel und Schochow (2014).

selbst und deren Ergebnisse als kontingente Praktiken der Bestimmung von Bedeutungen, Gegenständen etc. diskutiert werden.

Bezüglich des *ersten Punktes*, der Berücksichtigung von Kontingenz in der empirischen Analyse, lässt sich auf die Problematik der Reifizierung hinweisen. Reifizierung pointiert eine forschungsbezogene Manier des identifizierend-bestimmenden Vorgreifens auf das zu Erforschende, zu Erfragende, in dem dieses als Einheitliches vorab bestimmt wird (vgl. Schäfer, 2006, S. 89), etwa durch die Festlegung auf eine bestimmte Forschungsmethode und deren methodologisch-begrifflichen Implikationen.[3] Demgegenüber soll die Fragerichtung der folgenden empirischen Untersuchung auf den Konstituti- onsweisen von Gegenständen liegen, die diese nicht bereits als bestimmte vorwegnimmt: Auf welche konkreten Weisen wird welche Wirklichkeit im Zusammenspiel aus Bestimmtheit und Unbestimmtheit *praktisch* hervorge- bracht?

Der *zweite Punkt*, der die Haltung der Offenheit bezüglich der Daten- analyse betrifft, umfasst die Auseinandersetzung mit der Berücksichtigung von Kontingenz innerhalb der eigenen Analysepraxis und dem Status der Analyseergebnisse. In den Abschnitten 5.4 auf Seite 196 und 5.5 auf Seite 198 soll auf beide Punkte noch einmal ausführlicher eingegangen werden.

5.3 Qualitative Forschungsinterviews als Materialien: „Verheißungen" einer Textsorte

Die bis zu diesem Punkt referierten Überlegungen zu Kontingenz des For- schens bzw. im Forschen sollen nun noch einmal entlang der Textsorte des qualitativen Interviews diskutiert werden, da sich die nachfolgend angestell- te Diskursanalyse auf solche Interviews als empirischen Datenmaterialien bezieht. Interviews stellen ein gängiges – und in diesem Sinne bedeutsames – Format der Empirie sozialwissenschaftlicher Forschung dar.

Mit dem Erhebungsinstrument des Forschungsinterviews ist eine „Verhei- ßung" (Jergus, 2014a) verbunden, die darin liegt, dass im Interviewen etwas

---

[3] Kerstin Jergus weist in diesem Zusammenhang mit einer Formulierung Judith Butlers darauf hin, dass sich zur Komplizin der Ordnung mache, wer von der Gegebenheit dieser ausgehe und sie zum kategorialen Ausgangspunkt nehme. Zugleich stelle Kom- plizenschaft aber auch eine Bedingung jeden Sprechens dar (Jergus, 2014a, S. 58, FN 33).

im (gemeinsamen) Sprechen gegenwärtig wird, das als ‚eigentlich' abwesend gilt:

> Das Interview ist typischerweise dadurch motiviert, dass einer der Beteiligten versucht, beim anderen Äußerungen über etwas hervorzulocken, das in der Interviewsituation selbst (so) nicht präsent ist; d. h. *durch* den anderen etwas Bestimmtes in Erfahrung zu bringen; in der Regel eben etwas, das schon vergangen ist, das also – durch das Interviewen – re-präsentiert werden muss (Honer, 2010, S. 95; Hervorhebung im Original).

Das Zitat kann als ein Beispiel für die von Alfred Schäfer benannten „Vorbehalte" (s. o.) der qualitativen Sozialforschung gelten.

Das Interview erscheint im Lichte dieses Verständnisses als (neutrales) Medium der Informationsabschöpfung, bei der vor allem die Sprecherinnenposition der Interviewten – als Repräsentantin einer Abwesenheit – in den Mittelpunkt der Analyse rückt. Ein Interview gilt häufig dann als gelungen, wenn die Beteiligung der Interviewerin am Gespräch unkenntlich wird – womit die Verantwortlichkeit für die Sinngenerierung des Interviews den Interviewten übertragen wird. Instruktive Anleitungen zur erfolgreichen Interviewgestaltung im Sinne von „Manualen" (z. B. bei Helfferich, 2005) zeugen von der instrumentellen Position der Interviewerin, die mit ihren Versuchen des „Hervorlockens" von Äußerungen als Medium den Zugang zur ‚Wahrheit' des interviewten Subjekts verschafft und dabei immer der Gefahr des Begehens von „Kunstfehlern" (Hopf, 2003) unterliegt.

Für diskursanalytische Zugänge erscheinen Interviews aufgrund ihrer ‚Kontaminiertheit' durch ein Subjekt als „Einheitsgenerator" (Nassehi & Saake, 2002) zunächst nicht als Mittel der Wahl des Erkenntnisgewinns, wenngleich sich zunehmend Studien finden, die auf verschiedentliche Weisen durch diskursanalytische bzw. -theoretische Positionen inspiriert sind und sich auf Interviewmaterialen fokussieren.[4]

Einige dieser Studien setzen dabei an der *diskursiven Praxis* des Interview(en)s an und fragen – wie exemplarisch Tina Spies (2015) aus biographietheoretischer Sicht und unter Verwendung des Laclau / Mouffe'schen Artikulationskonzepts – nach dem „Wechselverhältnis zwischen Subjekt und

---

[4] Um neben der, für die vorliegende Arbeit instruktiven, Studie von Jergus (2011) noch weitere Studien exemplarisch aufzurufen: Schäfer (2011), Krüger (2014); für die Biographieforschung: Reh (2003), Tuider (2007) oder Spies (2010).

Diskurs" (Spies, 2015, S. 143) sowie der Möglichkeit von Handlungsmacht bzw. Subversion gegenüber Diskursen.

Die Handlungsmacht des Subjekts lagert für Spies, angelehnt an Über-legungen des Kulturtheoretikers Stuart Hall, dabei in der Möglichkeit des „Investments" in eine bestimmte soziale Position (gegenüber anderen, in den Diskursen nahegelegten sozialen Positionen) sowie in der Möglichkeit des Umdeutens und der strategischen Verwendung von Diskursen. Die Entschei-dung, wann eine Position vom Diskurs ,kommt' und einfach übernommen wird und wann eine strategische Umdeutung stattfindet, setzt allerdings voraus, dass – aus Perspektive der empirischen Analyse – klar unterschieden werden kann, was als „Diskurs" und was als „Subjekt" gilt, wann ein Subjekt welche Position wie einnimmt. In diesem Sinne stellt sich für die Studie von Tina Spies auch nicht die Frage, wie die Kontingenz des eigenen Forschens in den Blick genommen werden kann.[5]

Demgegenüber problematisiert Sabine Reh (2003) in ihrer Interviewfor-schung zu Berufsbiographien ostdeutscher Lehrkräfte das Verständnis von Interviewerzählungen als der Ausdrucksform eines den Erzählungen zugrunde liegenden Sinngehalts und geht stattdessen davon aus, dass die Autorin-nenschaft von Texten zersplittert ist. Reh verweist zudem auf eine auf alle Arten von Interviews anwendbare Spezifik des Forschens mit Inter-viewmaterialien: „auf die Tatsache, dass es sich bei deren Tun sowohl in der Erhebung ihrer Materialien wie auch in deren Interpretation um ei-ne (immer machtförmige) soziale Praxis handelt" (Reh, 2003, S. 26; vgl.

---

[5] In einer, die analytische Vorgehensweise illustrierenden, exemplarischen Analyse des biographischen Interviews mit dem delinquenten jugendlichen Migranten Serdar ar-gumentiert Spies (2015), dass Serdar sich zum einen als „Kurde" selbst positioniert, um seine ,eigentliche' Herkunft zu markieren, an späterer Stelle des Interviews sich als „Türke" positioniert, wobei dies die Übernahme einer Fremdpositionierung durch andere darstellt. Die Vermutung, dass die Einnahme der „Fremdposition" des „Türken" strategisch und subversiv vorgenommen wird, leitet Spies aus Serdars Erzählung ab, dass er als „Türke" einige – vermutlich als deutsch markierte Schülerinnen – um Geld prellen wollte. Darüber hinaus werden die Positionen des „Kurden" und des „Türken" als eigentliche / uneigentliche Positionierungen verstanden, weil beide innerhalb eines Interviews – als einem als kohärent verstandenen Textzusammenhang – vorkommen. Zudem wird in der exemplarischen Analyse nicht auf den Einfluss der sozialen Situation „Interview" eingegangen, obwohl Spies in ihren methodologischen Ausführungen der Positionierungspraxis zwischen Interviewerin und interviewter Person ein Gewicht eingeräumt. Dieses Beispiel der Positionierungsanalyse von Spies (2015) vermag dem-nach zu zeigen, inwiefern das Subjekt als Zurechnungsadresse für die Interviewanalyse bedeutsam bleibt.

auch Jergus, 2014a, S. 52). Dies betont den *performativen Charakter* des Forschens.[6]

Um folglich nicht die „Verführungsspur" (Jergus, 2011, S. 113) eines kohärenten und authentischen Sprechens bzw. kohärent und authentisch sprechenden Ichs in den Interviewanalysen aufzunehmen, soll deshalb verfolgt werden, wie im Interviewsprechen die Gegenstände (etwa „Wirksamkeit", „Verwendung", „Subjektivität") konstituiert und machtvoll reguliert werden, von denen gesprochen wird. Eine solche Fokussierung erfordert jedoch, die Blickrichtung von der Position der Interviewten aus zu erweitern und die Interviewerin bzw. die Sprecheinsätze, die eine Positionierung als Interviewerin legitimieren, systematisch in die Untersuchung miteinzubeziehen. Das Sprechen von beiden diskursiven Orten aus bezieht sich zitierend und formierend auf ein diskursives Terrain und ist demnach gleichermaßen generativ (vgl. auch Roch, 2014). Wenn etwa die Interviewerin in den nachfolgend analysierten Interviews zur Wirksamkeit von Schulinspektionen fragt, wie die Befunde der Schulinspektion an den Schulen rezipiert und verwendet wurden, so bezieht sich dies auf ein Verständnis bestimmt-unbestimmter Wirksamkeit von Schulinspektion, das im Sprechen (re-)artikuliert wird.

Mit der Verschiebung des Fokusses hin zu den *Sprechpraktiken* als Konstitutionsmodi von Forschungsgegenständen kann einem weiteren Einwand begegnet werden, der sich als „Verführung" des Interviews markieren ließe (vgl. Jergus, 2014a, S. 51). Diese bezieht sich auf die bereits erwähnte *Reifizierung* von Forschungsgegenständen, in welcher empirische Analysen bereits vorgreifend unter einem einheitlichen Theoriehorizont subsumiert werden.

Hinsichtlich des in dieser Studie im Mittelpunkt stehenden Forschungsgegenstandes, der Wirksamkeit in der Verwendung von Schulinspektionen, geht es deshalb nicht um die Frage, ob und wie Schulinspektionen wirken, inwiefern die Verwenderinnen und Verwendungen von Inspektionsbefunden von der Norm der Wirksamkeit abweichen, ob angemessene oder unangemes-

---

[6] Der machtvolle Charakter der Interviewsituation, den Reh proklamiert, zeigt sich in ihrer Studie etwa an den Positionierungen der Interviewerin und der Interviewten als westdeutsch bzw. ostdeutsch und den damit einhergehenden spannungsvollen Effekten. Die vor ihr geführten biographischen Interviews mit ostdeutschen Lehrkräften versteht sie – angelehnt an Foucaults Überlegungen zur Pastoralmacht – als Bekenntnispraktiken, in denen die Befragten angehalten werden, auf spezifische Weisen von sich zu erzählen, um sich so als Subjekte ihrer eigenen Biographie hervorzubringen. Auch für das Sprechen über Schulinspektionen lassen sich solche Machtlinien herausarbeiten, so dass die von mir geführten Interviews als neuerliche Inspektionen der Befragten erscheinen (vgl. hierfür das nächste Kapitel dieser Arbeit unter 6 auf Seite 207).

sene Verwendungen vorliegen und welchen einzelnen Faktoren von bereits innerhalb der Wirksamkeitsforschung zu Schulinspektion lancierten Modellen der Wirksamkeit (z. B. Ehren & Visscher, 2006) sich die Interviewäußerungen jeweils zuordnen lassen. Ein solches Vorgehen stellte sich eher im Sinne einer empirischen Illustration bereits vorträglich umgrenzter Forschungsgegenstände dar und versieht dieser neuerlich mit einer Geltung bzw. unterstellt, dass in Schulinspektionen eine bestimmte Form von Wirksamkeit immer schon (nicht) am Werke ist. Hierbei blieben die *Hervorbringungen von Wirksamkeit im Rahmen praktischer Verwendungen von Schulinspektionsbefunden* und deren Effekte unterbeleuchtet.

5.4 Untersuchungseinheiten: Artikulationen zwischen Regelmäßigkeit und Ereignishaftigkeit

Nachdem bis zu dieser Stelle grundlegende Konturen einer „poststrukturalistischen Interviewforschung" umrissen wurden, soll anschließend noch einmal ausführlicher auf die *Untersuchungseinheiten* der vorliegenden Studie, die Sprechpraktiken bzw. Artikulationen geblickt werden, um in einem darauffolgenden Schritte das konkrete Vorgehen der Untersuchung abzuleiten. Befragt wird die Artikulationspraxis dabei zunächst auf die Verortung hinsichtlich des Verhältnisses aus Bestimmtheit und Unbestimmtheit: Wie ist mit den heterogenen, teils einander entgegengesetzten Aussagen der Interviews – im Sinne zersplitterter Autorinnenschaft – umzugehen? Welchen Status haben diese? Wie lässt sich eine Analyse von diskursiven Ordnungen denken, die zugleich der Differentialität und Unordnung des Diskursiven auf der Spur bleibt?

Foucault formulierte in der Darstellung der Vorgehensweisen seiner Untersuchungen zur „Archäologie des Wissens" (Foucault, 1981) einen Wechsel der Betrachtungsebene hinsichtlich des zu untersuchenden Sinns. Dieser liege an der Oberfläche des Datums bzw. Textes und nicht im Verborgenen. In dieser Linie stehend betont Schäfer (2011, S. 116) für das empirische Vorgehen: „Gegenstand der Analyse ist das, was gesagt wird" – unter Abblendung möglicher ‚tieferliegender' Sprecherinnenintentionen oder Fragen des propositionalen Gehalts des Gesagten. Foucault spricht diesbezüglich von Untersuchungsmaterialien als „Monumenten" im Gegensatz zu „Dokumenten", um dieses Verweilen des analytischen Blicks auf der Ebene des empirischen Erscheinens von Äußerungen zu akzentuieren (Foucault, 1981).

Referiert ist damit auf die Ereignishaftigkeit von Artikulationen, d. h. *erstens* auf die bloße Tatsache ihres Auftauchens – als Realisierung einer von vielen Möglichkeiten sich zu äußern.

Zweitens betont die Rede von der „Ereignishaftigkeit" das Moment einer Artikulationspraxis, die als gleichermaßen strukturiert und strukturierend bzw. reguliert und regulierend fungiert. Demnach ist das Erscheinen einer Aussage innerhalb eines von Machtverhältnissen (Stichwort: Wahrsprechen) abgesteckten Raumes des Sagbaren zu verorten, der regulierend und formierend auf das Sprechen einwirkt; zugleich muss jede Aussage diese Grenze zwischen Sagbarkeit / Unsagbarkeit aber stets aufs Neue ziehen, da unter der Bedingung von Kontingenz keine Grenzziehung dauerhaften Bestand hat und stetig umkämpft wird. Daniel Wrana spricht von einer paradoxalen Qualität des Artikulationsaktes,

> weil in ihm die zu relationierenden Dimensionen zugleich vorausgehen und in ihm hervorgebracht werden. Es ist die diskursive Praxis, die die Akte verbindet und jeden Akt zum weiterführenden Vollzug einer Praxis macht, die damit zugleich transformiert wird (Wrana, 2012, S. 196).

Dies führt zurück auf die Frage nach der analytischen Berücksichtigung von Ereignishaftigkeit und Regelmäßigkeit bzw. von Unbestimmtheit und Bestimmtheit im Rahmen von empirischer Diskursforschung: Das Ereignishafte zeigt sich weniger bezüglich einer geregelten Praxis, beispielsweise im Sinne einer Verschiebung oder Uneindeutigkeit, die als solche erst von der Warte des Regelmäßigen und Geordneten her erkennbar wird. Mit Bezug auf Konzepte wie „Artikulation" lässt sich nachvollziehen, inwiefern sich *jedes* Sprechen als sowohl ereignishaft als auch regelmäßig charakterisiert, d. h. zwischen Öffnung und Schließung bewegt. Regel / Ereignis sind demnach keine bloßen Gegensätze.

Den Zugang über das Ereignis nehmend, soll die nachfolgend angestellte Analyse die Brüche und Heterogenitäten von Aussagen in dem Blick holen, d. h. die pluralen Sinngebungen. Erst vom Standpunkt heterogener Ereignisse aus ließen sich dann Regelmäßigkeiten herauspräparieren, die im Sinne stets vorläufig stabiler hegemonialer Strukturen verstanden werden. Die analytische Ordnungsleistung des empirischen Materials sollte also nicht vorschnell und eng am Textmaterial erfolgen, um den „Brüchigkeiten, Inkohärenzen Ambilvalenzen des Materials besondere Aufmerksamkeit entgegenzubringen"

(Hanke, 2010, S. 100). Diese Aufmerksamkeit gilt es nicht nur dem Material gegenüber teil werden zu lassen, sondern auch die diskursanalytischen Untersuchungsergebnisse sollten auf ihre Produktivität hin reflektiert werden, worauf im nächsten Abschnitt eingegangen wird.

5.5 Analyseergebnisse: Im „dekonstruktivistischen Strudel"

Von der Problematik der konstitutiven Unabschließbarkeit, d. h. der Logik der Iterabilität, sind nicht allein jene Praktiken infiziert, die als performative Sprechakte im Sinne von Untersuchungseinheiten in den Fokus der Analyse geraten sollen. Darüber hinausgehend muss die Analyse selbst, soll der vorhergehend ausgeführte Gedanke zur wissenschaftlichen Forschung als Teil eines sozialen Geschehens Berücksichtigung finden, als eine *Praxis des Artikulierens* verstanden werden, die Unterschiedliches zusammenbringt, arrangiert und in Form von kohärent anmutenden Untersuchungsergebnissen vereindeutigt (vgl. z. B. Wrana, 2014a). Das empirische Vorgehen verkompliziert sich also dahingehend, dass in der Beobachtung von Offenheit und Unbestimmtheit stets identifizierende Schließungen vorgenommen werden, insofern Kontingenz sich nur unter Bedingungen der Bearbeitung von Kontingenz in den Blick nehmen lässt.

Konsequenterweise verdeutlicht sich das Verhältnis der wissenschaftlichen Analyse – auch jener, die nachfolgend an den Forschungsinterviews zur Wirksamkeit von Schulinspektionen angestellt wird – zur „Wahrheit" als eines, das nicht jenseits dessen steht, was als auf die Etablierung anerkennbarer Sprechweisen bezogenes „Wahrsprechen" (Foucault) bzw. als *Artikulationen* (Laclau und Mouffe) mit hegemonialem Anspruch in den diskursanalytischen Untersuchungsfokus gerät.

Vielmehr ‚profitiert' die wissenschaftliche Analyse ihrerseits von der Unabschließbarkeit von Sinn, da sie andernfalls einem bereits vollständig konstituierten Forschungsgegenstand nichts hinzuzufügen hätte. Diese Hinzufügungen indes, die die Analyse vornimmt, sind wiederum – im Sinne des Wahrsprechens – als *machtvolle, erkenntnispolitische Einsätze* im diskursiven Terrain verständlich. Analysen bzw. deren Ergebnisse verhalten sich demnach in zweierlei Hinsicht nicht neutral: Zum einen hinsichtlich der *Gegenstände*, auf die sich konstituierend beziehen, wie unter dem vorherigen Abschnitt argumentiert wurde, zum anderen hinsichtlich des *Terrains*, in das sie sich einschreiben, von dem sie aber auch ihre ‚Schreibbedingungen' diktiert bekommen (vgl. hierzu ausführlicher: Jergus, 2014c). Demnach ist auch jenes, was den Endpunkt der Analyse markiert, die *empirischen Ergebnisse* der Studie, keine „Wahrheit" anderen Formats. Ergebnisse wissenschaftlicher Analysen sind stattdessen vorläufigen und – resultierend aus der Unmöglichkeit methodischer Kontrolle der Sinngenerierung – ungesicherten Charakters, so dass sie in den „dekonstruktivistischen Strudel" (Hanke, 2010, S. 101) hineingezogen werden.

Demnach ist die *Reflexion auf die Machteffekte der Ergebnisse diskursanalytischen Forschens* angezeigt. Es ließe sich also fragen, inwiefern etwa Wirkmächtigkeit der Kategorie „Wirksamkeit" in der Analyse performiert wird, während sie in ihrer Wirkmächtigkeit zugleich analysiert wird. „Das Vorhaben, das Schillern des Diskurses zu berücksichtigen, zieht sich durch die gesamte Diskursanalyse" (Hanke, 2010, S. 102), ließe sich prägnant schlußfolgern.

Wenngleich – oder: gerade weil – den wissenschaftlichen Analysen kein jenseits von sozialen Auseinandersetzungen vorfindlicher Wahrheitsanspruch zugrunde liegt, so ließen sie sich auf jenes beziehen, was Butler als das *politische Versprechen* des Performativs bezeichnet hat (vgl. unter 4.4.2 auf Seite 152). Es geht den Analysen dann nicht darum, (wissenschaftliches) Erkennen mit dem Identifizieren gültiger Wahrheiten festzustellen, sondern um einen strategischen Einsatz innerhalb dieses grundlegend offenen Terrains (vgl. ähnlich bei Posselt, 2005, S. 84). Eine solche Strategie liegt zum einen im Verdeutlichen der Formen, mit denen in bereits etablierten Sinn- und Bedeutungsgebungen (im Sinne von Konstellationen von Elementen quasinatürlichen Charakters) Ausschlüsse vorgenommen und Autorität erzeugt werden, so dass deren Nicht-Notwendigkeit qua empirischer Beobachtung herausgestellt wird. Zum zweiten mag es dem Vorgehen der Diskursanalyse auch darum gehen, differenten, nicht auf diese Weise etablierten oder autorisierten Sinn – in resignifizierender „Fehlaneignung" (siehe nochmals 4.4.2 auf Seite 152) – zu injizieren, um so das Terrain pädagogischen Wissens in Bewegung zu versetzen bzw. zu halten. So ließe sich fragen, inwiefern sich eine Diskursanalyse an dem messen lässt, „was sie hervorbringt, welche neuen Blickwinkel sie ermöglicht, was durch sie in den Blick gerät, das vorher so nicht zu sehen war" (Hanke, 2010, S. 103). Dabei gilt es, den „schmalen Grat des ‚Wahrsprechens'" (Jergus, 2011, S. 109) zu gehen.

5.6 Figurierungen, Figurationen

Die vorhergehend benannte „doppelte Fassung von Ereignishaftigkeit" (Jergus, 2011, S. 99) – als Monument, als Iteration – führt Kerstin Jergus mit der Figurativität des Sprechens zusammen, welche analytisch relevant wird:

> Untersucht wird die Faktizität des Gesagten und die dadurch eröffnete und begrenzte Figurierung des diskursiven Terrains (Jergus, 2011, S. 99).

Figurierung verweist dabei auf einen Vorgang des Differenzierens und Verknüpfens. Mit *Figuration* ist wiederum eine aus Relationen von Elementen strukturierte Konstellation, die Bedeutung trägt, benannt (Jergus & Wrana, 2014, S. 148).[7]

Beide Begrifflichkeiten beziehen sich auf die *rhetorisch-figurative* Qualität des Sprechens, womit nicht nur dessen persuasives Wirken angerissen ist, sondern ebenso die vorhergehend herausgearbeitete Unabschließbarkeit von Sinn und Bedeutung. Demnach lässt sich Sprechen als eine katachrestische Bewegung zwischen Schließung und Öffnung, zwischen metonymischem Aufschub und metaphorischer Verdichtung, fassen (vgl. hierzu Abschnitt 4.5.3 auf Seite 165).

Figurationen / Figurierungen beziehen sich darüber hinaus auch auf das von Daniel Wrana (2006) erarbeitete Konzept der *diskursiven Figur*, die von Wrana als eine Art Operationalisierung genutzt wird, um der foucaultschen diskursiven Praktik auf die Spur zu kommen. Die diskursive Figur versteht sich, ähnlich der rhetorischen Figur, als „eine im Text lokalisierbare Figuration von Elementen" (Wrana, 2006, S. 139), in der Gegenstandsfelder, Bedeutungen, Subjektpositionen, Strategien miteinander relationiert sind. Die diskursive Figur stellt jenes Produkt dar, welchem ein „diskursiver Äußerungsakt" als ‚Produzent' vorangeht:

---

[7] Das Konzept der Figuration hat eine Herkunft in der Sozialtheorie von Norbert Elias und bezieht sich dort auf eine Fassung von Sozialität, die das prozesshafte und dynamische Interdependenzverhältnis von Akteuren betont. Zwar geht Elias auch von einer Relationalität des Sozialen aus, jedoch ist bei ihm die Anbindung an Akteure (als gründende Subjekte, die Verbindungen eingehen) hervorgehoben (vgl. Jergus, 2014b). Demnach sind Figurationsanalysen, die angelehnt an Konzept von Elias vorgenommen werden, von der hier dargestellten rhetorik- und signifikationstheoretischen Figurationsanalyse zu unterscheiden.

> Wenn der Äußerungsakt als ein wiederholbarer und wiederholter Akt eine diskursive Praktik darstellt, also ein wiederholtes Konstellieren einer Reihe von Elementen auf eine bestimmte Weise, dann ist die diskursive Figur die Konstellation, die aus dem Akt resultiert. Die Figuren verhalten sich zu den diskursiven Praktiken wie das opus operatum zum modus operandi (Wrana, 2006, S. 139).

Den Verweis auf den Produktcharakter der Figur sieht Kerstin Jergus (2011) allerdings mit Blick auf die Unabschließbarkeit von Sinn skeptisch – und entwickelt von dieser Skepsis ausgehend die Konzepte der Figuration / Figurierung, die sie als in Bewegung befindliche Relation auslegt: ein „Spannungsfeld der gegenseitigen Stabilisierung wie Unterminierung" (Jergus, 2011, S. 102), insofern weder völlige Figurierung (Öffnung, Flottieren) noch völlige Figuration (Schließung, Fixieren) möglich sind. Dies ist an die rhetoriktheoretischen Überlegungen Ernesto Laclaus angelehnt. Der Zusammenhang aus Figurierung, Figuration, Figur expliziert sich dann wie folgt:

> Figurierende Besetzungsversuche (i. S. v. ‚Praktiken') etablieren Bedeutungen in einem diskursiven Terrain, welches durch spezifische Figurationen (i. S. v. ‚Knotenpunkten') Gestalt gewinnt. [...] Figurierungen beziehen sich mithin auf Figurationen – das Sprechen über Liebe ruft spezifische Figuren (i. S. v. ‚Elementen') auf, um als Sprechen im diskursiven Terrain um Liebe (an-)erkennbar zu sein – zugleich jedoch re-etabliert es dieses Terrain in der iterativen Wiederholung jener figurativen Elemente (Jergus, 2011, S. 102).

Ausgehend von jeweils im empirischen Material auftretenden Figurierungen werden dem folgend in der Analyse diese im komparativen Vergleich auf gemeinsame „Spannungsfelder", d. h. Figurationen, hin betrachtet, denen sie ihr produktives Wirken verdanken. Damit ist gemeint, dass in der ‚Leere' von Figurationen (Knotenpunkten) ein generatives Moment des Sprechens lagert, da sie permanente Füllversuche anreizt (und zugleich deren vollumfängliche Etablierung unterminiert). Die Leere ‚zeigt' sich in Form von Paradoxien, Problemen, Unbestimmtheiten, die in figurierenden Füllungen praktisch bearbeitet, aber nie vollständig aufgelöst oder bestimmt werden.[8] Anschlie-

---

[8] Den Zusammenhang aus „Spannungsfeld" und „Figuration" bestimmt Jergus als Äquivalenzverhältnis, wobei die Begrifflichkeit der Figuration die Charakteristik des Spannungsfeldes präzisiert: „Ich nenne diese Konstellationen deshalb ‚Figurationen', weil damit die Uneindeutigkeit dieser Spannungsfelder angesprochen ist" (Jergus, 2014b).

ßend sollen diese Figurationen nochmal anhand der Inblicknahme einzelner Figurierungen ‚gegen den Strich' gelesen werden, um – wenngleich nicht unumgängliche – vorzeitige Homogenisierungen des Materials zu vermeiden.

5.7 Korpusauswahl

Bevor im nächsten Abschnitt das konkrete analytische Vorgehen erläutert wird, soll an dieser Stelle noch eine Ausführung zur Zusammenstellung des diese Studie leitenden Datenkorpus, folglich zum Umfang und der Gewinnung der Interviewmaterialien, vorgenommen werden. In einigen instruktiv-forschungspraktisch ausgerichteten Texten zur Durchführung von Diskursanalysen wird der Zusammenstellung eines gegenstandslogisch begründeten Datenkorpus gesteigerte Bedeutsamkeit zugewiesen (vgl. z. B. Keller, 2011; Diegmann, 2013). Im Hinblick auf die oben genannten Ausführungen zum Status und den Operationsmodi der diskursiven Praxis kann ein solches Vorgehen kritisch befragt werden: Die Auswahl eines geeigneten Datenkorpus erscheint insbesondere vor dem Hintergrund der Annahme sinnvoll, dass das Korpus als Repräsentation eines finiten, homogenen Diskurses gilt, so dass dieser sich mittels Diskursanalyse erschöpfend untersuchen lässt. Reiner Keller spricht in Anlehnung an die Vorgehensweisen der Grounded-Theory-Methodologie von einer „theoretischen Sättigung", die durch die sorgfältige Auswahl entsprechenden Analysematerials erreicht werden könne (vgl. z. B. Keller, 2004).

Unter der dazu konträren – und hier verfolgten – Annahme einer Unabschließbarkeit und Kontingenz von Sinn ließe sich hingegen argumentieren, dass Diskursen keine festen Grenzen eignen, diskursive Praktiken der Artikulation von figurativer Qualität sind. Mithin können diese auch nicht durch die Zusammenstellung eines geeigneten Korpus repräsentativ abgebildet werden.

Diesen Gedanken weiterverfolgend lässt sich allerdings auch kein Argument *gegen* die Begrenzung des Korpus finden. Im Falle meiner Untersuchungen hatte dies zur Folge, dass ich das *gesamte Korpus von 30 mit Schulleitungen geführten qualitativen Forschungsinterviews* in die analytischen Betrachtungen einbezogen habe. Diese Anzahl ergab sich aus der Begründung heraus, dass die Interviews innerhalb eines Forschungsprojektes zu den Rezeptions- und Nutzungsweisen von Ergebnissen der Schulinspektion bzw. externen Schulevaluation an sächsischen Grundschulen,

Mittelschulen und Gymnasien („RUN-Studie"; vgl. Drinck et al., 2013) entstanden sind und in dieser Arbeit einer Sekundäranalyse unterzogen wurden.[9]

Im Rahmen des Forschungsprojekts wurden Gespräche mit Schulleitungen, schulischen Steuergruppen und den jeweilig zuständigen Schulreferentinnen, an ‚deren' Schule kurz zuvor eine Schulinspektion durchgeführt und beendet wurde, geführt. Damit wurden gerade jene schulischen Akteure in den Fokus der Untersuchungen gerückt, denen eine besondere Verantwortlichkeit im Umgang mit den Inspektionsbefunden zugeschrieben wird. Die Teiluntersuchung, in der die hier verwendeten Interviews erhoben wurden, bezog bzw. bezieht sich auf die schulische Akteursposition der Schulleitung (vgl. Drinck et al., 2013, S. 20–22), der im Rahmen von Schulinspektion eine besondere Relevanz zugeschrieben wird (vgl. die Ausführungen unter 3 auf Seite 29).[10]

Aus der Erhebung entstand ein Sample, das 30 Schulen umfasste, die im Hinblick auf ihre Schulformzugehörigkeit (10 Grundschulen, 10 Mittelschulen, 10 Gymnasien) und Zugehörigkeit zu einer von insgesamt fünf sächsischen Regionalstellen der Schulaufsicht (in Sachsen: „Sächsische Bildungsagentur") ausgewählt wurden. Grundlage der Entscheidung für dieses Sample war die Absicht, möglichst unterschiedliche Erzählungen zur Verwendung von Schulinspektionsbefunden zu erhalten, wobei angenommen wurde, dass die Lage der Schule (urban / ländlich), die Größe der Schule (hinsichtlich der Anzahl der Schülerinnen bzw. Lehrkräfte), ihre Verbindung zu einer spezifischen Regionalstelle analytisch relevante Unterscheidungen sein könnten.

Da mir eine Auslese der Interviews für die Sekundäranalyse nach festzulegenden Kriterien, beispielsweise der Dichte des Gesagten oder dem Auftauchen bestimmter Textsorten, hinsichtlich der unmöglichen methodi-

---

[9] Mittlerweile wurde die Bezeichnung *Mittelschule* in Sachsen durch *Oberschule* ersetzt.

[10] Ziel des Projektes war es, das Sprechen der von Schulinspektion in doppelter Weise „Betroffenen" – als Inspizierte und als Verwenderinnen der Inspektionsbefunde – einzuholen, um je individuelle Erfahrungen, Absichten, Handlungen zu explorieren. Die Forschungsfrage zielte darauf, „wie sich die befragten Akteurinnen und Akteure den Bericht der externen Evaluation aneignen, wie sie diesen nutzen, wahrnehmen, bewerten und verarbeiten und in ihren Lebens- und Erfahrungskontext integrieren" (Drinck et al., 2013, S. 17). Die Forschungen fokussierten demnach auf die subjektive Bedeutsamkeit der Inspektionsthematik und unterstellten eine solche in der Formulierung dieser Forschungsfrage. Neben der Inblicknahme der Individualität des Sprechens bzw. der Sprecherinnen wurde die Erhebungsmethodik des qualitativen Interviews gewählt, um die institutionelle Verortung der Sprechenden in den Erhebungen zu berücksichtigen, d. h. die Sprecherinnen wurden auf ihre Funktionsrolle der Schulleitung hin positioniert.

schen Sicherung der Analysen schwer zu begründen erschien, habe ich den ursprünglichen Umfang des Korpus beibehalten.[11]

Die Frage nach dem *Abschluss* der Analyse bleibt auch mit der Festlegung eines Datenkorpus virulent. Weniger vom Argument der theoretischen Sättigung her, sondern eher aus forschungspraktischer Perspektive heraus schlägt Daniel Wrana diesbezüglich vor, die eigene Forschung daraufhin zu befragen, ob „die Analyse so weit [ist], dass sie den Gegenstand in einer angemessenen Weise thematisiert, sodass die Studie im Rahmen ihrer (immer begrenzten) Fragestellung einen sinnvollen Beitrag zum Forschungsstand leistet" (Wrana, 2014a, S. 642).

5.8 Die Vorgehensweise in der Analyse

Die konkrete Analyse erfolgte entlang der nachfolgend angegebenen Schritte, wobei diese Darstellung ein sukzessives Prozessieren nahelegt, das so *de facto* nicht stattfand. Die Auswertung des Datenmaterials erfolgte vielmehr in mehrfachen zirkulären Schleifen, erprobend, modifizierend, verwerfend, neu ansetzend.

Orientiert wurde sich dabei an konkreten Fragestellungen, die im Sinne einer Suchheuristik die Analysen anleiteten. Diese Fragen wurden im Zuge der Analyse ebenfalls verändert und an die zunehmend Gestalt annehmenden Analysen angepasst. Ihr endgültiges Format erhalten sie – analog den einzelnen Analyseschritten – erst im Rahmen dieser Darstellung. Sie werden anschließend an die einzelnen Schritte der Datenanalyse referiert und stellen den Übergang zur Ergebnispräsentation dieser Studie her.

(1) Im ersten Schritt wurden die Interviewmaterialien sondiert und zergliedert. Dies erschien zunächst relevant, um die Einheit eines Interviewtextes aufzubrechen und die diskursiven Aussagen aus ihrem ursprünglichen Textzu-

---

[11] Für einige qualitative Auswertungsverfahren ist die Identifizierung bestimmter Textsorten bedeutsam, da mit ihnen bestimmte Wertigkeiten verbunden werden. So gilt beispielsweise die Erzählung für die Rekonstruktion konjunktiver Erfahrungsräume im Rahmen der Dokumentarischen Methode als die bevorzugte Textsorte, da sich in dieser das implizite Wissen der Erzählenden am trefflichsten zeigen soll (Nohl, 2009, in Anlehnung an die Textsortentrennung nach Fritz Schütze). Die Erzählung stellt eine Nähe zur „Erfahrung und erlebten Handlungspraxis" (Nohl, 2009, S. 22) dar / her. Demnach stellt die Auswahl und Fokussierung der Analyse auf diese in den Untersuchungsmaterialien zu findende Textsorte der Erzählung eine Forderung innerhalb solcher Forschungszugänge dar. Wie bereits argumentiert, kann im Kontext diskursanalytischer Vorgehensweisen auf eine solche Argumentation nicht zurückgegriffen werden.

sammenhang herauszulösen. Um diese Zergliederungen vorzunehmen, wurde die Software *MaxQDA* eingesetzt, die es erlaubt, einzelne Textbestandteile aus Interviews als Fragmente gesondert betrachten zu können. Die Zergliederung erfolgte in Form einer Sammlung von Aussagen der Interviews bezüglich des Sprechens über die Verwendungen von Schulinspektionsbefunden.

(2) Die Zergliederung ging einher mit einem Vorgehen des Neu-Ordnens, Neuzusammensetzens von Interviewfragmenten. Die einzelnen Aussagen wurden zunächst hinsichtlich der darin angesprochenen Themen gesichtet und danach nach den sich ergebenden Thematisierungssträngen sortiert, so dass sich ein Überblick darüber gewinnen ließ, was im Sprechen über Schulinspektion und ihre Wirksamkeit aufgerufen wird. Die Sichtung und Sortierung von Thematisierungssträngen erfolgte nicht entlang eines Anspruchs auf Trennschärfe, da sich bereits in diesem Analyseschritt ergab, dass sich Themen überkreuzen bzw. miteinander zusammenhängen. In *MaxQDA* wurde die Entscheidung für Themenstränge entlang der Erstellung von „Codes" vorgenommen, so dass ein linearer „Codebaum" entstand. Die Schwierigkeit dieses Codebaums bestand darin, dass sich zum einen die Zusammenhänge zwischen einzelnen „Codes" nicht ausreichend abbilden ließen und zum anderen der Codebaum einen Umfang annahm, der sich mit voranschreitender Auswertung kaum handhaben ließ. Insgesamt wurden 378 Codes und Untercodes erstellt, da die Entscheidung, was unter ein Thema fällt und dieses spezifiziert, wie eben benannt, herausfordernd war und im Laufe der Analyse mehrfach getroffen werden musste. Als Visualisierungshilfe eignete sich der Codebaum demnach für mein Vorgehen nur bedingt. Die Neu-Ordnung der Interviewfragmente zu Themen ermöglichte die Bildung von ‚Teil-Korpora' jeweils überschaubaren Umfangs, die in einem anschließenden Schritt die Feinanalyse von Interviewaussagen ermöglichte.

(3) Die Feinanalyse erfolgte als kleinschrittiges Vorgehen der „granularen" Inblicknahme einzelner Interviewaussagen hinsichtlich heuristischer Untersuchungsfragen (vgl. Wrana, 2014a, S. 639). Selegiert für die Feinanalyse wurden Interviewfragmente, die Aussagen enthielten, in denen bestimmte Thematisierungen, die besonders häufig oder auffällig erschienen, sich in für mich eindrücklicher Weise darstellten. Die Feinanalysen zielten auf das Isolieren und Herausarbeiten erster heuristischer Figuren / Figurationen.

(4) Die Figurationen sollten in einem Folgeschritt mit vergleichbaren Thematisierungsweisen kompiliert werden, die dem Gesamtkorpus der Interviewtranskripte entstammen, um Varianzen in den Blick zu bekommen, die auf

die je situativen Gebrauchsweisen des Sprechens innerhalb der verschiedenen Interviews reagieren. Die komparative Inblicknahme von Ähnlichkeiten und Differenzen zwischen den einzelnen Thematisierungsweisen führt schließlich zur Herausarbeitung jener Figurationen, die nachfolgend als Analyseergebnisse vorgestellt werden. Über deren Status als unmögliche und notwendige Schließungen habe ich im Abschnitt unter 5.5 auf Seite 198 eingehender argumentiert.

Abschließend zu diesem Kapitel, das die Darlegung des diskursanalytischen Vorgehens beinhaltete, sollen nun die erkenntnisleitenden Fragen aufgerufen werden, die als Präsizierungen der Forschungsfrage nach den *Konstitutionsweisen der Wirksamkeit von Schulinspektion im Sprechen über die Verwendung von Schulinspektionsbefunde* zu verstehen sind.

- Welches Sprechen bzw. welche Sprechräume organisiert der Bezug auf Wirksamkeit von Schulinspektion und welche Effekte bezüglich der Konturierung des diskursiven Terrains um Wirksamkeit zeitigt dies? Welche einzelnen Figuren finden sich in welchen Verknüpfungen hinsichtlich der „Wirksamkeit von Schulinspektion"? Welche Unterscheidungen werden getroffen? Welche Ausschlüsse und Abgrenzungen werden vorgenommen? Wie wird über die *Verwendung* von Schulinspektionsbefunden gesprochen?

- Was macht „Schulinspektion" und deren „Wirksamkeit" zu einem bedeutsamen Sprechanlass? In welchen Hinsichten wirkt der Thematisierungsanlass zu Wirksamkeit und der Verwendung von Schulinspektionen generativ?

- Inwiefern bedarf das Sprechen über Schulinspektion und ihrer Wirkungen des betroffenen Inspektionssubjekts? Als wer spricht man über Schulinspektion hinsichtlich deren Wirksamkeit? Wie wird man zum Teil des Inspektionsprocederes bzw. zur Inspektionsakteurin? Welche Positionierungen werden ermöglicht und erforderlich? Wie autorisiert sich das subjektive Sprechen?

- Wie wird sich auf die im wissenschaftlichen Sprechen über Wirksamkeit von Schulinspektionen herausgearbeitete Unbestimmtheit bezogen? Wie findet das Sprechen im Interview einen Umgang damit, dass Wirksamkeit sowohl inszeniert und bestimmt, als auch aufgeschoben und ausgesetzt werden muss?

6 Analyseeinsätze: Rahmungen. Interviews mit Schulleitungen

In den eingangs zu dieser Arbeit untersuchten *wissenschaftlichen Texten* zu Schulinspektion konnte herausgearbeitet werden, wie die Unbestimmtheit von Wirksamkeit als ein konstitutives Moment fungiert, indem Wirksamkeit über die einzelnen Texte hinweg wiederkehrend benannt und variiert wird (vgl. Abschnitt 3 auf Seite 29). Wirksamkeit wird in den Texten als noch zu Ergründendes gehandhabt, aber auch als etwas, zu dem bereits Erkenntnisse und Bestimmungen vorliegen, die aber stets als vorläufig markiert werden, so dass Forschungsbedarf fortwährend angemeldet werden kann. Eine bestimmte Nichterkennbarkeit haftet an der Wirksamkeit von Schulinspektion, so dass immer noch ein Anderes oder Eigentliches aufgerufen wird, das (bisher) nicht identifiziert werden kann. Dies gilt sowohl für die Untersuchungsanlagen von Studien, die sich auf eine ,tiefere' Wirklichkeitsebene berufen und diese mit qualitativer Forschung aus den Auskünften der Inspizierten herauspräparieren wollen, als auch beispielsweise für Wirkungen von Schulinspektion, die als positiv oder auch als negativ markiert werden und die nicht zu eindeutigen Aussagen bezüglich der Wirksamkeit von Schulinspektion führen (dürfen).

Wissenschaftliche Erkenntnisse autorisieren sich demgemäß über den Verweis auf eine Unbestimmtheit, die sich dem (begrifflichen) Zugriff in verschiedenen Hinsichten entzieht. Die Rede von der Wirksamkeit von Schulinspektion ist geprägt vom Verweis auf Ergebnis- „Tendenzen" oder Forschungs-„Pespektiven", die ihre eigene Partikularität einkalkulieren und aufrufen. Diese Unbestimmtheit steht in Verbindung mit der Erzeugung und Proliferation von Subjektivität: Ein Gros der Studien, die die Wirksamkeit von Schulinspektion untersuchen – auch jene, die sich von der Frage nach Wirksamkeit abwenden und sie in der Abwendung auf diese Frage beziehen –, suchen diese Wirksamkeit über den Weg der Befragung von schulischen Akteuren, im Sinne von Selbstauskünften über die eigene schulische Verwendungspraxis, zu ergründen. Der Einbezug von Selbstauskünften schulischer Akteure wird auch theoretisch untermauert, indem auf die Beteiligung von

---

© Springer Fachmedien Wiesbaden GmbH, ein Teil von Springer Nature 2020
M. Schmidt, *Wirksame Unbestimmtheit, unbestimmte Wirksamkeit*, Schule und Gesellschaft 63, https://doi.org/10.1007/978-3-658-28081-9_6

Schulen und schulischen Akteuren an ihrer Steuerung im Zusammenhang mit Neuer Steuerung von Schulen hingewiesen wird: Wenn Gesteuerte systematisch zu Steuernden erklärt werden, wer könnte dann besser über das Gelingen und die Vollzüge von Steuerung Auskunft geben als diese schulischen Akteure selbst? Wissenschaftliche Studien tragen damit zu einer Proliferation des Sprechens in der ‚ersten Person' bei und verweisen auf das enge Band, das zwischen Schulinspektion und Subjektivität geknüpft wird, wie sie selbst auch an diesem Band mitknüpfen. Indem wissenschaftliche Studien die Verwenderinnen von Schulinspektion als „erste Adressen" des Verwendungsgeschehens ausweisen und diese als Befragte in den Blick nehmen, tilgen die Studien Unbestimmheit und schreiben sie gleichzeitig fort (vgl. hierzu den Abschnitt unter 3.5 auf Seite 91). Beispielsweise wird in den wissenschaftlichen Texten angemerkt, dass das Phänomen sozialer Erwünschtheit in den Befragungen schulischer Akteure – als Verwenderinnen – den Zugang zur „wahren" Wirksamkeit verstellt und die Selbstauskünfte deshalb mit Vorsicht zu genießen seien (Husfeldt, 2011). Weiterhin stellt sich für wissenschaftliche Untersuchungen die Frage, wie die jeweils schulspezifischen Kontexte, in denen die Verwendungen stattfinden und in denen individuelle Verwenderinnen agieren, im Rahmen generalisierender Erkenntnisse zur Wirksamkeit von Schulinspektion abbilden lassen. Auch in dieser Hinsicht lässt sich schwerlich etwas Abschließendes zur Wirksamkeitsproblematik formulieren.

Im Nachfolgenden möchte ich *mein eigenes Vorgehen in der Erforschung der Verwendungen von Schulinspektionsbefunden* in Bezug zu dieser Argumentation betrachten, die einen Zusammenhang aus Wirksamkeit, Verwendung von Schulinspektionsbefunden, Unbestimmtheit und Subjektivität herstellen. Damit soll zugleich ein erster Analyseeinsatz vorgenommen werden, da die Situationen, in denen die Interviewdaten zustande kamen und erhoben wurden, nicht als Teil einer (gegenüber seinen Erkenntnisgegenständen neutral erscheinenden) Darlegung meines methodischen Vorgehens verstanden werden sollen. Stattdessen möchte ich herausarbeiten, inwiefern die Situationen der ‚Produktion' des Interviewsprechens bereits als Praktiken des Umgangs mit Schulinspektionsbefunden gehandhabt werden können. Die Inszenierungspraktiken des Interviews instituieren in diesem Sinne selbst schon eine spezifische Antwort auf die Wirksamkeitsfrage, d. h. sie geben Aufschluss darüber, welche Hervorbringungsweisen des Gegenstands der Wirksamkeit von Schulinspektion möglich sind (vgl. für ein solches Vorgehen Jergus, 2011).

Ein genauerer Fokus auf die Settings, innerhalb derer sich die Interviews ereigneten, gibt Aufschlüsse über die Regulationsmechanismen und Produktivitäten der Verwendung von Schulinspektion(-sbefunden). Dies interferiert mit den unter Kapitel zu den Analysehinweisen (Kap. 5 auf Seite 181) ausgeführten Überlegungen zum Interview als Methode des wissenschaftlichen Erkenntnisgewinns, die beispielsweise in ihren Grundannahmen bereits eine bestimmte Form von rational-bürgerlicher Subjektivität taxiert (vgl. Nassehi, 2008). Auch ich habe schulische Akteure, namentlich: Schulleitungen, in Interviewsettings zu ihren Rezeptions- und Verwendungsweisen von Schulinspektionsbefunden befragt. Mein Forschungsvorhaben weist demnach erkennbare Zusammenhänge mit anderen Forschungen zur Wirksamkeit von Schulinspektion auf, in denen die Bedeutsamkeit des Verwenderinnen-Subjekts und dessen Individualität profiliert wird. „Das Vorhaben wird folglich so situiert, dass Selbstthematisierungen eine maßgebliche Relevanz erhalten" (Jergus, 2011, S. 151).

6.1 Sprechende Autoritäten

Forschungsinterviews knüpfen eine Verbindung aus Schulinspektionsbefunden und schulischen Akeuren, indem letztere durch die Adressierung im Interviewsetting als Verantwortliche für den Umgang mit Inspektionsergebnissen und die Wirksamkeit von Schulinspektion *responsibilisiert* werden (vgl. auch die Analysen unter 3.5.1 auf Seite 96). Ein Blick auf das *Anschreiben* an die im Rahmen meiner Forschung zu untersuchenden Schulen, das vonseiten der Universität Leipzig als mit der Durchführung des Projekts betrauter Instanz verfasst wurde, bezeugt diese als selbstverständlich erscheinende Verbindung aus Schulinspektionsbefunden und Verwenderinnen-Subjekten.[1]

---

[1] Die Auswahl der Schulen erfolgte hinsichtlich des Kriteriums einer zeitnahen Rückmeldung der Inspektionsbefunde, die in den Untersuchungszeitraum fiel, d. h. es wurden alle Schulen angeschrieben, die ab April 2010 eine Schulinspektion gerade beendet hatten oder in absehbarer Zeit das Verfahren durchlaufen würden. Die Wahl fiel auf diesen Erhebungszeitraum, da die Interviews ca. 6 bis 8 Wochen nach der Übergabe des Inspektionsberichts erfolgen sollten, so dass die Einsicht in die Inspektionsberichte den Befragten noch gegenwärtig sei und Maßnahmen zur Weiterarbeit mit den Inspektionsbefunden sich im Stadium der Initiation befänden.

210 Analyseeinsätze: Rahmungen. Interviews mit Schulleitungen

Im Schreiben heißt es:[2]

> Wenn Sie sich für eine Teilnahme [an der Studie] entscheiden, werden
> Mitarbeiter / innen unseres Forschungsteams der Universität Leipzig
> zwei bis sechs Wochen nach der Präsentation des Evaluationsberichts
> mit Ihnen als Schulleiter[/ in] ein Gespräch führen. [...] Des Weiteren
> ist für uns interessant, mit denjenigen an Ihrer Schule zu sprechen,
> die sich mit dem „Evaluationsbericht" gezielt auseinandersetzen und
> ihn nutzen (Seite 1 des Anschreibens).

Dieser Auszug aus dem postalischen Anschreiben, das den ausgewählten
Schulen zugesandt wurde, lässt erkennbar werden, dass die Qualifikation als
Gesprächspartnerin – vielmehr: die Ansprache als qualifizierte Gesprächspartnerin – sich entlang einer herausgehobenen Zuständigkeit für den Umgang
mit Schulinspektionsbefunden ergibt, die den Adressierten zugeschrieben
wird. Während dies für die Schulleitung nicht eigens thematisiert wird –
offenbar ist an dieser Stelle unfraglich, dass die Schulleitung sich mit dem
Inspektionsbericht „gezielt" auseinandersetzt und diesen „nutzt" oder zumindest insoweit über diese Prozesse informiert ist, dass ihr die Auskunftgabe
möglich ist – gibt es weitere Personen, die noch (durch die Schulleitung)
zu identifizieren sind und die sich insofern als Untersuchungsadressen eignen, als sie sich über eine besondere Verbindung zu den Befunden bzw.
zum Ergebnisbericht der Schulinspektion auszeichnen. Für die Position der
Schulleitung ist bedeutsam, dass sie nicht nur eine solche Adresse ist oder
potentiell sein soll, sondern auch, dass sie über Wissen bezüglich dieser
weiteren Personen verfügt, auf die diese Attribute zutreffen. Insofern kommt
der Schulleitung hier die doppelte Aufgabe zu, nicht nur selbst verantwortlich
für die Verwendung von Inspektionsbefunden zu sein, sondern dies auch
stellvertretend für Andere zu tun und über das Wissen bezüglich Abläufen
und Zuständigkeiten für die Inspektionsbefunde an der ‚eigenen' Schule zu
verfügen, wodurch sich die besondere Stellung von Schulleitung innerhalb
des Verwendungsszenarios der Schulinspektion(sbefunde) ausweist.[3]

Ein solcher Nachweis der Eignung als Gesprächspartnerin muss biswei-
len erst erbracht werden. Es handelt sich dabei um solche Fälle, in denen

---

[2] In den Interviews wurde die Bezeichnung *externe Evaluation* bzw. *externe Schulevaluation* verwendet, wie sie auch der Selbstbezeichnung des Inspektionsverfahrens
in Sachsen entspricht. Die Politizität von Namen und Benennungen habe ich in den
vorangegangen Kapiteln (u. a. Kap. 4 auf Seite 135) bereits diskutiert.

[3] Vergleiche bezüglich der besonderen Verbindung aus Schulleitung, Wissen und Schulinspektion das Ergebniskapitel unter 9 auf Seite 311.

die Interviewten nicht offiziell als Schulleitung – der die Eignung per se zugesprochen wird – bestellt sind oder die Schulleitungsposition erst zeitlich überlappend mit der Schulinspektion übernommen haben. Auch diese Befragten müssen auf die Ansprache des Anschreibens reagieren. In einem dieser Interviews (konkret: in *I3w*) wurde beispielsweise das Gespräch mit zwei Interviewpartnerinnen geführt, die zum Zeitpunkt des Interviews beide die Vertretung der seit längerer Zeit abwesenden Schulleitung übernommen hatten und damit nicht ‚eigentlich' als Schulleitung ausgewiesen waren. Der Beginn des Transkripts zu diesem Interview zeugt von einer Absicherung bezüglich der Auskunftsfähigkeit der Befragten, in der diese sich als qualifizierte Gesprächspartnerinnen zeigen müssen:

> Interviewerin: Ich würde, bevor es losgeht nochmal fragen, Sie waren jetzt also in der Kontaktgruppe dabei?
>
> I3w1: Ja.
>
> Interviewerin: Vermutlich ja, da Sie gesagt haben, Sie haben das gesteuert.
>
> I3w1: Ja, ja.
>
> Interviewerin: Okay, ja. Also ich würde Sie bitten möglichst breit und viel zu erzählen [. . .] (I3w, Z. 1–4).

Diese Absicherung seitens der Interviewenden ist der Interviewereröffnung vorgelagert und verweist damit auf die Dringlichkeit einer Identifizierung der Interviewpartnerinnen hinsichtlich deren inspektionsrelevanten Attributen. Als Mitglied der Kontaktgruppe hat die Interviewte *I3w1*, deren Status als kompetente Sprecherin hier infrage steht, bereits im Rahmen der Schulinspektion „gesteuert" und zeigt sich darin als schulleitungsäquivalent bezüglich der Verwendung von Schulinspektionsbefunden.

6.2 Verbindliche Verwendungen

Dass die Inspektionsberichte an einen bestimmten Zweck gebunden sind, wird ebenfalls unfraglich und als selbstverständlich bereits im Text des Anschreibens (voraus-)gesetzt. So heißt es dort nicht nur, dass es Ziel des Forschungsprojektes der Universität Leipzig sei, Aussagen über die „tatsächliche Wirksamkeit" (Seite 1 des Anschreibens) treffen zu können, diese

Wirksamkeit wird auch durch die angeführten Forschungsfragen näher bestimmt. Der Studie zur „Rezeption und Nutzungen von Ergebnissen der Externen Schulevaluation an sächsischen Grundschulen, Mittelschulen und Gymnasien" („RUN-Studie"), so der Titel des Forschungsvorhabens, geht es u. a. um die Fragen danach, „wie der Evaluationsbericht an der Schule aufgenommen und wahrgenommen" wird, wie „die Ergebnisse zur Weiterentwicklung Ihrer Schule genutzt" werden sowie ob der „Bericht dazu geeignet" ist, „im Rahmen der Zielvereinbarung mit der Schulaufsicht Prozesse der Schulentwicklung anzustoßen" (Seite 1 des Anschreibens). Während die zweite und dritte Teilfrage ganz explizit Wirksamkeit auf das Stattfinden von Prozessen der Schulentwicklung engführen, legt die Formulierungen der ersten Teilfrage nahe, *was* mit dem Inspektionsbericht zu geschehen habe – er soll aufgenommen und wahrgenommen werden – und *wo* dies zu geschehen habe, nämlich an der inspizierten Schule selbst.

Während den im Anschreiben adressierten Schulleitungen noch die Möglichkeit einer Entscheidung für oder gegen die Teilnahme an der Studie offen gehalten wird (Seite 2 des Anschreibens), so ist ihr Entscheidungsspielraum bezüglich der Frage, ob ihrerseits Verwendungen des Inspektionsberichts zu erfolgen haben, deutlich beschränkter. Es geht dem Anschreiben zufolge um die forschungspolitisch bedeutsame Frage, *wie* genau die Berichte und Inspektionsbefunde verwendet werden, nicht *ob* sie verwendet werden. Dabei sind bestimmte Verwendungsweisen des Inspektionsberichts und der -befunde von vornherein ausgeschlossen, auch wenn dies nicht explizit wird. Beispielsweise ließe sich seitens der befragten schulischen Akteure in Bezug auf das Anschreiben kaum denkbar artikulieren, man habe die Inspektionsbefunde lediglich vom Hörensagen zur Kenntnis genommen. Das Anschreiben legt demnach nicht nur einen Zusammenhang zwischen Schulinspektionsbefunden und den schulischen Verwenderinnensubjekten nahe, sondern konkretisiert und spezifiziert diese Verbindung zugleich. Dass diese Verbindung aus Schulinspektion und ihrer „gezielten" Verwendung durch die schulischen Akteure *verbindlich* ist, verweist auf die Autorisierungsgeste einer *Dignität wissenschaftlichen Vorgehens* in der Erkenntnisbildung.

Auch die formale Gestalt(ung) des Schreibens inszeniert Verbindlichkeiten: Sie weist das Anschreiben als ein Dokument aus, das auf formale Kommunikation und Verständlichkeit im öffentlich-bürokratischen Raum ausgelegt ist. Der Briefkopf, aus dem das Logo der Universität Leipzig ersichtlich wird, ebenso wie der Name und die akademischen Titel der Leiterin des

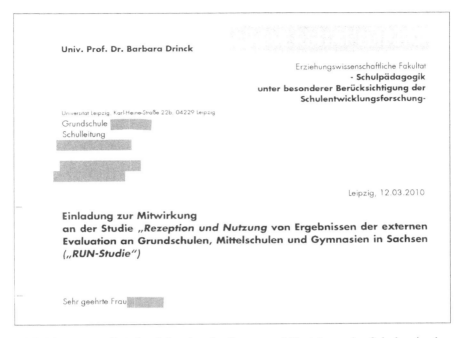

Abbildung 6.1: Briefkopf des Anschreibens zur Mitwirkung der Schulen / schulischen Akteure an der RUN-Studie.

Forschungsprojektes evoziert Wissenschaftlichkeit und Öffentlichkeit – eine Verbindung aus Wissenschaft und außerwissenschaftlichen Kontexten. Zudem finden sich Datumsnennung, fett hervorgehobene Betreffzeile und namentlich-persönliche Ansprache der jeweiligen Schulleitung („Sehr geehrte Frau xy, ..."), wobei die genannten Personen in ihrer professionellen Funktion als Schulleitung (Angeschriebene / Adressierte) oder als forschende Professorin (Schreibende / Adressierende) benannt werden.

Der Fließtext des Anschreibens wird durch eine Danksagung, die Angabe von Kontaktinformationen und eine Signatur der Projektleitung, die eine Verbindung zum Briefkopf herstellt und so dem Dokument eine formale Kohärenz gibt, abgeschlossen. Zudem lässt sich der Schreibstil als formell-distanziert charakterisieren, da er keine sprachspielerischen oder idiosynkratischen Formulierungen enthält, die auf die Autorschaft eines

214 Analyseeinsätze: Rahmungen. Interviews mit Schulleitungen

bestimmten Schreiberinnensubjekts oder eine persönliche Bekanntschaft der Briefpartnerinnen rückschließen lässt. Der Schrifttext enthält kaum fachwissenschaftliche Termini, so dass hier bereits eine Aufbereitung wissenschaftlicher Erkenntnislogiken für praktische Verwendungssettings inszeniert wird.[4]

Mitarbeit
an der RUN-Studie *„Rezeption und Nutzung* von Ergebnissen der externen Evaluation an sächsischen Allgemeinbildenden Schulen"

Gerne nehme ich und meine Schule an der Studie teil.

(Stempel der Schule)

(Ansprechpartnerin/Ansprechpartner)

(Telefonnummer der Ansprechpartnerin/des Ansprechpartners)

Ort, Datum   Unterschrift

Abbildung 6.2: Faxvorlage im Anhang des Anschreibens zur Mitwirkung der Schulen / schulischen Akteure an der RUN-Studie.

Die angeschriebenen Schulleitungen werden gebeten, ihre Antwort ebenfalls auf dem Wege der formalen Kommunikation zu verfassen: Das Anschreiben der Universität Leipzig enthält im Anhang einen Antwortbogen (Abbildung 6.2), der ausgefüllt per Fax oder postalisch an die Universität

---

[4] Die „Einladung zur Mitwirkung" (Seite 1 des Anschreibens) seitens der Briefabsenderin suggeriert dabei eine Annäherung von Wissenschaft und Praxis, indem die Untersuchten als aktiv am Forschungsprojekt Beteiligte adressiert werden. Die Forschung erscheint so als kollaboratives Geschehen.

(De-)Inszenierungen von Bildungspolitik 215

zurückzusenden ist und in dem Leerstellen / Lückentexte zu spezifischen Füllungen aufrufen – etwa in Form des Schulstempels, so dass der Stempel die Absichtserklärung der Schulleitung offizialisiert, verbindlich macht und von ihrer spezifischen Personalie abstrahiert. Erst im Anschluss an diese von beiden Seiten aus getätigte schriftliche Vereinbarung wurden im Falle einer Teilnahmebekundung seitens der schulischen Akteure an der RUN-Studie eine Kontaktaufnahme zur Terminvereinbarung, meist per Telefon und initiiert durch mich, vorgenommen.

Diese einzelnen formellen Codes des Anschreibens stehen in einem Verweisungsverhältnis zu anderen Briefdokumenten des öffentlichen Raumes, wie etwa Verträgen oder behördlichen Anträgen und autorisieren den Text des Anschreibens als Dokument mit einem gewissen Verbindlichkeitscharakter: Die Offizialität des Anschreibens verbürgt, dass die Anfrage eine ernstzunehmende ist, die der Antwort bedarf. Auf diese Weise wird das Thema Schulinspektion damit als eines von Offizialität, Seriosität und Relevanz geprägtes inszeniert, welches des Besprochenwerdens sowie des Untersuchtwerdens im Rahmen wissenschaftlicher Forschung lohnt.

6.3 (De-)Inszenierungen von Bildungspolitik

Im Anschreiben findet sich weiterhin ein spezifischer Umgang mit der Politizität von wissenschaftlichen Erkenntnissen, wie sie für dieses Forschungsfeld markant erscheint (siehe hierfür nochmals die Ausführungen unter Kap. 3 auf Seite 29): Eine Verstrickung von (Bildungs-) Politik und wissenschaftlichem Erkenntnisgewinn wird in Schulinspektionen de-inszeniert, d. h. das Bemühen um externe schulische Steuerung muss sowohl demonstriert als auch nicht offenkundig gemacht werden. Dies findet sich auch an verschiedenen Stellen des Anschreibens der RUN-Studie an die zu untersuchenden Schulleitungen wieder / erneut. Das Dokument platziert bereits im Briefkopf die „Universität Leipzig" als den primären Ort, von dem ausgehend ein originäres Forschungsinteresse artikuliert wird. Die Universität Leipzig stellt sich hier als Repräsentantin einer Institution dar, die ‚von Haus aus' auf Erkenntnisgewinn ausgerichtet ist und sich als unabhängig von den sozialen Implikationen der durch sie generierten Erkenntnisse versteht. Mit der Offizialisierung und der Anbindung des Forschungsvorhabens an eine universitäre Herkunft wird nicht allein auf ein unpolitisches Erkenntnisinteresse verwiesen, sondern gleichsam eine *besondere Relevanz* der noch zu erbringenden Erkenntnisse inszeniert – da die Universität ein gesellschaftliches Interesse vertritt (siehe bei Thompson, 2014a).

Im Anschreiben wird zwar an späterer Stelle eine Verbindung aus Erkenntnis und Politik benannt, indem das Forschungsteam der Universität Leipzig seine Auftraggeberin, das Sächsische Bildungsinstitut (SBI), offenlegt, allerdings taucht diese nicht im Briefkopf des Dokuments auf, der die Absenderin des Briefs für die Empfängerin identifizierbar machen soll. Es wäre beispielsweise auch denkbar gewesen, die Logos beider Insitutionen nebeneinander in gleichberechtiger Weise darzustellen.

Weiterhin wird im Anschreiben ausdrücklich auf die rein „wissenschaftlichen Zweck[e]" (Seite 2 des Anschreibens) der RuN-Studie hingewiesen. Zwei Absätze später wird allerdings noch ein hiervon divergierender Zweck eingeführt:

> Die aus der RUN-Studie hervorgehenden Erkenntnisse sollen dazu dienen, die zukünftige Schulentwicklung im Freistaat Sachsen noch besser zu unterstützen als bisher. Das Sächsische Staatsministerium für Kultus und Sport (SMK), die Sächsische Bildungsagentur (SBA) und das Sächsische Bildungsinstitut (SBI) befürworten die Studie und erhoffen sich Ansatzpunkte für die Verbesserung ihrer eigenen zukünftigen Arbeitsvorhaben (Seite 2 des Anschreibens).

Wurde zumindest das Sächsische Bildungsinstitut (SBI) zuvor als Auftraggeberin eingeführt, ist der Status der weiteren bildungspolitischen Institutionen SMK und SBA in Bezug auf die RUN-Studie opak. Es erscheint bedeutsam, diese Institutionen im Rahmen einer „Einladung zur Mitwirkung an der Studie" (Seite 1 des Anschreibens) den Schulen gegenüber zu erwähnen. Die Institutionen befinden sich mit den jeweiligen Schulen in einer hierarchisch strukturierten Ordnung, so dass deren „Befürwortung" der RUN-Studie bereits Implikationen für eine Teilnahme an der Studie enthält und weiterhin die Inhalte des Anschreibens autorisiert: Die Nennung der Institutionen inszeniert ebenfalls eine bestimmte Verbindlichkeit in der Verwendung von Schulinspektionsbefunden. Eine über die Befürwortung hinausgehende bildungspolitische Interessensbekundung an den Erkenntnissen der RUN-Studie wird dann aber nicht expliziert, die Institutionen SMK und SBA werden vielmehr selbst in einen Zusammenhang mit ihrer künftigen Verbesserung gestellt und demnach als Lernende figuriert, die allein aus diesem Verbesserungsbedarf heraus den Schulen ‚auf Augenhöhe' gleichrangig werden.[5]

---

[5] An dieser Stelle ließe sich auch der Vorwurf von Lambrecht und Rürup (2012) bestä-

Es geht den bildungspolitischen Institutionen nicht darum, etwas über die inspizierten Schulen zu erfahren, sondern über *sich*, was einer Evaluation der bildungspolitischen Institutionen gleichkommt. Die Institutionen werden nunmehr selbst zu Rezipierenden und Verwenderinnen. Auf diese Weise ist Politik zwar gegenwärtig, aber zugleich verdeckt.

Eine solche (De-)Inszenierung von Politik, die sowohl anwesend als auch abwesend ist, legt nahe, dass die in den Interviews zur Sprache gebrachten Inhalte eine gewisse *Riskanz* aufweisen – geht es doch dem Forschungsanliegen nach um die Wahrheit und Realität der Wirksamkeit von Schulinspektion, nicht um ‚gefällige‘ Aussagen der Befragten, die sich als schulische Akteure in einem Hierarchie- und Unterordnungsverhältnis zu Bildungspolitik wähnen. Das Interview erscheint so einerseits als ein politikfreier Raum, an dem die Wahrheit gesprochen werden kann und soll; zugleich aber werden andererseits diese Wahrheiten der Politik nicht vorenthalten – ist doch das Interview selbst als ein stellvertretendes Gespräch für jene, die nicht anwesend sind, zu verstehen – davon zeugt beispielsweise das zwischen den Interviewpartnerinnen platzierte Tonbandaufnahmegerät.

Die Wahrheit der Verwendung von Schulinspektion auszusprechen, wird als eine im Hinblick auf die bildungspolitische Relevanz der Erkenntnisse heikle Angelegenheit inszeniert, indem per „schriftliche[r] Garantie" (!) zugesichert wird, dass die „an Ihrer Schule erhobenen Daten weder an Dritte weitergereicht noch unverschlüsselt veröffentlich werden" (Seite 2 des Anschreibens). Ein als authentisch ausgewiesenes Sprechen über Schulinspektion erscheint so als potentiell widerständiger Akt, der auf ein autonomes Selbst verweist, das als dem Sprechen zugrunde liegend figuriert wird und das sich im Sprechen einer (nicht näher bestimmten) Gefahr aussetzt – wobei letztere durch einen Forschungsethos des vertrauensvollen Umgangs mit Daten ausgehebelt werden soll.

Jene Autonomie, die sich im widerständigen Sprechen formiert, wird den Schulen und Schulleitungen im Anschreiben bereits zugesprochen, wenn ihnen nahegelegt wird, dass die Wahrheit *ihrer* Verwendung der Schulinspektionsbefunde wissenschaftlich zu erkunden sei. Diese „Wahrheit" wird qua Einladung der schulischen Akteure zum Interview also immer schon als jenseits bildungspolitischer Vorgaben sich vollziehend figuriert und kann dementsprechend auch nicht durch bildungspolitische Instanzen erfragt und erkundet wer-

---

tigen, dass wissenschaftliche Forschung zur Wirksamkeit von Schulinspektion meist bildungspolitisch initiierte Auftragsforschung sei. Dies trifft für die RUN-Studie zu.

den. Die Äußerungen der Befragten im Interview müssen dann im Horizont dieser Zusprache und Zumutung von Autonomie und Widerständigkeit platziert werden: Die ‚Befreiung' eines widerständigen Sprechens innerhalb des Schutzraums des wissenschaftlichen Interviews geht mit der gleichzeitigen Konstitutierung eines solchen widerständigen Sprechens durch die Interviews einher. Die Qualifizierung des Interviewsprechens als autonom-widerständig versieht dieses Sprechen wiederum mit einem besonderen Gewicht.

6.4 Interviewsituationen: Changierende Arrangements

Neben dem Verschwinden / Auftauchen der Bildungspolitik im Kontext der Verwendung von Schulinspektionsbefunden profiliert das im Anschreiben artikulierte Begehren nach authentischen Erzählungen die Thematisierung des (befragten) Selbst. In diesen Selbstthematisierungen findet dann die Individualität der Verwenderin, die sich mit je singulären, schulspezifischen Verwendungen von Inspektionsbefunden verbindet, ihren Platz, d. h. es werden je individuelle Wahrheiten (im Plural) der Verwendung von Schulinspektion forciert.[6] Diese Kombination aus Selbstthematisierung, Individualität und Verwendung von Inspektionsbefunden rechtfertigt ein forschendes Vorgehen mittels qualitativer Interviews ebenso, wie sie durch die Wahl des Erkenntnisinstruments Interview erst hervorgebracht wird. In den Interviews ist stets eine spezifische Schulleitung angesprochen, die zuvor auch im Anschreibenstext namentlich benannt wurde und die von *ihren* Verwendungen Bericht geben soll. Zugleich soll diese Schulleitung – als Repräsentantin ihrer Schule – Aussagen zur Verwendung der Inspektionsbefunde treffen, die über die Bindung an eine einzelne Person hinausgehen und eine gewisse Generalität beanspruchen, welche allerdings auf die Singularität der einzelnen Schule beschränkt bleibt.

Dies interferiert mit der Unabgeschlossenheit der Wirksamkeitsfrage: Für empirische Forschungen, die die Wirksamkeit von Schulinspektion zu ergründen suchen, wurde bereits herausgearbeitet, wie diese in der Betrachtung

---

[6] Betrachtet man in einem ersten Zugang zu den Interviewtranskripten die Verteilung der Häufigkeiten bestimmter Wörter, so fällt zudem auf, dass das Wort *ich* über alle 30 Dokumente hinweg 25731 mal in Erscheinung tritt und damit (abgesehen von *und, die, der, das* etc.) das am häufigsten verwendete Wort darstellt. Auch an dieser Stelle ließe sich argumentieren, dass die häufige Verwendung des Personalpronomens *ich* bedeutsam ist, insofern es Subjektivität eng mit dem Gegenstand der Verwendung bzw. Wirksamkeit von Schulinspektion verknüpft.

Interviewsituationen: Changierende Arrangements 219

des einzelnen Falls oder der tatsächlichen schulischen Praxis generalisierende Aussagen zur Wirksamkeit fortwährend aufschieben und die eigenen Erkenntnisse unter Vorbehalt stellen. Ähnlich dazu changiert auch die Ansprache der Schulleitungen als individuelle Personen, in ihrer Funktionsrolle, und als Vertreterinnen ihrer Institution sowie schulischer Akteursgruppen zwischen Singularität und Generalität.

Entsprechend den eben genannten Aspekten der Selbstthematisierung, Individualität und Repräsentativität spielte sich auch das *Setting* ab, in dem die Interviews geführt wurden: Dieses etabliert eine Sphäre, die zwischen Diskretheit und Öffentlichkeit, zwischen individueller Berufsrolle und Organisationsrepräsentanz changiert. Die Offizialität des Interviewsettings wurde durch meine Ankündigung, ein *Interview* (im Unterschied zu einem Gespräch o. ä.) führen zu wollen, unterstrichen, da im Interview eine Öffentlichkeit impliziert ist, für die die Interviewerin stellvertretend das Gespräch führt (siehe vorheriger Abschnitt). Gleichzeitig wird im Interview ein relativ diskret-intimer Gesprächsrahmen aufrechterhalten, in welchem sich zwei Menschen ungestört unterhalten.

Auch aus der Gestalt(ung) des Transkripts lässt sich jenes Zwischen von Individualität und Generalität herauslesen, das mit dem Sprechen (und Forschen) über Schulinspektion konfundiert ist. Beispielhaft sei hier noch einmal der bereits oben (vgl. 6.1 auf Seite 211) zitierte Transkriptausschnitt des Interviews *I3w* angeführt, in der zwei Interviewpartnerinnen ausgewiesen und als voneinander verschiedene in Szene gesetzt werden. Die Bezeichnung der Befragten als „I3w1" und (an späterer Stelle) „I3w2" sowie von mir als „Interviewerin" – und nicht als „Frau S." oder „Frau / Melanie Schmidt" etc. – im Interviewtranskript zeigt auf, dass zwischen der Interviewenden und den Interviewten kein persönliches, vertrautes und auf die ganze Person hin ausgelegtes Verhältnis vorherrscht, vielmehr scheinen beide auf ihre Interviewrollen reduziert.[7] Die Distanzierung beider Rollen bleibt über das

---

[7] Die Wahl dieser Form der Bezeichnung der Gesprächsrollen wurde von mir anfangs unbedacht so vorgenommen, um den Konventionen des Interviewtranskriptschreibens zu folgen. Im Verlauf der Arbeit an meiner Dissertation erschien mir diese Wahl als den Inszenierungen des Forschungsgegenstandes Schulinspektion entsprechend, da sie etwas über die Konstitution des Gegenstandes aussagten, so dass ich diese Bezeichnungen beibehielt. Die Interviewten werden mit der Kurzbezeichnung des Interviews, beispielsweise „I3w", versehen und so voneinander unterscheidbar gemacht. Die Reihenfolge der Nummerierung ist dabei willkürlich gewählt, ebenso haben die Geschlechtsbezeichnungen w / m keine Aussagekraft. um dem zu analysierenden Sprechen nicht von vornherein eine geschlechtliche Markierung zuzuweisen. Diese Bezeichnungen werden vornehmlich

gesamte Interview hinweg aufrechterhalten. Bereits diese systematische Ordnung der Sprecherinnenpositionen verweist auf den offiziös-generalisierenden und riskanten Charakter des Sprechens. Schulinspektion und die Verwendung der Befunde erscheinen so nicht als ein Thema, das man (zumindest nicht in dieser Weise) mit einem ‚lockeren Gespräch' unter Bekannten verknüpfen würde.

Die Interviews wurden größtenteils in den Büros der befragten Schulleitungen geführt. Um die Interviewparterinnen in ihrer Arbeitsumgebung anzutreffen, bin ich durch Sachsen gereist. Diese Wahl des Interviewortes verweist zum einen darauf, wie die *Zuständigkeit* der schulischen Akteure für die Verwendung von Inspektionsbefunden und weitergehende Schulentwicklung im Forschungsvorhaben fortgeschrieben wird. Die Befragung findet dort statt, wo auch die Verwendung der Befunde mit dem Ziel der Qualitätsverbesserung sich vollziehen soll: an der inspizierten Schule, in den Räumen, für die Schulleitungen verantwortlich zeichnen und die ihnen qua Namensschild an der Tür, durch die man den Büroraum betritt, zugeordnet sind. Dort wird Schulinspektion zum originären Teil des beruflichen Aufgabenspektrums schulischer Akteure erklärt, was das Thema „Schulinspektion" ebenfalls offizialisiert. Andererseits ist die Reise an die jeweiligen Schulen auch Ausdruck davon, dass die Individualität bzw. Singularität der Verwendungen in Rechnung gestellt wird. Es wäre beispielsweise auch denkbar gewesen. dass alle Befragten den Weg an die Universität Leipzig angetreten hätten und dahingehend vergleichbar gewesen wären.

Der Zugang zur Schulleitung erfolgte zumeist vermittelt über das Sekretariat der Schule, von dort aus wurde ich als externe Besucherin der Schule angemeldet und entweder von den Schulleitungen abgeholt und in das Büro geführt oder mir wurde der Weg in das Büro der Schulleitung gewiesen. Dieses restriktive Procedere zeigt, wie formell reguliert der Zugang zur Schulleitung ist und verweist darauf, dass es sich beim Sprechen über die Verwendung von Schulinspektionsbefunden um eine Thematik von besonderer Relevanz handelt, die (mehr als nur) die Schulleitung bindet und die schulorganisatorisch verwaltet werden muss. In den Büros wurde mir meist angeboten, am Beratungstisch teilzunehmen, der sich vom Schreibtisch der Schulleitung allein schon durch dessen räumliche Platzierung (meist am Rande des Raumes) unterschied.

---

genutzt, um der Konvention der Darstellung von Sprecheinsätzen in wissenschaftlichen Texten zu folgen.

Auch die jeweiligen Gestaltungen der Tische oder Tischoberflächen zeigen unterschiedliche Arbeits- und Nutzungslogiken auf: Während der Schreibtisch meist nur von ein bis zwei Stühlen umgrenzt wurde und diese sich oft diametral gegenüberliegend anordneten, standen am Beratungs- oder Konferenztisch mehrere Stühle für ca. sechs bis acht Personen um den Tisch herum drapiert. Zudem fanden sich auf den Schreibtischen verschiedentliche Anhäufungen und Anordnungen von Briefen, Schriften, Notizen, Büchern, Schreibutensilien etc., die je individuell arrangiert waren und die darauf verwiesen, dass an diesem Tisch ein Großteil der (Schrift-)Arbeit seitens der Schulleitung stattfindet. Der Beratungstisch war demgegenüber meist auffällig blank und frei von Arbeitsutensilien. Der Beratungstisch erschien so als ein Ort, der zwischen einer ausschließlich die Schulleitung betreffenden und für diese als einer Art Schutzraum zugängliche Sphäre (des Schreibtischs) und den nach außen, auf Offizialität und Kommunikation mit Dritten (vor der Bürotür) gerichteten Tätigkeiten vermittelt – weil er zwar im gleichen Büro steht wie der Schreibtisch der Schulleitung und so zu dessen Refugium zählt, aber auf das Zusammentreffen mehrerer Personen hin ausgelegt ist, so dass dieser Tisch nicht ausschließlich einer spezifischen Person zugehörig ist.

Dass zumeist die Beratungs- bzw. Konferenztische als geeigneter Ort für ein Interview gewählt wurden, verweist zwar einerseits darauf, dass die Verwendung von Inspektionsbefunden die Schulleitungen direkt betrifft, demgemäß in ihren Raum eindringt, aber dass sie auch zu einem Gegenstand wird, der tendenziell eine größere, wenngleich begrenzte Öffentlichkeit tangiert und der sich auch nicht wie die üblichen herumliegenden Schreiben, Zettel und Dokumente abarbeiten lässt. Stattdessen lässt sich über die Verwendung von Schulinspektionsbefunden sprechen, beraten, diskutieren, so dass diese einen Gesprächsinhalt von Gewicht markiert. Er changiert zwischen Singularität und Generalität sowie zwischen Intimität und Offizialität. Keines der Gespräche wurde in einem völlig öffentlichen Raum durchgeführt, in dem zumindest die Möglichkeit bestünde, dass Dritte (nicht schulpädagogische Akteure) einen Zugang zum Gespräch finden könnten, etwa einem Café, Restaurant etc.

Nur in einem von 30 Interviews wurde das Gespräch am Schreibtisch der Schulleitung durchgeführt, an dem man sich dann konfrontativ gegenüber saß. Vielleicht nicht zufällig gab es in diesem Fall nur vergleichsweise wenige selbstläufige Gesprächsmomente – eine solche Forderung nach Selbstläufigkeit entspricht dem Anspruch an Interviewgespräche in gängigen rekonstruktiven Verfahren (vgl. z. B. Nohl, 2009). Das Gespräch schien insgesamt wenig flüssig und stockte ständig, Fragen wurden knapp beantwortet: Passte das Thema Schulinspektion nicht so recht an diesen Ort?[8]

In zwei weiteren Fällen wurde auf andere Räume, einen unbesetzten Klassenraum sowie einen „Prüfungsraum" (siehe Postskript zum Interview mit *I7m*, siehe auch nächster Abschnitt), ausgewichen, um eine störungsfreie Interviewsituation zu gewährleisten, welche nicht von durchgestellten Telefonaten oder spontanen Gesuchen von Schülerinnen oder Lehrerinnen beeinträchtigt wurde. Der Wechsel des Tisches vom Schreibtisch zum Konferenztisch, der Wechsel des Raums und die Herstellung einer störungsarmen Umgebung: All dies inszeniert das Thema der Verwendung von Schulinspektionsbefunden nicht nur als bedeutsames, sondern auch als außeralltägliches Ereignis. Das Gespräch über die Verwendung von Schulinspektionsbefunden erhält durch die spezifische Konturierung von Zeit, Raum und Kontext eine gewisse Relevanz als besprechenwertes Thema.

6.5 Die Aufführung von Schulinspektion

Weiterhin kann die Aufführung der Interviewrollen in den Interviewsituationen neuerlich im Hinblick auf die (De-)Inszenierungen von Politik einsichtig werden. Mir ging es in meiner Selbstdarstellung den Interviewten gegenüber stets darum, deutlich herauszustellen, dass ich eine Forscherin bin, die die Verwendung von Schulinspektionsbefunden als Erkenntnisfeld betrachtet, um so die Sphären von Wissenschaft und Politik voneinander zu scheiden. In den Erzählungen der Interviewten, so erwähnte ich stets, gebe es kein externes Kriterium für richtige und falsche Aussagen. Allein die eigenen Erfahrungen und Wissensbestände, die eigenen Zugänge zur Inspektionsthematik seitens der Befragten, sollten die Erzählungen strukturieren und deren Wahrheit verbürgen. Exemplarisch soll noch ein weiteres Mal das Transkript des Interviews *I3w* angeführt werden (siehe 6.1 auf Seite 211). An die anfängliche Versicherung der Auskunftsfähigkeit seitens der Interviewten schließt im Transkript aus *I3w* ein weiterer Thematisierungsstrang an, der sich auf das Gesprächsethos des Interviews bezieht:

---

[8] Es handelt sich um das Interview *I17w*.

Die Aufführung von Schulinspektion 223

> Interviewerin: Wenn ich mal eine Frage stelle und die ist Ihnen nicht
> angenehm, dann ist es kein Problem, können Sie jederzeit sagen, weil
> Sie sind nicht verpflichtet mir irgendwas zu beantworten und ich
> würde immer bloß mal kurz nachfragen, wenn mir irgend- wenn ich
> noch irgendwo denke, da möchte ich gern mehr wissen, wenn das in
> Ordnung ist [lacht], aber es soll schon ein lockeres Gespräch werden,
> also fühlen Sie sich nicht von mir ausgefragt oder irgendwas in der
> Richtung [lacht]. Okay (.). Ja, vielleicht steigen wir ein, indem Sie mir
> mal erzählen, bitte, was so Ihre allgemeinen Gedanken zur externen
> Evaluation sind an Ihrer Schule, Sie haben das ja jetzt erlebt-
>
> I3w1: Ja.
>
> Interviewerin: Was können Sie da- was fällt Ihnen ein? [lacht)] (I3w,
> Z. 4–10)[9]

Dieser Transkriptauszug verdeutlicht erneut, wie die Verantwortung für das
Sprechen mit der Verantwortung für die Verwendung von Schulinspektions-
befunden verknüpft wird, indem unterstellt wird, dass die auskunftgebende
Interviewte über Wissen in Form von innerlichen „Gedanken" zur Evaluation
bzw. Schulinspektion verfügt und in den Besitz dieses Wissens („Ihre Gedanken") anhand der Erfahrung des Inspiziertwerdens gelangt ist (sind). Diese
Erfahrung bzw. dieses Wissen soll sich nun im Verlauf des Interviews einen
Ausdruck geben. Indem suggeriert wird, dass die Interviewte (oder hier: die
Interviewten) etwas Gewichtiges zu Schulinspektion zu sagen hat (haben),
gestaltet sich das Sprechen der Interviewerin gleichsam als zurückhaltend,
um dem Sprechen der Interviewten Raum zu geben. Eine das Gespräch regulierende Unterbrechung oder nachgehende Lenkung des Redeflusses muss
durch die Interviewte(n) eigens autorisiert werden, indem die Interviewerin
einräumt, dass die Befragten ihre Antwort verweigern dürften und indem
sie fragt, ob ihr Nachfragen an einer spezifischen Stelle im Interviewverlauf
„in Ordnung sei". Damit wird das Interview von Formen verpflichtenden
Auskunftgebens, etwa im Rahmen von Schulinspektionen, abgegrenzt.

Das Stellen von Fragen wird als ein Unbehagen auslösendes Vorgehen
inszeniert, das mit dem Risiko des Sprechabbruchs und der Geheimhaltung
von Wissen konfundiert ist, weil es in die Autonomie der Sprechenden
eingreift. Die Interviewerinnenrolle zeichnet sich dadurch aus, dass sie –

---

[9] Zur Gestaltung der Interviewtranskripte sei an dieser Stelle angemerkt, dass nichtverbale
oder unverständliche Äußerungen in eckigen Klammern formuliert sind, Gesprächspau-
sen sind mit „(.)", Satzabbrüche mit „-" markiert.

vor dem Hintergrund der Offenheit der Wirksamkeitsfrage – „gern mehr wissen" möchte, weshalb Nachfragen überhaupt erst gerechtfertigt erscheinen. Es ist dieses ‚reine', urteilsfreie Interesse an der Erkenntnis, das eigens herausgestellt werden muss und das die individuell besprochenen Wahrheiten der Interviewten aufrechterhält.

Die Selbstbeschränkung der Interviewenden auf die Rolle der Zuhörenden und Nachfragenden entspricht zwar einerseits, so könnte man argumentieren, den Konventionen des Interviewhaltens als einer empirischen Erhebungsmethode (vgl. die Ausführungen unter 5.3 auf Seite 192), andererseits erscheint sie vor dem Hintergrund der Profilierung von Subjektivität durch Schulinspektion(-sforschung) relevant für die Konstitution des Gegenstandes Schulinspektion als einem Interviewthema: Mit Schulinspektion ist im Rahmen der Interviews kein gemeinsamer Erfahrungs- oder Wissensgegenstand benannt, über das beide Interviewpartnerinnen gleichermaßen sprechen könnten (wie dies beispielsweise für das Thema der Liebe / Verliebtseins von Jergus, 2011, herausgearbeitet wurde).

Dies zeigt sich auch an einem weiteren Aspekt, nämlich dahingehend, dass die erbetene Selbstläufigkeit des Erzählens sich kaum einzustellen vermag. In keinem der von mir geführten 30 Interviews kommt es zu ausführlichen Narrationen bezüglich der erlebten Schulinspektion und den Verwendungen der Befunde, so dass die angekündigten Nachfragen seitens der Interviewerin bereits frühzeitig erfolgten – für die im Vergleich zum Gesamtkorpus längsten Einstiegserzählungen erfolgte die erste Interviewerinnenfrage bereits nach vier bis sechs Minuten. Zwischenzeitlich geriet das Interview gar zu einem Frage-Antwort-Setting, in dem die Antworten der Befragten nicht viel umfänglicher ausfielen als die Fragen, auf die sie sich bezogen – siehe beispielsweise das bereits im vorhergehenden Abschnitt 6.4 auf Seite 221 erwähnte Interview, welches am Schreibtisch der interviewten Schulleitung geführt wurde:

> Interviewerin: Und waren alle aufgelisteten Bereiche in dem Bericht für Sie sinnvoll, also es gab ja diese sechs Bereiche und Sie hatten ja gesagt-

> I17w: Ja, Schule besteht ja nicht bloß aus Unterricht, ich denke schon, dass das für mich- (.) ja, für mich war's sinnvoll, ja, ja, für mich war's das auf jeden Fall.

> Interviewerin: Okay, ähm, darf ich fragen, was aus den anderen beiden Berichten geworden ist, weil Sie haben ja drei bekommen.

Die Aufführung von Schulinspektion   225

> I17w: Einer ist bei der Referentin und einer schwirrt irgendwo rum
> und ich weiß nicht, wo er ist, und den hier [zeigt auf einen Schulin-
> spektionsbericht] geb ich nicht mehr aus der Hand.
>
> Interviewerin: Und die Lehrer, hatten Sie ja gesagt, können sich den
> mal ausleihen
>
> I17w: Natürlich.
>
> Interviewerin: und drin lesen. (.) Okay, (.) (I17w, Z. 456–469).

In solchen Interview- Momenten, in denen keine der in instruktiven Manualen zur Interviewgestaltung geforderte Selbstläufigkeit des Gesprächs
erkennbar ist, scheint besonders eindrücklich auf, dass das Sprechen über die
Verwendung von Schulinspektion sich auf eine Thematik bezieht, die man
sich nicht unbedacht ‚von der Seele redet' und die von einer gewissen Riskanz
besetzt ist. Es muss zu wuchernden Diskursivierungen eigens aufgefordert
werden: „Legen Sie erstmal los", „alles, was Ihnen einfällt" (s. o.) zu erzählen.
   Mit Blick auf die Formulierung der Interviewerinnenfragen scheint gar eine
prüfende oder inspizierende Charakteristik auf, die das Gespräch als neuerliche Evaluation-der-Evaluierten in Erscheinung treten lässt (siehe nochmals
unter 3.5.1 auf Seite 96 zur wissenschaftlichen Erzeugung von Verwenderinnenadressen in Forschungsvorhaben zu Schulinspektion). Von einer solchen
Prüfungscharakteristik des Interviews zeugt auch ein Erlebnis mit einer
Interviewpartnerin, die mir anbot, an einer Gesprächs- und Kaffeerunde des
Lehrerinnenkollegiums teilzunehmen, die zum Zeitpunkt meines Eintreffens
an der Schule noch nicht abgeschlossen war und an der die Schulleitung auch
selbst teilnahm. Die Schulleitung begründete ihre spontane Einladungsgeste
darin, dass ich – ihrer Aussage nach – so auch selbst einmal erleben könne,
wie herzlich-kollegial die Stimmung im Kollegium üblicherweise sei und dass
dieses Erleben eine andere Wissensebene tangiere als das bloße Hörensagen
eines Interviewgesprächs. In diesem Moment rückte die Interviewsituation
in die Nähe eines Inspektions- bzw. Evaluationssettings, in dem ich als
Interviewerin selbst als Inspektorin positioniert wurde. Solche Resonanzen
finden sich verschiedentlich und verstreut über alle Interviews, wie etwa das
Transkript eines Interviews mit einem Schulleiter (*I30m*) zeigt:

> Interviewerin: Okay, gut, dann würde ich anfangen. Dieses Mal etwas
> weg vom Leitfaden, weil Sie ja schon am Telefon sagten, dass Sie
> wahrscheinlich einiges zu sagen haben, was, was mir jetzt nicht so in

den Kram passen würde oder so? Da wollte ich gern mal nachfragen,
was Sie damit gemeint haben (I30m, Z. 1–4).

In diesem Sprecheinsatz der Interviewerin wird die Verknüpfung von Erkenntnisinteresse und Überprüfung einer externen (bildungspolitischen?) Intention
im Rahmen des Interviews explizit vorgenommen. Der zu interviewenden
Schulleitung wird hier, wie bereits eingans zu diesem Kapitel herausgearbeitet, ein widerständiges Sprechen nahegelegt, das seine Widerständigkeit erst
dahingehend erhält, dass eine Vorstellung der angemessenen Verwendung
von Inspektionsbefunden – in Form der Interviewerin – gegenwärtig sei.

Auch der Auszug aus einem Postskript, das ich im Nachgang eines weiteren
Interviews verfasst hatte, deutet in diese Richtung:

> Habe dieses Mal sehr deutlich gemacht, dass wir unabhängig vom
> SBI agieren, dennoch zeigte Gesprächspartner mehrfach beim Reden
> auf das Aufnahmegerät, wie als wolle er hinweisen, dass er nun mit
> Bedacht spricht, weil seine Worte aufgezeichnet werden (Postskriptum
> zu I10m).

Das Interview, auf das sich dieses Postskriptum bezieht, wurde zu einem
späteren Zeitpunkt im Verlauf meiner Datenerhebung abgehalten und verweist darauf, dass innerhalb der vorgangegangen Interviews die Differenz aus
Universität und „SBI" – als den jeweiligen Vertreterinnen der als diametral
gegenüberliegend figurierten Pole aus ‚reinem' Erkenntnisgewinn und Bildungspolitik – nicht eindeutig erschien. Wenn nun im Postskriptum vermerkt
ist, dass die Trennung „dieses Mal sehr deutlich gemacht" wurde, ist damit
angesprochen, dass das Verwischen der Grenze zwischen Erkenntnis und
Politik für die Interviews und das Sprechen über Schulinspektion ein Problem
markiert(e). In einem anderen Postskriptum heißt es:

> Raumwechsel [zur Durchführung des Interviews, M. S.] in Prüfungs
> raum, Tische zusammengeschoben, saßen uns an Schultischen gegen
> über, Schulleitung brachte den Bericht mit (fragte vorher, ob er etwas
> vorbereiten solle, ich meinte, den Bericht könne er mitnehmen, wenn
> er mag, notfalls ginge es auch ohne).
>
> [...]
>
> Schulleitung wirkte zwar sicher, doch fragte des Öfteren nach, ob er
> die Frage richtig beantwortet hätte, war auch manchmal durch meine
> Mimik verunsichert, wie er äußerte (Postskriptum zu I7m).

Die Wahl eines Prüfungsraums als Setting, die Frage seitens des Interviewpartners, ob für das Interview seinerseits eine Vorbereitung nötig sei, das Begehren in der Beantwortung der Fragen die Intention der Interviewerin zu treffen, bzw. angemessen zu antworten, all diese Inszenierungen rufen die Prüfungsförmigkeit der Interviewsituation auf.

Nicht zuletzt ist es auch der thematische Horizont, der zu Beginn der Interviews aufgespannt wird, der die Prüfungsförmigkeit der Befragungssituation evoziert und bestimmte Thematisierungsweisen der Verwendung von Schulinspektionsbefunden nahelegt. Zwar lassen sich die Anbahnungen der Interviews, die dem Interviewbeginn direkt vorgelagert sind, kaum mehr nachvollziehen, da die Interviewtranskripte meist direkt mit dem Einstieg in die Befragung beginnen. Doch in einem Transkript findet sich eine Bestimmung des Interviewzwecks, wie ihn die Interviewerin verdeutlicht, da hier das Aufnahmegerät offenbar früher eingeschaltet wurde:

> Interviewerin: Es geht um die externe Evaluation, genau, die Rezeption und Nutzung der Berichte (.) an Schulen, zu gucken, was passiert damit im Nachhinein, (.) genau, da würde ich einfach, äh, anfangen mit meiner ersten Frage, was verbinden Sie mit dem Begriff externe Evaluation (I5m, Z. 1–4)?

In der Betrachtung dieses Sprecheinsatzes wird erkennbar, dass sich im Fragen Erkenntnisinteresse und politisierte Überprüfung einer (intendierten) Verwendung von Schulinspektionsbefunden überlagern. Es ließe sich hinsichtlich der Interviewsituationen demnach formulieren, dass mit dieser Form des Zugangs zu den schulischen Akteuren die Wirksamkeit der Inspektionsbefunde wahrscheinlicher gemacht werden soll, indem doppelt inspiziert wird und die Interviewten dazu angehalten sind, die Wahrheit *ihrer* Wirksamkeit von Schulinspektion zu explizieren und im Interview vorzuführen.

Trotz der über weite Strecken einseitigen Organisation von Redeanteilen, die eine übliche Identifizierung von Interviewrollen in Forschende und Auskunftgebende nahelegt, lassen sich in den Interviews auch einige Momente ausmachen, in denen *Vergemeinschaftungen* zwischen beiden Gesprächs- oder Befragungs,partnerinnen' vorgenommen werden. Diese betreffen etwa das beidseitig eingebrachte und wechselseitig ratifizierte Kritisieren des Wahrheitsgehalts der Inspektionsbefunde oder die Personalpolitik in Sachsen, die beidseitig als kritikwürdig erachtet wird und die in den meisten Interviews zur Sprache kam (siehe ausführlicher unter 8.4.2 auf Seite 304 und unter 10 auf Seite 349). Diese Vergemeinschaftungen ließen sich ebenfalls als Form der Deinszenierung von Politik betrachten, da in diesen die Differenz zwischen Interviewerin und Interviewten bearbeitet wird, die sich (auch) auf die der Interviewerin zugeschriebene Position der Inspektorin bzw. Überprüfenden bezieht.

7 Interview-Anfänge: Zwischen Evaluieren und Evaluiertwerden

Nachdem es im vorhergehenden Abschnitt darum ging, anhand der Zugänge zum Forschungsfeld herauszuarbeiten, wie Schulinspektion sowie deren Wirksamkeit als Gegenstände eines Forschungsinterviews Kontur gewinnen – die Herstellungsweisen einer Interviewsituation wurden dabei selbst als Datenbasis verstanden –, soll in meinem zweiten Analyseeinsatz der Fokus auf den Gesprächseröffnungen seitens der Einstiegsfrage durch die Interviewerin (soweit sie in den Transkripten protokolliert wurden) sowie seitens der ersten Antworteinsätze der Interviewten liegen.

Mir geht es dabei nicht darum, die Anfänge der Gespräche mit einem ‚Zauber‘ zu versehen, wie dies in anderen empirischen Rekonstruktionsmethoden – etwa der Objektiven Hermeneutik (z. B. Dietrich, 2014b) – der Fall ist. Es soll beispielsweise keine Struktur des einzelnen Interview-Falls herausgearbeitet werden, die sich auch an späteren Stellen des gleichen Dokuments noch einmal bestätigen ließe – auch wenn sich viele der in den Interviewanfängen herausgearbeiteten Figurierungen verstreut an späteren Stelle der Interviewtranskripte in ähnlicher Form wiederfinden. Die Interview-Anfänge sind eher dahingehend von Interesse, dass es hier (noch) nicht um konkrete Bezugnahmen auf die Rezeption und Verwendung von Inspektionsbefunden durch die befragten Schulleitungen geht, sondern zunächst um die Herausforderung einen Zugang zur Thematik zu finden, das (eigene) Inspektionserleben auf den Begriff zu bringen und sich ggf. als geeigente Auskunftsgebende zu zeigen (vgl. das vorangegangene Kapitel).

Zwar nehmen die Einstiegsfragen der Interviewerin bereits thematische Setzungen vor, die den Möglichkeitsraum des Antwortens regulieren und zu spezifischen Sprechweisen anreizen, so dass das Sprechen-Anfangen als *gemeinsamer* Vollzug der Interview,partnerinnen‘ gehandhabt werden kann. Ebenso soll in Rechnung gestellt werden, dass auch die Interviewerinnenfrage selbst schon Anschlüsse an Vorangegangenes vornimmt – etwa an das Einladungsschreiben an die untersuchten Schulen (siehe unter 6 auf Seite 207), so dass jedes Anfangen immer schon ein „Anfangen mittendrin“ (Gamm, 2014,

© Springer Fachmedien Wiesbaden GmbH, ein Teil von Springer Nature 2020
M. Schmidt, *Wirksame Unbestimmtheit, unbestimmte Wirksamkeit*, Schule und Gesellschaft 63, https://doi.org/10.1007/978-3-658-28081-9_7

S. 203) bedeutet. Dennoch wird mit der Einstiegsfrage der Interviewerin die
‚Last' der weiteren Strukturierung des Sprechens von / über Schulinspektion
und der Verwendung der Inspektionsbefunde an die Befragten überantwortet.
Die Interviewten müssen dahingehend den Sprung ins Ungewisse vollziehen,
die jedes Anfangen impliziert – zumal das Sprechen über Schulinspektion
eine riskante Qualität aufweist, wie bereits vorhergehend erwähnt.

Der Interviewbeginn ist darüber hinausgehend der einzige Gesprächsakt,
an dem über alle 30 Interviews hinweg an die Befragten annähernd die gleiche
(Eingangs-)Frage gestellt wird, bevor die weiteren Frage- bzw. Gesprächse-
insätze seitens der Interviewerin sich meist ad hoc an das vorher Gesagte
anschließen. Die Formen des Antwortens auf die Einstiegsfrage können demzufolge Auskunft darüber geben, wie und als was Schulinspektion und deren
Wirksamkeit an Kontur gewinnen, was bereits als Teil des Verwendungsprozesses verstanden werden kann und welche Formen des Sprechens für die
Interviews zur Wirksamkeit von Schulinspektion bedeutsam sind.

Untersucht werden sollen in den Interviewanfängen nicht die Rollen der
Befragten und die Zurechnung des Gesagten auf diese, sondern die Ein-
und Umgrenzungen des Gegenstands „Schulinspektion und deren Wirksamkeit" – möglicherweise, so meine Annahme, lassen sich diese in den
Eingangserzählungen besonders eindrücklich nachverfolgen. Welche Formen
der thematischen Gestaltung bieten die vorgenommenen Sprechakte? Mit
welchen Möglichkeiten werden andere Möglichkeiten des Sprechens ausgeschlossen? Wie wird Schulinspektion bzw. die (eigene) Inspektionserfahrung
zum Thema gemacht? Welche Strategien werden angewendet, um die „Dinge
so darzustellen, wie sie dargestellt werden" (Nassehi & Saake, 2002, S. 82)?
Zugleich stellt sich die Frage, weshalb das Gespräch nicht direkt auf die
Rezeptionen und Verwendungen der Befunde fiel und es des ‚Umweges'
eines thematisch möglichst breit gehaltenen Anfangs bedurfte. Dies soll
im Zusammenhang mit den herausgearbeiteten Formen von Erzähl- bzw.
Sprechanfängen ebenfalls untersucht werden.

7.1 Zur Frage des Einstiegs

Wie bereits erwähnt, iteriert die Eingangsfrage über die Interviews hinweg
nur wenig. Innerhalb der Erhebungsphase kam es jedoch zu einer Veränderung der Formulierung. Während in den ersten Interviews eingehend gefragt
wurde, welche „Gedanken" die Befragten „ganz allgemein" zur externen

Evaluation hätten und man als Interviewte gebeten wurde, „alles, was einem einfällt" zu referieren, hieß es später: „Was verbinden Sie mit dem Begriff der externen Evaluation"? Im ersten Fall wird Schulinspektion als ein Gegenstand problematisiert, über den sich generalisierte kognitive Gehalte abrufen lassen und über den sich ein mit dem sprechenden Individuum verbundenes Wissen konstituiert. Die Befragten werden adressiert, sich unabhängig von konkreten Erfahrungen zu Schulinspektion in Beziehung zu setzen. Im Falle der zweiten Einstiegsfrage werden Begriffsassoziationen nahegelegt, die den Begriff der „externen Evaluation" näher bestimmen können, aber auch die Thematisierung von beispielsweise Emotionen, Erfahrungen etc. bezüglich Evaluation wäre möglich. Auch hier wird nicht auf eine spezifische Erfahrung rekurriert, sondern eher zu Begriffsverknüpfungen aufgerufen, die die Bedeutung von Schulinspektion fassbar machen.

In beiden Fällen geht es um die Inszenierung eines erst im Interviewvollzug zu entbergenden *individuellen* Wissens der Befragten zur Schulinspektion und nicht darum, generalisierte Gehalte des Gegenstandes Schulinspektion abzuschöpfen. Die Befragten werden als Evaluations-Informantinnen oder Evaluations-Expertinnen eingesetzt und sollen sich demgemäß exponieren. Schulinspektion wird so zum Gegenstand unterschiedlicher Betrachtungen, in denen sich die Individualität der Betrachtenden konstituiert. Nachfolgend sollen die auf die Einstiegsfrage folgenden Antworten in den Blick genommen werden.

7.2 Einen Anfang machen

Die Interview-Einstiege wurden bis zu dem Punkt analysiert, an dem die Interviewerin mit einer (Nach-)Frage einsetzt und so den ersten Sprecheinsatz der Befragten als beendet markiert. Generell fällt an den Eingangserzählungen der Befragten auf, dass diese sehr heterogen in Bezug auf ihren Umfang sind. Die Spannbreite reicht hier von sehr kurzen Antworten auf die Eingangsfrage der Interviewten im Sekundenbereich (siehe beispielsweise den vierten Interview-Anfang 7.2.4 auf Seite 254) bis hin zu relativ ausführlichen Schilderungen, die für sich selbst in Anspruch nehmen eine vollumfängliche Thematisierung sämtlicher Gesprächsgegenstände, die sich im Kontext der erlebten Schulinspektion artikulieren lassen, zu leisten – und dennoch lediglich vier bis sechs Minuten Gesprächszeit füllen (siehe vorheriges Kapitel, 6.5 auf Seite 224).

Es lassen sich in den Anfängen vornehmlich Thematisierungen von Schulinspektion durch die Befragten herausarbeiten, die so explizit in der Einstiegsfrage nicht benannt wurden. Dies betrifft vor allem Konstitutionen von Schulinspektion als Gegenstand *erlebter und durchlebter Erfahrung*: Auffallend häufig wurde ein individuelles Erleben des Verfahrens der Schulinspektion zur Sprache gebracht, so dass hier erneut, dennoch anders als in der Interviewerinnenfrage impliziert, eine Verknüpfung aus Schulinspektion und subjektiver Bedeutsamkeit vorgenommen wird. Im Sprechen wird eine ‚Bringschuld' eingelöst, die sich auf die Praxis des Interviewens zum Zweck der Erkenntnisgenerierung bezieht, nämlich sich selbst / ein Selbst und seine / dessen Erfahrungen zum Thema zu machen und so die Authentizität des Gesprochenen zu inszenieren.

In den Sprecheinsätzen der am Interview Beteiligten wird demnach ebenso die Profilierung und Proliferation eines Verwenderinnensubjekts evoziert, wie dies für wissenschaftliches Sprechen bereits aufgezeigt wurde. Dies zeigt zum einen, dass es keine festen Grenzen des Diskurses gibt, die etwa um das „wissenschaftliche", das „politische" oder um das „schulpraktische" Sprechen der Inspizierten gezogen werden, sondern sich vielmehr Interferenzen auftun und der Diskurs um Schulinspektion quer zu diesen Bereichen liegt; zum anderen wird darauf hingewiesen, dass bestimmte Figuren im Sprechen über Schulinspektion stärkere Resonanzen erzeugen und so als zentrale Knotenpunkte des Diskurses über verschiedene Sprechformate hinweg erkenntlich werden (vgl. hierzu insbesondere die zusammenführenden Betrachtungen im Fazit dieser Arbeit unter 12 auf Seite 381).

Nachfolgend sollen vier analytisch herausgearbeitete Formen von Intervieweinstiegen referiert werden.[1] Den ersten Einstieg markiert die Figur der erfolgreichen Bewältigung des Inspektionsgeschehens, die in Form einer narrativierenden Storyline gestaltet wird (1). Die Inspektions-Story wird im Rahmen chronologischer bzw. (schul-)biographischer Erzählungen entfaltet, in denen ein Sprecherinnen-Ich sich sowohl als von sich entzogen beschreibt, als auch die Herausforderung und Exposition durch die Schulinspektion erfolgreich meistert und letztlich wieder zu sich (zurück) findet.

---

[1] Wenn in den nachfolgend angestellten Analysen (lediglich) vier Formen von Intervieweinstiegen voneinander unterschieden werden, so liegt dies daran, dass die grundsätzlich kontingenten Sprechpraktiken sich auf Regelhaftigkeiten des Diskurses beziehen müssen, damit Schulinspektion innerhalb bestimmter Sprechweisen ein Gewicht erhält. Es ist demnach gerade nicht beliebig, was wie erzählt wird – aber es ist auch nicht (sequenzanalysierbar) determiniert.

In einem weiteren Intervieweinstieg (2) wird Schulinspektion selbst als Gegenstand einer Evaluation hervorgebracht, d. h. auf Schulinspektion können Meinungen, Haltungen, Erwartungen gerichtet werden, die dann entlang einer Linie des Ist-Soll-Vergleichs mit dem Erlebten abgeglichen werden. Diese evaluativ-evaluierende Verhältnissetzung zur erlebten Schulinspektion erfolgt in Form subjektiv(ierend)en Sprechens, das dennoch aus einer distanzierend-theoretisierenden Perspektive heraus erfolgt. Im Sprechen über Schulinspektion nimmt man selbst die Position des Evaluationssubjekts ein, was auf die machtvolle Organisation des Sprechens durch eine Evaluationslogik hinweist.

Die dritte Form von Intervieweinstiegen konturiert Schulinspektion als Wissensgegenstand, indem Bestimmungen, Vereindeutigungen des *Begriffs* der „externen Schulevaluation" vorgenommen werden, die zumeist innerhalb eines persönlichen Erfahrungshorizonts der Sprechenden platziert und dergestalt ebenfalls als subjektiv(ierend)es Sprechen ausgewiesen werden (3).

Von dieser Form des Intervieweinstiegs unterscheidet sich eine weitere (4), die zwar ähnlich funktioniert, da auch in ihr Begriffe in Bezug auf Schulinspektion miteinander relationiert werden. Anders als unter (3) nehmen die Sprechpraktiken hier aber eher die Form eines spontan-spielerischen Produzierens von Verknüpfungen an, die im Kontext des Sprechens über Schulinspektion aufgerufen werden können. Die Ad hoc-Konstruktionen erscheinen als nicht durch einen Bezug zu einen subjektiven Erfahrungsraum abgedeckt, denn das Ich wird lediglich insofern thematisch, als dass es als Begriffs-Suchendes in Erscheinung tritt. Die einzelnen aufgeführten Anfangs-Figuren lassen sich jedoch nicht so eindeutig voneinander differenzieren, wie dies die o. g. Unterteilung suggerieren mag. Insbesondere Formen des evaluierenden Sprechens tauchen über alle Figuren hinweg immer wieder in den Anfangseinsätzen der Befragten auf.

7.2.1 Anfang 1: Geglückte Erzählungen über die bewältige Schulinspektion

In einer ersten Figur, die sich aus meiner Analyse der Sprechanfänge ergab, wird Schulinspektion als erfolgreich bewältigte *Herausforderung* und als *außeralltägliches Erlebnis* mit (vor allem subjektiv bedeutsamer) Besonderheit gefasst. Die erlebte Schulinspektion wird sprachlich in Form gebracht, indem auf sozial bereitgestellte, ‚übliche' Erzählweisen rekurriert wird, in denen Protagonisten, Antagonisten, Adjuvanten und Hindernisse miteinander konstelliert werden und in denen das sprechende Ich als Heldin der Geschichte inszeniert wird (vgl. z. B. Wrana, 2006). Die Heldin wird zu einer solchen im Hinblick auf das Erleben des Ausgesetztseins und Hineingeworfenwerdens im Verfahren der Schulinspektion, so dass das inspizierte Subjekt, welches sich im Verlauf des Inspiziertwerdens als Heldin inszeniert, zunächst seine Souveränität einbüßt. Im erfolgreichen Bestehen der Inspektionsherausforderung kann das Selbstverständnis der Heldin als transformiert reklamiert werden, es kann aber auch die Rückkehr zu einem früheren, vor dem Inspektionsbeginn datierten Selbstverständnis im Nachgang an das Erlebte artikuliert werden – so dass Schulinspektion explizit keinen Unterschied gemacht hat. Unanhängig von den Erträgen wird Schulinspektion als geglücktes bzw. erfolgreich ‚überstandenes' Erlebnis figuriert.

Dieses Sprechen aus der Perspektive des inspizierten Selbst vollzieht sich anhand von biographisierenden, bilanzierend-rückblendenden Erzählweisen. Das Geschehen wird chrono-logisch aus der Erzählzeit des Nachher (Jetzt-Zeit) referiert. Das Ereignis der Schulinspektion ordnet die Erzählung: Es setzt jene temporale Zäsur, die Vorher und Nachher / Jetzt differenziert und miteinander relationiert. Die Erzählungen nehmen ihren Anfang von einer in die Jetzt-Zeit weisenden Begegnung mit dem Ungewissen, von Schulinspektion als einer noch nicht gemachten Erfahrung.

> I12w: Ja am Anfang war viel Aufregung vielleicht auch doppelt dadurch bedingt, dass man ja auch manches im Vorfeld hört und dann denkt man, auweia, was kommt da auf einen zu (I12w, Z. 6–8).

Außer-ordentliche Besonderheit und eine herausfordernde Qualität erhält Schulinspektion hier, indem sie eine Verunsicherung bezüglich dessen hervorbringt, was „da auf einen zukommt". Gewiss ist demgegenüber, *dass* Schulinspektion als unausweichlich bevorstehendes Erlebnis heranrückt. Das Verhältnis aus Schulinspektion und den Inspizierten wird insofern als asymmetrisches ausgelegt, so dass das inspizierte Selbst, das spricht, Schulinspektion nicht ‚auf Augenhöhe' begegnen kann: Schulinspektion möchte Erkenntnisse über die Inspizierten generieren, ist für diese Inspizierten selbst aber nicht als Wissensgegenstand verfügbar. Es existieren (noch) keine selbst durchlebten Erfahrungen in Bezug auf das Inspizieren / Inspiziertwerden, die die Ungewissheit fassbar machen, die Inspizierten bleiben hier auf Erfahrungen aus zweiter Hand angewiesen.

Das gewonnene ‚Second-Hand-'Wissen bezüglich Schulinspektion verbleibt aber zunächst auf dem unsicheren und unautorisierten Status von Gerüchten, welche eine Bedrohlichkeit von Schulinspektion zusätzlich katalysieren und im Sinne der Storyline als zu überwindendes *Hindernis* fungieren. Die Spannung aus Ungewissheit, Gewissheit und solchen Zwischenformen, die im Status des Gerüchtes verbleiben, ermöglicht das Thematisieren von Emotionen, in denen eine souverän-distanzierte Verhältnisnahme zur Schulinspektion suspendiert ist: „auweia" – als Ausruf des Erstaunens und Entsetzens – und das Empfinden einer nicht näher spezifizierten „Aufregung", die Un-Ordnung impliziert, formulieren ein Empfinden von Unbehagen. Als ein Indikator der suspendierten Souveränität kann hier die passivisch-unbestimmte Adressierung von „man" (statt „ich" oder „wir") gelten, mit dem ein individuelles Erlebnis als ein generelles kommuniziert wird. Unbestimmtheit und Intransparenz des im Eintreffen befindlichen Inspektionsverfahrens übernehmen in den Erzählungen die Funktion des *Antagonisten*. Dabei wird das Sprechen über die Herausforderung der Schulinspektion selbst zur Herausforderung, wie sich an der Thematisierung dieser Ängste verfolgen lässt.

Das Empfinden von Angst wird nicht (vornehmlich) auf ein sprechendes Ich und dessen Ausgesetztsein hinsichtlich der unausweichlichen Schulinspektion bezogen, sondern vor allem für andere schulische Akteure geltend gemacht, die im Hinblick auf ihre emotionale Verfasstheit sicht- und beobachtbar werden, wie sich an einer Textstelle zeigt, die bereits im Nachfrageteil des Interviews zu finden ist:

> Interviewerin: Aber Sie haben gesagt, andere Schulleiter haben schon gezittert im Vorfeld, als es, das Wort [Evaluation, M. S.], aufkam. Können Sie sich da einen Grund vorstellen, warum das so war?
>
> I10m: Ja. Es hat dort, naja, Ängste in Anführungsstricheln gegeben oder Berührungsängste gegeben, wonach gesagt wurde, die schauen zu tief in bestimmte Sachen rein, und da ist was dran, die die eigentlich gar nicht einschätzen können, weil ich weiß nicht, wenn wir zu Nachteilen zur Evaluation dann kommen, weil so eine Evaluation ist eine Momentanaufnahme, so (I10m, Z. 100–107).

Die Beobachtung anderer Schulleitungen, die hier thematisiert wird – in anderen Interviews wird zumeist die Beobachtung verunsicherter und verängstiger Lehrerinnen geschildert – inszeniert eine Differenz aus Beobachtendem und Beobachteten, die auf der unterschiedlichen Ausprägung von Ängsten vor dem Inspiziertwerden basiert. Angst wird so zur Beobachtungskategorie, vor der man sich seiner selbst im Abgleich mit anderen vergewissern kann. Zu den beobachteten Anderen wird im Sprechen eine Distanz eingenommen, indem u. a. deren angeführte Begründungen für die auftretenden „Ängste in Anführungsstricheln" erst noch einmal eigens kommentiert und ratifiziert werden müssen („da ist was dran"). Dies deutet darauf hin, dass die Thematisierung von selbst empfundenen Ängsten in Bezug auf Schulinspektion eine schwierige Angelegenheit darstellt, die vornehmlich anderen zugestanden werden kann und die erst durch diese Einführung von dritten Personen in der Erzählung besprechbar wird.[2]

Wo Angst und vergleichbare Emotionen dennoch auf sich selbst – als Schulleitung – bezogen werden, firmieren sie als authentische Eingeständnisse eines sich bekennenden Subjekts (vgl. Reh, 2003). In einem Interviewseinstieg (siehe 7.2.1 auf Seite 238) heißt es beispielsweise, dass Ängste vor der Evaluation im Generellen beobachtbar gewesen seien, „die ich bei mir nicht ganz verhehlen will" (I28m, Z. 10–11; s. u.). Die Bevorzugung der Präsensform von „will" als einer auf die Jetzt-Zeit der Erzählung bezogene Perspektive verweist auf ein solches in der Interviewsituation evoziertes Bekenntnis zu den eigenen Empfindungen, die allerdings sehr zurückhaltend formuliert wird: Das sprechende Ich will seine Ängste „nicht verhehlen", aber auch nicht offensiv zur Schau stellen.

Die Thematisierung von Angst als nicht thematisierbar bzw. nicht thematisierenswert scheint mit der Konstitution von Schulleitung zusammenzuspielen: Die Schulleitungsposition kennzeichnet sich über den Abweis bzw. die Abwesenheit eines Angstempfindens (vgl. 9 auf Seite 311). Auch der Grad der Ausprägung von Angst ermöglicht eine Differenzierung von Schulleitung und anderen schulischen Akteuren, die die Schulleitung als besondere Position im Kontext von Schulinspektion platziert. Während für andere Schulleitungen die Ängste bereits „in Anführungsstricheln" gesetzt und damit ihrer Ernsthaftigkeit beraubt werden, sind die Ängste der Lehrkräfte dagegen explizit benennbar und unumwunden. So heißt es kurze Zeit später innerhalb des Interviews mit I10m: „[...] und das sind Lehrerängste, die vor Evaluationsbehörden da sind" (I10m, Z. 117).

Die Schulleitung wird nicht nur weniger stark von ihren Ängsten affiziert, sondern ist auch im Einsatz, diese Angst für die anderen schulischen Akteure zu bearbeiten. Dies erscheint dringlich, insofern Angst dem Inspektionserfolg entgegenzuarbeiten scheint. Angst ist folglich *in doppelter Weise konstitutiv*

---

[2] Vergleiche zum Zusammenhang von Angst und Pädagogik die Beiträge in Schäfer und Thompson (2018).

für Schulleitung und firmiert sowohl im Sinne einer bedrohlichen Herausforderung als auch als Vehikel der Überwindung einer solchen Herausforderung:

> I3w1: Wir konnten also auch den Kollegen so bisschen die Angst nehmen, also im Kollegium war das schon verbreitet-
>
> I3w2: Ja.
>
> I3w1: Dass viele sich also in dieser Art und Weise überprüft fühlten.
>
> Interviewerin: Mhmh.
>
> I3w1: Es war dann bei Weitem also alles ja nicht so schlimm und wir haben auch im Vorfeld versucht, das den Kollegen deutlich zu machen, auch dass ja die Auswertungen anonym sind, nicht die Unterrichtsstunde des einzelnen Kollegen angesprochen wird und [hustet] es ging dann eigentlich ganz gut, muss ich sagen, ne (I13w, Z. 28–33)?

Einer als protektiv-fürsorglich auftretenden Schulleitung gelingt es hier, dem Lehrerinnenkollegium die Angst vor Schulinspektion zu nehmen und auf diese Weise (deren) Bereitschaft für das Inspiziertwerden herzustellen – und sich als beschwichtigend-handlungsmächtige Schulleitung im Rahmen des Interviews zu zeigen. Schulleitung setzt sich dabei zwischen die Lehrkräfte und Schulinspektion, nimmt eine vermittelnde Position ein, die ihre Relevanz unterstreicht und etabliert: Erst sie sichert das Stattfinden von Schulinspektion zu beiden Seiten hin ab. Mit ihrer Einflussnahme auf die Lehrerinnen wird die Schulleitung hier zur *Heldin* (bzw. werden die Schulleitungen in diesem Fall zu Heldinnen) der Geschichte, wie oben bereits angerissen wurde, so dass die Situation des Inspiziertwerdens erfolgreich für sich und andere bearbeitet wird.

Um Schulinspektion für die Lehrkräfte akzeptabel zu machen, wird auf Argumente zurückgegriffen, die wissenschaftsethischen Forschungszusammenhängen entstammen (Anonymität, Aggregiertheit der Daten). In der Folge wird das Inspektionsverfahren wiederholt / erneut mit dem Nimbus neutraler Wahrheitsgenerierung versehen, wobei dessen Wahrheit hier als strategischer Einsatz genutzt wird, um das Gelingen von Schulinspektion wahrscheinlicher zu machen. Von Relevanz ist im Hinblick auf die figurierte Heldenschaft, dass die Position der Schulleitung als Handelnde eingesetzt wird. Sie sieht nicht tatenlos zu und lässt geschehen, sondern wird aktiv – etwa in der Herstellung kollektiver Inspektionsbereitschaft oder in einer Recherche weiterführender Informationen, die die Schulinspektion fassbar machen und ihr die Bedrohlichkeit nehmen.

Eine solche Recherchepraktik wird im folgenden Interview angesprochen, in dem sich der Herausforderung durch die Schulinspektion mittels biographisierenden Sprechens genähert wird:

> I28m: Als die Diskussion um die externe Evaluation begann, waren wir sehr (.) geteilter Meinung, weil wieder eine Kontrolle von außen kam, wir sind etwas DDR- geschädigt. Immer wenn einer hospitieren kam, wurde es hauptsächlich kritisiert, es kam weniger zur Beratung und des wurde bei vielen befürchtet, man schaut bis ins finsterste Winkelchen der Organisation, des Ablaufes und überall hin. So dass bei einigen Schulleitern, was man aus Gesprächen erfahren hat, auch Ängste da waren, die ich bei mir nicht ganz verhehlen will, aber ich habe etwas dagegen getan. Nämlich wurde eine Fortbildung angeboten von der Gewerkschaft, es waren dort zwei Fortbildner, die die Evaluation in den gebrauchten Bundesländern schon durchgeführt hatten. Und dort vorgestelllt hatten, was läuft, wie's läuft, wer das macht, welche Beweggründe die Leute dorthin bringt und das hat mir meine Ängste genommen, denn es gibt sicher sehr viele, überwiegend viele Leute, die die Evaluation vornehmen, durchführen, die das mit bestem Wissen und Gewissen machen und da auch wirklich die Schulen voranbringen wollen, aber es gibt mit Sicherheit auch welche, die dort einen ruhigen Posten sehen, sich nicht mehr mit den Wänstern rumärgern müssen und das dann halt machen, um ihren Lebensunterhalt zu verdienen und das nahm mir die Angst, weil ich guck mir die Leute an, weiß, was ich von denen halten muss und weiß, was ich auch von den Ergebnissen zu halten habe (I28m, Z. 5–22).

Die angeführte Recherchepraktik zeigt auf, inwiefern die Handlungssouveränität der inspizierten Schulleitung dargestellt werden kann: Um Schulinspektion etabliert sich ein „Willen zum Wissen" (Foucault, 1977), der auf die bedrohliche Ungewissheit reagiert und das Verfahren nicht nur als Form der Wissensgenerierung, die sich auf die Inspizierten richtet, kenntlich macht, sondern Schulinspektion gleichsam selbst als Erkenntnisgegenstand in den Fokus rückt. Das Erkenntnisinteresse richtet sich vorrangig auf die Inspekteurinnen, deren pädagogische Haltung („Wänster" als pejorative Bezeichnung für Kinder) und Motive für die Ausübung von Schulinspektion („ruhiger Posten"), die dann als Referenzen stellvertretend für das gesamte Inspektionsverfahren fungieren. Das Erkenntnisinteresse richtet sich aber auch auf die Inhalte und Abläufe des Verfahrens selbst. In Interview *I20w* ist die Rede von einem „Ehrgeiz" (I20w, Z. 15), der sich auf die Kenntnis relevanter Inhalte, die in der Schulinspektion untersucht würden, bezieht. Als eine Recherchepraktik wird dort das Studium der öffentlich zugänglichen Informationsdokumente zur Schulinspektion thematisch:

> I20w: [U]nd es gab auch einige, naja, Kollegen, die haben so ein bisschen Panik gemacht, die haben so bisschen die Wellen hochschlagen lassen und als dann das Brieflein uns letztes Schuljahresende erreichte, habe ich es erstmal setzen lassen, habe über die Schulferien mir mal die theoretischen Grundlagen alles angeschaut, hab das dann mit den Kollegen zur ersten Dienstberatung erläutert, habe gesagt: Wir machen es so, wie wir es immer machen, wir zeigen unseren Schulalltag, wie er ist (I20w, Z. 7–12).

Auch die bereits erwähnten Gerüchte, im Sinne von Erfahrungen zweiter Hand, produzieren Wissen über Schulinspektion, das sowohl als bedrohlich, mit der Zunahme seines Umfangs aber auch verheißungsvoll wirkt und eine Haltung freudiger Erwartung evoziert:

> (.) Gut, äh, wir sind relativ spät drangekommen (.) und haben also die Erfahrungsberichte von den anderen als sehr angenehm aufgenommen und, (.) äh, von mir hat sich also diese bange Erwartung in eine freudige Erwartung, äh, umgewandelt, das ist wirklich so (I17m, Z. 18–21).

Das Wissen, das sich auf Schulinspektion richtet, nimmt hier die Rolle des *Adjuvanten* in der Erzählung um die erlebte Schulinspektion ein und trägt unterstützend zur gelingenden Bewältigung von Schulinspektion bei (vgl. Wrana, 2006): Je mehr Wissen, desto höher die Bereitschaft sich inspizieren zu lassen. Mit einem Mehr an Wissen kann der Schulinspektion deren Bedrohlichkeit und Problematizität genommen werden.[3]

Die wuchernden Gerüchte organisieren einen Umschlagpunkt von Emotionen, sei es hinsichtlich der erstmaligen Etablierung einer initialen Angst oder hinsichtlich der freudigen Erwartung, die aus der Angst erwächst und als Differenz geltend gemacht wird. Dabei hängt die Attribuierung der Gerüchte als bedrohlich oder verheißungsvoll nicht allein von deren Umfang und dem (richtigen) Zeitpunkt des Inspiziertwerdens ab, sondern auch von dem Grad, in dem diese im Sinne einer Recherchepraktik aktiv eingeholt werden. Denn

---

[3] Gleichzeitig kann das Wissen im Status von Gerüchten auch als Hindernis fungieren, wie oben (im Abschnitt 7.2.1 auf Seite 235) herausgestellt wurde.

die *Adjuvanten* können sowohl selbst aufgesucht werden, als auch über einen hereinkommen.

Die Rede vom richtigen oder günstigen Moment, an dem die Schulinspektion (ebenso wie die Gerüchte über sie) eintrifft (bzw. eintreffen), zeigt deren Unverfügbarkeit für die Inspizierten auf, so dass diese auf den Zufall bzw. eine glückliche Fügung angewiesen sind. In diesem Sinne ist nicht nur das Wissen, sondern auch die Zeit als ein Adjuvant – oder als ein Hindernis – in der Storyline zu verstehen und beide spielen zusammen: Dass beispielsweise der Zeitpunkt der Schulinspektion für die Inspizierten unbeeinflussbar ist, lässt das Nicht-Wissen-Können bezüglich Schulinspektion überhaupt erst zum Problem werden.

In einer Bewegung, in der das sprechende Selbst vom Objekt zum Subjekt der Erkenntnis in Bezug auf Schulinspektion wird und selbst erkenntnisgenerierende Recherchen vornimmt, inszeniert es sich als handlungsmächtig, so dass ein Verhältnis zwischen Inspektion und Inspizierten ‚auf Augenhöhe' (wieder)hergestellt werden kann. Die Etablierung eines „Willens zum Wissen" bezüglich Schulinspektion zeigt insofern auf, wie im Kontext von Schulinspektion Wissen und eine Haltung der Souveränität eines Selbst bzw. Nichtwissen und Ohnmacht miteinander verknüpft werden. Subjektivität und die Inbesitznahme eines Wissens stehen in engem Zusammenhang. Dabei ist Wissen einerseits die Problematisierungsformel, andererseits das Vehikel zur Problemlösung bezüglich Schulinspektion (vgl. das Analysekapitel zu den Wahrheitsprüfungen in den Interviews 10 auf Seite 349).

In diesem Sinne ließe sich auch das diffizile Verhältnis von Schulleitung und Angstempfinden verstehen, das vorhergehend besprochen wurde und das mit der Problematizität von Wissen im Verhältnis steht: Angst benennt ein irrationales Gefühl, das einen Verlust von Situationskontrolle impliziert und die Angst verspürende Person auf ihr Sein in der Situation reduziert. Es ist demnach weder für die Interviewsituation eine adäquate Empfindung, da es hier stets darum geht, als gesprächskompetente und rational erzählende Verwenderinnen-Adresse aufzutreten und so die Situation verfügbar zu halten, noch eignet Angst der Schulleitung in Bezug auf das Erleben der Schulinspektion, da es auch hier gilt sich als kompetente Steuerungsakteurin zu zeigen. Eine solche Souveränität gegenüber der Angst erscheint vor allem dahingehend angezeigt, dass mit Schulinspektion die ‚reine' und neutrale Wahrheit schulischer Qualität eruiert werden soll – und vor dieser Wahrheit müsse man sich nicht fürchten.

Die Begegnung mit Schulinspektion mündet durch die Einführung und Aufrechterhaltung einer Handlungssouveränität in Gelingenserzählungen mit positiver Erlebnisqualität, denn im Resümee „ging [es] dann eigentlich ganz gut" (I3w1, Z. 33). Aus der Retrospektive, in dem Schulinspektion ein geglücktes Erlebnis bedeutet, kommen dann vor allem evaluierende Formen des Sprechens zum Einsatz (siehe die nächste Form des Intervieweinstiegs, 7.2.2 auf Seite 243).

> I12w: Im Nachhinein muss ich sagen, ist das wirklich bei weitem nicht so schlimm wie man es vermutet, ich denke auch das bringt schon vorwärts. Es gibt zwar manche Dinge, wo man sagt, na ja, ob das nun so das realistische Bild wiedergibt, das ist vielleicht überlegenswert oder zweifle ich an, aber im Großen und Ganzen denk ich, das ist ein Verfahren was eigentlich, ja, was man aushalten kann und was eben auch für die Schule doch Anstöße bringt in verschiedene Richtungen zur Schulentwicklung. Also ich habe es im Nachhinein auch mit meinen Kollegen so gesehen, dass wir gesagt haben: Natürlich ist es schön, wenns vorbei ist, aber es ist wirklich ein Instrument für die weitere Arbeit (I12w, Z. 8–16).

Das Interviewsprechen verweist neben seiner evaluierenden Form auch darauf, dass am Endpunkt des Inspektionsvorgangs und als dessen Ertrag sich die Haltung des sprechenden Ich zu Schulinspektion transformiert hat. Künftigen Schulinspektionen wird nunmehr anders begegnet:

> Also, ich muss sagen, wenn man es nochmal zusammenfasst, die Vorbereitung, der Ablauf, das war alles sehr, sehr angenehm und in Zukunft werden wir das auch ruhiger angehen können, aufgrund dieser Erfahrung jetzt. (.) Ne (I2w, Z. 33–36)?

Schulinspektion wird hier als „Erfahrung" figuiert, der die Qualität einer Bildungs- oder Lerngelegenheit eignet und die von daher eine Bedeutsamkeit als außergewöhnliches und besonderes Ereignis mit transformativer Qualität erhält. Für die Inspizierten werden neue Handlungsoptionen und Distanzierungsmöglichkeiten bezogen auf künftige Schulinspektionen reklamiert, aber auch bezogen auf das bis dato praktizierte Verhältnis zur eigenen Schule und zu sich selbst. Resultierend aus der Prozesslogik der Schulinspektionserfahrung weist die hier referierte Gelingensgeschichte systematische Nähen zu Bildungssemantiken und Entwicklungslogiken auf.

Wie genau sich die Veränderung vollzieht, was oder wer wann den Moment des Umschlagens von Bedrohung / Herausforderung in Gelingen organisiert, an welcher Stelle die Perspektive eines Vorher in ein Nachher überführt wird, ist eine offene Frage. Während Beginn und Ende der Begegnung mit Schulinspektion stets benannt und klar voneinander geschieden werden, bleibt das Geschehen zwischen beiden Zeitpunkten auffallend unthematisiert: Der Prozess des Inspiziertwerdens, die konkreten Vollzüge eines Erlebens von Schulinspektion, einzelne situative Begebenheiten oder Selbstreflexionen auf das eigene Erleben, werden zumindest in den Einstiegserzählungen kaum besprochen. Dieser Teil der Erzählung wird relativ zügig zugunsten einer resümierenden Einschätzung von Evaluation übergangen. Während das Gesprochene über die durchlebte Inspektionserfahrung legitimiert wird, bleibt die Erfahrung selbst sprachlich stumm.[4] Dies unterstreicht, dass die Attribution von Schulinspektion als herausfordernd und bedrohlich vor allem dahingehend vorgenommen wird, dass Schulinspektion ein ungewisses Ereignis darstellt.

Diese ersten Ausführungen zur Analyse der Interviewanfänge *resümierend* lässt sich zunächst festhalten, dass die Bezugnahme auf Schulinspektion eine Einteilung der erzählten Zeit in Vorher und Nachher ermöglicht, was u. a. die Erzählung als narrativierende Storyline rahmt. Das Gesprochene autorisiert sich dieser ersten Figur über die Inszenierung einer individuell gemachten Erfahrung, die sich insbesondere in der Strukturierung des Erzählten in Form einer Storyline zeigt, die die Elemente handelnder Ich-Protagonist, Antagonist, Adjuvant, Hindernis enthält. Im Horizont dieser temporalen Trennung / Verbindung lassen sich mehrere Differenzlinien extrahieren und aufeinander beziehen. So ist etwa die Differenz aus Wissen / Nichtwissen angesprochen, aber auch die Differenz der Emotionen eines vorträglichen Angstempfindens und nachträglicher Versöhnlichkeit bezüglich Schulinspektion – wobei die Differenz von Emotionen selbst noch einmal durch einen weiteren Umschlagpunkt organisiert ist, der mit dem Auftreten von Gerüchten, als Form unsicheren Wissens, bezüglich Schulinspektion zusammenhängt. Auch das Stattfinden eines Bildungsprozesses, als Transformation von Selbst- und Weltbezügen verstanden (vgl. Marotzki, 1990), erscheint aus Perspektive des Vorher / Nachher als ein mögliches und ansprechbares Ereignis. Wissen und Emotionalität spielen dabei insofern zusammen, als dass das

---

[4] Zur Stummheit / Schweigen in Erziehung und Bildung vgl. die Beiträge in Geiss und Magyar-Haas (2015).

eine als Bedingung des anderen angeführt wird. Prägnant erscheint hier die Doppelcharakteristik des Wissens, sowohl Bedrohlichkeit als auch freudige Gespanntheit zu evozieren. Subjektivität, Wissen und Temporalität stehen demnach in einem Verhältnis. Auch bezüglich der Konstitution der Schulleitungsadresse als einer signifikanten Position im Schulinspektionsgefüge spielt vor allem Wissen eine Rolle: Insofern Wissen und Angstempfinden miteinander in Austausch stehen, etabliert sich Schulleitung hinsichtlich des Grades der Ausprägung dieser Angst in Abgrenzung zu anderen schulischen Akteuren.

7.2.2 Anfang 2: Evaluationen der Evaluation

Die zweite Form des Interview-Anfangens umfasst jene Praktiken, in denen die Erfahrung des Inspiziertwerdens Anlass und Legitimation für die *Bewertung* von Schulinspektion bzw. Schulevaluation bietet. Es geht in Abgrenzung zum ersten Interviewweinstieg nicht darum, eine erlebte und erzählbare Erfahrung in Storylines zu formatieren. Die individuell vollzogene Inspektionserfahrung autorisiert aber ebenfalls das Gesprochene und lässt die Inspizierten als Expertinnen ihrer Erzählungen in Erscheinung treten. Bereits in den erzählenden Einstiegen fanden sich Formen dieses evaluierend-resümierenden Sprechens, sie sind also nicht exklusiv für diesen Interviewweinstieg. Dies verweist aber darauf, dass das evaluative Sprechen eine bedeutsame Sprechpraktik im Rahmen von (Interviews über) Schulinspektion darstellt und machtvoll die Organisation des Terrains um Wirksamkeit von Schulevaluation gestaltet. Bereits für die analysierten empirischen Studien zu Schulinspektion (vgl. unter 3.4 auf Seite 68) konnte aufgezeigt werden, dass evaluatives Sprechen eine starke Dominanz besitzt. In diesem Abschnitt soll es um die Charakterisierung eines evaluativen Sprechens gehen, das sich auf die erlebte Schulinspektion bezieht, ohne dabei Teil einer „Story" zu werden.

Die evaluativen Sprechpraktiken zeichnet aus, dass sie ebenfalls mit der Differenz von Vorher / Nachher operieren und eine chrono-logische Aufteilung von Zeiteinheiten vornehmen, die qua des Eintreffens von Schulinspektion differenziert und äquivalenziert werden. Der retrospektive Standpunkt wird ähnlich zur ersten Anfangsfigur im Sprechen eingenommen, um das Erlebte zu bewerten und einzuordnen, die Bewertung bezieht sich aber zugleich auch auf das Moment des ‚Vorhers'. Es werden als subjektiv bedeutsam markierte *Erwartungen* thematisiert, die an Schulinspektion im Vorfeld herangetragen wurden und die dem Sprechen nunmehr als legitimer Bewertungsmaßstab gereichen, um die Güte des Inspektionsverfahrens zur Disposition zu stellen. Dabei wird das Sprechen zum Evaluieren bemächtigt, indem es sich auf eine Erfahrung des Evaluiertwerdens beruft.

Das sprechende Ich wird hier zum *Evaluationssubjekt*. Sein Sprechen erscheint als distanziert und reflexiv, häufig jedoch auch als Insistierendes, Anspruch Stellendes und diesen Anspruch Einforderndes. An der folgenden Textstelle sollen einige dieser Besonderheiten evaluativen Sprechens über Schulinspektion extemporiert werden.

> Interviewerin: Dann würde ich meine erste Frage an Sie stellen und zwar: Was verbinden Sie mit dem Begriff externe Evaluation?
>
> I8m: Bevor das Verfahren an der Schule selber gelaufen ist, hatte ich eine etwas andere Vorstellung. Mir ging es also eigentlich da mehr so, als ob ein Kriterienkatalog einfach abgefragt oder abgearbeitet wird und man dann anhand dieser Kriterien ein reales Bild der Schule bekommt. Als das Verfahren abgeschlossen war oder auch schon während des Verfahrens habe ich gemerkt, dass das also so gar nicht sein kann, weil das Verfahren ja erst mal doch zeitlich auf wenige Tage begrenzt war. Vom ersten Kontakt an bis zum Abschluss waren es zwar 8 Monate etwa, aber das eigentliche Präsenzverfahren war ja nur fünf Tage letztendlich und bei der Durchsicht oder beim Lesen des Berichtes hat sich dann auch gezeigt, dass die Erwartungen, die ich an die externe Evaluation hatte, nicht erfüllt worden sind, oder nicht erfüllt werden konnten. Weil aus meiner Sicht, und das kam gestern im Interview mit den Kollegen und den Kolleginnen auch, das Verfahren dafür nicht geeignet ist (I8m, Z. 1–14).

Anders als in der ersten Figur wird Schulinspektion hier nicht im Hinblick auf ein nicht vorhandenes Wissen bzw. vorhandenes Nichtwissen beschrieben, denn mit der Formulierung von „Erwartungen" geht bereits ein spezifisches (normatives) Wissen bezüglich Schulinspektion einher. Eine Erwartung kann nicht in ein Vakuum hinein artikuliert werden.[5] Im Falle des o. g. Zitats

---

[5] Christian Herfter (2014) arbeitet in seiner Evaluationsstudie zur „Qualität universitärer Bildung" verschiedene Dimensionen des Erwartungsbegriffs heraus. Er zeigt dabei die Verbindungslinien von „Erfahrungen" und „Erwartungen" auf. Der Aspekt, der in meinen Analysen bezüglich „Erwartungen" zum Tragen kommt, lässt sich an das Konzept von Erwartung als „performance norm" anbinden (vgl. Herfter, 2014, S. 140; 149; 195). Dieses benennt die Herausbildung normativer Vergleichsstandards als einem Effekt von wiederkehrend erlebten, ähnlichen Erfahrungen.

aus *18m* lagert die Erwartung im subjektiven Begehren einer Einsicht in die versprochene Wahrheit der schulischen Wirklichkeit. Dieses Begehren wird als universeller Anspruch formuliert („man" bekommt ein „reales Bild der Schule" offeriert). Die im angeführten Interview-Zitat bezeichneten Erwartungen stehen im diametralen Gegensatz zur erlebten Realität von Schulinspektion, so dass Schulinspektion als Gegenstand gefasst wird, der mit – als ungerechtfertigt markierten – Verheißungen auf die Entbergung *einer* Wahrheit operiert. Im Namen der Wahrheiten lassen sich Ent-Täuschungen reklamieren. Entlang dieser Ent-Täuschung wird im Sprechen nachträglich Distanz zu Schulinspektion aufgebaut: Der Inspizierte kann, folgt man dem Zitat, sich vom Inspiziertwerden fort bewegen, es reflexiv bearbeiten.

Die Problematizität, mit der Schulinspektion hier im Hinblick auf ihre „Wahrheit" versehen wird, liegt dann im Vergleich zur ersten Figur eher auf einer anderen Zeitebene. Es ist nicht die anfängliche Begegnung mit Schulinspektion – als einer noch ausstehenden Erfahrung –, sondern die bereits durchlebte Erfahrung, von der aus nachträglich Verheißung und Realität abgeglichen werden können. Das Äußern von Erwartungen erfolgt demnach aus einer anderen Haltung heraus als das o. g. Erzählen. Im Artikulieren von Erwartungen wird ein eigenständiger Anspruch an Schulinspektion herangetragen, das Inspektionsverfahren wird den Bedürfnissen des Sprecherinnen-Ichs unterstellt, sich zu eigen gemacht. Auf diese Weise konstituiert sich eine im Vergleich zur ersten Figur inverse Hierarchie bzw. Asymmetrie im Verhältnis aus Evaluation und Sprechenden. Während in der ersten Figur das sprechende Ich dem Evaluationsverfahren ausgeliefert ist, es erst erleben muss, um seiner Herr zu werden, ist in den (rückblendenden) Evaluations-Sprechpraktiken genau umgekehrt die Evaluation dem sprechenden Ich ausgesetzt. Evaluation rückt in eine subordinierte Position hinein.

Seltener werden Erwartungen angeführt, die sich nachträglich als ‚glücklicherweise' nicht eingetroffen bewerten lassen. Solche Erwartungen beziehen sich dabei weniger auf eine existentielle Dimension des Verunsichertwerdens, sondern eher auf funktionale Aspekte, etwa die Erwartung einer hohen Arbeitsbelastung bezüglich Schulinspektion im Vorfeld, die sich letztlich als nicht zutreffend herausstellt und so zur nachträglichen Versöhnung mit Schulinspektion führt:

> I21w: Also, ich hatte schreckliche Gedanken, weil, pfff [Schnalzgeräusch], von den Kollegen, mit denen ich mich unterhalten habe, naja,

> das- sie ha-das war mit viel Arbeit verbunden, mit viel schriftlicher
> Arbeit, natürlich auch im Vorfeld mit organisatorischer Arbeit und da
> war ich also, naja, nicht sehr gut auf die Sache zu sprechen. [...] Jetzt
> im Nachhinein muss ich sagen, es war also nicht so schlimm, wie ich's
> gedacht hab und es war auch ganz gut sich intensiv mit verschiedenen
> Problemen, die sonst so im Alltag nebenher laufen mal in der Summe
> oder zusammenfassend zu beschäftigen. (I21w, Z. 9–21)

Das sprechende Ich nimmt im evaluierenden Sprechen aber kaum die Rolle
eines Handlungssubjekts ein, trägt nicht zum Gelingen von Schulinspektion
bei, es durchläuft selbst kaum Transformationen.

Auch das Erleben des Inspiziertwerdens wird – analog zum ersten Anfang
– in seinen Details nicht thematisch, wenngleich die Beurteilung von Schulinspektion sich auf eben jene Expertise bezieht, die aus der Erfahrung des
Inspiziertwerdens schöpft. Diese Inspektionserfahrung ermöglicht eine Subjektivität, die im Sinne eines evaluierenden Selbstes in der Interviewsituation
auftritt, ohne dass die Evaluation noch einmal eigens auf das Selbst (etwa
in Form einer Einsicht bzw. Ein-Sicht) gelenkt wird. Es wird lediglich die
Schulinspektion mit einem Güteurteil versehen, nachdem diese ihrerseits das
Selbst mit einem Güteurteil versehen hat. Selbst im (nahezu unmöglichen)
Grenzbereich des Abweisens des Evaluativen, evaluiert man und bleibt so
mit Evaluation verhaftet.

Wenngleich im Sprechen Distanzierungen gegenüber Schulinspektion vorgenommen werden und die Güte von Schulinspektion vornehmlich negiert
wird, so ist darauf hinzuweisen, dass es sich dabei zwar um Globalurteile
handelt, doch beziehen sich diese stets auf die konkrete Schulinspektion,
welche Gegenstand des subjektiven Erlebens wurde. Besonders im vorangegangenen Zitat des Interviews mit *I8m* wird deutlich, dass die Erwartung an
eine *mögliche* Schulinspektion, die die Wahrheit der Schule in gelingender
Weise herausstellt, nicht getilgt ist. Sie wird eher aufgeschoben bis zu dem
Moment, an dem Schulinspektion dies methodisch zu leisten vermag: Wäre
etwa das „eigentliche Präsenzverfahren" – als Referent für die „eigentliche" Schulinspektion – längerfristig durchgeführt worden, wäre eine „wahre"
Abbildung schulischer Qualität dann möglich gewesen? Der Anspruch an
Schulinspektion wird aufrechterhalten, d. h. Schulinspektion(sbefunde) als
Repräsentation schulischer Realität wird (werden) nicht generell durch das
Erlebte abweisbar, es sind vor allem Mängel in der Durchführung und Anlage
des Untersuchungsverfahrens, die die konkrete Schulinspektion desavouieren.

Der Geltungsbereich dessen, was evaluiert wird, beschränkt sich demnach ebenfalls auf die Subjektivität der spezifischen Inspektionserfahrung.

Es finden sich in keinem der von mir durchgeführten Interviews Aussagen, die eine völlige Delegitimation von Schulinspektion bzw. Evaluation vornehmen. Sprechen über Schulinspektion findet damit zwischen völliger Affirmation und völliger Negation statt: Weder das eine noch das andere erscheint in seiner Extremität sagbar. Die Zwischenformen evaluativen Sprechens bedienen sich stets beider Bewertungsrichtungen, so dass Affirmation und Negation auch miteinander auftreten und eindeutige Positionierungen bezüglich Schulinspektion unterlaufen. Eine Textstelle aus einem anderen Interview verdeutlicht dieses Changieren im Zwischen noch einmal:

> I2w: Also, das war sehr, sehr angenehm. Und auch die beiden Tage, an denen sie [die Inspektorinnen, M. S.] dann hier an der Schule gewesen sind, sind optimal verlaufen, ne? Sie haben alles mitnehmen können, es war kein Lehrer krank und es hat sich auch kein Lehrer unwohl gefühlt jetzt in der Situation. Natürlich ist es immer so, dass die Kollegen hinterher sagen: Ich hätte doch noch das und das machen können, also die Sache. Ob das letztendlich dann anhand von zwei Tagen eine absolut realistische Einschätzung sein kann, das steht natürlich in Frage, ne? Also, es ist ja auch immer von der Tagesform der Kollegen abhängig, wobei ich glaube, dass die das schon sehr, ja, angemessen auch alles eingeschätzt haben und das mit berücksichtigt haben. Ne? Also, wir hatten mit der Evaluation an sich kein Problem (I2w, Z. 20–28).

In diesem Interviewfragment werden verschiedene Aspekte von Schulinspektion in der Beurteilung zusammengeführt und im Sinne eines Vergleichs voneinander unterschieden. Dabei ergibt sich kein einheitliches Bild in puncto Positionierung zur Güte von Schulinspektion. Mit Blick auf organisatorische Aspekte etwa verlief das Evaluationsgeschehen „optimal" und entsprechend „angenehm" aus Sicht der Bewerterin. Die Beurteilung der methodischen Anlage der Schulinspektion dagegen erfolgt in Form des Zweifels bzw. einer unbeantworteten Frage, die sich nicht zu einer eindeutigen Positionierung durchformt, sondern im Anspielungsraum verbleibt. Die Einschätzung pendelt dann wieder zurück zu Affirmation, indem „die", die Inspektorinnen, über methodische Schwächen der Schulinspektion hinwegretten. Abschließend erfolgt ein Globalurteil bezüglich der erlebten Schulinspektion: „Also, wir hatten mit der Evaluation an sich kein Problem". Das Globalurteil wird in seiner Eindeutigkeit entschärft durch die vorangegangenen Abwägungen hinsichtlich der Güte einzelner Aspekte des Inspektionsgeschehens – so dass Schulinspektion grundsätzlich nicht fraglich wird, aber eben auch nicht vorbehaltlos affirmiert werden kann.

Im Globalurteil selbst muss erneut differenziert werden zwischen der konkreten Schulinspektion und der abstrakten Kategorie von Schulinspektion bzw. Evaluation ,an sich'. Dies zeigt noch einmal, wie sich negativierendes Sprechen an den Grenzen des Anerkennbaren bewegt: Schulinspektion ,an sich' wird nicht delegitimiert. Ähnliches ließe sich aber wie erwähnt über affirmatives Sprechen sagen, scheint dieses doch mit der Konstitution und Sichtbarkeit eines Inspizierten- bzw. Verwenderinnen-Subjekts zusammenzuspielen, das über sein kritisch-distanziertes Sprechen erkennbar wird (siehe auch Analysekapitel zu den Wissensprüfungen 10 auf Seite 349).

Resümierend lässt sich zu dieser zweiten Analyse von Interview-Anfängen sagen, dass das Sprechen über Schulinspektion selbst eine evaluierende Form annehmen kann und die Einnahme einer Haltung als Evaluationssubjekt ermöglicht. Evaluatives Sprechen erfolgt aus der Jetzt-Zeit heraus, distanziert und bewertet das Inspektionsgeschehen rückblickend. Zugleich inszeniert das evaluierende Sprechen die Sprecherinnen als Inspektions- bzw. Evaluationssubjekte der Schulinspektion gegenüber als übergeordnet, indem das Inspektionsverfahren prüfend in den Blick genommen wird oder indem Ansprüche an Schulinspektion artikuliert und diese vor dem Hintergrund einer subjektiven Bedeutsamkeit der Schulinspektion für die Befragten (als schulischen Verwenderinnen von Inspektionsbefunden) legitimiert werden. Eine abschließende Beurteilung der erlebten Schulinspektion wird zwar im Sinne eines Globalurteils vorgenommen, doch eingeschränkt durch differenzierte Beurteilungen einzelner Verfahrensbestandteile der Schulinspektion. Ebenso, wie jene in Schulinspektionen hinsichtlich ihrer Güte beurteilten Schulen nicht ausschließlich gute oder schlechte Bewertungen rückgemeldet bekommen können, um die stete Arbeit an der Optimierung aufrechtzuerhalten, so ist auch Schulinspektion als Evaluationsgegenstand nicht eindeutig hinsichtlich seiner Güte klassifizierbar – und wird darin selbst Teil einer Optimierungslogik. Affirmation und kritische Distanzierung treten miteinander auf, ohne sich gegenseitig aufzulösen. Sie verweisen auf zwei Möglichkeiten über Schulinspektion anerkennbar zu sprechen, die sich darauf beziehen, dass diese

Einen Anfang machen 249

sich erstens nicht eindeutig delegitimieren bzw. negativieren lässt und dass zweitens mit der kritischen Distanznahme eine eigenständige Positionierung zum Inspiziertwerden inszeniert wird / werden muss.

7.2.3 Anfang 3: Supplementäre Benennungen

In der dritten Form des Anfangens in den Interviews zu Schulinspektion sollen Sprechweisen bezüglich Schulinspektion dargestellt werden, die ich als *supplementäre Benennungen* bezeichnen möchte. Auch in diesen Formen wird eine Relation aus Evaluation-Wissen-Subjektivität vorgenommen, die allerdings anders gelagert ist, als in den oben dargestellten zwei Zugängen. Die Sprechweisen der supplementären Benennung zeichnet aus, dass in ihnen Identifizierungen und Kategorisierungen von Schulinspektion bzw. externer Schulevaluation vorgenommen werden, indem „Evaluation" mit anderen Signifikanten verknüpft wird, so dass die Bedeutung von Evaluation verstetigt und vereindeutigt wird. Es geht ihnen folglich explizit um die Produktion von Wissen über Schulinspektion.

Die identifizierenden Begriffsbestimmungen werden als je im subjektiven Geltungsbereich verbleibend markiert und im Hinblick auf eine unmögliche abschließende Bestimmbarkeit vorgenommen – als Supplemente. Ein solches Abweisen einer den subjektiven Geltungsbereich überschreitenden Definition von Schulinspektion prozessiert etwa durch Verweise auf die je spezifische Perspektive des sprechenden Ich („Ich persönlich verbinde damit...“), das sich als Individuum inszeniert. So wird auch in diesen Anfangs-Sprechpraktiken das Subjektive und Individuelle als bedeutsames Moment des Sprechens über Schulinspektion herausgestellt und werden Selbstthematisierungen vorgenommen – womit auch die Angemessenheit des Interviews als wissenschaftlicher Erhebungsmethode im Sprechen legitimiert wird. Mit der Bezugnahme auf die Begrifflichkeit der externen Schulevaluation, für die eine individuelle Definition gefunden werden soll, betreibt das Sprechen über Schulinspektion bzw. die Sprechenden Begriffspolitik: In den Bestimmungsversuchen werden nichtautorisierte Benennungen platziert, die das Sprechen zum Wagnis machen.

> Interviewerin: Ja, gut, steigen wir ein in die externe Evaluation. Meine erste Frage wäre: Was verbinden Sie mit dem Begriff externe Evaluation?
>
> I6m: Bevor ich das das erste Mal gehört habe, gar nichts. Ich sage

das aus einem ganz einfachen Grund, man hätte vielleicht auch einen
anderen Begriff dafür verwenden können, vielleicht auch einen deutschen Begriff. Evaluation, wo das damals aufgekommen ist, habe ich
damit gar nichts verbunden, mittlerweile ist es ja natürlich so bekannt,
dass man weiß was es bedeutet. Ich persönlich verbinde damit, auch
wenn es so nicht angedacht ist, ich verbinde damit ne Kontrolle. Das
sage ich ganz ehrlich, weil ich sage, man kontrolliert dort die Arbeit
an den Schulen und das Schlimme ist eigentlich für mich, da tue ich
schon mal vorausgreifen, man kann es eigentlich nicht kontrollieren,
weil die Leute, die hier kommen, von meiner Schule, auch von der
Grundschule, wenig Ahnung haben (I6m, Z. 26–38).

Die Sprechinterakte zwischen Interviewerinnenfrage und Interviewtenantwort
weisen eine starke thematische Kohärenz auf: Es wird keine Erfahrung des
Inspiziertwerdens expliziert, wie dies in den vorher dargelegten Interviewanfängen der Fall war. Die Aufforderung der Interviewerin, Verbindungen mit
externer Evaluation *vor*zunehmen, um auf diese Weise eine Verbindung (zur
Thematik von deren Verwendung) *auf*zunehmen, etabliert externe Schulevaluation als leeren „Begriff", dessen Füllungen vom Interviewten verantwortet
werden.[6]

Im Zitat des Interviews *I6m* lässt sich nachverfolgen, wie die Benennung
des Inspektionsverfahrens Symbolgehalt entfaltet und dahingehend Auseinandersetzungen nahelegt. Die Antwort des Interviewten erfolgt in Form des
Beginns einer Erzählung: „Bevor ich das das erste Mal gehört habe, gar
nichts", nimmt aber anschließend keine weiteren Erzählelemente mehr auf. Eine Begriffsbestimmung erscheint zunächst als Aufgabe (im doppelten Sinne),
auch wenn die eingebrachte Chrono-Logik einen Hinweis darauf bietet, dass

---

[6] Die Formulierung „was verbinden Sie..." erinnert an mediale Umfragen, bei denen es
darum geht, eine bestimmte Thematik mit einer persönlichen Note zu kolorieren, indem
verschiedene Stimmen zu Wort kommen und anhand von Personenkennzeichnungen
(Fotos der Befragten, Namen, Altersangaben etc.) spezifischen Personen als Autorinnen
zugeordnet werden. Das Thema der Umfrage erscheint als eines, das in egalitärer Weise
von jedem besprochen werden kann, der für die Umfrage qualifiziert ist, d. h. über
eine Meinung zum Befragungsgegenstand verfügt. Zugleich wird den in der Umfrage
Befragten aber auch zugemutet eine solche Meinung zum Befragungsgegenstand eigens haben zu müssen. Die in den Umfragen inszenierte Individualität der Befragten
führt (bzw. soll führen) in den Umfragen zu pluralen Thematisierungen. Es geht um
Vervielfältigungen des Umfragegegenstandes, die diesen in ihrer Pluralität für die Rezipierenden der Umfrageergebnisse dennoch vereindeutigen. Die Interviewerinnenfrage
rahmt das Interview als eine solche Befragungssituation, in denen die Interviewte als
Auskunftsgebende und als Individuum sichtbar wird.

dieses Aufgeben als vorläufig gilt, die Aufgabe bewältigt werden wird. Das initiale Scheitern, Evaluation auf den Begriff zu bringen, wird zum Einsatzpunkt einer distanzierenden Bewertung von Schulinspektion genommen, die sich auf die nationalistisch-kulturelle Differenz („deutscher Begriff") bezieht, die durch das Sprachregister eines fremdsprachlichen Begriffs symbolisiert ist: Die ‚eigene' Sprache und die fremde Sprache der Schulevaluation werden als auf differenten Ebenen liegend benannt. Schulinspektion erhält dabei einen befremdlichen bzw. herausfordernden Charakter, der damit konfundiert ist, dass man sich keine Meinung zu Evaluation bilden kann (ähnlich des ersten Interviewanfangs).

Es wird nachfolgend aber auch nicht von einem produktiven Umgang mit dem Fremden berichtet. Vielmehr moderiert die Zeit, die Unausweichlichkeit, mit der Schulinspektion stattfindet, die Begegnung mit dem Fremden: Denn „mittlerweile ist es ja natürlich so bekannt, dass man weiß, was es bedeutet". Die Wahl des Begriffs „Evaluation" erscheint so strategisch wie provokativ: „man [wer?, M. S.] hätte einen anderen Begriff dafür verwenden können" – tat dies aber (bewusst?) nicht. Während „Evaluation" und das damit verbundene Inspektionsverfahren erst zu unbekannt und dann zu bekannt sind, um mit einer eindeutigen Definition auf den Begriff gebracht zu werden – erst verband man „gar nichts" mit Schulinspektion, „mittlerweile" weiß man „was es bedeutet" –, wird zugleich eine subjektive Begriffsbestimmung vorgenommen, die nicht durch (bildungspolitische?) Intentionen gedeckt ist und die ein Weitersprechen über die Begrifflichkeit von Evaluation rechtfertigt. Denn gäbe es keine subjektiven Verbindungspunkte zu Evaluation, wäre es unnötig, Begriffsbestimmungen vorzunehmen. So wird in der Rede nun die subjektiv(ierend)e Markierung eines spezifischen Einsatzes des Sprechenden als „Ich persönlich" (Z. 32) vorgenommen, mit dem der Geltungsbereich des Gesagten beschränkt wird. Die Konstitution von Subjektivität – in Form einer ‚persönlichen' Benennung – erfolgt demnach in Abgrenzung zur unausgesprochenen / unaussprechlichen Common-Sense-Benennung.

Das Einbringen einer subjektiv(ierend)en Benennung von Evaluation als „Kontrolle" im Interview *I6m* verweist dergestalt auf ein Wagnis des Sprechens, das als widerständig-autonom erscheint. Auch in den wissenschaftlichen Texten zu Schulinspektion wurde eine offensive Verbindung aus Schulinspektion und Kontrolle kaum vorgenommen (vgl. 3.2.1 auf Seite 38). Das Wagnis wird denn auch in Form eines Bekenntnisses hervorgebracht, das eine für wissenschaftliche Interviews formulierte Norm der Authentizität (wieder)aufruft: „das sage ich ganz ehrlich". Im Schutzraum des Interviews lässt sich eine solche nichtautorisierte Benennung von Evaluation als Kontrolle vornehmen – und muss im Hinblick auf die Norm authentischen Sprechens wohl auch vorgenommen werden. Das Interview wird hier zum Gegen-Ort, in dem gültige Wissensbestände über Evaluation auf die Probe gestellt und innerhalb des Diskurses platziert werden können.

Nicht in allen Interview-Einstiegen, in denen ähnliche Formen subjektiver Begriffsverknüpfungen zu finden sind, nimmt die Benennung von Schulinspektion solch „gewagte" Züge an. An einem weiteren Interview-Zitat soll das bisher zu diesem dritten Interviewanfang Analysierte noch etwas geschärft werden, indem vor allem die subjektiv(ierend)e Bedeutsamkeit der Begriffs-Verknüpfungen noch einmal in den Fokus genommen wird. Zugleich wird aber eine weitere Spezifik dieser Sprechpraktiken deutlich, nämlich die Frage nach dem „richtigen" bzw. „wahren" Wissen bezüglich Evaluation und wie sich dieses legitimieren lässt. Hier wird eine zur Kontrolle konträre Benennung vorgenommen:

> Interviewer: Was verbinden Sie denn mit dem Begriff externe Evaluation?
>
> I7m: Der Begriff der Evaluation oder etwas zu evaluieren ist ja sehr modern und die externe Evaluation ganz konkret im Auftrag des SBI [heißt / bedeutet?, M. S.] sozusagen Schulen auf den Prüfstand zu stellen. Man versucht ein Gütekriterium zum einen aufzuwerfen zum anderen natürlich auch Hinweise anzubieten, um ganz einfach mal aus der Außensicht eine Schule zu beurteilen. Das natürlich nach standardisierten Verfahren. Aber ich verbinde mit der externen Evaluation eigentlich den Begriff der Hilfe. Ja (I7m, Z. 1–9).

Diese Textstelle lässt sich mit den Ausführung zur Prüfungsförmigkeit des Interviewsprechens über Schulinspektion (als einer wiederholten Inspektionssituation) aus dem vorhergehenden Kapitel verbinden (vgl. 6.5 auf Seite 222). Insbesondere die zunächst referierten Common-Sense-Bedeutungen von „externer Evaluation" erscheinen wie Antworten eines Prüflings auf die Prüferinnen-Frage nach einer 'richtigen' Begriffsdefinition. Dies erhärtet sich noch darin, dass im Anschluss an die Interviewerinnenfrage („Was verbinden *Sie* denn...") zunächst kein subjektiv(ierend)er Einsatz vorgenommen wird, sondern auf ein generalisierendes „man" zurückgegriffen wird. Der Prüfling / Interviewte zeigt gegenüber der Prüfenden / Interviewerin, dass er über das „richtige" Wissen bezüglich Schulinspektion verfügt bzw. sich das Wissen „richtig" angeeignet hat. Das ‚Prüfungswissen' bezüglich Schulinspektion wird dabei – ähnlich der Common Sense-Benennung des vorhergehenden Interviewzitats *I6m* – im Sprechen als für jeden gleichermaßen zugängliches, verbindliches und unterhinterfragbares markiert. Dies stellt auch eine Verbindung zur ersten Form des Interviewanfangs her, in der Schulinspektion (allerdings auf eine andere Weise) als Lern- und Bildungsgegenstand Kontur gewann.

Im Anschluss an die Artikulation prüfungsförmiger und generalisierender Benennungen von Schulinspektion wird im Intervieweinstieg mit *I7m* eine subjektive Benennung platziert: „Aber ich verbinde mit der externen Evaluation eigentlich den Begriff der Hilfe. Ja. (I7m, Z. 9)". Die relationierende Konjunktion „Aber" markiert eine Absetzbewegung hinsichtlich des zuvor Gesagten, die aber nur im Zusammenhang mit diesem funktioniert. Auch hier wird eine auf den subjektiven Geltungsbereich des Gesprochenen („ich verbinde...") eingegrenzt verbleibende Benennung vollzogen, in welcher Schulinspektion eine andere als die allgemein anerkannte Bedeutung annehmen kann, hier: Hilfe. Diese Subjektivität / Subjektivierung (im Sinne einer subjektiven-supplementären Benennung) wird auch durch die Betonung von „eigentlich" pointiert. Dennoch finden in den vorgenommenen supplementären Bestimmungen, trotz des Verweises auf deren begrenzte Gültigkeit, Auseinandersetzungen mit den generalisierten bzw. autorisierten Bedeutungsgehalten von Schulinspektion statt, so dass das Sprechen hier immer auch sich selbst beobachtende, kommentierende und rechtfertigende Züge annimmt.

Zusammenfassend lässt sich bezüglich der Sprechpraktiken der supplementären Bedeutungsbestimmung sagen, dass sie eine Sichtbarkeit des sprechenden Ichs forcieren, die sich in Abgrenzung zu generalisierten Bedeutungsgehalten von Schulinspektion etabliert. Dieses Ich erscheint im Hinblick auf die Generalität als idiosynkratisch, eigensinnig, individuell. Es autorisiert sich nicht (zumindest nicht ausschließlich) über seine Inspektionserfahrung, sondern über die Interview-Norm, sich als authentisch im Sprechen auszuweisen. Individualisierende Markierungen des Sprechens, wie „ich persönlich...", „für mich bedeutet..." etc., erscheinen im Sprechen über Schulinspektion sowohl möglich als auch nötig.

7.2.4 Anfang 4: Spontane Produktionen und das Verschwinden der Inspektionserfahrung

Der letzte hier dargelegte analytischen Zugriff auf die Interviewanfänge bezieht sich auf eine Sprechweise, die sich über alle 30 Interviews hinweg nur einmal finden lässt. Wenngleich die Häufigkeit ihres Auftretens im Rahmen meiner Analyse, der es um eine Exploration des Möglichkeitsraums des Sprechens über Schulinspektion geht, wenig informativen Wert hat, erscheint diese Zahl auffällig. In diesem Sprechanfang, den ich als *spontane Produktionen* bezeichnen möchte, geht es ebenfalls um Benennungen von Schulinspektion, in denen Signifikanten miteinander relationiert werden, um so der Bedeutung von Schulinspektion auf die Spur zu kommen. Anders als in der vorher genannten Form des Interviewanfangs erscheinen diese Verbindungen als ad hoc vorgenommen und insofern beliebig, als dass kein tieferer Grund der Aussagen, etwa ein individuelles Erleben der externen Schulevaluation, thematisch wird.[7] Auch kommt es nicht zu identifizierenden Bestimmungsgesten, so dass die Bedeutung von Schulinspektion offen gehalten wird. Die Platzierung der Signifikanten, die im Hinblick auf „externe Evaluation" vorgenommen wird, nimmt eher die Gestalt eines sich spontan ereignenden Sprachspiels an, nicht die einer Reflexion des inspizierten Sprecherinnen-Ichs.

Das sprechende Ich tritt kaum in Erscheinung und dort, wo es dies tut, tritt es als Suchendes auf: Es sucht nach Worten, nach Einfällen, über die es keine Verfügungshoheit besitzt. In der Selbstbefragung „Was fällt mir noch dazu ein?" (Zitat *I24w*, siehe unten), verweist die Formulierung eines Einfalls auf ein Ausgesetztsein gegenüber etwas dem Ich Äußerlichen: Der Einfall ‚fällt ein', er dringt herein und ereignet sich ungezwungen. Während in wissenschaftlichen Manualen zur Durchführung und Auswertung von Interviews oft Wert auf die Produktion erzählender Textsorten gelegt wird (vgl. nochmals Nohl, 2009), weil diesen unterstellt wird, eine „ursprüngliche" Beziehung zum tatsächlichen Erleben herstellen zu können, so bleibt in dieser Form des Anfangens eine solche Beziehung bzw. deren Vorhandensein aus. Statt zu explorieren / explodieren und darin über sich hinauszuweisen,

---

[7] Die Produktion spontaner Verbindungen zu Schulinspektion erinnert an das Bilden von Assoziationsketten innerhalb von therapeutischen oder psychoanalytischen Settings. Anhand des Assoziierens seitens der Patientin wird sich ein Zugang zu deren Unterbewusstsein erhofft, so dass in diesem Kontext ein ‚tieferer Grund' der Aussagen durch die Therapie unterstellt und aufgesucht wird.

verschließt sich das Erzählen hier. So, als bliebe nichts über Schulinspektion zu sagen, *weil* sie erlebt wurde. Die knappen Äußerungen ließen sich in diesem Sinne so verstehen, dass nicht ein bereits vorhandenenes und verinnerlichtes Begriffsrepertoire einfach nach Bedarf abgerufen werden kann, sondern das dieses im Moment des Interviewtwerdens erstellt wird – eine Spontaneität in der Relationierung von ,Einfällen'. Die Erfahrung des Inspiziertwerdens dagegen bleibt abermals stumm, sie spricht nicht.

> Interviewerin: Ja, dann würde zuerst von Ihnen gern wissen wollen, welche Gedanken Sie zur externen Evaluation ganz allgemein haben? Wenn Sie die Worte hören, externe Evaluation, was fällt Ihnen da ein?
>
> Person 1: Drei Tage. (.) Keiner weiß, wann. (.) Was fällt mir dazu noch ein? Schulräte, die am Rad drehen, weil sie mehr Angst haben als die Schulen (I24w, Z. 1–6).

Dieser vergleichsweise kurze Sprechanfang der Interviewten in I24w nimmt die Interviewinnenfrage auf, nimmt sie wörtlich. In der Aneinanderreihung von elliptischen Kurzsätzen, die unterbrochen ist von kurzen (Denk-?) Pausen, wird eine Unbestimmtheit / Unwissenheit bezüglich des Inspektionsverfahrens – das auch hier auf den dreitägigen Schulbesuch reduziert wird – thematisch, die aber entgegen der zuvor dargelegten Interviewanfänge nicht weiter entfaltet wird. So bleibt Schulinspektion auch formal als Gegenstand weitgehend unbestimmt und bedeutungsoffen. Lediglich das Motiv der durch Schulinspektion generierten Angst – für Dritte, nicht für Schulleitungen selbst – findet sich wieder.

Die Besonderheit dieses Sprechanfangs lässt sich demnach durch eine Reihe von Negationen gegenüber den o. g. drei Anfangsformen kennzeichnen: Weder werden hier Gegenbedeutungen bezüglich des allgemeingültigen Wissensbestands über Schulinspektion lanciert, noch wird der Status des Gesagten überhaupt umgrenzt. Die subjektive Bedeutsamkeit des Erzählten für das erzählte / erzählende Ich wird ebenfalls nicht deutlich. Es kommt auch nicht zur Exposition einer subjektiven Innenschau, nicht zu subjektiv(ierend)en Bekenntnissen, es wird kein Urteil gefällt. Aus den Äußerungen geht kaum hervor, wie sich das sprechende Ich zu seinen Äußerungen verhält: Ist die Unwissenheit bezüglich der „drei Tage" problematisch? Ist das „am Rad drehende" Verhalten der Schulräte legitim? In welcher Beziehung steht das sprechende Ich zu den referierten „Schulen" (im Plural)? Das Gesprochene gleicht der neutral-unkommentierten Darstellung einer Beobachtung aus der

Perspektive einer externen Dritten (darin den Praktiken der Schulinspektion ähnlich), die nicht in Schulinspektion involviert ist – die wohl aber als Beobachtende Teil der Szenerie ist. Die Inblicknahme der Schulräte und Schulen macht das sprechende Ich zugleich sichtbar und unsichtbar, weil es nicht in das Geschehen um Schulinspektion eingreift, nicht aktiv wird, aber darüber zu berichten weiß. In Bezug auf die Interviewsituation und die Inszenierung einer Kompetenz als Auskunftsgebende zur Schulinspektion ist diese distanziert- nichtinvolvierte Beobachterinnenpostion eine legitime: Die Expertise für den besprochenen Gegenstand wird hier über die Beobachtungsleistung eingebracht.

Im Sinne der Interviewnorm, dass im Austausch zweier Personen etwas Gewichtiges (über Schulinspektion) erzählt werden sollte, kann diese Form des Sprechens allerdings auch als eine Inszenierung von Widerständigkeit gelesen werden, indem die Aussage nahezu komplett verweigert, aber zugleich vorgenommen wird. Dies zeigt sich vor allem im Abgleich mit den zuvor genannten – insbesondere den ersten beiden – Formen des Sprechens, in denen trotz (oder wegen?) der Interviewerinnenfrage, die thematisch eher auf das Referieren von Wissensgehalten bezüglich Schulinspektion abhebt, ein Einstieg ins Erzählen über die eigene Inspektionserfahrung des sprechenden Ich vorgenommen wird. Insofern formiert sich der Widerstand genau dahingehend, dass getan wird, wonach gefragt wurde. Der Widerstand bezieht sich hier auf die Darstellung, weniger auf die Inhalte des Gesprochenen und kann auch im Rahmen des Interviews als neuerlichem, wiederholtem Inspektionsgeschehen verständlich werden, das auf diese Weise subvertiert wird.

7.3 Zwischenfazit

Um die vier Anfänge im Sinne eines Zwischenfazits zusammenzuführen, lässt sich die heterogene (und dennoch vergleichbare) Art und Weise herausstellen, mit der in ihnen jeweils eine Verknüpfung der Elemente Selbst / Subjektivität, Wissen und Schulinspektion – als zentraler Figuration – hervorgebracht wird und dergestalt das diskursive Terrain figuriert wird. Während in den ersten drei Sprech- bzw. Anfangsformen des Erzählens, des Evaluierens und des supplementären Benennens von Schulinspektion vor allem die durchlebte Erfahrung des Inspiziertwerdens als Legitimationsinstanz des Gesprochenen inszeniert wird, ist es in der vierten Form, der spontanen Produktion von Verknüpfungen, die Position einer Beobachterin des Verfahrens, die das wahrgenommene Geschehen aus ihrer Sicht kommentiert. Die Thematisierungsweisen des Selbst, in denen eine subjektive Bedeutsamkeit von Schulinspektion und der Verwendung von Inspektionsbefunden aufgerufen ist, beziehen sich zitierend auf die Rahmungspraktiken der Interviews (siehe vorhergehendes Kapitel), die zur Inblicknahme des Selbst anreizen. Dass diese Interview-Rahmungen, ebenso wie die Einstiegsfrage der Interviewerin, das zu Besprechende nicht abschließend determinieren können, darauf verweist bereits die Vielgestaltigkeit, mit der ein (inspiziertes, Verwenderinnen-) Selbst in den Interviewanfängen figuriert wird.

Bezüglich der Frage der Wirksamkeit von Schulinspektion lassen sich zwei Dinge herausstellen: Zum einen kann die Konstitution von Subjektivität im Sprechen über Schulinspektion als *produktiver Effekt* des Sprechens verstanden werden; zum anderen wird die Wirksamkeit (noch) nicht explizit thematisiert. In den dargestellten Interview-Anfängen kommt die Rede nicht auf die Rezeptionen und Verwendungen von Schulinspektionsbefunden. Vielmehr wird in den Interviewanfängen eine Bindung der Sprechenden an Schulinspektion und deren Befunde vollzogen, die Schulinspektion mit dem Gewicht subjektiver Bedeutsamkeit versieht. In dieser Bindung wird die Verantwortung für die Verwendung von Schulinspektionsbefunden übernommen, in deren Folge sich erst sinnvoll über konkrete Rezeptionen und Verwendungen von Befunden sprechen lässt.

8 Rezeptionen im Diskurs

Während es in Abschnitt 7 auf Seite 229 zu den Interviewanfängen darum ging, die Verbindungslinien zwischen Schulinspektion und Subjektivität zu systematisieren und so danach zu fragen, wie ein Verwenderinnen-Subjekt konstituiert wird, das für die Verwendung der Inspektionsbefunde verantwortlich zeichnet, sollen nachfolgend vor allem solche Sprechpraktiken analysiert werden, die die Thematik der *Rezeption* von Inspektionsbefunden taxieren. Mit „Rezeption" ist eine spezifische Variante von schulischer „Einsicht" (vgl. Abschnitt 3.3.1 auf Seite 53 des wissenschaftlichen Sprechens zu Schulinspektion) verbunden: Als „Rezeptionen" sollen solche Vollzüge markiert werden, die sich auf die Zugänge zu den Befunden, auf die Einsichtnahmen, auf die Prozesse und Bedingungen der Aneignung von Inspektionsbefunden sowie deren Verwendung durch die rezipierenden Verwenderinnen beziehen und die zum Thema des Sprechens in den Interviews gemacht werden. Für die Rezipierenden geht es darum, sich als solche zu zeigen, d. h. in den Erzählungen über das Rezipieren von Inspektionsbefunden und -berichten zu Rezipierenden und Aneignenden – und damit auch nochmals: zu Verwenderinnen – zu werden. Rezeptionen sind dabei einerseits (den Analysen zufolge) zeitlich den Verwendungen im Rahmen von prospektiven Optimierungshandlungen vorgelagert, andererseits stellen sie selbst eine Form der Verwendung von Inspektionsbefunden dar.

Die verschiedenen Modi der Aneignung von Inspektionsbefunden, wie sie sich im Rahmen von Rezeptionen vollziehen, lassen sich in Anlehnung an das für die vorliegenden Analysen zentrale Konzept der Subjektivierung als Praxis der Hervorbringung von Subjektivität im Horizont von Machtverhältnisse rückbinden (vgl. z. B. Foucault, 1994a, Butler, 2001 und den Abschnitt 4.4.1 auf Seite 147 dieser Arbeit). Insbesondere in der Butler'schen Fassung wird Subjektivierung als ein sprachlich strukturiertes und kontingentes Verhältnis aus Anrufung und Umwendung (auf den Ruf hin) von Subjekten gefasst.

Der Hinweis Butlers, dass das Subjekt im Akt der Umwendung einem Versprechen auf Existenz innerhalb eines sozialen Raumes folgt, betont den Aspekt des Mit-Tuns der Angerufenen am Geschehen der Subjekti-

---

© Springer Fachmedien Wiesbaden GmbH, ein Teil von Springer Nature 2020
M. Schmidt, *Wirksame Unbestimmtheit, unbestimmte Wirksamkeit*, Schule und Gesellschaft 63, https://doi.org/10.1007/978-3-658-28081-9_8

vierung. Das Subjekt anerkennt, dass der Ruf ihm galt. Dieses anerkennende Mit-Tun profiliert Butler (2001, S. 103) als *Komplizenschaft* des Subjekts mit sozialen Machtformationen und verweist darauf, dass es sich bei Subjektivierung nicht um die kühle Wahl zwischen den Alternativen, ein Subjekt zu werden oder es sein zu lassen, handelt. Die Komplizenschaft formulierte demnach ein Bindeglied zwischen Subjektivität und Sozialität. Die Bezeichnung der „Umwendung" (angelehnt an griech. Tropos: Wendung), die im Subjektivierungsgeschehen vorgenommen wird, verweist darauf, dass es sich bei Subjektivierungen um ein zitatförmiges Geschehen handelt, in welchem die Anrufung nicht identisch wiederholt werden kann. Jede Umwendung ist demnach auch eine Um-Wendung, eine Übersetzung und Aneignung des Rufs, die mit der Einnahme einer sozialen Position einhergeht. In der Aneignung des Rufes wird ein Zwischenraum, d. h. ein Raum, der zwischen völliger Unterwerfung unter und völliger Distanzierung von Macht situiert ist, geschaffen, in dem subjektive Agency sich ereignet. Anerkennung, Umwendung und Übersetzung stellen demnach zentrale Aspekte von Subjektivierung dar. Diese sollen in den nachfolgenden Analysen zur Rezeption von Schulinspektionsbefunden verfolgt werden.

Rezeptionen stellen insofern subjektivierende Aneignungen dar, als dass die Inspektionsbefunde und deren Vermittlungssweisen innerhalb von Inspektionsberichten uneindeutige Aussagen dahingehend treffen, wie mit diesen umzugehen ist: Was heißt es etwa, in einem Qualitätskriterium der Schulinspektion als sehr gut bewertet worden zu sein?

Im nächsten Abschnitt (unter 8.1 auf der nächsten Seite) soll zunächst deskriptiv dargelegt werden, wie die Inspektionsbefunde innerhalb des Inspektionsberichts der sächsischen Schulinspektion aufbereitet sind, da sich die Analysen der Interviews so besser nachvollziehen lassen. Die sich an die Darstellung des Inspektionsberichts anschließende Analyse der Sprechpraktiken zu den Rezeptionen von Schulinspektionsbefunden sind untergliedert in drei analytische Fokussierungen, die sich aus der Untersuchung der Interviewmaterialien ergab. Diese Fokussierungen haben den Status von *Figurationen* (vgl. hierzu die Ausführungen unter 5 auf Seite 181).

Eine erste Fokussierung bzw. Figuration (1) stellt die Rezeption der farblich strukturierten Inspektionsbefunde dar. Neben textuellen und numeralen Formen der Darstellung von Befunden werden in Präsentationsformaten der Schulinspektion vornehmlich farbliche Darstellungsmittel zur Vermittlung von Befunden eingesetzt, die neben der Ausprägung eines Qualitätskriteriums auch dessen Bewertung visuell dramatisiert: Als von hoher Qualität gewertete Kriterien werden mit der Farbe Grün gekennzeichnet, rot markierte Kriterien hingegen verweisen auf eine Bewertung hinsichtlich geringer Qualität. Diese Farbdarstellungen der Inspektionsbefunde stellen in den Interviews einen intensiv und vielgestaltig diskutierten Topos dar.

Eine weitere Figuration (2) bezieht sich auf Sprechpraktiken des Versprechens, die sich in allen von mir geführten Interviews fanden. Die Versprechenspraktiken charakterisiert eine ausdrückliche Referenz auf die Wirksamkeit von Schulinspektion, denn die Befragten versprechen vor der Interviewten (und laufendem Tonband) die Verwendung der Inspektionsbefunde im Rahmen einer Optimierung der Schulqualität. Zugleich bleibt offen, wie diese Verwendungen konkret aussehen werden, so dass Wirksamkeit *als* Versprechen *im* Versprechen aufgerufen wird.

In der nächsten Figuration (3) werden Rezeptionen im Spannungsgefüge aus Bedingtheit und Bedingung situiert. Während die Rezeption einerseits zur Voraussetzung für die Verwendung von Schulinspektionsbefunden erklärt wird, erscheint sie andererseits selbst abhängig von Gelingensbedingungen. Diese Bedingungen begrenzen den Handlungsspielraum der Rezipierenden in der Verwendung von Inspektionsbefunden, so dass das Sprechen über die Bedingungen-Bedingtheiten von Rezeption die Inszenierung einer Subjektivität ermöglicht, die gleichermaßen eigenverantwortlich-selbstbestimmt und abhängig-passivisch im Hinblick auf schulische Optimierung fungiert.

8.1 Inspektionsberichte: Das „Material" der Rezeption

Die Thematisierungen zur Rezeption von Inspektionsbefunden in den Interviews beziehen sich unter anderem auf deren Darstellung innerhalb der sächsischen *Inspektionsberichte*, die den Schulen nach der Inspektion zur weiteren Verfügung ausgehändigt werden: Die Berichte sind das „Material" der Rezeption. In den Berichten sind die Inspektionsbefunde in ein spezifisches Format und eine spezifische Materialität überführt. Inwiefern die Befunde dort für die Verwendungskontexte aufbereitet sind, um als empirische Evidenzen Einsichten seitens der rezipierenden schulischen Akteuren anreizen zu können, soll nachfolgend dargestellt werden.

Die Berichte sind gestaltet als ca. 60- bis 70-seitige, doppelseitig bedruckte und geheftete Broschüren im A4-Format. Sie sind folglich nicht wie ein Buch, einem für die Präsentation wissenschaftlicher Befunde gängigen Verbreitungs- und Darstellungsmedium, gebunden und formatiert. Inhaltlich-formal setzen sich die Inspektionsberichte zusammen aus:[1]

(1) einem Deckblatt, auf welchem eine Inspektionssituation abgebildet ist (vgl. die Abbildung 8.2 auf Seite 265); im Vordergrund befindet sich ein Unterrichtsinspektionsbogen, auf welchem einzelne Beobachtungsitems erkennbar sind, dahinter sind die Konturen von Schülerinnenhinterköpfen sowie – noch weiter im Hintergrund – eine Lehrerin und ein Schüler, die vor einer Tafel agieren, wahrnehmbar; die Inspektorin ist nicht abgebildet und ihr Vorhandensein im Klassenzimmer wird repräsentiert durch die Darstellung zweier Hände, die einen (im schulischen Raum mit Korrektursymbolik ausgestatteten) Rotstift halten, mit welchem offensichtlich zuvor Kreuzchen im Unterrichtsinspektionsbogen gesetzt wurden;

(2) einem einleitenden Vorwort der Direktorin des Sächsischen Bildungsinstituts, der Verantwortlichen der sächsischen Schulinspektion; im Vorwort wird explizit auf die „entwicklungsstützende" Funktion in der Bewertung der Einzelschule hingewiesen, ebenso wie auf die sozialwissenschaftliche Fundierung der Unterrichtsbeobachtung, die im Sinne eines „Blick[s] von außen" (Sächsisches Bildungsinstitut, 2009, S. 3) den einzigen Inspektionsbestandteil darstellt, der als extern zu bezeichnen wäre; das Vorwort schließt mit der Formulierung einer Verheißung: „Wir hoffen, dass der Schulbericht für die zukünftige Qualitätssicherung und Qualitätsentwicklung der Schule von Nutzen sein wird, und wünschen Ihnen im Sinne einer guten Schulbildung für alle Schülerinnen und Schüler viel Erfolg" (Sächsisches Bildungsinstitut, 2009, S. 3);

(3) einem Inhaltsverzeichnis;

(4) einer einseitigen Protokollierung des Schulbesuchsverfahrens, wie es sich an der jeweiligen Schule zutrug, inklusive der Nennung von Zeitdaten und

---

[1] Vergleichbar zu den Berichten der Schulinspektion bzw. der externen Evaluation in Sachsen ist der „Ergebnisbericht zur externen Evaluation" aufgebaut, in dem die Befunde der einzelnen Schulinspektionen zusammenführend aggregiert sind, um einen Überblick über die Schulqualität in Sachsen zu geben. Der Bericht ist online einsehbar unter: https://publikationen.sachsen.de/bdb/artikel/14472/documents/17203 (Zugriff am 16.05.2019).

Rücklaufquoten für die Fragebogenerhebung, Anzahl der beobachteten Unterrichtseinheiten etc.;

(5) Ausführungen zum Verfahren der Urteilsbildung, d. h. einer Anleitung dahingehend, wie die Befunde zu rezipieren seien: Wie wurden die Mittelwerte erstellt? Auf welchen Abstraktionsniveaus sind diese Mittelwerte angesiedelt? Wie werden die Mittelwerte in Qualitätsbeurteilungen überführt? Nicht genannt wird die Anbindung an Erkenntnisse der Schulforschung, der die in der sächsischen Schulinspektion genutzten Qualitätskriterien entstammen, es gibt keine Darstellung eines Forschungsstandes o. ä. zu den Qualitätsbereichen und -kriterien;

(6) den einzelnen Inspektionsbefunden; diese stellen den Kern des Berichts dar und nehmen mit 30 von insgesamt ca. 60 Seiten den größten Umfang ein; die Befunddarstellung erfolgt in Form tabellarischer Anordnungen, in denen spaltenweise das Qualitätsmerkmal inklusive des statistischen Mittelwertes genannt sind, das Worturteil und das Farburteil inklusive eines $+$, o oder $-$-Symbols, das in das Farbfeld eingelassen ist; zudem finden sich kurze Texteinlassungen zu den Qualitätskriterien, die erläutern, was das betreffende Kriterium für die Schulqualität bedeutet;

(7) einer Darstellung von Stärken und Schwächen der Schule aus Lehrerinnen-, Schülerinnen- und Elternsicht in tabellarischer Form, allerdings ohne die Benennung statistischer Kennwerte; diese Ergebnisse wurden aus Gruppengesprächen mit den genannten Akteursgruppen gewonnen und werden als additive Zusatzbeigaben zu den Inspektionsbefunden proklamiert, die nicht zum eigentlichen Inspektionsverfahren gehören, aber „konkrete inhaltliche Anknüpfungspunkte" (Sächsisches Bildungsinstitut, 2009, S. 47) für Schulentwicklung bieten können; die tabellarische Darstellung wird anschließend in Textform noch einmal kommentiert;

(8) einer zusammenfassenden tabellarischen Darstellung aller Inspektionsbefunde im zweiseitigen Überblick; in der Zusammenfassung tauchen die statistischen Kennzahlen nicht mehr auf, Qualitätsurteile werden allein durch Farben markiert, wobei das Farbspektrum die Farben Dunkelgrün / Hellgrün (sehr hohe bis hohe Qualitätsausprägung), Gelb (mittel), Orange (eher niedrige Qualität) und Rot (niedrige Qualität) umfasst; die Tabelle wird durch einen mehrseitigen Text noch einmal kommentiert, dabei wird auf alle sechs Qualitätsbereiche gesondert eingegangen.

Schulkultur	Werte und Normen der Schule	Gemeinsame pädagogische Ziele und Visionen
		Verhaltensregelungen
		Leistungsbezogene Erwartungen
	Schulklima	Soziale Qualität an der Schule
		Räumliche Gestaltung
		Wohlbefinden der Schüler

Abbildung 8.1: Beispielhafte Ansicht der (farblich markierten) Inspektionsbefunde im Schulinspektionsbericht.[2]

Es gibt eine nicht-digitale Version des Berichts über die je inspizierte Schule, die dieser Schule – vermittelt über die Schulleitung – im begrenzten Umfang von *drei Exemplaren* zur Verfügung gestellt wird. Zusätzlich erhalten die Schulen eine digitale Version des Berichts: ein PDF-Dokument, per USB-Stick ausgehändigt. Teilweise wird den Schulen auch die Power-Point-Präsentation der Inspektionsbefunde als digitale Datei zur Verfügung gestellt, die von den Inspektorinnen als mediale Unterstützung ihrer Präsentation genutzt wurde.

Bezüglich der Darstellung der Berichte lassen sich die Inspektionsbefunde dahingehend charakterisieren, dass sie sehr deskriptiv formuliert sind, so dass aus ihnen keine konkreten Hinweise für den Umgang mit diesen und die Weiterarbeit an der schulischen Optimierung zu entnehmen sind. Die Inspektionsbefunde beschränken sich auf die Bewertung des empirisch Vorgefundenen, ohne weiterführende Erklärungen oder Deutungen beizufügen.

8.2 Farben der Schulinspektion: Übersetzungen und Bindungen

Die erste analytische Fokussierung der Rezeptionsnarrationen bezieht sich auf Äußerungen zu den farblichen Darstellungs- und Dramatisierungsmodi der Inspektionsbefunde, die mit Symbolkraft versehen werden. Im Sprechen über Schulinspektion wird immer wieder auf die Farben referiert. Sie scheinen etwas zu kondensieren, das sich anders eher schwer auf den Punkt bringen ließe. Auch eine Lust am Sprechen spielt in die Farb-Äußerungen hinein:

---

[2] Es handelt sich um einen Auszug aus der Zusammenfassung der Befunde eines öffentlichen Testberichts (vgl. Sächsisches Bildungsinstitut, 2009). „Visionen und Ziele" sind im Original gelb hinterlegt und damit von mittlerer Qualität, „Verhaltensregeln" und „Erwartungen" hell- und dunkelgrün, damit von höherer bis hoher Qualität.

Farben der Schulinspektion: Übersetzungen und Bindungen 265

Bericht über die externe Evaluation
an der Grundschule „Testberg"

fiktiver Beispielbericht

Abbildung 8.2: Titelblatt eines Inspektionsberichts des sächsischen Inspektionsverfahrens (Sächsisches Bildungsinstitut, 2009)

I17w: Ja, also damit [mit dem Inspektionsergebnis, M. S.] kann ich leben, aber wir können natürlich versuchen, 'ne andere Farbe zu bekommen. Ich spreche gern in den Farben [lacht] (I17w, Z. 180–181).

Die Farben haben einen eigenständigen Informationswert, da sie nicht allein – aber auch – zur Vereindeutigung sowie Dramatisierung der deskriptiven Beobachtungs- und Fragebogenbefunde dienen, mit denen sie in einem Verhältnis stehen, sondern qua Farben werden die ermittelten Werte zugleich in Bezug gesetzt zu einer Qualitätsnorm. Die Lesende des Inspektionsberichts erfährt somit nicht allein von der Ausprägung eines bestimmten empirischen Kennwertes innerhalb eines durch Farben strukturierten Referenzraumes, sondern auch, wo sich dieser entlang des Norm(alitäts)maßstabs einer „guten Schule" ausrichtet. Die Farben *übersetzen* demnach die Inspektionsergebnisse in visuell eingängige und abgrenzbare Qualitätsurteile. Je auffälliger die Farben erscheinen, desto unauffälliger wird zugleich, dass die Qualitätsnormen, die die Farben setzen und auf die sie sich beziehen, nicht unumstößlich und eigens auf Autorisierungen durch die Rezipierenden angewiesen sind (siehe unter 3.3.1 auf Seite 53): Die Farben müssen nicht zuletzt auch *Bindungen erzeugen*.

Auch in weiteren Hinsichten erscheinen die Farben symbolisch. Sie legen zum Beispiel schemenhaft nahe, welche Formen des Umgangs mit den Schulinspektionsbefunden angemessen sind. Einige Interviewte sprachen in diesem Sinne von der Farb-„Ampel", in welcher visueller Farbwert und Handlungsaufforderungen (‚Stopp' oder ‚Weiterfahrt') miteinander verknüpft sind. Die Bezeichnung der Inspektionsfarben als geordnete „Ampel" verweist zudem auf den Regulierungs- und Verbindlichkeitscharakter, den die Farben annehmen und positionieren die einzelne Schule in einem Vergleichsraum mit anderen Schulen – ist doch etwa im Falle der Ampel eine Regulierung des Verkehrs nur sinnvoll, wenn von einem Zusammenspiel mehrerer Verkehrsteilnehmender auszugehen ist. So sollen sich Schulen bzw. schulische Akteure in Bezug auf die Inspektionsergebnisse nicht nur in Relation zu einer Idealnorm von guter Schule wahrnehmen, sondern auch in Relation zu anderen inspizierten Schulen, die bessere / schlechtere Farbwerte erhalten haben könnten.

Solcherlei Übersetzungs- und Bindungsverhältnisse, die sich etwa am Beispiel der „Ampel" zeigen, stehen nachfolgend im Zentrum der Analyse. Wie

Farben der Schulinspektion: Übersetzungen und Bindungen 267

bereits eingangs zu diesem Kapitel erwähnt, sollen „Übersetzungen" und „Bindungen" bzw. „Aneignungen" in den Kontext von Anrufungs- und Umwendungspraktiken von Sujektivierungsprozessen gestellt werden. Übersetzungen ereignen sich demnach im Zwischenraum, der durch Subjektivierung eröffnet wird.

8.2.1 Übersetzung in Schulleistungen

In einer ersten Thematisierungsweise fungieren die Farben als Indikatoren einer erbrachten Schul-Leistung, die sich in den Inspektionsfarben materialisiert und die sich bereits kursorisch identifizieren lässt:

> Interviewerin: Okay, gut. Und dann hatten Sie die Präsentation mit Berichtsübergabe. Können Sie nochmal erzählen, wie das für Sie war, als die Präsentation war. Wie haben Sie die Ergebnisse empfunden, als dann diese Powerpoint-Präsentation gesch-halten wurde?
>
> I1m: [...] Nee, ich glaube, das war ganz hinten [im Inspektionsbericht, M. S.] in der Präsentation war das mit an der- so haben wir hier- so ne Zusammenfassung? Ich glaube, das war hier die Zusammenfassung, also das war das Gesamtbild der Zusammenfassung, Dunkelgrün die Eins, Gelb die Zwei, das Orange war die Note Drei, wenn ich mich richtig entsinne. Ach nee-dunkelgrün die Eins, hellgrün die Zwei, gelb die Drei [...] das war am Ende das Ergebnis dessen, was wir hier erreicht hatten und wie gesagt, ich hab dann Zwei, Drei, Zwei (?) und war dann auf eine Zweikommadrei gekommen, wenn wir das mal als Durchschnitt sehen (I1m, Z. 249–258).

Die Inspektions-Farben Grün, Gelb, Orange, Rot werden in diesem Textfragment in Schulnoten *übersetzt* und so als eine im schulischen Kontext vertraute Form der Leistungsrückmeldung handhabbar gemacht. Indem im Rahmen der Rezeption schulische Bewertungslogiken an die Inspektionsbefunde herangetragen werden, ermöglicht sich das Aneignen der Befunde im Format des Bekannten. Dies ist vor allem dahingehend signifikant, als dass Schulinspektion sich von schulischer Leistungsbewertung abzusetzen versucht: Dies geschieht zum einen über den Einsatz von Farben anstatt Ziffernoten, zum anderen dahingehend, dass die Mittelwerte der gemessenen Qualitätskriterien sich umgekehrt zur Ordnung der Schulnoten verhalten. In der sächsischen Schulinspektion bedeutet der Mittelwert eins eine sehr schlechte, der Mittelwert fünf eine sehr gute Leistung. Mit der Übersetzung dieser Mittelwerte und Farben in Schulnoten wird demnach auch die Autorität der Schulinspektion unterbrochen und deren Ansinnen verschoben.

Mittels des Überführens der Farbwerte in Schulnoten lassen sich zudem Verdichtungen vornehmen. Die Leistung der Schule kann zu einem Durchschnittswert zusammengetragen und so vereindeutigt werden, dass die Schule mit einer – ‚ihrer‘ – Gesamtleistung, dem Status dessen, „was wir hier erreicht hatten" analogisiert und hinsichtlich ihrer Leistungen identifizierbar wird. Im Knüpfen einer Verbindung aus Farbcode und Schulnote wird der Referent, dem die Leistung zugespielt wird (hier: das kollektive Schul-„wir"), als Leistungssubjekt und Lernende innerhalb eines schulpädagogischen Kontextes figuriert, bekommen doch in Schulen üblicherweise die Schülerinnen Noten als Rückmeldung auf eine erbrachten Leistung.

Die Verschaltung von Schulinspektionsbefunden, schulischer Leistung und einer Zurechnungsadresse dieser Leistung, so dass man sich in den Inspektionsergebnissen (als) selbst (bzw. Selbst) erkennt, wird von beiden Interviewpartnerinnen vorgenommen. Die Interviewerin fragt danach, wie die Ergebnisse empfunden wurden und setzt damit eine subjektive Bedeutsamkeit der Inspektionsbefunde (voraus), so dass Empfindungen überhaupt erst sinnvoll ausgelöst werden; die Schulleitung benennt das Inspektionsergebnis als eines, was das schulische „wir" erreicht hatte und wiederholt damit eine Inbesitznahme der Inspektionsbefunde im Sinne der Auszeichnung eigener Leistungen. Das Interviewzitat zeigt somit, dass ein besonderer Anreiz darin liegt, sich in den Schulinspektionsbefunden ‚auf den ersten Blick‘ zu erkennen und die Wahrheit darüber zu erfahren, wo man steht.

Die Frage danach, was am „Ende das Ergebnis" (I1m, Z. 256) ist, treibt Rezeptionen an, die sich relativ undifferenziert der eigenen Leistungen vergewissern wollen: Es spielt (zunächst) keine Rolle, aus welchen Einzelurteilen sich die Gesamtleistung de facto zusammensetzt. Zwar raffen die Farben eine solche Leistungsrückmeldung und inszenieren dergestalt eine Evidenz des ‚Augenscheins‘. Andererseits markiert die Einsicht in eine schuleigene Gesamtleistung eine Leerstelle im Inspektionsbericht, so dass die Rezipierenden selbst diese Übersetzungs- und Summerierungsleistung vollziehen müssen, eine Durchschnittsnote zu errechnen.

Ein solches Vorgehen der kursorischen Betrachtung lässt sich auch dahingehend begründen, dass bezüglich der Befundrezeption ein Anfang zu machen ist – wobei die Frage des ‚richtigen‘ Anfangs einer Rezeption relevant erscheint. Auch hier versprechen die Farben Orientierung, indem sie im Zusammenspiel mit Schulnoten die Inspektionsbefunde an-ordnen und dergestalt eine Ökonomie der Aufmerksamkeit adressieren:

> I10m: Also ich habe auch sofort geguckt, ich dachte, wo fängst du denn hier an zu lesen? Und da habe ich die Zusammenfassung genommen, also um rein optisch das Bild zu kriegen. So. War natürlich dort erstmal sehr zufrieden, denn die Drei ist gelb und das Rot- und Grün und Gelb überwiegen (I10m, Z. 861–865).

Insofern verführen die Farb*noten* dazu, ein Verhältnis zu den Schulinspektionsbefunden bzw. ein über die Schulinspektionsbefunde moderiertes Selbstverhältnis aufzunehmen und so zur Evaluationsakteurin zu werden, indem die Farben die *Möglichkeit eines identifikatorischen Aktes* anbieten. Diese Identifikation wird dadurch erleichtert, dass mit der Analogisierung von Inspektionsleistung und Schulleistung ein für Schulen bekanntes und deshalb auch wahrheitsförmiges Format der Leistungsrückmeldung vorfindbar ist: Wer soll an die Wahrheit und Potenz von Leistungsrückmeldungen glauben, wenn nicht die Schulen bzw. schulischen Akteure, die täglich Leistungsbewertungen und -rückmeldungen als Teil ihrer Arbeits,leistung' vollziehen? Insofern die Farben die Darstellung einer schulischen Leistung dramatisieren und auf den Punkt bringen, wird eine enge Verbindung aus Farben und Wahrheitsgehalt der Inspektionsbefunde geknüpft – denn im Moment der Einsicht in die Farbnoten wird deren Wahrheitsgehalt (noch) nicht in Frage gestellt (vgl. 10 auf Seite 349). Demgemäß wird, mit Blick auf die Übersetzung der Befunde in Schulnoten, nicht nur die Unterbrechung, sondern auch die Bestätigung einer Autorität von Schulinspektion und deren Ansinnen vollzogen. Diese Bestätigung erfolgt allerdings als in sich gebrochene: Es ist die *Autorität* der Leistungsbewertung, die hier reifiziert wird, unabhängig von der *Instanz* der Bewertung.

Aber auch ohne dass explizit eine Übersetzung in Schulnoten vorgenommen wird, kann entlang der Farbnoten bereits die Komplexität der Inspektionsbefunde reduziert werden, indem die Farben den Deutungsgehalt der Befunde begrenzen und so ihre Rezeption entsprechend anleiten. In den Interviewartikulationen wird sich häufig auf die Dichotomie aus Grün / Rot (bzw. Dunkelgrün / Dunkelrot, siehe nächstes Interviewzitat) bezogen, die mit der Dichotomie gut / schlecht (z. B. in Interview *I26m*) oder leistungsstark / schwach (z. B. in Interview *I10m*) in eins gesetzt wird. Auf diese

Weise werden schulische Leistungen vereindeutigt. Auch die Rede von der Farb-Ampel, in der die sechs Farbwerte der Schulinspektion zu drei klar abgrenzbaren Farben zusammengeführt werden, ließe sich hier einordnen. Eine solche Vereindeutigungsmöglichkeit scheinen die anderen Rückmeldeformate des Inspektionsberichts – die Beschreibung der Ergebnisse in Textform sowie die numerischen Darstellungen – nicht in gleicher Weise anbieten zu können; letztere werden in den Interviews nicht in gleicher Extensität herangezitiert. ‚Zwischenfarben‘, wie hellgrün oder orange, oder gar die konkreten Zahlenwerte der jeweiligen Befunde, die die Farburteile noch präzisieren und konkretisieren könnten, werden ebenfalls kaum zum Thema gemacht:

> I17w: Wie sicherlich in jeder Schule gab es also eine ganze Menge Dinge, die wir ganz gut machen, die also diese schöne Farbe Dunkelgrün bekommen haben und es gab natürlich auch, äh, Dinge, die also mit der äh-mit,mit Dunkelrot bed-bedacht worden sind [...] (I17w, Z. 63–66).

Die Bezugnahme auf ein-eindeutige Farbnoten stellt hier womöglich ein weiteres Format der Übersetzung von Inspektionsbefunden bereit, so dass diese in der Rezeption bearbeit- und fassbar werden.

Weiterhin ist, folgt man dem vorhergehenden Zitat aus *I17w*, bedeutsam, dass die Leistungsrückmeldung nie nur die negativen Befunde dramatisiert, sondern stets auch „eine ganze Menge Dinge, die wir ganz gut machen" ausweist und ersichtlich macht, so dass eine Identifikation mit den Befunden zusätzlich erleichtert wird. In diesem Sinne werden der Rezipierenden deren eigene Mangelhaftigkeit und Perfektion gleichermaßen gegenwärtig (gemacht). Die Rückmeldung guter Leistungen nimmt dann das Format einer *Belohnung* für die Rezipierende an, was seine Entsprechung in den geäußerten Emotionen der „Zufriedenheit" (s. o.; I10m, Z. 864), „Freude" (z. B. I19w, Z. 767) oder der (positiv konnotierten, keine Problematisierungen auslösenden) „Überraschtheit" (z. B. I27w, Z. 76) bei Anblick der Farbnoten findet, die an Reaktionen eines Prüflings auf eine bestandene Prüfung erinnern.

8.2.2 Unendliche Farben

Die Farben spielen auch mit der Perpetuierung schulischer bzw. Selbstverbesserung zusammen. Im Hinblick auf die negativen, „dunkelroten" Befunde werden den Inspizierten deren Leistungspotentiale vermittelt (ebenso, wie sie ihnen erst unterstellt werden), insofern sich an diesen negativen Befunden arbeiten ließe: ‚Rot' stellt nur ein vorläufiges bleibendes Urteil dar, das sein künftiges Verschwinden impliziert. Denn wer in in einer ganzen Menge Dinge bereits leistungsstark ist, kann dies tendenziell bei allen Dingen werden und die Leistungsverbesserung aus eigener Kraft heraus anstrengen. Mit der in der Befundrückmeldung prozessierten Unterstellung eines Leistungspotentials an die inspizierten schulischen Akteure wird folglich die *Mobilisierung* zu permanenter Verbesserung am Laufen gehalten (vgl. den nächsten Abschnitt 8.2.3 auf der nächsten Seite):

> Interviewerin: Nun gut, nochmal zum Bericht. Sie haben wahrscheinlich den Bericht nur bekommen (.), weil Sie gesagt haben, Sie waren zur Präsentation nicht anwesend? Wie war denn der erste Eindruck, als Sie-
>
> I13w: Der erste Eindruck war für mich positiv. Sofort. Also viel Grün, hach. Und einmal schön- es spiegelt wider, dass wir eine Schule sind auf dem richtigen Weg (I13w, Z. 490–495).

Die Selbstthematisierung im Horizont einer Leistungsbewertung, die hier besprochen wird – dass man eine Schule „auf dem richtigen Weg" sei –, ruft eine Prozesshaftigkeit auf, die die farblich repräsentierte Leistung als einen Zwischenstand markiert, bei dem es nicht bleiben wird. Um zu erkennen, dass man den „richtigen Weg" beschreitet, muss zunächst der „Weg" klar identifiziert sein und objektiv vorliegen. Es wird dann ein Selbstverhältnis des sprechenden Ichs zu sich etabliert, in welchem es sich selbst als noch nicht mit seinen Potentialen versöhnt versteht, seine Potentiale aber bereits kennt. Unausgeführt bleibt aber hier das Ende des „richtigen Weges", der offenbar als geradliniger und nicht von Abzweigungen unterbrochener figuriert wird: Wohin zielt die permanente Leistungsverbesserung überhaupt? Kann man jemals ankommen?[3] Der Sicherheit einer Wegmarke, an der man sich momentan befindet, wird also die Unsicherheit bezüglich des weiteren Verlaufs des Weg anbei gestellt: Man ist immer unterwegs, immer auf der Reise. Prozessualität ergibt sich hier aus der Kombination mit der Statik eines Abbildes von Schulqualität in den Inspektionsbefunden.[4]

---

[3] Zur Unabschließbarkeit von Optimierung, vgl. Bröckling (2007), Mayer, Thompson, und Wimmer (2013).

[4] Auffällig ist über alle Interviews hinweg die Verwendung von Verkehrsmetaphern, die ebenfalls Übersetzungen der Befunde vornehmen. Hierzu ließe sich das oben bereits zitierte Bild von der (Farb-)Ampel zählen, die mit der Anzeige von Farben intersubjektiv

272 Rezeptionen im Diskurs

Indem im Zitat mit *I13w* der Schulinspektion zugestanden wird, dass diese einen „richtigen Weg" der Schule *„spiegelt"*, wird weiterhin der Wahrheitsgehalt der Befunde implizit ratifiziert, so dass die Farben als objektive Referenz für tatsächlich vorhandene Leistungspotentiale erscheinen. Würde man den Status der Inspektionsbefunde, ein Spiegel der Wahrheit zu sein, abweisen, müsste man gleichzeitig den „richtigen Weg" verlassen und diesen preisgeben.[5]

8.2.3 Mobilisierungen

In einer zweiten Thematisierungshinsicht stellen die Farben eine Aufforderung an die Rezipierenden dar, bezüglich der Inspektionsbefunde *aktiv* zu werden, indem sie Handlungsnotwendigkeiten zeigen und zeitigen, aber auch verdecken, diese ordnen und dergestalt die Rezeption der Inspektionsbefunde anleiten und zudem: anreizen. Die Farben stehen dann für *unterschiedliche Intensitäten* in der Dringlichkeit einer (auf die Optimierung von Schulqualität ausgelegten) Handlung.

Sie bilden weiterhin einen Einsatzpunkt für differenzierende Entscheidungen hinsichtlich der Frage, wie es mit den Ergebnissen nun weiterzugehen habe und setzen die Rezipierenden als Entscheiderinnen ein. Dabei machen die Farben überhaupt erst auf die Notwendigkeit einer zu treffenden Entscheidung aufmerksam:

> I9m: Grün, die Farbe der Beruhigenden, die ist gut, ne?, die ist in Ordnung, gelb, naja: Achtung, rot: oh weh, na, also da muss man dann noch etwas stärker nachschauen. Aber so, würde ich sagen, ist das schon ganz gut, ne? Und deshalb sag ich halt, man schaut dann

---

geteilte Verkehrsregeln vorführt und durchsetzt. Analog zum Rot der Ampel, die den Stillstand desjenigen Verkehrsteilnehmenden imperativisch einfordert, der ihr gegenübersteht und sie erblickt („Achtung und Stopp, hier geht gar nichts", I9m, Z. 641), sollen bestimmte schulische Vorgänge, Prozesse etc. in ihrer vorliegenden Dynamik gebremst und zum Erliegen gebracht, anschließend in neue Bahnen gelenkt werden. Es „muss was geschehen" (I9m, Z. 642), so dass aus dem Stillstand wieder Mobilität erfolgt. Formulierungen wie „wir sind eine Schule auf dem richtigen Weg" (I13w, s. o.) verweisen ebenfalls auf die Qualität einer Mobilität, eines Unterwegsseins ohne dass dieses näher zu kennzeichnen sei.

[5] Solche impliziten Ratifizierungen der Geltung von Inspektionsbefunden entlasten nicht davon, dass diese Verhältnisnahmen zur Befundwahrheit im Rahmen der Interviews auch noch einmal explizit gemacht werden müssen, siehe hierfür die Ausführungen unter 10 auf Seite 349.

Farben der Schulinspektion: Übersetzungen und Bindungen 273

> automatisch nach gelb und wo ist denn eigentlich rot und das hat man
> ja ganz selten, dass man dort was findet, was gut ist. Und aber ich
> würde trotzdem sagen, ich fasse eh gelb und rot dort als einen Aspekt
> zusammen, der für mich also diese Ampelwirkung zeigt, Achtung und
> Stopp hier geht gar nichts, da muss was geschehen, das ist eigentlich
> schon dort der Ansatzpunkt (I9m, Z. 635–642).

In Form einer Bestimmungsgeste – Grün ist „beruhigend", Gelb heißt „Achtung" – werden die Farben mit einem didaktischen Hinweisreiz in deiktischer Funktion versehen, der eine Ökonomie der Aufmerksamkeit adressiert und zu gerichteter Rezeptionen mobilisiert. Einige Befunde bedürfen stärkerer Berücksichtigung und eines detaillierten Einblicks („nochmal nachschauen"), indem diese als dringend handlungsbedürftig ausgewiesen werden, während andere vernachlässigbar(er) erscheinen. Die Farben mobilisieren dann nicht allein zu Optimierungshandlungen, sondern eben auch zu tiefergehender Rezeption, die ein erstes Entscheidungsfeld darstellt, sofern nicht jeder einzelne Inspektionsbefund in gleichem Maße berücksichtigt werden kann.

8.2.4 Ergänzende Rezeptionen

Dass eine solche Mobilisierung zu tiefergehender Rezeption an Grenzen gerät, lässt sich ebenfalls qua Farben herausstellen: Ebenso wie sie eine Brücke zwischen Inspektionsbefunden und den Rezipierenden bzw. Inspizierten überhaupt erst installieren und zum intensiveren / extensiveren „Nochmal Nachschauen" anreizen, können sie die Rezeption der Befunde auch systematisch unterlaufen und auf einem Level oberflächlicher Betrachtung halten, so dass mit der Ökonomie der Aufmerksamkeit auch Ausschlüsse und Ent-Bindungen von Rezeptionen einhergehen. Die Farben sind dann sowohl Vehikel als auch Problem einer eingehenden Rezeption der Inspektionsbefunde, so dass sich Warnungen und Risiken in Bezug auf die Farben artikulieren lassen:

> Interviewerin: Hab ich das richtig verstanden, dass Sie den Bericht
> jetzt nochmal umformuliert haben für die- [Lehrkräfte der Schule,
> M.S.]

> I25w: Formuliert hab ich ihn nicht, sondern ich habe lediglich die Grafiken, wo diese grünen Felder- und gleich die Ziffern mit reingeschrieben, nicht dass man immer erst blättern muss, sondern Rand links, wenn ein Strich links davon steht: aha, hier sind wir knapp gerade ins Grüne gehüpft und hier ist knapp vor rot, also wunderbar alles- äh, knapp

274 Rezeptionen im Diskurs

vor- ja, vor dunkelgrün. Also, insofern auch ein bisschen Lesbarkeit, dass man's nicht immer, dass man's realistischer sieht und sagt: Naja, komm, gerade so im eher Positiv, hier sollten wir- das sollten wir nicht aus'm Blick verlieren. [. . .] Ich persönlich denke, wenn man es dem Leser zu leicht macht, liest er nicht alles, also insofern- [hüstelt], [. . .] Vorsicht, Vorsicht mit dem- (.) mit dem zu leicht-. Dieses Selbstlesen, Selbst wahrnehmen- (I25w, Z. 351–372).

In diesem Interviewzitat wird ein moralischer Anspruch an die generalisierte Lesende bzw. Rezipierende artikuliert, die Ebene eines oberflächlichen Rezipierens zu transzendieren und die Vereindeutigungen der Farbnoten aufzubrechen – dies wird hier durch die Sprechende selbst geleistet, die anhand eigenständiger Ergänzungen der Befunddarstellung im Inspektionsbericht den lückenhaften Rezeptionsanreiz supplemeniert. Dagegen wird in anderen Interviews gerade die Möglichkeit relevant gemacht, aus der Darstellung der Inspektionsbefunde verschiedene Rezeptionstiefen ableiten zu können. Demnach bleibt es den Abwägungen der Rezipierenden überlassen, inwiefern sie in die, dem kursorischen Blick verborgenen, Wahrheiten der Inspektionsbefunde vordringen. Mit der praktizierten Rezeptionstiefe ist dabei weitergehend der Stellenwert der Rezipierenden innerhalb des schulischen Gefüges konfundiert. Im Sinne eines ‚Du bist, wie du liest‘, konstituieren sich Identitäten schulischer Akteure im Lichte von deren Rezeptionspraktiken (vgl. ausführlicher das Analysekapitel 9 auf Seite 311).

Neben der Funktion einer Sortierung von Dringlichkeiten in der Befundrezeption grenzen die Farbskalierungen auch den „normalen Bereich" (Interview I20w, Z. 393) dessen ab, was *nicht* als dringlicher Handlungsbedarf markiert wird. Dieser erstreckt sich mitunter bis ins Gelbe hinein (vgl. das Interviewzitat mit *I10m*; Abschnitt 8.2.1 auf Seite 269). Die Signalstärke der Aufforderung, die die Farben implizieren, intensiviert sich, je weiter sich innerhalb des Farbspektrums von der Referenzfarbe (Dunkel-)Grün entfernt wird.

Einer rötlichen Färbung lässt sich folglich vergleichsweise am schwersten entziehen. Die „Signalfarbe" (I7m, Z. 667) Rot – als das dem Grünen gegenüberliegende Ende eines Kontinuums – symbolisiert und inszeniert, dass nun „ganz akut" (I7m, Z. 667) etwas getan werden müsse („da muss man dann doch noch etwas stärker nachschauen", I9m, Z. 636; s. o.). Ein Nichtbefolgen der durch das Rot induzierten Handlungsaufforderung wäre dann nur mit größerem legitimatorischen Aufwand artikulierbar. Dabei ist

Farben der Schulinspektion: Übersetzungen und Bindungen 275

die Legitimität, durch Schulinspektionsbefunde zum Handeln überhaupt erst aufgefordert werden zu können, indes kein Thema, über das man sprechen müsste: Wenn die Schulinspektion ‚rot sieht‘, dann ist dem so.

Aus dieser durch die Inspektionsfarben strukturierten Ordnung von Dringlichkeiten des Handelns mag sich eine Leerstelle für Schulen ergeben, denen vonseiten der Schulinspektion keine roten Befunde rückgemeldet werden. Für diese Schulen stellt sich der Umgang mit den Inspektionsbefunden als herausfordernd(er) dar: „[B]ei uns [ist] so viel grün, dass man nicht mehr weiß, wo man auswählen will, ne" (I25w, Z. 295–296). Entsprechend lässt sich das Colorierschema verschieben, so dass Mobilisierungen in einem solchen Falle weiterhin aufrechterhalten werden können:

> [...] Denn es geht ja nicht nur darum, grün zu haben, sondern grün zu lassen und aus hell- dunkelgrün zu werden. Ne? Ich weiß nicht, ob's noch eine Steigerung nach Dunkelgrün- [gibt, M. S.] sicher dunkel, dunkel, dunkelgrün oder so [lacht] (I24w, Z. 178–181).

Indem die differenzierte Farbtiefe des Grünen hier für eine Rezeption relevant gemacht wird, kann das Fehlen des Roten kompensiert werden. Hellgrün tritt nun an die Stelle von Rot und die Handlungsaufforderung bleibt aufrechterhalten – wenngleich das Lachen der Interviewten in *I24w* das Verhältnis von Sprechender und Gesagtem uneindeutig werden lässt. Im Modus des Witzes formuliert, verweist die Äußerung etwa auf die Absurdität einer Logik des Immer-Weiter, die darin dennoch wieder aufgerufen und bestätigt wird.

Das Zitat verweist auch auf die Verbindlichkeit, die sich in der Rezeption der Farben ergibt: Selbst im ‚Optimalfall‘ durchgehend grüner Ergebnisse lässt sich der Bedarf nach Optimierung aufrechterhalten. Dieser Bedarf ‚erzeugt‘ das Rezipierendensubjekt als eines, das als notwendige Ergänzung zu den Inspektionsbefunden in Erscheinung tritt und die Farben in Handlungsbedarfe übersetzt.[6]

Eine situativ vorzunehmende Ergänzungs- oder Übersetzungsleistung der Rezipierenden im Hinblick auf die Schulinspektionsfarben zeigt sich auch in

---

[6] Auch etwas weiter oben ging es in einem Interviewausschnitt darum, als Schulleitung eine supplementierende Geste zu vollziehen (Interview *I25w*, vgl. 8.2.4 auf der vorherigen Seite), um die Vereindeutigungstendenzen des Grünen aufzubrechen. In Interview *I25w* wird artikuliert, dass dem reduktionistischen Farbschema der Inspektionsbefunde in einer Nachbearbeitung die statistischen Kennwerte beigefügt werden, um so die Aufforderung zur Steigerbarkeit schulischer Qualität für die Rezeption durch andere aufrechtzuerhalten.

anderer Hinsicht, nämlich dort, wo es darum geht, der Farbe Rot (bzw. der mit ihr implizierten Leistungsschwäche) ihren Schrecken zu nehmen:

> I29m: [. . .] Äh da, man versucht dann also auch schon, dort wo man noch-, ich sag da also auch bewusst immer nicht Problemfelder, sondern Entwicklungsfelder, äh, das ist für mich 'ne Sichtweise, die ist viel positiver und, äh, (.) Problem sieht immer gleich so negativ aus und zieht runter und wenn man sagt, hier ist noch einiges offen, dann, äh, setzen wir uns dort dran, dann funktioniert das besser, als wenn man das also hochdramatisch problematisiert (I29m, Z. 339–345).

Anders als in Bezug auf die Farben Grün und Dunkelgrün bedarf es hier einer Umdeutung des Roten vom fatalistischen „Problemfeld" hin zu einem „Entwicklungsfeld", das die Möglichkeit von künftiger Verbesserung impliziert, ohne die eine Mobilisierung nicht funktionieren könnte. Das sprechende Ich stellt hier eine Mobilisierungsbereitschaft für sich und andere her („wir setzen uns dort dran"), indem das Rote entdramatisiert wird – womit zugleich dessen dramatische Dimension wiederholt wird. Dies verweist neuerlich darauf, dass die Farben nicht von selbst mobilisieren, sondern sie sind auf Übersetzung, Umbenennung, entgegenkommendes Mit-Tun durch die Rezipierenden angewiesen.[7] Die Farben inszenieren eine Lücke, die die Existenz eines Rezipierendensubjekts evoziert: Es entsteht als Supplement zu den Inspektionsbefunden. Zwischen den Inspektionsbefunden und Rezipierenden wird eine eine Art ‚Arbeitsgemeinschaft' hinsichtlich der gemeinsamen Mobilisierung zu mehr Schulqualität gestiftet.

Die Mitarbeit der Rezipierenden bzw. Inspizierten an ihrem Mobilisiertwerden (sowie dem Mobilisiertwerden anderer schulischer Akteure) verweist aber auch darauf, dass ein Gewinn im sich Verändern liegt, insofern Veränderung mit positiven Konnotationen versehen und als Begehrens-Wert konturiert wird. Dies gilt obgleich Inspektionsbefunde mit ihrem Anspruch, eine bessere Perspektive zu sein, die Dignität oder Autorität der Lehrerinnenposition zur Disposition stellen, denn: „Etwas nicht zu können, zu wissen und zu begreifen hat auch etwas Demütigendes und Degradierendes" (Helsper, 2009, S. 71; vgl. zur pädagogischen Bedeutsamkeit von Scham: Ruhloff, 2009; sowie die Beiträge in Schäfer und Thompson, 2009b). Genau dieser Anerkennung der

---

[7] Entlang der Aufforderung zum Mit-Tun lässt sich wieder die Verbindungslinie zum Gedanken der „Komplizenschaft" bei Judith Butler aufnehmen, wie er eingangs und unter 4.4.1 auf Seite 147 dieser Arbeit ausgeführt wurde.

eigenen Unvollkommenheit und der Notwendigkeit von Veränderung bedarf es jedoch, damit Schulinspektion als ein sinnvolles Vorgehen erscheint, das dazu beiträgt, die nötige Veränderung von sich selbst ausgehend bzw. an sich selbst gerichtet zu leisten. Den Rezipierenden obliegt dann die Herausforderung sich als souverän innerhalb einer bereits vorfindlichen qualitativ hochwertigen schulischen Praxis agierend und zugleich noch nicht vollständig optimal zu inszenieren.[8]

Die Farben geben dabei die Richtung einer solchen Selbsttransformation und -optimierung an und inszenieren Veränderung auf diesem Wege als im Sinne einer Finallogik möglich und handhabbar. Sie stellen sowohl Ausgangspunkt als auch Projektionsfläche möglicher Veränderung dar. Folgt man den Farben (bzw. den Inspektionsbefunden im Generellen), so die Aussicht, werde sich zwangsläufig Veränderung einstellen, die dann in besseren Schul-Leistungen konvergiert.[9]

---

[8] Hier ließe sich der (schul-)pädagogische Kontext als besonders vertraut mit Veränderungsnarrativen verstehen, geht es doch auch der pädagogischen Praxis darum, gewünschte Veränderungen an der Lernenden durch das Aufzeigen von Potentialen, Mängeln, Entwicklungswegen anzureizen (vgl. z. B. Breidenstein & Thompson, 2014). Schulinspektion ließe sich auf diese Weise selbst als eine pädagogische Praxis perspektivieren, die von einer Gegenwart als dem Zustand des ‚noch nicht' ausgeht und die sich auf die schulischen Akteure als pädagogischen bzw. zu pädagogisierenden Subjekten richtet, welche aber grundsätzlich zur Optimierung befähigt sind. Es ist m. E. nicht unbedeutend, dass sich (nicht nur) an dieser Stelle bildungspolitische Optimierungslogiken in pädagogische Semantiken ausformen und auf diese Weise die Bindung der schulischen Akteure an die Schulinspektionsbefunde verstärken.

[9] Eine solche Verheißung auf machbare Optimierung wird auch darin augenscheinlich, dass die Inspektionsfarben mit der Auflistung disjunkter „Qualitätsbereiche" der Schule interferieren und solcherart ‚die' Schule als eine organische und identitäre Einheit, die intern in funktional differenzierte Teilbereiche strukturiert ist, gegenständlich machen. Eine Abgrenzung der Schule als organischer Einheit nach außen erfolgt ebenfalls – indem all jene Kategorien, Begrifflichkeiten, Praktiken etc., die nicht im Inspektionsbericht Erwähnung finden und zu Farben werden können, jenes markieren, was nicht mehr zur Schule gehört. Die Qualitätsbereiche, die sich selbst noch einmal in die Unterbereiche „Qualitätsmerkmale", „Qualitätskriterien" und schließlich „Indikatoren" (Sächsisches Bildungsinstitut, 2009, S. 10) unterteilen lassen, suggerieren inhaltlich-thematische Eigenständigkeit, etwa wenn im sächsischen Inspektionsverfahren eine seitens der Schülerinnen erworbene „Lernkompetenz" als Teil des Qualitätsbereichs „Ergebnisse" der Schule gefasst wird und damit nicht direkt mit dem Kriterium der „Förderung von Verstehen" zu interagieren scheint, welches dem Qualitätsbereich „Lehren und Lernen" zugeordnet ist. Durch diese Trennung und Vereinzelung wird suggeriert, dass sich diese einzelnen Bereiche auch getrennt voneinander – und somit abschließbar – bearbeiten ließen. Die Bearbeitung einzelner Bereiche durch schulische Akteure rechtfertigt sich dann hinsichtlich einer schulischen Gesamtqualität, die sich exponentiell zur erfolgreichen

Insofern sich die Zielstellung der Selbstveränderung / -verbesserung auf die Farbnoten der Schulinspektion bezieht, bleiben die Inhalte der Optimierung, an denen angesetzt werden soll, dennoch eigentümlich unbestimmt und unkonturiert:

> Dort muss man ganz einfach dran bleiben, dass aus den grünen keine gelben und aus den gelben keine roten Felder werden und möglichst die roten Felder sich in gelbe und grüne umwandeln (I28m, Z 377–379).

So regulierend die Farben im Hinblick auf die Inszenierung einer Dringlichkeit von Handlungsbedarfen erscheinen, so offen bleibt, welche Handlungen sich im Einzelnen eigneten, um die angezeigten Qualitätsdefizite zu bearbeiten. Die Inspektionsbefunde legen konkrete Vorgehensweisen nicht nahe. Auch in den Interviews finden sich keine Benennungen spezifischer Handlungen, die sich aus den Inspektionsbefunden ableiten ließen und die die Sprechenden zu tun beabsichtigten. Zwischen verstärktem „Nachschauen" und einer konturlos bleibenden Einsicht seitens der Sprechenden, dass man „ganz einfach dran bleiben" muss, liegt eine unbestimmte Anzahl und Ausprägung von Möglichkeiten, aktiv zu werden. Eine Spezifität von Handlungen, die mit bestimmten Farben notwendig zu interagieren scheinen, wird folglich nicht vorgenommen. Deutlich wird lediglich, *dass* Aktivitäten in einem bestimmten Bereich zu erfolgen haben, nicht aber *welche*.[10]

Eine solche Schwierigkeit in der sprachlichen Benennung von konkreten Optimierungshandlungen erscheint indes keineswegs als akzidentelles Manko, sondern sie ist insofern funktional, als dass sie die Bindung und Bereitschaft der Inspizierten, als solche sie in den Interviews sprechen, an ihr Mobilisiertwerden vollzieht. Da sich in allen Interviews, die ich führte, solche Praktiken des Versprechens finden, in denen die performative Beglaubigung auf Weiterarbeit mit den Inspektionsbefunden vollzogen wird – auch unabhängig von den Farb-Thematisierungen –, sollen diese im nächsten Analysefokus (Abschnitt 8.3 auf Seite 284) noch einmal gesondert darstellt werden.

Bearbeitung einzelner defizitärer Befunde zu steigern verspricht. Mit den Inspektionsfarben und -befunden wird demnach eine spezifische Ordnung des Schulischen vermittelt, die den Aufbau, das Funktionieren, die Veränderbarkeit von Schule umfasst und die die Optimierung von Schule als ein wenig komplexes Geschehen erscheinen lassen.

[10] Vgl. ähnlich zu dieser Analyse die Ausführung zur *„verfahrenslogischen Kompaktheit"* von Bildungsplänen im Feld der Frühpädagogik bei Jergus und Thompson (2015): „Die Bildungspläne stiften Bezüge für ‚je eigene Nachahmungen' auf etwas ‚Neues' in Abgrenzung zu Traditionellem oder Früherem" (Jergus & Thompson, 2015, S. 816).

Farben der Schulinspektion: Übersetzungen und Bindungen   279

8.2.5 Ästhetik des Evaluativen

Die Farben dienen in einer weiteren Hinsicht auch der Übersetzung der Inspektionsbefunde in einen ästhetischen Thematisierungsraum. Neben der *Einsicht* in die Legitimität und Notwendigkeit der eigenen Optimierung, die sich entlang der Farbrezeptionen ergibt, wird nunmehr auch die *Sicht*, die Begegnung mit den Inspektionsbefunden auf visueller Ebene, selbst zum relevanten Topos im Sprechen über Schulinspektion. Das Sehen bezieht sich auf die Abbilder der Schule, die im Inspektionsprocedere erzeugt werden, aber auch darauf, wie diese Bildergestalt(ung)en zu betrachten sind. Dabei wird auch verhandelt, was als eine geeignete Form des Rezipierens gelten kann: Geht es hier ‚nur' um eine wissenschaftsförmige Erkenntnis oder kann die Darstellung der Inspektionsbefunde auch Anlass lustvoller Betrachtung sein?

Wie bereits im Kapitel zu den wissenschaftlichen Sprechweisen bezüglich Schulinspektion herausgearbeitet (vgl. insbesondere 3.3 auf Seite 48), wird im Sprechen über Schulinspektion auffallend häufig auf visuelle Metaphern rekurriert. Dieser Befund lässt sich auch für das Interviewsprechen erhärten. So geht es zum einen darum, entlang der farblichen Skalierung die Inspektionsergebnisse „auf einen Blick" (I2w, Z. 492) wahrzunehmen, ein „Gesamtbild" (I5m, Z. 74) der Ergebnisse gezeigt zu bekommen, zum anderen auch darum „sich ein Bild zu machen" (I7m, Z. 647) etc. Weiterhin wird das Sehen bzw. Blicken als positiv konnotierte Gegenbegrifflichkeit zur häufig aufgerufenen „Betriebsblindheit", welche als Problem für schulische Qualität gilt, platziert:

> I22w: Also, am Anfang hab ich auch gedacht: O je, was will man damit [mit Schulinspektion, M. S.]? Aber als sie hier waren und das gemacht haben, muss ich mal sagen, hab ich dann gesagt: Gut, da guckt mal von draußen jemand drauf auf deinen Schulalltag, du musst nicht im eigenen Saft schmoren, was Du vielleicht dann auch- betriebsblind dich macht (I22w, Z. 583–586).

Die Verheißung von Schulinspektion, sich in der Rezeption der Befunde in Distanz zur vorfindlichen pädagogischen Praxis zu begeben und diese blickend zu unterbrechen, verweist darauf, dass mit dem Sehen in besonderer Weise Erkenntnis, Wahrheit, Wissenserwerb und Veränderungsmöglichkeit verbunden sind.[11] Es geht diesen Figurierungen des Sehens-als-Erkenntnis

---

[11] Siehe weiterführend hierzu die Analysen „pädagogischer Blicke" in F. Schmidt, Schulz,

u. a. darum, die Schule durch die differenzierende und differenzierte Aufführung schulischer Leistungsbereiche in den Inspektionsbefunden hindurch als konsistente Einheit erkennbar werden zu lassen, die sonst aus den je akteurspezifischen Blickwinkeln perspektivisch bleibt. Die Schulinspektionsbefunde versprechen dabei Unmögliches: Eine ungebrochene Einsicht in den Blick des Anderen und ein damit einhergehendes transparentes Selbstverhältnis (vgl. zur Bedeutung der Sichtbarkeit des Subjekts im Rahmen von Subjektivierung Heßdörfer, 2013).

Indem Schulinspektionsbefunde einen anderen, neuen Blick auf das Bekannte, den „Schulalltag" (I22w, Z. 585), werfen, komplettieren sie die partikulare ‚eigene' Sicht des sprechenden Ich, das – situativ in den Schulalltag verstrickt – teilweise erblindet ist. Schulinspektionsbefunde stellen dann eine Art Brille, eine Sehhilfe dar, die das Sehen zwischen Eigenem und Anderem verdoppelt.

In der Rezeption wechselt demnach das Verhältnis von Sehen und Gesehenwerden, kommt es zur Verschiebung der Positionierung vom Erblickten zum Blickenden: War man als Inspizierte dem vermessenden Blick der Schulinspektion ausgesetzt, soll man nunmehr *deren* Sicht ein- und übernehmen.

Zugleich wird aber auch auf Schulinspektion ‚zurück geblickt': Neben der erkenntnisförmigen Einsicht, die das Sehens kultiviert, wird zudem eine Rezeptionsweise figuriert, die sich auf die ästhetische Seite der (vor allem farblichen) Darstellung der Inspektionsbefunde bezieht und eine Lust zu Sehen bzw. Lust am Sehen platziert:

> Interviewerin: Können Sie denn (.) Aussagen zur Darstellung machen? Was hat Ihnen da geholfen oder was hat vielleicht hinderlich gewirkt?
>
> I4m: Naja, ganz hübsch ist schon (.) die farbliche Darstellung
>
> Interviewerin: Hmhm
>
> I4m: das hilft schon, (.) äh, schön ist auch, dass bei den einzelnen Unterpunkten steht, welche Kriterien neben welche Arten der Evaluationsinstrumente herangezogen worden sind, das ist okay (.) (I4m, Z. 283–289).

---

und Graßhoff (2016), die sich mit eben diesem Verhältnis aus Pädagogik, Sehen und Wahrheit auseinandersetzen. Insbesondere die Argumentation im Beitrag von Norbert Ricken (2016) bezieht sich darauf, dass der Wahrheitswert des Sehens anschlussfähig ist für pädagogische Wissenspraxen. Dies lässt sich mit den Befunden dieser Studie insofern schlüssig zusammenführen, als dass die Rezeptionen von Schulinspektionsbefunden offenbar in die pädagogischen Betrachtungsweisen der schulischen Praxis eingepasst werden, wie dies oben, unter 8.2.1 auf Seite 267 mit den Übersetzungen der Befunde in Schulnoten vorgenommen wurde.

Die Wahl der Attribute „ganz hübsch" und „schön", die hier die Qualität der Darstellung von Inspektionsbefunden bewerten sollen, übersetzt die Inspektionsbefunde in einen ästhetischen Rezeptionskontext, in dem sie wie ein Kunstwerk betrachtet und sinnlich erlebt werden können. Man genießt das Bild, als dessen beobachtendes Gegenüber man sich wahrnimmt. In anderen Interviews finden sich etwa Formulierungen wie „diese schöne Farbe Dunkelgrün" (I17w, s. o.) oder dass die Schule „einen wunderschönen Bericht" (I5m, Z. 11) vorlegt bekam. In der Äußerung eines ästhetischen Empfindens werden die Inspektionsbefunde zur ‚Geschmackssache'.

Im ästhetischen Betrachten lässt es sich den Befunden auf einer Ebene nähern, die noch nicht nach einer (über ästhetische Beurteilungen hinausgehenden) Entscheidung verlangt. Dabei kann sich die Sehende vom Gesehenen einnehmen lassen, dieses genießen und einmal ‚nur' Rezipientin und Konsumentin sein, ohne eine etwaige rationale Distanz zu den Inspektionsbefunden aufbauen zu müssen. Die Attributionen bedürfen auch keiner näheren Erläuterung, so dass kaum nachvollziehbar wird, was das Hübsche und Schöne der Befunde im Kern ausmacht.

In der Art und Weise, wie auf die ästhetischen Gehalte der Inspektionsbefunde Bezug genommen wird, wie die Form der Inspektionsbefunde gegenüber deren Inhalten zum Thema gemacht wird, ließe sich auch eine Verschiebung des Sehens ausmachen. Denn der Schulinspektionsbericht tritt hier *als* Bericht in seiner Materialität in Erscheinung und nicht als Medium, über das die Rezipierenden mit sich selbst vermittelt sind. Es erfolgt damit gerade kein Eingeständnis der eigenen Verantwortlichkeit für die Verwendung von Inspektionsbefunden, sondern diese wird im ästhetischen Urteil ausgehebelt.

Neben solchen Thematisierungen der Bildlichkeit der Inspektionsbefunde lassen sich auch Formen der *sprachlichen* Ästhetisierung im Sprechen über Schulinspektion ausmachen, die sich ebenfalls als „Übersetzungen" analytisch aufschließen lassen: Die Farben werden zum Referenzpunkt für Wort-Bilder und Sprachspiele, die die Inspektionsbefunde in einen neuen Kontext ein- bzw. übersetzen, in welchem die Riskanz und Seriosität von Schulinspektion (vgl. 6 auf Seite 207) relativiert wird. So ist beispielsweise die Verwendung von Feldmetaphern in der Rede über Schulinspektion auffällig, die dann beispielsweise als botanisch-gärtnerischer Felder signifiziert werden:

(.) Und das ist das Resultat erst mal rückblickend (.) mit den Zielvorgaben im gelben Rapsbereich, so hatte ich es in der Gesamtlehrerkonferenz dann auch gesagt, und ja, das kleine rote Mohnfeld dann noch hier-hier drin, auch das- auch darum werden wir uns kümmern (I5m, Z. 564–566).

In einem anderen Interview wird von „gelben Osterglöckchen" (I24w, Z. 206) gesprochen, die sich vor einer grünen Wiese abgrenzen, um dergestalt die Überpräsenz guter („grüner") Ergebnisse sowie deren Normalität zu artikulieren und die negativere Leistungsbeurteilung als Verbesonderung, als Einzelereignis, herauszustellen. Diese Differenzbeziehung funktioniert auf ähnliche Weise wie das o. g. Bild des Rapses als häufig anzutreffender Nutzpflanze, und dem kleinen Mohnfeld, das das Rapsfeld zu (ver-)zieren vermag. Die Begrenzung der Feldgröße (*kleines* Mohnfeld) oder die Verwendung der Diminuitivform „-glöckchen", die Analogisierung von negativen Leistungsbeurteilungen mit Zierpflanzen (Mohn, Osterglöckchen) und die damit vorgenommene Übersetzung der Farbnoten in einen ästhetisch-botanischen Bereich bewirkt, dass das Ereignis einer schlechten Leistung in seiner Bedeutsamkeit relativiert wird. Ein kleines „rotes Mohnfeld" erscheint weniger bedrohlich als ein dunkelrotes Evaluations„feld". Weiterhin zählt der Klatschmohn zur gängigen Unkrautflora von Raps und tritt in dieser Hinsicht als akzidentelles und erwartbares Problem zum Normalfall der guten Leistungen auf. Als Normalfall figuriert, wird dabei auch die Bedeutsamkeit einer guten Leistung relativiert.

Mit diesen verschiebenden Feld-Übersetzungen erscheint die Optimierung der roten Farbwerte der Schulinspektion erneut als machbar und unproblematisch, weshalb seitens der Interviewten das Versprechen artikuliert werden kann, dass man sich um die roten Felder „kümmern" werde. Im Sinne der Landwirtin oder der Gärtnerin, die die Felder bestellt und Ernten einfährt, wird das sprechende Ich als Verantwortliche für die Bearbeitung der Farben ins Spiel gebracht.

Dass ein sich auf die Ästhetik richtendes rezeptives Genießen eine prekäre Form des Rezipierens markiert, darauf deuten bereits die Einsätze der Interviewerin im o. g. Interview *I4m* hin, die die Darstellung der Inspektionsbefunde mit ihrer Funktionalität zusammenbringt: Sie thematisiert mit ihrer Formulierung, „Was hat Ihnen da [in der Darstellung, M. S.] geholfen oder was hat vielleicht hinderlich gewirkt?", die Darstellung im Sinne einer Gelingensbedingung als förderlich und / oder riskant für eine Befundrezeption, demzufolge eine Rezeption nicht auf der Oberfläche der bildlichen Ästhetik verbleiben darf, sondern eine (unausgeführt bleibende) Tiefe annehmen muss.

Auch wird die Rezeption auf diese Weise als schwierig und herausfordernd angesprochen, was ein konsumierendes Genießen gleichsam nicht sei. So wird denn auch die unterstützende Funktion der Darstellung durch den Interviewten in *I4m* ratifiziert, wenngleich offen bleibt, wohingehend eine solche Unterstützung erforderlich wäre.

8.2.6 Zwischenresümee: Farben der Schulinspektion

Resümierend zu den Sprecheinsätzen bezüglich der farblichen Darstellung lässt sich feststellen, dass die Inspektionsfarben in mehrerlei Hinsicht als *Übersetzungen* von Befunden fungieren. Diesen Übersetzungen ist gemein, dass in ihnen bzw. mit ihnen eine Bindung der Sprechenden an die Inspektionsbefunde vollzogen wird. Eine solche Bindung prozessieren die Farben, indem sie in mehrererlei Hinsicht Anreize zur Verfügung stellen. Zum einen ist dies die Einsicht in und Identifikation mit der eigenen Leistung und den eigenen Leistungspotentialen, so dass man sich in den Befunden (wieder) erkennen kann. Im Sinne der Rückmeldung eines Prüfungsergebnisses bieten die Farben eine schnelle Übersicht und emotionale ‚Entlastung' für die Rezipierenden. Weiterhin suggerieren die Farben die Machbarkeit von Veränderung / Optimierung, und lässt diese als erstrebenswert erscheinen. Auch bieten die Farben Anlass für ästhetisches Rezipieren und Sprechen im Rahmen der Interviews.

Nicht zuletzt entlasten die Farben von der Frage des Umgangs mit den Befunden im Rezipieren, indem sie durch ihre Hinweisfunktion bereits Aufmerksamkeit lenken und Wahlmöglichkeiten für anschließende Verwendungsszenarien sortieren. Die qua Farben inszenierte Implikatur von Handlungsaufforderungen ist dabei nicht notwendig mit einer bestimmten Farbnote verknüpft, so bedeutet etwa ein grüner Befund nicht zwangsweise, dass kein dringlicher Handlungsbedarf vorliegt. Diese Bedarfe werden in Form einer ‚Arbeitsgemeinschaft' aus Befunden und Rezipierenden situativ ausgehandelt, in welcher die Rezipierende die Unausgefülltheit der Inspektionsbefunde bzw. -farben supplementiert – und so eine Existenz als Rezeptionssubjekt erhält.

Auffällig ist, dass die Farben über alle Thematisierungshinsichten hinweg eine Evidenz des Augenscheins zu transportieren scheinen: Was man wahrnimmt, nimmt man auch für wahr. Mittels der eindrücklichen Farben, die in anderen sozialen Kontexten bekannte Symboliken bedeuten und aus

284 Rezeptionen im Diskurs

diesen / in diese übersetzt werden (z. B „Ampel"), gelingt es, das in den
Inspektionsbefunden zur Schau gestellte Wissen überzeugend zur Geltung zu
bringen. Man könnte sich beispielsweise vorstellen, dass die Wahl der Farben
Violett, Pink, Türkis etc. als Inspektionsfarben zu anderen Sprechweisen
angereizt hätte. Am gewählten Farbspektrum aber wird der Autorisierungs-
gehalt der Inspektionsbefunde offenkundig unkenntlich.

8.3 Das Versprechen in den Interviews

Ebenso wie die Schulinspektionsbefunde Versprechungen – etwa auf Plastizi-
tät des Selbst und der Komplettverfügbarkeit über sich – abgeben, ringen
sie den Rezipierenden / Sprechenden im Interview ein Versprechen ab und
ermächtigen sie zu (ver-)sprechen: Das sprechende Ich gibt in der Öffentlichkeit des Interviewgeschehens (s)ein Wort, dass es die Verwendung von
Inspektionsbefunden außerhalb des Interviewgeschehens intendiert und autorisiert sich so als *einsichtiges Selbst*. Über alle Interviews hinweg finden
sich bekenntnisförmige Aussagen im Format des Versprechens. An den in der
Schulinspektion festgesetzten Optimierungsbedarfen „werden wir / werde ich
arbeiten", so die Formulierungen der Interviewten, die sich auf diese Weise
als Versprechenssubjekte erzeugen (siehe zum Versprechen als performativen
Akt: Austin, 1972; zu Bekenntnispraktiken in Interviews siehe Reh, 2003).

Das Versprechen kennzeichnet sich durch eine doppelte Überschreitung
der pädagogischen Gegenwart. *Zum einen* signalisieren die Versprechens-
akte eine Stetigkeit der Weiterarbeit: Sie sichern die Bedeutsamkeit der
Inspektionsbefunde über die aktuale Flüchtigkeit der Rezeption (auch im
Kontext des flüchtigen Interviewsprechens) hinaus ab und etablieren damit
eine Vorstellung von Chronizität bzw. von einer Chrono-Logik der fortlau-
fenden Verbesserung pädagogischen Handelns. Das Versprechen soll künftige
Ereignisse zeitigen, soll die Versprechenden (durch sich selbst) auf andere
Praxen, Handlungen, Organisationsformen verpflichten, die linear auf die
Befunde der Schulinspektion reagieren. Eine solche funktionale Kopplung von
Befunden und passförmigen Folgehandlungen lässt das Veränderungs- bzw.
Optimierungsgeschehen neuerlich als nur bedingt komplex und handhabbar
erscheinen.

Zum anderen ist der Vollzug eines Versprechens auch als Überschreitung
der Immanenz des (zum Zeitpunkt des Sprechens gegenwärtigen) Interviewgeschehens zu betrachten, insofern – wie bereits unter 6 auf Seite 207 dargelegt

– das Interview als Praktik eine neuerliche Inspektion der Inspizierten vollzieht. Im Versprechen auf Verwendung wird, so könnte man formulieren, eine Prüfungsleistung absolviert und zugleich eine mündliche, vertragsförmige Vereinbarung darüber geschlossen, dass sich die Interviewten auch nach Beendigung des Interviews für die Optimierungsarbeit am Selbst und an der Schule empfänglich zeigen – was wiederum die Interview- bzw. Prüfungssituation verstetigt und auf Dauer stellt. Weil man sich das Versprechen von der Anderen (der Interviewerin) vor Anderen (dem Tonband) abnehmen lässt, erhält es nicht nur entlang dieser Zeugenschaft Verbindlichkeit, sondern die Versprechende bleibt auf ihr Versprechen auch rückwirkend verpflichtet.

Nachfolgend geht es mir nun darum, einzelne Dimensionen dieses Versprechens noch einmal gesondert herauszuarbeiten. Diese beziehen sich auf die Unbestimmtheit der Versprechensinhalte (1), die Gleichzeitigkeit von Bekenntnis und Distanznahme zum Versprochenen (2) und auf das Repräsentationsverhältnis des sprechenden Ichs (3). Abschließend zu diesen Ausführungen soll untersucht werden, wie auch vonseiten der Schulinspektion ein Versprechen artikuliert wird, das die (Ver-)Sprechenden der Interviews an sich zu binden vermag.

8.3.1 Leere Versprechen

Eine Besonderheit des im Interview vollzogenen Versprechens auf Verwendung von Schulinspektionsbefunden ist, dass es *inhaltlich konturlos* bleibt: Es geht nicht darum, sich auf einen spezifischen Versprechensinhalt zu verpflichten. Auf diesem Wege nimmt das Versprechen eine umfassende und generalisierende Gestalt an. Eine solche Konturlosigkeit des Versprechens steht im Gegensatz zu etwa den Formen des Erzählens über das Erleben von Schulinspektion (siehe 7.2.1 auf Seite 233), die in teilweise deutlich höherem Detailliertheitsgrad referiert wurden. So wenig die Inspektionsbefunde bestimmte Optimierungshandlungen als verbindliche festlegen, so wenig ist ein Entgegenkommen der Rezipierenden in dieser Hinsicht erkenntlich. Das Sprechen hält die möglichen Einsätze der an die Befunde anschließenden Handlungen und Situationen ebenso offen und vage wie die Inspektionsbefunde selbst, so dass vor allem der *Akt* des Versprechensvollzugs bedeutsam wird. Es ist das Versprechen, das hier gegenüber der Interviewerin (und dem Tonband) versprochen wird und das aufgrund seiner Selbstreferentialität Kraft erzeugt.

Eine solche Praktik des ‚Versprechens, um zu versprechen' ist *uneindeutig* hinsichtlich seiner Positionierung zu Schulinspektion und deren Wirksamkeit. Zum einem hält es die Evaluationslogik weiterhin am Laufen, indem es Gegenwart und Zukunft auseinanderfallen lässt und rechtfertigt so neuerliche empirische Prüfung: Die Einlösung des Versprechens bleibt stets noch zu bemessen. Eine Formulierung wie „wir werden daran arbeiten" weist allerdings nicht zwingend die Verpflichtung auf einen Erfolg aus. Es geht demnach weder um die Konkrektion noch um die erfolgreiche Bearbeitung des zu Bearbeitenden, sondern um die Aktivität des (Be-)Arbeitens.

Zum anderen ließe sich das Versprechen auch als ‚widerständiges' auffassen: So erscheint es gerade im Lichte der Platzierung von Schulinspektion als wahrheitsgenerierendem Verfahren, welches Tatsachen oder evidentes Wissen an die Stelle von Vertrauen in die Selbstläufigkeit des pädagogischen Erfolgs setzen will, eigentümlich, dass ihr in Form eines vagen Versprechens, nicht aber in Form wahrheitsförmiger und empirisch identifizierbarer Feststellungen, geantwortet wird.

Demnach stellt sich die Frage, wie sich eine solche Vagheit *autorisieren lässt*. Dies soll an folgender Textstelle eruiert werden, in der auch auf Nachfrage durch die Interviewerin hin, die versucht, der Wirksamkeit von Schulinspektion auf die Spur zu kommen, die intendierten Handlungen nicht spezifiziert werden:

> Interviewerin: Ja, wie gehen Sie denn jetzt damit um, mit den Ergebnissen? Einerseits mit dem Fortbildungskonzept und dann eben andererseits mit diesem Ergänzungsbereich.
>
> I19w: Also, das, was man ändern kann, das wollen wir ändern, das ist klar. Wir werden uns das Fortbildungskonzept natürlich wieder vornehmen und erstmal dieses Material sichten, was uns da angeboten wurde und werden das dann nochmal überarbeiten und dafür lassen wir uns aber Zeit. Das haben wir uns auch vorgenommen. Es hieß ja die Evaluation kommt wohl alle drei Jahre oder es war wohl so geplant. Alle drei Jahre, sodass wir jetzt wirklich nichts überstürzen wollen. Die Notwendigkeit besteht für uns nicht, sondern wir wollen uns in aller Ruhe damit auseinandersetzen und das für uns so verändern.
>
> Interviewerin: Hmhm.
>
> I19w: Dass es trotzdem unser Konzept bleibt.
>
> Interviewerin: Ja.

Das Versprechen in den Interviews 287

> I19w: Und nicht eins, was so gemacht ist, weil man es so erwartet. Also,
> es nützt mir gar nichts, wenn- ich will die Kollegen nicht zu irgendwas
> zwingen oder überreden, sondern das muss aus dem Kollegium kommen
> und dann stehen die Kollegen dahinter und dann wird das auch was
> (I19w, Z. 164–177).

Dieses Interview-Zitat zeigt auf, welch selbstverständlichen Platz das an sich selbst gerichtete Versprechen auf Überschreitung des pädagogischen Handelns innerhalb des Interviewsprechens einzunehmen vermag: „Was man ändern kann, das wollen wir ändern, *das ist klar*". Zwar wird eine veränderte Haltung zur eigenen pädagogischen Praxis reklamiert, weder hier noch an anderer Stelle des entnommenen Zitats bzw. anderer Interviewtranskripte wird allerdings deutlich, welcher Art die versprochenen Änderungen sein werden und wie bzw. wann genau sich die Änderungen zu vollziehen haben. Eine zeitliche Ausrichtung am Evaluationszyklus etwa, der alle drei Jahre wiederkehrt, ist die konkreteste Zeitangabe, die sich finden lässt, weshalb die Angabe gleichermaßen konkret und unkonkret bleibt.

Auf die Bitte seitens der Interviewerin, sich festzulegen und das abgeleistete Versprechen zu konkretisieren, wird ausgewichen, indem u. a. die Handlung einer vertieften Auseinandersetzung mit den Befunden – im Sinne des Sichtens als einer vergleichsweise konkreten, aber formal bleibenden Handlung – profiliert wird. Eine Aussage zu künftigen Optimierungshandlungen kann in diesem Lichte noch gar nicht in aller Konsequenz getroffen werden.

Die mangelnde Konkretisierung von Optimierungshandlungen wird darüber hinausgehend als *notwendig und zielführend* für die Wirksamkeit von Schulinspektion erklärt. Der Verweis auf einen qualitativen Anspruch an Rezeptionen, nämlich dass diese in „in aller Ruhe" zu erfolgen haben, um produktiv sowie effektiv zu werden, legitimiert einen Gedanken von Wirksamkeit, welche sich zum Zeitpunkt des Interviews noch nicht konstatieren lässt, aber als mit hoher Wahrscheinlichkeit eintreffend propagiert wird. Die Rezeption der Befunde wird folglich in direkten Zusammenhang mit Wirksamkeit gestellt und als vornehmlich zu besprechende Thematik des Interviewsettings platziert. Die erfolgreich wiederholte Rezeption erscheint dabei als ‚letzte Hürde' bezüglich einer selbstläufigen Optimierung, hinter der „das ganze Kollegium" steht: „[D]ann wird das auch was". Insofern lässt sich mit der Verschiebung des Sprechens auf die Rezeptionsthematik als dem ‚eigentlichen' Gesprächstopos rechtfertigen, dass das Versprechen auf Verwendung der Ergebnisse weitgehend unbestimmt bleibt. Es handelt sich hierbei aber um eine bestimmte Unbestimmtheit: Eine vorläufige, aufschiebende, bei der zugleich in Aussicht gestellt wird, dass sie sich im Hinblick auf die fortschreitende Zeit aufheben wird. Die Befunde bieten demnach Anlass, Wirksamkeit *sowohl inszenieren zu können als auch aufzuschieben.*

Zugleich wird der Gedanke, dass Inspektionsbefunde in der Schulrealität wirksam werden – indem sie Optimierungen schulischer Qualität orientieren, verbürgen, handhabbar machen – in diesem und allen Interviews aufgerufen und bestätigt. Wirksamkeit erscheint in diesem Sinne als ein durchgängiger Fluchtpunkt des Diskurses um Schulinspektion, der an keiner Stelle fraglich wird.

Je weniger zum eigentlichen Versprechensinhalt gesagt wird, auch dies lässt sich dem Zitat entnehmen, desto mehr ‚Beigaben‘ erhält das Versprechen, z. B. wird eine gelingende Schuloptimierung oder eine ausnahmslose Mobilisierung des schulischen Kollektivs durch gemeinschaftliche Identifikation mit den Optimierungsentscheidungen in Aussicht gestellt. Diese ‚Beigaben‘ des Versprechens ließen sich, neben der Konstituierung einer nachhaltigen Wirksamkeit, zudem als Tauschhandel zwischen Interviewerin und Interviewten lesen. Dabei kann zwar die ‚Ware‘ der Erkenntnis, die von der Interviewerin erbeten ist, nicht ‚geliefert‘ werden, dafür werden mit gelingender künftiger Optimierung und Mobilisierung aller schulischen Akteure andere ‚Waren‘ mit Begehrens-Wert in Aussicht gestellt.

Zu fragen ist an dieser Stelle weiterhin, weshalb es im Interviewsprechen immer wieder zu solch (floskelhaft anmutenden) Zugeständnissen und Selbstverpflichtungen kommt: Was macht das Versprechen attraktiv? Zum einen ist die Unumgänglichkeit des Versprechens dahingehend erklärlich, dass die mit den Inspektionsbefunden implizierte Veränderungsnotwendigkeit seitens der Inspizierten / Rezipierenden ein für (schul-)pädagogische Kontexte vertrautes Narrativ ist, wie oben bereits angemerkt. Zu anderen ist es auch gerade jene Unbestimmtheit der Versprechensinhalte, die Attraktivität erzeugt. Sie scheint die Einlösbarkeit des Versprechens zu verbürgen und in gleichem Ausmaße zu unterlaufen, geht doch mit Unbestimmtheit die Möglichkeit des Mißverstehens, des Ver-Sprechens einher. So ließe sich beispielsweise im Versprechensakt „am roten Mohnfeld werden wir dran bleiben / arbeiten" (siehe oben, Interview *I5m*, vgl. 8.2.5 auf Seite 279) kaum herauslesen, wann eine solche Arbeit stattfindet, was als eine solche Arbeit gilt bzw. nicht gilt etc. Im Zweifelsfalle ließe sich jede zeitlich an das Inspektionsgeschehen anschließende (schul-)pädagogische Handlung, auch ein ‚Weiter wie bisher‘, als

Veränderungs- oder Optimierungsarbeit legitimieren, so dass das Versprechen sowohl eingelöst als auch nicht eingelöst wird. Zudem ist ein Versprechen nicht mit der versprochenen Handlung gleichzusetzen, stellt es doch selbst eine Form von Handlung dar (vgl. Austin, 1972).

8.3.2 Versprechen zwischen Be- und Entgrenzung

Die Selbstverständlichkeit, als die die Weiterarbeit an den Befunden deklariert wird, geht häufig einher mit einer Umgrenzung des Geltungsbereichs des Versprechens. Eine solche Umgrenzung, die sprachlich in Form von „(Ja,) aber..." vorgenommen wird, soll als eine weitere Dimension des Versprechens nachfolgend erläutert werden.

Das Versprechen erscheint im Hinblick auf die Unbestimmtheit seines Inhalts zwar als ein Generalisiertes, doch werden an der Reichweite des Versprechens durchaus Einschränkungen vorgenommen. Dass das Versprechen gleichermaßen getätigt wie eingeschränkt wird, verweist abermals auf die *uneindeutige Positionierung* zwischen entgegenkommend-‚gefälligem' und widerständigem Ver-Sprechen, wie auch am folgenden Zitat ersichtlich wird:

> I19w: Also, die Dinge, an denen wir festhalten, was unsere wichtigen Dinge sind, an denen werden wir auch weiterhin festhalten, ungeachtet der Evaluation. Wir geben uns Mühe, das auszumerzen was geht, was nicht geht, geht nicht, sprich Personaldecke.
>
> Interviewerin: Ja.
>
> I19w: Aber wir arbeiten trotzdem so weiter, wie bisher. Wir krempeln uns jetzt nicht total um wegen irgendwelchen Dingen, die da anders sein sollten oder was (I19w, Z. 931–936).

Der Anspruch der Inspektionsbefunde, eine Differenz innerhalb des Bestehenden einzuführen, von der man sich „total umkrempeln" lassen müsse, wird hier im Interviewfragment von *19w* in seiner Absolutheit aufgerufen und zugleich relativiert. Eine solche Relativierung etabliert sich über den Selbstentwurf als Optimierungsakteurin (bzw. Optimierungsgemeinschaft „wir"), die (das) bereits unabhängig von der Schulinspektion „wichtige Dinge" entschieden hat und den Stellenwert der Inspektionsbefunde in ein Verhältnis zu diesen bringt. Die Auseinandersetzung mit den Inspektionsbefunden wird also im Zuge einer Verteidigung bisher etablierter schulischer Routinen vorgenommen. Somit formiert sich im Besprechen des Veränderungsanspruchs seitens der Inspektionsbefunde die Vorstellung eines (Schul-)Eigenen.

Wenngleich die Betonung der eigenen, inspektionsunabhängigungen Optimierungsentscheidungen bezüglich (formelhaft benannter) „wichtiger Dinge" auf Kosten der Inspektionsbefunde erfolgt, wird diesen gegenüber dennoch das bekenntnisförmige Versprechen zur Weiterarbeit artikuliert: „Wir geben uns Mühe das auszumerzen, was geht"; dies weist nochmals auf die Unausweichlichkeit des Versprechens bezüglich der Wirksamkeit von Schulinspektion hin. Das Versprechen begrenzt sich hier aber auf solche Inspektionsbefunde, die im Rahmen jener Verteidigung des Eigenen anschlussfähig werden.[12]

Weiterhin werden die Grenzen des Versprechens auch mit den Grenzen der Verfügbarkeit über sich bzw. die eigene Schule zusammengebracht: „Sprich Personaldecke". Im Angewiesensein auf Bedingungen in der Schuloptimierung, die nicht (selbst) zu verantworten sind, wird die umfassende Geltung des Versprechens bearbeitet (siehe nächster Abschnitt 8.4 auf Seite 297). Das Versprechen findet so eine innere und äußere Abgrenzung seines Geltungsbereichs.

Das beschränkende ‚Aber' des Versprechens etabliert sich indes auch in die gegenläufige Richtung: Während es im eben genannten Interview die Begrenzung des Anspruchs der Schulinspektion auf Verwendung der Befunde einleitet, findet das ‚Aber' auch Verwendung in der (Neu- oder Wieder-)Öffnung eines solchen Anspruchs, so dass die Legitimität der Inspektionsbefunde am Laufen gehalten und *entgrenzt* wird.

> I17w: [...] Zu meiner persönlichen Freude ist [lächelt] Grün absolut in der Mehrzahl und nur zwei Dinge Dunkelrot, (.) und das sind Dinge, die wir persönlich nicht selber beeinflussen können, aber wir sind am Arbeiten (I17w, Z. 66–68).

An dieser Stelle wird ein Bekenntnis bzw. Versprechen zur Weiterarbeit abgegeben, obwohl eine solche weder notwendig noch praktisch umsetzbar erscheint, sofern sie sich auf „Dinge, die wir persönlich nicht selber beeinflussen können", bezieht. Insofern sich das Versprechen im Kontext der

---

[12] Dies steht im Gegensatz zu der unter Abschnitt 8.2.5 auf Seite 279 vorgenommenen Problematisierung von Betriebsblindheit, mit der der pädagogischen Praxis eine grundlegende Prekarität zugeschrieben wurde. In unterschiedlichen Thematisierungszusammenhängen kann der Referent der pädagogischen Praxis also verschiedene Bedeutungen annehmen. Die hier referierte Bedeutung verweist auf das enge Zusammenspiel aus Übersetzung und An-Eignung von Befunden.

Überlegung, wie angesichts guter Inspektionsergebnisse überhaupt weitergearbeitet werden kann, situiert, führt das ,Aber', dass das Versprechen begleitet, hier jedoch die Möglichkeit wieder ein, sich als dennoch als optimierbar zu verstehen und im Interview entsprechend zu inszenieren: die Aufrechterhaltung des Versprechens gegen dessen Unmöglichkeit. In dieser Hinsicht überwindet das Versprechen seine Grenzen und zeigt seinerseits die Grenze der Inspektionsbefunde an, Mobilisierung nicht nur zu taxieren, sondern auch zu unterminieren (siehe auch unter 8.2.3 auf Seite 272).

8.3.3 Stellvertretungen des Versprechens

Eine letzte Dimension des Versprechens, die ich herausarbeiten möchte, bezieht sich auf die sprechpraktische Etablierung und Amalgamierung der Adressen, denen die Weiterarbeit an den Inspektionsbefunden zugerechnet wird. In den bisher zitierten Interviewtexten zu den Versprechenspraktiken zeigte sich bereits, dass dort die Bezugsgrößen ich / mich und wir / uns äquivalent miteinander aufgeführt werden, so dass die Sprechenden zwischen beiden Perspektiven hin- und herspringen. Eine solche Aufteilung der Sprecherinnen-Position konnte bereits für die Rahmungen der Interviews herausgearbeitet werden: Dort fungierte die Schulleitung als Individuum, als ,rollenförmige' schulische Funktionsstelle mit besonderer Relevanz für die Schule und als Repräsentantin von Schule als einer Kollektivakteurin. Ein weiteres Interviewfragment verweist auf dieses bruchlose Springen zwischen „ich" und „wir":

> Damit [mit als negativ befundenen Inspektionsergebnissen, M. S.] kann ich also leben, obwohl wir auch daran arbeiten werden (I21w, Z. 80–81).

Das Versprechen wird, so ist es dem Zitat zu entnehmen, nicht allein für die (Ver-)Sprechende selbst, sondern immer auch für eine schulische Gemeinschaft, deren Anwesenheit im Interview-Sprechen durch die interviewte Sprecherin symbolisiert wird, relevant und gültig gemacht. Indem die Versprechende im Interview stellvertretend für sich und für eine Gemeinschaft mit ,doppelter Stimme' spricht, suggeriert sie das Bestehen und die Zukünftigkeit einer solchen Gemeinschaft – sowohl ,im' als auch außerhalb des Interviews. Jene Gemeinschaft, auf die hier referiert wird, konstituiert sich durch den einheitlichen Willen zur Weiterarbeit, der mit dem Willen des sprechenden

Ich analogisiert wird. Das sprechende Ich besetzt hier – als Repräsentantin – ein leeres Zentrum der Gemeinschaft, indem sie die inhaltliche Leere des Versprechens re-zitiert.

Im Sinne der Situierung des Gesagten innerhalb eines Interviewgeschehens ließe sich hier aber eine doppelte Zeitlichkeit der Gemeinschaft geltend machen: So spricht die Interviewte für ein Kollektiv, das sich auf die noch statt(zu)findende Handlung der Rezeption hin zusammenfindet, d. h. die im Sprechen angerufene Gemeinschaft wird sich *für die* Zukunft der Schulqualität und *in der* Zukunft, zu einem künftigen Zeitpunkt, hin einsetzen. Der Wille zur Weiterarbeit ist demnach auch für jene weitere Personen verpflichtend und vervielfältigt sich für jene, für die die Versprechende ihre Stimme erhebt.[13] Das Tonband und die Interviewerin zeugen von dieser Verpflichtung. Zugleich wird die schulische Gemeinschaft (bzw. die Gemeinschaft der Weiterarbeitenden) auch durch die Stellvertretung in der *Gegenwärtigkeit* des Sprechens zu einer solchen, d. h. als eine solche konstituiert: Die Notwendigkeit der gemeinsamen Bearbeitung der Inspektionsbefunde wird performativ hervorgebracht. Damit wird das Interview zum ‚Schauplatz', an dem der Wille der Weiterarbeit, auch für eine schulische Gemeinschaft, sichtbar werden soll.

So gesehen ließe sich auch weitergehend davon sprechen, dass das Versprechen eine Gemeinschaft aus Interviewender und Interviewter stiftet, die über das Versprechen moderiert und strukturiert wird. Die Gemeinschaft des Interviewgeschehens unterscheidet sich zwar von der durch die Stimme bzw. Anwesenheit der Interviewten repräsentierten Gemeinschaft, beide sind aber entlang des Versprechens miteinander verbunden, aneinander gebunden, über die Form und den Inhalt des Versprechens. Gerade weil die anderen, für die gesprochen wird, im Interview abwesend sind, misslingt aber die vollständige Konstitution des Kollektivs, so dass das Versprechen auch in dieser Hinsicht ein Ver-Sprechen ist.[14]

---

[13] Dieser Stellvertretungs-Position eignet eine pädagogische Charakteristik, insofern das Werden des Kollektivs mit dem Werden von Schulqualität verknüpft ist: In pädagogischen Texten taucht etwa die Figur der pädagogischen Stellvertretung für den künftigen Erwachsenen auf, siehe bei Johann Friedrich Herbart, der die Pädagogin als Agentin einer steten Verbesserung für die Zukunft des Zöglings versteht. Die Erzieherin / Pädagogin fungiert dabei als Stellvertretung des „künftigen Mann[es] beim Knaben" (Herbart, 1806, S. 26). Vergleiche zum Problem der pädagogischen Stellvertretung: Röhr (2002).

[14] Ebenso muss jedes an die Zukunft gerichtete Versprechen an der Unvorsehbarkeit und begrenzten Gestaltbarkeit der Zukunft scheitern. Folgt man den Überlegungen Jacques

Das Versprechen in den Interviews   293

Welche Attraktivität eine solche schulische Gemeinschaft erzeugt, dies konnte bereits bezüglich der Leere des Versprechensinhalts nachvollzogen werden (vgl. Abschnitt 8.3.1 auf Seite 285): Dort fungierte die Gemeinschaft als Legitimationsinstanz und zugleich als ‚Beigabe' (oder besser: ‚Ersatzware' dafür, dass das Versprechen leer bleibt. Demnach stellt das Kollektiv auch einen eigenständigen Versprechenseinsatz dar, insofern eine flächendeckende Mobilisierung qua Kollektivität bzw. Kollektivierung in Aussicht gestellt wird.

8.3.4 Versprechensgemeinschaft

Die Vergemeinschaftung entlang des Versprechens findet sich gleichermaßen im Sprechen der Interviewten, wie es auch den Inspektionsbefunden selbst zugerechnet wird: Als Versprechen, das *durch* die Inspektionsbefunde vermittelt wird. Dies macht in besonderer Weise deutlich, wie das Versprechen seitens der Interviewten in ein Antwortverhältnis zu den Inspektionsbefunden gebracht wird:

> Interviewerin: Okay, ja, vielleicht noch mal so eine kleine Reflexionsfrage zum Ende des Interviews, was-was schätzen Sie denn, wie äh, ja, wie wirkungsvoll diese Berichte jetzt sind, also für Ihre Schule, um Schulentwicklung zu betreiben? (.) Sie können natürlich auch gern von anderen Schulen erzählen, wenn Sie da irgendwas wissen aus Ihren Fortbildungen, ist jetzt nur Ihre (.) persönliche Ansicht.

> I4m: [murmelt unverständlich, lacht]. Nee, es lässt sich schwer sagen, ich-ich weiß auch nicht, ob man das irgendwo in-in (.) Prozentzahlen oder sowas ausdrücken könnte, dass man jetzt sagt, also da - für unsere Schule erhoffe ich 'ne Steigerung um-um 'nen halben Punkt oder irgendwie sowas, also das ist es nicht. (.) Wenn wir nach dieser Evaluation bereit sind uns weiter zu entwickeln, uns neue Ziele auch zu setzen und zu stellen und gemeinsam auch danach zu streben, dann hat die Evaluation für mich schon was gebracht.

> Interviewerin: Hmhm.

> I4m: Ohne dass ich jetzt sagen kann, jawohl, es kommt raus, dass wir in, ich weiß ja nicht, äh wie weit sie sich entwickelt, ob in fünf oder

---

Derridas zur Iterabilität des Versprechens (siehe Kapitel 4 auf Seite 135 dieser Arbeit), so ist das Misslingen des Versprechens die Bedingung von dessen auftreten (s. o.). Ohne die Möglichkeit des Misslingens gäbe es nichts zu versprechen (vgl. Derrida, 2004b).

sieben Jahren wir dann überall besser geworden sind, aber wir haben dran gearbeitet und wir haben gemeinsam dran gearbeitet.

Interviewerin: Hmhm.

I4m: Und als Kollegen.

Interviewerin: Hmhm.

I4m: Und das ist schon mal wichtig.

Interviewerin: Ja.

I4m: Insofern ist es für mich auch okay, (.) also Hoffnung, mich in diesen Punkten um bestimmte Punkte, Unterpunkte zu entwickeln, das habe ich nicht und das will ich auch nicht, aber (.) ein gemeinsames Ziel zu finden, das für die (.) meisten Kollegen auch da ist, das-dann wär's schon okay.

Interviewerin: Hmhm (I4m, Z. 827–840).

Anders als im oben zitierten Interview mit *I19w* wird die umfassende Vergemeinschaftung hier nicht als Versprechenseinsatz in Aussicht gestellt, sondern im Form eines Wunsches der sprechenden Schulleitung ausformuliert, dass auf ein Versprechen der Schulinspektion(sbefunde) reagiert. Dabei wird dieses Versprechen selbst noch einmal aufgerufen und wiedereingesetzt: „[E]in gemeinsames Ziel zu finden, das für die (.) meisten Kollegen auch da ist, das-dann wär's schon okay."

Die Interviewerinnenfrage stellt das angesprochene Gegenüber in ein possessives Verhältnis zu ‚dessen‘ Schule und entwirft die Stellvertretung als eine, in der der Angesprochene die schulischen Belange in allen Hinsichten verkörpert, weshalb dessen Versprechen im o. g. Sinne besonders bedeutsam und kraftvoll erscheint. Wenn die Interviewerin hier „Ihre Schule" als Zurechnungsadresse für die Wirksamkeit der Inspektionsbefunde adressiert, bleibt zunächst uneindeutig, wer bzw. was als Referent / in infrage kommt: ein Ort, ein Gebäude, eine Anzahl von Personen, die über den Aufenthalt am Schulort miteinander verbunden sind?

Es findet sich weiterhin in diesem Interviewausschnitt die Leere des Versprechensinhalts wieder, die zugunsten der Attraktivität des Kollektivs begründet und aufrechterhalten wird. So wird denn die Vergemeinschaftung, die hier als ein möglicher Platzhalter von Wirksamkeit der Schulinspektionsbefunde benannt und in Aussicht gestellt wird, direkt mit den Inspektionsbefunden in eine Linie gebracht. Schulinspektion erscheint dahingehend als Ereignis, das unterschiedliche Akteure problemlos zusammenführt und diese im Hinblick auf eine gemeinsame Weiterarbeit bindet. Dabei ist die konkrete Ausprägung der Optimierung nachrangig gegenüber der umfassenden Vergemeinschaftung und Mobilisierung der schulischen Akteure.

Dass und inwiefern die Forderung, eine schulische Gemeinschaft zu werden, auch über die Schulinspektion und die wissenschaftliche Forschung zu Schulinspektion artikuliert wird, wurde unter Abschnitt 3.5.3 auf Seite 114 dieser Studie herausgearbeitet. Auch in der Studie von Jergus und Thompson (2015), die entlang einer Analyse von Bildungsplänen für frühpädagogische Einrichtungen ordnungsstiftende Dimensionen von Innovationen in pädagogischen Feldern verfolgt, wurden vergleichbare „Konstruktionen *kollektiver Kohärenz*" (Jergus & Thompson, 2015, S. 816; Hervorhebung im Original) herausgearbeitet. Die Autorinnen konstatieren, dass „Innovationen [...] darauf ausgerichtet [sind], eine Abstimmung unter Akteuren hervorzubringen, deren Handeln im Feld durchaus auf unterschiedlichen Ebenen angesiedelt ist" (Jergus & Thompson, 2015, S. 816). Denmach spricht einiges dafür, dass es sich bei Vergemeinschaftungen, insbesondere im Zusammenspiel mit bildungspolitischen Dokumenten, um wirkungsvolle Regierungspraktiken handelt.

In der Verbindung und Differenzierung von „ich" und „wir" geht es aber nicht allein um das Kollektiv, sondern auch um ein Individuum und das Verhältnis beider Positionen zueinander: Die im Versprechen auf Wirksamkeit von Schulinspektion aufgerufenen Formen der Vergemeinschaftung erscheinen kaum als solidarische unter gleichermaßen von Schulinspektion ‚Betroffenen', sondern vielmehr als Strategie der Mobilisierung der einzelnen Kräfte durch die Gemeinschaft, der man sich als Einzelne kaum entziehen kann, was die Responsibilisierung für die eigene Optimierung katalysiert.[15]

---

[15] Eine solche Individualisierung durch / und Vergemeinschaftung lässt sich mit den Ausführungen Michel Foucaults zu Gouvernementalität in Verbindung bringen (vgl. z. B. Foucault, 2004a; Foucault, 2004b): Mit dem Konzept der Gouvernementalität, das eine Weiterentwicklung von Foucaults früher Machtanalytik darstellt, ist eine politische Rationalität benannt, die über Techniken der Regierung von Individuen und Kollektiven gleichermaßen Menschen bzw. deren Verhaltsweisen anzuleiten sucht. Der Begriff der „Regierung" – als reflexiver Modus einer „Führung der Führungen" –, der im Zusammenhang mit Gouvernementalität zum Einsatz kommt, fungiert dabei als eine Art Scharnier in der Vermittlung zwischen Herrschaftspraktiken und Vorgängen der Subjektivierung sowie in der Vermittlung zwischen Wissensordnungen und Machtverhältnissen. (vgl. Abschnitt unter 4.6 auf Seite 170 dieser Arbeit). In Gouvernementalität überlagern

Kollektivierung und verstärkte Individualisierung gehen demnach Hand in Hand (vgl. hierzu auch Lessenich, 2003). Zugleich ist es noch immer diese spezifische Sprecherin, die im Interview anwesend ist und deren Existenz als Sprecherin am Verweis auf das Kollektiv und dessen Stellvertretung hängt.

Weiterhin wird in der Verbindung von Kollektivität und Schuloptimierung zudem bestimmt, wer als Teil der Gemeinschaft gilt, nämlich all jene Personen, die im Sinne von „Kolleginnen" gleichermaßen und gleichberechtigt für die Arbeit an der Schuloptimierung verantwortlich zeichnen, wenngleich diese wiederum selbst nicht noch einmal näher benannt werden. Die Gemeinschaft ist demnach immer schon ein Begrenzung von Möglichkeiten, d.h. eine Organisationsform, die Ein- und Ausschlüsse dahingehend reguliert, wer als zur „Schule" gehörend zählt. Insofern aber noch zu bestimmen ist, wer genau dieses „wir" ist, von dem gesprochen wird, bleibt es möglich, diese Ein- und Ausschlüsse je situativ vorzunehmen, Verpflichtungen zur Weiterarbeit mit den Inspektionsbefunden stets aufs Neue zu bestimmen oder: auszusetzen. Zugleich bleibt der totalitäre Anspruch des Kollektiven, alle gleichermaßen für die Optimierung der Schule in die Pflicht zu nehmen, aufrechterhalten.

8.3.5 Zwischenresümee: Versprechen

Es lässt sich festhalten, dass das Versprechen als Praktik einer Selbst- und Anderenverpflichtung auf Weiterarbeit mit den Inspektionsbefunden in allen Interviews auftaucht und demnach so nötig wie möglich im Sprechen über Schulinspektion erscheint. Es lässt sich zudem perspektivieren als eine Reaktionsform auf das Versprechen, das durch die Schulinspektion artikuliert wird, wie sich insbesondere hinsichtlich der Bildung einer Schulgemeinschaft aufzeigen ließ.

Ebenso wie die Wirksamkeit von Schulinspektion in den Versprechenspraktiken als unumgänglich (voraus)gesetzt wird – indem in mehrererlei Hinsicht eine Selbstverständlichkeit dahingehend expliziert wird, dass die Inspektionsbefunde keinen Selbstzweck darstellen können – bleibt aber nicht näher gefasst, wie genau sich diese Wirksamkeit entfaltet. Das Versprechen auf Weiterarbeit kann also immer schon als gelungen und misslungen gleichermaßen, als erfüllbar und nicht erfüllbar, gelten. Es verbleibt oszillierend

---

sich die Regierung der Einzelnen und die Regierung der Vielen.

im Zwischen und kann im Hinblick auf diese uneindeutigen Festlegungen als attraktive Form des Sprechens verstanden werden.

Im Zwischenraum situiert sich das Versprechen weiterhin insofern, als dass es als Ent- und Begrenzung fungiert. Es kann in beide Richtungen situativ als ,Grenzwall' eingesetzt werden: Einerseits, um einen Anspruch der Inspektionsbefunde auf umfassende Veränderung des Selbst zu begrenzen, andererseits um diesen Anspruch gegen mögliche Widrigkeiten weiterhin aufrechterhalten zu können. Das Versprechen ist folglich in vielerlei Hinsicht produktiv.

8.4 Bedingungen, Bedingtheiten von Rezeptionen

In der folgenden, dritten analytischen Figuration stehen weiterhin die Interviewaussagen zur Rezeption der Schulinspektionsbefunde im Fokus der Betrachtungen, so dass nachverfolgt werden kann, wie Rezeptionen thematisiert und als im Hinblick auf die Wirksamkeit von Schulinspektion bedeutsame Geschehnisse konstituiert werden. Die nun dargestellte Figuration dreht sich um die problematisierende Frage, unter welchen Bedingungen und Grenzen Rezeptionen (nicht) vorgenommen werden können und inwiefern Rezeptionen selbst zum Anlass genommen werden können, Bedingungen zu stellen. Dabei geht es zum einen um das Zusammenspiel aus Bedingungen und Bedingtheiten bezüglich der Rezeption von Schulinspektionsbefunden.

8.4.1 Rezeptionen als Anlass, Forderungen zu stellen

Es lässt sich ein doppeltes Bedingungsverhältnis von Rezeptionen zur Wirksamkeit von Schulinspektion formulieren. In einer ersten Hinsicht, so konnte bereits bis zu diesem Punkt in den Analysen herausgearbeitet werden, stellen die Rezeptionen der Inspektionsbefunde eine gewissermaßen notwendige Voraussetzung für Optimierungshandlungen dar, so dass diese Rezeptionen zeitlich den ,eigentlichen' Optimierungen vorgeordnet werden. Gelten Rezeptionen in diesem Sinne als *Bedingung* von Optimierung, werden sie mit besonderer Wertigkeit versehen, da sich durch sie Entwicklung überhaupt erst einstellen kann: Rezeptionen figurieren eine Art Relais zwischen den Befunden und der schulischen Optimierung und setzen demgemäß ein Rezipierendensubjekt ein, dass diese Relais-Verbindungen aktiv herstellt und ausfüllt – beispielsweise im Sinne von Übersetzungen der farblich strukturierten Befunde.

In einer zweiten Hinsicht, die nachfolgend stärker fokussiert werden soll, stellen Rezeptionen selbst schon eine Optimierungshandlung dar, so dass Wirksamkeit von Schulinspektion und Rezeptionen der Inspektionsbefunde weitgehend analogisiert werden, was die Rezeption in ihrer Bedeutsamkeit zusätzlich aufwertet. Insofern Rezeptionen als Optimierungshandlungen firmieren, bleiben sie zugleich selbst noch an Bedingungen gebunden, die innerhalb der Interviewsituation nicht nur referiert, sondern auch kommunikativ geltend gemacht werden.

Das Anführen der *Bedingtheiten* von Rezeption, im Sinne der Artikulation von Forderungen nach besseren Arbeitsbedingungen, ermöglicht dabei die Thematisierung von Rezeption als stets noch zu vollziehende Handlung in der Zukunft. Das Formulieren von Forderungen ergibt sich im Hinblick auf eine Problemanzeige:

> Interviewerin: Okay, haben Sie da von Ihrem Schulreferenten schon was gehört [bezüglich eines Austauschs zu den Inspektionsbefunden, M. S.]?

> I8m: Ich hab noch gar keine Rückkopplung. Muss ich jetzt aber auch wieder sagen, das Tagesgeschäft heißt zurzeit: Bereite das neue Schuljahr vor, sichere den Grundunterricht ab, bereite Abordnungen vor oder Zuordnungen vor (.). Denn wenn die Kollegen Ende nächster Woche in die Ferien gehen, will jeder wissen, wie läuft die Vorbereitungswoche ab, welchen Lehrauftrag habe ich und was sind die Fachlehrer meiner Klasse? Und das ist sicherlich die externe Evaluation an dieser Stelle ein bißchen untergeordnet (I8m, Z. 780–787).

Auch in dieser Erzählung findet sich ein Abwägen von Dringlichkeiten, welches sich jedoch nicht in Bezug auf die Inspektionsbefunde oder deren angezeigte Defizite vollzieht. Vielmehr steht hier die grundlegende Entscheidung zur Debatte, ob und unter welchen Umständen eine (über die Rezeption der Inspektionsbefunde hinausgehende?) Verwendung der Befunde als durchführbar gilt – ohne dass dabei das Selbstverständnis, ein Optimierungs-Selbst zu sein, aufgegeben werden muss.

Die Interviewerinnenfrage ruft mit der Erwähnung des („Ihres") Schulreferenten eine Finallogik der sich verstetigenden Weiterarbeit mit den Inspektionsbefunden auf – Schulreferentinnen sollen üblicherweise mit den Schulen eine institutionelle Zielvereinbarung schließen, die auf den Inspektionsbefunden aufsattelt. In der Antwort des Interviewten wird dieser Anspruch auf Weiterarbeit zugleich ratifiziert und begrenzt. Der Verweis auf das Drängen anderer, nicht auf die Beschäftigung mit den Inspektionsbefunden bezogener schulischer Aktivitäten dient dabei als gewichtiger Grund, eine solche Beschäftigung aufzuschieben. Optimierung – im Sinne zielgerichteter Verwendung von Inspektionsbefunden – erscheint hier als (zunächst) nicht notwendiges Surplus. Der Alltag bzw. das „Tagesgeschäft" als Normalität, zu der Schulinspektion als außer-ordentliches Ereignis offenbar nicht zählt, wird zur Norm erhoben und ist gegenüber den Befundrezeptionen zu bevorzugen. Denn er lässt sich als ebenfalls qualitätsrelevant artikulieren: Nur ein bereits funktionierendes Tagesgeschäft kann in der Kür dann auch verbessert werden. Insofern der Sprechende im Rahmen des Interviews als Auskunftsgebener für (s)eine schulpädagogische Praxis und somit als Vertretung des täglichen pädagogischen Geschäfts fungiert, kann seine Äußerung berechtigt vorgetragen werden. Als Praktiker zeigt sich der Sprechende darin, dass er vergleichsweise detailliert Herausforderungen an die Organisation dieses Tagesgeschäfts benennen kann: den Grundunterricht absichern, Zu- und Abordnungen vorbereiten, Management der Lehraufträge etc.

Die Rezeption der Befunde hat in ihrer Außeralltäglichkeit keinen Nachhall im Alltag, was Schulinspektion zu einem flüchtigen Ereignis macht, das bereits im Verschwinden ist: „Inwieweit das dann ein Arbeitsmittel für die tägliche Arbeit wird, so richtig glaube ich nicht dran" (I23m, Z. 505–506). Der Aspekt der Außer-Alltäglichkeit, Außer-Ordentlichkeit von Schulinspektion wird in dieser Artikulation aufrechterhalten, dessen Wertigkeit jedoch ändert sich: Das Außer-Ordentliche ist nicht reizvoll im Sinne einer Sternstunde, sondern belastendes Additivum.

Das Sprechen, das hier im Modus des Zweifelns erfolgt, legt sich dabei aber nicht auf eine eindeutige Positionierung hinsichtlich der Wirksamkeit von Schulinspektion fest, wie die Formulierung eines „Glaubens" verdeutlicht, der sich auf eine ungewisse Zukunft bezieht (vgl. zum zweifelnden Sprechen die Ausführungen unter 3.4.4 auf Seite 88). Insofern die Kommunikation mit der Schulreferentin über die Inspektionsbefunde auch als eine Form der gemeinsam vollzogenen Befund*rezeption* verstanden werden könnte, gilt auch für diese Rezeptionsform, dass sie sich nicht un-bedingt einstellt und zu einem Ereignis wird, das nicht genau benannt werden kann, darin anderen Optimierungshandlungen ähnlich. Am Referenzpunkt des für Schulqualität bedeutsamen Tagesgeschäfts entspinnt sich im Anschluss an diese Problemanzeige ein Aufschub ins Ungewisse: Sobald drängendere Erledigungen wegfallen, ergeben sich Spielräume – Zeit, „Muße" (I2m), personelle und finanzielle Ressourcen etc. – für die Hinwendung zu den Inspektionsbefunden. Die Liste der angeführten Bedingungen ließe sich mit Blick auf die geführten Interviews stetig erweitern, was darauf hindeutet, dass Rezeptionsbedingungen situativ und situationsspezifisch formuliert werden.

Gerade im Hinblick auf die Relativierungsfigur eines erforderlichen Zeit-Raumes für die Befundrezeption, in der Rezeptionen wiederholt als nicht normal und außeralltäglich konturiert werden, zeigt sich, wie sowohl Abweisen der als auch Hinwenden zur Responsibilisierung bezüglich schulischer Optimierung prozessieren: Wenn etwa in einem Interview angegeben wird, dass man den Inspektionsberichts noch einmal „in Ruhe" (I26m, Z. 201) lesen möchte bzw. müsse, wird die Rezeption damit auf einen nicht näher bestimmten künftigen Zeitpunkt ausgelagert, der sich irgendwann ereignet, wenn die Bedingungen hierfür stimmen. Gleichsam wird damit die Notwendigkeit aufrechterhalten, dass eine solche Rezeption zu erfolgen habe. Das „Tagesgeschäft" gewährt denn auch nur einen zeitlichen Aufschub, welcher jedoch aufgrund der Unbestimmtheit des Eintreffens nie genau eingegrenzt werden kann.[16]

Im Thematisieren der Rezeptionsbedingungen kommt der textuellen Konstruktion einer Wenn-Dann-Verbindung Aufmerksamkeit zu, denn in ihr wird benannt, dass die Aktivität des Optimierungs-Selbstes stets eine begrenzte ist. Diese Aktivität vollzieht sich im immer schon durch äußere Bedingtheiten strukturierten Raum, wenngleich sie im Hinblick auf diese Begrenzung aufrechterhalten werden kann. Die Verbindung aus Abhängigkeit von jenen Bedingungen, die man nicht selbst zu verantworten hat und einer umfassenden Eigenaktivität erscheint dabei in den Interviewnarrationen wenig widersprüchlich, vielmehr vereinbar – so dass am (imaginären) Ende ‚stimmiger' Rezeptionsbedingungen diese Bedingungen und das Optimierungs-Selbst sich überlappen.

Die Äußerung, seine Rezeption an Bedingungen zu knüpfen, die man nicht selbst zu verantworten hat, kann dabei zwar zum einen als *Beschränkung*

---

[16] Es ließe sich ausführlicher analysieren, inwiefern Temporalität eine Rezeptionsbedingung sui generis darstellt. In den Interviews wird häufiger auf das Problem der Zeit / Zeitlichkeit eingegangen, weshalb ich es im ursprünglichen Manuskript dieser Arbeit, das als Dissertationsschrift an der Goethe-Universität in Frankfurt / M. eingereicht wurde, in einen eigenem Abschnitt untersucht habe. Diese Analysen werden ggf. an anderer Stelle veröffentlicht.

Bedingungen, Bedingtheiten von Rezeptionen

der Rezeptionsverantwortung gelesen werden, die noch in ihrer Beschränkung die Verantwortlichkeit bejaht und damit als Selbst-Responsibilisierung erkennbar wird, zum anderen aber ist sie auch als *kommunikative Adressierung* einer durch die Interviewerin repräsentierten Bildungspolitik zu verstehen, die benötigten Bedingungen beizubringen und sich für schulische Optimierung in die Pflicht nehmen zu lassen. Die Interviewsituation wird dann zum Ort einer ,Rückkommunikation' der schulischen Praxis an die Bildungspolitik, in dem auf die mit dem Interview verbundene Öffentlichkeit und Verstetigung der Rede eingegangen wird. Damit wird zugleich die Inspektionslogik invers *umgewendet*, wie sie erneut aufgerufen wird. Die Inspektionsbefunde fungieren als Einsatzpunkt für das Formulieren von Gegen-Aufforderungen:

Interviewerin: Ja, okay, das heißt also, das [die betreffende Schule, M. S.] wird so lange beobachtet und irgendwann sagen die dann, es wird zugemacht?

I26m: Ja.

Interviewerin: Wenn nicht genug-

I26m: Ja. Ja. Das Problem ist, na klar, jetzt für uns ist das verhängnisvoll, natürlich, von, von der Entwicklung her. Wir wissen ja auf der einen Seite, wir machen sehr viel in der Schule, wir haben's auch immer geschafft, dass wir die entsprechende Schülerzahl auch von außerhalb von [Ort der Schule] hierher zu uns bekommen haben und in diesem Jahr hat's nicht geklappt und da war das dann so dramatisch, dass man also gesagt hat, ihr kriegt überhaupt keine fünfte Klasse in diesem Jahr-

Interviewerin: Okay.

I26m: Und auf der anderen Seite diese externe Evaluation an der Schule durchgeführt wird. Und ich hab natürlich auch angerufen im Vorfeld und hab gesagt, wie vereinbart sich so etwas, ne? Dass man mit der Perspektive fünf Jahre sowas durchführt an der Schule, um in fünf Jahren wiederzukommen und zu überprüfen, wenn man eigentlich den Aufwand dann stecken lassen kann, wenn man sagt, in drei Jahren ist die Schule sowieso dicht.

Interviewerin: Ja.

I26m: Ne? Und das ist, das ist das, was- sondern, dann müsste man auch, wenn man sowas macht, dann müsste man das auch (.) zumindest auch der entsprechenden, also die, das wäre jetzt für uns das

Kultusministerium, dass man das dann auch sagt, passt auf, die Untersuchungen [die Schulinspektionsbefunde, M. S.] sind so und deshalb wäre es auch zwingend erforderlich- das hat man ja auch geäußert, dass die Arbeit, die unbedingt fortgesetzt werden sollte und dass man das dann auch erklären sollte und sagt und dass das dann auch hilfreich ist, aber es interessiert sich keiner, sondern es hat bloß- es haben sechs Schüler, sieben Schüler gefehlt in diesem Jahr, Schluss, kriegste keine fünfte Klasse und das wäre natürlich jetzt, wenn man evaluiert, entweder man geht sowieso nur an Schulen, wo man überhaupt nicht in diese Situation kommt, dass man sagt, ja, wir wissen ja gar nicht, wie es in den nächsten vier, fünf Jahren ist oder man sagt, wenn so ne Evaluation durchgeführt wird, dann sollte da durchaus auch Kultus oder andere darüber informiert werden, wie- vor allen Dingen, wenns positiv wär, natürlich.

Interviewerin: Hmhm.

I26m: Wenns bei jemandem negativ ist, dann wird der sagen: Na gut (das will?) ich nicht, aber aus meiner Sicht, da das Ergebnis positiv wär, ist, wär's für uns ganz gut gewesen, man hätte dann eben dort auch in der Beziehung-

Interviewerin: Hmhm.

I26m: Einfluss nehmen können und dass man sagt, ja, okay, das Ergebnis führt auch dazu, dass wir euch jetzt in dieser, in dieser Übergangssituation zumindest die Ausnahmegenehmigung geben, ihr kriegt eine fünfte Klasse.

Interviewerin: Ja (I26m, Z. 44–75).

In diesem Interviewausschnitt lässt sich nachverfolgen, wie sich die Interviewsituation angeeignet bzw. wie sie umgewendet wird, indem auch die Schulinspektion und deren Befunde umgewendet werden. Das Interview wird genutzt, um Anliegen vorzubringen, deren Anwesenheit zu erzeugen und dabei auf die Autorität wissenschaftlichen Wissens, für die auch das Forschungsinterview steht, zu rekurrieren, so dass die Anliegen ein Gewicht erhalten bzw. dass sich die Wahrscheinlichkeit für diese Anliegen erhöht, ein Gehör zu finden. Gleichsam geht es auch um die Öffentlichkeit, die dem Sprechen in Bezug auf das Interviews verhießen wird, denn die Ergebnisse werden nicht zuletzt (hier) publiziert und somit einer (un)gewissen Anzahl an Personen zugänglich. Das Sprechen, so ließe sich konstatieren, zielt hier selbst darauf, rezipiert zu werden.

Bedingungen, Bedingtheiten von Rezeptionen 303

Im Transkriptausschnitt von Interview *I26m* wird dabei eine Art Tauschhandel oder Belohnung ausgewiesen, die sich darauf bezieht, dass gute Schulinspektionsbefunde einen Unterschied für die inspizierte Schule machen sollten, hier: existenzsichernde Wirkungen für eine Schule entfalten, die von Schließung bedroht ist und die sich aus dieser Bedrohung eben nicht eigenaktiv und selbstverantwortlich herausmanövrieren kann.

Eine Wirksamkeit von Schulinspektion muss demnach nicht allein seitens schulischer Akteure inszeniert werden, sondern kann von diesen auch selbst eingefordert werden. Dabei gerät Schulinspektion nicht zum Anlass von Selbsterkundung und -optimierung, sondern markiert eine Verstrickung unterschiedlicher Akteure, Institutionen, Logiken, die allesamt im Sinne der Wirksamkeit von Schulinspektionen einen Vorteil erfahren, zumindest aber von Schulinspektion in die Pflicht genommen werden sollten – zum Besten der Schule.

Hinsichtlich der Bildungspolitik scheint eine solche Funktionalität von Schulinspektionsbefunden allerdings nicht zu greifen, so dass mit deren Entzug aus der Verantwortlichkeit für Schulqualität die Legitimität und der Sinn von Schulinspektion grundsätzlich in Frage gestellt wird („[...] wenn man den Aufwand dann stecken lassen kann").

In nahezu jedem der geführten Interviews kommen die *strukturellen Bedingtheiten* schulischen Wirkens zur Sprache, die als Begrenzung eines Optimierungsanspruchs von Schulqualität eingesetzt werden.[17] Auf diese Weise

---

[17] In den Modellen zur Wirksamkeit von Schulinspektion wird diese Ebene äußerer Bedingtheiten schulischen Wirkens explizit abgeblendet, so dass die Ausprägung schulischer Qualität allein auf die Schule selbst bzw. die schulischen Akteure zurückgeführt wird (vgl. 3 auf Seite 29). Dies entspricht der Steuerungslogik einer Neuen Steuerung, die die Selbststeuerungspotentiale von Schulen taxiert. Auch in einer Forschungslinie innerhalb der Schulforschung, dem strukturfunktionalistischen Schulkulturansatz (z. B. Helsper, 2008), wird die Einzelschule als Zurechnungseinheit gehandhabt, indem davon ausgegangen wird, dass jede Schule eine je spezifische Schulkultur ausprägt, die die symbolisch strukturierte pädagogische Sinnordnung der Schule ausdrückt. Eine solche Sinnordnung bzw. Schulkultur ergibt sich diesem Ansatz zufolge aus der schulindividuellen Bearbeitung von einem grundlegenden Strukturproblem des Bildungssystems, das sich etwa als Auseinandersetzung mit dem Problem, dass Schulen nicht direkt gesteuert werden können, zeigt. Stärker als bei den auf Erkenntnissen der Effektivitätsforschung beruhenden Wirksamkeitsmodellen (z. B. Ehren & Visscher, 2006) wird im Schulkulturansatz demnach die strukturelle Abhängigkeit von Schulen berücksichtigt. Zu fragen wäre allerdings, inwiefern ein solcher auf die Einzelschule als Handlungseinheit gerichteter Forschungsansatz von den Imperativen des New Public Management zu unterscheiden sei – oder ob die Forschung nicht auch als Weiterführung öffentlicher Steuerungslogiken verstanden werden könnte.

kann nicht allein verdeutlicht werden, dass die Handlungsmächtigkeit schulischer Akteure in Bezug auf die Qualitätsoptimierung begrenzt bleibt, was sich als eine weitere Form widerständigen Sprechens verstehen ließe, die die Forderung nach schulischer Autonomie re-zitiert. Weitergehend wird im Sprechen eine Responsibilisierung bildungspolitischer Akteure, Instanzen und Logiken artikuliert, so dass das Kräfteverhältnis der Schulinspektion umgedreht erscheint. Dem Rückspiel von Verantwortung und Verantwortlichkeit an die Bildungspolitik seitens der schulischen Akteure geht deren Responsibilisiertwerden voraus, d. h. ein vorgängiges Responsibilisiertwerden wird genutzt, um selbst wieder Responsibilisierungen vorzunehmen. Auch das Sprechen über Rezeptionsbedingungen gestaltet sich demnach als eines, in dem es um den Zusammenhang zwischen Be- und Ermächtigung geht, um ein Evaluiertwerden und selbst Evaluieren, Beobachtetwerden und selbst Beobachten, um ein sich mit Forderungen konfrontiert Sehen und selbst Forderungen Stellen.

8.4.2 Rezeptionen zwischen Praxis und Bildungspolitik

In solchen Thematisierungen bezüglich struktureller Bedingtheiten schulischen Wirkens erscheint es nun nicht zuletzt so, als würden Schulinspektion und deren Wirksamkeit als Thematiken ‚an sich' verschwinden und lediglich den produktiven Anlass bieten, andere, ‚drängendere' Erzählstränge anzureißen (siehe oben, Abschnitt 8.4.1 auf Seite 299), die sich vor allem generalisierend auf die Antagonismen zwischen Selbst, Schule und Bildungspolitik beziehen, wie etwa in diesem Interview:

> I29m: Und äh (.) das ist eben einfach ein Strukturproblem, dass das. das Strukturproblem nicht- und da greift auch die Evaluation nicht. verändert werden kann. Und da- daran kranken wir eigentlich.
>
> Interviewerin: Hmhm.
>
> I29m: Da haben Sie eine Aufgabe.
>
> Interviewerin: Ich geb mein Bestes [lacht] (.). Aber da frag ich mich dann halt wirklich, was die Evaluation für einen Sinn hat, ne? Wenn diese Sachen- das ist ja wirklich ne, ne sehr ne-Schulen auch beeinflussende Politik.
>
> I29m: Das ist gravierend.
>
> Interviewerin: Und dann die Personalsache, dass es halt kaum Referendare gibt und so-

Bedingungen, Bedingtheiten von Rezeptionen

I29m: Ich soll hier wirklich Hochleistung bringen, Mehrfachbegabungsförderung und ich hab fürs Internat schon mehrfach- äh (.), weil sie gesagt haben: die können wir nicht mehr in den Unterricht bringen, (.) aber die kriegen Sie. Leute, die wirklich im Prozess standen und die dann äh, zwei, (zum Beispiel?) und die dann gekündigt wurden. Was ist denn das für ein Signal hierher

Interviewerin: Hmhm. (.)

I29m: Weil Sie niemand anderen hatten, kriegen wir hier die letzten-Entschuldigung, das klingt jetzt sehr böse, aber die letzten Pfeifen, die sie irgendwo auftreiben konnten. Es gibt nicht umsonst des Begriff des Wanderpokals für Lehrer, kennen Sie sicherlich?

Interviewerin: Hmhm.

I29m: Ich habs selbst erlebt, ich hab 'ne Kollegin in [Ort in Sachsen] gehabt, als ich dort die Schule geleitet hatte, da gab's auch schon mal 'ne Beurteilung, da musst- konnte man ankreuzen, gymnasiallehrer-tauglich, von drei bis eins war die Differenzierung.

Interviewerin: Hmhm.

I29m: Drei war ganz toll, eins war schon ziemlich mies. Dann hab ich ein Kästel daneben gemalt und eine Null reingepinselt. (.) Das war nicht vorgesehen.

Interviewerin: [lacht]

I29m: Da haben sie mit mir rumgezankt, hab ich gesagt, die Frau ist nicht gynmasiallehrertauglich, die ist nicht lehrertauglich, ich hab gesagt, Sie können sich das gern angucken, ich hab hospitiert bei ihr, die hat nach 25 Minuten erstmal mit'm Unterricht angefangen, obwohl ich in der angekündigten Hospitation war, das ist für mich keine Lehrerin mehr. Das geht einfach nicht. Und die hat verrückteste Sachen gemacht, also die war auch ein bisschen neben der Spur. Ich hab gesagt, gucken Sie sichs an, ja? Mussten wir ein Jahr um das verdorrte Bäumchen, Hecke graben, gießen, da-damals Oberschulamt hießen sie noch [,die sagten, M. S.]: Sie haben recht, das geht gar nicht.

Interviewerin: [lacht]

I29m: Aber Sie müssen Sie weiter beschäftigen. Hab ich gesagt: mach ich nicht. [Sagten sie, M. S.:]Sie kriegen die Weisung.

Interviewerin: Hmhm.

I29m: Sag ich: krieg ich die schriftlich? Nö. Aber Sie müssen es trotzdem machen. Sag ich: Ich hab Sicherheitsbedenken. Sie müssens trotzdem machen. Hab ich 'nen Brief geschrieben, dass ich Sicherheitsbedenken bei dem weiteren Einsatz dieser Kollegin habe und nur auf schriftliche Weisung jetzt diese Kollegin, äh, einsetzen werde, ansonsten wird sie mit null Stunden eingesetzt und kriegt das Gehalt für nix.

Interviewerin: Hmhm.

I29m: Damit wussten sie nicht umzugehen. Haben sie sie weg genommen von mir und als ich an diese Schule hier kam, an diese große, klasse Schule, das erste was mir auf der Treppe entgegenkam-

Interviewerin: Sie? [lacht]

I29m: [lacht] War sie über drei Stationen jetzt hier in [Ort der Schule] gelandet (I29m, Z. 976–1018).

Diese Narration von *I29m* erscheint in Form einer humoristischen, biographisch-heroischen Geschichte, in der sich die Schulleitung gegen die (auf einen pädagogischen Blickwinkel bezogene) Irrationalität der Bildungsadministration („Oberschulamt") durchsetzt, indem sie dieser Irrationalität noch zuspielt und sie auf diese Weise ins Absurde hin übertreibt. Bildungsadministration zeichnet sich, der Argumentation zufolge, darin aus, dass sie nicht nach pädagogischen Erfordernissen argumentiert, in der etwa die pädagogische Eignung einer Person als Lehrerin verhandelt werden kann. Zugleich werden in dieser Argumentation pädagogische Erwägungen als vornehmlicher Bezugshorizont für Schulqualität eingesetzt: Eine nicht „lehrertaugliche" Lehrerin steht in unmittelbarer Relation zu geringer Schulqualität. Demgegenüber werden bildungsadministrative oder -politische Erwägungen als unpassend dargestellt, was sich insbesondere daran zeigt, dass die Referenzen auf die – auch von bildungspolitischer Seite her als problematisch eingestandene – Personalpolitik an mehreren Stellen Anlass für gemeinsames Lachen sind, welches den Interviewten und die Interviewende zu einer gegenüber Bildungspolitik ‚verschworenen' Gemeinschaft zusammenbindet.

Die Schulleitung wird dahingehend als widerständig handelnd figuriert und praktiziert diesen Widerstand zum Wohle der Schule, die eo ipso an pädagogischen Logiken ausgerichtet erscheint. Im Akt des Widerstandes werden dabei administrative Vollzüge eingehalten und zugleich überreizt. So wird etwa die pädagogische Eignung einer Lehrkraft bildungsadministrativ in Form einer Skala mit drei Merkmalsausprägungen mess- bzw. vermessbar gemacht und die Schulleitung bezieht sich auf diese Skala, befüllt sie,

Zwischenfazit 307

erweitert sie eigenmächtig und führt sie damit ins Absurde. Wenngleich die Evaluation, die die Schulleitung in der Eignungsfeststellung vollzieht, bildungsadministrativ / -politisch eingefordert ist, bleibt sie bedeutungslos, da die „untaugliche" Lehrerin nicht vom Schuldienst suspendiert werden kann. Zwar handelt es sich bei dieser Evaluation nicht um Schulinspektion, aber auch hier werden Wirkungen der Evaluation hinsichtlich Bildungspolitik negiert. Entlang dieser anekdotenhaften Erzählung wird das Verhältnis von Schule und Bildungspolitik / -administration als das einer antipodischen Gegnerschaft konstituiert. Die Verbindung zu Schulinspektion und deren Wirksamkeit knüpft sich dann über ebendieses Verhältnis. Schulinspektion, so die Forderung, dürfe nicht nur einseitig in Richtung der inspizierten Schulen Wirkungen zeitigen, wenngleich eine Wirkung auf Bildungspolitik als höchst unwahrscheinlich in Aussicht gestellt wird.

8.5 Zwischenfazit

In der Zusammenführung der drei hier explorierten Analysefokusse bzw. Figurationen wird deutlich, wie in den Rezeptionsnarrationen Bestimmungen und Unbestimmtheit von Wirksamkeit zusammenspielen. Durch ihre farbliche Aufbereitung beschränken und eröffnen die Inspektionsbefunde selbst bereits Rezeptions- und Verwendungsspielräume, die ein Rezipierenden-Subjekt evozieren. Dieses gestaltet sich etwa als Lückenfüllerin der Inspektionsbefunde dort, wo die Befunde ihre Rezeption selbst nicht vorwegnehmen können. Wie in der ersten Figuration gezeigt werden konnte, dienen die Inspektionsfarben vielerlei Rezeptionsanlässen, auch solchen, die nicht durch das Schulinspektionsverfahren ‚intendiert' sind. Eine wirksame bzw. erfolgreiche Rezeption platziert sich demnach im Zwischenraum von Befunden und Rezipierenden. In den Sprechpraktiken des Versprechens (zweite Figuration), die sich in allen Interviews finden lassen, wird Wirksamkeit von Schulinspektion sowohl in der Notwendigkeit ihres Eintreffens voraus-gesetzt, wie auch an ihrer Nichterkennbarkeit im konkreten Interviewsetting gearbeitet wird: Bestimmungen dahingehend, wie die Inspektionsbefunde konkret in Schuloptimierungshandlungen eingehen, werden im Versprechen aufgeschoben. Die dritte Figuration bezog sich auf die Frage, wie und unter welchen Umständen Schulinspektionsbefunde wirksam werden können und wo die Grenzen wirksamer Schulinspektion gezogen werden. Dabei ging es nicht zuletzt auch um Festlegungen bezüglich der Verantwortlichkeit für die Rezeption und Verwendung von Inspektionsbefunden, in denen sich die Rezipierenden als sowohl autonom wie auch heteronom, disponibel wie auch indisponibel bezüglich des Wirksammachens von Schulinspektionsbefunden konstiutieren.

Für alle drei Figurationen ließe sich herausstellen, wie mit der Narration über die (Nicht-)Rezeption ein einsichtiges Selbst autorisiert wird, das nicht nur Einsicht in die Inspektionsbefunde zeigt, diese für relevant erklärt, sondern auch die eigene Veränderungsbedürftigkeit anerkennt. Zur Wirksamkeit der Befunde wird sich aber nicht nur bekannt und deren Verwendung in Aussicht gestellt, sondern Wirksamkeit wird auch im Sinne eines Gewinns für die Rezipierenden eingefordert – und damit als stets noch künftig eintreffend markiert.

Im Durchgang der Analysen ließen sich weiterhin vielfältige Formen der Übersetzung von Inspektionsbefunden verfolgen. Besonders hinsichtlich der Farben, aber auch in der Auseinandersetzung mit den Bedingungen der Rezeption tauchten Thematisierungsweisen auf, in denen es um die Aneignung und Übersetzung von Inspektionsbefunden ging. An dieser Stelle wären Überlegungen weiterführend und fruchtbar, die sich auf das kulturtheoretische Konzept der „Hybridität" beziehen, das innerhalb der *postcolonial studies* diskutiert wird (vgl. vor allem Bhabha, 2000).

Mit Hybridität können diese Übersetzungen und Aneignungen über die Perspektive der Subjektivierung hinausreichend beleuchtet werden, insofern Hybridität, nach Homi K. Bhabha (2000), auf einen geteilten Raum sich überlappender oder verschränkender Sinnbezüge abhebt, „so dass Bedeutungswahrung und Bedeutungsverschiebung im Kulturellen ineinandergreifen" (Thompson & Jergus, 2014, S. 12). Dieses Ineinandergreifen innerhalb eines geteilten Raumes vollzieht sich nicht systematisch und geordnet, sondern als ereignishaftes Übersetzen, Verweisen oder Unterbrechen klarer Zuordnungen, die sich über das Aufeinandertreffen von Differenzen ergibt.

So ließe sich exemplarisch für Schulinspektion im Anschluss an die oben dargestellten Analysen fragen, inwiefern mit ihr eine bildungspolitische Steuerungs‚kultur' als Machtformation eingesetzt wird, mit der die schulischen Akteure „kolonisiert" werden (sollen) – indem sich die schulischen Akteure etwa auf Logiken des permanenten Nachweisens der Wirksamkeit ihrer Handlungen polen. Die intensive Rezeption und das Einschwören auf die Inspektionsberichte seitens der schulischen Akteure, die bildungspolitisch gefordert ist, führt aber, wie sich zeigte, auch zu Aneignungen der Inspektionsberichte, die auf nichtintendierte Weisen geschehen – etwa, wenn

Inspektionsbefunde in Schulnoten übersetzt und somit handhabbar gemacht werden. Diese nichtintendierten Aneignungen ermöglichen folglich Verhandlungen und kritische Auseinandersetzungen mit Schulinspektionen, in denen Machtformationen auch unterbrochen werden, beispielsweise indem die Frage aufgeworfen wird, wem die Wahrheit der Schule gehört und wer über diese richtet (siehe hierzu die Analysen in einem der folgenden Kapitels unter 10 auf Seite 349). Die Kritik an Schulinspektion wird gewissermaßen mit Schulinspektion vorgenommen. Werden auch diese Formen der Kritik nicht als den Machtformationen trennscharf gegenüberliegende gedeutet, sondern als in Relation zu diesen stehende, verwischen sich die Grenzen von „Eigenem" und „Fremdem", von Schule und Schulinspektion. Eine Analyse der Sprechpraktiken als Übersetzungs- und Aneignungspraktiken, in denen die Überlappung und Verschränkung von Sinnbezügen im Sinne von Hybridität situativ vorgenommen wird, erscheint demnach aufschlussreich und lässt präziser fassen, wie Übersetzung und Aneignung zusammenhängen.

9 Die Exposition der Schulleitung und die Etablierung schulischer Ordnungen

Einen umfänglichen Teil der Interviewgespräche nehmen Thematisierungen ein, in denen es um die Differenzierung und Identifizierung von Rezeptions- und Verwendungsakteurinnen von Schulinspektionsbefunden geht. Wie bereits an mehreren Stellen in den bisherigen Analysekapiteln angerissen, stehen die Differenzierungen von Rezeptionen im Zusammenhang mit der Adressierung von schulischen Akteuren innerhalb und außerhalb des schul(pädagog)ischen Raumes. Dabei wird die Frage verhandelt, wer in besonderer Weise responsibilisiert wird, mit den Inspektionsbefunden umzugehen und wer überhaupt als rezipierende schulische bzw. schulpädagogische Akteurin infrage kommt. Vor allem der Adresse der Schulleitung wird hierbei ein besonderes Gewicht zugesprochen, weil sie beispielsweise die Stetigkeit von Rezeptionen über die Zeit hinweg verbürgt und somit als Gelingensbedingung von wirksamer Schulinspektion positioniert wird (vgl. die Kapitel bzw. Abschnitte 3 auf Seite 29 und 8 auf Seite 259). So soll in den nachfolgenden Analysen der Fokus auf die Frage gelegt werden, wie in den Interviews Rezeptionsordnungen artikuliert werden und wie über diese schulische Ordnungen bzw. An-Ordnungen von schulischen Akteuren hervorgebracht werden.

Wenn es um schulische Ordnung(en) geht, so ist zu betonen, dass diese nicht vorliegen und lediglich referiert werden, sondern dass sie als Ordnungen im Interview benannt, verhandelt und performativ konstituiert werden. Einen ähnlichen Blick auf die Vollzüge schulischer Ordnungen *in actu* werfen ethnographisch angelegte Studien innerhalb der Schul- und Unterrichtsforschung, die sich zum Lernkulturansatz gehörend – oder als in dessen Linie stehend – rechnen (vgl. Kolbe et al., 2008). Das Konzept der „Kultur" wird darin praxistheoretisch justiert, so dass sich Lernkulturen – als Ordnungen – in pädagogischen Praktiken der Differenzbearbeitung konstituieren und nicht lediglich abbilden.[1] Der Ansatz grenzt sich damit von einem Verständnis

---

[1] Die Differenzbearbeitung bezieht sich auf drei Dimensionen, die mit dem Anspruch in Zusammenhang stehen, pädagogische Praktiken als solche zu bestimmen und von anderen sozialen Praktiken abzugrenzen (vgl. auch Reh et al., 2011). Unterschieden

© Springer Fachmedien Wiesbaden GmbH, ein Teil von Springer Nature 2020
M. Schmidt, *Wirksame Unbestimmtheit, unbestimmte Wirksamkeit*, Schule und Gesellschaft 63, https://doi.org/10.1007/978-3-658-28081-9_9

schulischer bzw. pädagogischer Ordnung als einzelschulischer Strukturvariante eines grundlegenden Strukturproblems ab, wie es im Schulkulturansatz (z. B. Helsper, 2008, 2010) formuliert wird.

> Ordnungen, auch pädagogische, lassen sich dabei verstehen als ein Geschehen in Anordnungen und Konfigurationen, die entlang unterschiedlicher Dimensionen bestimmen und bedingen, wie etwas – und insofern auch wie etwas nicht – von wem und vor wem bzw. zu wem gesagt und getan werden kann; dabei sind sie den Praktiken nicht einfach – z. B. als Strukturen – vorgegeben, sondern werden in diesen, indem sie auf- und ausgeführt werden, immer erst und immer wieder neu hervorgebracht (Rabenstein et al., 2013, S. 674).

Die jeweils spezifische Bearbeitung pädagogisch bedeutsamer Differenzen führt zur Herausbildung schul- und / oder lerngruppenspezifischer Lernkulturen, d. h. über Lernkulturen werden auch symbolische Gemeinschaften bzw. Einheiten gestiftet (z. B. ,die' Schule; vgl. Kolbe et al., 2008, S. 136).

Aufgrund des Verständnisses von Praktiken als durch praktisch-implizites Wissen der handelnden Akteure strukturiert und als insbesondere leiblich-verkörpert, beschränkt sich der lernkulturbezogene Ansatz auf sicht- und beobachtbare körperliche Aufführungen, vornehmlich im Setting des Unterrichts. Der Annahme einer praktischen Konstitution von Ordnung wird hier gefolgt, nicht aber dem Primat des körperlich Sichtbaren, in das ein praktisch-implizites Wissen eingeschrieben ist. Hingegen werden Sprechakte, wie in den vorangegangenen Kapiteln dieser Arbeit dargelegt, explizit als Praktiken der Wirklichkeitskonstitution verstanden, die im Zusammenhang mit der Brüchigkeit sozialer Wirklichkeiten stehen.[2]

---

werden (1) die soziale Ordnung des Unterrichts, deren Konstitution über die Einnahme differenter Rollen bzw. Akteurspositionen in einen Interaktionsgefüge prozessiert; (2) die Differenzordnung des pädagogischen Codes um Aneignung / Vermittlung (siehe Kade, 1997); (3) zudem die schulische Wissensordnung, in der zwischen legitimiertem bzw. für schulisches Lernen relevantem Wissen und nicht legitimiertem Wissen unterschieden wird (Kolbe et al., 2008, S. 133). In neueren Arbeiten wird die Praktik des Zeigens, anschließend an die Überlegungen Klaus Pranges zum Zeigen als Form des Pädagogischen (Prange, 2005), als pädagogischer Differenzbearbeitungsmodus diskutiert und anerkennungstheoretisch konturiert (vgl. z. B. Reh et al., 2011).

[2] Die Unterscheidung und Abgrenzung von Sprechhandlungen und Praktiken wird in diesem Zitat aus Reh et al. (2011, S. 220) deutlich: „Eine soziale Ordnung existiert [...] als Zusammenhang nicht nur in Sprechakten, sondern in Praktiken, in denen und mit denen sie produziert, reproduziert und transformiert werden". Für Überlegungen zum Zusammenhang von Sprechen und Körper siehe Butler (2006).

Neben der Fokussierung auf die Konstitution schulischer Ordnungen im Sprechen geht es in den nachfolgenden Analysen auch darum, die Ordnung des Schulischen mit der Ordnung des Interviews in den Austausch zu bringen und u. a. die Frage zu verfolgen, wie man sich im Rahmen des Interviews als Rezipierende sicht- und unterscheidbar machen kann. Zudem soll herausgearbeitet werden, auf welche Weisen sich Schulleitung als exponierte Position im schulischen Ordnungsgefüge ausweist und welche Verbindungen zur Schulinspektion dabei gezogen werden. Dabei folge ich der Annahme, dass Schulleitung zur Schulleitung wird, indem sie als Schulleitung spricht. Die Analysen werden entlang zweier zentraler Figurationen dargestellt und geordnet: Zum einen stellt die „Rezeptionsdifferenz" eine aus den Analysen gewonnene Figuration dar, zum zweiten ergibt sich die „Verteilungsdifferenz" als eine Figuration, die auf verschiedene Weisen im Sprechen aufgerufen und ‚umkämpft' wird.

9.1 Ordnungen des Schulischen I: Rezeptionsdifferenzen

Um die Artikulationen der Rezeptions- / Schulordnungen nachverfolgen zu können, soll noch einmal knapp auf die Verteilungsmodi des ‚Rezeptionsmaterials', der Inspektionsberichte, eingegangen werden, da die Thematisierungen sich auf diese beziehen: Die Inspektionsberichte sind von ihrem Format her nicht darauf ausgelegt, dass mehrere Personen diese systematisch gleichzeitig und gemeinsam rezipieren können – die Anzahl gemeinsam Rezipierender ist allein durch die Menge von drei Berichten begrenzt, die der inspizierten Schule, vermittelt über die Schulleitung, ausgehändigt werden. Rezeptionen werden auf diese Weise als individuelle und innerliche Akte präfiguriert, die von einem rezipierenden Selbst geleistet werden, welches sich über seine Rezeptionen als Selbst erkennbar macht. Erst im Anschluss an das Rezipieren der Berichte werden Formen des gemeinsamen Austauschs über die Befunde vorstellbar, in denen die Befunde sich in kollektiv(ierend)er Kommunikation veräußern lassen. Dies steht im Gegensatz zu gemeinschaftlichen und vergemeinschaftenden Formen der Rezeption, wie sie im Rahmen der ‚Erstbegegnung' durch die Inspektorinnen-Präsentation erfolgen.

Die verschiedenen Gestalt(ung)en von Inspektionsbefunden innerhalb des Inspektionsberichts, wie sie unter 8.1 auf Seite 261 dargelegt wurden, ermöglichen / erfordern weitergehend variable Zugänge und Aneignungen der Befunde entlang des Dokuments des Inspektionsberichts. Textuelle Aufbereitungen der Befunde in Form von Fließtexten stehen neben tabellarischen Gliederungen von Befunden, statistische Kennwerte stehen im Austausch mit Farbwerten und Plus- / Minus-Symbolen, es finden sich kursorische Übersichten, Zusammenfassungen von Befunden sowie detailliertere Deskriptionen und Wiederholungsschleifen. Individuelle Aneignungen der Befunde werden demnach auch durch die dokumenteninterne Varianz und ‚bausteinartige' Zusammensetzung der Befundinszenierung nahegelegt, so dass Rezeptionen als nicht standardisierte und in gewissem Maße nicht standardisierbare Vollzüge erscheinen. Die Befunde sollen verschiedene Rezeptions‚typen' gleichermaßen ansprechen und für die Rezeption gewinnen.

Diese Individualisierung bzw. Individualität von Rezeptionen wird in den Interviews ebenfalls zum Thema gemacht und (re-)produziert. Das Referieren ‚eigener' Rezeptionen dient dabei auch als Anlass, um Differenzierungen zwischen schulischen Akteuren vorzunehmen und sich als Schulleitung (an-)erkennbar zu positionieren, indem verschiedene Rezeptionsweisen identifiziert und gegeneinander profiliert werden:

> Interviewerin: Okay. Und was die Texte jetzt des ersten Teils [des Inspektionsberichts, M. S.] betrifft, wo die Bereiche ein bisschen genauer beschrieben wurden, was, was halten Sie da von den Texten?
>
> I2w: Also für mich ist das schon wichtig, das auch im Gesamtumfang dann nochmal im Zusammenhang zu lesen, ne? Die Kollegen, hatte ich den Eindruck, die mögen lieber diese Tabelle, das ist für sie schneller erfassbar und da muss man nicht so viel Zeit investieren, aber für die Schulleitung finde ich diese genaue Beschreibung der einzelnen Punkte dann schon wichtig (I2w, Z. 504–512).

Auf die evaluierende Kommentierung des textuellen Gehalts der Inspektionsbefunde hin befragt, nimmt die Interviewte Abgrenzungen bezüglich ihrer eigenen Rezeptionsweise vor und führt dabei Rezeptionen und Rezipierende zusammen. Mit der Art der Rezeption werden demnach auch Positionen im sozialen Raum Schule zugewiesen.

Das Zusammenspiel von Inspektionsbericht, Rezeptionen und Rezipierenden erfolgt entlang einer binären Unterscheidungslogik, in deren Folgen die Position der Schulleitung klar von der anderer schulischer Akteure separiert wird und eine Kontur erhält. Für Schulleitung, so wird reklamiert, sei eine gesamtumfängliche und zusammenhängende Lektüre der einzelnen Berichtsbestandteile bedeutsam. Die Art des Rezipierens wird hier durch die Praktik

Ordnungen des Schulischen I: Rezeptionsdifferenzen   315

des Lesens näher bestimmt (siehe hierzu den nächsten Abschnitt unter 9.1.1 auf Seite 318). Dieser Rezeption als diametral gegenüberstehend wird jene der (nicht näher spezifizierten) „Kollegen" benannt, die sich durch eine zugespitzte Fokussierung auf die tabellarische, zusammenfassende Übersicht und eine zeitliche Beschränkung der aufgebrachten Rezeptionsanstrengung kennzeichnet. Diese „Kollegen" *lesen* die Berichte nicht, sondern sie *„mögen"* die Tabellen und erscheinen so auch mehr emotional-affirmativ als rational rezipierend.

Die Reziprozität von Rezeption und Rezipierenden verdichtet sich weiterhin am eingebrachten Argument des „Investments", das ein ökonomisches Tauschgeschäft benennt. Die Höhe des Investments korrespondiert mit der sozialen Stellung innerhalb einer schulischen Hierarchie, so dass eine intensive Rezeption der Befunde hier auf einen möglichen *Identitäts-Gewinn* für die Rezipierende verweist (vgl. für den Zusammenhang von Differenz und Identität Laclau & Mouffe, 1991; Nonhoff, 2006). Ihre intensive Rezeption wird mit dem legitimen *Anspruch auf* die Schulleitungsposition bzw. der *Inanspruchnahme* der Schulleitungsposition entlohnt.

Gleichsam ist es die bereits eingenommene Position der Schulleitung, die die intensive Rezeption aller Berichtsbestandteile zu einer obligatorischen Aufgabe für die Rezipierende macht: Sie muss sich intensiv mit den Befunden auseinander setzen, will sie ihre Position als Schulleitung (auch vor sich selbst) *behaupten*. Eine solche Position muss offenbar, folgt man dieser Lesart, stets aufs Neue errungen und mittels spezifischer Inszenierungen autorisiert werden. Zwischen Schulleitung und Schulinspektion wird demnach eine enge Verbindung gestiftet.

Während in diesem Interviewfragment ein besonderes Erkenntnisinteresse der Schulleitung an den Inspektionsbefunden noch nicht als Anlass für eine intensive Befundrezeption thematisiert wird, so findet sich in anderen Interviews diese Bezugnahme durchaus. Es ist dann auch der „Wille zum Wissen" (Foucault, 1977), der Schulleitung gegenüber anderen schulischen Akteuren auszeichnet. Die Sprechenden exponieren sich entsprechend im Interview:[3]

---

[3] Inwiefern die Exposition der Schulleitung auch von der Anerkennung durch andere schulische Akteure abhängt, pointiert das folgende Interviewzitat: „I28: Die Schüler, Eltern und die Lehrer müssen merken, er [der Schulleiter, M. S.] lebt Schule. So wie der alte Bismarck. Der Staat bin ich. Die Schule bin ich (I28m, Z. 709–710)." Auch wenn hier nicht ausdrücklich auf die Verbindung von Schulleitung und schulexklusivem Wissen eingegangen wird, so kann dem Anspruch, Schule „zu leben" ein erkennbar

316 Die Exposition der Schulleitung und die Etablierung schulischer Ordnungen

Interviewerin: Sie hatten jetzt gerade über den Bericht gesprochen. Sie haben ja gesagt, Sie haben den gleich im Anschluss an die Präsentation gelesen. Darf ich fragen, warum Sie an dem Tag noch das Bedürfnis hatten?

I19w: [lacht] Warum, das weiß ich eigentlich selber auch gar nicht. Also, ich- naja, weil ich denke schon, es wurde ja in der Präsentation das sehr ausführlich erläutert, welche Kriterien beurteilt wurden und in welcher Weise und dann wurden die Kriterien unterlegt, also mit diesem Urteil, was für uns zutrifft. Aber das geht ja natürlich schnell, die Präsentation hat auch eine knappe Stunde gedauert. Das geht sehr schnell, denn man ist dort sehr aufgewühlt, dann haben wir hinterher noch mit den Eltern und mit dem Bürgermeister gesprochen, wie es so ist. Und ich wollte das dann schon im Detail mir nochmal in Ruhe zu Gemüte führen und, wie gesagt, mich hat das hier hinten beeindruckt, diese Ausführlichkeit [gemeint sind die Gesprächsprotokolle der Gruppengespräche, die nicht als eigentlicher Bestandteil des Inspektionsverfahrens gelten, M. S.]. Also richtig genau erklärt, was alles- und auch wirklich sehr schulbezogen, so wie es hier war.

Interviewerin: Hmhm.

I19w: Das hat mir am meisten gegeben, mehr als diese Ausführung hier.

Interviewerin: Hmhm, die Farben.

I19w: Hier guckt man einfach, aha, was war es denn, was hier nicht so-

Interviewerin: Ja.

I19w: Das habe ich auch beobachtet, was bei den Kollegen, das war mir auch interessant, die erste Reaktion-

Interviewerin: Hmhm.

I19w: Geblättert, was war das hier, was nicht grün war. Das hat am meisten interessiert. Sie wollten also sofort wissen, was war denn schlecht. Ich meine, sie hatten natürlich das große Gesamturteil gesehen.

Interviewerin: Ja.

I19w: Und tja, (.) es geht halt jeder anders damit um (I19w, Z. 720–739).

---

demonstrierter „Wille zum Wissen" zugeordnet werden, insofern Wissensvermittlung und -erwerb Kernaspekte pädagogischer Interaktionen darstellen.

Sowohl vonseiten der Interviewerin als auch vonseiten der Interviewten wird dabei die Adresse einer engagierten Schulleitung herausgearbeitet, die sich in ihrem volitionalen und genuinen „Bedürfnis" auszeichnet, die Inspektionsberichte zeitnah zu studieren – und damit eine (un-produktive?) Karenzzeit der Rezeption für sich zu begrenzen. Anders als bezüglich der Rezeptionsbedingung der Temporalität ist es hier gerade die Negation eines Moratoriums, die einen Unterschied macht.

Das Rezeptionsbedürfnis, so das Argument, ergibt sich als Effekt der Erstrezeption im Rahmen der Inspektorinnen-Präsentation: Diese sei zu dicht, zu abständig, zu emotional aufwühlend, zu kollektiv, um eine wirkliche Auseinandersetzung mit den Befunden zu gewähren. Kennzeichnend für die intensivierte Zweitrezeption, die hier nicht als Lesen, sondern als „zu Gemüte Führen" der Befunddetails vergegenständlicht wird, ist das Aufsuchen von Befunden, die nicht explizit in der Befundpräsentation vorweggenommen werden – so dass die Rezipierende einen umfassenden Einblick in die Inspektionsergebnisse erhält. In Bezug auf die Schulleitung zeichnet sich die Rezeption demnach in der komplettierenden und komplementierenden Aneignung von Erkenntnissen zur Qualität der eigenen Schule aus, wobei das Bedürfnis nach dieser Erkenntnis sowohl als zwanghaftes wie auch gleichsam als lustvolles erscheint. Als Schulleitung ist man zu intensiver Rezeption angehalten und tut dies mit Freuden.

Es ist hier nun, dies stellt die Referenz auf die Erstrezeption der Befunde heraus, weniger der Zeitpunkt, an dem die erneute und intensivierte Rezeption vorgenommen wird, der bezüglich der Verteilung von Akteurspositionen im Raum schulischer (An-)Ordnung einen Unterschied macht. Vielmehr scheint die Haltung zur eigenen Schule als einem Erkenntnisobjekt, über das es möglichst viel und detailliertes Wissen zu akkumulieren gilt, Schulleitung und ihre „Kollegen" als Rezipierende voneinander zu separieren. Hierzu zählt die Art der Hinwendung zu den Berichten, die Auswahl der Befunde, die rezipiert werden, die Intensität und Muße, mit der dies betrieben wird. Zwar mag den Kollegen ebenfalls ein Wille zum Wissen eignen, dieser lenkt sich aber ausschließlich auf ausgewählte, vornehmlich negative Befundrückmeldungen, die Schulleitung dagegen interessiert sich systematisch für Details, für die metaphorisch die Rede vom Lesen und der Textualität der Befunddarstellung, nicht aber die auf die Farben ausgerichtete Rezeption, steht.

Das besondere Gewicht, mit dem Wissen in Bezug auf die Position der Schulleitung versehen wird, lässt sich im Sinne der Verwissenschaftlichung

9.1.1 Dignität des Lesens

schulischer Praxis durch Schulinspektionen verstehen, insofern im Rezipieren der Inspektionsbefunde der Wert des Wissens (an sich, ohne auf spezifische Inspektionsbefunde einzugehen) anerkannt wird.

9.1.1 Dignität des Lesens

Ähnlich wird auch im nachfolgend zitierten Interviewtranskript Schulleitung auf ihr besonderes Interesse an den Inspektionsbefunden hin konturiert. Dieses besondere Interesse, welches sich darin expliziert, dass in egalitärer Manier alle Inspektionsbefunde gleichermaßen betrachtet werden, artikuliert sich bezüglich der Praktik des *Lesens*. Dem Lesen, im Sinne einer selbsttätigen und intellektuellen Aneignung von Kulturgütern, eignet also eine ausgeprägt positive Qualität: Insbesondere im schulischen Kontext ist mit dem Lesen von Texten ein besonderes Prestige verbunden, zumal sich die Schul- bzw. Unterrichtssprache auch jenseits von konkreten Textarbeitsszenarien als konzeptionell schriftsprachliche charakterisieren lässt (vgl. z. B. Cummins, 1979).[4]

Lesen impliziert einen im schulischen Kontext präferierten Modus der Welterschließung (und steht im Übrigen mit der Präferenz des Sehens als Wahrnehmungsmodus, der in besonderer Weise mit ‚Wahrheit' korrespondiert, in Verbindung; vgl. zur pädagogischen Bedeutsamkeit des Sehens F. Schmidt et al., 2016). Nicht zuletzt stellt Lesen auch eine für wissenschaftliches Arbeiten relevante Tätigkeit dar, bei dem das Studium von Literatur Einsichten und Erkenntniszuwachs verspricht. Insofern Schulinspektion häufig mit wissenschaftlichen Vorgehensweisen assoziiert wird, lässt sich auch dahingehend eine Aufwertung des Lesens und eine damit zusammenhängende *Verwissenschaftlichung* des Schulischen durch Schulinspektion nachvollziehen.

Es mag demnach durchaus nicht unbedeutend erscheinen, ob man seine

---

[4] In Texten zur Spracherwerbsforschung und Sprachförderung von Kindern mit Deutsch als Zweitsprache wird besonders für den Bereich der Grundschulpädagogik herausgestellt, dass ein starker Zusammenhang aus Schulerfolg und dem Erwerb von Schriftsprachlichkeit, zu der auch das Lesen zählt – Cummins (1979) spricht von „Cognitive Academic Language Proficiency" –, angenommen werden kann. Dieser Zusammenhang macht erklärlich, dass etwa Kinder, die Deutsch nicht als Muttersprache erlernen, überdurchschnittlich häufig von Schulmisserfolg betroffen sind, so dass die Schule und deren schriftsprachliche Orientierung als Quelle der Produktion von Ungleichheiten im Sinne „institutioneller Barrieren" (Bredel, Fuhrhop, & Noack, 2011, S. 204) in den Blick gerät. Vergleiche zur Thematik der institutionellen Diskriminierung ebenfalls Gomolla und Radtke (2002).

Rezeptionspraxis als Lesen bezeichnet oder auf andere Bezeichnungen, Bilder, Metaphoriken zugreift. So flicht sich das Lesen als ‚Verhandlungsmasse' in die Interviews:

> Interviewerin: Okay, wie ist das denn mit dem Bericht bei Ihnen weitergegangen. Sie hatten ja zwei bekommen, haben Sie denn schon mal in einen nochmal reingelesen?
>
> I16w: Ja, also ich habe gelesen, natürlich.
>
> Interviewerin: Können Sie sich noch erinnern, was Sie sich zuerst angeschaut haben?
>
> I16w: Ich hab es mir der Reihe nach angeschaut.
>
> Interviewerin: Von vorne nach hinten?
>
> I16w: Von vorne nach hinten gelesen, weil mich alles interessiert hat (I16w, Z. 746–756).

In diesem kurzen Interviewdialog wird das individuelle Lesen des Berichts sowie der Selbstentwurf als Lesende seitens der Befragten thematisch, ohne dass Vergleiche mit anderen Rezeptionen / Rezipierenden explizit vorgenommen werden. Mit der Interviewerinnenfrage danach, ob die Interviewte in einen Bericht „nochmal reingelesen" habe, wird eine Nicht-Rezeption der Berichte als unwahrscheinlich zu realisierende und im Sinne des Interviewanlasses unpassende Umgangsmöglichkeit konturiert. Zwar ließe sich verneinen, dass bereits gelesen wurde – indem aber das „Reinlesen" anschließt an die Frage des weiteren Verlaufs von Umgängen mit den Inspektionsberichten, wird das Lesen nicht nur als *eine* Möglichkeit des Rezipierens nahegelegt, sondern auch als Aufforderung verständlich – eine Aufforderung, die sich eben nicht so leicht ablehnen lässt, wie es die Interviewerinnenfrage zunächst suggerieren mag. Mit der Formulierung eines „Reinlesens" wird indes eine gegenüber dem intensiven / extensiven Lesen abgeschwächte Intensität des Lesens als Möglichkeit eingeführt.

Die Antwort der Interviewten in *I16w* bestätigt und erneuert denn auch die Notwendigkeit des Lesens – im Hinblick auf die Position der Schulleitung –, indem dieses nachdrücklich als Selbstverständlichkeit herausgestellt wird („ich habe gelesen, natürlich"). Offensichtlich ist das Lesen sogar so selbstverständlich, dass darüber nicht allzu viele Worte verloren werden müssen oder dürfen: Die Äußerungen der Interviewten sind wenig beredt, sie übersteigen thematisch nicht die Interviewerinneneingaben und agieren vornehmlich reaktiv-akklamativ. In den durch die Interviewerin forcierten Einsätzen geht es darum, dem Lesen ‚auf die Spur' zu kommen, während die Antworten diese Fährte nicht aufnehmen. Die eigene Lesepraxis ist schlicht nicht der Rede wert.

Entgegen den Befunddarstellungen des Inspektionsberichts, die Formen selektiven Rezipierens zulassen, folgt das hier konturierte Lesen einem nahezu starren Ablauf. Es werden keine bestimmten Inhalte dramatisiert, an keinem Punkt wird länger verweilt. Zwischen den einzelnen Berichtbestandteilen werden demnach auch keine Wertigkeitsunterschiede gemacht.

Andere Formen der Rezeption werden gegenüber dem sich exponierenden Lesen kaum thematisiert, insbesondere wenn sie nicht als Äquivalente von Lesen gelten können – oder deren Thematisierung ist mit einem Wagnis verbunden:

> Interviewerin: Okay. Ich würde zunächst mal auf die Ergebnisse des Berichts eingehen, beziehungsweise zunächst, wie sie den Bericht, als Sie den bekommen, wie haben Sie den gelesen und wie lange haben Sie gebraucht? Was können Sie mir dazu sagen? Haben Sie den überhaupt gelesen?
>
> I23m: Also ich muss, ich muss, ich muss ganz ehrlich sagen, also ich habe ihn bisher nur diagonal gelesen.
>
> Interviewerin: Okay.
>
> I23m: Ich habe ihn noch nicht wirklich konzentriert, wie man ein Buch liest, von der ersten Seite bis zur letzten, gelesen. Das hab ich noch nicht gemacht. Das werde ich aber spätestens machen müssen, denn wir haben- ich hab gerade eine Einladung geschrieben für eine Elterninformationsveranstaltung, die wir gemeinsam mit dem Elternrat machen wollen. Dort muss ich logischerweise firm sein in allen Punkten. Also bis zu diesem Termin muss ich ihn spätestens gelesen haben, das ist ganz klar (I23m, Z. 48–63).

Berichtet wird in diesem Sprecheinsatz von der Rezeptionspraktik des Diagonallesens der Inspektionsbefunde. Diese ließe sich zwar noch immer als Lesen bezeichnen, aber kommt nicht mit der referierten Idealform des Lesens überein. Die Idealform bzw. Norm des „wirklich[en]" Lesens wird anhand der Buch-Metaphorik artikuliert: Das Lesen eines Buches verlangt eine gewisse Ausdauer und Konstanz im Rezipieren sowie eine spezifische Chrono-Logik der Aneignung des Gelesenen. Ein Buch liest man „konzentriert" und „von der ersten Seite bis zur letzten", ähnlich des vorher zitierten Interviews mit *I16w*. Besonders gegenüber den prüfungsförmigen Frageformulierungen der Interviewern ("Was können Sie mir dazu sagen? Haben sie den überhaupt gelesen?") erscheint es als ein Wagnis, seine eigene Rezeptionspraxis nicht als Lesen auszuweisen. Die Konkretisierung der Rezeption als "Diagonallesen" erscheint dann als Bekenntnis bzw. Eingeständnis, das vornehmlich darin artikuliert werden kann, dass es als authentisches Sprechen markiert wird ("Ich muss ganz ehrlich sagen", vgl. Reh, 2003). Das Bekenntnis ist gefolgt vom Versprechen auf das Nachholen des bisher versäumten Lesens, das als selbstverständlich und erwartbar in Aussicht gestellt wird – ist doch mit dem (intensiven) Lesen Erkenntnis und Wissen verbunden, welche(s) die Schulleitung benötigt, um den Inspektionsbericht gegenüber dem Elternrat zu vertreten.

Ein solches Versprechen inklusive der empirischen ‚Fundierung' einer Einlösung des Versprechens (das empirische Datum der Elterninformationsveranstaltung bindet die Schulleitung terminlich an die Berichtsrezeption) dient gegenüber der Interviewerin als Legitimation des kaum akzeptablen Diagonallesens. Auf diese Weise muss dann auch die Identität einer in besonderer Weise von der Schulinspektion in die Pflicht genommenen Schulleitung nicht zur Disposition gestellt werden, auch wenn sie vorläufig ihre ‚Leseschuld' nicht einlösen kann.

9.1.2 Schulleitung als Medium von Rezeptionen

Während das Lesen der Inspektionsberichte für die Schulleitung noch als unbedingte Selbstverständlichkeit galt, wird es gegenüber anderen schulpädagogischen Akteuren, etwa den inspizierten Lehrkräften, als ein lediglich möglicher Rezeptionsmodus figuriert. Damit ist eine *Rezeptionsdifferenz* aufgerufen, die die Position der Schulleitung gegenüber anderen schulischen Akteuren als besondere hervorhebt. Während in einigen Interviews die (Form der) Rezeption der Befunde durch schulische Akteure als deren freie Wahl dargestellt wird, die dann zum Differenzierungskriterium der Schulleitungsposition gereicht, ist es in anderen Interviews dagegen gerade die Zwanghaftigkeit des Rezipierens, die zur Etablierung der Schulleitungsposition führt. Schulleitung konturiert sich dann darin, dass sie die Rezeptionsdifferenz überbrückt – und in der Überbrückung, die nur sie allein gewährleisten kann, eine neue Differenz schafft.

Insofern das Rezipieren der Inspektionsbefunde für Lehrkräfte als bedeutsam erklärt wird, müssen diese mitunter mit ihrem Rezipieren explizit

322 Die Exposition der Schulleitung und die Etablierung schulischer Ordnungen

vermittelt werden. Dies stellt einen Einsatzpunkt für Schulleitung dar, die damit ihre besondere Positionierung in Bezug auf Schulinspektion abermals herausstellt. Nicht nur rezipiert sie anders / besser, indem sie gründlich(er) liest, sie kann kann auch als Fürsprecherin und Medium der Rezeptionen der Befunde durch andere schulische Akteure fungieren. Schulleitung wird damit als Bedingung erfolgreichen Rezipierens der Inspektionsbefunde im Lichte von deren Wirksamkeit platziert.

Im folgenden Interviewausschnitt, in dem eine solche Rezeptionsvermittlung angesprochen ist, hat die Schulleitung ‚ihren' Lehrkräften das Sichten der Berichte – von Lesen ist dabei nicht die Rede – im Sinne einer Dienstaufgabe ausdrücklich angewiesen. Hierfür mussten die Lehrkräfte den Weg ins Sekretariat auf sich nehmen, um den dort ausliegenden Inspektionsbericht einsehen zu können, da dieser nicht räumlich zirkulieren durfte. Dem Bericht beigefügt war dabei ein Laufzettel, auf dem Datum, Namen und Unterschrift der jeweiligen Rezipierenden einzutragen waren. Mittels Unterschrift sollten die Lehrkräfte quittieren und sichtbar verbürgen, dass ihre Einsichtnahme stattgefunden hat.

Eine solche Rezeptionskontrolle mittels Unterschrift und Anwesenheit im Sekretariatsraum setzt die Schulleitung als notwendige Position innerhalb eines Gefüges der Berichtrezeption ein:

> Interviewerin: Und da gibt's dann einen Stichtag bis, bis zu dem das alle gesehen haben?
>
> I22w: Genau. (.) Richtig.
>
> Interviewer: Und was, wenn das einer nicht gemacht hat? Was, wie würden Sie denn dann (beginnen?)
>
> I22w: Ich hab schon das erste Mal gemeckert.
>
> Interviewerin: Okay [lacht].
>
> I22w: Also, es gab schon einen Stichtag, das war der 31. (.) April, weil ich hab ja noch eine Zweigstelle und da waren nur, ich glaube, ich hab's ausgerechnet, 13 von 24 Unterschriften drin und vorige Woche war Dienstberatung, da hab ich gesagt: Kollegen, ich möchte gern nochmal an die Termintreue erinnern, wir haben bis zum- und da sind sie [die Köpfe?, M. S.] schon nach unten gegangen.
>
> Interviewerin: [lacht]
>
> I22w: Ich hab gesagt, jetzt geht's erst mal an die Zweigstelle, so war's ja auch von mir geplant, dort ist diese Woche der Evaluationsbericht

> zurück gekommen und jetzt hängt noch einmal ein Aushang und jetzt
> hab ich verlängert bis nächsten Freitag. Und ich gehe davon aus, dass
> dann alle Unterschriften drin sind. (.) Ich geh auch davon aus, dass
> reingeschaut wird, also nicht bloß Unterschriften. Weil sie wissen, dass
> ich da auch in Dienstberatungen drauf eingehe (I22w, Z. 345–366).

Wie sich der Schilderung der Interviewten entnehmen lässt, hat das Rezipieren für die (im Hinblick auf ihre Rezeptionspraktiken hier eher gleichrangigen) „Kollegen" keineswegs den selbstverständlichen und damit zwanghaften Charakter, wie dies für Schulleitung gilt. Demzufolge muss eine solche Verbindlichkeit eigens hergestellt werden, indem die Aufmerksamkeit der „Kollegen" qua einer Kontroll- und Signaturpraktik auf die Inspektionsberichte hin kanalisiert wird, so dass sich die Wahrscheinlichkeit einer Rezeption erhöht.

In dieser schulleitungsbasierten Rezeptionsvermittlung geht es zunächst um die formale Absicherung eines Zugangs zu den Inspektionsberichten / -befunden: Der Signifikant des Rezipierens (in Form von Sehen / „Reinsehen") dient hierbei, unabhängig von einer näheren Spezifizierung und Kategorisierung dessen, was als gute Rezeption gelten kann, als *Vergemeinschaftungsanlass*, der eine institutionell-organisatorisch Gleichgerichtetheit auf dem Mindestniveau des Wahrnehmens von Befunden sichert – beispielsweise, indem anhand der rezipierten Inspektionsbefunde im Rahmen einer Dienstberatung ein gemeinsamer Bezugspunkt des Gesprächs geschaffen wird. Rezeptionen werden dann, einmal durchgeführt, von allen auf die gleiche Weise praktiziert, so scheint es hier.

Neben einer quantitativen Dimension, die das Rezipieren aller sicherstellt, wird in anderen Interviews aber auch eine *qualitative* Dimension als Differenzierungsmoment eingebracht, die abermals Schulleitung als eine dritte Vermittlungsposition zwischen Schulinspektionsbefunden und schulischen Akteuren figuriert. Nicht allein das (vollumfängliche) Lesen findet dabei eine Erwähnung, sondern auch das an das Lesen gekoppelte *Verstehen* der Inspektionsbefunde, welches abermals Sortierungen unterschiedlicher schulischer Akteure ermöglicht. Für Schulleitung stellt sich das Problem des Verstehens der Befunde im Hinblick auf die bereits erwähnte Konstitution eines exklusiven, an die Position gebundenen Wissensbestandes; eine Problematisierung der Befundrezeption selbst wird aber kaum thematisch. Rezipieren bzw. Lesen wird vielmehr als mühelose Angelegenheit konturiert, die keine Irritationen oder kognitive Herausforderungen evoziert:

324 Die Exposition der Schulleitung und die Etablierung schulischer Ordnungen

Interviewer: Okay. Haben Sie sonst noch was anzumerken zu den Texten- (.) Satzlänge? Also, konnte man die Information schnell aufnehmen oder müsste man da auch nochmal überarbeiten?

I2w: Nö, also fand ich eigentlich in Ordnung. Es ist natürlich von Person zu Person auch unterschiedlich, wie das man auffasst, aber da hatte ich kein Problem damit (I2w, Z. 534–539).

Je weniger problematisch eine Rezeption von Befunden sich für die Schulleitung gestaltet, desto mehr wird dies für andere schulische Akteure reklamiert. Das Lesen der Berichte wird in Referenz auf das Scheitern einer Rezeption seitens schulischer Akteure, die nicht Schulleitung sind, als intellektuell anspruchsvolle Tätigkeit formuliert. Auch in dieser Hinsicht tut sich die Notwendigkeit für Vermittlung auf, die Schulleitung produktiv ‚bedient‘:

Interviewer: Gab's da so ne Art Diskussion, als sich-

I17w: Die Schüler haben's nicht verstanden.

Interviewer: Die Schüler haben's nicht verstanden?

I17w: Ich bin dann noch in den Schülerrat gegangen und habe das noch mal erläutert mit einfachen Worten, die Fremdwörter können sie nicht. (.) Und die Eltern, (.) äh, ich hab nächste Woche Elternrat, ich denke, das werde ich auch noch mal erklären, (.) ich hab das denen schon mal ein bisschen erklärt, wer Fragen hatte (I17w, Z. 324–333).

Befragt nach den sich an die Befundpräsentation anschließenden Verständigungen zwischen den von Schulinspektion ‚betroffenen‘ schulischen Akteuren („Gab's da so ne Art Diskussion [?]"), wird eine Asymmetrie im Verstehen der Schulinspektionsbefunde zugunsten von Schulleitung aufgerufen. Schülerinnen und Eltern hadern mit dem im Inspektionsbericht zitierten pädagogischen Fachvokabular und werden dergestalt als Akteure ausgewiesen, für die das Wissen um die Befunde zwar relevant sein mag, die aber nicht ‚eigentlich‘ vom Bericht adressiert werden, da dieser eine andere Sprache spricht.

Demnach erscheint diese Vermittlungspraxis auch gewissermaßen als gegenläufig zu den Befunden, die, in ihrer Verwendung eines spezifischen pädagogisch-fachwissenschaftlichen Vokabulars, die Inklusion und Exklusion von Adressatenkreisen offenbar zu regulieren beanspruchen. Die Vermittlungstätigkeit der Schulleitung ist demnach ebenso als ergänzend, wie auch als gegenüber den Inspektionsberichten widerständig zu fassen.

Um Einsichtnahmen von Schülerinnen und Eltern in die Befunde zu gewährleisten, tritt Schulleitung als Übersetzerin auf und transformiert fremde
Begrifflichkeiten in den Schülerinnen und Eltern vertraute, didaktisiert so
den Zugang zu den Befunden für die Adressatinnen – im Sinne der Teilhabe
aller schulischen Akteure am Rezeptionsgeschehen. Die Schulleitung kann
von ihrem Ort der vermittelnden Dritten aus offenbar mühelos zwischen den
verschiedenen akteurssprachlichen Codierungen switchen, Adressatinnen-
als auch Befundsperspektive miteinander ins Gespräch bringen. Zugleich
lädt sich die Schulleitung aber auch mit dem Machtanspruch des ‚richtigen'
Verstehens der Befunde auf, insofern ihre Vermittlungsinhalte nicht noch
einmal eigens Gegenstand von Auseinandersetzungen darstellen.

Sowohl hinsichtlich der Quantität als auch der Qualität der Rezeption von
Inspektionsberichten seitens schulischer Akteure, so ließe sich an dieser Stelle
festhalten, tritt Schulleitung vermittelnd auf und stellt insofern eine Rezeptionsbedingung dar. Bedeutsam ist vor allem bezüglich der ‚qualitativen
Vermittlung' von Befundrezeption deren pädagogische Charakteristik, die
sich etwa darin zeigt, dass Schulleitung sich stets schon an jenem Ort befindet, an dem sich die anderen schulischen Akteure erst noch einfinden müssen:
Sie liest die Befunde intensiv und umfänglich, sie versteht sie komplett und
weiß die Befunde so zu didaktisieren, dass diese Anschlüsse produzieren.
War die Schulleitung im Rahmen des Inspektionsverfahrens selbst auf dem
Prüfstand und ist in der steten Weiterentwicklung schulischer Qualität in
eine fortwährende Arbeit an sich selbst verwickelt, so ist sie im Hinblick auf
die Rezeptionsvermittlung bereits am anderen Ende eines pädagogischen
Verhältnisses angekommen und fungiert (wieder) als *Lehrende*. Die pädagogische Vermittlungsaktivität richtet sich nicht allein auf Schülerinnen, sondern
auch auf die Lehrerinnen-Kolleginnen, sofern sie dieser bedürfen:

> Interviewerin: Ja, toll. Okay. Und gab's irgendwie Rückmeldungen,
> dass irgendwas nicht verstanden wurde, von der Wortwahl, oder was
> das alles klar verständlich? Ist ja doch sehr viel Text.
>
> I13w: Naja, ja, da wurde schon auch drüber geredet, ne?, was ist
> das? Oder so. Was ist damit gemeint? Oder so. Da reden wir schon
> drüber. Oder ich hab auch den Kollegen nochmal gesagt, liebe Leute,
> ihr müsst euch mit diesen Fachwörtern-, ne? Also alle möglichen
> Fachwörter, intrinsisch oder hier, Inklusion und solchen-, ihr müsst
> das- ihr müsst Bescheid wissen. Ne? Und immer wieder daraufhin
> auch- ne?, was ist das? Und ich hab jetzt, ich hab auch verschiedene

> Bücher gekauft, da stand das auch ganz genau erklärt, hab ich auch
> reingegeben, manchmal waren sie gleich verschwunden, da hat die sich
> einer rausgenommen, musste ich erst sehen, dass die wieder herkamen
> (I13w, Z. 838–850).

Dieser Gesprächseinsatz der Interviewten in *I13w*, der von vielen zitatförmigen Wiedergaben indirekter Rede und unvollendeten Sätzen gespickt ist, thematisiert die Auseinandersetzung mit den Inspektionsbefunden als *(Fort-) Bildungsanlass*, der hinsichtlich der Bedeutsamkeit von fachlich strukturiertem Wissen über die Schule bzw. die pädagogische Arbeit entfaltet wird. Inspektionsberichte stellen dann einen Kontaktpunkt aus pädagogischer Fachwissenschaft und Schulpraxis bereit, die sich anhand von Fachbegrifflichkeiten ,neu' verständigen muss. Jenseits der Frage, welchen Qualitätszustand der Schule die Inspektionsbefunde beschreiben, adressiert deren fachsprachliche Verfasstheit die Praxis zur Aneignung der Befunde: „ihr müsst Bescheid wissen", was die Begriffe bedeuten. Die Kenntnis der Fachbegriffe mag mit dem Selbstverständnis einer pädagogischen Praxis als wissensbasierter Profession zusammenspielen (vgl. z. B. A. Schmidt, 2008).

In der Artikulation eines Fortbildungsbedarfs ist auffällig, dass dieser nicht als gemeinsame Angelegenheit gilt, sondern die Schulleitung ausnimmt. Deren Aufgabe beschränkt sich darauf, für andere diese Lerngelegenheit qua Literaturbeschaffung zu organisieren, sie wirkt hier gegenüber dem vorher referierten Interview *I17w*, in dem die Schulleitung als Übersetzerin in Erscheinung trat und damit den Deutungsgehalt der Befunde beschränkte, eher *implizit vermittelnd*. Dennoch profiliert sich Schulleitung auch hier darin, Verantwortung für die Rezeption der anderen zu übernehmen und so eine notwendige Rolle im Rezeptionsgeschehen zu spielen. Diese Verantwortungsübernahme rechtfertigt sich so, dass die Schulleitung des Studiums der Fachbegriffe nicht bedarf. Auch in diesem Interviewzitat geht es folglich darum, dass andere erst für etwas kompetent gemacht werden müssen, das die Schulleitung bereits ist.

Dabei ist es nicht das richtige Verstehen, welches bezüglich der Befundrezeption problematisiert wird, sondern es handelt sich eher um eine pädagogische Fürsorge, die dazu beiträgt, dass alle zu ihrem jeweiligem Besten mit den Befunden umgehen können. Die Schulleitung nutzt den ihr zugesprochenen Verstehensvorsprung nicht, um eine spezifische Deutung der Befunde durchzusetzen.

Ordnungen des Schulischen I: Rezeptionsdifferenzen 327

9.1.3 Unsichtbare Schulleitung

Eine Vermittlung kann indes auch rekursiv reklamiert werden, wie nachfolgend verdeutlicht wird. So geht es nicht allein darum, dass die Schulleitung andere schulische Akteure mit den Inspektionsbefunden vermittelt, sondern die Befunde können ihrerseits auch in die Position eines Mediums einrücken. Die Befunde werden in diesem Sinne eingesetzt, um ein vonseiten der Schulleitung vorhandenes Interesse gegenüber anderen durchzusetzen. Dabei kommt es zum Verdecken des ‚originären' Schulleitungsinteresses durch die Befunde, wodurch sich eine wirksame Durchsetzung ersterer versprochen wird. Entgegen den bisherigen Analysen ist es nunmehr gerade die *Nichtsichtbarkeit* der Schulleitung, die diese zu einer besonderen Adresse im Rahmen des Schulinspektionsprocederes macht. Dies lässt am folgenden Interview nachvollziehen:

> Interviewerin: Sie haben gesagt, Sie hatten im Vorfeld besondere Erwartungen an die externe Evaluation. Können Sie das nochmal konkretisieren?
>
> I3w2: Also ich persönlich bin jemand, der möchte, dass sich Schule entwickelt und der dafür auch versucht, Prozesse zu initiieren, vorzudenken und auch immer wieder versucht, Impulse zu geben und etwas anzuschieben. Das ist so, ich bin so ein Unruhegeist, so ein Unruhestifter. Im positiven, vielleicht auch im negativen Sinne und für mich war die Erwartungshaltung an diese Evaluation, also zumindest auch in dieser Anfangsphase so, dass man einen Spiegel vorgehalten bekommt und dass das einen Impuls gibt. Mir ist allerdings, nachdem das Verfahren auch besser bekannt war, nachdem das dann auch mehr in anderen Schulen auch so durchgelaufen ist, bewusst geworden, dass diese Erwartungshaltung viel zu hoch ist.
>
> Interviewerin: Hmhm.
>
> I3w2: Und genau das ist auch eingetreten, wir haben zwar einen Spiegel vorgehalten gekriegt, aber das, was uns der Bericht sagt, wird nicht das auslösen, was ich mir wünsche. Also, ich habe eine motivierende Wirkung erhofft.
>
> Interviewerin: Hmhm.
>
> I3w1: Ja.
>
> I3w2: Ich habe gehofft, dass man ehrlich sieht, aha, Schüler schätzen das so ein, Eltern schätzen das so ein, vielleicht müssen wir doch mal

an uns arbeiten und das ist in meinen Augen zu wenig rübergekommen.
Also, ich will nicht sagen: gar nicht, aber ich glaube zu wenig.

I3w1: Hmhm (I3w, Z. 259–275).

In dieser Anklagerede wird die Schwierigkeit der Schulleitung, ‚ihre' Lehrkräfte für Schulentwicklung zu mobilisieren, formuliert. In einem vorherigen Gesprächsabschnitt charakterisierte die Sprechende die Lehrkräfte dabei als „Veränderungen skeptisch gegenübersteh[end]" (I3w2, Z. 106–107) und als auf den eigenen „Vorteil" (I3w2, Z. 109) bedacht, so dass in Folge keine Kooperation unter den Lehrkräften zustande kommt. Von diesen optimierungsverweigernden Lehrkräften setzt sich die Sprechende explizit ab, indem sie sich selbst als „jemand, der möchte, dass sich Schule entwickelt" und als bereits mobiler bzw. mobilisierter „Unruhegeist" thematisiert. In der Kritik an den Lehrkräften wird diese Form der Mobilität als zu erstrebendes Ideal herausgestellt – dies ist analog zum Ansinnen von Schulinspektion, welche Schulentwicklung anregen soll.

Die mobile Schulleitung geistert durch die Trägheit der Lehrkräfte, kann den in die Starre geratenen Status Quo aber nicht aufschrecken – als „Geist" erscheint die Schulleitung bereits an dieser Stelle, hier jedoch noch auf problematische Weise, unsichtbar. Um die Lehrkräfte letztlich doch noch für Schulentwicklung zu mobilisieren, wird sich von der Schulinspektion erhofft, dass diese Impulse setzt und das Kollegium dergestalt in Bewegung versetzt, wie es die Schulleitung selbst nicht vermag. Im Sinne eines *wahrheitspolitischen Einsatzes* fungiert die Vermittlung der Schulinspektionsbefunde hier als Mittel zum Zweck, um eine veränderungsoptimistische Haltung gegenüber den Lehrkräften durchzusetzen. Schulinspektionsbefunde, so der in *I3w* referierte Anspruch, sollen die Schulleitung dort *katalysieren*, wo deren Einfluss auf andere schulische Akteure begrenzt ist.

Die Befunde rücken hier gar in die Position der Schulleitung, wodurch letztere hinter die Befunde zurücktreten und unsichtbar werden kann. Sie sollen von selbst und ohne Zutun der Schulleitung an dieser Stelle Wirksamkeit entfalten („motivierend" wirken), indem sie ein „Spiegel"-Bild der realen schulischen Verhältnisse zeichnen. Der Blick in den Spiegel mobilisiert, folgt man dieser Logik, weil er aufschreckt und die imaginäre Selbstverkennung der Blickenden unterbricht, somit zur Einsicht (ver)führt, dass „wir vielleicht doch mal an uns arbeiten müssen".

Zwar glückt die Durchsetzung des Schulleitungsinteresses mithilfe der Inspektionsbefunde letztlich nicht, da das Spiegelbild die schulischen Probleme nicht in der nötigen Drastik verbildlichen kann. Der Anspruch, ein Erfüllungsgehilfe der Schulleitung zu sein, bleibt für die Inspektionsbefunde aber darin noch erhalten.

Ein indirekter, nicht offenkundiger Einfluss der Schulleitung auf das Kollegium durch die Schulinspektionsbefunde wird auch im folgenden Interview thematisch:

> I14w: Und ich meine am Ende können sie eh als Schulleiter nicht irgendwelche Ziele abstecken, wenn sie das nicht mit dem Kollegium abgesprochen haben.
>
> Interviewerin: Hmhm.
>
> I14w: Ich meine es geht schon, aber das mache ich nicht. Ja, und das ist eigentlich- also es [die Schulinspektion bzw. deren Befunde, M.S.] hat irgendwo reingepasst, zufälligerweise (I14w, Z. 508–511).

Das Zitat pointiert den Vermittlungsaspekt der Befunde, insofern Zwang und Druck seitens der Schulleitung als geradezu kontraproduktive Anreizmechanismen für eine Schulentwicklung benannt werden. Re-zitiert wird damit eine Regierungslogik der impliziten, da auch selbstgewollten Steuerung und demnach eine Analogisierung von Schulleitung und Schulinspektion.

9.1.4 Heterogenitäten / Homogenitäten

Die Frage nach Etablierung und Mobilisierung der Schulgemeinschaft taucht in den Interviews immer wieder und in verschiedenen Zusammenhängen auf. Auch hinsichtlich der Rezeptionsdifferenz, die in die Bildung schulischer Ordnungen hinein spielt, sind Vergemeinschaftungen bedeutsam: Die differenzierenden Positionszuweisungen entlang von Rezeptionspraktiken werden begleitet von Tendenzen gegenläufiger Homogenisierungs- und Kollektivierungsbewegungen.[5]

Diese Homogenisierungen etablieren sich zum einen hinsichtlich der grundlegenden Gemeinsamkeit, die Inspektionsbefunde zu rezipieren bzw. rezipieren zu müssen: Konträr zu ihren je differenten und differenzierenden Rezeptionsmodi sind Schulleitung und Lehrkräfte, worauf letztlich auch die Rede von den „Kollegen" verweist, dahingehend vereint bzw. vergleichbar,

---

[5] Vergleiche hierzu die (schul)pädagogischen Diskussionen um Homo- / Heterogenität, z. B. bei Budde (2012), Budde (2013), Trautmann und Wischer (2011).

dass beide sozialen Akteurspositionen einen Umgang mit den Inspektionsberichten finden (müssen). Selbst in jenen Fällen, in denen eine Rezeption
unterbleibt, bedarf dies einer explizit vorgenommenen Entscheidung.

Die Rezipierenden grenzen sich darin – als Gemeinschaft – wiederum von
einer Vielzahl an ungenannten (schulischen?) Akteuren ab, die die Berichte
gar nicht erst rezipieren oder nicht zur Rezeption zugelassen werden. In
dem Maße, in dem also Inspektionsberichte und -rezeptionen schulische
Akteure voneinander unterscheiden, führen sie sie auch zusammen und
bieten Möglichkeiten der Vergleichbarkeit von Rezeptionen untereinander.
Entlang der Unterscheidung Rezeption / Nichtrezeption kann demnach auch
die Sondierung erfolgen, wer als schulische Akteurin gilt (siehe den nächsten
Abschnitt zu den Verteilungsmodi).

Zum anderen finden sich Homogenisierungen dort, wo Rezeptionen individualisiert werden: Wann immer eine Rezeptionspraxis als die eigene und
individuelle reklamiert wird, wird die Rezeption ‚der‘ anderen als nichtin-
dividuelle und für alle diese anderen vergleichbare (mit-)konturiert. Diese
anderen schul(pädagog)ischen Akteure werden zumeist als homogene Gruppe
gefasst. Wenn die Rezeption der Ergebnisse folglich zur Herausforderung
wird, dann wird sie das für alle betroffenen Akteure einer Akteursgruppe.
Im oben angeführten Interviewausschnitt mit *I17w* wurden die Schülerinnen
beispielsweise im Hinblick auf ihr Leseverhalten als Gruppe homogenisiert,
denn sie verstehen die pädagogischen Fachbegriffe nicht, ausnahmslos. Es
gibt kein subjektives Verstehen der Ergebnisse:

> Interviewerin: Okay, welche Begriffe speziell, fällt Ihnen da was ein?
>
> I17w: Also ich kann denen so ein Papier hier [den Inspektionsbericht,
> M. S.] nicht geben, das verstehen die einfach nicht, das ist- das sind
> Schüler, die, wie gesagt, die lesen kein Buch zuhause, wo sollen sie
> denn da Fremdbegriffe hernehmen (I17w, Z. 343–346)?

Gegenüber dem zuvor dargestellten Problematisieren fremder Begrifflichkeiten im Lichte einer pädagogischen Praxis und Expertise geht es in diesem
Zitat von *I17w* um eine Zuschreibung mangelnden Bildungs‚kapitals‘ an eine
homogene Schülerinnenschaft (im Vergleich beispielsweise zur Schulleitung),
die sich entlang der Leseerfahrung bzw. des Leseinteresses identifizierbar
macht. An dieser Stelle sind es also die Schülerinnen, nicht die Inspektionsbefunde, die zum Problem für das Rezipieren werden – zumal die Rezeption
als voraussetzungsreiche und intellektuell anspruchsvolle Tätigkeit markiert

wird. Es ist auch nicht die Qualität der Schulinspektion selbst, die thematisch wird, wie dies an anderen Stellen des Interviews zu finden ist. Relevant für die hier verfolgte Argumentation ist, dass die Schülerinnen als Gruppe adressiert und entlang eines homogenen Leseinteresses kollektiviert werden. Schulinspektionsberichte, so ließe sich an dieser Stelle formulieren, regulieren demnach in doppeltem Maße Sicht- und Erkennbarkeiten von Akteuren als schulische oder schulpädagogische Akteure – nach ‚innen' und nach ‚außen'.

Homogenisierungs- und Kollektivierungsbewegungen finden sich weiterhin, neben der Erstrezeption der Befunde im Rahmen der Präsentation, zeitlich im Anschluss an die je individuellen Rezeptionen, da an den Rezeptionen nicht zuletzt auch Verantwortlichkeiten und Zuständigkeiten für die Weiterarbeit an den Befunden und an der Schulqualität hängen. Dies zeigt sich etwa darin, dass die Inspektionsberichte / -befunde zu einem *vergemeinschaftenden Gesprächsanlass* werden, der die Rezipierenden im Anschluss an deren jeweilige individuelle Rezeption wieder zusammenführt:

> Interviewerin: Okay, ich würde nochmal kurz zur externen Evaluation zurückkehren. Sie haben ja jetzt einige Kritikpunkte genannt. Wie sind Sie denn als Schule mit den Ergebnissen umgegangen, die dann in den Bericht und auch in der Präsentation (.) Ihnen vorgestellt wurden?
>
> I30m: Also, wir haben in dem Team der Lehrer, Schüler und (.) ich, wir haben lange überlegt. Das erste, was wir gemacht haben, ist, das kann ich Ihnen auch sagen, wir haben also erstmal einen Brief geschrieben, was das Fortbildungskonzept betrifft. Das haben wir jetzt reklamiert.
>
> Interviewerin: Hmhm, okay.
>
> I30m: Definitiv reklamiert, schauen wir mal, was als Antwort kommt. Das haben unterschrieben der Personalrat, der Leiter der Projektgruppe und ich und wir haben im Augenblick die Schüler rausgelassen, weil Fortbildungskonzept und Schüler passt nicht, also Schülerrat hätte sonst auch noch mit unterschrieben (I30m, Z. 1027–1039).

Das Interviewzitat zeigt, wie sich aus der Inspektionsrezeption heraus Verständigungs-, Aushandlungs- und Mobilisierungsbedarf ergibt, der abermals zur Konstituierung einer Schulgemeinschaft führt. Die Ein- und Ausschlüsse in die Gemeinschaft sind dabei variabel und themenbezogen – so werden beispielsweise Schülerinnen nicht als zuständige Akteure für das schulische Fortbildungskonzept platziert, können aber in anderen Hinsichten durchaus als Interessengruppe an Relevanz und Einfluss gewinnen.

Auffällig ist hier zudem, dass die Verantwortungsübernahme für die Befunde seitens der Rezipierenden mit der Etablierung des Kollektivs immer schon vonstatten ging. Die Frage danach, wer nun für die Optimierung der Inspektionsbefunde und der Schule zuständig sei, stellt sich folglich nicht mehr. Offenkundig falsche Inspektionsergebnisse nötigen den Rezipierenden dabei ebenso einen Umgang ab, wie richtige.

9.2 Ordnungen des Schulischen II: Verteilungsdifferenzen

Als Ordnungsformate, im Sinne der Positionierung von schulischen Akteuren innerhalb und außerhalb des schulischen Raumes, fungieren nicht allein die mit den unterschiedlichen Akteuren jeweils in eine konstitutive Verbindung gebrachten Rezeptionspraktiken und -intensitäten, sondern auch – und damit zusammenhängend – die Verteilungen bzw. Verbreitungsentscheidungen bezüglich der Inspektionsberichte, welche den inspizierten Schulen in der begrenzten Zahl von drei Exemplaren zur Verfügung gestellt werden. Mit den Verteilungen wird reguliert, wer als Rezeptionsadresse infrage kommt. Gegenüber der Präsentation der Inspektionsbefunde durch die Inspektorinnen, die aufgrund ihrer (vergleichsweise locker gehandhabten) Teilnahmebegrenzungen zu einem inklusiven, kollektiven, außerordentlichen „Event" wurde, geht es bezüglich der Inspektionsberichte stärker darum, Inklusionen und Exklusionen in der Zugehörigkeit zum Raum Schule wieder neu zu organisieren.

Gegenüber der Befundpräsentation, die sich durch die Flüchtigkeit des gesprochenen Wortes auszeichnet, ist dabei die Materialität der Inspektionsbefunde – als gedruckte und digitale Kopie – und deren Dauerhaftigkeit brisant, weshalb auch die Verteilung der Berichte zu einer entscheidenden Aufgabe wird. Diese Entscheidungen müssen einigermaßen sorgsam abgewogen werden. Die Verteilung der Inspektionsberichte, die erneut hauptsächlich durch die Position der Schulleitung reguliert wird, ließe sich in dieser Hinsicht auch als mikropolitisches Entscheidungsfeld bezeichnen. In der Analyse ergab sich die *Verteilungsdifferenz*, hinsichtlich derer Rezeptionsakteure geordnet und Entscheidungen getroffen werden, als Figuration, auf die hin vielfältige Bezüge im Sprechen vorgenommen wurden.

Ordnungen des Schulischen II: Verteilungsdifferenzen 333

9.2.1 Prestige des Gedruckten

> Interviewerin: Wie ging das denn dann weiter mit dem Bericht, nachdem der Ihnen übergeben wurde nach der Präsentation?
>
> I8m: Also wir haben drei Exemplare erhalten. Eins liegt hier bei mir zur Einsichtnahme für den, der das möchte. Ein Exemplar haben wir der Regionalstelle übergeben, weil ich denke, die brauchen das auch irgendwo für ihre Arbeit, sie begleiten ja die Schule letztendlich. Und ein Exemplar haben wir hier behalten und alle Kolleginnen und Kollegen haben im Prinzip dieses Exemplar auf elektronischen Wege zugesendet bekommen, so dass man eben auch mal mit dem Material am PC arbeiten kann (I8m, Z. 372–380).

In diesem Interviewfragment werden zunächst beide Materialitäten des Inspektionsberichts als verteilungsrelevante Größen benannt. Während die digitale PDF-Kopie des Inspektionsberichts allen „Kolleginnen und Kollegen" übermittelt wird, ohne dass diese hierfür Anstrengungen aufbringen müssen – sie müssen die Inspektionsbefunde nicht eigenaktiv aufsuchen, sondern werden mit diesen konfrontiert – erscheint die Druckversion des Inspektionsberichts als wertvolles Gut, das bestimmten Zugangsreglementierungen unterliegt. Der Zugang zur Druckversion ist an einen herausgehobenen Rezeptionswillen gebunden: Wer *„das möchte"*, kann Einsicht in die Berichte nehmen. Zudem ist der Zugang räumlich sowie personell fest in der Nähe der Schulleitung verortet, d. h. es braucht gegenüber der digitalen Version auch die Möglichkeit und (körperliche) Kompetenz, sich an diesen spezifischen Ort zu begeben, um den Bericht in Papierform ausgehändigt zu bekommen.[6]

Exklusivität erhält der Inspektionsbericht weiterhin auch dahingehend, dass er der „Regionalstelle" der Schulaufsicht, d. h. der der Schule hierarchisch vorangestellten bzw. übergeordneten Institution, übergeben wird und so beispielsweise in einen Rechtfertigungs- und Abrechungskontext gegenüber den Vorgesetzten gebracht wird.

---

[6] Inwiefern die Verteilung von Inspektionsberichten mit einer personellen Identität (inklusive deren leiblicher Präsenz) verbunden ist, zeigt auch das folgende Interviewzitat: „[Frau G.] von den Evaluatoren, die hat mir das [den Bericht, M. S.] auch auf einem Stick gegeben, so dass ich es auf dem Rechner habe und da hab ich gesagt, jeder, der Interesse hat, kann sich es auch auf seinen Stick laden, da kann er es sich auch zu Hause ansehen in Ruhe, so dass es jeder auch bei sich tragen kann [lacht] (I12w, Z. 221–224)". Die darin angesprochene stetige Verfügbarkeit und körperliche Nähe der Inspektionsberichte und -befunde lassen diese wie ein wertvolles Gut erscheinen.

334 Die Exposition der Schulleitung und die Etablierung schulischer Ordnungen

Mit Übergabe eines Berichts an die Schulaufsicht verbleiben anschließend lediglich zwei Exemplare der Druckversion an der Schule – wobei der Verbleib des zweiten Berichts hier unklar ist. Der Wert des Berichts wird durch die Beschränkung der Quantität von drei auf zwei Exemplare zusätzlich gesteigert. Hier lassen sich Verbindungslinien zur Dignität des Lesen, wie unter Abschnitt 9.1.1 auf Seite 318 beschrieben, ziehen, da dort vergleichbare Auf- und Abwertungen vorgenommen werden.

In anderen Interviews wird eine nahezu sakral anmutende Bedeutsamkeit der Druckversion dahingehend herausgestellt, dass ihm eine gegenüber anderen Kopien exklusive Originalität zugeschrieben wird (z. B. Zitat aus *I27w*: Es kann „immer nochmal ins Original geschaut werden", I27w, Z. 171), so dass die broschürenhafte Gestalt als die ursprünglichere Form der Darstellung von Inspektionsbefunden gegenüber etwa der digitalen Kopie ausgewiesen wird. Ähnlich eines offiziellen Dokuments – beispielsweise eines Zeugnisses oder einer Urkunde – geht von der Originalität des Materials eine unverfälschte Authentizität und Autorität aus, der die Kopien nicht gerecht werden können.[7] Diese Referenzen lassen die Druckversion des Berichts als *Prestigeobjekt* erscheinen.

Zugleich, dies wird in der Bezugnahme des Zitats von *I8m* auf die „Regionalstelle" der sächsischen Schulaufsicht deutlich, wird mit der Vergabe der Berichte auch reguliert, wer für die Weiterarbeit an der Schulentwicklung responsibilisiert wird. Die Berichte werden demnach nicht etwa (nur) aus Gründen der öffentlichen Inszenierung schulischer Errungenschaften (im Sinne etwa einer urkundlich verbürgten Auszeichnung) verbreitet, sondern in den Zusammenhang mit einer Wirksamkeit für Schulentwicklung gestellt: „[D]ie brauchen das auch irgendwo für ihre Arbeit" (I8m, Z. 376–377).

---

[7] Der Wert des Originals wird auch in der folgenden Interviewszene deutlich, in der über den Verleih des Berichts an die Universität Leipzig im Rahmen des Forschungsprojekts gesprochen wird: „Interviewerin: [...] Ich hab ihn [den Bericht, M. S.] jetzt nicht eingesehen. Ich weiß, Sie haben uns den schon geschickt-; I27w: Ja. Also, ich hab jetzt der Frau N. einen Bericht mitgegeben und sie hat mir aber versprochen, dass der kopiert wird und uns dann wieder zugeht (I27w, Z. 99–103)". Der im RuN-Forschungsprojekt beteiligten Mitarbeiterin, Frau N., wurde der Schulinspektionsbericht zu Forschungszwecken überlassen, ihr wurde aber der Besitz des Dokuments nicht zugesprochen. An dieser Szene ist bedeutsam, dass auf die Rückgabe der Leihsache im Interview bestanden wird, die Inhalte des Berichts jedoch zur freien Verfügung überhändigt werden. Es ist die Materialität des Berichts, die hier einen Unterschied macht.

Ordnungen des Schulischen II: Verteilungsdifferenzen 335

9.2.2 Ein- und Ausschlüsse von Rezeptionsakteuren

Dieser Befund einer Exklusivität und Signifikanz der gedruckten Inspektionsberichte wird flankiert von der Beschränkung des Empfängerinnenkreises, der unter Rekurs auf die Verteilungspraxis vorgenommen wird. Die Berichte, sowohl digital als auch in der Printversion, werden im eben genannten Zitat aus *18m* der Schulleitung, Lehrerinnen-Kolleginnen, Schulaufsicht zugänglich. Andere mögliche schulische Akteure, insbesondere Eltern und Schülerinnen werden allerdings nicht erwähnt – oder als Nicht-Empfängerinnen der Berichte adressiert. Darüber hinaus ergab sich im Vergleich der Interviews, dass keine der Interviewten angab, die Berichte in ihrer Vollständigkeit einem breiteren Rezipierendenkreis zur Verfügung gestellt zu haben. Eine völlige Offenlegung der Inspektionsberichte erscheint offenkundig als problematisch. Den Befunden wird, so ließe sich vermuten, eine Wirksamkeit zugetraut, die sich aus deren bloßem Vorhandensein und deren Rezipierbarkeit ergibt. Es stellt sich also nicht nur die Frage, wer Einsicht in den Bericht nehmen und sich so als schulrelevante Akteurin profilieren kann bzw. als solche eingesetzt wird, sondern vor allem auch, wer ausgeschlossen wird: Wer bekommt kein Exemplar, wem wird der Zugang verweigert oder erschwert? Wie werden Zugänge zu den Befunden reguliert?

Für die neuerliche *Exposition der Schulleitungsposition* spricht, dass sie zum Einsatzpunkt für Erwägungen und Entscheidungen bezüglich der Verteilung von Berichten wird:

> Interviewerin: Okay, ja. Und gibt's für die Eltern eine Möglichkeit, den Bericht einzusehen an ihrer Schule, abgesehen von der Elternvertretung?
>
> I2w: Ja. Also, ich hab gestattet, den Elternvertretern Einsicht zu nehmen, aber nicht jedem Elternteil. Weil wir haben nur zwei Exemplare an der Schule und die Einsicht darf auch nur an der Schule erfolgen, weil ich nicht möchte, dass hier was abgelichtet wird, ne? Sie wissen ja, wie's ist. Und dann ziehen sich manche an einzelnen Sätzen hoch, was weiß ich. Also die Elternvertreter sind zum einen in der Schulkonferenz über die zusammenfassende Darstellung und inhaltlich von mir informiert worden, haben den Vorschlag, also- oder die Möglichkeit erhalten Einsicht zu nehmen, das haben aber nicht alle genutzt. Also, wenn ich mich recht entsinne, gab's zwei Elternvertreter, die nach der ausführlichen mündlichen Bekanntmachung dann nochmal persönlich reingeschaut haben (I2w, Z. 283–295).

In diesem Zitat wird die Beteiligung Eltern an der Rezeption der Inspektionsbefunde erwägt. Die Schulleitung ist dabei markiert als jene Position, die Einsichten gewähren und / oder beschränken kann – und dies auch tut. Die Rezipientinnenadresse der Eltern wird hierbei als Herausforderung für die Schule ersichtlich. Bezüglich dieser muss eine vorsichtige Balance aus Gewährenlassen und Verhindern einer Einsichtnahme in die Befunde austariert werden. So zeigen die verschiedenen Formen der Inklusion, d. h. die *doppelte Vermittlung* der Befunde an Eltern über die Institution der Elternvertretung einerseits und im Rahmen der Schulkonferenz sowie über die Schulleitung andererseits, dass Eltern eine schulische Akteursgruppe darstellen, die berechtigterweise die Schulinspektionsbefunde rezipieren darf. Eine Nichtbeteiligung der Eltern wäre demnach legitimationsbedürftig.

Zugleich aber fungiert die doppelte Vermittlung von Befunden für die Eltern als eine exkludierende Barriere, sofern sie erst in einer zweiten Rezeptionsschleife die Inspektionsbefunde selbst rezipieren dürfen – in der vermittelten Befundpräsentation durch u. a. die Schulleitung werden die Befunde bereits dosiert und kanalisiert vermittelt. Die Strategie der doppelten Vermittlung setzt dabei auf eine Sättigung des Erkenntnisinteresses seitens der Eltern, so dass diese sich selbst möglicherweise von einer vertieften Rezeption abhalten, die ihnen zugleich aber gewährt werden muss. Der Zugang zu den Befunden ist weiterhin auch hier reguliert und an ein Erscheinen im Schulgebäude und der Demonstration eines gesteigerten Rezeptionsinteresses gebunden.

Eine solche Strategie der *gleichzeitigen In- und Exklusion der Adresse der Eltern* wird im Zusammenhang mit einem Gefahrenpotential der Inspektionsbefunde für das Wohl der Schule legitimiert, das sich in den Rezeptionen entfaltet. Insbesondere die Materialität der Befunde als Schriftdokument wird als Problem markiert, da mit dieser zum einen Stetigkeit, zu anderen die Möglichkeit der Reproduktion des Rezipierten innerhalb anderer Kontexte einhergehen – beispielsweise in Form unautorisierter Kopien, die sich vom Inspektionsbericht erstellen ließen. Anhand dieser Kopien könnten die Befunde über den Schul-Raum hinaus zirkulieren und in nicht absehbarer Weise wiederholt rezipiert werden. Einer sich auf die Schule notwendigerweise auswirkenden ‚falschen' Rezeption, hier gefasst als unverhältnismäßige Verzerrung und Überdramatisierung einzelner Befunde, wäre damit der Weg geebnet. Das Prekäre und Brisante solcher Fehlrezeptionen liegt in der mangelnden Kontrolle von Rezeptionen durch die Schulleitung begrün-

Ordnungen des Schulischen II: Verteilungsdifferenzen 337

det, sofern Rezeptionen sich unvermittelt auf die Inspektionsbefunde selbst richten, selbsttätige Auseinandersetzung mit den Befunden erfordern und damit die am wenigsten regulierbare Form der Aneignung von Befunden markieren.

In dem Maße, in dem den Eltern eine folgenreiche Fehlrezeption der Befunde unterstellt wird – und die Eltern so zu einer prekären Rezipierendenadresse erklärt werden –, kann die Schulleitung sich als Fürsorgerin zum *Wohle der Schule* engagieren und den Zugang zu den Inspektionsberichten und -befunden vorträglich begrenzen bzw. die dosierte Einsichtnahmen in die Berichte „gestatten" (I2w, Z. 283). In ihrer Vermittlungstätigkeit gegenüber den Elternvertretungen agiert die Schulleitung damit auch im Eindämmen des Wucherns von Befundbedeutungen, die in den vielfältigen Rezeptionen lagern.

Es ist nun keineswegs so, dass der Adresse der Eltern an allen interviewten Schulen dieser Statuts einer prekären Rezipientinnengruppe zugeschrieben wird. Die Eltern stellen aber insofern ein Problem für die Rezeption der Befunde – und damit ein gutes Exempel für Inklusions- und Exklusionserwägungen, die den Ort der Schulleitung markieren – dar, als dass nicht klar zuzuordnen ist, ob sie als Teil der Schule oder als Externe firmieren oder gelten können. Sie sind weder / noch, aber sowohl / als auch und damit uneindeutig positioniert. Sie besetzen in diesem Sinne die *Grenze der Schule*, die sich zwischen Offenlegung und Verdecken der Befunde etabliert. Die Verbreitungspraktiken der Befunde lassen sich demnach auch als Grenzschutz oder Grenzbearbeitung des Schulischen markieren, in denen die Grenze gleichsam immer erst etabliert wird.

Im Sinne strategisch vorgenommener Verteilentscheidungen zum Wohle der Schule lassen sich auch schulische Veröffentlichungspraxen der Befunde verstehen, in denen *kurze Ausschnitte* aus den Qualitätsbewertungen in Form von Werbeflyern für die Schule oder in Form von Zeitungspublikationen zitiert werden (z. B. in Interview *I26m*). Solche Zitationen sollen die Schule im besten Lichte erscheinen lassen, dem Zwecke der Einwerbung von Schülerinnen und der Arbeit am (Fremd-)Bild der inspizierten Schule dienen.[8] Momente des *Scheiterns*, die sich in Form schlechter Qualitätsbe-

---

[8] Im gegenwärtig dominierenden Steuerungsmodell öffentlicher Einrichtungen, dem New Public Management, geht es bekanntlich um die outputbasierte Regulierung von öffentlichen Einrichtungen über die Profilierung der Techniken der permanenten Selbstüberprüfung einerseits und der Ausrichtung an anderen Einrichtungen mit ähnlichem Aufgabenprofil zum Zwecke der Wettbewerbssteigerung andererseits. Die hier vorgestell-

338 Die Exposition der Schulleitung und die Etablierung schulischer Ordnungen

wertungen ausdrücken, werden dabei dethematisiert – so dass sich diese Veröffentlichungspraxen als marktförmige Verwendungen der Befunde im Sinne einer ‚Public-Relations-Strategie' beschreiben ließen, die zeigen, wie sich von den Inspektionsbefunden eine Wirksamkeit versprochen wird (vgl. zum Versprechen von Schulinspektion den Abschnitt unter 8.3 auf Seite 284). Auch bei diesen Verteilungsarten handelt es sich um Grenzziehungen, in denen die Gefahren der Rezeption sowohl gegenwärtig als auch eingehegt sind.

9.2.3 Parzellierung des schulischen Raumes

Mit der Verbreitung von Berichten und -befunden wird, um diesen Gedanken noch einmal vertiefend aufzugreifen, immer wieder auch reguliert und prozessiert, wer zum Innenraum der Schule gehört, wer sich auf der Grenze platziert findet und wer nicht mehr als Teil der Schule gelten kann, so dass sich eine Ordnung der Schule etabliert. Es findet sich eine Verteilung von Akteuren nach schulischem Zentrum und Peripherie, die in der Regulierung von Einsichtnahmen erfolgt. Je mehr Befunde man rezipieren darf und je unvermittelter der Zugang zu den Befunden ist, desto weiter rückt man in das Zentrum der Schule vor, wie aus folgendem Interviewzitat ersichtlich wird:

> Interviewerin: Okay, wie ging das denn mit den Berichten nach der Präsentation weiter?
>
> I16w: Die Berichte wurden mir ausgehändigt. Einer ging an das Amt und- also es gibt drei Berichte in Papierform. Der eine Bericht ging also, wie gesagt, ans Amt und die anderen beiden Berichte habe ich bekommen und kann also darüber entscheiden, wem ich sie gebe und wem ich sie nicht gebe. Das sind die vollständigen Berichte. Dann gibt es die Präsentation, die also mehr in der oberen Ebene ist, und nur in einigen Teilen in die Tiefe geht, die habe ich digital bekommen. Aber auch den Bericht habe ich nochmal digital, sodass ich also auch jederzeit bestimmte Dinge auswerten kann. Achso, die Präsentation ist auf unserem Schulserver. Also, für die Lehrer erstmal nur, im Lehrerordner frei zugänglich und das andere machen wir im neuen

---

ten Analysen zeigen, dass und inwiefern die Strategien des New Public Managements ‚bedient' werden: So fungieren auch Schulinspektionsbefunde, neben Anmeldezahlen von Schülerinnen etc., als Anlass für Konkurrenz und Optimierungsbestrebungen.

Ordnungen des Schulischen II: Verteilungsdifferenzen 339

Schuljahr. (.) Also, wie gesagt, dem Elternrat und Schülerrat wird das auch nochmal vorgestellt.

Interviewerin: Und die Berichte liegen im Moment noch bei Ihnen?

I16w: Die liegen noch bei mir im Moment, weil auch noch nicht so viel Zeit war. Die werde ich auf jeden Fall der erweiterten Schulleitung auch in Gänze geben, aber auch meine Stellvertreterin hatte im Moment noch keinen Nerv, sich da hinein zu vertiefen und ja, wen ich nicht beteiligt habe und auch nicht eingeladen habe [zur Befundpräsentation, M. S.], war der Schulträger. Das war ja optional und ich denke der Schulträger ist da zu wenig involviert in die Dinge, die sich wirklich im Internen abspielen und es ist auch für den Schulträger eigentlich nicht so maßgeblich.

Interviewerin: Mhmh.

I16w: Ja, aber die erweiterte Schulleitung sind also die Stellvertreterin, der Oberstufenberater und die beiden Fachleiter (I16w, Z. 393–418).

In diesem Interviewausschnitt wird entlang der Verteilung der Inspektionsbefunde und -berichte eine Positionierung schulischer Akteure im Schul-Raum vorgenommen, so dass Raum und Akteurin in einen konstitutiven Zusammenhang gebracht werden.[9] Die verschiedenen räumlichen Zonen des schulischen Zentrums, des Mittelfeldes, der Peripherie und der Raum außerhalb der Schule parzellieren sich über die entscheidungsrelevanten ‚Knotenpunkte‘ des Darstellungsformats der Befunde, der (Un-)Vermitteltheit des Zugangs zu den Befunden und der Möglichkeit, überhaupt Zugang zu den Befunden zu erhalten. Auch der (selbstgewählte) Zeitpunkt der Rezeption kann einen solchen ‚Knotenpunkt‘ darstellen.

Während für die Schulleitung, die die Position im Zentrum besetzt, die Druckberichte zur eigenständigen Rezeption vorbehalten bleiben, erhalten die Lehrkräfte lediglich Zugang zu den Präsentationsfolien, auf denen die Ergebnisse bereits gerafft und in aggregierter Form vorfindlich sind. Den Eltern und Schülerinnen wiederum werden die Befunde lediglich vermittelt zu einem späteren Zeitpunkt im Schuljahr „vorgestellt“. Der Schulträger, als

---

[9] Die Konstitution des schulischen Binnenraums ist nicht notwendig deckungsgleich mit dem Raum innerhalb Schulgebäudes, auch wenn sich im aufgerufenen Zitat Interferenzen ergeben. Allein die Trennung von Lehrkräften und Schülerinnen als zwei verschiedenen Rezeptionsadressen zeigt aber, wie die Differenzlinien auch innerhalb des Schulgebäudes verlaufen. Der über die Rezeption der Befunde organisierte Binnenraum wird damit zugleich zum Schutzraum, der nicht von jedem gleichermaßen zu betreten ist.

340   Die Exposition der Schulleitung und die Etablierung schulischer Ordnungen

maximaler Gegenpol zur Schulleitung, erhält gar nicht erst Einblick in die Inspektionsbefunde und gilt damit nicht als Teil des Schulkollektivs. Die Verteilung bzw. Zuteilung der Inspektionsbefunde erfolgt kaskadenförmig vom Zentrum zur Peripherie hin.

In der Frage, wie Inklusion und Exklusion reguliert werden, wird die Schulleitung, wie bereits geschrieben, zur entscheidenden Schaltstelle, die sich entlang rational-strategischer Erwägungen bezüglich des schulischen Wohls formiert. In Bezug auf diese strategischen Verteilungsentscheidungen ließe sich von einer „Politisierung des Nichtwissens" (Wehling, 2008, S. 24) sprechen, weil die Verteilung von Positionen gerade über spezifische Formen des Nichtzugänglichmachens von Befunden reguliert wird.

Zugleich lassen sich die Schilderungen zu den (Nicht-)Verteilungen der Inspektionsberichte und -befunde auch als Möglichkeit verstehen, eine Einsicht in die „Wahrheit" der Schulinspektion im Kontext des Interviews *vorzuführen*: Die Verteilungen erscheinen bereits als *Form der Einsicht*, da sie sich auf eine Vorstellung der Wirksamkeit von Inspektionsbefunden beziehen. Wer die Befunde verteilt, so ließe sich analytisch fassen, qualifiziert diese nicht allein als verteilenswert, sondern schreibt ihnen ein Optimierungspotential zu, das qua der Verteilungen auf ‚breitere Füße' gestellt wird. Mit den Verteilungen der Berichte / Befunde geht demnach auch eine Übernahme von Verantwortung für das Wirksamwerden der Inspektionsbefunde einher.

9.2.4 An-Eignungen von Inspektionsberichten

Im Kontext der Zugänglichkeit und Unzugänglichkeit von Inspektionsbefunden exponiert sich Schulleitung weiterhin auch, indem sie bezüglich der Verteilung der Inspektionsberichte ein *eigenes Exemplar* für sich beansprucht. In einigen Interviews wird deutlich, wie sich diese Exemplare als exklusive und individuelle Besitztümer angeeignet werden:

> I27w: An diesem Tag [dem Tag der Berichtspräsentation, M. S.] haben wir auch die drei Exemplare bekommen und ein Exemplar hab ich natürlich mir schon sofort angeschaut, hab auch meine Notizen dann gemacht, meine Fragestellungen (I27w, Z. 165–168).

Die Druckversion des Berichts wird über die hier benannten Praktiken des Anschauens, Notizenmachens, Anbringens von Fragestellungen angeeignet und in Besitz genommen. Ein Annotieren von Dokumenten wäre beispielsweise kaum möglich, wenn es sich um eine Leihgabe handelte, die üblicherweise

Ordnungen des Schulischen II: Verteilungsdifferenzen 341

in (möglichst) unverändertem Zustand der Besitzerin zurückgegeben werden soll.

Die Annotationen sind Kommunikationen, Ansprachen an sich selbst, die keine Öffentlichkeit berücksichtigen müssen. In den Annotationen wird demnach deutlich, dass der Text nicht für dritte Rezipierende bestimmt ist. Mit dem Beschreiben wird der Inspektionsbericht individualisiert und seines Status' als eine identische und vergleichbare Kopie (in Bezug auf die übrigen zwei Inspektionsberichtsexemplare) enthoben. Der Besitz wird dann auch nicht leihweise entäußert:

> I22w: Es liegt also ein Exemplar hier im Sekretariat, dort muss auch vorne gegengezeichnet werden. Wir sind noch nicht ganz durch, weil wir sind ja nun über 30 Kollegen. Mein Exemplar kriegt keiner, das bleibt beim Chef.
>
> Interviewerin: [lacht]
>
> I22w: Und das dritte Exemplar hat ja das Schulamt. Und dort erwarte ich jetzt, so wie es angedacht ist, eine Zielvereinbarung mit dem Schulamt. Und die ist aber noch nicht erfolgt (I22w, Z. 176–185).

Dieses Zitat macht deutlich, wie der (auch räumlich strukturierte) Besitz eines Exemplars über dessen Zugänglichkeit in der Rezeption hinaus mit der Inbesitznahme hoher sozialer Positionen im schulischen Hierarchiegefüge einhergeht.

9.2.5 Ver- und Enthüllungspolitiken: Im Sichtfeld Anderer

Nicht allein innerhalb des schulischen Binnenraums, wie er unter Abschnitt 9.2.3 auf Seite 338 beschrieben wurde, wird die Sichtbarkeit und An-Ordnung einer bestimmten Akteurinnenposition über die Rezeptionen und Verteilungen der Berichte reguliert. Sicht- und Erkennbarkeiten verlagern sich auch auf die Mesoebene des interschulischen Vergleich, bilden weitere schulische Räume. Der Umgang anderer Schulleitungen mit deren Berichten wird dabei zum Gegenstand von Fremd- und Selbstbeobachtung, wie es sich im folgenden Interview zeigt:

> Interviewerin: Okay, und Sie haben gesagt, Sie stehen auch in Kontakt mit anderen Schulleitern. Wissen Sie, wie da vielleicht- was aus den Berichten geworden ist, wenn das vielleicht auch schon ein bisschen länger her ist?

I13w: Puh [atmet laut]. Das kann ich nicht sagen, da hab ich also nicht gefragt. Wissen Sie, das ist immer sowas- oh ja, wir sind zufrieden, sagen die, aber es hat mir noch keiner seinen Bericht gezeigt. (.) Ich kann meinen jedem zeigen. Aber ich frage auch nicht, was habt ihr für einen. Mache ich nicht. Können sie mir selber zeigen (I13w, Z. 1007–1010).

Die Möglichkeit des Austauschs über die Inspektionsberichte unter Schulleitungen wird im Interview als Thema vonseiten der Interviewerin eingebracht. Sie gesteht dem Bericht damit ein Gewicht zu, das über die bildungspolitisch propagierte Fokussierung auf die Einzelschule als Handlungseinheit hinausgeht und den Umgang mit den Inspektionsberichten zu einem Problem macht, das alle Schulleitungen in gleicher Weise tangiert und auf diese Weise Gemeinschaften der Betroffenheit zwischen Schulleitungen zu stiften vermag. Die Interviewte entgegnet, dass die Inspektionsberichte sich gerade nicht zum Gegenstand gemeinsamer Verständigung sowie Vergemeinschaftung eignen – und genau darin liegt deren Signifikanz als Beobachtungs- und Vergleichsgegenstand. Das Nichtbesprechen sei demnach nicht akzidentell, sondern symbolisch-funktional, denn es spielt auf eine dem Verschweigen zugrunde gelegte Leistungsrückmeldung an. Ein Nichtthematisieren wird als bewusst ausagierte Verhüllungspolitik konturiert: Man hat etwas zu verbergen. Diese Form des restriktiven Zurückhaltens von Inspektionsbefunden wird folglich als eine strategische Dethematisierung von schulischem Erfolg markiert. Die Zufriedenheitsäußerungen der anderen Schulleitungen treten dabei hinter die Evidenz eines gezeigten Dokuments zurück.

Die oben angestellten Erwägungen zur Vieldeutigkeit von Inspektionsbefunden (siehe 9.2.2 auf Seite 335) spielen an dieser Stelle keine Rolle mehr, sondern es wird jener Mechanismus referiert, für den an anderen Stellen die Regulierung von Zugängen zur Befundrezeption als notwendig erklärt wurde: Den Inspektionsbefunden wird zugetraut, ein bruchloses Abbild der schulischen Wirklichkeit darzustellen – dies gilt jedoch vornehmlich für *andere Schulen* und deren Inspektionsbefunde. Die problematische Vieldeutigkeit von Befunden wird hier also nicht mehr einkalkuliert.

Den positiven Gegenpol zu einer solchen Verhüllungspolitik bildet das sprechende Ich aus *I13w* mit seinem offensiven Publikationsverständnis: „Ich kann meinen [Bericht] jedem zeigen". Entfaltet wird hier eine Differenzfigur, bei der das Verbergen der Berichte mit schlechter und das Offenlegen mit guter Leistungsperformance gleichgesetzt wird, so dass in der Folge der interschulische Raum hinsichtlich einer Leistungsdifferenz geordnet wird. In Relation zu anderen Schulleitungen geht es also darum, sich entlang des Umgangs mit den Berichten als *gute* Schulleitung zu exponieren und sich dergestalt qua Ausschluss identifizierbar zu machen.

Andere Schulleitungen spielen auch in die Rezeption hinein – selbst wenn sie nicht anwesend sind und beobachtet werden können. Sie werden im Form eines Begehrens, sich entlang des interschulischen Vergleichs (vor sich) selbst erkennbar zu machen, an die Inspektionsbefunde herangetragen. Die Befunde sollen so stellvertretend für den Austausch unter Schulleitungen Unterscheidungen ermöglichen:

> I15m: Ich kenn's ja nicht von anderen Schulen, und das wäre dann schon mal- das wäre nicht schlecht, ich weiß nicht, ob das angekündigt wurde, dass wir das im-im- für diesen Evaluationsteam- das wäre doch mal nicht schlecht, wo stehen wir denn da? Dass das mal intern- dass man dort eine Hochrechnung macht und sagt: Also, passen Sie mal auf, hier, aufgrund dieser Bewertungen bekommen Sie eine Gesamtnote von Zwei Komma X, aber damit, äh, sind sie nur im Mittelfeld und damit liegen Sie eigentlich nur im hinteren Drittel, (.) sodass man wenigstens mal als-als Schulleiter- man muss es ja nun nicht jetzt veröffentlichen, weil das wär ja nun wieder kontraproduktiv, aber dass man dann schon sagt, hmhmm, also so-so-so frühlingshaft die Farben auch waren, so-so gut sind die Ergebnisse gar nicht (I15m, Z. 440–449).

Thematisiert wird hier das Problem des Umgangs mit guten Inspektionsbefunden. Dieses Problem fungiert als Legitimation für die Forderung nach einem interschulischen Vergleich im Sinne einer soziale Bezugsnorm für die Befundrezeption. Durch die Relationierung von Schulen hinsichtlich deren Inspektionsbefunden würde die eindeutig positive Tendenz der Einzelschul-Befunde aufgestört, was die Befunde handhabbarer machen und andere Möglichkeiten der Selbsterkenntnis bieten könnte.

Die Brisanz von Inspektionsbefunden spielt aber auch hier eine Rolle hinsichtlich der Distinktion von Schulleitung in ihren Veröffentlichungsentscheidungen: Während eine Veröffentlichung insgesamt als „kontraproduktiv" gilt, so erscheint sie als schulleitungsexklusives ‚Geheimwissen' durchaus wünschenswert und vorteilhaft. Die Schulleitung beansprucht gegenüber einer (diffus bleibenden) Öffentlichkeit hier abermals einen gesonderten Erkenntniswillen, um die Befunde für sich sortieren zu können. Dabei geht es nicht nur ein exklusives Wissen, sondern auch um eine Haltung der Sensibilität gegenüber der Brisanz eines solchen Wissens, die an die exponierte Position der Schulleitung gebunden ist – denn eine solche Haltung kann nicht jede Rezipierende gleichermaßen einnehmen.

Schulinspektion wird hier folglich wiederum zur Adresse von Forderungen (vgl. auch Abschnitt 8.4 auf Seite 297): Im dem Maße, in dem sich die Schulleitung durch ihre Rezeptionsmodi bezüglich der Schulinspektionsbefunde von anderen schulischen Akteuren als eine besondere schulische Akteursposition abgrenzt, ist auch die Schulinspektion aufgerufen die Verbesonderung mitzutragen, indem sie den Schulleitungen zusätzliche und exklusive / exkludierende Informationen anbietet. Das standardisierte Inspektionsverfahren bleibt diesem Wunsch gegenüber allerdings indifferent und bietet demgemäß Anlass für eine distanzierende Bewertung. Eine Arbeitsgemeinschaft aus Schulleitung und Schulinspektion, wie sie an anderen Stellen vonseiten der Schulleitung eingebracht und vollzogen wird – die Schulleitung übersetzte etwa die generalisierten Befunddarstellungen für die schulindividuellen Rezeptionen oder bereitete Lehrkräfte im Vorfeld der Inspektion auf das Inspiziertwerden vor –, bleibt an dieser Stelle verfahrenseitig aus.

9.2.6 Qualifizierungen als Rezeptionsakteure

Es stellt sich weitergehend die – auch hinsichtlich der Befundrezeptionen relevante – Frage danach, wie die Qualifizierung von Akteuren als (mehr oder weniger) ‚verteilungsrelevante Größen‘ vorgenommen und begründet wird. Hier kommt das Vorhandensein von *Wissen* ins Spiel, das sich von dem in Schulinspektionen generierten Wissen unterscheidet und letzteres zu sortieren hilft. Denn was das Exempel der Eltern als ein- und ausgeschlossenen Grenzakteuren zeigt, ist, dass es einer gewissen *Rezeptionskompetenz* bedarf, um die Befunde „angemessen" zu rezipieren. Es werden diesbezüglich zwei unterschiedliche Wissensformen geltend gemacht, die für eine Rezeption als nötig erscheinen: Eine Expertise über die betreffende Schule zum einen, ein Wissen über den Umgang mit wissenschaftlichem Wissen zum anderen. Die erste Wissensform wird in folgendem Interview aufgerufen:

> Ein paar Dinge, bei denen es dann mich ein bisschen ärgert, dass das ja im Prinzip in so einem Bericht nicht nochmal hinterfragt ist. Das bleibt eben dann so stehen. Also zum Beispiel zu wenig Beteiligung des Personalrates. Beteiligung wobei, an welchen Stellen, welche Beispiele

Ordnungen des Schulischen II: Verteilungsdifferenzen 345

gibt es da? Das wird ja dort nicht hinterfragt. Es liest sich- Wenn ich Ihnen das jetzt vorlese, dann sagen Sie, die Schulleitung arbeitet nicht mit dem Personalrat zusammen (I16w, Z. 309–315).

Problematisiert wird hier, dass im Inspektionsbericht ein nur aus der jeweiligen Entstehungssituation heraus verständlicher Befund als eine kontextfreie und generalisierte Tatsache ausgegeben wird, so dass die Situativität des Befunds in der Rezeption überdeckt und unkenntlich wird. Wo die Befunde, dem Anspruch nach, selbst die nötigen Einordnungen vornehmen müssten, um eine für Nichtinvolvierte „richtige" Rezeption und Einordnung des zu Rezipierenden zu gewährleisten, bleiben sie an den entscheidenden Stellen stumm und lassen etwas als etwas anderes erscheinen. Einer unbeteiligten Leserin wäre der Nachvollzug dessen, wie es sich ‚wirklich' an der Schule zuträgt, auf diese Weise verwehrt. Es ist hier die bloße Faktizität der im Bericht dargestellten Befunde, die Wirksamkeit zeigt: Die Befunde inszenieren eine Wahrheitsförmigkeit bereits durch ihr Format und ihr Vorhandensein. Dies meint umgekehrt, dass die schulischen Akteure sich die Inspektionsbefunde als ihnen zugehörige nicht nur von sich selbst, sondern auch von anderen Rezipierenden zurechnen lassen müssen, gerade weil jene Rezipierenden es nicht besser wissen können.

Die zweite o. g. Wissensform erscheint als ‚formale', auf das Rezipieren von Statistiken bezogen bleibende Rezeptionskompetenz. So können die Befunde auch im Hinblick auf die statistischen Datenerhebungsbedingungen als Ausdruck einer Situativität, nicht aber einer grundlegenden Schulwirklichkeit wahrgenommen werden. Insofern eine solche formale Rezeptionskompetenz eine Grundlage für die Verteilung der Befunde darstellt, zeigt sich abermals, wie durch Schulinspektionen eine *Verwissenschaftlichung der Schulpraxis* vollzogen wird.

> I23m: [...] Aber auf der anderen Seite, Statistik ist natürlich durchaus immer lesbar von verschiedenen Seiten. Also man muss aus einer Statistik natürlich auch verschiedene Sachen herauslesen. Also muss man natürlich auch ein paar Hintergründe einfach wissen, die man dann auch mal erklären muss. Das steht zwar auch im Bericht drin, aber nur ein Beispiel: Bei uns wurden eben 27 Unterrichtsstunden hospitiert. Gut, 27 sind erstmal wenig. Von 28. Das sind aber uns, da wir Blockunterricht haben, das ist eigentlich die doppelte Anzahl. Was ja eigentlich die normale Anzahl, glaube ich, auch wäre, (.) wenn die Evaluatoren dann bei den Stunden sind. Um das natürlich aber

mal im gesamten Rahmen zu bringen, muss man sagen, ja, wieviel sind 27 Wochenstunden von vielleicht den insgesamt 900 oder wie auch immer, oder 1000 Wochenstunden, die ich an einer Schule habe, um einfach auch mal so eine Dimension zu zeigen, (.) um manche Sachen natürlich auch anders einordnen zu können. Also das gehört natürlich dann auch mit dazu. Und das steht natürlich so nicht drin. Kann auch nicht drin stehen. Also deswegen muss man immer noch eine Ergänzung dann geben von denen, die vor Ort waren. Das gehört mit dazu. Aber ansonsten liest sich der Bericht eigentlich recht flüssig (I23m, Z. 90–105).

Auch hier wird die Eindeutigkeit in der Darstellung der Befunde problematisiert, in deren Folge Rezeptionen zu Akten werden, die stets auch fehlgehen können. Die artikulatorische Forderung richtet sich darauf, in der Rezeption von Befunden die Operationen der statistischen Übersetzung der empirischen Beobachtungsdaten systematisch zu berücksichtigen, um den Befunden eine andere Lesart abzugewinnen, ihnen ihre Vieldeutigkeit zurückzugeben. Dies wird ebenfalls als Aufgabe eines kompetenten Rezeptionssubjekts verstanden und dort, wo diese Kompetenzen fehlen, muss das Fehlen durch eine Vermittlungsleistung kompensiert werden: Man müsse, so der Vermittlungsimperativ, die „Hintergründe [...] dann auch mal erklären". Zwar ist es hier nicht die Schulleitung selbst, die als Vermittlungsinstanz von Befunden erwähnt wird, es sind aber die An- und Abwesenheiten ‚vor Ort', in der Schule, innerhalb des Procederes der Schulinspektion, in der Befundpräsentation, die eine rezeptionskompetente Akteurin erzeugen.

9.3 Zwischenfazit

Die vorangegangen Analysen bezogen sich auf die Frage, wie die Konstitution und Differenzierung von Rezeptionsadressen entlang der Rezeptionsweisen und Verbreitungen von Inspektionsbefunden / -berichten erfolgt und wie diese mit den schulischen Ordnungsbildungen in Zusammenhang stehen. Insbesondere die Schulleitung wurde als ‚erste Adresse' bezüglich des Schulinspektionsprocederes konturiert. Hier zeigen die Sprechweisen der Interviews Nähen zu den wissenschaftlichen Thematisierungen, die ebenfalls der Schulleitung – als Gelingensbedingung für die Wirksamkeit von Schulinspektionen – ein spezifisches ‚Gewicht' bezüglich des Umgangs mit Schulinspektionen zuwiesen.

Die analytisch herausgearbeiteten „Ordnungen des Schulischen" ermöglichen den Nachvollzug der verschiedenen Weisen, anhand denen die Schulleitungs-Adresse an Form gewinnt. Es ließen sich mehrere Differenzbildungen eruieren, die miteinander produktiv zusammenspielen: Schulleitung zeichnet sich darin aus, dass sie a) in qualitativer und quantitativer Hinsicht anders rezipiert als weitere Rezeptionsakteure, vornehmlich Lehrkräfte, die als „Kollegen" sowohl einen Vergleichs- als auch Abgrenzungshorizont bilden; b) ist Schulleitung positioniert als eine schulische Akteurin, die mit exklusivem Wissen über die Schule ausgestattet ist, so dass c) die Rezeption der Inspektionsbefunde und -berichte für die Schulleitung stets als unproblematisches und irritationsfreies Geschehen gegenständlich wird, in dessen Folge die Inspektionsbefunde restlos angeeignet werden können; diese unproblematische Rezeption der Befunde stellt d) einen Einsatzpunkt dar, andere schulische Akteure mit den Inspektionsbefunden zu vermitteln und so die Differenz in der Rezeption zugunsten von Schulleitung zu überbrücken, indem etwa der Zugang zu den Befunden und Berichten gewährt (oder gar: erzwungen) wird oder indem die Schulleitung die durch die Befundrezeption in Aussicht gestellte Irritation seitens der Lehrerinnen zum Anlass einer schulinternen Fortbildung nimmt. Auch geht es, e), um den Besitz der Schulinspektionsberichte, als einer prestigeträchtigen Materialität, und, f), um strategische Überlegungen zur Distribution dieser Berichte, welche ebenfalls der Position der Schulleitung vorbehalten bleiben. Im Dreieck von rational agierender Schulleitung, Schulinspektionsberichten und weiteren potentiellen Rezeptionsakteuren etabliert sich eine schulische Ordnung, die sich über die Zugänglichkeit bzw. Unzugänglichkeit zu den Inspektionsberichten strukturiert und die die Schulleitung als ihr Zentrum einsetzt.

Diese auf verschiedene Weisen etablierten Figurationen einer generativen *Rezeptionsdifferenz* sowie einer *Verteilungsdifferenz*, die die Schulleitung als eine besondere Position innerhalb des Rezeptionsprocederes von Schulinspektion akzentuieren, reagieren auf die offene Frage danach, wie die Befunde rezipiert und verwendet werden sollen und welche Wirksamkeit Schulinspektion entfalten kann.

Die verschiedenen Interview-Einsätze beziehen sich dabei zugleich auf den Anspruch, im Erzählen eine Einsicht in die Schulinspektionsbefunde zu demonstrieren. Dies wird dahingehend geleistet, dass Fragen der Rezeption, Verbreitung und (Nicht-)Zugänglichkeit von Befunde für bestimmte schulische Akteure als Fragen des *Gewährens von Einsichtnahme* und des

Erzeugens von Einsicht bei anderen, sich der Rezeption von Schulinspektionsbefunden entziehenden schulischen Akteuren verhandelt werden, in denen die Bedeutsamkeit der Befunde für diese Rezipierenden immer schon unterstellt ist. Die im Sprechen vollzogene Einsicht, so ließe sich formulieren, zeigt sich darin, dass die Befunde als rezipierens- und verteilenswert beurteilt und gehandhabt werden, so dass sich auf diese Weise verstreute Akteurspositionen zusammenbinden und gleichermaßen zu Rezeptionsakteuren werden. Im Zeigen von Einsicht autorisiert man sich als Verwenderin von Inspektionsbefunden.

Den Befunden wird damit eine Potenz zugesprochen, wirksam zu werden. Eine solche Potenz äußert sich nicht allein darin, dass die Befunde an sich bereits Wirksamkeit erzeugen können, so dass deren Flottieren eingedämmt wird und Verbreitungen strategisch abzuwägen sind. Darüber hinaus wird das Verteilen der Befunde und die damit einhergehende Produktion einer Rezeptionsgemeinschaft selbst schon als ein Indikator für die Wirksamkeit von Inspektionsbefunden platziert. Wird die Position der Schulleitung nunmehr als Gelingensbedingung für die Wirksamkeit von Schulinspektion ausgewiesen, indem sie die Inspektionsbefunde und -berichte intensiv rezipiert, verteilt, die Rezeption anderer schulischer Akteure reguliert und die weitere Verwendung der Befunde organisiert, so verbürgt sie zugleich die Relevanz einer solchen Wirksamkeit von Schulinspektion: Würde die Wirksamkeit infrage stehen, so beträfe dies auch die Existenz von Schulleitung als Position im Gefüge des Inspektionsproraderes.

Darüber hinaus wird die Frage der Einsicht jedoch auch insofern dethematisiert, dass gerade in den Erzählungen zu Verbreitung und Verteilung von Schulinspektionsbefunden / -berichten über die Befunde selbst nicht mehr gesprochen wird: Wie genau sie rezipiert wurden, was an den Befunden einsichtig oder uneinsichtig blieb, wie die Befunde mit dem eigenen Selbstverständnis überein gebracht werden, all dies ist nicht Gegenstand der Erzählung.

10 Perspektivendifferenz: Wahrheitsprüfungen

Bezüglich der Rezeptionsnarrationen finden sich in den Interviews stets auch Auseinandersetzungen mit dem Wahrheitsgehalt bzw. der Geltung der Schulinspektionsbefunde, die ich nachfolgend als Praktiken der *Wahrheitsprüfung* fassen und gesondert in den Blick nehmen möchte. In diesen Wahrheitsprüfungen steht die Valenz der Schulinspektion, anhand der besseren, weil empirischen Evidenz bestimmen zu können, *was der Fall hinsichtlich Schulqualität ist*, im Fokus der Gespräche. Es geht (in) diesen Praktiken nicht ausschließlich um Prüfungen im engeren Sinne, sondern auch um solche Vollzüge, in denen die Möglichkeit sondiert wird, die Inspektionsbefunde überhaupt erst auf den Prüfstand stellen zu können, beispielsweise in Form zweifelnden Sprechens, in der das Verhältnis der Sprechenden zur Wahrheit der Befunde als ungewisses markiert wird. Es sollen darüber hinaus auch solche Praktiken als Wahrheitsprüfungen gelten, in denen die Interviewten die Inspektionsbefunde nicht explizit auf den Prüfstand stellen, sondern in denen sie vielmehr akklamativ den Wahrheitsgehalt bzw. die Geltung dieser als zutreffend bestätigen oder als nicht besprechenswert dethematisieren und entproblematisieren. Folglich geht es in den Wahrheitsprüfungen um Praktiken der *(De-)Autorisierung von Inspektionsbefunden*.

Wie anhand der folgenden Analysen zu zeigen sein wird, greifen dabei Bewegungen der Autorisierung und Deautorisierung von Schulinspektion(sbefunden) ineinander: Es geht stets um ein Zusammenspiel aus Überprüfung der Befunde einerseits und einem Einlassen auf die Kategorien der Überprüfung, welche von der Schulinspektion zitierend übernommen werden, andererseits. Dies zeigt sich bereits darin, dass die Schulinspektionsbefunde, die beanspruchen, die Wahrheit von Schulqualität zu erfassen, auf ihre „Wahrheit" hin befragt werden. Ein solcher Zusammenhang lässt sich als autorisierende Deautorisierung bzw. deautorisierende Autorisierung konkretisieren, insofern erstens selbst in der Distanznahme gegenüber konkreten Inspektionsbefunden noch eine Hinwendung zum Schulinspektionsprocedere erkennbar und zweitens auch in Akten der Akklamation der Wahrheit von Inspektionsbefunden die Einnahme einer eigenständigen Hal-

---

© Springer Fachmedien Wiesbaden GmbH, ein Teil von Springer Nature 2020
M. Schmidt, *Wirksame Unbestimmtheit, unbestimmte Wirksamkeit*, Schule und Gesellschaft 63, https://doi.org/10.1007/978-3-658-28081-9_10

tung der Rezipierenden zu den Befunden einen erforderlichen Bezugspunkt darstellt.

Diese Notwendigkeit der Demonstration einer eigenen Haltung zu den Befunden, die im Sprechen über Schulinspektion und deren Wirksamkeit aufgerufen wird, möchte ich als die Figuration einer generativen *Perspektivendifferenz* von Schulinspektion und den Inspizierten / Rezipierenden herausarbeiten. Der Aspekt der Generativität dieser Differenz verweist auf die Notwendigkeit deren Aufrufens sowie der Anforderung des Sprechens, einen Umgang mit dieser Differenz zu finden.[1] Konstitution und Bearbeitung einer Perspektivendifferenz ergeben sich dabei im Zusammenspiel der o. g. doppelten Bewegung der (De-)Autorisierung.

Auf die Frage der *Wirksamkeit von Schulinspektion(sbefunden)* lässt sich das Aufrufen und Ausformulieren einer Perspektivendifferenz insofern beziehen, als dass die Hervorbringung einer eigenen Haltung bezüglich der Schule / Schulqualität stets in Relation zu den Befunden der Schulinspektion erfolgt, somit im Rekurs auf die Perspektivendifferenz jene *Einsicht* in die Schulinspektionsbefunde im Rahmen des Interviews zur Schau gestellt wird, die als wirksamer Steuerungsmechanismus gilt (vgl. 3 auf Seite 29). Im Gefolge dieser Einsicht wird zugleich die Anerkennung als Subjekt der (eigenen) Optimierung vor / mit der Interviewerin verhandelt. Indem die Interviewten sich zum Wahrheitsgehalt der Befunde äußern, *zeigen* sie folglich erkennbar, dass sie in die Befunde Einsicht genommen haben, zu Rezipientinnen von Schulinspektion geworden sind, und sich zugleich in den Inspektionsbefunden selbst (wieder-)erkennen. Es geht den Wahrheitsprüfungen also weniger um Formen der Einsichtnahme im Sinne des Regulierens von Zugängen bzw. Zugänglichkeiten zur Befundrezeption (wie sie im Analysekapitel zu 9 auf Seite 311 zu finden sind), sondern stärker um den Aspekt der Einsicht, der auf das Erkennen und Anerkennen des „richtigen" Zugangs zu schulischer Optimierung und der eigenen Verantwortlichkeit innerhalb dieser Optimierung zielt.

Weiterhin wird die Referenz auf Wirksamkeit dahingehend bedeutsam, dass allein ein-deutiges, mithin: wahres, weil nicht mehr zwischen den Perspektiven strittiges, Wissen als ‚Motor' der Optimierung von Schulqualität an Geltung gewinnt. Erst dann, wenn die Inspektionsbefunde im Rezipieren

---

[1] Die diskursive Produktivität bzw. Generativität der Perspektivendifferenz lässt sich auch dahingehend argumentieren, dass sich Wahrheitsprüfungen in allen der von mir geführten 30 Interviews finden lassen.

als *wahr* autorisiert werden, erscheint auch deren Anspruch, eine schulische Optimierung einfordern zu können, als legitim. Es entsteht folglich ein Spannungsfeld aus dem ‚Zwang‘ zur Positionsnahme und Etablierung einer Perspektivendifferenz sowie dem anders gelagerten ‚Zwang‘, sich zur Wirksamkeit der Inspektionsbefunde zu verhalten und demzufolge mit der Perspektivendifferenz einen Umgang zu finden, der diese handhabbar macht. Demnach müssen die Befunde im Zuge des Rezeptionsgeschehens kommentiert, eingeordnet, evaluiert etc. werden.

Nachfolgend soll auf diese Zusammenhänge noch einmal ausführlicher eingegangen werden. Zunächst wird dabei die *Notwendigkeit und Unmöglichkeit* des sprechenden Hervorbringens einer Perspektivendifferenz analysiert, die sich darauf bezieht, dass es in den Wahrheitsprüfungen sowohl um die Pluralität von Wahrheiten bezüglich Schulqualität, als auch um das Vereindeutigen zu *einer* Wahrheit, die Wirksamkeit erzeugen kann, geht. Anschließend soll das Augenmerk auf die *spezifischen Formen des Umgangs* mit der Perspektivendifferenz gelegt werden, wobei sich mehrere solcher Umgangsformen unterscheiden lassen: Zum einen jene, in denen die Differenzbearbeitung als Nachforschungspraxis figuriert wird, weiterhin jene, die auf eine Beruhigung bzw. Auflösung der Perspektivendifferenz zielen; zum dritten jene, die im Sinne des Schärfens der Differenz die eigene Perspektive als die bessere herausstellen und gegenüber der Perspektive der Schulinspektion zu behaupten beanspruchen. Außerdem finden sich noch Sprechweisen, in denen die Differenz der Perspektiven zwar bestätigt, aber in ihrem Problemgehalt relativiert wird.

10.1 Notwendigkeit und Unmöglichkeit von Perspektivendifferenz

Wie bereits angerissen, zeichnen sich die Wahrheitsprüfungen im Besonderen dadurch aus, dass sie innerhalb der Interviewsituationen damit einhergehen, eine subjektive Haltung der Rezipierenden zu den Inspektionsbefunden zu evozieren.

Dass es verschiedene Wahrheiten und Geltungsgründe – im Sinne von auf einen Standort bezogenen „Perspektiven“ – bezüglich der inspizierten Schule geben kann bzw. soll, wird im Rahmen des Interviews bereits (voraus-)gesetzt, etwa wenn die Interviewten als individualisierte Rezipierende angesprochen werden (vgl. die Analysekapitel 6 auf Seite 207 und 7 auf Seite 229):

Interviewerin: [...] Gerade die Methoden- und Sie hatten auch gesagt: die Dokumente, die bemängelt wurden, war das auch, stimmt das mit Ihrem Eindruck überein, hatten Sie auch das Gefühl, dass vielleicht wenig Methoden verwendet werden (I9m, Z. 346–348)?

Die Frage der Interviewerin differenziert zwischen den Inspektionsbefunden sowie einem possessiven „Eindruck" seitens der interviewten Schulleitung und konstituiert auf diese Weise zwei grundlegend eigenständige Formen von Beobachtungsverhältnissen.

Mit dem Aufrufen eines schulleitungsspezifischen „Eindrucks" wird die Angesprochene aufgefordert, als Expertin um die Qualität ‚ihrer' Schule wissend aufzutreten. Indem das Wissen der Schulleitung hier als bedeutsames qualifiziert wird, ist der Interviewten zudem nahegelegt, sich als Teil eines Rezeptions- und Wirksamkeitsgeschehens von Schulinspektion zu verstehen: Es geht eben nicht um das ‚bloße' Überführen der Inspektionsbefunde in Schulentwicklungsmaßnahmen, sondern um ein Positioniert- und Involviertwerden in Fragen der Wahrheit und Gültigkeit, das Schulleitung und Schulinspektion als zwei gleichermaßen relevante Adressen des Wahrsprechens taxiert.

Eine solche Positionierung und Involvierung der Interviewten prozessiert zudem über die Konstitution der Schulinspektionsbefunde als einer strittigen und gewissermaßen prekären Evidenz. Die Zuschreibung an die Inspektionsbefunde, eine letztgültige Wahrheit nicht verkünden zu können, hat demnach einen mobilisierenden Effekt. In diesem Sinne erscheint es als konkludent, sich distanzierend gegenüber den Befunden zu positionieren – nicht aber: keinerlei Position zu beziehen. Auch eine mögliche Kongruenz von Perspektiven, die zunächst keine Problematik hinsichtlich der Befundwahrheit entfaltet, muss im Interview damit noch einmal eigens benannt werden (siehe hierzu auch den folgenden Abschnitt unter 10.3 auf Seite 358).

In der Perspektivendifferenz wird aber auch die eigene – hier zur Debatte stehende – Perspektive von Schulleitung zugleich als eine mögliche, nicht aber als zwingende oder einzige, augenscheinlich: Im Sprechen geht es dann auch darum, den Status der eigenen Perspektive zu bestimmen und diese mit Normativität zu versehen. In einem späteren Abschnitt dieses Kapitels, unter 10.4 auf Seite 360, wird dieser Aspekt der Wahrheitsprüfungen noch einmal ausführlicher diskutiert.

Die Etablierung einer Perspektivendifferenz steht, wie angerissen, in spannungsreichem Verhältnis zur Frage der Wirksamkeit von Schulinspektionsbe-

Notwendigkeit und Unmöglichkeit von Perspektivendifferenz 353

funden. Während die Perspektivendifferenz sich auf das Finden und Relationieren pluraler Wahrheiten bezieht, ist das Potential der Schulinspektionsbefunde, im Rahmen von Schuloptimierung wirksam zu werden, an das Vorhandensein *eindeutiger* und die Perspektivität übersteigender Wahrheiten gebunden, wie sich dem folgenden Interview entnehmen lässt:

> I14w: [. . .] Inwieweit bestimmte Bereiche jetzt hundertprozentig richtig beleuchtet wurden, das wage ich zu bezweifeln. Schon aus dem Grund, weil eben nicht alle befragt worden sind.
>
> Interviewerin: Hmhm.
>
> I14w: In dem Bereich, was jetzt also mit Methodik, mit Lehrern zu tun hat, was jetzt also aus dem Bereich der Hospitationen zu Tage gekommen ist, würde ich schon denken, dass es den richtigen Querschnitt der Schule widerspiegelt und dass man- und genau an den Stellen werden sie ja auch daran arbeiten (I14w, Z. 795–801).

Die Bedeutsamkeit einer Wahrheitsprüfung, wie sie hier in Form des Bezweifelns der empirischen Evidenz der Inspektionsbefunde vorgenommen wird, lässt sich dahingehend herausstellen, dass nur als wahr autorisierte Befunde einen geeigneten Anreiz für Schuloptimierung bereitstellen können. In jenen Hinsichten, in denen die Inspektionsbefunde von ihrem Wahrheitsgehalt überzeugen können, hier: „was jetzt also aus dem Bereich der Hospitationen zu Tage gekommen ist" und damit schwer zu bestreiten ist, werden sie unumgänglich – und zum Gegenstand eines Versprechens auf Weiterarbeit seitens der Interviewten, in denen diese für die Befunde verantwortlich zeichnen (siehe den Abschnitt zu den Versprechenspraktiken unter 8.3 auf Seite 284.[2]

Die so figurierte *Relevanz des wahren Befundes* verdeutlicht, wie Wahrheitsprüfungen – darin den Versprechenspraktiken ähnlich – im Rahmen des Interviewsprechens selbst als ein Geschehen verstanden werden können, in denen Wirksamkeit von Schulinspektion sowohl aufgeführt als auch aufgeschoben wird. Insofern die den Befunden zugesprochene Potenz, im Sinne schulischer Optimierung wirksam zu werden, an deren Wahrheitsgehalt

---

[2] Diese Beschränkung wahrer Inspektionsbefunde auf den empirischen Erkenntniszugang der Unterrichtsbeobachtung zeigt, dass unterschiedliche Inspektionsbefunde mit unterschiedlichen Wertigkeiten versehen werden. Eine generelle und sich auf alle Inspektionsbefunde gleichermaßen beziehende Zurückweisung des Wahrheitsgehalts findet sich in den Interviews kaum. Man müsste sich in einem solchen Falle auch eindeutig gegen die Weiterarbeit mit den Befunden positionieren, was eine Grenze des Sagbaren zu berühren scheint.

354 Perspektivendifferenz: Wahrheitsprüfungen

gebunden bleibt, ist die Prüfung des Wahrheitsgehalts selbst bereits ein *Akt des Wirksammachens* der Inspektionsbefunde, in welchem die unidirektionale Verbindung aus Inspektionsbefunden – Wahrheit – Weiterarbeit geknüpft wird. Indem jeglicher Optimierungsarbeit eine Prüfung des Wahrheitsgehalts vorgelagert wird, ist die Prüfung aber zugleich ein *Akt des Aufschubs*, in dem die Aufforderung auf Weiterarbeit mit den Schulinspektionsbefunden innerhalb der Schulpraxis vorübergehend ausgesetzt werden kann. Bis zu jenem Zeitpunkt, an dem der Wahrheitsgehalt der Befunde abschließend geklärt ist, können vorläufig keine auf schulische Optimierung gerichteten Anschlusshandlungen erfolgen. Die Wahrheitsprüfung schiebt sich gewissermaßen zwischen die Referenzpunkte des Wissens und Handelns.

10.2 Bearbeitung von Perspektivendifferenz: Nachforschungen

In diesem und den nachfolgenden Abschnitten soll auf jene Thematisierungen eingegangen werden, die sich insbesondere auf die Bearbeitung der Perspektivendifferenz beziehen und das *Vereindeutigen* pluraler Wahrheiten zum Gegenstand des Sprechens nehmen. Eine solche Vereindeutigungsleistung erscheint hinsichtlich der im vorherigen Abschnitt herausgearbeiteten Relevanz des wahren Befunds erforderlich. Die Perspektivendifferenz erhält demnach, wie hier ersichtlich wird, insofern eine generative Qualität, als dass sie dazu auffordert, einen Umgang mit ihr zu finden und auf diese Weise neuerlich zu einem Teil des Rezeptions- und Wirksamkeitsgeschehens um Schulinspektion zu werden.

In einigen Interviews wird erwähnt, dass die uneindeutige ‚Befundlage' zur Qualität der inspizierten Schule in den Schulinspektionen Anlass und Impuls für Nachforschungen bietet, in denen die Rezipierenden selbst noch einmal Erkundungen vornehmen – und dies als Arbeit an bzw. mit den Befunden geltend machen. Diese Nachforschungen zielen darauf, die Gründe der Verschiedenheit von Perspektiven erst noch herauszufinden. Die Inspektionsbefunde werden dabei zum Startpunkt von forschender Erkenntnisarbeit, nicht zu deren Endpunkt, wie es bei Überführung der Befunde in Optimierungshandlungen anzunehmen wäre.

Dabei lassen sich zwei Fluchtpunkte hinsichtlich der Nachforschung zum Wahrheitsgehalt der Befunde in den Interviews ausmachen. Zum einen ist es das Aufsuchen von Widersprüchlichkeiten und Problematizitäten in den Inspektionsbefunden sowie ggf. innerhalb des Dokuments des Inspektions-

Bearbeitung von Perspektivendifferenz: Nachforschungen 355

berichts, zum anderen richtet sich das ‚Forschungsinteresse' auf das Selbst und die inspizierte schulische Praxis. Ein Vorgehen, das unter die erste Zugriffsweise der Begutachtung der Inspektionsbefunde fällt, findet sich etwa im folgenden Interview:

> I4w: So, und dann haben wir uns mal angeguckt, wer denn befragt worden ist. Und dann haben wir uns auch so, ohne das jetzt negativ oder abwertend zu sagen, mal die Elternschaft angeguckt und haben dann eben festgestellt, naja, der beste Jahrgang von der Elternschaft her war es nicht. [...] Es wäre wirklich günstiger, wenn sowas gemacht wird, dann alle (I4w, 291–297).

Die Diskrepanz der Perspektiven wird hier so bearbeitet, dass ein genauerer Blick auf die Inspektionsbefunde und deren Herstellungsbedingungen geworfen wird. Darin ist impliziert, dass die Nachforschung vom Standpunkt einer bereits vorhandenen eigenen Perspektive aus erfolgt, vor der die Inspektionsbefunde sich als wahr beweisen müssen. Die Diskrepanz der Perspektiven wird folglich nicht einfach hingenommen. Sie stößt eine gemeinsame Verständigung an, die verschiedene schulische Akteure aneinander bindet: Die Suche nach solcherart Beweisen der Wahrheit von Schulinspektionsbefunden innerhalb der Dokumente der Schulinspektionsberichte erfolgt im Rahmen der gemeinsamen Rezeption eines kollektivierenden „Wir" („Wir haben uns die Elternschaft mal angeguckt...").[3] Dieses „Wir" dient zudem als Katalysator der eigenen, von der Schulinspektion unabhängigen Perspektive, aus der heraus der infrage stehende Inspektionsbefund letztlich als unzutreffend gewertet wird.

Die Argumentation stützt sich dabei auf forschungstechnische Belange, es handelt sich also nicht um eine systematische Distanzierung gegenüber Schulinspektion, sondern um eine Art ‚Feinjustierung' von deren Vorgehensweisen. Diese Form der Nachforschung, die sich auf die Inspektionsbefunde hin richtet, setzt weitergehend die komplette Zugänglichkeit des Sinns in den Befunden voraus, es bleibt keine ‚Restdifferenz' erhalten, die das eigene Verhältnis zu den Inspektionsbefunden nach wie vor beunruhigen könnte.

In einem vergleichsweise konträr dazu gelagerten Vorgehen werden mögliche Widersprüchlichkeiten innerhalb der Schulpraxis bzw. des Eigenen veror-

---

[3] Die Autorisierung der Perspektivendifferenz erfolgt hier über die abermalige Positionierung der Eltern als einer bezüglich der Schule bzw. Schulqualität problematischen Akteursgruppe.

356   Perspektivendifferenz: Wahrheitsprüfungen

tet, so dass zum Zwecke der Bearbeitung einer Perspektivendifferenz *Nach-forschungen an sich selbst* angestellt werden. Die Frage der Un- / Wahrheit der empirischen Inspektionsbefunde erscheint dabei als noch nicht abschließend geklärt, wenngleich den Befunden eine grundsätzliche Potenz, wahre Aussagen zu generieren, implizit zugesprochen wird – was überhaupt erst zu Verunsicherung führt.

> Interviewerin: [lacht] Okay. Und Sie haben gesagt, Sie haben jetzt verschiedene Dinge rausgesucht, an denen Sie arbeiten wollen, das Mobbing war ja eins davon.
>
> I1m: Hmhm.
>
> Interviewerin: Was waren das noch für Punkte, an denen Sie jetzt arbeiten wollen?
>
> I1m: ja, sch- es ist praktisch- Mobbing ist jetzt mal das Schlagwort, Schülerverhältnis untereinander, will ich mal so- wir haben zum Beispiel keine Streitschlichter und solches Zeug haben wir nicht, also wir schlichten dann immer selber.
>
> Interviewerin: Hmhm.
>
> I1m: weil ich da auch ni- eine geteilte Meinung habe, also, und- ist ja nun die Frage, ist es wirklich (.) ein Problem bei uns, müssten wir sagen, müssten wir vielleicht sowas auch noch machen, müssten wir auch mal vielleicht ein paar Schüler zur Schulung schicken, vie- müssten wir uns mal Erfahrung von anderen Schulen holen (.) oder ist es wirklich bei uns durch die Sechsten [Klassen, M. S.] aufgekommen, ne? Das, dieses Lehrersch- dieses Schülerverhältnis untereinander wollen wir mal näher beleuchten, um mal zu sagen: Haben wir wirklich ein Problem, was Mobbing wäre oder ist es aus (was anderem entstanden?) (I1m, Z. 413–426)?

Im Interview *I1m* wird fraglich, ob das in der Schulinspektion aufgezeigte Vorhandensein von Mobbing unter Schülerinnen einen realen Bezug hat oder ob es als Effekt eines Messfehlers erscheint, das sich auf das nicht näher erläuterte Problem der Befragtengruppe der Sechstklässlerinnen bezieht. In der Profilierung der Frage „ist es wirklich ein Problem bei uns [?]" scheint die Perspektivendifferenz aus Schulinspektion und schulischem Akteur in Form des Zweifels auf, der ein Selbstverhältnis adressiert.

Die Bearbeitung der Perspektivendifferenz steht auch hier im Zusammenhang mit einer *möglichen Wirksamkeit* der Inspektionsbefunde, die einen

Aufschub der ‚eigentlichen' Verwendung der Befunde rechtfertigt: Sofern die Inspektionsbefunde als wahr autorisiert werden, erscheinen verschiedene Entwicklungsaktivitäten seitens der Schule wahrscheinlich und unproblematisch abrufbar.

Die auf sich selbst gerichteten Erkundungen werden funktionalisiert als Formen, sich selbst (wieder) auf die Spur kommen, in die pädagogische Wissensproduktion eingespannt zu werden und die eigene Perspektive auf schulische Qualität zu objektivieren. Jene Verunsicherung des Verhältnisses des Ich zu sich durch die Inspektionsbefunde wird in diesem Zitat noch einmal deutlich angesprochen:

> I1m: Mensch, dacht ich, verdammich, haben wir das wirklich [bezogen auf den positiven Inspektionsbefund, dass an der Schule klare Normen und Regeln herrschen, M. S.]? [lacht] (I1m, Z. 365–366)

In den Nachforschungen wird der Rezipierende (wieder) zum Erkenntnisobjekt, gegenüber Schulinspektion aber gleichsam auch zum Erkenntnissubjekt, analogisiert sich mit Vorgehensweisen der Schulinspektion, die ebenfalls schulische „Probleme beleuchten" (s. o., *I1m*) will – so dass hier auf Forschung mit (mehr) Forschung geantwortet und die Frage nach der Wahrheit der Befunde offen gehalten wird. Zwar wird die Autorisierung der Inspektionsbefunde zurückgestellt, nicht aber die Autorisierung der Evidenzlogik, denn in den Nachforschungen wird selbst noch einmal Schulinspektion betrieben, d. h. der Wahrheitsanspruch des Evaluativen wird übernommen. Dies zeigt sich auch daran, dass sich in den Nachforschungen explizit auf die Schulinspektionsbefunde bezogen wird, die dann eine Validierung erfahren. Die *Auseinandersetzung mit Schulinspektion erfolgt mit den Mitteln der Schulinspektion*, so ließe sich für beide Praktiken des Nachforschens konstatieren – seien sie auf die Befunddarstellungen oder die (eigene) Schulpraxis gerichtet.

Beiden Fluchtpunkten der Nachforschungspraktiken lassen sich unterschiedliche Weisen der Vereindeutigung einer Perspektivendifferenz zuweisen. In der auf die Befunde gerichteten Nachforschung wird die Differenz zur Perspektive des Eigenen hin aufgelöst, in der auf die eigene Schule / das Selbst gerichteten Strategie wird von der potentiellen Wahrheit der Inspektionsbefunde ausgegangen – bis zu dem Zeitpunkt, an dem die eigenen Nachforschungen etwas anderes ergeben.

10.3 Kongruente Perspektiven: Entproblematisierungen

Wie bereits eingangs zu diesem Kapitel erwähnt, sollen auch solche Thematisierungen in den Interviews als Wahrheitsprüfungen verstanden werden, die sich nicht in Form von Distanzierung und Kritiknahme ereignen, sondern die Form einer Ratifizierung und Inszenierung von Einsichtigkeit annehmen. Es stellt sich dabei die Frage nach der *Funktionalität* dieser Ratifizierungen, die nachfolgend an zwei Interviewstellen untersucht werden soll. Eine Bestätigung des Wahrheitsgehalts der Inspektionsbefunde erfolgt nicht stillschweigend, sondern auf diese muss sich eigens verständigt werden, selbst wenn dies ,lediglich' durch die Interviewerin zum Gesprächsthema ,von Gewicht' erklärt wird:

> Interviewerin: Und ist das für sie vollständig oder woll- würden sie gern, dass da noch mehr evaluiert worden wäre?
>
> I26m: Nee, ich denke mal- (.)
>
> Interviewerin: Ja?
>
> I26m: Also, man man muss ja immer überlegen-, das ist schon ein (wahn?), sicher wa- da muss man sich wieder auseinandersetzen, da muss man sich hinsetzen und ich kann jetzt nicht aus dem Kalten sagen-, also ich hätte-, nee, ich geh immer davon aus- und das weiß ich, hier haben sich Leute intensiv damit befasst, die haben auch viele Rückmeldungen dazu bekommen und haben sich jetzt mal für diese Bereiche entschieden und die Bereiche sind auch okay (I26m, Z. 753–761).

Die wiederholten Abbrüche und Neueinsätze des Sprechens in diesem Interviewzitat aus *I26m* legen nahe, dass die Einnahme einer eigenen, hier insbesondere kritisch-distanzierten Position, wie sie seitens der Interviewerin im Rahmen der Wahrheitsprüfung nahegelegt wird, auch herausfordernd sein kann. Die Herausforderung konkretisiert sich hier an dem hohen Aufwand, der der Einnahme einer eigenen Position vorausliegt: „Da muss man sich wieder auseinandersetzen, da muss man sich hinsetzen", muss man eine intensive Rezeption der Befunde vornehmen.

Sofern dieser Aufwand nicht betrieben wird, stellt das Vertrauen in die Inspektionsbefunde und in deren wissenschaftliche Valenz eine adäquate (Ersatz-)Rezeptionsweise dar. Die Strategie der Bearbeitung einer Perspektivendifferenz bestimmt sich demnach darüber, dass von vornherein eine

Entproblematisierung dieser Differenz vorgenommen wird – und die Perspektivendifferenz als nicht besprechenswert besprochen wird.

Im Sinne der im vorangegangenen Abschnitt herausgearbeiteten Problematik, eine Positionsnahme zu den Befunden vollziehen zu müssen, erscheint das Aussprechen unvoreingenommenen Vertrauens gegenüber den Inspektionsbefunden innerhalb der Interviews – ebenso wie die vollumfängliche Distanzierung und Kritik gegenüber den Befunden – als keine adäquate Praktik, so dass dieses Vertrauen (gegenüber der Interviewerin?) sorgsam abgewägt, begrenzt, begründet werden muss. Eine solche Legitimation erfolgt über die Zuschreibung einer Arbeitsleistung an die Schulinspektion. Die berufsmäßig mit Schulinspektion befassten (aber sonst nicht näher bestimmten) „Leute" könnten sich demnach weit umfänglicher mit dem Inspektionsverfahren befassen, als es der Rezipierende vermag. Infolge der Artikulation und Legitimation eines Vertrauens in die Wahrheit der Inspektionsbefunde erscheint die Entproblematisierung der Perspektivendifferenz als bewusst getroffene und vertretbare Entscheidung.

Dass in der Entproblematisierung einer Perspektivendifferenz, die mit dem Ratifizieren des Wahrheitsgehalts der Befunde einhergeht, auch ein Gewinn für die Rezipierenden liegt, lässt sich am folgenden Interviewzitat nachvollziehen, in welchem die Wahrheit der Schulinspektion funktionalisiert und zum strategischen Einsatz gereicht:

> I11m: Also, das [gemeint ist das Inspektionskriterium der Prüfungsergebnisse, in welchem die Notendifferenz aus Prüfungsvorleistung und Leistung der Abschlussprüfung gewertet wird, M. S.] haben wir mit dem Höchsten bewertet gekriegt, also hier liegen wir deutlich über dem Landesdurchschnitt und das sogar drei, drei Jahre lang, also hier waren wir bei plus 0,1, bei minus 0,08 und bei minus 0,08 das andere Jahr. Das zeigt natürlich, dass die Lehrer- (.) die Vornoten, die die geben (.) zur Prüfungsnote, dass das Verhältnis eigentlich sehr gut ist und das zeigt auch eigentlich, wer bei uns mit einem Realschulabschluss rausgeht, mit einem sehr guten Realschulabschluss, der ist sehr gut. Wer mit einem schwachen Realschulabschluss rausgeht, der ist schwach. Und die Mittel, die die Schule einsetzt bei der Bewertung, die fließen ja vor allen Dingen in die Vornote ein, die Prüfungsleistungen werden ja zentral bewertet, sind angemessen. Das ist erst mal ne gute Rückkoppelung für die eigene Arbeit (I11m, Z. 627–636).

Thematisiert wird in diesem Interview der Wahrheitsgehalt von Inspektionsbefunden dahingehend, dass dieser eigentlich kein Thema ist. Anhand der statistisch relevanten Landesvergleichsdaten und der Unumgänglichkeit von objektiven Notendifferenzen werden die Schulinspektionsbefunde als evident und wahr figuriert – der harte statistische Fakt ist nicht verhandelbar. Die Autorisierung der Befunde erfolgt hier entlang des Arguments, dass sich in statistisch-mathematischen Übersetzungen empirische Gegebenheiten bruchlos abbilden können – weil sie einer Beobachtung entstammen, deren Grundlagen selbst nicht in der Empirie zu suchen sind, sondern in der Struktur mathematischer Phänomene.

Eine solche statistisch verbürgte Wahrheit kann nun wiederum durch die Rezipierenden geltend gemacht werden, die diese in eine Aufwertungs- und Abgrenzungsstrategie des Eigenen einbinden: Die Güte der schulischen Arbeit lässt sich anhand der Inspektionsbefunde nun auch vertretbar gegenüber anderen (Schulen?, Eltern?) vermitteln, indem den Befunden Beweiskraft zugesprochen wird. Der statistische Fakt legt den objektiven Vergleich zwischen Schulen und zudem eine Legitimation der Schul-Leistungen gegenüber Dritten nahe (zur Bedeutsamkeit des Vergleichs unter Schulen vgl. die Analyse unter 9.2.5 auf Seite 341). Dies verweist nochmals auf die Relevanz des wahren und gültigen Befunds, der nicht nur für ein rezipierendes Selbst, sondern auch für andere als anerkennbar wahr gilt.

10.4 Schärfung der Perspektivendifferenz: Beweisführungen

Die Artikulation der Perspektivendifferenz geht, wie bereits argumentiert, oft mit Ab- und Aufwertungen der jeweilig different gesetzten Perspektiven einher. Dabei wird auch die Frage verhandelt, wer oder was mit welchen Mitteln mit Bestimmtheit über Schulqualität Auskunft geben kann. Während im vorhergehenden Abschnitt vornehmlich solche Relationierungen zur Sprache kamen, in denen die „Wahrheit" der Perspektive der Schulinspektion zugeschlagen wurde – auch wenn sich dies nicht völlig trennscharf gestaltet –, lassen sich auch Sprechweisen finden, die eine oppositionelle *Schärfung* der Perspektivendifferenz vornehmen, indem sie die Perspektive der Schulleitung gegenüber jener der Schulinspektion als bessere zu behaupten suchen.

Die qua Delegitimierung der Befunde vorgenommene Stärkung der eigenen Perspektive bleibt dabei jedoch stets begründungspflichtig, ist sie doch eine neben anderen grundsätzlich gleichwertigen Perspektiven. Angesichts der Herausforderung einer Distanzierung und (De-)Autorisierung von Schulinspektion(sbefunden) stellt sich die Frage, auf welche Weisen die vorgenommenen Abwertungen im Sprechen jeweils begründet werden und wie der Nachweis einer Fehlerhaftigkeit der Inspektionsbefunde erfolgt. Dies soll in den folgenden Analysen entlang von drei Formen der Beweisführung eruiert werden: Es handelt sich dabei um eine Beweisführung mittels auf Vorgehensweisen der empirischen Sozialforschung bezogenen Argumentationen (1), um Verweise auf offenkundig vorliegende, unstrittige Tatsachen (2) und um Erwägungen bezüglich des pädagogischen Sinns der Schulinspektionsbefunde (3).

10.4.1 Die Stimme der Wissenschaft

Eine erste Form der (De-)Autorisierung, die sich in den Interviews findet, wird über die Beweisführung entlang von gängigen Argumentationen der wissenschaftlichen Sozialforschung hergestellt, d. h. es kommt hier zur „Nutzung der Stimme der Wissenschaft" (Thompson, 2017b, S. 65). Dies geht mitunter damit einher, dass die Beweisführenden ihre Forschungsexpertise explizit ausweisen, um sich als Wissenschaftlerinnen (vor der Interviewerin) erkennbar zu machen:

> I10m: So, und dann ist es natürlich auch so, dass mit dieser punktuellen Befragung der Elternhäuser, der Schüler, im Prinzip subjektive Meinungen wiedergegeben werden, die nicht einschätzbar für bestimmte Seiten sind. Das kann böse Absicht sein, das kann Unwissen sein, also deshalb können dort [in den Befunden, M. S.] Färbungen auftreten. Schülerauswahl- ist eine relativ kleine Schülerpopulation befragt worden, das waren von unseren 850 Schülern nicht mal ein Drittel. Ne? So, jetzt kommt die Rücklaufquote dazu und ich rede so, in dem Sinne, weil ich habe in Pädagogik meine Diplomarbeit geschrieben und habe auch Befragungsmethoden gemacht.

> Interviewerin: [lacht]

> I10m: Nämlich das Erziehungsverhalten von Eltern von Vierzehn- bis Sechszehnjährigen und dort kenn ich mich ein bisschen aus, ne? Also, über diese ganze Technologie. Ist an der X-Uni damals in den 70er Jahren gewesen.

> Interviewerin: Aha [lacht].

> I10m: So. Und deshalb sag ich: Man sollte es [die Inspektionsbefunde, M. S.] zur Kenntnis nehmen, man soll drüber nachdenken und soll

auch sicherlich Schlüsse ziehen, soll sich aber in bestimmten Punkten nicht verrückt machen lassen, ne (I10m, Z. 146–159)?

Mit dem Ausweis des Erwerbs wissenschaftlicher Kenntnisse wird im Sprechen hier die Basis geschaffen, um den Befunden der Schulinspektion ihre Fehlerhaftigkeit glaubwürdig nachzuweisen zu können und eine Distanz zu den Befunden und deren Aufforderungsgehalt aufzubauen, womit sich die Perspektivendifferenz entproblematisiert („sich nicht verrückt machen lassen"). Das Sprechen / der Sprechende autorisiert sich in Interview *I10m* als wissenschaftlich / Wissenschaftler zu einem über das Einbringen erkennbar feldspezifischen Fachvokabulars der Sozialforschung, etwa „Schülerpopulation", „Rücklaufquote", und zum anderen über eine akademische Verortung als Diplomand an einer deutschen Universität, von der er des wissenschaftlichen Arbeitens her fähig gesprochen wurde.

Im Sprechen gibt man sich auf diese Weise als ebenbürtig zur Schulinspektion aus, die anhand von Methoden quantifizierender Sozialforschung empirische Erkenntnisse über Schulqualität ersucht. Zugleich wird auf diese Weise herausgestellt, dass es der ausdrücklichen Berechtigung bedarf, Inspektionsbefunde auf ihren Wahrheitsgehalt zu prüfen – was den Befunden ihrerseits wiederum ein gewisses Gewicht zuspricht.

Darüber hinaus scheint allein schon der Akt des Prüfens der Inspektionsbefunde auf ihren Wahrheitsgehalt hin eine *wissenschaftliche Praxis* zu markieren, so dass sich die Befragung innerhalb des Interviews als wissenschaftliches Setting verständlich macht, wie es im folgenden Sprecheinsatz insbesondere vonseiten der Interviewerin akzentuiert wird:

> Interviewerin: Würden Sie jetzt sagen, Sie halten die Ergebnisse für glaubwürdig oder glauben Sie- oder fragt man sich da halt, wo kommen jetzt die Daten her? Oder denken Sie schon, das das alles so ganz gut gelaufen ist- also ich kenn' das nur aus unserer Arbeit, wir müssen immer gucken, woher kommen jetzt die Daten und sind die Ergebnisse stimmig und so (I11m, Z. 922–923).

Das Sprechen der Interviewerin zeigt sich hier zunächst als ein Suchendes: Es pendelt zwischen den Möglichkeiten hin und her, eine Wahrheitsprüfung ein- oder auszusetzen. Letztlich wird die Wahrheitsprüfung als die zu bevorzugende Option herausgestellt, indem sie mit einem Forscherinnen-Ethos aufgeladen wird. Referiert wird eine genuin dem wissenschaftlichen

Arbeiten zuzurechnende Notwendigkeit zur Distanzierung von empirischen Befunden, die eine gute Forschungspraxis zu kennzeichnen scheint, so dass die Geltung wissenschaftlich produzierten Wissens nicht umstandslos angenommen werden kann. Mit Verweis auf die Nichtaussetzbarkeit des „immer Guckens, woher die Daten kommen" etc., wird demnach ein Raum spezifisch wissenschaftlichen Sprechens eröffnet, in welchem distanzierte Bezugnahmen auf Inspektionsbefunde im Sinne einer Wahrheitsprüfung zu anerkennbaren Sprechweisen firmieren. Es wird ausdrücklich dazu ermuntert, eigenständig Kritik oder Zweifel an der Wahrheit der Befunde zu formulieren und eine prüfende Haltung zu diesen einzunehmen. Demnach wird im Rahmen der Interviews ein widerständig-subjektives Sprechen auch entlang des wissenschaftsethischen Arguments angereizt – zugleich wird den Befunden dabei ihr wissenschaftlicher Gehalt umstandslos zugestanden. Es stellt sich hier nicht die Frage nach einer Differenz von Wissenschaft und Schulinspektion, wie sie etwa in den wissenschaftlichen Sprechweisen aus Kapitel 3 auf Seite 29 behandelt wurde.

Die Analogsetzung von Wissenschaft und Schulinspektion sowie deren Rezipierendensubjekten, bietet dann die Möglichkeit der Einnahme einer solchen Position der kritisch-begutachtenden Wissenschaftlerin, so dass Erwägungen über den richtigen Erkenntniszugang nicht auf die Position der Interviewerin bezogen bleiben, sondern von den Interviewten re-zitiert werden:

> I18w: [. . .] Denn das wiederum, Schulklima, also Gefühle kannst du mit dem Verfahren messen. Gefühle, aber nicht Tatsachen. Tatsachen müssen stehen, Punkt. Aber Gefühle kannst du messen.
>
> Interviewerin: Okay.
>
> I18w: Also, das ist so, denke ich schon, Also im Bereich Gefühle macht ihr das gut. Mit dem anderen, die Tatsachen, das ist zu- also dieses fünf verschiedene Entscheidungsmöglichkeiten, ich denke, da muss es ja oder nein geben für eine Tatsache. Haben die eins zu null gewonnen, ja oder nein. Aber war das Spiel gut, da kann man schon wieder sieben Bereiche nehmen.
>
> Interviewerin: Hm, das stimmt (I18w, Z. 1104–1111).

Die Differenzierung von Gefühlen / Tatsachen als möglichen Befragungsgegenständen deckt sich mit der Bewertung hinsichtlich guter / schlechter Schulinspektion, die aus der Position einer mit der Messung bzw. empirischen Beobachtung vertrauten Forscherin erfolgt. Die Erwägung dahingehend, was eine Schulinspektion zu leisten hat und an welcher Stelle ihre Grenzen liegen, zeigt auf, inwiefern die empirische Evidenz selbst noch einmal zum Erkenntnisgegenstand wird, der im Interview befragt wird.

Bemerkenswert ist an dieser Stelle zudem, wie durch die possessive Formulierung „ihr macht das gut" die Interviewerin als Repräsentantin des Schulinspektionsverfahrens identifiziert und angesprochen wird, so dass eine Evaluation von Schulinspektion nicht nur vor der Interviewerin als einer ‚dritten' Zeugin vorgenommen wird, sondern explizit an sie gerichtet wird. Die Grenzen zwischen Wissenschaft, Schulinspektion und Schulpraxis verwischen in dieser Referenz bis hin zur Ununterscheidbarkeit.

Da die (De-)Autorisierungen von Inspektionsbefunden in den Interviews sehr häufig in Verbindung mit Argumenten der empirischen Sozialforschung vorgenommen werden, soll nachfolgend systematisierend dargestellt werden, auf welche Ebenen der Erkenntnisproduktion sich diese Argumente jeweils beziehen. Einer *ersten Ebene* ließen sich forschungspraktische bzw. -methodische Erwägungen zurechnen, die sondieren, ob und inwiefern die Spezifika der empirischen Datenerhebung und -auswertung der Schulinspektion eine Quelle für Fehlurteile schulischer Qualität darstellen. Dabei wird sich auf die Untersuchungsobjekte (z. B. in Überlegungen zur Angemessenheit von Stichprobenauswahl und -umfang, zum Erhebungszeitpunkt innerhalb des Schuljahres, zur Häufigkeit der Messung etc.), die Untersuchungsinstrumente (In-Transparenz der jeweilig gewählten Items, deren Zielgruppenangemessenheit), die Untersuchungssubjekte bzw. die Inspektorinnen (zu objektive vs. zu subjektive Beurteilung, Beurteilungskompetenz etc.) bezogen.

Auf einer *zweiten Ebene* wird die Gegenstandsangemessenheit des Forschungszugangs zur schulischen Qualität Einsatzpunkt von Wahrheitsprüfungen: Eignet sich ein standardisiertes und quantifizierendes Vorgehen, in dem immer schon vorträglich festgelegt ist, was als Schulqualität identifiziert werden kann? Oder wäre eine offen-teilnehmende, auf Verstehen der einzelnen Schule hin ausgelegte Untersuchung zu präferieren, so dass Schulqualität sich entlang der pädagogischen Autonomie des einzelnen Falles stets etwas anders zeigt? In diesen, den „richtigen" Zugang zur verborgen liegenden (aber eindeutig vorhandenen) schulischen Qualität befragenden Wahrheitsprüfungen, wird die Vergleichbarkeit von Schulen problematisiert. Dies expliziert sich im folgenden Interview:

> I30m: Was hier passiert ist, ist Folgendes. Man kam hierher, hat also
> diese Runde geführt, diese Gesprächsrunde geführt. Ich wollte Unter-

Schärfung der Perspektivendifferenz: Beweisführungen 365

lagen übergeben, die umfassender waren als die, die man haben wollte. Diese wollte man nicht haben. Man wollte nicht, man wollte- Begründung: man wollte nicht beeinflusst werden. Halte ich für grundsätzlich falsch. Bietet jemand Dokumente an, hab ich die erstmal als externe Evaluation anzunehmen.

Interviewerin: Hmhm.

I30m: Ja? Weil möglicherweise hat derjenige ja in den anderen Dokumenten was stehen. So. Nächste Sache war, man hat verlangt, dass man nen eigenen Raum kriegt. (.) Also, man setzt sich nicht auf dieselbe Stufe wie Lehrer, sondern man verlangt einen eigenen Raum zum Arbeiten. Für mich eigentlich eine Sache, wo ich sage: Pffff, wenn (Kienbaum?) gekommen wäre, hätte ich selbst die (Kienbaum?)- Leute gebeten, doch bei uns im Lehrerzimmer mit den Kollegen Kaffee zu trinken, weil, was da passiert, ist Kommunikation. Die sollen Schulqualität beobachten, ja?

Interviewerin: Hmhm.

I30m: Wie kann ich Schulqualität beobachten, wenn ich in der Pause nicht im Lehrerzimmer bin?

Interviewerin: Hmhm.

I30m: Ja? Sondern sage: Ich schotte mich ab, ich will von nichts beeinflusst werden, ich will mit niemandem reden, ja? Wir haben über Kommunikation gesprochen, ja? Nee, man schottet sich ab. So (I30m, Z. 867–882).

Im hier zitierten Interview *I30m* wird entlang der kritischen Distanzierung von der standardisierten Vorgehensweise der Schulinspektion eine Delegitimierung des Inspektionsprocederes vorgenommen. Die hier artikulierte Forderung nach einem dem Beobachtungsgegenstand angemessenen Vorgehen in der Datenerhebung bezieht sich auf eine Form der teilnehmenden Schulbeobachtung, die die Schule in ihrer Gesamtheit berücksichtigt und nahezu jedes schulische Ereignis als ein mögliches qualitätsrelevantes Datum auffasst – so kann auch eine nicht auf den ersten Blick pädagogisch (relevant) anmutende Situation, wie eine Kaffeepause der Lehrkräfte, zum Indikator für Schulqualität geraten: „weil, was da passiert, ist Kommunikation". Schulqualität wird auf diese Weise uneindeutig bestimmbar. Die Entscheidung, wann etwas eine Valenz für Schulqualität erhält, muss dann situativ ‚vor Ort' und unter Einbezug der Inspizierten getroffen werden.

366   Perspektivendifferenz: Wahrheitsprüfungen

Dabei wird das Vorhandensein von Schulqualität als einer grundlegenden Kategorie, mit der sich sinnvoll über Schule geäußert werden kann, nicht problematisiert: Dass es eine solche Qualität gibt und dass auch Abstufungen von Schulqualität zwischen vergleichbaren Schulen vorhanden sind, wird nicht bestritten und als unhintergehbar (voraus-)gesetzt. Dies gilt für beide Ebenen der Auseinandersetzung um Schulqualität hinsichtlich forschungspraktischer Vorgehensweisen. Die „Wahrheit" von „Schulqualität" stellt demnach einen gemeinsamen Bezugspunkt verschiedener Thematisierungen dar.

10.4.2 Evidenz des Augenscheins

Eine anders gelagerte Form der Autorisierung von einer eigenen Perspektive bezüglich Schulqualität als die gegenüber Schulinspektion bessere und wahre(re) ist die einer Evidenz des Augenscheins, die sich darauf bezieht, dass die Inspektionsergebnisse auf den ersten Blick und unbestreitbar falsch sind. Dies erschließt sich, wie beispielsweise im folgenden Interview, aus der ‚Logik der Sache' heraus – und ist damit auch für eine nicht in die jeweiligen schulischen Kontexte involvierte Beobachterin bzw. Rezipientin offenkundig, so dass für diese Beurteilungen keine spezifischen Wissensbestände abgerufen werden müssen:

> I29m: Wir haben eine Schulpartnerschaft in [Land A], wir haben mehrere Schulpartnerschaften in [Land B] und wir haben ein internationales Projekt mit gemeinsamen Schülern aus [Land B]. Aber das ist nicht vorgesehen in der Evaluation. Vorgesehen ist nur die Anzahl der Schulpartnerschaften, wie intensiv die im Jahr ablaufen.
>
> Interviewerin: Okay.
>
> I29m: Und da wird nur dort das Häkchen gesetzt. Und wenn dort eben nicht so viele Austausche mit Frankreich oder England oder sowas passieren, dann sind wir eben nicht international ausgerichtet.
>
> Interviewerin: Hmhm.
>
> I29m: Und das äh, das- da ist an der Stelle ist die Evaluation einfach schwach. Also, das wäre dasselbe, wenn das Sportgymnasium in Sport schlecht abschneidet.
>
> Interviewerin: Ja. [lacht] Ist ja wirklich komisch, da es ja schon vom Konzept her der Schule so angelegt ist, ne?, binational zu sein.

Schärfung der Perspektivendifferenz: Beweisführungen 367

I29m: Ja, ja, ja. Aber das, äh, spiegelt sich dort äh di-de-in den (ganzen Items?) und sowas, da spiegelt's sich nicht wider (I29m, Z. 716–731).

In diesem Interview wird das Offenkundige als ein diametrales Gegenüber der empirischen Inspektions-Evidenz lanciert, so dass sich die Empirie der Schulinspektionsbefunde dem prüfenden Blick als „schwach" und unwahr zeigt. Der Vorwurf gegenüber Schulinspektion, das Offenkundige nicht abbilden zu können, bezieht sich auf jene für die Erstellung der Inspektionsbefunde relevanten Parameter, die das Selbstverständnis der Schule, binational engagiert zu sein, berühren. Hinsichtlich dieses besonderen schulischen Kennzeichens wirkt ein schlechtes Abschneiden im Qualitätsmerkmal, das sich auf Schulpartnerschaften bezieht, brisant.

Dass die Fehleinschätzung der Schulqualität hier zulasten von Schulinspektion gezählt wird, lässt sich dann kaum noch bestreiten, wenn die Diskrepanz aus Schulinspektion und Schulwirklichkeit in der Analogie auf das „Sportgymnasium" noch einmal dramatisiert wird. Auch die Interviewerin bezieht sich auf das Argument des Offenkundigen und die damit verbundene Forderung, dass sich ein besonderes schulisches Profil in den Befunden in adäquater Weise abbilden sollte. So führen die von beiden Interviewparteien gleichermaßen als solche ratifizierten Fehlurteile der Schulinspektion zu einer vergemeinschaftenden Haltung bezüglich der Befunde, so dass diese auch eine *Interview-Einheit der Distanzierung von den Befunden* stiften. Die Wahrheitsprüfung bleibt aber situativ auf die Schulpartnerschaften beschränkt. Eine Generalkritik an den Inspektionsbefunden, die mit einer Abkehr vom Inspektionsgedanken einherginge, wird nicht vorgenommen. Stattdessen wird erwähnt, dass die Schulinspektion an *dieser* Stelle eben schwach sei (vgl. auch auch die Analysen zu Interviewanfang zwei 7.2.2 auf Seite 243).

Eine weitere Möglichkeit, die Fehlerhaftigkeit der Inspektionsbefunde zu bezeugen, ist, mit einer Involviertheit in eben jene Wirklichkeit, die von der Schulinspektion beobachtet und abgebildet wird, zu argumentieren. Eine solche Involviertheit kann sich auf allgemeine Erlebnisformen beziehen und von dort her offenkundig werden:

I18w: Das, was den Unterricht anbelangt, das ist mir schlicht und ergreifend zu gut weggekommen, in Form der Differenzierung. Na gut, das war vielleicht mal ein bisschen dunkelgrün oder so. Oder, dunkelgrün ist das beste, hellgrün.

Interviewerin: Hellgrün, ja.

I18w: Also ich bin ja nun nicht ganz von Dummsdorf und weiß ja selber, was so im täglichen Leben passiert. Das ist gut weggekommen (I18w, Z. 24–28).

Mit Verweis auf das Vorhandensein eines gewissen, unspezifischen Gespürs für die Evidenzen des „täglichen Leben[s]" werden die Inspektionsbefunde als Fehlurteile legitimiert. Die Formulierung „ich bin nicht von Dummsdorf" legt nahe, dass sich ein solches Urteil für nahezu jede Beobachterin aufdrängt, sofern sie über ein gewisses Maß an Intellekt und Beobachtungsgabe verfügt. Es geht hier also weniger um eine Erwägung spezifisch pädagogisch-professioneller Argumente, sondern vielmehr um eine Empirie des „täglichen Lebens", wie sie sich aus wiederholt erlebten, routinisierten und ritualisierten Kontexten heraus ergibt.

Neben dem Verweis auf das Offenkundige des Alltäglichen gilt auch das Anführen von (unsystematisch gewonnenen) ‚Privatevidenzen' als eine Möglichkeit, die Inspektionsbefunde zu prüfen und abzuwerten. Diese Privatevidenzen werden als ebenbürtige Äquivalente zur Schulinspektion situiert, wenn es darum geht, der „wahren" Schulqualität auf die Spur zu kommen:

I28m: Hier [bezieht sich auf ein als mangelhaft bewertetes Fortbildungskonzept, M. S.] weiß ich im Moment noch nicht, liegt's nun an der Güte der ausgefüllten Papiere? Da bin ich Naturwissenschaftler und kein Deutschlehrer, der dort riesenschöne Aufsätze schreibt, (formvollendet?), bei mir gibt es mit Anstrichen, kurz, knapp, klar und deutsch.

Interviewerin: [lacht]

I28m: [...] oder kommt das eben aus den Äußerungen der Schüler? Und dort meine ich, sind die Rückmeldungen sowohl im Schülerrat, über die Schulsozialarbeit als auch im Elternrat über den Elternvertreter so positiv, dass wir jetzt nicht grundlegende Änderungen vornehmen müssen (I28m, Z. 324–335).

In solchen Privatevidenzen – nicht augenscheinlich wissenschaftlich gewonnenen Rückmeldungen –, wie sie hier im Rahmen der Wahrheitsprüfung heranzitiert werden, geht es um die Sondierung der Frage, von wem die Wahrheit der schulischen Qualität auf welche Weise ausgesprochen wird bzw. werden kann. Nicht jede Person kann in gleichem Maße auskunftsfähig werden. So ist ein Qualitätsurteil zur Schule (je nach Kontext) vergleichsweise

Schärfung der Perspektivendifferenz: Beweisführungen 369

weniger relevant und gültig, wenn es durch die Schülerinnen ausgesprochen wird als durch diejenigen, die etwa als Eltern in einem pädagogischen Verhältnis zu diesen Schülerinnen stehen und damit eher aus einer den schulischen Akteuren vergleichbaren Position heraus urteilen.[4] Die methodische Kontrolle der Datenerhebung im Rahmen der Schulinspektion spielt dabei keine Rolle für die Gütebeurteilung der Befunde. Es zeigt sich, dass auch hier die Beweisführung in der Logik der Schulinspektion verbleibt, indem ein empirisches Datum mit einem anderen aufgewogen wird. Der Status der 'empirischen Evidenz' als einer besseren Perspektive auf die Wahrheit schulischer Qualität bleibt darin im Grunde folglich unwidersprochen.

So wie die unsystematisch gewonnene Erkenntnis den zu dieser äquivalent gesetzten Inspektionsbefund auf die Probe stellen kann, kann sie in anderer Hinsicht die Inspektionsbefunde auch hinsichtlich deren Wahrheitsgehalt katalysieren und eine besonders dichte Verstrickung des Rezipierenden in die Schulinspektion evozieren. Im folgenden Interviewauszug ist es der Kommentar eines Schulinspektors 'off topic' bzw. jenseits des standardisierten Rückmeldeprocederes, dem besondere Relevanz und Gültigkeit für die Beurteilung von Schulqualität zugesprochen wird:

> I1m: Und ja, es [das Inspektionsverfahren, M. S.] war von der ersten bis zur letzten Minute angenehm und, und der eine Herr, der war bloß am letzten Tag mit da von [Ortsname], der machte dann hinten mit raus, da waren wir unter vier Augen, da klopfte der mir dann auch auf die Schulter und sagte, wissen Sie, Herr I1m [Name des Schulleiters], also, Sie können ja richtig froh und stolz sein, was sie hier [lacht] (an der Schule?)- also, das machte er dann als Privatmeinung nochmal, ne? Nicht mal so in der offiziellen Auswertung noch, naja, ich sag: Dann haben wir das eigentlich richtig gemacht.

---

[4] Auch die Güte der einzelnen Erkenntnisinstrumente, die in der Schulinspektion eingesetzt werden, wird variierend, je nach Sprechkontext, beurteilt. So kann etwa die Unterrichtsbeobachtung der Inspektorinnen als am „subjektivsten" im Vergleich zu den übrigen Inspektionsmethoden beurteilt werden, wie dies im Interview mit *I11m* zu finden ist, andererseits werden (beispielweise auch in *I11m*) die Inspektorinnen als professionelle Beobachterinnen entworfen, deren Subjektivität durch die Beobachtungserfahrung an mehreren evaluierten Schulen ausgeglichen wird. Eine eindeutige Zuordnung der Erkenntniszugänge zur Wahrheit von Schulqualität erfolgt demnach nicht. Auffällig erscheint, dass in vielen Interviews die verschiedenen Erkenntnisinstrumente kaskaden- oder treppenförmig abstufend hinsichtlich ihres Verhältnisses zur Wahrheit geordnet werden: einige garantieren „wahrere" Erkenntnisse als andere.

Interviewerin: [lacht]

I1m: [lacht] (I1m, Z. 203–210).

Die Kommentierung schulischer Qualität abseits der Kategorien der Schulinspektion erhält durch ihre außergewöhnliche Platzierung als Grenzübertritt im klandestinen Gespräch „unter vier Augen" ein Gewicht: Wenn im Rahmen von Schulinspektion „jedes finstere Winkelchen" (I28m, Z. 8–9) der Schule ans Licht gebracht und öffentlich zur Schau gestellt werden kann, gilt die im intimen und privaten Raum des Zwiegesprächs platzierte Nachricht als besonders wahr – und mehr noch dahingehend, dass sie von einer Expertenposition des berufsmäßig auf die Erkenntnis von Schulqualität hin bezogenen Schulinspekteurs heraus artikuliert wird.

10.4.3 Pädagogische Autorisierungen

Neben der Legitimation eines kritisch-distanzierten Urteils hinsichtlich einer ,Evidenz des Augenscheins' wird in einigen Wahrheitsprüfungen auf pädagogische Erwägungen referiert, welche als Beurteilungsgrundlage firmieren. Solche Erwägungen taxieren den pädagogischen Sinngehalt der in der Schulinspektion eingesetzten Qualitätskategorien, so dass schlechte Inspektionsbefunde gar, invers gewendet, eine gute Qualität der Schule anzuzeigen vermögen:

I3w2: Ich meine, es gibt auch durchaus rote Stellen in dem Bericht, das ist okay, dass die da drin stehen.

I3w1: Dass die rot sind.

I3w2: Das sind zum Beispiel die Schulwechsler. Also man muss auch nicht jeden auf Gedeih und Verderb bis oben hin mitschleppen.

I3w1: Da sind wir stolz drauf [lacht].

I3w2: Das ist eine rote Stelle, das ist okay. Das ist eine rote Stelle, mit der kann ich gut umgehen und ich weiß, wie die entstanden ist, weil ich habe ja auch den Schülern gegenüber eine Verantwortung, die wirklich das Abitur machen wollen.

I3w1: Richtig.

I3w2: Und wenn ich viele sehr leistungsschwache drin habe, senkt sich das Niveau irgendwann ab, irgendwann kriegen wir die Quittung dafür. (I3w, Z. 556–563)

In diesem Interview lenkt sich die Wahrheitsprüfung nicht auf Verzerrungen und Fehldarstellungen der „wahren" schulischen Qualität durch die Inspektionsbefunde, deren Wahrheit wird vielmehr explizit ratifiziert. Die Prüfung fokussiert eher auf der Frage, inwiefern die Befunde auch eine *pädagogische „Wahrheit" oder Angemessenheit* reklamieren und demnach darüber entscheiden können, was als gute pädagogische Praxis gilt. Das pädagogische Geschehen wird als mehrdeutiges bzw. perspektivisches figuriert, um dessen Sinn sich streiten ließe. Demnach konstituiert sich pädagogisches Wissen in den Rezeptionen und Aneignungen von Inspektionsbefunden, womit zugleich (Neu-)Positionierungen zu diesem Wissen erforderlich werden.

Die pädagogische Auseinandersetzung um die richtige Schulqualität entzündet sich in der hier zitierten Materialstelle an der Frage der Leistungsgerechtigkeit. Sowohl die integrative Beschulung leistungsschwächerer Schülerinnen, wie sie als pädagogisches Qualitätsargument vonseiten der Schulinspektion eingebracht wird, als auch die Auslese und Ausrichtung an leistungsstarken Schülerinnen im Sinne der Elitenförderung erscheinen als legitime pädagogische Erwägungen, die zum Wohle der Schülerinnen und der Schulqualität angestellt werden können.

In diesem Interviewausschnitt vollzieht sich die pädagogische Legitimation der Wahrheitsprüfung (bzw. hier: auch des eigenen Handelns) in Form eines stellvertretenden Sprechens für die Interessen von Schülerinnen, so dass ein Fürsorgeverhältnis entworfen wird. Dieses richtet sich aber nur auf eine bestimmte (leistungsstarke) Schülerinnenschaft hin aus: „Wir haben den Schülern gegenüber Verantwortung, die wirklich das Abitur machen wollen". Die Leistungsdifferenz wird dabei insofern an eine motivationalen Differenz gekoppelt, dass Schülerinnen als selbstverantwortlich für ihre schulischen Leistungen erscheinen. Sie könnten erfolgreich sein, wenn sie wollten. Ein Schülerinnensubjekt, das nicht das nötige Engagement zeigt, qualifiziert sich demnach nicht für eine pädagogische Fürsorge.

Im Hinblick auf das pädagogische Motiv der integrativen Beschulung leistungsschwächerer Schülerinnen, wie es durch die Schulinspektion evoziert wird, würde sich die Verantwortlichkeit hingegen vornehmlich auf die Lehrkräfte richten, die den Schülerinnen eine Leistungserbringung ermöglichen sollen. Die Abwertung dieser Fassung von Leistungsgerechtigkeit wird ebenfalls entlang eines pädagogisch-paternalistischen Fürsorgemotivs praktiziert, wie es die Formulierung des „Mitschleppens" von Schülerinnen zum Schulabschluss „auf Gedeih und Verderb" nahelegt. Insbesondere der Aspekt

372 Perspektivendifferenz: Wahrheitsprüfungen

des „Verderbs" ist mehrdeutig und bezieht sich nicht allein auf die Möglichkeit einer Gefährdung von leistungsschwachen Schülerinnen durch ein integratives Verständnis von Leistungsgerechtigkeit, insofern diese Schülerinnen passivisch – gegen ihren Willen – zum gymnasialen Schulabschluss „geschleppt" werden, sondern in doppelter Weise auch auf die Schule und deren Schulqualität. Im Sinne eines ökonomischen Tauschgeschäfts sind negative Folgen einer integrativen Leistungsgerechtigkeit wahrscheinlich und erwartbar: „Irgendwann kriegen wir die Quittung dafür". Die Quittung steht dabei für eine Bedrohung, der die Schule nunmehr passivisch ausgesetzt scheint. Ein Nichtbefolgen der Inspektionsaufforderung erscheint so als rationale Risikokalkulation angesichts einer bedrohlichen Zukunft. Mit dem Bemühen des Arguments einer künftig prekären Schulqualität verbleibt auch hier die Wahrheitsprüfung innerhalb der Logik der Schulinspektion.[5]

Ähnlich dazu wird auch im folgenden Zitat eine in der Inspektion befundene Schwäche in der Schulqualität anhand pädagogischer Erwägungen als deren eigentliche Stärke umgedeutet, was die Beweglichkeit der Verbindung aus Schulinspektionsbefunden und Schulqualität pointiert:

> I5m2: Ja, darüber gab's sehr interessante Diskussionen, dieser Wechsel zur Mittelschule, ne, (2) dass man da eine Bewertung kriegt, die gelb ist, wenn relativ- wie war das, wenn relativ viele Schüler zur Mittelschule wechseln.
>
> I5m1: Ja.
>
> I5m2: (.) Und, ähm, dass wir aber gesagt haben, naja, es ist doch aber- gehört zur Schullaufbahnberatung dazu (.) und je besser man die Schüler berät und für die die richtige Schule findet, umso erfolgreicher sind sie am Ende dann auch (I5m2, Z. 303–308).

---

[5] Auffällig ist an diesem Zitat, dass bezüglich der roten Inspektionsbefunde Stolz und das Nichtbefolgen der Aufforderung durch diese geäußert werden, während an anderer Stelle innerhalb des gleichen Interviews der Schulinspektion der Vorwurf gemacht wird, nicht genügend rote Befunde für die Schule produziert zu haben (siehe unter 9.1.3 auf Seite 327). Der Vorwurf beruft sich auf den Aufforderungs- bzw. Mobilisierungsgehalt roter Inspektionsbefunde: Die Befunde versprechen dann, ein sonst träges Lehrerinnenkollegium zu Schulentwicklung zu aktivieren. Während sich daran anschließend vermuten ließe, dass jeder rote Befund in diesem Sinne als Generator von Schulentwicklungsaktivitäten willkommen geheißen würde, zeigt sich an dieser Stelle eindrücklich, dass der Interviewtext keine kohärente Sinneinheit darstellt und die einzelnen Interviewfragmente als verstreute Aussagen in der Analyse aufgefasst werden können.

Schärfung der Perspektivendifferenz: Beweisführungen 373

Auch hier findet sich eine pädagogische Legitimierung des Abweichens von der Bewertungspraxis der Schulinspektion, indem stellvertretend für das Wohl der einzelnen Schülerin gesprochen wird. Die pädagogische Fürsorge bedingt, dass weniger erfolgreiche Schülerinnen nicht akzidentell (im Sinne eines ‚Reibungsverlusts' in der Orientierung an leistungsstarken Schülerinnen) auf die Mittelschule verwiesen werden, sondern infolge einer Schullaufbahnberatung. Im Rahmen einer solchen Beratung zeichnet die Schule verantwortlich für den Leistungserfolg der Schülerinnen.

Die Fokussierung des Interviewsprechens auf die *Leistung von Schülerinnen* kann weitergehend auch selbst als eine Weise der Delegitimierung von Schulinspektion gelten, denn innerhalb der Schulinspektion ist diese Leistung eine eher randständig verhandelte Qualitätskategorie. Inwiefern sie als bedeutsam für die Schul- bzw. Unterrichtspraxis gilt, wird in folgendem Interview herausgestellt:

> I6m: Es ist [in den Befunden, M. S.] fast alles grün bis auf zwei Punkte, die ich Ihnen angesprochen habe, die nicht so positiv waren, aber die kann ich einschätzen und da sag ich mal, ich muss mich nicht hinstellen und sagen: Guckt mal, wie gut wir sind. So gut sind wir erstens nicht und zweitens finde ich es nicht richtig, weil ich sage mal, eine Schule (definiert sich?) über ihre Arbeit, über ihre Außenwirksamkeit, das, was an Leistung dort drin kommt- und da zählt für mich immer wieder und das ist der Schwerpunkt, der Unterricht und wenn der Unterricht nicht funktioniert, dann kann alles auf dem Papier stehen, was draufstehen will, das Entscheidende ist, was können meine Schüler am Ende der Klasse vier, kommen sie in der fünften Klasse zurecht oder kommen sie nicht zurecht und wenn die in der fünften Klasse nicht zurecht kommen, dann gibt es irgendwo ein Problem (I6m, Z. 518–524).

Im Sprecheinsatz von *I6m* erfolgt die Abwertung von Schulinspektion – weniger von den einzelnen Befunden her, deren (Un-)Wahrheit nur mittelbar thematisch wird – über die Differenzfigur aus Papier und Praxis. Schulinspektion, entlang ihrer Materialität als Druckerzeugnis der Sphäre des Papiers zugeordnet, wird gegenüber der schulischen bzw. pädagogischen Praxis insofern subordiniert, als dass die Schülerinnenleistung als besserer, weil letztlich entscheidender Qualitätsindikator profiliert wird. Die darin enthaltene Äquivalentsetzung von Schülerinnenleistungen mit schulischer Leistungen bietet wenig Raum für alternative Qualitätsentwürfe und somit auch kaum Anschlüsse für die Verwendung von Schulinspektionsbefunden

374   Perspektivendifferenz: Wahrheitsprüfungen

– wobei die Verwendung der Befunde sich hier auf Ebene des Vergleichs
zwischen Schulen und deren wechselseitiger Erkennbarkeit als einer guten
Schule bezieht. Die Rezeption von Schulinspektionsbefunden wirkt demnach
auch dahingehend produktiv, dass bestimmte Fassungen pädagogischer Wirklichkeit erneuert und darin aufrechterhalten werden, die gar konträr zu jener
seitens der Schulinspektion formulierten Fassung liegen. Die Befunde wirken
in diesem Sinne *invers verstärkend.*

Dieses Interviewzitat aus *I6m* zeigt weitergehend auch, dass Wahrheitsprüfung und die Ausprägung der Inspektionsbefunde nicht unidirektional
zusammenhängen. Es sind nicht allein die negativen bzw. roten Befunde, die
eine Auseinandersetzung mit dem Wahrheitsgehalt der Befunde anreizen,
sondern auch gute (und zu gute) Inspektionsbefunde sind nicht vor den
prüfenden Befragungen gefeit. Dies kann als Effekt der diskursiven Produktivität von Wahrheitsprüfungen verstanden werden: Das Problem einer
unmöglichen Bestimmung objektiver, perspektivenübergreifender schulischer
Qualität generiert stets aufs Neue vorzunehmende Bestimmungsversuche.

10.5 Relativierung der Perspektivendifferenz

Eine letzte Form der Bearbeitung einer Perspektivendifferenz ist die eines
Aufrechterhaltens und sich Einrichtens in der Differenz, während zugleich
deren Bedeutsamkeit negiert oder relativiert wird. Das folgende Zitat benennt
exemplarisch eine solche Umgangsweise, in der die Befunde nicht als Anlass
zur Beunruhigung gelten:

> I29m: Ja, ja, ja. Aber das, äh, spiegelt sich dort, äh, di-de-in den
> (ganzen Items?) und sowas, da spiegelt's sich nicht wider.
>
> Interviewer: (2) Und wie geht man dann damit um?
>
> I29m: Lächelt (I29m, Z. 730–735).

Analog zum oben erwähnten Zusammenhang aus Wahrheitsprüfung und
Mobilisierungsgehalt wird auch in diesem Zitat aufgerufen, dass falschen
Inspektionsbefunden kein Mobilisierungspotential eignet. Dennoch nötigen
auch als unwahr geltende Befunde zu Reaktionen und Umgangsweisen –
wie etwa dem Lächeln, das im Interview *I29m* formuliert wird. Im Lächeln
wird dabei eine Distanz gegenüber der Wahrheit der Inspektionsbefunde
eingenommen. Die Funktion des Lächelns erschließt sich nicht eindeutig:

Ist es ein spöttisches Lächeln, ein nachsichtiges? Firmiert es als Strategie der Heiterkeit, die der Ernsthaftigkeit von Fragen wie Wahrheit, Evidenz, Wissenschaft usw. entgegen gebracht wird? Das Einrichten in der Perspektivendifferenz bezieht sich darauf, dass das Lächeln als einzige (mögliche) Reaktionsform auf die Inspektionsform akzeptabel wird, woraufhin sich im Lächeln auch eine souveräne Rezipientin subjektiviert.

10.6 Zwischenfazit

In den hier analysierten Wahrheitsprüfungen, die sich um die (De-)Autorisierungen der Inspektionsbefunde im Interviewsprechen zentrieren, ließ sich das Erfordernis herausarbeiten, eine eigene Perspektive – als rezipierende Schulleitung – auf die Wahrheit von schulischer Qualität einzunehmen und diese mit jener der Schulinspektion zu verbinden. Die Differenzierung und Relationierung von Perspektiven bezieht sich auf die Referenzen der „Wahrheit" von „Schulqualität", die mit Mobilisierungen und Verheißungen einhergehen. Bezüglich der Frage der Wirksamkeit geht es aber zugleich darum, diese Differenz zu bearbeiten und insofern wieder aufzulösen, um zu *einer* Wahrheit vorzustoßen. Die *Eindeutigkeit* von Wahrheit steht in kausaler Verbindung zu deren Wirksamkeitspotenz: Erst wenn den Befunden ein Wahrheitsgehalt zuerkannt wird, kann die als nötig betrachtete Wirksamkeit der Befunde voranschreiten.

Die Wahrheitsprüfungen firmieren demnach nicht als ein Ringen um Erkenntnis der Erkenntnis willen, sondern dieses steht bereits unter dem Einfluss von Ansprüchen des Wirksammachens von Schulinspektion(sbefunden). Insofern sind Wahrheitsprüfungen nicht nur ‚Vorbereitungen' auf ein künftig vorzunehmendes Optimierungsgeschehen, das erst einsetzen kann, wenn über die Wahrheit von Schulqualität befunden ist. Die Wahrheitsprüfungen sind vielmehr bereits selbst Praktiken, in denen die Wirksamkeit von Schulinspektion prozessiert.

Bezüglich der eingangs zu diesem Kapitel aufgerufenen Generativität der Perspektivendifferenz ließen sich verschiedene Bearbeitungsweisen dieser Differenz in den Interviews nachvollziehen: Die Nachforschungs- und Selbstbefragungspraktiken, die Kongruentsetzung von Perspektiven oder die Schärfung einer Perspektivendifferenz, in der es um die Legitimierung und Durchsetzung einer „eigenen", subjektiven Perspektive als die gegenüber Schulinspektion bessere ging. Zudem tauchten in den Interviews Strategien der Entproblematisierung auf, in denen die Differenz zwar erhalten blieb, aber in ihrer Bedeutsamkeit relativiert wurde.

Allen Umgangsweisen mit der Perspektivendifferenz ist gemein, dass sie sich als Suchbewegungen zwischen Zustimmung zu und Zurückweisung von Schulinspektion(sbefunden) ereignen. Während etwa die Wahrheit der Befunde im Einzelnen verhandelt wird, steht dabei zugleich die Evaluationslogik grundlegend nicht infrage. In allen Formen der Wahrheitsprüfung wird innerhalb des Denkhorizonts der Schulinspektion verblieben. Grundsätzliche soziale und pädagogische Kategorien wie Leistung, Qualität und Evidenz werden zu tragenden Argumenten (in) der Wahrheitsprüfung und dabei nicht systematisch demontiert. Demnach bleibt auch der Zusammenhang aus Wahrheit und Wirksamkeit aufrechterhalten. In diesem Sinne ließen sich die Wahrheitsprüfungen als Anrufungsszenarien auslegen, in denen die Prüfenden der Inspektionsbefunde, d. h. die Rezipierenden / Sprechenden des Interviews, zu einem Teil des Wirksamkeitspro001 proceederes werden.

11 Zusammenfassende Betrachtung der Interviewfiguren

Im Durchgang der verschiedenen Analyseergebnisse der Interviews, die bis zu diesem Punkt vorgestellt wurden, lassen sich verschiedene Beobachtungen zum Zusammenhang von Wirksamkeit und Unbestimmtheit von Schulinspektionen kondensieren.

Die Praktiken der Herstellung einer Interviewsituation, die den ersten analytischen Einsatz darstellten, zeigten auf, inwiefern das Vorhandensein einer Wirksamkeit von Schulinspektion als *Forderung* das Interviewsprechen rahmt. Die Interviewten sind dabei angerufen, sich auf diese Forderung zu beziehen und ein Wirksamwerden der Schulinspektion(sbefunde) zu inszenieren. Neben der Inblicknahme des Anschreibens, mit dem die Projektleitung des Forschungsprojektes, in welchem die Interviews entstanden, die Schulen als Studienteilnehmende warb, wurden räumliche Arrangements, Gesprächsrollen, Transkriptgestaltung als empirische Daten herangezogen. Diesen konnte entnommen werden, dass es sich bei den Interviewsituationen um *erkenntnispolitische Arrangements* handelt: Etwa dahingehend, dass Bildungspolitik und -administration als Empfangsadressen der Studienerkenntnissen benannt wurden oder dass die Interviewten sich als Evaluierte – sowie das Interview als Evaluation der Evaluierten – kenntlich machten. Dies ist überlagert von der (An-)Forderung des Interviews, authentisch zu sprechen, so dass die Bezugnahme auf Wirksamkeit einen offenen Resonanzraum impliziert, indem vieles, was subjektiv unter Wirksamkeit verstanden wird – auch bildungspolitischen Intentionen gegenläufige Verständnisse – einen Platz findet. Die Forderungen ließen sich als Bekenntnis zu einem (offenen) Wirksamkeitsbegriff auf den Punkt bringen.

In den Interviewanfängen, die anschließend analysiert wurden, wurde sich denn auch auf eine solche Bekenntnisforderung bezogen. Thematisch ging es dabei zunächst weniger um die Verwendung von Schulinspektionsbefunden, sondern um die eigene Positionierung zu und innerhalb von Schulinspektion. Über verschiedene Formen des subjektiv(ierend)en Sprechens wurde ein *inspiziert-inspizierendes Selbst* erzeugt, d. h. die Selbstverständnisse bzw.

© Springer Fachmedien Wiesbaden GmbH, ein Teil von Springer Nature 2020
M. Schmidt, *Wirksame Unbestimmtheit, unbestimmte Wirksamkeit*, Schule und Gesellschaft 63, https://doi.org/10.1007/978-3-658-28081-9_11

Selbstformierungen als Akteure im Inspektionsprocedere wurde dahingehend vorgenommen, dass a) eine Inspektionserfahrung artikuliert wurde, die das inspizierte Selbst als ‚Kern' des Geschehens konstituierte, b) infolge des Inspiziertwerdens selbst wiederum Inspektionen an der Schulinspektion vorgenommen wurden, so dass die Erfahrung des Inspiziertwerdens ein eigenständig vorgenommenes Inspizieren autorisiert, c) individualisierendes Wissen zum Verständnis von Schulinspektion vorgebracht wird, welches die Sprechenden als Expertinnen für ein solches Wissen legitimiert, d) eine Art externe Zeugenschaft über die (Fremd-)Beobachtung des Inspektionsverfahrens beschrieben wird. Im letzten Falle wurden subjektive Sinnbezüge kaum thematisch.

Diese Aufzählung zeigt auf, dass es *verschiedene Formen der Bindung an Schulinspektion* gibt, die der weiteren Verwendung vorausgehen, aber selbst auch Formen des Wirksamwerdens von Schulinspektionen darstellen, indem eine subjektive Bedeutsamkeit des Verfahrens erzeugt wird, die die Verbindung der Inspizierten mit *„ihren"* Inspektionsbefunden auf Dauer stellt. Diese Bindungen werden im und über das Sprechen erzeugt, so dass Schulinspektion als wirksames Steuerungsinstrument evoziert und autorisiert wird: eine wirksame Produktivität des Sprechens. Die Inspizierten zeigen sich in diesem Sinne als einsichtige Inspizierte, die sich in den Zusammenhang mit Schulinspektion stellen.

Um Formen der Demonstration von Einsicht, jenem zentralen Steuerungstopos der Schulinspektion (vgl. Böttger-Beer & Koch, 2008), ging es auch in den nachfolgenden Analysen zu den Rezeptionserzählungen über die Schulinspektionsbefunde, zu den Konstitutionen schulischer Rezeptions- und Verwendungsordnungen sowie zu den (De-)Autorisierungen der Inspektionsbefunde. Die unter „Rezeptionserzählungen" gefassten Figurationen sondierten die *Möglichkeiten und Grenzen* von Rezeption der Schulinspektionsbefunde, d. h. das, was unter Rezeption verstanden bzw. nicht verstanden werden kann und inwiefern Rezeption und Wirksamkeit zusammengebracht werden können. Während in der ersten Figuration zu den Ausführungen der farbschematischen Darstellung der Inspektionsbefunde beispielsweise Rezeptionen zwischen Leistungsrückmeldung, kollektiver Eventisierung und Vergemeinschaftung, Mobilisierung und Ästhetisierung platziert wurden, ging es in den Versprechenspraktiken der Interviews (zweite Figuration) um die Inszenierung einer Bereitschaft zur Verwendung von Inspektionsbefunden, die aber nicht konkretisiert zur Sprache kam. In diesen Versprechungen wurde die Rezeption zum zentralen Indikator für das Vorhandensein einer (unbestimmten) Wirksamkeit erklärt. In der dritten Figuration zu den Bedingungen und Bedingtheiten von Rezeptionen, wurde die Kontexte in den Blick genommen, unter denen eine Rezeption von Schulinspektionsbefunden gelingen bzw. misslingen kann – dabei geht es auch um Sondierungen dahingehend, wie man unter Bedingungen einer grundlegenden Abhängigkeit von bildungspolitischen Erfordernissen, die nicht gleichbedeutend mit pädagogischen Erfordernissen sind, autonom sein kann bzw. wie man sich als optimierendes Selbst trotz und durch Widrigkeiten (noch) formieren kann.

Die Ordnungen des Schulischen, die sich im Sprechen entlang der Rezeptions- und Verteilungsordnungen ergaben, bezogen sich auf verschiedene Formen der Etablierung einer Schulleitungsadresse – als ‚erster Adresse' im Umgang mit Schulinspektionsbefunden –, die in Differenz zu anderen schulischen Akteuren erfolgte. Diese Differenzen ergaben sich hinsichtlich der Rezeptionsweise, des kognitiv-affektiven Verhältnisses zu den Befunden, des Wissens über die inspizierte Schule, der Vermittlung von Befunden und der Zugänglichkeit zu den Befunden sowie Inspektionsberichten. In den einzelnen Differenzbildungen erweist sich die Generativität einer grundlegenden Rezeptionsdifferenz – als Differenzen bildende Kraft –, die mit dem unlösbaren Problem des unbestimmten Umgangs mit den Inspektionsbefunden konfundiert ist. Die Formen der Etablierung einer Rezeptionsdifferenz lassen sich als Praktiken des Zeigens von Einsicht in die Inspektionsbefunde insofern verstehen, als dass in ihnen ein die Inspektionsbefunde rezipierendes Subjekt adressiert wird, das sich auf bestimmte Rezeptionen hin formiert und das Einsichtnahmen über das Zugänglich- bzw. Unzugänglichmachen von Inspektionsbefunden reguliert.

Ein weiteres analytisches Ergebnis stellten die Sprechpraktiken der (De-) Autorisierung von Schulinspektion(sbefunden) dar, die in Wahrheitsprüfungen der Inspektionsbefunde eingelassen sind. Diese Prüfungen instituieren einen Pluralismus von Perspektiven auf Schule und Schulqualität, wie sie zugleich an deren Homogenisierung, d.h. der Vereindeutigung und Ein-Sicht aus Rezipierendenperspektive und Schulinspektionsperspektive, arbeiten. Dabei stellte das Vorhandensein einer „eigenen Perspektive" auf Schulqualität ein in den Interviews ausagiertes Erfordernis dar, mit dem die Rezipierenden konfrontiert sind: Über die Etablierung und Darlegung einer eigenen Perspektive kann eine Einsicht in die Befunde demonstriert werden. Solche Formen der Instituierung und Bearbeitung einer Perspektivendifferenz stellen ein Ringen um das Wirksamwerden von Schulinspektionsbefunden insofern dar, als dass hier die Wirksamkeit der Schulinspektion in die Abhängigkeit eindeutiger bzw. eindeutig wahrer Inspektionsbefunde gestellt wird: Erst falls Eindeutigkeit bzw. Wahrheit vorhanden und die Pluralität der Perspektiven eingehegt sind, kann Wirksamkeit eintreffen.

Wirksamkeit wird dabei sowohl in den Wahrheitsprüfungen praktiziert, wie sie zugleich in ihrem Eintreffen aufgeschoben wird. Eine Form des Wirksammachens der Befunde durch / in Wahrheitsprüfungen *in actu* stellt – neben der Klärung des Wahrheitsgehalts – auch die Autorisierung grundlegender Inspektionskategorien wie Qualität, Leistung, Wahrheit etc. dar. In der Auseinandersetzung mit konkreten Inspektionsbefunden wird sich zugleich zur „Wahrheit" dieser Kategorien bekannt, so dass die Inspektionsbefunde in ihrer Kritik noch an Gültigkeit erlangen. Die (De-)Autorisierungen von Schulinspektion weisen demnach darauf hin, dass von Schulinspektion eine hegemonial-ordnende Macht ausgeht, die weniger in den konkreten Inhalten zu suchen ist, als in einem Gestus der grundlegenden Vereinheitlichung des Schulischen bzw. Pädagogischen auf Fragen der Evidenz, Messbarkeit, Vergleichbarkeit und Qualität. Auch die in kritischer Manier vorgenommene Absetzbewegung von den Schulinspektionsbefunden, die im Rahmen der Etablierung einer eigenen Perspektive auf die Qualität der jeweils inspizierten platziert wird, organisiert auf diese Weise die Bindung der Rezipierenden an diese Befunde.

Die Bewegung der Bezugnahme auf eine (unspezifisch bleibende) Wirksamkeit als einem notwendigen Referenzpunkt des Sprechens über die Schulinspektion(sbefunde) und das gleichzeitige Aussetzen ihres Vorhandenseins, findet sich über alle analysierten Figuren hinweg, so dass sich festhalten lässt, dass das Sprechen in den Interviews sich darüber organisiert, Einsätze zu finden, die im Spannungsfeld zwischen Bestimmung und Unbestimmtheit gelagert sind und die Wirksamkeit als eine unbestimmte, aufgeschobene, zu begrenzende, in Abhängigkeiten bedingte fokussieren und dabei Rezeptionssubjekte an sich bindet, die für das Wirksamwerden von Schulinspektion verantwortlich zeichnen.

12 Fazit: Unbestimmte Wirksamkeit, wirksame Unbestimmtheit

Ausgangspunkt der im Rahmen dieser Studie vorgenommenen Forschungen war eine Reflexion auf den erziehungswissenschaftlich-pädagogischen Umgang mit der Frage ihrer Wirksamkeit. Dabei wurde argumentiert, dass Wirksamkeit ein für Pädagogik und erziehungswissenschaftliches Nachdenken konstitutives Problem darstellt (siehe hierzu 2 auf Seite 19): Einerseits ist es tief in die Struktur des modernen pädagogischen Verhältnisses eingelassen, insofern pädagogische Absichten und Effekte nicht ineinanderfallen (können und sollen). Andererseits muss sich pädagogisches Handeln und Nachdenken zum Wirksamkeitsproblem stets verhalten. Ausgehend von der Annahme, dass konstitutive Probleme nicht grundlegend gelöst, sondern lediglich fortwährend praktisch und damit nur vorübergehend bearbeitet werden können, war es Anliegen der Studie, die konkreten Vollzüge des Bearbeitens des Wirksamkeitsproblems im spezifischen Forschungsfeld der Schulinspektion nachzuverfolgen.

Schulinspektionen stellten einen Forschungsgegenstand dar, der sich für Wirksamkeitsfragen insofern qualifizierte, als dass es sich bei diesen um Instrumente einer Neuen Steuerung im Schulsystem handelt, die versprechen, qua Bereitstellung empirischen Wissens wirksam-gestaltend auf Schulen Einfluss nehmen zu können. Die Problematik der Wirksamkeit pädagogischen Handelns wurde dabei folglich auf Belange schulischer Steuerung übertragen, so dass sich für Schulinspektionen die Frage stellte, wie auf deren Wirksamkeitsversprechen reagiert wird und was dieses Versprechen für ‚beteiligte bzw. betroffene Akteure' bedeutet bzw. wie es diese mobilisiert. Entlang einer diskursanalytischen Vorgehensweise und unter der Optik von Subjektivierung ließ sich erhellen, bezüglich welcher Bedingungen und mit welchen Effekten sich praktische Bearbeitungen des Wirksamkeitsproblems von Schulinspektionen in Wissenschaft und Schul(leitungs)praxis ereignen.

Nachfolgend soll, im Sinne einer Zusammenfassung, der Versuch unternommen werden, beide in dieser Studie analysierten Sprechformate, die wissenschaftlichen Sprechweisen zu / um Schulinspektion sowie das Sprechen

---

© Springer Fachmedien Wiesbaden GmbH, ein Teil von Springer Nature 2020
M. Schmidt, *Wirksame Unbestimmtheit, unbestimmte Wirksamkeit*, Schule und Gesellschaft 63, https://doi.org/10.1007/978-3-658-28081-9_12

in den Forschungsinterviews, auf gemeinsame Spannungsfelder bzw. Konstitutionsmomente zu untersuchen. Hierfür sollen die Ergebnisse der Analysen zuvorderst nochmals mit den diskurstheoretisch-rhetorischen Konzepten in Verbindung gebracht werden, um – in kondensierter Form – die forschungsleitende Frage dieser Arbeit abschließend aufzunehmen, wie sich „Wirksamkeit" von Schulinspektionen im Sprechen konstituiert, welche Verbindungen über die Referenz auf Wirksamkeit organisiert werden und welche Effekte mit dem Sprechen über die Wirksamkeit von Schulinspektionen einhergehen.

Hinsichtlich ihres Status, „wahre" Aussagen über die Wirksamkeit von Schulinspektionen zu generieren, sind beide Textformate als gleichwertig zu betrachten. Wenngleich wissenschaftliche Texte im Feld der Schulinspektionsforschung in besonderer Weise mit dem Anspruch des Generierens von Wahrheiten konfrontiert sind – qua dieses Anspruchs grenzen sie sich gegenüber Evaluationen bzw. Schulinspektionen ab, wie unter 3 auf Seite 29 argumentiert wurde –, lässt sich aus poststrukturalistischer Sicht dieser Anspruch als die machtvolle Inszenierung eines *Wahrsprechens* (z. B. Foucault, 1992) verstehen, das Kontingenz bearbeitet.

Die als „poststrukturalistisch" gekennzeichneten und im Rahmen meiner Untersuchung zitierten Arbeiten Jacques Derridas, Judith Butlers, Ernesto Laclaus / Chantal Mouffes und Michel Foucaults wurden hinsichtlich ihrer Argumentationen zur Etablierung und Transformation von sozialer Ordnung und Subjektivität zusammengeführt und dargelegt. Sowohl Vorgänge der Verstetigung als auch der Veränderung, die stets miteinander einhergehend auftreten, sind dabei spezifiziert als iterative Praktiken, d. h. als nichtidentische Wiederholungen.

Die rhetoriktheoretische Reformulierung der diskurstheoretischen Überlegungen durch Ernesto Laclau (z. B. Laclau, 2001) vermochte die für das analytische Vorgehen bedeutsame Figuralität dieser Wiederholungen zu pointieren und den Modus anzugeben, in welchem sich performativ-wirklichkeitskonstitutives Sprechen vollzieht. Laclau zufolge sind es jene Verbindungen, die in sprechpraktischen Artikulationen zwischen verschiedenen diskursiven Elementen geknüpft werden, in deren Verlauf Bedeutungen, Subjektivitäten, Gegenstände, Ordnungen als Effekte des Verknüpfens entstehen und diesen nicht wesensmäßig vorausgehen. Die Verknüpfungen operieren als praktische *Bewegungen im Zwischen* von katachrestisch-metaphorischer Schließung und metonymischer Öffnung – angelehnt an die Charakteristika der entsprechenden rhetorischen Stilfiguren.

Bezogen auf den Gegenstand der vorliegenden Untersuchung, der (unbestimmten) Wirksamkeit von Schulinspektionen, galten diese je praktisch vorgenommenen Verknüpfungen, d. h. die Artikulationen, als die zentrale Untersuchungseinheit der empirischen Diskursanalyse. Die Fokussierung auf Artikulationspraktiken führte dazu, dass *Verwendungen* von Schulinspektionsbefunden, die die Wirksamkeit von Schulinspektion vollziehen (sollen), komplexer in den Blick genommen werden konnten, als dies eine einschränkende Bestimmung von „Verwendung" im Sinne eines Transfervorgangs von Wissen in die schulische Praxis nahelegt. Zudem wurden die Verwendungen unter Rekurs auf das Subjektivierungskonzept als vielschichtige Vorgänge der Übersetzung und der „komplizenhaften" (Butler) Aneignung beobachtbar. Demnach stellen die Verwendungen von Schulinspektionen nicht nur einen Gegenstand dar, über den gesprochen wird, sondern etwas, das im Sprechen und entlang des Vornehmens von Verknüpfungen auch praktisch vollzogen wird. Nachfolgend sollen drei zentrale, aufeinander verweisende Konstitutionsmomente des Sprechens über Wirksamkeit von Schulinspektion aufgeführt werden, die sich über beide in dieser Arbeit analysierten Sprechformate hinweg ergaben.

12.1 Unbestimmte, mögliche Wirksamkeit

In vergleichender Betrachtung der Analysen zu den wissenschaftlichen Publikationen und der Forschungsinterviews zu Schulinspektionen, lässt sich konstatieren, dass in beiden Sprechformaten variierende Figurierungen bezüglich einer *unbestimmten Wirksamkeit* von Schulinspektionen, deren Eintreffen als *stets möglich* erscheint, vorgenommen werden. Die Referenz auf eine solche Unbestimmtheit im Sprechen lässt sich demnach als zentrale Figuration und als eine Bedingung des ‚Wahrsprechens' um Schulinspektion verstehen.

Formen *wissenschaftlicher Zugänge* rufen die Wirksamkeit von Schulinspektion zum einen als *Versprechen* auf, so dass eine intentionale Einwirkung auf Schulen und Schulqualität trotz / unter Kontingenzbedingungen als erfolgreich und machbar in Aussicht gestellt wird. So zeigten die Analysen, dass über die Inszenierung und gleichzeitige Deinszenierung von Schulinspektionen als einem bildungspolitischen Steuerungsinstrument eine gelingende Steuerung wahrscheinlich werden *könnte*. Rationalitäts- und wirksamkeitskritische Überlegungen, die vonseiten der Gouvernementalitätsforschung angestellt werden, beziehen sich auf das Wirksamkeitsversprechen und stellten dessen

Kehrseiten heraus – womit sie ebenfalls eine mögliche, wenngleich anders gelagerte Wirksamkeit von Schulinspektionsbefunden benennen.

In anderen Hinsichten setzen insbesondere empirische Studien an diesem Versprechen an und überprüfen dessen Einlösung. Im *Zweifel* ob einer gelingenden Wirksamkeit, der im Zusammenhang mit dieser Überprüfung artikuliert wird, zeigt sich nicht allein eine Unbestimmtheit von Wirksamkeit, sondern auch keine klare Positionierung gegen die Möglichkeit des Wirksamwerdens von Inspektionsbefunden. Diese blieb demnach als Möglichkeit aufrechterhalten.

Die jeweiligen Untersuchungsergebnisse der analysierten empirischen Forschungsstudien um Schulinspektion rufen weiterhin die Unbestimmtheit und Möglichkeit einer Wirksamkeit von Schulinspektionen auf: Sie werden stets als nur „vorläufig" gültig, widersprüchlich, nicht umfassend genug und durch weitere Forschung zu validieren benannt. Zugleich bleibt die Möglichkeit des Eintreffens einer Wirksamkeit auch hierbei aufrechterhalten, ihr Eintreffen wird aber in die Zukunft hinein aufgeschoben. In den *Interviews* findet sich ein ähnlicher Verweis auf die Zukunft etwa in Form der Sprechpraktik des Versprechens, das vor der Interviewerin abgelegt wird. Das Versprechen hat zum Gegenstand, dass eine Weiterarbeit mit den Inspektionsbefunden an der inspizierten Schule erfolgen wird. Wie genau sich diese Weiterarbeit gestalten wird, bleibt dabei stets offen.

Die Möglichkeit einer (unbestimmten) Wirksamkeit von Schulinspektionen wird allerdings nicht nur in den Versprechenspraktiken der Interviews referiert, sondern stellt ein über unterschiedliche Analysen hinweg beobachtbares Konstitutivum des Interviewsprechens dar. So geht es unter anderem in den Bezugnahmen auf die Bedingungen / Bedingtheiten der Rezeption von Inspektionsbefunden um das Ausloten einer ‚Passung' zwischen bildungspolitischen Steuerungsintentionen und schulischen Belangen, welche sich von Schulinspektionen und der Verwendungen von Inspektionsbefunden etwas für sich *versprechen*. Demnach wird hier eine Wirksamkeit von Schulinspektion auch für die Schule und zum Zwecke von deren Vorteilnahme als Erfordernis reklamiert – und demnach: als mögliche in Aussicht gestellt.

12.2 Subjektiv(ierend)es Sprechen

Eine weitere Bedingung des Sprechens, die sich in beiden Sprechgenres herausarbeiten lässt, ist die Relevanz der *Verwenderinnen von Schulinspekti-*

onsbefunden, die ein subjektiv(ierend)es Sprechen nahelegt. Die Verwenderinnen stehen in Verbindung mit der zentralen Figuration einer bisher nicht eindeutig eingetroffenen, aber möglichen Wirksamkeit von Schulinspektion.

In den wissenschaftlichen Texten stellen die anvisierten Verwenderinnen von Schulinspektionen eine zentrale Untersuchungseinheit dar, von der ausgehend sich die Unbestimmtheit von Wirksamkeit herleiten lässt: Indem die Verwenderinnen als singuläre Entitäten oder als Teil einer singulären, autonom agierenden „Einzelschule" adressiert werden, sind für diese auch je individuelle Verwendungen anzunehmen. Wie diese Individualität im Zusammenhang mit dem wissenschaftlichen Anspruch, generalisierbare Erkenntnisse zu gewinnen, erforscht werden kann, stellt eine Herausforderung dar, mit der sich die Forschungen auseinandersetzen.

Weiterhin bearbeiteten die wissenschaftlichen Texte die Frage, wer als Verwenderin (nicht) infrage kommt und wie diese Verwenderinnen sich zu verhalten haben: Sie stellten produktiv wirkende Adressierungen an (mögliche) Verwenderinnen bereit. Dabei zeigten sich Kongruenzen dieser Adressierungen vonseiten der Schulinspektion sowie vonseiten der wissenschaftlichen Forschung. So sind vor allem Schulleitungen und Lehrkräfte in die Pflicht der Verwendung von Inspektionsbefunden genommen, während Eltern und Schülerinnen kaum als verantwortliche Akteure für die Verwendung der Inspektionsbefunde aufgefasst werden.

Solcherlei An-Ordnungen von Akteuren entlang der Zuständigkeit für die Befunde ließen sich auch an den Interviews herausarbeiten. Dort wurde bezüglich der Adresse der Eltern etwa eine uneindeutige Positionierung als (un)mögliche (Nicht-)Rezipierende und (Nicht-)Verwenderinnen herausgearbeitet, während auf die Position der Schulleitung hin alle Fäden der Rezeptions- und Verwendungsentscheidungen zusammenliefen. Die Interviews lassen sich in diesem Sinne als Teil eines erkenntnispolitischen Geschehens verstehen, das zwischen Bildungspolitik, Wissenschaft und Schulpraxis ausagiert wird. Auch für die Forschungsinterviews ließen sich demnach Anrufungen bzw. Adressierungen seitens der Verwenderinnen verfolgen, in denen diese dazu angehalten werden, sich zur Wirksamkeit von Schulinspektionen zu verhalten. So legten etwa die Anschreiben, die die Interviewten zur Teilnahme an der vorliegenden Studie einluden, bereits nahe, dass das Nichtverwenden von Inspektionsbefunden keine akzeptable Weise des Umgangs mit den Inspektionsbefunden darstellt, dass zudem nur die Adressierten / Interviewten über die Wirksamkeit gehaltvolle Aussagen treffen können. Demnach stellt auch in dieser Hinsicht das Sichtbarmachen einer möglichen Wirksamkeit von Schulinspektionen entlang des Referierens von „Verwendungen" ein Erfordernis des Sprechens dar.

In den Interviews selbst wird die Forderung, Wirksamkeit entlang der Verwendung von Schulinspektionsbefunden zu besprechen und darin sichtbar zu machen, auf verschiedene Weisen aufgenommen und re-artikuliert. So findet sich beispielsweise in bekenntnisförmigen Äußerungen wie „Ich muss ehrlich gestehen, dass ich die Inspektionsberichte nur diagonal gelesen habe" sowohl eine Bindung an das Wirksamkeitspostulat, als auch eine Positionierung als sich bekennendes, authentisches Subjekt, das eine Wirksamkeit von Schulinspektion *für sich* „übersetzt" – und sich darin individualisiert.

Insbesondere im Zusammenhang mit der bereits erwähnten Exposition der Schulleitung, die auch vonseiten wissenschaftlicher Forschung und Schulinspektionen als ‚erste Adresse' im Verwendungsprocedere eine Positionierung erfährt, wird die subjektive Bedeutsamkeit der Befunde herausgestellt. Bezüglich der Analysen zur Rezeptions- und Verteilungsdifferenz konnte aufgezeigt werden, dass und inwiefern mit der Verwendung von Schulinspektionsbefunden ein Gewinn verbunden ist: Im Verwenden wird einem Versprechen auf Exposition der Schulleitung und Abgrenzung gegenüber anderen schulischen Akteuren gefolgt (die weniger intensiv rezipieren, die die Inspektionsbefunde nicht in ihrer Gänze einsehen können etc.), das zur Bindung an die Schulinspektionsbefunde führt.

12.3 Gleichzeitigkeit von Distanzierung und Anerkennung der Wirksamkeit von Schulinspektion

Das Referieren der Verwendungen von Schulinspektionsbefunden als authentische und individuelle, mitunter sich widerständig zur bildungspolitischen Steuerungsintention verhaltende „Ver-Wendungen" stellt – neben dem Ausweis, *dass* die Schulinspektionsbefunde verwendet werden – auch ein Erfordernis und Charakteristikum des Interviewsprechens dar, ebenso wie es als Anspruch in den wissenschaftlichen Publikationen auftaucht: Authentisch-individualisierendes Sprechen lässt sich mit der steuerungslogischen Forderung einer „Schulentwicklung durch Einsicht" (Böttger-Beer & Koch, 2008) in Verbindung bringen, da die nötige Einsicht durch die Einsehenden / Einsichtigen selbst vorzunehmen ist. Es ist dabei analytisch uneinholbar und nicht differenzierbar, ob es sich beim subjektiv(ierend)en

Sprechen in den Interviews um ‚tatsächliche' Akte des Widerstandes handelt oder um ein Entgegenkommen hinsichtlich des Erfordernisses, sich eigenständig – und damit eben möglicherweise auch widerständig – zu den Schulinspektionsbefunden zu verhalten.

Solche unentscheidbar widerständigen bzw. (de-)autorisierenden Verwendungen machen im empirischen Material kenntlich, inwiefern subjektivierend-kritische Distanznahmen zur Schulinspektion vorgenommen werden (müssen) und wie diese dabei innerhalb des durch Schulinspektionen abgesteckten Raumes verbleiben – etwa, wenn die Kritik an der wahrheitsgemäßen Darstellung der Inspektionsbefunde mit aus dem Bereich der empirischer Sozialforschung stammenden Argumenten vorgetragen wird. Hierbei wird der Wert des Wissens an sich nicht infrage gestellt. Ähnliches gilt für die Werte von „Qualität", „Qualitätsdifferenzen zwischen Schulen", „Verbesserung" etc. Distanzierung und Anerkennung von Schulinspektion und deren Wirksamkeit gehen demnach miteinander Hand in Hand.

Auch in Aussagen, die nicht offenkundig als widerständig erscheinen, ließen sich vergleichbare Bewegungen zwischen Autorisierung und Deautorisierung von Schulinspektion nachvollziehen. Exemplarisch ließen sich das zweifelnde Sprechen der wissenschaftlichen Texte nennen oder die Vollzüge der „Übersetzungen" von Befunden, die in den Interviews thematisiert wurde. In letzterem verbanden sich die Schulinspektionsbefunde mit unterschiedlichen schulpraktischen Themenfeldern, so dass die Befunde in anderer Weise gerahmt wurden – etwa in der Übersetzung der Farbnoten der Inspektionsbefunde in Schulnoten, mit der die Befunde in ein bekanntes, für die Rezeption und Verwendung der Befunde handhabbares Format überführt werden. In diesen Übersetzungen wird die Autorität der Schulinspektion ebenso unterbrochen wie bestätigt, da mit der Übersetzung in Schulnoten die grundlegende Bedeutsamkeit von Leistungsbewertung ratifiziert wird.

Die aufgerufenen Vergleichsmomente der Möglichkeit unbestimmter Wirksamkeit, des subjektivierenden Sprechens und der Ver-Wendungen verweisen auf das produktive Moment einer unbestimmten Wirksamkeit von Schulinspektionen: Nicht nur kann Unterschiedliches im Zusammenhang mit Wirksamkeit thematisiert werden – und lässt sich immer wieder aufs Neue thematisieren, insofern die Unbestimmtheit dazu anreizt, Bestimmungen der Wirksamkeit vorzunehmen und sich zu dieser zu positionieren. Auch die Konstitution spezifischer schulischer Akteurspositionen und Verständnisse bezüglich dessen, was als pädagogisches Handeln gelten kann, werden über das

Sprechen evoziert. Die unbestimmte Wirksamkeit ist in jenen Hinsichten, um den Titel der Arbeit nochmals aufzunehmen, eine wirksame Unbestimmtheit.

12.4 Ausblick und Reflexion der Studie

Die dargelegten und zusammengeführten Analysen verweisen insgesamt auf eine Vielfäligkeit und Vielschichtigkeit im Umgang mit dem Wirksamkeitsversprechen von Schulinspektionen, die sich nicht auf die Frage der ‚richtigen' Verwendung der Inspektionsbefunde reduzieren lassen. Eine derartige Differentialität zu behaupten (in doppeltem Wortsinn), stellt einen Einsatz dar, um die Frage der Wirksamkeit offenzuhalten und in ihrem Horizont Reflexionen anzustellen. Bezüglich des Offenhaltens ist zu pointieren, dass sich die Frage nach der Wirksamkeit erstens augenscheinlich nicht eindeutig beantworten lässt. Zweitens kann, dies aufnehmend, die grundlegende Annahme in problematisierender Weise befragt werden, dass Schulinspektionen legitim und erwartbar zu wirksamer schulischer Steuerung beitragen.

Hiermit verband sich im Rahmen der Studie eine Verschiebung der Fragerichtung: Hin zu Fragen danach, was mit Bezug auf Wirksamkeit – im Sinne des Wirksamkeitsversprechens der Schulinspektion – in den Blick gerät, welche Engführungen und Dethematisierungen damit einhergehen, welche Auswirkungen sich diesbezüglich etwa für die beteiligten Akteure und deren Handlungsspielräume ergeben können etc. Angesichts der weitreichenden Umwälzungen im Bereich der schulischen Steuerung, die nicht nur die Grenze zwischen bildungspolitischer Einflussnahme und pädagogischem Entscheidungsspielraum verwischt, sondern sich auch ostensiv erziehungswissenschaftlicher Erkenntnisse und Verfahrensweisen bedient, stellen sich derartige Fragen fortwährend neu. Diese könnten im Rahmen weiterer *problematisierender* Schulforschungen, die die relationale Verflechtung von Individualität und sozialer Ordnung fokussieren, verfolgt werden.[1]

---

[1] Innerhalb der Erziehungswissenschaften wird das Geflecht von Pädagogik und Politik seit längerem unter dem Stichwort der *Erkenntnispolitik* reflektiert und erforscht (z. B. Reichenbach et al., 2011; Jergus, 2014b). Die hier angestellten Analysen lassen sich in diesen Kontext einordnen. Zudem kann eine weitere Arbeit darin bestehen, diese Diskussionen für andere Gegenstände der Schul(entwicklungs)forschung zu adaptieren und in ihren Differenzen und Überschneidungen zur häufig verwendeten *Educational-Governance*-Perspektive (vgl. z. B. Kussau & Brüsemeister, 2007b) auszuloten.

Abschließend soll nun dargelegt werden, wie sich die im Rahmen der Studie gewonnenen Erkenntnisse in verschiedenen Wissensfeldern einordnen lassen und welche Möglichkeiten weiterführende Forschung sich anfügen können.

Die Untersuchungsergebnisse erscheinen in einer *ersten Hinsicht* anschlussfähig an kulturtheoretisch-praxeologische Diskussionen um die Transformation und (Re-)Produktion schulischer Ordnungen innerhalb der Schul(entwicklungs)forschung. Hier wären vornehmlich die Arbeiten zur *Schulkulturforschung* sensu Werner Helsper (z. B. Helsper, 2008; Böhme, Hummrich, & Kramer, 2015) sowie die Arbeiten, die *Lernkulturen* als performative Praktiken untersuchen (z. B. Reh, Rabenstein, Fritzsche, & Idel, 2015), zu nennen.

Beiden Perspektivierungen ließen sich die Ergebnisse der vorliegenden Studie anheimstellen, die auf vielzählige Überlagerungen differenter Bereiche hinweist. Beispielsweise konnte aufgezeigt werden, inwiefern schulische Ordnungen und Ordnungen der (Zuständigkeit für) Rezeption und Verbreitung von Schulinspektionsbefunden interferieren. Zu fragen wäre, daran anschließend, u. a. wie sich schulisch-organisationale Praktiken, die für meine Studie relevant waren, zu unterrichtlichen Praktiken verhalten. Es erscheint aussichtsreich, in künftigen Forschungen jene Grenz- und Schnittstellen zwischen schulischen und unterrichtlichen Praktiken ebenfalls als Verwendungszusammenhang in den Blick zu nehmen, in welchem sich wechselseitige Aneignungen und verschiebende Transformationen vollziehen.

Im Zusammenhang kulturwissenschaftlich inspirierter Schul- und Unterrichtsforschungen ist weitergehend zu fragen, inwiefern sich Konzepte, die sich auf die Unbestimmtheit, Vieldeutigkeit und Machtverwobenheit des Kulturellen beziehen, produktiv für Fragen von schulischer Transformation nutzen lassen. Beispielweise das Konzept der Hybridität, welches auf die postkolonial-kulturtheoretischen Überlegungen sensu Homi K. Bhabha (vgl. Bhabha, 2000) verweist, sensibilisiert hierbei – möglicherweise anders noch als das auf Praktiken der Subjektwerdung bezogene Subjektivierungskonzept (z. B. Gelhard, Alkemeyer, & Ricken, 2013) – für die Schwierigkeiten der eindeutigen Identifizierbarkeit und Zurechenbarkeit von Veränderungen.

Unter 8.5 auf Seite 307 wurden die analytisch herausgearbeiteten selektiven und strategischen Aneignungen der Inspektionsbefunde in den Forschungsinterviews in Rekurs auf Hybridität diskutiert. Die Praktiken der Verwendung ließen sich dahingehend als Zusammenspiel einer Kolonisierung des Schulischen durch wissenschaftliche Daten und den darin eröffneten Möglichkeiten der Unterbrechung kultureller Autorität „auf Grundlage einer Aushöhlung der dominanten Deutung, ihrer Übersetzung und Verschiebung" (Thompson & Jergus, 2014, S. 13) systematisieren.

Hieran anschließend ist zu überlegen, ob sich dies auf weitere Gegenstände der Schulentwicklungsforschung übertragen lässt, etwa auf die Arbeit mit Schulprogrammen oder auf die Unterrichtsbesuche durch Fachberaterinnen und Schulaufsichtsbeamte. Lässt sich Schulentwicklung dabei generell als ein hybrides Geschehen zwischen Reformerwartung und Umgang mit diesen Erwartungen auffassen, in dem sich differierende Sinnbezüge verschränken? Inwiefern ergeben sich dabei produktive „Zwischenräume der Veränderung" (Bormann, 2011), die empirisch einzuholen wären?

In einer *zweiten Hinsicht* ließ sich im Rahmen der Studie die Operativität der Neuen Steuerung des Bildungssystems erhellen, die den Einbezug von Selbststeuerungspotentialen von Schulen bzw. schulischen Akteuren einfordern. In Rekurs auf die Analytik von Subjektivierung wurde in meiner Studie herausgearbeitet, wie genau diese Transformationen sich vollziehen, wie sie Bindungen und Konstellationen von (wissenschaftlichen, praktischen, politischen,...) Akteuren erzeugen und Akteure zu (Nicht-)Beteiligten von Schulentwicklung machen. Vor allem die verschiedenen Modi der Konstitution von Schulleitung als ‚erster Adresse' des Verwendungsprocederes wurden in meiner Studie umfänglich analysiert. Diese Analysen ließen sich innerhalb der Überlegungen zum Schulleitungshandelns unter Evidenzbedingungen bzw. zur transformationalen Führung diskutieren (vgl. z. B. van Ackeren, Thiel, & Brauckmann, 2018; Wurster et al., 2016; Wissinger, 2014).

Weitere empirische Untersuchungen könnten sich zudem an die vorgestellten Analysen anschließen und beispielsweise danach fragen, wie sich die Verwendungen von Schulinspektionen für jene gestalten, die im Rahmen dieser Arbeit als „Nicht-Adressen" rekonstruiert wurden: die Eltern und Schülerinnen. Darüber hinaus wäre auch die Verwendungspraxis seitens der Bildungspolitik, etwa von Akteurspositionen der Schulaufsicht, eingehender zu befragen, um nicht die einzelschulische Alleinzuständigkeit für die Verbesserung von Schulqualität zu replizieren.

Zudem erscheinen Untersuchungssettings aufschlussreich, in denen das Sprechen über Schulinspektion nicht in eigens für die Forschung hergestellten Formaten – wie dem Forschungsinterview – eingebettet ist. So ließen sich über die Untersuchung von Schul- und Lehrerinnenkonferenzen, pädagogischen

Tagen etc. vermutlich aufschlussreiche weiterführende Erkenntnisse über den Umgang mit und die Aneignung von Inspektionsbefunden gewinnen.

In einer *dritten Hinsicht* stellten die Studienergebnisse heraus, dass die Frage nach dem Umgang mit Schulinspektionen nicht allein oder vornehmlich die Schulpraxis betrifft, sondern sich auch auf wissenschaftliches Sprechen applizieren lässt. Dahingehend ergibt sich, dass die performative Produktion einer Differenz von Wissenschaft und Praxis *auch* einen Effekt der wissenschaftlichen Auseinandersetzung mit Schulinspektionen darstellt, wie sie sich in Forschungsberichten, Zeitschriftenbeiträgen etc. materialisiert. Dies gilt es als eine Perspektivenerweiterung gegenüber der erziehungswissenschaftlichen Wissensverwendungsforschung (z. B. Thiel, 2007) herauszustellen, für die die wissenschaftliche Diskussion zumeist nicht als ein genuiner Bestandteil des Verwendungszusammenhangs gilt.

In einer *vierten Hinsicht* ist die spezifische Situierung der Studie innerhalb eines Zwischenraums von verschiedenen erziehungswissenschaftlichen Teilbereichen zu nennen, von der her sich Möglichkeiten des Anschließens ergeben. Insbesondere hinsichtlich der disziplinären Entwicklung der Erziehungswissenschaft, die sich zunehmend in autark operierende „Teildisziplinen" (vgl. Kauder, 2010) auszudifferenzieren scheint, ist das Potential einer Arbeit innerhalb von Überlappungszonen verschiedener Bereiche zu betonen, so dass sich Räume des *gemeinsamen Nachdenkens und Sprechens* etablieren.

Diese bereichsübergreifende und -verbindende Arbeit ergab sich für vorliegende Studie über den zentralen Stellenwert der Problematik einer unbestimmten Wirksamkeit für alle pädagogischen Bezugsfelder, wie einleitend argumentiert wurde: Nachdem die Theoriefigur der Kontingenz pädagogischer Wirksamkeit reflektiert und an ausgewählten erziehungswissenschaftlichen Diskussionskontexten – etwa dem Problem pädagogischer Gerechtigkeit oder dem Theorie-Praxis-Spannungsfeld – erhellt wurde, ließ sie sich ebenso für den Forschungsgegenstand der Schulinspektion(sforschung) übersetzen.

Von solchen Übersetzungen kann zum einen die Schul(entwicklungs)forschung profitieren, welche durch die Produktion eines für schulpraktische und bildungspolitische Zwecke verwertbaren wissenschaftlichen Wissens stets auch einen Reflexionsbedarf erzeugt, der beispielsweise die Performativität und die gesellschaftlichen Risiken des produzierten Wissens in den Blick nimmt (vgl. hierzu Luhmann, 1990). Hier versprechen Konzepte, die (auch) innerhalb der Allgemeinen Erziehungswissenschaft hinsichtlich ihres grundbegrifflichen und kategorialen Gehalts diskutiert werden, Reflexionsgewinne.

Es ergeben sich auf diesem Wege Möglichkeiten der Systematisierung, Überschreitung und Eröffnung neuer Betrachtungsweisen gegenüber vorliegenden Auseinandersetzungen der Schul(entwicklungs)forschung.[2]

Zum anderen lassen sich aus den Erträgen schulischer Forschung auch rekursiv Impulse für die grundlagentheoretische Reflexion und Begriffsarbeit ableiten. Darauf weist exemplarisch Johannes Bellmann für bildungswissenschaftliche Forschungen hin, die repräsentativ auch für Schul(entwicklungs)forschung stehen können:

> In ihrer Isolierung voneinander oder auch in ihrer bloßen Summe könnten [...] bildungswissenschaftliche Forschungsergebnisse für das Verständnis des komplexen Zusammenhangs von Lernen und Erziehen in seinen differenten Kontexten folgenlos bleiben. Dies könnte auch daran liegen, dass es bislang nicht gelungen ist, bildungswissenschaftliche Forschungsergebnisse aus einer integrativen Theorieperspektive kritisch zu prüfen und konstruktiv zu verknüpfen. Genau hierin liegt eine unverzichtbare Aufgabe einer theorieorientierten Bildungsforschung, zu der die Allgemeine Erziehungswissenschaft einen Beitrag leisten könnte (Bellmann, 2011, S. 198).

Die resignifizierende Verschiebung in den diskursiven Grenzziehungen der erziehungswissenschaftlichen Felder, wie sie die vorliegenden Arbeit aus ihrer Zwischenposition heraus vornimmt, kann einen Beitrag zur von Bellmann geforderten „theorieorientierten Bildungsforschung" leisten sowie die Re(kon)stituierung einer derzeit „unsicheren Position der Allgemeinen Erziehungswissenschaft im Kontext der gegenwärtigen Forschungslandschaft" (Bellmann, 2011, S. 203) unterstützen.

---

[2] Zur Bestimmung einer Allgemeinen Pädagogik bzw. Erziehungswissenschaft vgl. z. B. Ricken (2010). Zur Verbindung von allgemein erziehungswissenschaftlichen Überlegungen mit dem Forschungsgegenstand Schulinspektion siehe auch Lambrecht (2018).

Literatur

Althusser, L. (1977). *Ideologie und ideologische Staatsapparate: Aufsätze zur marxistischen Theorie*. Hamburg: Verlag für das Studium der Arbeiterbewegung.

Altrichter, H. (2010a). Konzepte der Fremdevaluation. In T. Bohl, W. Helsper, H. G. Holtappels, & C. Schelle (Hrsg.), *Handbuch Schulentwicklung* (S. 170–175). Bad Heilbrunn: Klinkhardt.

Altrichter, H. (2010b). Schul- und Unterrichtsentwicklung durch Datenrückmeldung. In H. Altrichter & K. Maag Merki (Hrsg.), *Handbuch Neue Steuerung im Schulsystem* (S. 219–254). Wiesbaden: Springer VS.

Altrichter, H. (2010c). Theory and Evidence on Governance: Conceptual and Empirical Strategies of Research on Governance in Education. *European Educational Research Journal, 9*(2), 147–158.

Altrichter, H., Brüsemeister, T., & Wissinger, J. (Hrsg.). (2007). *Educational Governance: Handlungskoordination und Steuerung im Bildungssystem*. Wiesbaden: Springer VS.

Altrichter, H. & Heinrich, M. (2007). Kategorien der Governance-Analyse und Transformationen der Systemsteuerung in Österreich. In H. Altrichter, T. Brüsemeister, & J. Wissinger (Hrsg.), *Educational Governance: Handlungskoordination und Steuerung im Bildungssystem* (S. 55–103). Wiesbaden: Springer VS.

Altrichter, H. & Kemethofer, D. (2015). Neue Ansätze der Steuerung des Schulsystems und die Einstellung von Schulleitungen. *Bildung und Erziehung, 68*(3), 291–310.

Altrichter, H. & Kemethofer, D. (2016). Stichwort: Schulinspektion. *Zeitschrift für Erziehungswissenschaft, 19*(3), 487–508.

Altrichter, H. & Maag Merki, K. (Hrsg.). (2010). *Handbuch Neue Steuerung im Schulsystem*. Wiesbaden: Springer VS.

Angermüller, J. (2007). Was fordert die Hegemonietheorie? Zu den Möglichkeiten und Grenzen ihrer methodischen Umsetzung. In M. Nonhoff (Hrsg.), *Diskurs – radikale Demokratie – Hegemonie: Zum politischen*

Denken von Ernesto Laclau und Chantal Mouffe (S. 159–172). Bielefeld: Transcript.

Angermüller, J., Nonhoff, M., Herschinger, E., Macgilchrist, F., Reisigl, M., Wedl, J., ... Ziem, A. (Hrsg.). (2014). *Diskursforschung: Ein interdisziplinäres Handbuch. Theorien, Methodologien, Kontroversen.* Bielefeld: Transcript.

Arbeitsgruppe Schulinspektion (Hrsg.). (2016). *Schulinspektion als Steuerungsimpuls? Ergebnisse aus Forschungsprojekten.* Wiesbaden: Springer VS.

Austin, J. L. (1972). *Zur Theorie der Sprechakte. (How to do things with Words).* Stuttgart: Philipp Reclam.

Balzer, N. (2007). Die doppelte Bedeutung der Anerkennung. Anmerkungen zum Zusammenhang von Anerkennung, Macht und Gerechtigkeit. In M. Wimmer, R. Reichenbach, & L. Pongratz (Hrsg.), *Gerechtigkeit und Bildung* (S. 49–75). Schriftenreihe der Kommission für Bildungs- und Erziehungsphilosophie in der Deutschen Gesellschaft für Erziehungswissenschaft. Paderborn: Schöningh.

Balzer, N. (2014). *Spuren der Anerkennung* (Zugl.: Bremen, Univ., Diss., 2012, Springer VS, Wiesbaden).

Balzer, N. & Bergner, D. (2012). Die Ordnung der ,Klasse'. In N. Ricken & N. Balzer (Hrsg.), *Judith Butler: Pädagogische Lektüren* (S. 247–279). Wiesbaden: Springer VS.

Balzer, N. & Ricken, N. (2010). Anerkennung als pädagogisches Problem - Markierungen im erziehungswissenschaftlichen Diskurs. In A. Schäfer & C. Thompson (Hrsg.), *Anerkennung* (S. 35–87). Pädagogik - Perspektiven. Paderborn: Schöningh.

Baumgart, F., Lange, U., & Wigger, L. (Hrsg.). (2005). *Theorien des Unterrichts: Erläuterungen, Texte, Arbeitsaufgaben.* Studienbücher Erziehungswissenschaft. Bad Heilbrunn: Klinkhardt.

Beck, U. & Bonß, W. (Hrsg.). (1989). *Weder Sozialtechnologie noch Aufklärung? Analysen zur Verwendung sozialwissenschaftlichen Wissens.* Frankfurt am Main: Suhrkamp.

Bellmann, J. (2011). Jenseits von Reflexionstheorie und Sozialtechnologie. Forschungsperspektiven Allgemeiner Erziehungswissenschaft. In J. Bellmann & T. Müller (Hrsg.), *Wissen, was wirkt: Kritik evidenzbasierter Pädagogik* (S. 197–208). Wiesbaden: Springer VS.

Bellmann, J. (2015). Symptome der gleichzeitigen Politisierung und Entpolitisierung der Erziehungswissenschaft im Kontext datengetriebener Steuerung. *Erziehungswissenschaft. 26*(50), 45–54.

Bellmann, J., Duzevic, D., Schweizer, S., & Thiel, C. (2016). Nebenfolgen Neuer Steuerung und die Rekonstruktion ihrer Genese. Differente Orientierungsmuster schulischer Akteure im Umgang mit neuen Steuerungsinstrumenten. *Zeitschrift für Pädagogik, 62*(3), 381–402.

Bellmann, J. & Müller, T. (2011a). Evidenzbasierte Pädgogik – Ein Déjà-vu? Einleitende Bemerkungen zur Kritik eines Paradigmas. In J. Bellmann & T. Müller (Hrsg.), *Wissen, was wirkt: Kritik evidenzbasierter Pädagogik* (S. 9–32). Wiesbaden: Springer VS.

Bellmann, J. & Müller, T. (Hrsg.). (2011b). *Wissen, was wirkt: Kritik evidenzbasierter Pädagogik*. Wiesbaden: Springer VS.

Berkemeyer, N. (2008). Schulleitung zwischen Evaluation und Organisation. In T. Brüsemeister & K.-D. Eubel (Hrsg.), *Evaluation, Wissen und Nichtwissen* (S. 35–60). Wiesbaden: Springer VS.

Bhabha, H. K. (2000). *Die Verortung der Kultur*. Tübingen: Stauffenburg.

Biesta, G. (2011). Welches Wissen ist ist am meisten wert? In A. Schäfer & C. Thompson (Hrsg.), *Wissen* (S. 77–97). Pädagogik – Perspektiven. Paderborn: Schöningh.

Böhme, J., Hummrich, M., & Kramer, R.-T. (Hrsg.). (2015). *Schulkultur: Theoriebildung im Diskurs*. Wiesbaden: Springer VS. doi:10.1007/978-3-658-03537-2

Böhm-Kasper, O., Selders, O., & Lambrecht, M. (2016). Schulinspektion und Schulentwicklung – Ergebnisse der quantitativen Schulleitungsbefragung. In Arbeitsgruppe Schulinspektion (Hrsg.), *Schulinspektion als Steuerungsimpuls?* (S. 1–50). Wiesbaden: Springer VS.

Bohnsack, R. (2010). Qualitative Evaluationsforschung und dokumentarische Methode. In R. Bohnsack (Hrsg.), *Dokumentarische Evaluationsforschung: Theoretische Grundlagen und Beispiele aus der Praxis* (S. 23–62). Opladen: Budrich.

Bormann, I. (2011). *Zwischenräume der Veränderung: Innovationen und ihr Transfer im Feld von Bildung und Erziehung*. Wiesbaden: Springer VS. doi:10.1007/978-3-531-92709-1

Böttcher, W. (2002). *Kann eine ökonomische Schule auch eine pädagogische sein? Schulentwicklung zwischen neuer Steuerung, Organisation, Leistungsevaluation und Bildung*. Weinheim: Juventa.

Böttcher, W., Bos, W., Döbert, H., & Holtappels, H. G. (Hrsg.). (2008). *Bildungmonitoring und Bildungscontrolling in nationaler und internationaler Perspektive*. Münster: Waxmann.

Böttcher, W. & Keune, M. S. (2010). Funktionen und Effekte der Schulevaluation: Ausgewählte nationale und internationale Forschungsbefunde. In W. Böttcher, J. N. Dicke, & N. Hogrebe (Hrsg.), *Evaluation, Bildung und Gesellschaft: Steuerungsinstrumente zwischen Anspruch und Wirklichkeit* (S. 151–164). Münster: Waxmann.

Böttger-Beer, M. & Koch, E. (2008). Externe Evaluation in Sachsen – ein Dialog zwischen Wissenschaft und Praxis. In W. Böttcher, W. Bos, H. Döbert, & H. G. Holtappels (Hrsg.), *Bildungmonitoring und Bildungscontrolling in nationaler und internationaler Perspektive* (S. 253–264). Münster: Waxmann.

Böttger-Beer, M., Vaccaro, D., & Koch, E. (2010). Wirkmodell zur externen Evaluation. In W. Böttcher, J. N. Dicke, & N. Hogrebe (Hrsg.), *Evaluation, Bildung und Gesellschaft: Steuerungsinstrumente zwischen Anspruch und Wirklichkeit* (S. 319–335). Münster: Waxmann.

Bourdieu, P. (2005). *Was heißt sprechen? Zur Ökonomie des sprachlichen Tausches* (2. Aufl.). Wien: Braumüller.

Brägger, G., Bucher, B., & Landwehr, N. (Hrsg.). (2005). *Schlüsselfragen zur externen Schulevaluation*. Bern: hep.

Brauckmann, S. (2012). Schulleitungshandeln zwischen deconcentration, devolution und delegation (3D) – empirische Annäherungen aus internationaler Perspektive. *Empirische Pädagogik, 26*, 78–102.

Brauckmann, S. (2013). Vom Verwalten zum Gestalten. *Schulverwaltung Niedersachsen, 24*(1), 9–10.

Bredel, U., Fuhrhop, N., & Noack, C. (2011). *Wie Kinder lesen und schreiben lernen*. Tübingen: Francke.

Breidenstein, G. (2010). Überlegungen zu einer Theorie des Unterrichts. *Zeitschrift für Pädagogik, 56*(6), 869–887.

Breidenstein, G. & Thompson, C. (2014). Schulische Leistungsbewertung als Praxis der Subjektivierung. In C. Thompson, K. Jergus, & G. Breidenstein (Hrsg.), *Interferenzen* (S. 89–109). Weilerswist: Velbrück.

Brimblecombe, N., Ormston, M., & Shaw, M. (1995). Teacher's Perceptions of School Inspection: A Stressful Experience. *Cambridge Journal of Education, 25*(1), 53–61.

Bröckling, U. (2000). Totale Mobilmachung. Menschenführung im Qualitäts- und Selbstmanagement. In U. Bröckling, S. Krasmann, & T. Lemke (Hrsg.), *Gouvernementalität der Gegenwart: Studien zur Ökonomisierung des Sozialen* (S. 131–167). Frankfurt am Main: Suhrkamp.

Bröckling, U. (2004). Evaluation. In U. Bröckling, S. Krasmann, & T. Lemke (Hrsg.), *Glossar der Gegenwart* (Bd. 2381, S. 76–81). Edition Suhrkamp. Frankfurt am Main: Suhrkamp.

Bröckling, U. (2007). *Das unternehmerische Selbst: Soziologie einer Subjektivierungsform.* Frankfurt am Main: Suhrkamp.

Bröckling, U. & Krasmann, S. (2010). Ni méthode, ni approche: Zur Forschungsperspektive der Gouvernementalitätsstudien - mit einem Seitenblick auf Konvergenzen und Divergenzen zur Diskursforschung. In J. Angermüller (Hrsg.), *Diskursanalyse meets Gouvernementalitätsforschung: Perspektiven auf das Verhältnis von Subjekt, Sprache, Macht und Wissen* (S. 23–42). Frankfurt am Main: Campus.

Bröckling, U., Krasmann, S., & Lemke, T. (Hrsg.). (2000). *Gouvernementalität der Gegenwart: Studien zur Ökonomisierung des Sozialen.* Frankfurt am Main: Suhrkamp.

Bröckling, U., Krasmann, S., & Lemke, T. (2004a). Einleitung. In U. Bröckling, S. Krasmann, & T. Lemke (Hrsg.), *Glossar der Gegenwart* (S. 9–16). Edition Suhrkamp. Frankfurt am Main: Suhrkamp.

Bröckling, U., Krasmann, S., & Lemke, T. (Hrsg.). (2004b). *Glossar der Gegenwart.* Edition Suhrkamp. Frankfurt am Main: Suhrkamp.

Bröckling, U. & Peter, T. (2014). Mobilisieren und Optimieren. *Zeitschrift für Erziehungswissenschaft, 17*(3), 129–147.

Bromme, R. (1997). Kompetenzen, Funktionen und unterrichtliches Handeln des Lehrers. In F. E. Weinert (Hrsg.), *Psychologie des Unterrichts und der Schule* (S. 177–212). Enzyklopädie der Psychologie : Themenbereich D, Praxisgebiete: Ser. 1, Pädagogische Psychologie. Göttingen: Hogrefe.

Brüggemann, N., Jäkel, S., & Riemer, T. (2011). Schulinspektion - ein historischer Vergleich. In M. v. Saldern (Hrsg.), *Schulinspektion: Fluch und Segen externer Evaluation* (S. 32–63). Schule in Deutschland. Norderstedt: Books on Demand.

Brühlmann, J. (Hrsg.). (2013). *Mit Daten zu Taten. Wenn Schulen Wissen nutzen.* Innsbruck: StudienVerlag.

Brüsemeister, T. & Eubel, K.-D. (Hrsg.). (2008). *Evaluation, Wissen und Nichtwissen.* Wiesbaden: Springer VS.

Brüsemeister, T., Gromala, L., Böhm-Kasper, O., & Selders, O. (2016). Schulentwicklung aus einer Verhärtung heraus. In Arbeitsgruppe Schulinspektion (Hrsg.), *Schulinspektion als Steuerungsimpuls?* (S. 91–118). Wiesbaden: Springer VS.

Brüsemeister, T., Gromala, L., Preuß, B., & Wissinger, J. (2016). Schulinspektion im regionalen und institutionellen Kontext: Qualitative Befunde zu schulinspektionsbezogenen Akteurkonstellationen. In Arbeitsgruppe Schulinspektion (Hrsg.), *Schulinspektion als Steuerungsimpuls?* (S. 51–89). Wiesbaden: Springer VS.

Budde, J. (2012). Die Rede von der Heterogenität in der Schulpädagogik. Diskursanalytische Perspektiven [63 Absätze]. *Forum Qualitative Sozialforschung/ Forum: Qualitative Social Research, 13*(2), Art. 16.

Budde, J. (Hrsg.). (2013). *Unscharfe Einsätze: (Re-)Produktion von Heterogenität im schulischen Feld.* Studien zur Schul- und Bildungsforschung. Wiesbaden: Springer VS.

Bühler, P., Forster, E., Neumann, S., Schröder, S., & Wrana, D. (Hrsg.). (2015). *Normalisierungen. Wittenberger Gespräche III.* Halle-Wittenberg: Martin-Luther-Universität.

Butler, J. (1995). *Körper von Gewicht: Die diskursiven Grenzen des Geschlechts.* Berlin: Berlin-Verlag.

Butler, J. (2001). *Psyche der Macht: Das Subjekt der Unterwerfung.* Frankfurt am Main: Suhrkamp.

Butler, J. (2003). *Kritik der ethischen Gewalt: Adorno-Vorlesungen 2002.* Frankfurt am Main: Suhrkamp.

Butler, J. (2006). *Hass spricht: Zur Politik des Performativen.* Frankfurt am Main: Suhrkamp.

Case, P., Case, S., & Catling, S. (2000). Please Show You're Working: a critical assessment of the impact of OFSTED inspection on primary teachers. *British Journal of Sociology of Education, 21*(4), 605–621.

Combe, A. & Kolbe, F.-U. (2008). Lehrerprofessionalität: Wissen, Können, Handeln. In W. Helsper & J. Böhme (Hrsg.), *Handbuch der Schulforschung* (S. 857–875). Wiesbaden: Springer VS.

Cummins, J. (1979). Cognitive/academic language proficiency, linguistic interdependence, the optimum age question and some other matters. *Working Papers on Bilingualism, 19*, 121–129.

Dedering, K. (2008). Der Einfluss bildungspolitischer Maßnahmen auf die Steuerung des Schulsystems – Neue Erkenntnisse aus empirischen Fallstudien. *Zeitschrift für Pädagogik, 54*(6), 869–887.

Dedering, K. (2012). Schulinspektion als wirksamer Weg der Systemsteuerung? *Zeitschrift für Pädagogik, 58*(1), 70–88.

Dedering, K. (2015). The same procedure as every time? School inspections and school development in Germany. *Improving Schools, 18*(2), 171–184.

Dedering, K., Fritsch, N., & Weyer, C. (2012). Die Ankündigung von Schulinspektionen und deren innerschulische Effekte – hektisches Treiben oder genügsame Gelassenheit? In S. Hornberg & M. Parreira do Amaral (Hrsg.), *Deregulierung im Bildungswesen* (S. 205–222). Münster: Waxmann.

Dedering, K., Katenbrink, N., Schaffer, G., & Wischer, B. (2016). Veränderung unter Druck: Erste Einblicke in die Verarbeitung von Inspektionsdaten an Schulen mit gravierenden Mängeln in Niedersachsen. In Arbeitsgruppe Schulinspektion (Hrsg.), *Schulinspektion als Steuerungsimpuls?* (S. 201–226). Wiesbaden: Springer VS.

Dedering, K. & Müller, S. (2008). Schulinspektion in Deutschland – Forschungsbereiche und Desiderata. In W. Böttcher, W. Bos, H. Döbert, & H. G. Holtappels (Hrsg.), *Bildungmonitoring und Bildungscontrolling in nationaler und internationaler Perspektive* (S. 241–252). Münster: Waxmann.

Derrida, J. (1972a). *Die Schrift und die Differenz*. Frankfurt am Main: Suhrkamp.

Derrida, J. (1972b). Die Struktur, das Zeichen und das Spiel im Diskurs der Wissenschaften vom Menschen. In *Die Schrift und die Differenz* (S. 422–442). Frankfurt am Main: Suhrkamp.

Derrida, J. (1974). *Grammatologie*. Frankfurt am Main: Suhrkamp.

Derrida, J. (2004a). Die différance. In P. Engelmann (Hrsg.), *Die différance* (S. 110–149). Stuttgart: Philipp Reclam.

Derrida, J. (2004b). Signatur Ereignis Kontext. In P. Engelmann (Hrsg.), *Die différance* (S. 68–109). Stuttgart: Philipp Reclam.

Deutsche Gesellschaft für Evaluation. (2019). Glossar der Standards für Evaluation. Zugriff 12. Februar 2019, unter https://www.degeval.org/degeval-standards/glossar-der-standards-fuer-evaluation/

Dewe, B. & Radtke, F.-O. (1993). Was wissen Pädagogen über ihr Können? Professionstheoretische Überlegungen zum Theorie-Praxis-Problem in der Pädagogik. In J. Oelkers & H.-E. Tenorth (Hrsg.), *Pädagogisches Wissen* (S. 143–162). Reihe Pädagogik. Weinheim: Beltz.

Diaz-Bone, R. (2005). Zur Methodologisierung der Foucaultschen Diskursanalyse [48 Absätze]. *Forum Qualitative Sozialforschung/ Forum: Qualitative Social Research, 7*(1), Art. 6.

Diegmann, D. (2013). Die Diskursanalyse. In B. Drinck (Hrsg.), *Forschen in der Schule* (S. 301–332). Opladen: Budrich.

Diegmann, D., Schmidt, M., Flagmeyer, D., & Keitel, J. (2011). Partizipationsmöglichkeiten durch externe Evaluation und Zielvereinbarungen im sächsischen Schulsystem. *Bildung und Erziehung, 64*(3), 295–312.

Dietrich, F. (2012). Schulinspektion im Kontext von „Deregulierung": Eine rekonstruktive Annäherung an die Adaption des Steuerungsimpulses auf der Ebene der Schulleitung. In S. Hornberg & M. Parreira do Amaral (Hrsg.), *Deregulierung im Bildungswesen* (S. 187–204). Münster: Waxmann.

Dietrich, F. (2014a). Objektiv-hermeneutische Governance-Analysen. In K. Maag Merki, R. Langer, & H. Altrichter (Hrsg.), *Educational Governance als Forschungsperspektive* (S. 199–227). Educational Governance. Wiesbaden: Springer VS.

Dietrich, F. (2014b). *Professionalisierungskrisen im Referendariat: Rekonstruktionen zu Krisen und Krisenbearbeitungen in der zweiten Phase der Lehrerausbildung.* Rekonstruktive Bildungsforschung. Wiesbaden: Springer VS.

Dietrich, F. (2016). Schulinspektion als Steuerungsimpuls zur Schulentwicklung? Objektiv-hermeneutische Governance-Analysen zur Handlungskoordination im Kontext der Schulinspektionen. In Arbeitsgruppe Schulinspektion (Hrsg.), *Schulinspektion als Steuerungsimpuls?* (S. 119–167). Wiesbaden: Springer VS.

Dietrich, F. & Lambrecht, M. (2012). Menschen arbeiten mit Menschen. Schulinspektion und die Hoffnung auf den zwanglosen Zwang der „besseren Evidenz". *Die Deutsche Schule, 104*(1), 57–70.

Döbert, H., Rürup, M., & Dedering, K. (2008). Externe Evaluation von Schulen in Deutschland. In H. Döbert & K. Dedering (Hrsg.), *Externe Evaluation von Schulen* (S. 63–152). Münster: Waxmann.

Dreyer, A., Giese, J., & Wood, C. (2011). Definitionen und Ziele der Schulinspektion. In M. v. Saldern (Hrsg.), *Schulinspektion: Fluch und Segen externer Evaluation* (S. 90–112). Schule in Deutschland. Norderstedt: Books on Demand.

Drinck, B., Flagmeyer, D., Diegmann, D., Schmidt, M., Keitel, J., Schubert, R., & Herzog, K. (2013). Rezeption und Nutzung von Ergebnissen der externen Evaluation an sächsischen Grundschulen, Mittelschulen und Gymnasien: Abschlussbericht. Radebeul.

Dubs, R. (2008). Zur Rolle der Schulleitung in komplexen Schulentwicklungsprozessen. *Bildung und Erziehung, 61*(3), 257–270.

Dyrberg, T. B. (1998). Diskursanalyse als postmoderne politische Theorie. In O. Marchart (Hrsg.), *Das Undarstellbare der Politik: Zur Hegemonietheorie Ernesto Laclaus* (S. 23–51). Wien: Turia und Kant.

Ehren, M. & Scheerens, J. (2015). Evidenzbasierte Referenzrahmen zur Schulqualität als Grundlage von Schulinspektion. In M. Pietsch, B. Scholand, & K. Schulte (Hrsg.), *Schulinspektion in Hamburg. Der erste Zyklus 2007-2013. Grundlagen, Befunde und Perspektiven* (S. 233–272). Münster: Waxmann.

Ehren, M. & Visscher, A. (2006). Towards a Theory on the Impact of School Inspections. *British Journal of Educational Studies, 54*(1), 51–72.

Engelmann, P. (Hrsg.). (2004). *Die différance: Ausgewählte Texte.* Stuttgart: Philipp Reclam.

Epstein, J. L. (2001). *School, Family, and Community Partnerships: Preparing Educators and Improving Schools.* Boulder: Westview Press.

Fegter, S., Kessl, F., Langer, A., Ott, M., Rothe, D., & Wrana, D. (2015). Erziehungswissenschaftliche Diskursforschung: Theorien, Methodologien, Gegenstandskonstruktionen. In S. Fegter, F. Kessl, A. Langer, M. Ott, D. Rothe, & D. Wrana (Hrsg.), *Erziehungswissenschaftliche Diskursforschung* (S. 9–58). Interdisziplinäre Diskursforschung. Wiesbaden: Springer VS.

Feldhoff, T. (2011). *Schule organisieren: Der Beitrag von Steuergruppen und Organisationalem Lernen zur Schulentwicklung.* Wiesbaden: Springer VS.

Fend, H. (1986). ‚Gute Schulen – Schlechte Schulen'. Die einzelne Schule als pädagogische Handlungseinheit. *Die Deutsche Schule, 78*(3), 275–293.

Fend, H. (2008a). Dimensionen von Qualität im Bildungswesen. Von Produktindikatoren zu Prozessindikatoren am Beispiel der Schule. In E.

Klieme & R. Tippelt (Hrsg.), *Qualitätssicherung im Bildungswesen. Ein aktuelle Zwischenbilanz* (S. 190–209). Weinheim: Beltz.

Fend, H. (2008b). *Neue Theorie der Schule: Einführung in das Verstehen von Bildungssystemen* (2. Aufl.). Wiesbaden: Springer VS.

Fend, H. (2011). Die Wirksamkeit der Neuen Steuerung – theoretische und methodische Probleme ihrer Evaluation. *Zeitschrift für Bildungsforschung, 1* (1), 5–24.

Feustel, R. (2015). *Die Kunst des Verschiebens: Dekonstruktion für Einsteiger.* Essays. Paderborn: Wilhelm Fink.

Feustel, R. & Bröckling, U. (2010). *Das Politische denken: Zeitgenössische Positionen* (3.). Sozialtheorie. Bielefeld: Transcript.

Feustel, R. & Schochow, M. (Hrsg.). (2014). *Zwischen Sprachspiel und Methode: Perspektiven der Diskursanalyse.* Sozialtheorie. Bielefeld: Transcript.

Fischer, C. (Hrsg.). (2014). *Damit Unterricht gelingt: Von der Qualitätsanalyse zur Qualitätsentwicklung.* Münstersche Gespräche zur Pädagogik. Münster: Waxmann.

Flitner, W. (1957). *Das Selbstverständnis der Erziehungswissenschaft in der Gegenwart.* Heidelberg: Quelle & Meyer.

Foucault, M. (1977). *Der Wille zum Wissen.* Sexualität und Wahrheit. Frankfurt am Main: Suhrkamp.

Foucault, M. (1978a). Das Abendland und die Wahrheit des Sexes. In M. Foucault (Hrsg.), *Dispositive der Macht: Michel Foucault über Sexualität, Wissen und Wahrheit* (S. 96–103). Berlin: Merve.

Foucault, M. (1978b). Wahrheit und Macht: Interview von A. Fontana und P. Pasquino. In M. Foucault (Hrsg.), *Dispositive der Macht: Michel Foucault über Sexualität, Wissen und Wahrheit* (S. 21–54). Berlin: Merve.

Foucault, M. (1981). *Archäologie des Wissens.* Frankfurt am Main: Suhrkamp.

Foucault, M. (1992). *Was ist Kritik?* Berlin: Merve.

Foucault, M. (1994a). Das Subjekt und die Macht. In H. L. Dreyfus & P. Rabinow (Hrsg.), *Michel Foucault: Jenseits von Strukturalismus und Hermeneutik* (S. 241–261). Weinheim: Beltz.

Foucault, M. (1994b). *Überwachen und Strafen: Die Geburt des Gefängnisses.* Frankfurt am Main: Suhrkamp.

Foucault, M. (1995). *Wahnsinn und Gesellschaft: Eine Geschichte des Wahns im Zeitalter der Vernunft* (11. Aufl.). Frankfurt am Main: Suhrkamp.

Foucault, M. (2004a). *Die Geburt der Biopolitik. Geschichte der Gouvernementalität II.* Frankfurt am Main: Suhrkamp.

Foucault, M. (Hrsg.). (2004b). *Sicherheit, Territorium, Bevölkerung: Vorlesung am Collège de France 1977 - 1978.* Geschichte der Gouvernementalität. Frankfurt am Main: Suhrkamp.

Fritzsche, B. (2001). Poststrukturalistische Theorien als sensitizing concept in der qualitativen Sozialforschung. In B. Fritzsche, J. Hartmann, A. Schmidt, & A. Tervooren (Hrsg.), *Dekonstruktive Pädagogik: Erziehungswissenschaftliche Debatten unter poststrukturalistischen Perspektiven* (S. 85–101). Opladen: Leske und Budrich.

Füssel, H.-P. (2008). Schulinspektion und Schulaufsicht, Schulinspektion oder Schulaufsicht, Schulinspektion versus Schulaufsicht, Schulinspektion als Schulaufsicht? In H. Döbert & K. Dedering (Hrsg.), *Externe Evaluation von Schulen* (S. 153–164). Münster: Waxmann.

Gamm, G. (2014). Einen Anfang machen: Prolegomena zu einer Sozialphilosophie kleiner und großer Anfänge. In A. Schäfer (Hrsg.), *Hegemonie und autorisierende Verführung* (S. 201–230). Paderborn: Schöningh.

Ganter, M. (2003). *Wim Wenders und Jacques Derrida: Zur Vereinbarkeit des Filmschaffens von Wim Wenders mit Jacques Derridas dekonstruktiver Literaturtheorie.* Marburg: Tectum.

Gärtner, H. (2016). Welche schulischen Merkmale beeinflussen die Unterrichtsqualität? Sekundäranalysen auf Grundlage von Schulinspektionsdaten. *Zeitschrift für Erziehungswissenschaft, 19*(3), 509–526.

Gärtner, H., Hüsemann, D., & Pant, H. A. (2009). Schulinspektion aus Sicht betroffener Schulleitungen. Die Brandenburger Schulleiterbefragung. *Empirische Pädagogik, 23*(1), 1–18.

Geiss, M. & Magyar-Haas, V. (Hrsg.). (2015). *Zum Schweigen: Macht / Ohnmacht in Erziehung und Bildung.* Weilerswist: Velbrück.

Gelhard, A., Alkemeyer, T., & Ricken, N. (Hrsg.). (2013). *Techniken der Subjektivierung.* Paderborn: Fink.

Gomolla, M. & Radtke, F.-O. (2002). *Institutionelle Diskriminierung: Die Herstellung ethnischer Differenz in der Schule.* Opladen: Leske und Budrich.

Gruschka, A. (2010). Die Schulinspektion war da und hinterließ einen Bericht. *Pädagogische Korrespondenz,* (41), 75–92.

Hanke, C. (2010). Diskursanalyse zwischen Regelmäßigkeiten und Ereignishaftem - am Beispiel der Rassenanthropologie um 1900. In R. Keller, A. Hirseland, W. Schneider, & W. Viehöver (Hrsg.), *Handbuch sozialwissenschaftliche Diskursanalyse* (Bd. 2, S. 99–119). Wiesbaden: Springer VS.

Heid, H. (2009). Qualität von Schule – Zwischen Bildungstheorie und Bildungsökonomie. In J. van Buer (Hrsg.), *Qualität von Schule: Ein kritisches Handbuch* (S. 55–66). Frankfurt am Main: Lang.

Heinrich, M. (2007). *Governance in der Schulentwicklung: Von der Autonomie zur evaluationsbasierten Steuerung*. Wiesbaden: Springer VS.

Helfferich, C. (2005). *Die Qualität qualitativer Daten: Manual für die Durchführung qualitativer Interviews* (2. Aufl.). Wiesbaden: Springer VS.

Helmke, A. (2012). *Unterrichtsqualität und Lehrerprofessionalität: Diagnose, Evaluation und Verbesserung des Unterrichts* (4. Aufl.). Schule weiterentwickeln, Unterricht verbessern – Orientierungsband. Seelze-Velber: Klett/Kallmeyer.

Helmke, A. & Schrader, F.-W. (2009). Qualitätsmerkmale „guten Unterrichts". In W. Wittenbruch, S. Hellekamps, & W. Plöger (Hrsg.), *Handbuch der Erziehungswissenschaft* (S. 701–712). Paderborn: UTB und Schöningh.

Helsper, W. (2004). Antinomien, Widersprüche, Paradoxien: Lehrerarbeit – ein unmögliches Geschäft? Eine strukturtheoretisch-rekonstruktive Perspektive auf das Lehrerhandeln. In B. Koch-Priewe, F.-U. Kolbe, & J. Wildt (Hrsg.), *Grundlagenforschung und mikrodidaktische Reformansätze zur Lehrerbildung* (S. 49–99). Bad Heilbrunn: Klinkhardt.

Helsper, W. (2008). Schulkulturen als symbolische Sinnordnungen und ihre Bedeutung für die pädagogische Professionalität. In W. Helsper, S. Busse, M. Hummrich, & R.-T. Kramer (Hrsg.), *Pädagogische Professionalität in Organisationen* (S. 115–145). Wiesbaden: Springer VS.

Helsper, W. (2009). Autorität und Schule – Zur Ambivalenz der Lehrerautorität. In A. Schäfer & C. Thompson (Hrsg.), *Autorität* (S. 65–84). Pädagogik - Perspektiven. Paderborn: Schöningh.

Helsper, W. (2010). Der kulturtheoretische Ansatz: Entwicklung der Schulkultur. In T. Bohl, C. Schelle, W. Helsper, & H. G. Holtappels (Hrsg.), *Handbuch Schulentwicklung* (S. 106–112). UTB Schulpädagogik. Bad Heilbrunn: Klinkhardt.

Hense, J. U., Rädiker, S., Böttcher, W., & Widmer, T. (Hrsg.). (2013). *Forschung über Evaluation: Bedingungen, Prozesse und Wirkungen.* Münster: Waxmann.

Herbart, J. F. (1806). *Allgemeine Pädagogik aus dem Zweck der Erziehung abgeleitet.* Göttingen: bey Johann Friedrich Röwer.

Herfter, C. (2014). *Qualität universitärer Bildung: Theoretische und empirische Explorationen zur Perspektive der Studierenden.* Beiträge zur Professionalisierung der Lehrerbildung. Leipzig: Leipziger Universitäts-Verlag.

Heßdörfer, F. (2013). *Gründe im Sichtbaren: Subjektivierungstheoretische Sondierungen im visuellen Feld.* Wien: Turia und Kant.

Hoffarth, B. (2009). *Performativität als medienpädagogische Perspektive: Wiederholung und Verschiebung von Macht und Widerstand.* Pädagogik. Bielefeld: Transcript.

Höhne, T. (2006). Evaluation als Medium der Exklusion. Eine Kritik an disziplinärer Standardisierung im Neoliberalismus. In S. Weber & S. Maurer (Hrsg.), *Gouvernementalität und Erziehungswissenschaft: Wissen – Macht – Transformation* (S. 197–218). Wiesbaden: Springer VS.

Höhne, T. (2011a). Die Rationalität der Wissensvermittlung. In A. Schäfer & C. Thompson (Hrsg.), *Wissen* (S. 99–121). Pädagogik – Perspektiven. Paderborn: Schöningh.

Höhne, T. (2011b). Pädagogische Qualitologie. Zur Transformation von Bildungsforschung in Qualitätsforschung und deren (möglichen) Effekten auf erziehungswissenschaftliches Wissen. In R. Reichenbach, N. Ricken, & H.-C. Koller (Hrsg.), *Erkenntnispolitik und die Konstruktion pädagogischer Wirklichkeit* (S. 139–164). Schriftenreihe der Kommission für Bildungs- und Erziehungsphilosophie in der Deutschen Gesellschaft für Erziehungswissenschaft. Paderborn: Schöningh.

Höhne, T. & Schreck, B. (2009). *Private Akteure im Bildungsbereich: Eine Fallstudie zum schulpolitischen Einfluss der Bertelsmann Stiftung am Beispiel von SEIS (Selbstevaluation in Schulen).* Weinheim: Juventa.

Hollstein, O., Meseth, W., & Proske, M. (2016). Was ist (Schul)unterricht? Die systemtheoretische Analyse einer Ordnung des Pädagogischen. In T. Geier & M. Pollmanns (Hrsg.), *Was ist Unterricht?* (S. 43–75). Studien zur Schul- und Bildungsforschung. Wiesbaden: Springer VS.

Honer, A. (2010). Interview. In R. Bohnsack, W. Marotzki, & M. Meuser (Hrsg.), *Hauptbegriffe Qualitativer Sozialforschung* (Bd. 8226, S. 94–99). Opladen: Budrich.

Hoover-Dempsey, K. & Sandler, H. (1997). Why Do Parents Become Involved in Their Children's Education? *Review of Educational Research, 61*(1), 3–42.

Hopf, C. (2003). Qualitative Interviews - Ein Überblick. In U. Flick, E. v. Kardorff, & I. Steinke (Hrsg.), *Handbuch qualitative Sozialforschung: Grundlagen, Konzepte, Methoden und Anwendungen* (S. 349–360). Grundlagen Psychologie. Reinbek bei Hamburg: Rowohlt.

Huber, F. (2006). Konsequenzen aus der externen Evaluation an Bayerns Schulen: Auswertung einer Befragung von Schulleiterinnen und Schulleitern zu den Entwicklungen an ihren Schulen. München.

Husfeldt, V. (2011). Wirkungen und Wirksamkeit der externen Schulevaluation: Überblick zum Stand der Forschung. *Zeitschrift für Erziehungswissenschaft, 14*(2), 259–282.

Idel, T.-S. & Rabenstein, K. (2013). „Sich als Zeigender zeigen": Verschiebungen des Zeigens in Gesprächsformaten im individualisierten Unterricht. *Zeitschrift für interpretative Schul- und Unterrichtsforschung, 2*, 38–57.

Jäckle, M. (2009). *Schule M(m)acht Geschlechter: Eine Auseinandersetzung mit Schule und Geschlecht unter diskurstheoretischer Perspektive.* Wiesbaden: Springer VS.

Jergus, K. (2011). *Liebe ist... Artikulationen der Unbestimmtheit im Sprechen über Liebe. Eine Diskursanalyse.* Pädagogik. Bielefeld: Transcript.

Jergus, K. (2012). Politiken der Identität und der Differenz. Rezeptionslinien Judith Butlers im erziehungswissenschaftlichen Terrain. In N. Ricken & N. Balzer (Hrsg.), *Judith Butler: Pädagogische Lektüren.* Wiesbaden: Springer VS.

Jergus, K. (2013). Zitiertes Leben. Zur rhetorischen Inszenierung des Subjekts. In R. Mayer, C. Thompson, & M. Wimmer (Hrsg.), *Inszenierung und Optimierung des Selbst* (S. 195–213). Wiesbaden: Springer VS.

Jergus, K. (2014a). Die Analyse diskursiver Artikulationen: Perspektiven einer poststrukturalistischen (Interview-)Forschung. In C. Thompson, K. Jergus, & G. Breidenstein (Hrsg.), *Interferenzen* (S. 51–70). Weilerswist: Velbrück.

Jergus, K. (2014b). Die Bildung der Politik - die Politik der Bildung: Rhetorisch-figurative Analysen diskursiver Artikulationen. In M. Nonhoff, E. Herschinger, J. Angermüller, F. Macgilchrist, M. Reisigl, J. Wedl, ...A. Ziem (Hrsg.), *Diskursforschung. Ein interdisziplinäres Handbuch* (Bd. 2, S. 329–349). Bielefeld: Transcript.

Jergus, K. (2014c). Zur Verortung im Feld: Anerkennungslogiken und Zitierfähigkeit. In J. Angermüller, M. Nonhoff, E. Herschinger, F. Macgilchrist, M. Reisigl, J. Wedl, ...A. Ziem (Hrsg.), *Diskursforschung* (Bd. 1, S. 655–664). Bielefeld: Transcript.

Jergus, K. (2015). Produktive Unbestimmtheit(en): Analysen des Sprechens über Liebe und Verliebtheit. In S. Fegter, F. Kessl, A. Langer, M. Ott, D. Rothe, & D. Wrana (Hrsg.), *Erziehungswissenschaftliche Diskursforschung* (S. 159–176). Interdisziplinäre Diskursforschung. Wiesbaden: Springer VS.

Jergus, K. (2017). Alterität. Die Erfahrung der Verletzbarkeit und der ,Rat' der Dekonstruktion. In M. Jäckle, B. Wuttig, & C. Fuchs (Hrsg.), *Handbuch Trauma – Pädagogik – Schule* (S. 256–280). Pädagogik. Bielefeld: Transcript.

Jergus, K., Krüger, J. O., & Schenk, S. (2013). Heterogenität als Leitbild - Heterogenität in Leitbildern. In J. Budde (Hrsg.), *Unscharfe Einsätze: (Re-)produktion Von Heterogenität im Schulischen Feld* (S. 229–248). Springer VS.

Jergus, K., Schumann, I., & Thompson, C. (2012). Autorität und Autorisierung. Analysen zur Performativität des Pädagogischen. In N. Ricken & N. Balzer (Hrsg.), *Judith Butler: Pädagogische Lektüren* (S. 207–224). Wiesbaden: Springer VS.

Jergus, K. & Thompson, C. (2015). Innovationen im Horizont frühkindlicher Bildung. *Zeitschrift für Pädagogik*, (6), 808–822.

Jergus, K. & Thompson, C. (Hrsg.). (2017). *Autorisierungen des pädagogischen Selbst: Studien zu Adressierungen der Bildungskindheit*. Wiesbaden: Springer VS.

Jergus, K. & Wrana, D. (2014). Figuration. In D. Wrana, A. Ziem, M. Reisigl, M. Nonhoff, & J. Angermüller (Hrsg.), *DiskursNetz* (S. 148–149). Suhrkamp-Taschenbuch Wissenschaft. Berlin: Suhrkamp.

Kade, J. (1997). Vermittelbar/nicht-vermittelbar: Vermitteln: Aneignen. Im Prozess der Systembildung des Pädagogischen. In D. Lenzen & N. Luhmann (Hrsg.), *Bildung und Weiterbildung im Erziehungssystem* (S. 30–70). Suhrkamp-Taschenbuch Wissenschaft. Frankfurt am Main: Suhrkamp.

Kalthoff, H., Hirschauer, S., & Lindemann, G. (Hrsg.). (2008). *Theoretische Empirie: Zur Relevanz qualitativer Forschung*. Frankfurt am Main: Suhrkamp.

Kardorff, E. v. (2006). Zur gesellschaftlichen Bedeutung und Entwicklung (qualitativer) Evaluationsforschung. In U. Flick (Hrsg.), *Qualitative Evaluationsforschung: Konzepte, Methoden, Umsetzung* (S. 63–91). Reinbek: Rowohlt.

Kauder, P. (2010). *Niedergang der Allgemeinen Pädagogik? Die Lage am Ende der 1990er Jahre*. Beiträge zur Theorie und Geschichte der Erziehungswissenschaft. Bad Heilbrunn: Verlag Julius Klinkhardt.

Keller, R. (2004). *Diskursforschung: Eine Einführung für SozialwissenschaftlerInnen* (2. Aufl.). Qualitative Sozialforschung. Wiesbaden: Springer VS.

Keller, R. (2007). Diskurse und Dispositive analysieren. Die Wissenssoziologische Diskursanalyse als Beitrag zu einer wissensanalytischen Profilierung der Diskursforschung [46 Absätze]. *Forum Qualitative Sozialforschung/ Forum: Qualitative Social Research, 8*(2), Art. 19.

Keller, R. (2011). *Wissenssoziologische Diskursanalyse: Grundlegung eines Forschungsprogramms* (3. Aufl.). Wiesbaden: Springer VS.

Kemethofer, D. (2016). Fördern Schulinspektionen Schulentwicklung durch Einsicht? *Zeitschrift für Bildungsforschung, 6*(1), 25–40.

Kertscher, J. (2003). Wittgenstein – Austin – Derrida: „Performativität" in der Sprachphilosophischen Diskussion. In J. Kertscher & D. Mersch (Hrsg.), *Performativität und Praxis* (S. 35–58). München: Wilhelm Fink.

Keune, M. S. (2014). *Schulinspektion unter besonderer Berücksichtigung externer Zielvereinbarungen: Eine explorative ,mixed methods'-Studie am Beispiel der hessischen Schulinspektion*. Wissenschaftliche Schriften der WWU Münster. Münster: Monsenstein und Vannerdat.

Kiper, H. & Mischke, W. (2006). *Einführung in die Theorie des Unterrichts*. Weinheim: Beltz.

Kohler, B. & Wacker, A. (2013). Das Angebots-Nutzungs-Modell: Überlegungen zu Chancen und Grenzen des derzeit prominentesten Wirkmodells der Schul- und Unterrichtsforschung. *Die Deutsche Schule, 105*, 241–257.

Kolbe, F.-U., Reh, S., Fritzsche, B., Idel, T.-S., & Rabenstein, K. (2008). Lernkultur: Überlegungen zu einer kulturwissenschaftlichen Grundlegung qualitativer Unterrichtsforschung. *Zeitschrift für Erziehungswissenschaft*, *11*(1), 125–143.

Kotthoff, H.-G. & Böttcher, W. (2010). Neue Formen der „Schulinspektion": Wirkungshoffnungen und Wirksamkeit im Spiegel empirischer Bildungsforschung. In H. Altrichter & K. Maag Merki (Hrsg.), *Handbuch Neue Steuerung im Schulsystem* (S. 295–325). Wiesbaden: Springer VS.

Kromrey, H. (2001). Evaluation – Ein vielschichtiges Konzept: Begriff und Methodik von Evaluierung und Evaluationsforschung. Empfehlungen für die Praxis. *Sozialwissenschaften und Berufspraxis*, *24*(2), 105–131.

Kromrey, H. (2003). Evaluierung und Evaluationsforschung: Begriffe, Modelle und Methoden. *Psychologie in Erziehung und Unterricht*, *50*, 11–26.

Krüger, J. O. (2010). *Pädagogische Ironie - Ironische Pädagogik: Diskursanalytische Untersuchungen*. Theorieforum Pädagogik. Paderborn: Schöningh.

Krüger, J. O. (2013). Wir wollen nur das Beste... Das Thema ‚Schulwahl' im Kontext pädagogischer Ratgeber. In R. Mayer, C. Thompson, & M. Wimmer (Hrsg.), *Inszenierung und Optimierung des Selbst* (S. 89–110). Wiesbaden: Springer VS.

Krüger, J. O. (2014). Vom Hörensagen. Die Bedeutung von Gerüchten im elterlichen Diskurs zur Grundschulwahl. *Zeitschrift für Pädagogik*, *60*(3), 390–408.

Kuhn, T. S. (1976). *Die Struktur wissenschaftlicher Revolutionen* (2. Aufl.). Suhrkamp-Taschenbuch Wissenschaft. Frankfurt am Main: Suhrkamp.

Kuper, H. (2006). Rückmeldung und Rezeption – zwei Seiten der Verwendung wissenschaftlichen Wissens im Bildungssystem. In H. Kuper & J. Schneewind (Hrsg.), *Rückmeldung und Rezeption von Forschungsergebnissen: Zur Verwendung wissenschaftlichen Wissens im Bildungssystem* (S. 7–16). Münster: Waxmann.

Kuper, H. (2008). Wissen – Evaluation – Evaluationswissen. In T. Brüsemeister & K.-D. Eubel (Hrsg.), *Evaluation, Wissen und Nichtwissen* (S. 61–74). Wiesbaden: Springer VS.

Kussau, J. & Brüsemeister, T. (2007a). Educational Governance: Zur Analyse der Handlungskoordination im Mehrebenensystem der Schule. In H. Altrichter, T. Brüsemeister, & J. Wissinger (Hrsg.), *Educational Governance: Handlungskoordination und Steuerung im Bildungssystem* (S. 15–54). Wiesbaden: Springer VS.

Kussau, J. & Brüsemeister, T. (2007b). *Governance, Schule und Politik: Zwischen Antagonismus und Kooperation.* Wiesbaden: Springer VS.

Laclau, E. (1999). Dekonstruktion, Pragmatismus und Hegemonie. In C. Mouffe (Hrsg.), *Dekonstruktion und Pragmatismus: Demokratie, Wahrheit und Vernunft* (S. 111–153). Passagen Philosophie. Wien: Passagen.

Laclau, E. (2000). Identity and Hegemony: The Role of Universality in the Constitution of Political Logics. In J. Butler, E. Laclau, & S. Žižek (Hrsg.), *Contingency, hegemony, universality: Contemporary dialogues on the left* (S. 44–89). Phronesis. London, New York: Verso.

Laclau, E. (2001). Die Politik der Rhetorik. In J. Huber (Hrsg.), *Kultur-Analysen* (S. 147–174). Wien: Springer VS.

Laclau, E. (2002a). *Emanzipation und Differenz.* Wien: Turia und Kant.

Laclau, E. (2002b). Was haben leere Signifikanten mit Politik zu tun? In *Emanzipation und Differenz* (S. 65–78). Wien: Turia und Kant.

Laclau, E. (2007a). Ideologie und Post-Marxismus. In M. Nonhoff (Hrsg.), *Diskurs – radikale Demokratie – Hegemonie: Zum politischen Denken von Ernesto Laclau und Chantal Mouffe* (S. 25–39). Bielefeld: Transcript.

Laclau, E. (2007b). *On populist reason.* London: Verso.

Laclau, E. & Mouffe, C. (1991). *Hegemonie und radikale Demokratie: Zur Dekonstruktion des Marxismus.* Wien: Passagen.

Lambrecht, M. (2013). Schulinspektorinnen und Schulinspektoren zwischen Schulentwicklung und bildungspolitischer Innovation. In M. Rürup & I. Bormann (Hrsg.), *Innovationen im Bildungswesen* (S. 223–247). Wiesbaden: Springer VS.

Lambrecht, M. (2016). Pädagogische Praktiken in Steuerungskontexten. In W. Meseth, J. Dinkelaker, S. Neumann, K. Rabenstein, O. Dörner, M. Hummrich, & K. Kunze (Hrsg.), *Empirie des Pädagogischen und Empirie der Erziehungswissenschaft* (S. 87–98). Bad Heilbrunn: Klinkhardt.

Lambrecht, M. (2018). *Steuerung als pädagogisches Problem: Empirische Rekonstruktionen zur Interaktion in Schulinspektions-Interviews.* Rekonstruktive Bildungsforschung. Wiesbaden: Springer Fachmedien Wiesbaden. doi:10.1007/978-3-658-20738-0

Lambrecht, M., Kotthoff, H.-G., & Maag Merki, K. (2008). Taktieren oder Öffnen? Die Pilotphase Fremdevaluation in Baden-Württemberg zwischen Entwicklung und Kontrolle – eine mikropolitische Prozess- und

Ergebnisanalyse. In W. Böttcher, W. Bos, H. Döbert, & H. G. Holtappels (Hrsg.), *Bildungmonitoring und Bildungscontrolling in nationaler und internationaler Perspektive* (S. 279–291). Münster: Waxmann.

Lambrecht, M. & Rürup, M. (2012). Bildungsforschung im Rahmen einer evidence based policy: Das Beispiel „Schulinspektion". In A. Wacker, U. Maier, & J. Wissinger (Hrsg.), *Schul- und Unterrichtsreform durch ergebnisorientierte Steuerung* (S. 57–77). Wiesbaden: Springer VS.

Landwehr, N. (2011). Thesen zur Wirkung und Wirksamkeit der externen Schulevaluation. In C. Quesel, V. Husfeldt, N. Landwehr, & P. Steiner (Hrsg.), *Wirkungen und Wirksamkeit der externen Schulevaluation* (S. 35–69). Bern: hep.

Langer, A. & Richter, S. (2015). Disziplin ohne Disziplinierung: Zur diskursanalytischen Ethnographie eines 'Disziplin-Problems' von Schule und Pädagogik. In S. Fegter, F. Kessl, A. Langer, M. Ott, D. Rothe, & D. Wrana (Hrsg.), *Erziehungswissenschaftliche Diskursforschung* (S. 211–229). Interdisziplinäre Diskursforschung. Wiesbaden: Springer VS.

Lehmann-Rommel, R. (2004). Partizipation, Selbstreflexion und Rückmeldung: Gouvernementale Regierungspraktiken im Feld Schulentwicklung. In N. Ricken & M. Rieger-Ladich (Hrsg.), *Michel Foucault: Pädagogische Lektüren* (S. 261–283). Wiesbaden: Springer VS.

Leithwood, K. A., Louis, K. S., Anderson, S., & Wahlstrom, K. (2004). How leadership influences student learning: Review of research. Zugriff 16. Mai 2019, unter http://www.wallacefoundation.org/knowledge-center/Documents/How-Leadership-Influences-Student-Learning.pdf

Lessenich, S. (2003). Soziale Subjektivität. Die neue Regierung der Gesellschaft. *Mittelweg 36, 12*(4).

Liesner, A. & Wimmer, M. (2003). Der Umgang mit Ungewissheit: Denken und Handeln unter Kontingenzbedingungen. In W. Helsper, R. Hörster, & J. Kade (Hrsg.), *Ungewissheit* (S. 23–51). Weilerswist: Velbrück.

Lohmann, A. & Reißmann, J. (2007). Von der Verstrickung der Rollen zum funktionalen Unterstützungsnetz. Die Schulinspektion im Gefüge von Schulleitung, Kollegium, Schulaufsicht und Unterstützungssystem. *journal für schulentwicklung, 11*(3), 15–24.

Lüders, C. (2006). Qualitative Evaluationsforschung – was heißt hier Forschung? In U. Flick (Hrsg.), *Qualitative Evaluationsforschung: Konzepte, Methoden, Umsetzung* (Bd. 55674, S. 33–62). Reinbek: Rowohlt.

Luhmann, N. (1990). *Die Wissenschaft der Gesellschaft.* Frankfurt am Main: Suhrkamp.

Luhmann, N. & Schorr, K. E. (1982). Das Technologiedefizit der Erziehung und die Pädagogik. In N. Luhmann & K.-E. Schorr (Hrsg.), *Zwischen Technologie und Selbstreferenz* (S. 11–50). Suhrkamp-Taschenbuch Wissenschaft. Frankfurt am Main: Suhrkamp.

Maag Merki, K., Langer, R., & Altrichter, H. (Hrsg.). (2014). *Educational Governance als Forschungsperspektive: Strategien, Methoden, Ansätze* (2. Aufl.). Educational Governance. Wiesbaden: Springer VS.

Marchart, O. (1998). Einleitung: Undarstellbarkeit und „ontologische Differenz". In O. Marchart (Hrsg.), *Das Undarstellbare der Politik: Zur Hegemonietheorie Ernesto Laclaus* (S. 7–20). Wien: Turia und Kant.

Marchart, O. (2007). Politik und ontologische Differenz. Zum „streng Philosophischen" am Werk Ernesto Laclaus. In M. Nonhoff (Hrsg.), *Diskurs – radikale Demokratie – Hegemonie: Zum politischen Denken von Ernesto Laclau und Chantal Mouffe* (S. 103–121). Bielefeld: Transcript.

Maritzen, N. (2006). Schulinspektion zwischen Aufsicht und Draufsicht – eine Trendanalyse. In H. Buchen, L. Horster, & H.-G. Rolff (Hrsg.), *Schulinspektion und Schulleitung* (S. 7–26). Stuttgart: Raabe.

Maritzen, N. (2008). Schulinspektionen – Einige Aspekte der Transformation von Governance-Strukturen im Schulwesen. *Die Deutsche Schule, 100*(1), 85–96.

Marotzki, W. (1990). *Entwurf einer strukturalen Bildungstheorie: Biographietheoretische Auslegung von Bildungsprozessen in hochkomplexen Gesellschaften.* Studien zur Philosophie und Theorie der Bildung. Weinheim: Deutscher Studien Verlag.

Maxim, S. (2009). *Wissen und Geschlecht: Zur Problematik der Reifizierung der Zweigeschlechtlichkeit in der feministischen Schulkritik.* Theorie Bilden. Bielefeld: Transcript.

Mayer, R., Thompson, C., & Wimmer, M. (Hrsg.). (2013). *Inszenierung und Optimierung des Selbst.* Wiesbaden: Springer VS.

Mayntz, R. (2009). *Über Governance: Institutionen und Prozesse politischer Regelung.* Schriften des Max-Planck-Instituts für Gesellschaftsforschung, Köln. Frankfurt am Main: Campus.

Mecheril, P. & Plößer, M. (2012). Iteration und Melancholie: Identität als Mangel(ver)waltung. In N. Ricken & N. Balzer (Hrsg.), *Judith Butler: Pädagogische Lektüren* (S. 125–148). Wiesbaden: Springer VS.

Meseth, W. (2011). Erziehungswissenschaft - Systemtheorie - Empirische Forschung: Methodologische Überlegungen zur empirischen Rekonstruktion pädagogischer Ordnungen. *Zeitschrift für Qualitative Forschung, 12*(2), 177–197.

Meyer-Drawe, K. (1990). *Illusionen von Autonomie: Diesseits von Ohnmacht und Allmacht des Ich.* München: Kirchheim.

Moebius, S. (2003). *Die soziale Konstituierung des Anderen: Grundrisse einer poststrukturalistischen Sozialwissenschaft nach Lévinas und Derrida.* Frankfurt am Main: Campus.

Moebius, S. & Reckwitz, A. (2008a). Poststrukturalismus und Sozialwissenschaften: Eine Standortbestimmung. In S. Moebius & A. Reckwitz (Hrsg.), *Poststrukturalistische Sozialwissenschaften* (S. 7–23). Frankfurt am Main: Suhrkamp.

Moebius, S. & Reckwitz, A. (Hrsg.). (2008b). *Poststrukturalistische Sozialwissenschaften.* Frankfurt am Main: Suhrkamp.

Müller, S. & Pietsch, M. (2011). Was wir messen, wenn wir Unterrichtsqualität messen: Inter-Beurteilerübereinstimmungen und -Reliabilität bei Unterrichtsbeobachtungen im Rahmen von Schulqualität. In S. Müller, M. Pietsch, & W. Bos (Hrsg.), *Schulinspektion in Deutschland: Eine Zwischenbilanz aus empirischer Sicht* (S. 33–55). Münster: Waxmann.

Nassehi, A. (2008). Rethinking Functionalism. Zur Empiriefähigkeit systemtheoretischer Soziologie. In H. Kalthoff, S. Hirschauer, & G. Lindemann (Hrsg.), *Theoretische Empirie: Zur Relevanz qualitativer Forschung* (Bd. 1881, S. 79–106). Frankfurt am Main: Suhrkamp.

Nassehi, A. & Saake, I. (2002). Kontingenz: Methodisch verhindert oder beobachtet? *Zeitschrift für Soziologie, 31*(1), 66–86.

Nohl, A.-M. (2009). *Interview und dokumentarische Methode: Anleitungen für die Forschungspraxis* (3. Aufl.). Qualitative Sozialforschung. Wiesbaden: Springer VS.

Nonhoff, M. (2006). *Politischer Diskurs und Hegemonie: Das Projekt „Soziale Marktwirtschaft".* Bielefeld: Transcript.

Nonhoff, M. (2007). Diskurs, radikale Demokratie, Hegemonie — Einleitung. In M. Nonhoff (Hrsg.), *Diskurs – radikale Demokratie – Hegemonie: Zum politischen Denken von Ernesto Laclau und Chantal Mouffe* (S. 7–23). Bielefeld: Transcript.

Opitz, S. (2004). *Gouvernementalität im Postfordismus: Macht, Wissen und Techniken des Selbst im Feld unternehmerischer Rationalität.* Hamburg: Argument.

Ott, M. & Wrana, D. (2010). Gouvernementalität diskursiver Praktiken. Zur Methodologie der Analyse von Machtverhältnissen am Beispiel einer Maßnahme zur Aktivierung von Erwerbslosen. In J. Angermüller (Hrsg.), *Diskursanalyse meets Gouvernementalitätsforschung: Perspektiven auf das Verhältnis von Subjekt, Sprache, Macht und Wissen* (S. 155–181). Frankfurt am Main: Campus.

Peters, S. (2015). Eltern als Stakeholder von Schule: Erkenntnisse über die Sichtweise von Eltern durch die Hamburger Schulinspektion. In M. Pietsch, B. Scholand, & K. Schulte (Hrsg.), *Schulinspektion in Hamburg. Der erste Zyklus 2007-2013. Grundlagen, Befunde und Perspektiven* (S. 341–365). Münster: Waxmann.

Pfahl, L., Schürmann, L., & Traue, B. (2015). Das Fleisch der Diskurse: Zur Verbindung von Biographie- und Diskursforschung in der wissenssoziologischen Subjektivierungsanalyse am Beispiel der Behindertenpädagogik. In S. Fegter, F. Kessl, A. Langer, M. Ott, D. Rothe, & D. Wrana (Hrsg.), *Erziehungswissenschaftliche Diskursforschung* (S. 89–106). Interdisziplinäre Diskursforschung. Wiesbaden: Springer VS.

Pietsch, M., Feldhoff, T., & Petersen, L. S. (2016). Von der Schulinspektion zur Schulentwicklung: Welche Rolle spielen innerschulische Voraussetzungen? In Arbeitsgruppe Schulinspektion (Hrsg.), *Schulinspektion als Steuerungsimpuls?* (S. 227–262). Wiesbaden: Springer VS.

Pietsch, M., Lücken, M., Thonke, F., Klitsche, S., & Musekamp, F. (2016). Der Zusammenhang von Schulleitungshandeln, Unterrichtsgestaltung und Lernerfolg. *Zeitschrift für Erziehungswissenschaft, 19*(3), 527–555.

Posselt, G. (2005). *Katachrese: Rhetorik des Performativen.* München: W. Fink Verlag.

Prange, K. (2005). *Die Zeigestruktur der Erziehung: Grundriss der Operativen Pädagogik.* Paderborn: Schöningh.

Preuß, B. (2013). Akteurkonstellation zwischen Schulträger und Schule. In I. van Ackeren, M. Heinrich, & F. Thiel (Hrsg.), *Evidenzbasierte Steuerung im Bildungssystem? Befunde aus dem BMBF-SteBis-Verbund* (S. 154–171). Münster: Waxmann.

Preuß, B., Brüsemeister, T., & Wissinger, J. (2012). Einführung der Schulinspektion und die Rolle der Schulleitung aus governanceanalytischer Perspektive. *Empirische Pädagogik, 26*(1), 103–122.

Preuß, B., Brüsemeister, T., & Wissinger, J. (2015). Einführung der Schulinspektion: Struktur und Wandel regionaler Governance im Schulsystem. In *Governance im Bildungssystem* (S. 117–142). Educational Governance. Wiesbaden: Springer VS.

Proske, M. (2011). Wozu Unterrichtstheorie? In W. Meseth, M. Proske, & F.-O. Radtke (Hrsg.), *Unterrichtstheorien in Forschung und Praxis* (S. 9–22). Bad Heilbrunn: Klinkhardt.

Quesel, C., Husfeldt, V., Landwehr, N., & Steiner, P. (Hrsg.). (2011). *Wirkungen und Wirksamkeit der externen Schulevaluation.* Bern: hep.

Rabenstein, K., Reh, S., Ricken, N., & Idel, T.-S. (2013). Ethnographie pädagogischer Differenzordnungen. Methodologische Probleme einer ethnographischen Erforschung der sozial selektiven Herstellung von Schulerfolg im Unterricht. *Zeitschrift für Pädagogik, 59*(5), 668–690.

Reckwitz, A. (2006). Ernesto Laclau: Diskurse, Hegemonien, Antagonismen. In S. Moebius & D. Quadflieg (Hrsg.), *Kultur. Theorien der Gegenwart* (S. 339–349). Wiesbaden: Springer VS.

Reezigt, G. J. & Creemers, B. P. (2005). A comprehensive framework for effective school improvement. *School Effectiveness and School Improvement, 16*(4), 407–424.

Reh, S. (2003). *Berufsbiographische Texte ostdeutscher Lehrer und Lehrerinnen als „Bekenntnisse": Interpretationen und methodologische Überlegungen zur erziehungswissenschaftlichen Biographieforschung.* Bad Heilbrunn: Klinkhardt.

Reh, S., Rabenstein, K., Fritzsche, B., & Idel, T.-S. (2015). Die Transformation von Lernkulturen: Zu einer praxistheoretisch fundierten Ganztagsschulforschung. In *Lernkulturen : Rekonstruktion pädagogischer Praktiken an Ganztagsschulen* (S. 19–62). Wiesbaden: Springer VS.

Reh, S., Rabenstein, K., & Idel, T.-S. (2011). Unterricht als pädagogische Ordnung. Eine praxistheoretische Perspektive. In W. Meseth, M. Proske, & F.-O. Radtke (Hrsg.), *Unterrichtstheorien in Forschung und Praxis* (S. 209–222). Bad Heilbrunn: Klinkhardt.

Reh, S. & Ricken, N. (2012). Das Konzept der Adressierung. Zur Methodologie einer qualitativ-empirischen Erforschung von Subjektivation. In

I. Miethe & H.-R. Müller (Hrsg.), *Qualitative Bildungsforschung und Bildungstheorie* (S. 35–56). Opladen: Budrich.

Reichenbach, R., Ricken, N., & Koller, H.-C. (Hrsg.). (2011). *Erkenntnispolitik und die Konstruktion pädagogischer Wirklichkeit.* Schriftenreihe der Kommission für Bildungs- und Erziehungsphilosophie in der Deutschen Gesellschaft für Erziehungswissenschaft. Paderborn: Schöningh.

Reinders, H., Ditton, H., Gräsel, C., & Gniewosz, B. (Hrsg.). (2015). *Empirische Bildungsforschung: Strukturen und Methoden* (2., überarbeitete Auflage). Wiesbaden: Springer VS.

Ricken, N. (1999). *Subjektivität und Kontingenz: Markierungen im pädagogischen Diskurs: Zugl.: Münster (Westfalen), Univ., Diss., 1997.* Epistemata Reihe Philosophie. Würzburg: Königshausen & Neumann.

Ricken, N. (2004). Die Macht der Macht – Rückfragen an Michel Foucault. In N. Ricken & M. Rieger-Ladich (Hrsg.), *Michel Foucault: Pädagogische Lektüren* (S. 119–143). Wiesbaden: Springer VS.

Ricken, N. (Hrsg.). (2007). *Über die Verachtung der Pädagogik: Analysen – Materialien – Perspektiven.* Wiesbaden: Springer VS.

Ricken, N. (2009). Zeigen und Anerkennen. Anmerkungen zur Form pädagogischen Handelns. In K. Berdelmann & T. Fuhr (Hrsg.), *Operative Pädagogik: Grundlegung, Anschlüsse, Diskussion* (S. 111–134). Paderborn: Schöningh.

Ricken, N. (2010). Allgemeine Pädagogik. In A. Kaiser, D. Schmetz, P. Wachtel, B. Werner, W. Jantzen, G. Feuser, & I. Beck (Hrsg.), *Bildung und Erziehung* (S. 15–42). Stuttgart: Kohlhammer.

Ricken, N. (2011). Erkenntispolitik und die Konstruktion pädagogischer Wirklichkeiten. Eine Einführung. In R. Reichenbach, N. Ricken, & H.-C. Koller (Hrsg.), *Erkenntnispolitik und die Konstruktion pädagogischer Wirklichkeit* (S. 9–24). Schriftenreihe der Kommission für Bildungs- und Erziehungsphilosophie in der Deutschen Gesellschaft für Erziehungswissenschaft. Paderborn: Schöningh.

Ricken, N. (2013). An den Grenzen des Selbst. In R. Mayer, C. Thompson, & M. Wimmer (Hrsg.), *Inszenierung und Optimierung des Selbst* (S. 239–257). Wiesbaden: Springer VS.

Ricken, N. (2016). Die Macht des pädagogischen Blicks: Erkundungen im Register des Visuellen. In F. Schmidt, M. Schulz, & G. Graßhoff (Hrsg.), *Pädagogische Blicke* (S. 40–53). Weinheim: Beltz.

Ricken, N., Casale, R., & Thompson, C. (Hrsg.). (2019). *Subjektivierung: Erziehungswissenschaftliche Theorieperspektiven*. Schriftenreihe der DGfE-Kommission Bildungs- und Erziehungsphilosophie. Weinheim: Beltz Juventa.

Roch, A. (2014). Teilnahme-Perspektiven im Interview. Aushandlungsprozesse in der Forschungsbegegnung. *Berliner Debatte Initial, 25*(3), 95–105.

Röhr, H. (2002). Stellvertretung: Überlegungen zu ihrer Bedeutung in pädagogischen Kontexten. *Vierteljahresschrift für wissenschaftliche Pädagogik, 78*(4), 393–416.

Roth, H. (1967). Die realistische Wendung in der pädagogischen Forschung. In H. Roth & H. Thiersch (Hrsg.), *Erziehungswissenschaft, Erziehungsfeld und Lehrerbildung* (S. 113–125). Hannover: Schroedel.

Rothland, M. (2013). Wiederbelebung einer Totgesagten. Anmerkungen zur Reanimation der Allgemeinen Didaktik. *Zeitschrift für Erziehungswissenschaft, 16*(3), 629–645.

Ruhloff, J. (2009). Die Scham der Widerlegung. In N. Ricken, H. Röhr, J. Ruhloff, & K. Schaller (Hrsg.), *Umlernen* (S. 47–55). Paderborn: Wilhelm Fink.

Rürup, M. (2008). Typen der Schulinspektion in den deutschen Bundesländern. *Die Deutsche Schule, 100*(4), 467–477.

Rürup, M. (2013). Stand der Forschung zu Schulinspektion und Qualitätsentwicklung: Vortrag im Rahmen der GFPF-Jahrestagung 2013 am 03.05.2013 in Kassel/Fuldatal (Zur Online-Publikation aufbereitete und um abschließende Anmerkungen ergänzte Textfassung). Zugriff 27. Juni 2017, unter http://www.gfpf.info/documents/tagungen/gfpf-jahrestagungen/2013/gfpf_jt_2013_Ruerup_Forschungsstand.pdf

Rürup, M. & Lambrecht, M. (2012). Deregulierung durch Schulinspektion? Zur Berechtigung einer Fragestellung. In S. Hornberg & M. Parreira do Amaral (Hrsg.), *Deregulierung im Bildungswesen* (S. 165–186). Münster: Waxmann.

Sacher, W. (2014). *Leistungen entwickeln, überprüfen und beurteilen: Bewährte und neue Wege für die Primar- und Sekundarstufe* (6. Aufl.). Bad Heilbrunn: Klinkhardt.

Sächsisches Bildungsinstitut. (2008). Handreichung zum Verfahren der externen Evaluation an sächsischen Schulen. Radebeul.

Sächsisches Bildungsinstitut. (2009). Bericht über die externe Evaluation an der Grundschule „Testberg": fiktiver Beispielbericht. Radebeul.

Sächsisches Bildungsinstitut. (2010). Schulische Qualität im Freistaat Sachsen. Kriterienbeschreibung. Radebeul.

Saldern, M. v. (Hrsg.). (2011). *Schulinspektion: Fluch und Segen externer Evaluation*. Schule in Deutschland. Norderstedt: Books on Demand.

Saldern, M. v. (2012). Das System Schule heute und der Stellenwert der Eltern. In W. Stange, R. Krüger, A. Henschel, & C. Schmitt (Hrsg.), *Erziehungs- und Bildungspartnerschaften* (S. 68–75). Wiesbaden: Springer VS.

Salzmann, C. G. (1964). *Ameisenbüchlein oder Anweisung zu einer vernünftigen Erziehung der Erzieher* (2. Aufl.). Klinkhardts pädagogische Quellentexte. Bad Heilbrunn: Klinkhardt.

Saussure, F. d. (1967). *Grundlagen der allgemeinen Sprachwissenschaft* (2. Aufl.). Berlin: Walter de Gruyter & Co.

Schäfer, A. (2006). Bildungsforschung: Annäherung an eine Empirie des Unzugänglichen. In L. A. Pongratz, M. Wimmer, & W. Nieke (Hrsg.), *Bildungsphilosophie und Bildungsforschung* (S. 86–107). Bielefeld: Janus.

Schäfer, A. (2011). *Irritierende Fremdheit: Bildungsforschung als Diskursanalyse*. Einzeltitel Wissenschaft. Paderborn: Schöningh.

Schäfer, A. (2013). Umstrittene Kategorien und problematisierende Empirie. *Zeitschrift für Pädagogik, 59*(3), 536–550.

Schäfer, A. (Hrsg.). (2014). *Hegemonie und autorisierende Verführung*. Paderborn: Schöningh.

Schäfer, A. & Thompson, C. (2009a). Produktive Heterogenität: Perspektiven auf das Verhältnis von Bildung und Wissen. In R. Kubac (Hrsg.), *Weitermachen? Einsätze theoretischer Erziehungswissenschaft* (Bd. 1, S. 183–193). Einsätze theoretischer Erziehungswissenschaft. Würzburg: Königshausen & Neumann.

Schäfer, A. & Thompson, C. (Hrsg.). (2009b). *Scham*. Pädagogik - Perspektiven. Paderborn: Schöningh.

Schäfer, A. & Thompson, C. (Hrsg.). (2010a). *Anerkennung*. Pädagogik - Perspektiven. Paderborn: Schöningh.

Schäfer, A. & Thompson, C. (2010b). Anerkennung – eine Einleitung. In A. Schäfer & C. Thompson (Hrsg.), *Anerkennung* (S. 7–33). Pädagogik - Perspektiven. Paderborn: Schöningh.

Schäfer, A. & Thompson, C. (Hrsg.). (2011a). *Wissen*. Pädagogik – Perspektiven. Paderborn: Schöningh.

Schäfer, A. & Thompson, C. (2011b). Wissen – Eine Einleitung. In A. Schäfer & C. Thompson (Hrsg.), *Wissen* (S. 7–75). Pädagogik – Perspektiven. Paderborn: Schöningh.

Schäfer, A. & Thompson, C. (Hrsg.). (2013). *Pädagogisierung: Wittenberger Gespräche I*. Halle-Wittenberg: Martin-Luther-Universität.

Schäfer, A. & Thompson, C. (Hrsg.). (2018). *Angst*. Pädagogik - Perspektiven. Paderborn: Schöningh.

Schimank, U. (2007). Die Governance-Perspektive: Analytisches Potential und anstehende konzeptionelle Fragen. In H. Altrichter, T. Brüsemeister, & J. Wissinger (Hrsg.), *Educational Governance: Handlungskoordination und Steuerung im Bildungssystem* (S. 231–160). Wiesbaden: Springer VS.

Schirlbauer, A. (2008). Autonomie. In A. Dzierzbicka & A. Schirlbauer (Hrsg.), *Pädagogisches Glossar der Gegenwart* (S. 13–22). Wien: Löcker.

Schmidt, A. (2008). Profession, Professionalität, Professionalisierung. In H. Willems (Hrsg.), *Lehr(er)buch Soziologie* (S. 835–864). Wiesbaden: VS Verlag für Sozialwissenschaften.

Schmidt, F., Schulz, M., & Graßhoff, G. (Hrsg.). (2016). *Pädagogische Blicke*. Weinheim: Beltz.

Schmidt, M. (2016). „Ich denke, wir sind hier eine gute Schule, die immer schon vorangeschritten ist...": Zur Produktivität der Unbestimmtheit von ‚Qualität' für Artikulationen der Wirksamkeit von Schulinspektion. *Schulpädagogik heute*, *13*(7).

Schmidt, M., Diegmann, D., Keitel, J., & Marquardt, K. (2011). Die externe Evaluation der Schulen im Freistaat Sachsen und Untersuchungen zu ihrer Wirksamkeit. Eine Studie zur Rezeption und Nutzung der Berichte der externen Evaluation an sächsischen allgemeinbildenden Schulen (RuN-Studie). *Schulpädagogik heute*, *2*(3).

Schönig, W. (2007). Einleitung: Neue Formen der Qualitätsentwicklung und -kontrolle im Schulwesen. In W. Schönig (Hrsg.), *Spuren der Schulevaluation: Zur Bedeutung und Wirksamkeit von Evaluationskonzepten im Schulalltag* (S. 9–18). Bad Heilbrunn: Klinkhardt.

Schratz, M. & Steiner-Löffler, U. (1999). *Die Lernende Schule: Arbeitsbuch pädagogische Schulentwicklung* (2.). Beltz-Pädagogik. Weinheim: Beltz.

Schröder, S. & Wrana, D. (2015). Normalisierungen – eine Einleitung. In P. Bühler, E. Forster, S. Neumann, S. Schröder, & D. Wrana (Hrsg.), *Normalisierungen. Wittenberger Gespräche III* (S. 9–33). Halle-Wittenberg: Martin-Luther-Universität.

Schütze, F. (1983). Biographieforschung und narratives Interview. *Neue Praxis, 13*, 283–293.

Schwank, E. & Sommer, N. (2012). Wirkung der Schulinspektion anhand der Wahrnehmung der Lehrkräfte. Ergebnisse einer Befragung im Rahmen der Inspektionsevaluation. *Schulverwaltung Niedersachsen, 23*(4), 106–110.

Seitter, W. (1985). *Menschenfassungen: Studien zur Erkenntnispolitikwissenschaft.* München: Boer.

Senge, P. M. (2011). *Die fünfte Disziplin: Kunst und Praxis der lernenden Organisation* (11. Aufl.). Systemisches Management. Stuttgart: Schäffer-Poeschel.

Sommer, N. (2011a). Unterrichtsqualität im Urteil der externen Schulevaluation. In S. Müller, M. Pietsch, & W. Bos (Hrsg.), *Schulinspektion in Deutschland: Eine Zwischenbilanz aus empirischer Sicht* (S. 97–136). Münster: Waxmann.

Sommer, N. (2011b). Wie beurteilen schulische Gruppen die erlebte Schulinspektion? In S. Müller, M. Pietsch, & W. Bos (Hrsg.), *Schulinspektion in Deutschland: Eine Zwischenbilanz aus empirischer Sicht* (S. 137–164). Münster: Waxmann.

Sowada, M. G. (2016). Professionalität für wen? In Arbeitsgruppe Schulinspektion (Hrsg.), *Schulinspektion als Steuerungsimpuls?* (S. 263–284). Wiesbaden: Springer VS.

Sowada, M. G. & Dedering, K. (2014). Ermessensspielräume in der Bewertungsarbeit von Schulinspektor/innen. *Zeitschrift für Bildungsforschung, 4*(2), 119–135.

Spies, T. (2010). *Migration und Männlichkeit: Biographien junger Straffälliger im Diskurs.* Bielefeld: Transcript.

Spies, T. (2015). „Ohne Geld kannst du da draußen nicht überleben": Zur Analyse von Biographien als Positionierungen im Diskurs. In S. Fegter, F. Kessl, A. Langer, M. Ott, D. Rothe, & D. Wrana (Hrsg.), *Erziehungswissenschaftliche Diskursforschung* (S. 143–158). Interdisziplinäre Diskursforschung. Wiesbaden: Springer VS.

Stäheli, U. (2000). *Poststrukturalistische Soziologien.* Bielefeld: Transcript.

Strauss, A. L. & Corbin, J. M. (1996). *Grounded theory: Grundlagen qualitativer Sozialforschung.* Weinheim: Beltz.

Terhart, E. (2013). Widerstand von Lehrkräften in Schulreformprozessen: Zwischen Kooperation und Obstruktion. In N. McElvany & H. G. Holtappels (Hrsg.), *Empirische Bildungsforschung: Theorien, Methoden, Befunde und Perspektiven; Festschrift für Wilfried Bos* (S. 75–92). Münster: Waxmann.

Thiel, F. (2007). Stichwort: Umgang mit Wissen. *Zeitschrift für Erziehungswissenschaft, 10*(2), 153–169.

Thiel, F., Tarkian, J., & Kuper, H. (2016). Editorial. *Zeitschrift für Erziehungswissenschaft, 19*(3), 481–485.

Thompson, C. (2013). Zum Ordnungsproblem in Diskursen. In S. Siebholz, E. Schneider, A. Schippling, S. Busse, & S. Sandring (Hrsg.), *Prozesse sozialer Ungleichheit* (S. 229–242). Wiesbaden: Springer VS.

Thompson, C. (2014a). Autorisierung durch Evidenzorientierung: Zur Rhetorik der Evidenz als Versprechen gelingender pädagogischer Praxis. In A. Schäfer (Hrsg.), *Hegemonie und autorisierende Verführung* (Bd. 6, S. 93–111). Paderborn: Schöningh.

Thompson, C. (2014b). „Taking Risks". Zum Verhältnis von Autorisierung und Prüfung. In C. Thompson, K. Jergus, & G. Breidenstein (Hrsg.), *Interferenzen* (S. 268–289). Weilerswist: Velbrück.

Thompson, C. (2017a). Übersetzungsverhältnisse. Pädagogisches Sprechen zwischen Theorie und Praxis. In K. Jergus & C. Thompson (Hrsg.), *Autorisierungen des pädagogischen Selbst* (S. 231–266). Wiesbaden: Springer VS.

Thompson, C. (2017b). Wirksamkeit als Motor und Anspruch der Veränderung. In K. Jergus & C. Thompson (Hrsg.), *Autorisierungen des pädagogischen Selbst* (S. 49–90). Wiesbaden: Springer VS.

Thompson, C. & Jergus, K. (2014). Zwischenraum Kultur„Bildung" aus kulturwissenschaftlicher Sicht. In F. v. Rosenberg & A. Geimer (Hrsg.), *Bildung unter Bedingungen kultureller Pluralität* (S. 9–26). Wiesbaden: Springer VS.

Thompson, C., Jergus, K., & Breidenstein, G. (Hrsg.). (2014). *Interferenzen: Perspektiven kulturwissenschaftlicher Bildungsforschung.* Weilerswist: Velbrück.

Traue, B. (2010). *Das Subjekt der Beratung: Zur Soziologie einer Psycho-Technik.* Bielefeld: Transcript.

Trautmann, M. & Wischer, B. (2011). *Heterogenität in der Schule: Eine kritische Einführung*. Wiesbaden: Springer VS.

Tuider, E. (2007). Diskursanalyse und Biographieforschung. Zum Wie und Warum von Subjektpositionierungen. *Forum Qualitative Sozialforschung, 8*(2), Art.6.

van Ackeren, I., Heinrich, M., & Thiel, F. (Hrsg.). (2013). *Evidenzbasierte Steuerung im Bildungssystem? Befunde aus dem BMBF-SteBis-Verbund*. Münster: Waxmann.

van Ackeren, I., Thiel, F., & Brauckmann, S. (2018). Editorial zum Schwerpunktthema: Datenbasiertes Schulleitungshandeln. *Die Deutsche Schule, 110*(1), 5–9.

van Ackeren, I., Zlatin-Troitschanskaia, O., Binnewies, C., Clausen, M., Dormann, C., Preisendörfer, P., ... Schmidt, U. (2011). Evidenzbasierte Schulentwicklung. Ein Forschungsüberblick aus interdisziplinärer Perspektive. *Die Deutsche Schule, 103*(2), 170–184.

Warwas, J. (2014). Strategien der Schulleitung in Abhängigkeit subjektiver Rollendefinition und organisationaler Handlungsbedingungen. Typologische Binnendifferenzierung von Akteursgruppen. In K. Maag Merki, R. Langer, & H. Altrichter (Hrsg.), *Educational Governance als Forschungsperspektive* (S. 283–308). Educational Governance. Wiesbaden: Springer VS.

Wehling, P. (2008). Wissen und seine Schattenseite: Die wachsende Bedeutung des Nichtwissens in (vermeintlichen) Wissensgesellschaften. In T. Brüsemeister & K.-D. Eubel (Hrsg.), *Evaluation, Wissen und Nichtwissen* (S. 17–34). Wiesbaden: Springer VS.

Wimmer, M. (2006a). *Dekonstruktion und Erziehung: Studien zum Paradoxieproblem in der Pädagogik*. Theorie Bilden. Bielefeld: Transcript.

Wimmer, M. (2006b). Pädagogik – eine Wissenschaft des Unmöglichen? Vom Sinn des Scheiterns und ungelöster Probleme. *Vierteljahresschrift für wissenschaftliche Pädagogik, 82*(2), 145–167.

Wimmer, M. (2007). Wie dem Anderen gerecht werden? Herausforderungen für Denken, Wissen und Handeln. In A. Schäfer (Hrsg.), *Kindliche Fremdheit und pädagogische Gerechtigkeit* (S. 155–184). Schriftenreihe der Kommission für Bildungs- und Erziehungsphilosophie in der Deutschen Gesellschaft für Erziehungswissenschaft. Paderborn: Schöningh.

Wirth, U. (2012). Zitieren Pfropfen Exzerpieren. In M. Roussel (Hrsg.), *Kreativität des Findens, Figurationen des Zitats* (Bd. 2, S. 79–98). Morphomata. Paderborn: Fink.

Wissinger, J. (2014). Schulleitungshandeln und Schulentwicklung. In H. G. Holtappels (Hrsg.), *Schulentwicklung und Schulwirksamkeit als Forschungsfeld* (S. 123–140). Münster: Waxmann.

Wolf, I. F. d. & Janssens, F. J. G. (2007). Effects and side effects of inspections and accountability in education: an overview of empirical studies. *Oxford Review of Education, 33*(3), 379–396.

Wrana, D. (2006). *Das Subjekt schreiben. Reflexive Praktiken und Subjektivierung in der Weiterbildung – eine Diskursanalyse.* Grundlagen der Berufs- und Erwachsenenbildung. Baltmannsweiler: Schneider-Verlag Hohengehren.

Wrana, D. (2012). Diesseits von Diskursen und Praktiken. Methodologische Bemerkungen zu einem Verhältnis. In B. Friebertshäuser, H. Kelle, H. Boller, S. Bollig, C. Huf, A. Langer, ...S. Richter (Hrsg.), *Feld und Theorie: Herausforderungen erziehungswissenschaftlicher Ethnographie* (S. 185–200). Berlin: Budrich.

Wrana, D. (2014a). Zum Analysieren als diskursive Praxis. In J. Angermüller, M. Nonhoff, E. Herschinger, F. Macgilchrist, M. Reisigl, J. Wedl, ...A. Ziem (Hrsg.), *Diskursforschung* (Bd. 1, S. 634–644). Bielefeld: Transcript.

Wrana, D. (2014b). Zur Relationierung von Theorien, Methoden und Gegenständen. In J. Angermüller, M. Nonhoff, E. Herschinger, F. Macgilchrist, M. Reisigl, J. Wedl, ...A. Ziem (Hrsg.), *Diskursforschung* (Bd. 1, S. 617–627). Bielefeld: Transcript.

Wrana, D. (2015). Zur Analyse von Positionierungen in diskursiven Praktiken: Methodologische Reflexionen anhand von zwei Studien. In S. Fegter, F. Kessl, A. Langer, M. Ott, D. Rothe, & D. Wrana (Hrsg.), *Erziehungswissenschaftliche Diskursforschung* (S. 123–142). Interdisziplinäre Diskursforschung. Wiesbaden: Springer VS.

Wrana, D. & Langer, A. (2007). An den Rändern der Diskurse. Jenseits der Unterscheidung diskursiver und nicht-diskursiver Praktiken. *Forum Qualitative Sozialforschung/ Forum: Qualitative Social Research, 8*(2), 62 Absätze.

Wrana, D. & Maier Reinhard, C. (Hrsg.). (2012). *Professionalisierung in Lernberatungsgesprächen: Theoretische Grundlegungen und empirische*

Untersuchungen. Beiträge der Schweizer Bildungsforschung. Opladen: Budrich.

Wrana, D., Ott, M., Jergus, K., Langer, A., & Koch, S. (2014). Diskursforschung in der Erziehungswissenschaft. In J. Angermüller, M. Nonhoff, E. Herschinger, F. Macgilchrist, M. Reisigl, J. Wedl, ...A. Ziem (Hrsg.), *Diskursforschung* (Bd. 1, S. 224–238). Bielefeld: Transcript.

Wulf, C. & Zirfas, J. (Hrsg.). (2007). *Pädagogik des Performativen: Theorien, Methoden, Perspektiven.* Weinheim: Beltz.

Wullweber, J. (2012). Konturen eines politischen Analyserahmens: Hegemonie, Diskurs und Antagonismus. In I. Dzudzek, C. Kunze, & J. Wullweber (Hrsg.), *Diskurs und Hegemonie: Gesellschaftskritische Perspektiven* (S. 29–58). Bielefeld: Transcript.

Wurster, S., Feldhoff, T., & Gärtner, H. (2016). Führen verschiedene Inspektionskonzepte zu unterschiedlicher Akzeptanz und Verwendung der Ergebnisse durch Schulleitungen und Lehrkräfte? *Zeitschrift für Erziehungswissenschaft, 19*(3), 557–575.

Wurster, S. & Gärtner, H. (2013). Schulen im Umgang mit Schulinspektion und deren Ergebnissen. *Zeitschrift für Pädagogik, 59*(3), 425–445.

Wurster, S., Richter, D., Schliesing, A., & Pant, H. A. (2013). Nutzung unterschiedlicher Evaluationsdaten an Berliner und Brandenburger Schulen: Rezeption und Nutzung von Ergebnissen aus Schulinspektion, Vergleichsarbeiten und interner Evaluation im Vergleich. In I. van Ackeren, M. Heinrich, & F. Thiel (Hrsg.), *Evidenzbasierte Steuerung im Bildungssystem? Befunde aus dem BMBF-SteBis-Verbund* (Bd. 12, S. 19–50). Münster: Waxmann.